W0352583

Glaube & Macht

Sachsen im Europa
der Reformationszeit

GLAUBE

2. Sächsische Landesausstellung
Torgau, Schloss Hartenfels 2004

Eine Ausstellung
des Freistaates Sachsen, ausgerichtet durch
die Staatlichen Kunstsammlungen Dresden

& Macht

Sachen im Europa der Reformationszeit

Katalog

Herausgegeben
von Harald Marx und Eckhard Kluth
für die Staatlichen Kunstsammlungen Dresden

Michel Sandstein Verlag Dresden

Schirmherr

- Prof. Dr. Georg Milbradt
  Ministerpräsident
  des Freistaates Sachsen

Kuratorium

Musik AG

- Wolfgang Geppert
- Ekkehard Saretz
  Kirchenmusikdirektor
- Prof. Dr. Wolfram Steude
- MDgt Dr. Reiner Zimmermann

Projektgruppe Schloss Hartenfels

- Regierungsräsident
  Walther Christian Steinbach
- Dr. Klaus Riedel
- Dr. Irmhild Heckmann von Wehren
- Gisela Reichert
- Dr. Eckhard Kluth
- Frank Kupfer, MdL
- Robert Schöpp
- Gunther Bidmon
- Wolfgang Gerstenberg
- Michael Schubach
- Prof. Dr. Gerhard Glaser
- Dr. Wolfgang Hocquel

Gesamtleitung

- Prof. Dr. Martin Roth
  Generaldirektor Staatliche Kunst-
  sammlungen Dresden

Ausstellungskommissar

- Prof. Dr. Harald Marx
  Direktor Gemäldegalerie
  Alte Meister Dresden
- Prof. Dr. Sibylle Ebert-Schifferer
  (bis Dezember 2000)

Wissenschaftlicher Beirat

- Prof. Dr. Enno Bünz
  Geschäftsführender Direktor des
  Institus für Sächsische Geschichte und
  Volkskunde e.V. und des Historischen
  Seminars der Universität Leipzig
  ab April 2003
- Prof. Dr. Johannes Burkhardt
  Lehrstuhl für Geschichte der Frühen
  Neuzeit, Universität Augsburg
- Prof. em. Dr. Reiner Groß
- Prof. Dr. Hans John
  Hochschule für Musik
  Carl Maria von Weber Dresden
- Prof. Dr. Dr. h. c. Heinrich Magirius
  Landeskonservator a. D.
- Prof. Dr. Reiner Pommerin
  Lehrstuhl für Neuere und Neueste
  Geschichte / Philosophische Fakultät,
  Technische Universität Dresden
- Prof. Dr. Dr. Dr. h. c. Günther Wartenberg
  Dekan der Theologischen Fakultät,
  Universität Leipzig

Wissenschaftlicher Sekretär / Projektleiter

- Dr. Eckhard Kluth

Katalog

- Dr. Cecilie Hollberg

Leihgeber

- Bergbaumuseum Altenberg
- Ev.-Luth. Kirchgemeinde Altenberg-Zinnwald
- Rijksmuseum, Amsterdam
- St. Katharinenkirche in Annaberg-Buchholz
- Hof- und Stiftsbibliothek Aschaffenburg
- Stiftsmuseum der Stadt Aschaffenburg
- Stadt Augsburg, Kunstsammlungen
- Staatsbibliothek Bamberg
- Öffentliche Kunstsammlung Basel, Kupferstichkabinett
- Domschatzkammer St. Petri Bautzen
- Staatsbibliothek zu Berlin – Preußischer Kulturbesitz
- Deutsches Historisches Museum, Berlin
- Union der Evangelischen Kirchen in der EKD-Bibliothek der Kirchenkanzlei
- Evangelische Kirche in Berlin-Brandenburg, Konsistorium (Ev. Kirchgemeinde Wittbriezen)
- Staatliche Museen zu Berlin, Kupferstichkabinett
- Staatliche Museen zu Berlin, Münzkabinett
- Staatliche Museen zu Berlin, Gemäldegalerie
- Evangelische Kirche in Berlin-Brandenburg, Konsistorium
- Städtisches Museum Braunschweig
- Herzog Anton Ulrich-Museum Braunschweig, Kunstmuseum des Landes Niedersachsen
- Sächsisches Staatsarchiv Chemnitz
- Staatsbetrieb Sächsisches Immobilien- und Baumanagement, Niederlassung Chemnitz
- Ev.-Luth. Stiftskirchgemeinde Chemnitz-Ebersdorf
- Cleveland, Museum of Art
- Kunstsammlungen der Veste Coburg
- Coburg, Schloss Callenberg, Sammlung Herzoglicher Kunstbesitz – Stiftung der Herzog von Sachsen-Coburg und Gotha'schen Familie
- Landesbibliothek Coburg
- Musée Antoine Vivenel, Compiègne (France)
- Anhaltinische Landesbücherei Dessau, Wissenschaftliche Bibliothek und Sondersammlungen
- Ev.-Luth. Nikolaikirche Dippoldiswalde
- Gemäldegalerie Alte Meister, Staatliche Kunstsammlungen Dresden
- Grünes Gewölbe, Staatliche Kunstsammlungen Dresden
- Kunstgewerbemuseum, Staatliche Kunstsammlungen Dresden
- Kupferstich-Kabinett, Staatliche Kunstsammlungen Dresden
- Münzkabinett, Staatliche Kunstsammlungen Dresden
- Rüstkammer, Staatliche Kunstsammlungen Dresden
- Skulpturensammlung, Staatliche Kunstsammlungen Dresden
- Staatliche Naturhistorische Sammlungen, Museum für Mineralogie und Geologie, Dresden
- Städtische Galerie Dresden, Kunstsammlung
- Landeshauptstadt Dresden, Stadtarchiv
- Sächsische Landesbibliothek – Staats- und Universitätsbibliothek Dresden
- Sächsisches Hauptstaatsarchiv Dresden
- Wartburg-Stiftung Eisenach
- Universitätsbibliothek Erlangen-Nürnberg
- TU Bergakademie Freiberg – Universitätsbibliothek
- Ev.-Luth. Domgemeinde St. Marien Freiberg
- Stadt- und Bergbaumuseum Freiberg
- Niedersächsische Staats- und Universitätsbibliothek Göttingen
- Grenzstein-Lapidarium Gohrisch
- Stiftung Schloss Friedenstein Gotha
- Forschungsbibliothek Gotha
- Kreismuseum Grimma
- Martin-Luther-Universität Halle-Wittenberg, Universitäts- und Landesbibliothek Sachsen-Anhalt in Halle (Saale)
- Zentraler Kunstbesitz der Martin-Luther-Universität Halle-Wittenberg
- Marienbibliothek zu Halle an der Saale
- Stiftung Moritzburg Halle, Kunstmuseum des Landes Sachsen-Anhalt
- Hamburger Kunsthalle
- Museum für Kunst und Gewerbe Hamburg
- Universitätsbibliothek Heidelberg
- Ev. Kirche zu Sadisdorf, Ost-Erzgebirge
- Bayerisches Armeemuseum Ingolstadt
- Deutsches Medizinhistorisches Museum Ingolstadt
- Thüringer Universitäts- und Landesbibliothek Jena
- Ev.-Luth. St. Marien-Kirchgemeinde Kamenz
- Badische Landesbibliothek, Karlsruhe
- Staatliche Kunsthalle Karlsruhe
- Königliche Bibliothek Kopenhagen
- Ev.-Luth. Pfarramt Krummenhennersdorf-Halsbrücke
- Museum der bildenden Künste Leipzig
- Grassimuseum Leipzig, Museum für Kunsthandwerk INTERIM
- Stadtarchiv Leipzig
- Ev.-Luth. Kirchgemeinde St. Thomas, Leipzig
- Musikinstrumenten-Museum der Universität Leipzig
- Universitätsbibliothek Leipzig
- Kunstbesitz der Universität Leipzig
- Stadtgeschichtliches Museum Leipzig
- Stadtarchiv Lindau (B)
- Stadtverwaltung Löbau, Stadtarchiv
- Her Majesty Queen Elizabeth II Museo Nacional del Prado, Madrid
- Gutenberg-Museum Mainz
- Hessisches Staatsarchiv Marburg
- Stadtmuseum Meißen
- Kirchgemeinde Nathanael Kirche Leipzig (Lindenau)
- Kirchenbesitz Leisnig-Oschatz
- Staatliche Schlösser, Burgen und Gärten Sachsen, Schloss Moritzburg
- Stadtmuseum Mühlberg
- Bayerische Staatsbibliothek München
- Metropolitankapitel München
- Staatliche Graphische Sammlung München
- München, Universitätsbibliothek
- Museo di Capodimonte, Collezione Farnese, Neapel
- Staatliche Schlösser, Burgen und Gärten Sachsen, Schloss Nossen und Kloster Altzella
- Germanisches Nationalmuseum Nürnberg
- Stadtarchiv Oschatz
- Evang.-Luth. Kirchgemeinde Orlamünde

Danksagung

- Museen der Stadt Regensburg
- Kirche zu Sadisdorf, Ost-Erzgebirge
- Stiftung Schleswig-Holsteinische Landesmuseen Schloss Gottorf, Schleswig
- The Swedish National Archives
- Statens historiska museum, Stockholm
- The Royal Library, National Library of Sweden, Stockholm
- Archives municipales de Strasbourg, France
- Toledo Museum of Art, Gift of Edward Drummond Libbey
- Stadt- und Kulturgeschichtliches Museum Torgau
- Ev. Kirchengemeinde St. Marien, Torgau
- Stadtarchiv Torgau
- Thüringisches Hauptstaatsarchiv Weimar
- Stiftung Weimarer Klassik und Kunstsammlungen / Herzogin Anna Amalia Bibliothek
- Stiftung Weimarer Klassik und Kunstsammlungen
- Museum Weißenfels – Schloss Neu-Augustusburg
- Ev.-Luth. Pfarramt Wermsdorf
- Albertina, Wien
- Kunsthistorisches Museum Wien, Gemäldegalerie
- Kunsthistorisches Museum Wien, Kunstkammer
- Kunsthistorisches Museum Wien, Münzkabinett
- Musiksammlung der Österreichischen Nationalbibliothek
- Österreichisches Staatsarchiv, Wien, Abteilung Haus-, Hof- und Staatsarchiv
- Stiftung Luthergedenkstätten in Sachsen-Anhalt, Lutherhaus Wittenberg
- Herzog August Bibliothek Wolfenbüttel
- Stadtbibliothek Worms
- Ev. Kirchspiel Zeitz
- Museum der Stadt Zerbst
- Ratsschulbibliothek Zwickau

- und private Leihgeber, die nicht genannt werden wollen

- Götz Altmann, Schneeberg
- Heidemarie Anderlik, Berlin
- Helmut Arens, Leipzig
- Ingrid Arnold, Weimar
- Frank Aurich, Dresden
- Margot Attenkofer, München
- Uta Bachheibl, Torgau
- Peter Germann-Bauer, Regensburg
- Gerhard Bauer, Dresden
- Joachim Bauer, Jena
- Lorenz Friedrich Beck, Dresden
- Hans-Christian Beer, Torgau
- Johannes M. Bellmann, Berlin
- Gunther Bidmon, Torgau
- Dagmar Blaha, Weimar
- Eric Blanchegorge, Compiègne
- Karlheinz Blaschke, Dresden
- Regine Bleiß, Berlin
- Renate Bohot, Bautzen
- Rolf Bothe, Weimar
- Klaus Brähmig, Pirna
- Michael Bräuer, Zittau
- Carla Calov, Leipzig
- Susanne Christoph, Dresden
- Steffen Delang, Dresden
- Busso Diekamp, Worms
- Cornelia Dörr, Marburg
- Heinrich Douffet, Freiberg
- Heike Ebersbach, Leipzig
- Karsten Eisenmenger, Halle
- Michael Eissenhauer, Kassel
- Gerold Fischer, Dresden
- Martina Fischer, Meißen
- Katharina Flügel, Leipzig
- Alfons Föhrenbach, Delitzsch
- Eszter Fontana, Leipzig
- Wolfgang Geppert, Torgau
- Ralf Giermann, Moritzburg
- Gerhard Glaser, Heidenau
- Reiner Grimm, Chemnitz
- Christine Grünberg, Riesa
- Britta Günther, Weissbach
- Norbert Haase, Dresden
- Waldemar Habicht, Meißen
- Karin Hahn, Torgau
- Hansjochen Hancke, Torgau
- Margit Harz, Dresden
- Irmhild Heckmann-von Wehren, München
- Ulrich Helm, Torgau
- Jürgen Herre, Dresden
- Johannes Herrmann, Wiederitzsch
- Jürgen Herzog, Torgau
- Petra Hölscher, München
- Cornelia Höschel, Oschatz
- Christian Hogrefe, Wolfenbüttel
- Joachim Hoof, Pirna
- Cornelia Hopf, Gotha
- Ingrid Jenderko, Aschaffenburg
- Anja Jerichen, Torgau
- Hans-Joachim Kadatz, Torgau
- Christine Kelm, Dresden
- Arndt Kiesewetter, Dresden
- Uwe Koch, Potsdam
- Dieter Koepplin, Basel
- Melanie Köhler, Torgau
- Heribert Kosfeld, Mittweida
- Gode Krämer, Augsburg
- Peter Krakow, Leipzig
- Irmgard Kratsch, Jena
- Dirks Krauss, Dresden
- Jutta Krauss, Eisenach
- Volker Kress, Dresden
- Andreas Lämmel, Dresden
- Gishold Lammel, Torgau
- Eckhart Leisering, Dresden
- Wolfgang Liebenhenschel, Berlin
- Dagmar Löttgen, Berlin
- Christopher Lloyd, London
- Juan J. Luna, Madrid
- Lutz Mahncke, Zwickau
- Roland Manz, Stollberg
- Jean Eve Mariotte, Straßburg (†)
- Josef Matzerath, Dresden
- Harald Menzel, Freiberg
- Dieter Meier, Riesa
- Sylvia Meinel, Torgau
- Bernd Michallik, Weißwasser
- Lutz Nast, Döbeln
- Kristhart Neubert, Berlin
- Axel Noack, Magdeburg
- Eckhard Noack, Springe
- Mechthild Noll-Minor, Torgau
- Judith Oexle, Dresden
- Wolfgang Oleschinski, Torgau
- Hans Perry, Aue
- Marita Pesenecker, Grimma
- Hans Peter Petersen, Grimma
- Silvia Pfister, Coburg
- Reingard Pöhnitzsch, Döbeln
- Manfred Preiß, Marienberg
- Birgit Preuss, Torgau

Danksagung

- Gerhard Quaas, Berlin
- Gisela Räumschüssel, Torgau
- Friedrich-Wilhelm von Rauch, Berlin
- Brigitte Reichert, Dresden
- Sybille Reschke, Leipzig
- Stefan Reiniger, Torgau
- Stefan Rhein, Wittenberg
- Knut Ringat, Dresden
- Volker Rodekamp, Leipzig
- Jörg Rogge, Mainz
- Andreas Rothe, Torgau
- Thomas Rudi, Leipzig
- Michael Sagurna, Dresden
- Bernd Schäfer, Gotha
- Werner Schade, Berlin
- Hans Schorner, Annaberg-Buchholz
- Bernd Schulz, Berlin
- Frank Schmidt, Dresden
- Armin Schneiderheinze, Torgau (†)
- Arthur Scholz, Plauen
- Christoph Schröder, Altenberg
- Martin Schwarz Lausten, Kopenhagen
- Bettina Seyderhelm, Magdeburg
- Hans-Günter Sirrenberg, Torgau
- Marie Luise Sternath, Wien
- Wolfram Steude, Dresden
- Rainer Storch, Leipzig
- Jutta Strehle, Wittenberg
- Herbert Süß, Dresden
- Andreas Tacke, München
- Klaus Thalheim, Dresden
- Ulrich Thiel, Freiberg
- Horst Torke, Pirna
- Martin Treu, Wittenberg
- Christine Walther, Torgau
- Gregor J. M. Weber, Kassel
- Ingrid Welzig, Nossen
- Matthias Weniger, München
- Isolde Wenzig, Dresden
- Renate Westendorf, Torgau
- Christiane Wiebel, Coburg
- Heinrich Zilker, Zwickau

- und allen Kolleginnen und Kollegen in der Sächsischen Staatsregierung und in den Staatlichen Kunstsammlungen Dresden, die wesentlich zum Gelingen der Ausstellung beigetragen haben

Grußwort

In Torgau an der Elbe findet vom 24. Mai bis 10. Oktober 2004 die 2. Sächsische Landesausstellung statt. Sie trägt den für Sachsens Geschichte so bedeutsamen Titel »Glaube und Macht. Sachsen im Europa der Reformationszeit«. Torgau selbst ist eines der hauptsächlichen Exponate, die wunderschöne kursächsische Residenzstadt hat sich zur Ausstellung in Schale geworfen und ihre Juwelen auf Hochglanz poliert, um sich von der besten Seite zu präsentieren. Noch heute ist Torgau eine der schönsten in sich geschlossenen Renaissancestädte. Ein Gang durch die Straßen ruft dem Besucher an zahlreichen Orten in Erinnerung, dass hier einst der Sitz der ernestinischen Linie des Herrschergeschlechts der Wettiner war. Im Innenhof von Schloss Hartenfels ist der 1536 vollendete Wendelstein – ein Meisterwerk europäischer Treppenbaukunst – ein grandioser Blickfang. Die aufwendige Restaurierung ermöglicht es, ihn nach 30 Jahren wieder betreten zu können.
Torgau stand bis Mitte des 16. Jahrhunderts im Mittelpunkt europäischer Geschichte und konnte sich als repräsentativer Hof mit denen der mächtigen europäischen Herrscher messen. Johann Friedrich der Großmütige hatte Torgau zu einem Zentrum der Reformation werden lassen, bis er 1547 – nach der Niederlage der Ernestiner bei Mühlberg – die Kurwürde an seinen Vetter Herzog Moritz von Sachsen abtreten musste. Torgau wurde albertinisch und trat aus dem Mittelpunkt der Politik, denn die Ernestiner verlegten ihre Hofhaltung nach Weimar, wogegen der albertinische Kurfürst Moritz in Dresden residieren wollte. So gelangte Torgau zusehends an den Rand der Ereignisse. Die Stadt fiel verheerenden Zerstörungen im Dreißigjährigen Krieg zum Opfer, wurde im Siebenjährigen Krieg durch die Preußen belagert, erlitt grauenhafte Verluste durch Typhus, Kriege und Belagerungen.
Exponate aus aller Welt werden zur 2. Sächsischen Landesausstellung in Torgau zusammengetragen, wodurch die europäische Bedeutung des sächsischen Hofes im 16. Jahrhundert noch einmal in der Stadt aufleben wird. Leihgeber aus Deutschland, Europa und Amerika stellen unschätzbare Werte zur Verfügung, die hier gezeigt werden. Neben berühmten Malern wie Tizian oder Cranach, prunkvollen Rüstungen und Gewändern, bedeutenden Schriftstücken, Urkunden, Waffen und Medaillen werden auch einmalige Musikinstrumente und edle Stoffe gezeigt. Die Ausstellung findet an drei verschiedenen Orten statt: Zwei davon befinden sich in Schloss Hartenfels, nämlich der so genannte Albrechtsbau und die Schlosskapelle. Der dritte Ort ist die Kursächsische Kanzlei. Das komplexe Thema der Ausstellung hat noch – oder gerade – heute weit reichende Bedeutung und ist als die Grundlage europäischer Kultur nach wie vor aktuell.

Prof. Dr. Georg Milbradt
Ministerpräsident des Freistaates Sachsen

Grußwort

Im norwegischen Grundgesetz (§ 2) steht seit 1814 unverändert der Satz: »Die evangelisch-lutherische Religion verbleibt die öffentliche Religion des Staates.« Die Formulierung weist ausdrücklich auf ein Ereignis hin, das Norwegen mit der Wittenberger Reformation verbindet: Im Jahre 1536 wurde die lutherische Reformation durch den König in Dänemark/Norwegen eingeführt. Die Wortwahl jedoch weist deutlich auf die Periode nach dem Westfälischen Frieden im Jahre 1648, der die Zeit der Religionskriege in Europa beendete. Seither hat sich das Nachdenken über das Verhältnis von Glauben, Bekenntnis und Gesellschaft grundsätzlich verändert. Kein Politiker würde heute noch, wie die Väter der Norwegischen Konstitution es 1814 taten, von einer »öffentlichen Religion des Staates« sprechen.

Es gehört zu den zentralen Eigenschaften des Menschen, sich seiner persönlichen Lebensgeschichte erinnern zu können. Dass es auch ein kollektives Gedächtnis gibt, Voraussetzung für die Entstehung von Traditionen, ist eine wichtige Grundlage menschlichen Zusammenlebens in einer Gesellschaft – wenn man darunter mehr verstehen möchte als nur die Summe der registrierten Einwohner eines Landes. Die sich immer schneller verändernden Lebensverhältnisse jedoch fördern den Individualismus. Daher wird es immer wichtiger, einen Weg zu finden, an die gemeinsame Vergangenheit unserer Gesellschaften zu erinnern.

Die 2. Sächsische Landesausstellung, die in Torgau vom 24. Mai bis 10. Oktober 2004 statt findet, sehe ich als wichtiges Beispiel einer solchen Vergegenwärtigung der Vergangenheit. Das 16. Jahrhundert war eine der dramatischsten Umbruchzeiten in der Geschichte Europas. Und Sachsen war damals in vielerlei Hinsicht Zentrum und Brennpunkt der sich vollziehenden geistigen und politischen Veränderungen. Wer die heutige Umbruchzeit verstehen und bewusst miterleben will, darf auf eine Begegnung mit dem Sachsen des 16. Jahrhunderts nicht verzichten.

Als evangelischer Christ und Bürger einer Gesellschaft, die durch die dramatischen Ereignisse im Sachsen des 16. Jahrhunderts in entscheidender Weise geprägt worden ist, habe ich die Einladung im Kuratorium der 2. Sächsischen Landesausstellung mitzuwirken, mit großer Dankbarkeit angenommen. Ich sehe hierin ein Zeichen, dass das reformatorische Erbe, das Sachsen und die nordischen Länder verbindet, eine zukunftsprägende Realität darstellt. Es ist daher zu wünschen, dass in diesem Sommer auch viele Besucher aus Dänemark, Finnland, Schweden und Norwegen den Weg nach Torgau und Schloss Hartenfels finden.

In einer Welt, in der der religiös-politische Absolutismus erneut zu einer ernsthaften Bedrohung wird, ist es heilsam, sich in der Begegnung mit Martin Luther daran zu erinnern, dass es nicht ein, sondern zwei Reiche gibt. Das Reich Gottes lässt sich unter keinen Umständen durch politische Maßnahmen auf Erden herbeizwingen. Die beiden Reiche sorgfältig zu trennen, ist daher, so lange diese Welt besteht, die Aufgabe, die uns – um Gottes und der Menschen willen – unser Glauben stellt.

Prof. Dr. Inge Lønning
Visepräsident Stortinget, Norwegen
Mitglied des Kuratoriums
der 2. Sächsischen Landesausstellung

Vorwort

Endlich ist der große Tag gekommen: Die 2. Sächsische Landesausstellung öffnet ihre Pforten. Jahre des Nachdenkens, des Abwägens und Planens sind zu Ende, und ein großartiges Ergebnis steht nun vor aller Augen. Ein wichtiges Stück sächsischer Geschichte hat an einem hochbedeutenden Ort Gestalt gewonnen.

Schloss Hartenfels wird zu Recht als politisches Zentrum der Reformation angesehen. Bis zum Abschluss des Augsburger Religionsfriedens im Jahre 1555 wurde von Torgau aus nicht nur der militärische Widerstand gegen die Truppen Kaiser Karls V. organisiert, sondern auch der Aufbau einer evangelischen Landeskirche betrieben. Seinen Glanz hat Sachsen gerne mit anderen geteilt, und insbesondere Lucas Cranach d. Ä., der kursächsische Hofmaler, hat den Museen der Welt seinen Stempel aufgedrückt. In Torgau nun präsentieren sächsische Museen, Bibliotheken, Kirchen und Archive ihre Schätze. Die lange Liste der Leihgeber aus ganz Europa und den Vereinigten Staaten zeugt von der großen Ausstrahlung sächsischer Renaissancekultur.

Sachsen hat seine äußere Gestalt gewandelt. Im 16. Jahrhundert waren nicht nur das Gebiet des heutigen Freistaats, sondern auch Teile Sachsen-Anhalts, Thüringen und Franken sächsisch. Die Lausitz befand sich noch unter Habsburgischer Verwaltung – daran erinnerte im Jahre 2002 eindrucksvoll die Ausstellung »Welt. Macht. Geist« in Zittau. Der mitteldeutsche Raum wurde unter der Herrschaft des Hauses Wettin zu einem der wirtschaftlichen Kernlande des Alten Reichs. Technologie, Handel, Bildung und Kultur stellen damals wie heute die Eckpfeiler des hohen Ansehens Sachsens in der Welt dar. Aus heutiger Sicht ist es faszinierend zu sehen, wie es den Mitgliedern des Hauses Wettin trotz Leipziger Teilung und trotz des Glaubensstreites gelang, das gemeinsame Ziel, nämlich Wohlstand und Sicherheit für Mitteldeutschland, nicht aus den Augen zu verlieren.

Bei der Vorbereitung der 2. Sächsischen Landesausstellung war es selbstverständlich, mit den wissenschaftlichen Institutionen in den benachbarten Bundesländern auf vielfältigige Weise zusammen zu arbeiten – ich nenne hier nur stellvertretend und beispielhaft die Stiftung Luthergedenkstätten des Landes Sachsen-Anhalt. Aber auch sächsische Wissenschaftsinstitutionen haben zum Gelingen der 2. Sächsischen Landesausstellung beigetragen. Allen Beteiligten hierfür meinen herzlichen Dank. Mein Dank gilt auch den Mitgliedern des Wissenschaftlichen Beirats unter dem Vorsitz von Prof. Dr. Dr. Dr. Günther Wartenberg. Sie haben die Entwicklung des Ausstellungskonzepts streitbar und konstruktiv begleitet – mit großem Erfolg, wie man in den Publikationen der 2. Sächsischen Landesausstellung nachlesen kann. Besondere Anerkennung sei jedoch den Staatlichen Kunstsammlungen Dresden gezollt. Unter der Leitung von Herrn Professor Dr. Martin Roth und Herrn Professor Dr. Harald Marx hat das Ausstellungsteam in den Staatlichen Kunstsammlungen Dresden eine wunderbare Ausstellung geschaffen und die Botschaft der 2. Sächsischen Landesausstellung in ganz Deutschland und darüber hinaus verbreitet.

Unverzichtbar war auf allen Ebenen der Ausstellungsvorbereitungen die unermüdliche Unterstützung aus der Region Torgau–Oschatz. Stadt, Landkreis und viele Bürger haben die Arbeit des Ausstellungsteams begleitet. Gerade diese Zusammenarbeit macht das Besondere der 2. Sächsischen Landesausstellung aus: Nicht nur eine Ausstellung gilt es zu besuchen, die gesamte Stadt lädt zu einer Reise in die Reformationszeit ein. Türen, die sonst verschlossen sind, werden geöffnet und gestatten einen Blick in Adelshöfe, Bürger- und Handwerkerhäuser der Renaissance. So haben wir alle in diesem Sommer die Chance, uns in Torgau ein eigenes Bild von der Reformationszeit und vom Leben in einer sächsischen Residenzstadt des 16. Jahrhunderts zu machen. Ich freue mich, dass dieses Ziel erreicht ist, wünsche den Lesern des Ausstellungskatalogs viele lehrreiche Stunden und den Besuchern der 2. Sächsischen Landesausstellung eine lebendige Begegnung mit der Geschichte.

Dr. Matthias Rössler
Sächsischer Staatsminister für Wissenschaft und Kunst
Vorsitzender des Kuratoriums
der 2. Sächsischen Landesausstellung

Vorwort

Die Ausrichtung der 2. Sächsischen Landesausstellung in Torgau, die unter dem Titel »Glaube und Macht. Sachsen im Europa der Reformationszeit« steht, ist von der Sächsischen Staatsregierung den Staatlichen Kunstsammlungen Dresden übertragen worden, die diese ehrenvolle Aufgabe gern übernommen haben. Mit ihren kostbaren Sammlungen, der fachlichen Kompetenz und dem engagierten persönlichen Einsatz ihrer Mitarbeiter sowie ihrem internationalen Ansehen haben sie sich in die Vorbereitung und Durchführung eingebracht: Es war und ist Begeisterung für eine großartige, wenngleich schwierige Unternehmung in einer am Rande des heutigen Freistaates Sachsen gelegenen Stadt, die alle Beteiligten motiviert hat und noch immer anspornt. Meisterwerke, von Spezialisten in den einzelnen Museen gemeinsam mit den Verantwortlichen im Ausstellungssekretariat mit Bedacht ausgewählt, von Restauratoren sorgfältig betreut und behutsam transportiert, wurden im Schloss Hartenfels, in der Schlosskapelle und im ehemaligen kurfürstlichen Kanzleigebäude, nur wenige Schritte vom Schloss entfernt, zusammengeführt.

Doch nicht nur die Dresdner Museen haben ihre größten Schätze nach Torgau gebracht. Bedeutende Leihgaben aus vielen großen Museen sind durch die Besucher zu bewundern, so beispielsweise Gemälde von Tizian aus der Wiener Gemäldegalerie, von Cranach aus dem Museo del Prado in Madrid, dem Museo Capodimonte in Neapel und aus dem Cleveland Museum of Art in den USA sowie von Albrecht Dürer aus der Gemäldegalerie in Berlin. Doch auch Kirchgemeinden und Universitäten, Archive, Bibliotheken und Privatsammler waren bereit, sich für die Zeit der Ausstellung von Stücken zu trennen, die für die umfassende Darstellung des Themas »Glaube und Macht. Sachsen im Europa der Reformationszeit« wichtig oder sogar unverzichtbar sind.

Der hier vorgelegte Katalog ist das beeindruckende Ergebnis intensiver Arbeit von vielen Fachkollegen aus unterschiedlichen Bereichen; und er spiegelt trotzdem nur einen Teil der wissenschaftlichen Auseinandersetzung mit dem Thema, die durch die Ausstellung angeregt wurde. Bereits erschienen ist das Buch »Torgau, Stadt der Renaissance«, und auch ein Band mit gesammelten Aufsätzen, in dem Vieles vertieft und ausführlicher erörtert werden konnte, als in der knappen Form, die ein Ausstellungskatalog bedingt, liegt schon vor. Des weiteren bieten während der gesamten Laufzeit der Ausstellung Vorträge und andere Veranstaltungen unterschiedlichste Möglichkeiten der Annäherung.

Mit über 80 Konzerten findet in Torgau in diesem Jahr ein wahrer Musiksommer statt, vorbereitet und organisiert durch die Arbeitsgemeinschaft Musik beim Sächsischen Staatsministerium für Wissenschaft und Kunst in enger Zusammenarbeit mit der Stadt Torgau. In der Schlosskapelle, der »Wiege der protestantischen Kirchenmusik«, in der Stadtkirche St. Marien und an anderen Orten in der Stadt werden namhafte Solisten, Chöre und Orchester auftreten und die Ausstellung so um »klingende Exponate« bereichern. Ein Name wie der des Kantors Johann Walter steht für die Blüte der sächsischen Musik in der Reformationszeit.

Manches in dieser Ausstellung erschließt sich nicht von selbst. Man braucht Vorkenntnisse oder sachkundige Führung. Besonders an Schulklassen wurde in dieser Hinsicht gedacht – aber nicht nur: Ein breit gefächertes pädagogisches Programm hilft allen interessierten Besuchern, den komplexen Inhalt dieser Ausstellung zu erfassen,

die nichts Geringeres als eine Epochendarstellung zum Ziel hat; und was war das für eine Zeit, die mit Begriffen wie Reformation, Humanismus und Renaissance umschrieben wird. Vergessen wir aber auch den Bauernkrieg und Thomas Müntzer nicht, die Türkengefahr und die Entdeckung Amerikas! Das ganze bestehende Weltbild veränderte sich: Männer wie Martin Luther und Philipp Melanchthon trugen zu dieser grundlegenden Veränderung bei, Päpste und Kaiser, so Maximilian I. und Karl V., Könige wie Franz I. von Frankreich und Kurfürsten wie Friedrich der Weise von Sachsen griffen in das Geschehen ein; aber auch Gelehrte und Künstler haben mit ihren Werken den Lauf der Ereignisse beeinflusst beziehungsweise reflektiert.
Das Kurfürstentum Sachsen war damals einer der wichtigen historischen Schauplätze. In Torgau sind wir am authentischen Ort. Insofern kann die Ausstellung für Besucher aus Sachsen identitätsstiftend wirken; und vergessen wir nicht, dass die benachbarten Bundesländer Sachsen-Anhalt und Thüringen historisch gesehen zu großen Teilen direkt mit dem Gebiet des heutigen Freistaates Sachsen verbunden waren. Lutherstädte wie Eisleben und Erfurt, Wittenberg und Torgau haben nicht nur durch das Wirken des großen Reformators viele Gemeinsamkeiten.
Aber der gedankliche Ansatz bleibt nicht im Lokalen verhaftet. Er richtet sich auf Europa – und geht, sofern man diese zwar nicht vordergründige, aber doch gegebene Anregung aufnehmen will, zeitlich weit über die erste Hälfte des 16. Jahrhunderts hinaus. Der aufmerksame Besucher wird sich, mit der vertieften Geschichtskenntnis, die aus dem Erlebnis unserer Ausstellung erwachsen kann, auch manche Fragen, die unsere Gegenwart aufwirft, auf neue Weise stellen und nach differenzierten Antworten suchen.

Prof. Dr. Martin Roth
Generaldirektor der Staatlichen Kunstsammlungen Dresden

Prof. Dr. Harald Marx
Direktor der Gemäldegalerie Alte Meister
Kommissar der 2. Sächsischen Landesausstellung

Inhalt

Inhalt

Eckhard Kluth

Glaube und Macht. Sachsen im Europa der Reformationszeit

»Wittenberg ist die Mutter der Reformation, Torgau ihre Amme« – diese alte Redensart beschreibt sehr gut, welche Rolle die Stadt Torgau als politisches Zentrum Sachsens im Reformationsprozess spielte. Hatte Friedrich der Weise noch in Wittenberg residiert, wählten Johann der Beständige und Johann Friedrich der Großmütige Torgau zu ihrer bevorzugten Residenz. Dies ist wohl der Grund dafür, dass der Vorentwurf für das Augsburger Bekenntniss in Torgau entworfen wurde und dass der erste für den lutherischen Gottesdienst erbaute Kirchenraum die Kapelle von Schloss Hartenfels ist. Nach der Schlacht bei Mühlberg 1547 geriet Torgau, als Dresden kursächsische Residenz wurde, an den Rand nicht nur des Landes, sondern auch der Geschichte. Nur einmal noch wurde seither in Torgau wieder Geschichte geschrieben: Der berühmten Begegnung amerikanischer und russischer Soldaten, Symbol für das Ende des Zweiten Weltkriegs, diente Torgau als Kulisse – für ein Pressefoto, denn die eigentliche Begegnung hatte kurz zuvor etliche Kilometer elbabwärts stattgefunden.

In seiner wechselvollen Geschichte wurde Schloss Hartenfels bei jeder Nutzung, ob als Garnison, Zuchthaus oder Lehrerinnenseminar, den Bedürfnissen angepasst. Zwar hatte man Anfang des 20. Jahrhunderts den Wert der Architektur von Schloss Hartenfels erkannt und die Substanz weitgehend gesichert, dennoch war bis vor kurzer Zeit kaum zu ahnen, warum Kaiser Karl – so überliefert es die Anekdote – beim Anblick des Schlosses von einer »recht kaiserlichen Burg« sprach. Erst in den vergangenen Jahren ist es gelungen, die Mittel für eine umfassende Sanierung des Innenhofes und vor allem des Großen Wendelsteins zusammenzutragen. Viele Institutionen haben Anteil an dieser Leistung. Der Initiativkreis Schloss Hartenfels e.V. sei hier stellvertretend für das bürgerschaftliche Engagement genannt, das für den Umgang der Bewohner Torgaus mit ihrem historischen Erbe typisch ist. Die Beteiligung des World Monuments Founds an der Sanierung des Wendelsteins ist daher nicht nur eine besondere Auszeichnung für das Baudenkmal Schloss Hartenfels, sondern auch für das Flächendenkmal Torgau. All dies ist Frucht der Jahrzehnte währenden Bemühungen der sächsischen Denkmalpflege um Schloss und Stadt. Im Sommer 2004 öffnen sich Schloss Hartenfels und viele Bürgerhäuser den Besuchern der Stadt – eine einmalige Gelegenheit tiefe Einblicke in die sächsische Geschichte der Renaissance und das Leben in einer Residenz der Frühen Neuzeit zu tun.

Drei Gebäude stehen in Torgau für die 2. Sächsische Landesausstellung zur Verfügung: der Albrechtsbau auf Schloss Hartenfels und die Schlosskapelle sowie die Kurfürstliche Kanzlei, wenige Meter von der Schlossbrücke entfernt. Der Albrechtsbau stand bei der Innensanierung des Schlosses im Mittelpunkt. In den 1480er Jahren errichtet, bietet dieser Bau in drei Etagen eine interessante Folge von Räumen, in denen vieles der originalen Bausubstanz die Jahrhunderte überdauert hatte. Durch massiven Rückbau war es möglich, hier die ursprüngliche Raumstruktur zurück zu gewinnen: die stimmungsvollen Gewölbe im Erdgeschoss, die Balkendecken im ersten Geschoss und besonders die Vorhangbogenfenster, die dem ganzen Bau eine großartige Leichtigkeit verleihen.

Die Schlosskapelle als Ausstellungsort zu nutzen war anfangs nur eine vage Idee, schließlich feiert hier die evangelische Kirchgemeinde Torgaus noch regelmäßig ihre Gottesdienste. Als erster Kirchenbau, der für den protestantischen Gottesdienst

Schloss Hartenfels
links: Johann-Friedrich-Bau
rechts: Albrechtsbau – Ausstellungsort der 2. Sächsische Landesausstellung

errichtet wurde, musste die Kapelle jedoch eine zentrale Rolle in einer Ausstellung zur Reformationszeit in Sachsen spielen. Daher hat die Kirchengemeinde dankenswerterweise zugestimmt, auch diesen Ort für die 2. Sächsische Landesausstellung zu öffnen.

Dass für die Ausstellung noch ein weiterer Ort bereit stehen würde, stellte sich erst im Laufe der Vorbereitungen heraus. Die ehemalige kurfürstliche Kanzlei in der Wintergrüne 5 stand eigentlich zum Abriss frei. Glücklicherweise konnte der Bau gerettet werden. Heute ist das Haus Sitz des Torgauer Geschichtsvereins e.V. und wird in Zukunft das Stadt- und Kulturgeschichtliche Museum der Stadt Torgau beherbergen. Bis hierher war es jedoch ein mühevoller, aber auch aufregender Weg: Im Laufe der Sanierungsarbeiten trat Schicht auf Schicht der wechselvollen Baugeschichte zutage. Noch sind nicht alle Restaurierungen abgeschlossen und bis zur Eröffnung des Museums im Jahr 2005 noch einige Rätsel zu lösen. Dennoch werden zwei Etagen der Kanzlei zur Spielfläche für die 2. Sächsische Landesausstellung.

Entlang dieser drei Gebäude gliedert sich die 2. Sächsische Landesausstellung in drei große Sinnabschnitte: Im Albrechtsbau entfaltet sich ein historisches Panorama. Die wichtigsten Ereignisse der Jahre zwischen 1485 (Leipziger Teilung) und 1555 (Augsburger Religionsfrieden) bilden das Rückgrat einer vielschichtigen Ausstellungserzählung, die die historischen Abläufe ebenso darstellt, wie z. B. den Wandel in der frühneuzeitlichen Medienlandschaft durch den Buchdruck, die Auswirkungen der Reformation auf die Kunst oder die Wirkung all dieser Entwicklungen auf die Öffentlichkeit. Dem Ort – dem kursächsischen Residenzschloss – angemessen, gilt ein Hauptaugenmerk den sächsischen Fürsten und wie sie sich im Ringen um die Reformation positionierten. Nach Luthers Thesenanschlag im Jahr 1517, dem Bauernkrieg und der Überreichung des Augsburger Bekenntnisses auf dem Reichstag 1530 kulminierten die historischen Entwicklungen in den Jahren zwischen 1546 und 1552. Im Schmalkaldischen Krieg und der Schlacht bei Mühlberg 1547 hatte Kaiser Karl V. die Protestanten vernichtend geschlagen und Johann Friedrich den Großmütigen gefangen gesetzt. Der neue Kurfürst Moritz kehrte im Fürstenkrieg 1551/52 die Verhältnisse um und bereitete dem Kaiser eine empfindliche Niederlage. Mit dem Passauer Vertrag ebnete Moritz den Weg für den Augsburger Religionsfrieden.

Die Schlosskapelle ist selbst bedeutendes Exponat der Ausstellung. Nicht nur für die Entwicklung des protestantischen Gottesdienstes sondern auch für die Musikgeschichte ist sie ein zentraler Memorialort: Hier begründeten Martin Luther und der

Albrechtsbau – Erdgeschoss

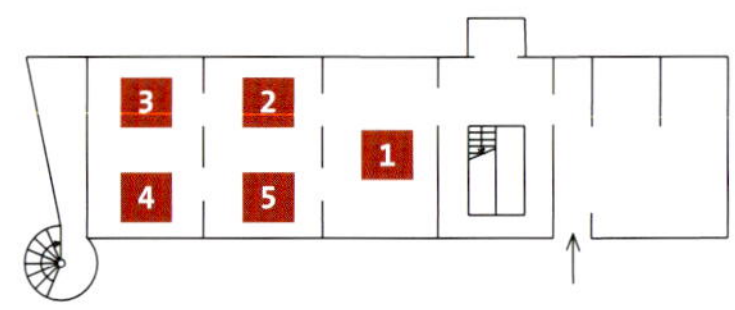

Albrechtsbau – 1. Obergeschoss

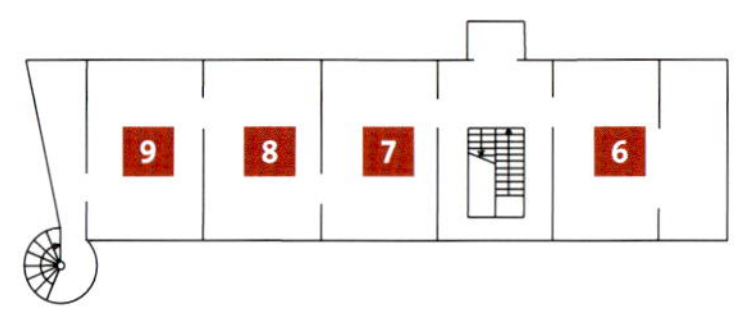

Albrechtsbau – 2. Obergeschoss

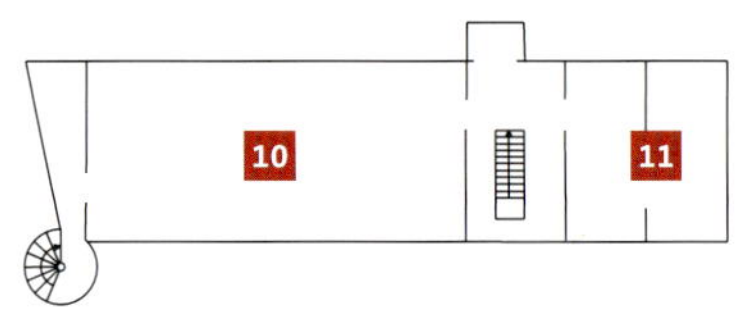

Schloss Hartenfels
Schlosskapelle, Hofansicht

Schlosskapelle

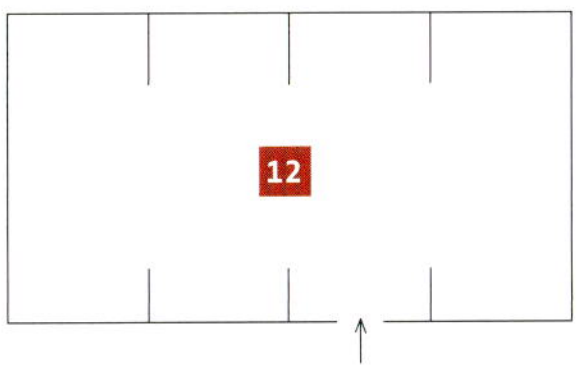

sächsische Hofkomponist Johann Walter gemeinsam die reiche Tradition der protestantischen Kirchenmusik, die bis heute Komponisten inspiriert und in Konzertsälen und Gemeinden aktiv gepflegt wird. Die Gottesdienstreform und der Neuanfang in der Kirchenmusik sind daher Themen in der Schlosskapelle.
Mit dem Bau der kurfürstlichen Kanzlei trat in Sachsen die fürstliche Schreibstube erstmals als Verwaltungszentrale aus dem Repräsentationszusammenhang des Schlosses heraus. So ist sie der ideale Ort, um Torgau als Residenzstadt vorzustellen und die verschiedenen Aspekte wettinischer Landesherrschaft – vom Münz- und Steuerwesen über Rechtsreformen bis hin zur Neugestaltung der sächsischen Bildungslandschaft – zu beleuchten.
Bewusst verzichtet die Ausstellung darauf, die geistliche Entwicklung der Reformation und die Gedankengänge der Reformatoren in allen Einzelheiten nachzuvollziehen. Gemäß der volkstümlichen Redeweise »Wittenberg ist die Mutter, Torgau die Amme der Reformation« hat sich eine enge Partnerschaft mit der Stiftung Luthergedenkstätten Sachsen-Anhalt ergeben. So sind die Konzepte des im Frühjahr 2003 neu eröffneten Lutherhauses in Wittenberg und das der 2. Sächsischen Landesausstellung (ursprünglich ja auch für das Jahr 2003 geplant) auf Ergänzung angelegt. In beiden Städten kann man auf den Spuren Luthers und der sächsischen Fürsten der Reformationszeit wandeln.
Ebenso bewusst haben sich die Ausstellungsmacher dafür entschieden, ausschließlich Exponate zu zeigen, die in unmittelbarem Zusammenhang zu den dargestellten Ereignissen entstanden. Die wunderbaren Gemälde des 19. Jahrhunderts werden in Torgau nicht zu sehen sein, auch nicht die reiche druckgrafische Produktion des 17. Jahrhunderts, die den Streit um die Religion in veränderter Situation erneut ausfocht. Damit treten die Kunstwerke in dieser Ausstellung bei der Darstellung der historischen Entwicklungen aus dem Status bloßer Illustration heraus und stehen nun als Quellen auf Augenhöhe neben den historischen Dokumenten. Die Bildwelt der Renaissance gerät so in den Blick: Für kurze Zeit wird in Torgau der Glanz der alten Residenz wieder erstehen – zugleich wird aber auch die Spezifik einer Bildkultur sichtbar, in der eben noch nicht alles und jeder darstellungswürdig war. Beim Umgang mit Kunst der deutsche Renaissance muss man sich klar machen, dass diese Bildkultur ganz andere Sehgewohnheiten und Wertmaßstäbe kannte. Die heute oft vernachlässigte Medaille war eines der wichtigsten Medien herrscherlicher Repräsentation. Wandteppiche, nicht Gemälde galten als kostbarste Ausstattungsstücke für eine

Kanzleihaus

fürstliche Residenz. Und mit der Verbreitung der Druckgrafik entwickelte sich – vor allem beim Ereignisbild – eine subtile Konkurrenz zwischen dem (Riesen-) Holzschnitt und der Malerei.

Die 2. Sächsische Landesausstellung bewegt sich im Schnittfeld von Geschichte und Kunstgeschichte. Ihr Stoff ist eine historische Erzählung, der sie sich jedoch mit ganz anderen Mitteln nähert als z. B. ein Buch. Nicht Worte sind es, die sich zu einer Geschichte aneinander reihen, sondern Bilder, einzelne Objekte oder Tableaus, die dem Betrachter ein dichtes Netz von – durchaus auch gegenläufigen – Erzählsträngen anbieten. Während ein Text allein durch seine äußere Form schon ein lineares Nacheinander suggeriert, können in einem Ausstellungsraum vielschichtige Bezüge zwischen Objekten entstehen, die die Komplexität historischer Zusammenhänge unmittelbar spürbar machen. Und gerade Kunstwerke erschöpfen sich nicht nur in bloßer Zeitzeugenschaft: sie sind Stellungnahmen und können daher auch als Akteure in historischen Prozessen begriffen werden. Sie machen auf die Kontingenz historischer Entwicklungen aufmerksam und lenken vom historischen Ort den Blick auf mögliche Alternativen. Exemplarisch greifbar werden diese Aspekte in zwei Gemälden der Ausstellung: »Elias und die Baalspriester« von der Hand Lucas Cranach d. J. und die »Hirschjagd zu Ehren Kaiser Karls V. vor Schloss Hartenfels«, die dem Vater zugeschrieben wird.

Die Ausstellung schließt mit dem Augsburger Religionsfrieden von 1555. Mit ihm wurden die großen Konflikte, die mit der Reformation aufrissen, befriedet. Die Machtverhältnisse im Reich wurden neu geordnet und damit auch das Gleichgewicht der Kräfte in Europa stabilisiert. Mit der Entscheidung, das lutherische Bekenntnis – in der damaligen Terminologie »die Augsburger Religionsverwandten« – reichsrechtlich anzuerkennen, war die Einheit der mittelalterlichen Kirche zerbrochen. Der Ausschluss der Calvinisten aus dem Augsburger Religionsfrieden jedoch und auch das Konzept des »cuius regio, eius religio« bargen Stoff für neue Konflikte, die im 17. Jahrhundert zum Dreißigjährigen Krieg, dem letzten Religionskrieg in Europa, führen sollten. Danach beginnt in Sachsen, im Reich und in Europa eine neue Zeit.

Kanzleihaus – Erdgeschoss

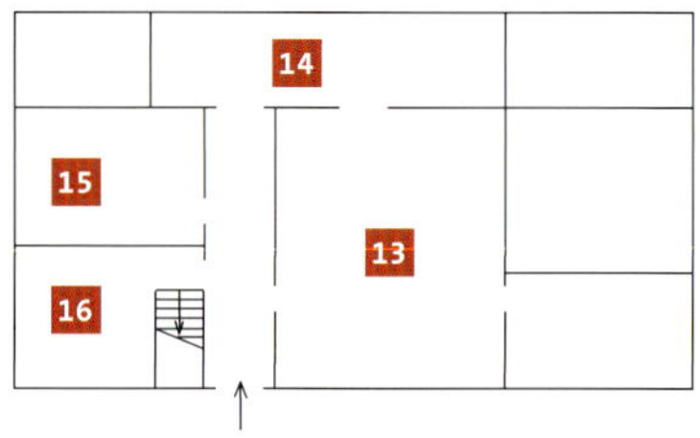

Kanzleihaus – Obergeschoss

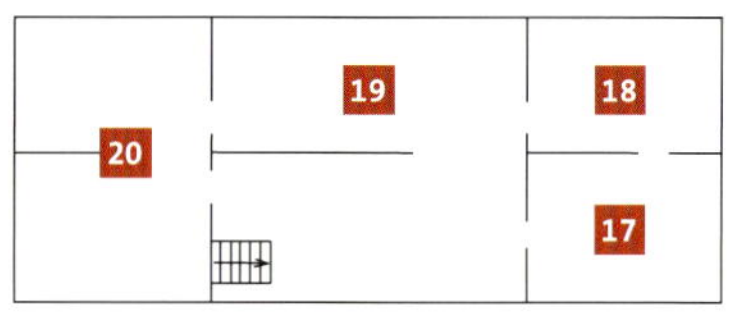

Harald Marx

Geschichte im Spiegel der Kunst

Ein Blick auf die 2. Sächsische Landesausstellung und darüber hinaus

Unter dem Titel »Glaube und Macht« wendet sich die 2. Sächsische Landesausstellung in Torgau einem beinahe zeitlosen Thema zu, das allerdings in der Unterzeile eingeschränkt wird auf einen mehr oder weniger konkreten Ort und eine genau umrissene Epoche: »Sachsen im Europa der Reformationszeit«. Wie kann man einen so komplexen Inhalt gedanklich erfassen und anschaulich darstellen? Ein halbes Jahrhundert europäischer Geschichte; und würde man den Blick nicht auf diese eine Epoche begrenzen, wie wir es hier tun, sondern zeitlich und räumlich ausweiten, dann würden die offensichtlichen und nicht selten erschreckenden Beispiele für die Durchdringung von Glaubens- und Machtfragen unübersehbar. Wir könnten, lange vor der Reformationszeit, an die Eroberung Konstantinopels durch christliche Kreuzritter 1204 denken, wodurch die Republik Venedig große Vorteile gewann und, 100 Jahre nach der von uns betrachteten Epoche, an den Dreißigjährigen Krieg, ein grausames Beispiel für diese Verquickung. Letztlich war auch die Konversion Augusts des Starken zum Katholizismus, wegen der polnischen Krone, politisch bedingt.
Die Ausrichtung der 2. Sächsischen Landesausstellung ist den Staatlichen Kunstsammlungen Dresden übertragen worden. Das hatte gute Gründe und konnte auf die Ausstellung selbst nicht ohne Einfluss bleiben. Neben Dokumenten und authentischen Sachzeugen spielt Kunst in der Ausstellung und in allen Veröffentlichungen zur Ausstellung eine wichtige Rolle, obwohl das Anliegen nicht vordergründig auf Kunstgeschichte oder ästhetische Erziehung, sondern auf Geschichtsverständnis zielt. Der Zusammenhang erschließt sich bald: Kunst kann den Fakten das Erlebnis hinzufügen, lässt uns verstehen und mitfühlen, wie den Zeitgenossen die Ereignisse begegneten. Darum sei hier nur exemplarisch an wenigen Beispielen dargestellt oder zumindest angedeutet, wie Kunstwerke helfen können, historische Entwicklungen zu begreifen. Andererseits zeigt sich gerade dabei deutlich, dass auch das Erlebnis der Kunstwerke selbst umfassend erst möglich wird, wenn man um die geschichtliche Situation weiß, in der sie entstanden sind.

»mit großer Ungestümigkeit«

Der Katharinenaltar von Lucas Cranach d. Ä. 1506

Eigentlich sollte die 2. Sächsische Landesausstellung 2003 stattfinden, im 450. Todesjahr von Lucas Cranach d. Ä. Sie wäre der Beitrag der Staatlichen Kunstsammlungen Dresden zum Cranach-Jahr gewesen. Wegen der flutbedingten Verschiebung der Landesausstellung kommt diese Ehrung eines der größten deutschen Künstler seiner Zeit nun mit einjähriger Verspätung. Eines der Gemälde, an denen im Folgenden Charakteristika und Entwicklungen der Reformationszeit aufscheinen werden, ist der 1506 gemalte, heute in Dresden befindliche »Katharinenaltar« (Abb. 1). Suchen wir zunächst in der religiösen Erzählung dieses Bildes den Bezug zur Zeit des Malers, der dieses Triptychon von beinahe bildteppichhafter Wirkung bald nach seiner 1505 erfolgten Übersiedlung nach Wittenberg, als Hofmaler des sächsischen Kurfürsten Friedrichs des Weisen, für die dortige Schlosskirche gemalt hatte.
Es war kein Zufall, dass der Kurfürst gerade einen Altar dieser Thematik von Cranach verlangte: 1502 war von Friedrich dem Weisen in Wittenberg eine Universität gegrün-

det worden (Martin Luther wurde ihr berühmtester Lehrer), und Katharina galt als Patronin der Gelehrten: Hatte sie doch, nach der Legende, fünfzig heidnische Professoren, durch die sie selbst vom Christentum hatte abgebracht werden sollen, ihrerseits durch geschickte Argumentation bekehrt. Der erzürnte Kaiser wollte sie rädern lassen. Auf ihr Gebet hin wurde das Rad zerstört.

Wir lesen: »Da bat Sanct Katherina den Herrn, dass er das Werk zerstöre zu seines Namens Preis und zu des umstehenden Volkes Bekehrung. Siehe, da kam der Engel des Herrn und zerstörte das Werk mit großer Ungestümigkeit, dass 4000 Heiden davon erschlagen wurden.« Soweit die »Legenda aurea« des Jacobus de Voragine in der deutschen Übersetzung von Richard Benz.

Aus dem »Engel des Herrn«, der »mit großer Ungestümigkeit« eingriff, ist bei Cranach ein Blitz geworden, der in dunkler Wolke seinen Anfang nimmt, ein Blitz wie aus der Spielzeugschachtel, dem man keine große Wirkung zutraut. Gefährlich wirkt er nicht. Wozu brauchte man ihn überhaupt noch? Denn das Rad, von dem es in der Legenda aurea heißt, es sei von vierfacher und sogar gegenläufiger Konstruktion gewesen, ist längst zerstört; und aus den viertausend erschlagenen Heiden sind bei Cranach einige wenige geworden. Sie stürzen zwar, aber sie leben. Es sind Charakterköpfe, von denen man lange gedacht hat, es könnten Porträts von bekannten Wiener oder Wittenberger Professoren sein.

Hier ist nicht der Ort, auf diesen bedeutenden Altar kunsthistorisch näher einzugehen. Konservatorische Rücksichten haben es unmöglich gemacht, ihn in der Torgauer Ausstellung zu zeigen. Aber er ist ein Schlüsselwerk für das Verständnis wichtiger Tendenzen und Haltungen, ist bezeichnend für die Frömmigkeit am Anfang dieser Epoche, besonders, wenn man ihn mit späteren Werken vergleicht. Allein dieser Blitz! Er zerstört nicht körperlich und tötet nicht. Dieser Blitz ist erdacht, eine intellektuelle Waffe geradezu, ein Zeichen, nicht die vernichtende Sache selbst. Schneeflocken fallen, Menschen stürzen: Aber diese Menschen sind in ihrer Würde respektiert, sind Unterlegene in einer Auseinandersetzung, nicht grundsätzlich deklassiert. Das erstaunt umso mehr, als es sich um Ungläubige handelt, um Heiden.

Über der Szene links werden zwei unbeteiligte Beobachter gezeigt. Der Linke ist Friedrich der Weise. Darin sind sich alle einig, die den Altar bisher untersucht haben. Der Auftraggeber als Glaubenszeuge. Durch seine Anwesenheit ist das Beispiel für Standhaftigkeit im Glauben, das die Legende erzählt, damaliger Gegenwart nahegerückt.

Abb. 1: Lucas Cranach d. Ä.
Der Katharinenaltar, 1506, Öl auf Lindenholz
Mittelbild 126 × 138 cm, Flügel je 124 × 67 cm
Gemäldegalerie Alte Meister,
Staatliche Kunstsammlungen Dresden
Gal.-Nr. 1906 A, 1906 B, 1906 BB

Doch diese Standhaftigkeit schien im wirklichen Leben kaum vonnöten. Wo, außer im Kampf mit den Türken, die immer weiter in die Mitte Europas vorzudringen strebten, wären Christen damals durch Heiden bedroht gewesen?
1517 veröffentlichte Martin Luther seine 95 Thesen gegen den Ablassmissbrauch und zur Reform der Kirche. Die Reformation hatte begonnen; es dauerte nicht lange und der »Katharinenaltar« musste wegen seines Themas die Wittenberger Schlosskirche verlassen. In einem nunmehr lutherischen Gotteshaus war kein Platz für solche gemalten Heiligenlegenden. Aber die Bewunderung für das Kunstwerk blieb. Der Altar kam ins Torgauer Schloss. Dort wurde er sogar kopiert. Der Maler Daniel Fritzsch wiederholte das komplette Altarwerk zweimal, 1586 und 1596. Nur in einer Hinsicht gestattete sich der lutherische Kopist Veränderungen: Er ließ die Heiligenscheine weg!

»und Gotte, was Gottes ist«

Ein Gleichnis Jesu im Jahre 1516 gemalt

»Sachsen im Europa der Reformationszeit«; wir sind durch das Thema gehalten, den Blick nicht nur auf Cranach zu richten, wenngleich dieser Maler und seine Werkstatt natürlich eine große Rolle spielen. In der Dresdner Gemäldegalerie Alte Meister hängt ein berühmtes Gemälde von Tizian, »Der Zinsgroschen« (Abb. 2), das sehr gut den allgemeinen Aspekt von »Glaube und Macht« verdeutlichen kann; fragen wir darüber hinaus nach der Entstehungsgeschichte des Bildes, es wurde 1516 gemalt, dann sehen wir uns mitten in den Ereignissen, die Gegenstand der Ausstellung sind. So hat es allein konservatorische Gründe, dass Tizians »Zinsgroschen« selbst nicht eines der Hauptwerke dieser 2. Sächsischen Landesausstellung sein kann. Es ist auf eine dicke, instabile Pappelholztafel gemalt, die äußerst empfindlich auf alle noch so geringen Veränderungen der relativen Feuchte reagiert. Der Transport war nicht zu verantworten. Was stellt das Bild dar?
»Da giengen die Phariseer hin / und hielten einen rat, wie sie jn fiengen jnn seiner rede / und sandten zu jm jre jünger / sampt Herodis diener / und sprachen / Meister / wir wissen / das du warhafftig bist / und lerest den weg Gottes recht / und du fragest nach niemand / denn du achtest nicht das Ansehen der menschen / Darumb sage uns / Was dünckt dich? Ists recht / das man dem Keiser zinse gebe / oder nicht? Da nu Jesus marckte jre schalckheit / sprach er / Jr Heuchler / was versuchet jr mich? Weiset mir die zinse müntze. Und sie reichten jm einen grosschen dar / und er sprach zu jnen / Wes ist das bilde und die uberschrifft? Sie sprachen zu jm / Des Keisers. Da sprach er zu jnen / So gebet dem Keiser / was des Keisers ist / und Gotte / was Gottes ist. Da sie das höreten / nam sie es wunder und liessen jn / und giengen davon.«
Das Zitat aus dem Evangelium des Matthäus 22, 15–22, in der Übersetzung von Martin Luther, erzählt eine durchaus gefährliche Begebenheit aus dem Leben Jesu: Die Frage der Pharisäer, ob man dem Kaiser Steuern zahlen sollte, oder zumindest, ob es richtig sei, das man Steuern zahlen muss, war insofern verfänglich, als der Kaiser in Rom saß – ein landfremder Unterdrücker. Die Frage patriotisch verneint (in Anwesenheit eines oder mehrerer Diener des Königs Herodes, der den Kaiser vertrat) hätte die Pharisäer am Ziel gesehen: Jesus als Staatsfeind und Aufrührer, vielleicht sogar von Herodes verhaftet. Die Frage bejaht, hätte ihn bloßgestellt als angepassten Staatsbürger, als einen, der sich mit der Fremdherrschaft abgefunden hat. Wer hätte ihm noch glauben, wer hätte an ihn noch glauben können? Die Antwort war höchst diplomatisch: »So gebet dem Keiser / was des Keisers ist / und Gotte / was Gottes ist.« Aber Jesus hatte diese Formulierung einer bestimmten Situation angepasst: Weil er die »schalckheit« der Pharisäer bemerkte. Hätte er bei jeder Gelegenheit so und nicht anders geantwortet?
Lag es an dieser ganz besonderen Situation, dass dem Thema jahrhundertelang keine Darstellung in der bildenden Kunst gewidmet worden ist? Wer kennt ein Bild, das vor Tizians Gemälde von 1516 entstanden wäre? So wird die Frage dringend: Warum

Abb. 2: Tizian, **Der Zinsgroschen**, um 1516, Öl auf Pappelholz, 75 × 56 cm, Gemäldegalerie Alte Meister, Staatliche Kunstsammlungen Dresden, Gal.-Nr. 169

gerade in dieser Zeit – und wer war der Auftraggeber? Gemalt wurde »Der Zinsgroschen« für Herzog Alfonso I. von Ferrara, der sowohl Lehen vom Reich als auch vom Kirchenstaat besaß, also gleichermaßen dem Kaiser und dem Papst verpflichtet war. Bei Spannungen zwischen beiden – und die gab es häufig – musste er sich möglichst neutral verhalten, wollte er seine Selbständigkeit bewahren.

»und verschüttet den wechslern das geld«

Ein Altarbild mit reformatorischem Thema

Kommen wir auf die Aussage des »Zinsgroschens« zurück: Das Geld wird dem Kaiser zugeordnet, denn es ist »des Keisers«. Aber was ist »Gottes«? Geld jedenfalls nicht – und so erscheint »Die Austreibung der Wechsler aus dem Tempel« (Abb. 3), wie sie Lucas Cranach gemalt hat, nur als die logische Konsequenz. Auf ein Bild aus der Dresdner Gemäldegalerie sei besonders hingewiesen. Es handelt sich um die Mitteltafel eines Altars, der sich zuerst in Wittenberg oder Torgau befunden haben könnte.

Die dargestellte Szene folgt dem Evangelium des Johannes 2, 14–16. In Luthers Bibel-Übersetzung heißt es: »Und der Jüden Ostern war nahe / und Jhesus zoch hinauff gen Jerusalem / und fand im Tempel sitzen / die da ochsen / schaff / und tauben veil hatten / und die wechsler. Und er machte eine Geissel aus stricken / und treib sie alle zum Tempel hinaus / sampt den schafen und ochsen / und verschüttet den wechslern das geld / und sties die tische umb / und sprach zu denen / die tauben veil hatten / Traget das von dannen / und machet nicht meines Vaters haus zum kauff hause.«

Den Tempel symbolisiert strenge Renaissancearchitektur, deren Pfeilerstellung und Bögen der vordersten Bildebene zu entsprechen scheinen, während im unteren Teil des Bildes vor dieser Architektur nur gedanklich, nicht optisch, ein tiefer Raum zu erschließen ist, in dem die Wechsler und Händler (deren Charaktere in spätgotischer Übersteigerung karikierend erfasst sind) beinahe in Schwerelosigkeit durcheinander stürzen. Die Dramatik des Geschehens wird dadurch unterstrichen, dass die Bogenstellungen nach links aus der Mitte verschoben sind.

Mit der bisherigen Datierung des Bildes auf die Jahre 1509/10 orientierte man sich, vielleicht zu Recht, an den unübersehbaren Parallelen zu niederländischer Malerei; hingewiesen sei auf Werke von Quentin Massys und Jan Massys, Marinus van Reymerswaele und Jan Sanders van Hemessen, besonders im Hinblick auf die stürzenden Händler. Allerdings sind die meisten der Beispiele zu spät entstanden, um Vorbild gewesen zu sein. Cranachs Reise in die Niederlande 1508 soll Anregungen gebracht haben: aber welche?

Falls die Datierung stimmt, hätte Cranach schon sehr früh ein Thema auf der Mitteltafel eines Altars dargestellt, das deutlich reformatorisch zu sein scheint. Es ist sehr einleuchtend, das der Maler wesentliche Elemente der Komposition in eine Darstellung im 1521 in Wittenberg herausgegebenen »Passional Christi und Antichristi« (Kat.-Nr. 133) übernehmen konnte, eine Folge von 26 Holzschnitten in 13 Bildpaaren. Jeweils eine Szene aus dem Leben und der Passion Christi finden wir einem Holzschnitt mit Darstellung des Papstes in bissig kommentierter, als unchristlich verstandener Handlung gegenübergestellt: ein propagandistisches Werk von großer Eindringlichkeit. Aber sollte man nicht meinen, dass es einer gewissen Zeit bedurfte, bis eine solche polemische Aussage aus der kleinen Form der Grafik auf die Mitteltafel eines Altars hinüberwechseln konnte? Dann wäre die Datierung völlig neu zu überdenken: nach 1521 auf jeden Fall, vielleicht aber auch erst in die 30er Jahre.

Die »Austreibung der Wechsler« (Abb. 4) trägt die Überschrift: »Die Wucherer Christus ußtreibt vom Tempel sein« – während das Blatt mit dem Papst überschrieben ist: »Mit Bullen, Bannbrieffen zwingt sy der Papst wied – hinein.« So finden wir in der »Austreibung der Wechsler« ein Beispiel dafür, wie Themen in sich verändernden Zeiten unterschiedlich gesehen und verstanden werden konnten. Als das Gemälde angeblich 1509/10 entstand, gab es die Ablassdiskussion noch nicht oder nicht in der Form

Abb. 3: Lucas Cranach d. Ä.
Die Austreibung der Wechsler und Händler aus dem Tempel in Jerusalem
um 1509/10 oder später
Öl auf Lindenholz, 147 × 100 cm
Gemäldegalerie Alte Meister, Staatliche Kunstsammlungen Dresden
Gal.-Nr. 3861

Abb. 4: Lucas Cranach d. Ä.
Die Austreibung der Wechsler und Händler aus dem Tempel in Jerusalem
aus dem Passional Christi und Antichristi, 1521
(vgl. Kat.-Nr. 133)

wie nach 1517, dem Jahr von Luthers Thesenanschlag. Die Aussage war zu dieser Zeit relativ allgemein, war religiös und moralisch, nicht historisch konkret. Doch nach 1517 gewann eine derartige Komposition, zumal in der Gegenüberstellung mit dem Geld zählenden Papst, eine vorher kaum zu ahnende, nicht mehr nur religiöse, sondern auch politische Aktualität.

Was die Überschriften der Blätter knapp sagen, wird in den langen Bildunterschriften ausgeführt. »Hie sitzt der Antichrist im Tempel Gotts«, heißt es da, »und unterdruckt die heilig Schrift, vorkäuft Dispensation, Ablaß, Pallia, Bisthum, Lehen«. Das Oberhaupt der Kirche handelt wie ein schlechter weltlicher Herrscher: Wir sind mitten in unserem Thema »Glaube und Macht«.

»Segnete mich und verzieh mir«

Die Plünderung Roms 1527

»Ich kniete nieder und bat ihn, er möchte mir diesen Totschlag und die übrigen, die ich von hier aus im Dienste der Kirche begangen hatte, vergeben. Darauf erhub er die Hand und machte ein gewaltiges Kreuz über meine ganze Figur, segnete mich und verzieh mir alle Mordtaten, die ich jemals im Dienste der Apostolischen Kirche verübt hatte und noch verüben würde. Ich ging wieder hinauf, fuhr fort zu schießen und traf immer besser«; der so von sich berichtete, war der berühmte Goldschmied und Bildhauer Benvenuto Cellini. Seine Autobiographie, die 1728 zuerst in italienischer Sprache erschienen ist, hat kein Geringerer als Johann Wolfgang von Goethe übersetzt und 1803 deutsch veröffentlicht.
Cellini berichtet vom »Sacco di Roma« 1527, von der Erstürmung und Plünderung Roms durch die Söldnertruppen Kaiser Karls V. Beinahe wäre Papst Klemens VII., ein Medici, im Vatican niedergemetzelt worden. Er konnte sich, dank der treuen Aufopferung seiner Schweizergarde, in letzter Minute in die Engelsburg retten. Dort diente ihm Cellini, der Tage zuvor schon (glauben wir seinen eigenen Angaben) den Herzog von Bourbon von den Mauern Roms aus durch Büchsenschüsse getötet hatte, als Kanonier. Der Papst sah die präzisen Schüsse mit Verwunderung und erteilte dem Schützen Absolution.
Mitten in unser Thema »Glaube und Macht« führt uns diese blutige Episode, die in der Ausstellung durch Kupferstiche von Dirk Coornhert nach Zeichnungen von Maerten van Heemskerk (Kat.-Nr. 387) veranschaulicht ist. Wir verstehen: Der Papst ist auch weltlicher Herrscher, nämlich im Kirchenstaat. Als solcher gerät er in Gegensatz zum Kaiser, der mit seinem Feldzug und der Erstürmung Roms nicht das Papsttum und die Kirche treffen will, sondern das Haupt eines politisch wichtigen, damals mit Frankreich verbündeten Staatswesens: den Papst als politische Partei. In dieser Verbindung weltlicher und geistlicher Ansprüche lag unendliches Konfliktpotential.
Schon zehn Jahre vor dem »Sacco di Roma« hatte Martin Luther 1517 in Wittenberg seine Thesen veröffentlicht, die zu einer gründlichen Reform der Kirche aufriefen und schließlich zur Reformation führten, deren entschiedener Gegner Kaiser Karl V. zeitlebens blieb. 30 Jahre nach dem Thesenanschlag und 20 Jahre nach der Plünderung Roms kam es 1547 zur Schlacht bei Mühlberg. Das Heer des »Schmalkaldischen Bundes« wurde besiegt und der sächsische Kurfürst Johann Friedrich der Großmütige gefangen genommen. Anders als Papst Klemens VII. fand er keinen Zufluchtsort wie die Engelsburg. Weder Wittenberg noch Torgau konnten ihm Schutz bieten. Die Sache der Reformation schien verloren. Doch wieder vermischten sich religiöse und politische Bestrebungen – und alles kam ganz anders.

»Da fiel das feur des HERRN [h]erab ...«

Das Titelbild der 2. Sächsischen Landesausstellung

Sehr anders geht es auf einem Gemälde aus dem Jahre 1545 zu, das Lucas Cranach d. J. zugeschrieben wird: »Elias und die Baalspriester«(Abb. 5). Mit gutem Grund ist dieses Bild, das nach bisheriger, neuerdings in Frage gestellter Annahme in der Schlosskapelle in Torgau gehangen hat, ehe es im 18. Jahrhundert in die Dresdner Gemäldesammlung gekommen ist, zum Titelbild der 2. Sächsischen Landesausstellung geworden. Die Zeiten hatten sich geändert seit dem Entstehen des »Katharinenaltars« 1506. Unversöhnlich standen sich nun die Lager gegenüber: Katholische, Lutherische, Reformierte. Unter dem Vorwand, eine Geschichte aus dem Alten Testament zu erzählen, wird auf Spannungen und Gegensätze damaliger Gegenwart hingewiesen, bei stärkster Parteinahme. Die Guten und die Bösen sind klar geschieden. Der Maler nimmt Partei; und der König des Alten Testaments trägt einen Mantel, der zum Ornat der Kurfürsten des Heiligen Römischen Reiches gehören könnte.

Was für ein Bild! Eine weite Landschaft mit großem Wasserlauf und Bergen im Mittel- und Hintergrund, eine gedrängte Menschenmenge im Vordergrund; im Zentrum aber, alles beherrschend in Farbe und Form, sind Feuer, Rauch und eine große Wolke dargestellt. Fühlt man sich nicht an Rauchpilze über gewaltigen Explosionen erinnert, wie man sie erst aus dem 20. Jahrhundert kennt – und fragt sich, woher denn Cranach solche Explosionen und solche Wolken gekannt haben könnte? Oder war er imstande, ein solches elementares Ereignis künstlerisch zu schauen, ohne es je gesehen zu haben? Ein Feuer, das Wasser verzehrt.
Beim Betrachten des Bildes stellen sich Fragen, deren Antworten man nur in der Bibel findet, im Alten Testament, Buch der Könige I, Kap. 17: König Ahab hatte es zugelassen, dass die Propheten des Gottes Jahwe verfolgt und getötet wurden. Nur Elias war entkommen, hatte sich in die Einöde zurückgezogen und vorhergesagt, dass großes Unglück über Israel kommen und kein Regen fallen würde. Nach drei Jahren Dürre und Hungersnot trat Elias, auf Jahwes Geheiß, dem König Ahab wieder gegenüber, der erzürnt ausrief: »Bistu der Israel verwirret? Er aber sprach / Ich verwirre Israel nicht / sondern du und deins vaters Haus / damit / das jr des HERRN gebot verlassen habt / und wandelt Baalim nach /.«
Elias forderte Ahab auf, die Propheten des Baal und das ganze Volk Israel auf dem Berg Karmel zu versammeln; in der Luther-Bibel von 1534 heißt es: »Da trat Elia zu allem volck / und sprach / Wie lang hincket jr auff beide seiten? Ist der HERR Gott / so wandelt jm nach / Ists aber Baal / so wandelt jm nach / Und das volck antwortet jm nichts. Da sprach Elia zum volck / Ich bin allein verblieben ein Prophet des HERRN / Aber der Propheten Baal sind vierhundert und funffzig man / So gebt uns nu zween farren / und lasst sie erwelen einen farren / und jn zu stücken und auffs holtz legen / und kein feur dran legen / so will ich den andern farren nehmen / und aufs holtz legen / und auch kein feur dran legen / so rufet jr an den namen ewres Gottes / und ich will den namen des HERRN anruffen / welcher Gott nu mit feur antworten wird / der sey Gott.«
Elias Vorschlag wurde angenommen. Der Prophet forderte die Priester des Baal auf, einen Opferstier auszuwählen, ihn für das Brandopfer vorzubereiten, aber das Feuer nicht zu entzünden, sondern deswegen Baal anzurufen, was sie auch taten: »von morgen bis an den mittag / und sprachen / Baal erhöre uns / Aber es war da keine stimme / noch antwort / Und sie hüpffeten umb den Altar / wie jre gewonheit war / Da es nu Mittag ward / spottet jr Elia / und sprach / Rufft laut / denn er ist ein Gott / Er tichtet / oder er hat zu schaffen / oder er ist uber feld / oder schlefft vielleicht / das er auff wache /.«
Das Gebet der Baalspriester blieb unerhört. Elias aber »nam zwelff steine / nach der zal der stemme der kinder Jacob (zu welchem das wort des HERRN redet / und sprach / Du solt Israel heissen) und bawet von den steinen einen Altar im namen des HERRN / und macht umb den Altar her eine gruben /.« Zuerst ließ er das Stieropfer und das Holz mit vier Kannen Wassers übergießen, dann ein zweites und ein drittes Mal, »Und das wasser lieff umb den Altar her / und die grube ward auch vol wassers.« Als die Zeit herangekommen war, rief der Prophet Gott an und bat ihn, das Opfer zu entzünden. »Da fiel das feur des HERRN [h]erab / und frass / Brandopffer / holtz / stein und erden / und lecket das wasser auff jnn der gruben. Da das alles volck sahe / fiel es auf sein angesicht / und sprachen / Der HERR ist Gott / Der HERR ist Gott / Elia aber sprach zu jnen / Greifft die Propheten Baal / das jr keiner entrinne / und sie griffen sie / Und Elia füret sie hinab an dem Bach Kison / und schlachtet sie daselbs.«
Mit dieser blutigen Entscheidung war auch das Ende der Dürre nahe. Elias bestieg den Berg Karmel »und bücket sich zur erden / und thet sein heubt zwisschen seine knie / und sprach zu seinem knaben / Gehe hinauff / und schawe zum meer zu /.« Der Knabe sah nichts. Erst als er das siebente Mal auf den Berg gestiegen war, um Ausschau zu halten, konnte er berichten: »Es gehet eine kleine wolcke auff aus dem meer / wie eins mans hand /« [...] Und ehe man zu sahe / ward der himel schwartz von wolcken und wind / und kam ein grosser regen /.«

Jede dieser Episoden ist auf dem Bild geschildert: Die beiden unterschiedlichen Altäre, am linken Elias, um den rechten tanzend die Baalspriester und in der Mitte, im roten Mantel mit Hermelinkragen, König Ahab. Die Kannen, mit denen das Wasser herbeigeschleppt wurde, trägt ein würdiger Greis: Es ist unverkennbar Lucas Cranach d. Ä. Rechts auf dem Berg sehen wir Elias, hingekauert, den Kopf zwischen den Kien, gnomenhaft. Am steilen Hang steht der Knabe, der, nachdem er den Berg siebenmal bestiegen hatte, die Wolke sah, die aus dem Meer aufstieg, anzuschauen wie eine menschliche Hand.

Links im Mittelgrund aber bemerken wir die schreckliche Szene der Tötung der Baalspriester. Sie wurden abgeführt, am Ufer des Baches Kison entkleidet, dann enthauptet, die Leichen zerstückelt und ins Wasser geworfen. Hier war der Maler ausführlicher als der Bibeltext! Woher kamen diese Details der Exekution? Davon berichtet weder das Alte Testament, noch Flavius Josephus in den Jüdischen Altertümern.

Für heutige Betrachter muss es nicht nur befremdlich, sondern schockierend sein, bis zu welchem Grade die Intoleranz gegen Andersgläubige getrieben ist. Schockierend, weil an keine Zeit gebunden, nicht nur historisch, sondern auch in der Gegenwart möglich und beinahe täglich irgendwo auf der Welt zu erleben. Unvermittelt tritt das Thema »Glaube und Macht« aus der Geschichte, wird zur Frage an uns selbst.

Brutalität gegen Andersgläubige kennen wir als das Handeln der heidnischen römischen Kaiser, ihrer Statthalter und ihrer Schergen aus dem Schicksal der christlichen Märtyrer. Wir denken an Leben und Tod der heiligen Katharina. Aber heißt es nicht hier, bei Elias: Töten im Namen Gottes? Vom Maler propagandistisch ins Bild gesetzt und in die Reformationszeit geholt allein schon dadurch, dass Cranach d. Ä. die Wasserkannen trägt. Man kann nicht umhin zu glauben, dass der Anspruch auf allein richtige Auslegung der Heiligen Schrift verbunden war mit der Rechtfertigung rigoroser Taten, im äußersten Falle auch mit der Rechtfertigung zu töten. Sollten Lutheraner durch das gemalte Beispiel ermutigt werden, so mit Christen umzugehen, die keine Lutheraner waren?

Wenn wir uns daran erinnern, dass Lucas Cranach d. Ä. sowohl für Luthers Beschützer Friedrich den Weisen als auch für Kardinal Albrecht von Brandenburg und für den katholischen Herzog Georg den Bärtigen in Dresden gearbeitet hat, dann spüren wir, wie sich in wenigen Jahrzehnten in Deutschland nicht nur die reale politische Situation, sondern auch das geistige Klima verändert hatte. Zwei Jahre nach dem Entstehen des Bildes, 1547, brachte die Schlacht bei Mühlberg das Aufeinandertreffen der verfeindeten Lager in einer komplizierten Verquickung von Fragen des Glaubens mit dem Streben nach Macht.

Das Bild ist voll von malerischen Erfindungen, ist unglaublich einprägsam. Nicht nur die Brandwolke über dem Altar des Elias und die Feuerzungen auf dem Wassergraben um diesen Altar herum, nicht nur die Wolkenhand auf dem See und die groß gesehene Landschaft muss man in dieser Hinsicht nennen, auch der Wald von bunten Stangenwaffen, der über dem wirklichen Wald hinter dem Alter der Baalspriester erscheint, ist eine solche, unglaublich modern wirkende Erfindung. Es sind die schönen Waffen der Schergen, die selbst hinter den Bäumen verborgen bleiben und von denen die Baalspriester zum Schlachten geführt werden. Bei diesen Waffen musste Cranach wahrscheinlich nichts erfinden: Es gibt eine Rechnung vom Juli 1542, die belegt, dass er solche Waffen selbst in seiner Werkstatt zu bemalen hatte; es heißt dort unter anderem: »3 Gulden für 40 Hellebarden rot anzustreichen und zu firnissen.« Man darf davon ausgehen, dass es sich bei diesem Auftrag nicht um einen Sonderfall handelte.

Vergleichen wir den »Katharinenaltar« mit »Elias und die Baalspriester«, dann spüren wir den grundsätzlichen Unterschied. Was die Historiker beschreiben und erläutern im Gang der Entwicklung an Ereignissen und Dokumenten, in handelnden Personen und großen Bewegungen, das erleben wir in den vorgestellten Kunstwerken, obwohl sie thematisch gesehen nicht die Begebenheiten der Reformationszeit schildern: Sie spiegeln im Gewand religiöser Historien auf deutliche Weise Tendenzen und Befindlichkeiten der jeweiligen Entstehungszeit.

Abb. 5: Lucas Cranach d. Ä.
Elias und die Baalspriester, 1545
Öl auf Lindenholz, 127,5 × 242 cm
Gemäldegalerie Alte Meister,
Staatliche Kunstsammlungen Dresden,
Gal.-Nr. 1941

Friedrich der Weise als Auftraggeber des »Katharinenaltars« war unbeteiligt anwesend; handeln musste er nicht. Knapp 40 Jahre später trat der alttestamentarische König Ahab wie ein Kurfürst (allerdings mit Turban) auf: Von ihm wurde die Entscheidung erwartet. Eine blutige Entscheidung; und Lucas Cranach d. Ä. trug die Wasserkannen! Auch er war einbezogen in das biblische und gleichzeitig so gegenwärtige Geschehen, konnte nicht einfach nur zuschauen, musste mittun – und stand damit in einer Ereigniskette, an deren Ende wir die Tötung und Zerstückelung der Baalspriester sehen.

»Die erste Quelle dieses Unglücks«

Cranachs große Jagdbilder der 40er Jahre

Zwei Jahre vor der Schlacht bei Mühlberg gemalt, ist dieses Bild, »Elias und die Baalspriester«, eine ideologische Vorbereitung auf die erwartete militärische Auseinandersetzung zwischen der katholischen und der lutherischen Seite gewesen, einer Entscheidungsschlacht, von der Männer wie Cranach d. Ä. vielleicht bis zuletzt gehofft haben, dass sie vermieden werden könnte. Seine großen Jagdbilder, auf denen der lutherische Kurfürst Johann Friedrich der Großmütige und Kaiser Karl V. gemeinsam jagen, scheinen es zu belegen. Zwei von diesen Gemälden, eines aus dem Prado in Madrid, entstanden ein Jahr vor dem Elias-Bild, das andere aus dem Museum in Cleveland/Ohio, können in der 2. Sächsischen Landesausstellung gezeigt werden.
Vor der eindrucksvollen Kulisse von Schloss Hartenfels in Torgau beweisen Kaiser und sächsischer Kurfürst gemeinsam ihre weidmännische Stärke. Eine weit über das Thema der Jagd hinausgehende Deutung wird besonders nahegelegt, wenn man bedenkt, dass diese Jagden an diesem Ort zu dieser Zeit überhaupt nicht stattgefunden haben. Sie waren politische Wunschbilder: Einheit war geboten. Doch die Gegensätze erwiesen sich als stärker.
1529 war ein erster türkischer Angriff auf das Heilige Römische Reich erfolgt. Dadurch veranlasst, schrieb Georgius Agricola seine berühmte »Türkenrede« von 1538. Er mahnte zur Einheit gegen die äußere Bedrohung, wandte sich besonders an die Mächtigen und hielt ihnen vor, »dass sie im gegenseitigen Haß und in inneren Kriegen ihre Kräfte aufreiben, während inzwischen ein Feind ihr Hab und Gut bedroht und sich ihnen in den Nacken setzt, der mit jeder Art Verbrechen des Unglaubens und der Rohheit vertraut ist, der Türke.« Die Mahnung wurde zwar gehört, der innere Zwist jedoch ging weiter und nahm immer bedrohlichere Formen an.
Adam Friedrich Glafey bemerkte dazu 1737 in der zweiten Auflage seines Buches »Kern der Geschichte des Hohen Chur- und Fürstlichen Hauses zu Sachsen«: »Die erste Quelle dieses Unglücks war unstreitig der Haß der Catholicken wider die Protestanten wegen vorgenommener Religions-Veränderung, welchem die Protestanten dadurch vorbeugen wolten, dass die meisten davon zu Schmalkalden in ein Bündnis traten, welches zwar Anfangs nicht gleich zu thätlichen Einfällen geriet, aber nach Lutheri Tode (der in seinem Leben immer von aller Thätlichkeit abgemahnet) in ein offenbares Krieges-Feuer ausgebrochen.«
Die Parteien im Reich standen sich schließlich unversöhnlich gegenüber. Aber was war das für eine Zeit! Kolumbus hatte Amerika entdeckt. Die Welt der Europäer wurde größer, schauten sie nach Westen, über den Atlantik. Aber gleichzeitig wurde die Welt der Christen immer kleiner, wenn sie nach Südosten schauten: Die Türken drangen ständig weiter in Richtung auf die Mitte Europas vor. Einheit wäre nötig gewesen, um dieser Bedrohung begegnen zu können. Das wurde durchaus gesehen, wurde von klardenkenden Männern wie Georgius Agricola eingefordert, blieb aber Illusion.

»kam es zu der bekandten Bataille bey Mühlberg«
Tizian malt den Kaiser als Sieger

Als Kaiser des Heiligen Römischen Reiches herrschte Karl V. über Deutschland und über Teile Italiens, außerdem über die im »Burgundischen Kreis« vereinigten Provinzen der Niederlande sowie als König über Spanien und dessen neue, überseeische Besitzungen. Er war eine überragende politische Gestalt seiner Zeit, an Macht auch seinem schärfsten Rivalen, dem französischen König Franz I. überlegen.
Mit seinem ausgesprochenen Sinn für die bildenden Künste hatte der Habsburger den Rang der Malerei Tizians bald erkannt. Er suchte den venezianischen Künstler an sich zu binden und sammelte seine Werke. Tizian traf mehrfach mit Karl V. zusammen; eine Reihe von Bildnissen zeugt davon. Der Sieg des Kaisers in der Schlacht bei Mühlberg bot einen besonderen Anlass: Beim Reichstag in Augsburg 1548 war der Auftrag erteilt worden für das lebensgroße Reiterbildnis, das mit Darstellungen des heiligen Georg im Drachenkampf verglichen worden ist. Man kann sich aber auch an den Reiter in Dürers berühmtem Kupferstich »Ritter, Tod und Teufel« von 1513 erinnert fühlen: Unbeirrbarkeit hier wie dort. Auch in Tizians großem Bild spüren wir nichts von lautem Triumph, von zur Schau gestellter Freude über die Niederwerfung der Feinde. Es spricht von erhabenem Gleichmut, lässt Karl V. als gestrengen Schirmer der Religion und der Reichseinheit erscheinen.
Der Kaiser galoppiert auf einem edlen spanischen Pferd. Er trägt eine Rüstung, die noch heute in der königlichen Rüstkammer in Madrid gezeigt wird (wie auch die Rüstungen von Moritz und von Johann Friedrich dem Großmütigen, des Verbündeten und des Gegners, sich erhalten haben – und in der Ausstellung gezeigt werden). Aus historischem Anlass ist ein Bildnis von zeitlosem Rang entstanden: Dass es für die Ausstellung als Leihgabe nicht zu erlangen war, ist aus konservatorischen und anderen musealen Gründen verständlich, wenngleich zu bedauern.
Es war dieser Reichstag zu Augsburg 1548, auf dem Herzog Moritz in aller Form mit der sächsischen Kurwürde belehnt wurde, während sein besiegter Vetter Johann Friedrich ein Gefangener des Kaisers war. »Hierauf kam es zu der bekandten Bataille bey Mühlberg«, schrieb Adam Friedrich Glafey dazu 1737, »mit welcher der Chur-Fürst [...] seine Freyheit und Chur-Würde verlohr, davon die letztere an Hertzog Moritzen gegeben wurde.«

»ist ein behertzter streitbar fürst gewest«
Die Kurfürst-Moritz-Legende

Zeiten der Spannung und Bedrohung lassen Missstände deutlich werden, deutlicher als sonst. Sie lassen auch Hoffnungen wachsen und Begeisterung. Soziale Spannungen kamen in der Reformationszeit hinzu; wie groß mussten diese Spannungen sein, um schließlich zu der Bauernerhebung von 1525 zu führen? Bei deren blutiger Niederschlagung sehen wir den Reformator auf der Seite der Fürsten. Nur durch deren Interesse und Macht, nur im Einvernehmen mit den Fürsten konnte sich die lutherische Reformation entwickeln und ausbreiten.
Kurfürst Moritz von Sachsen, an dessen 450. Todestag im Jahre 2003 zu erinnern war, hat als Lutheraner seine Machtposition an der Seite des Kaisers ausgebaut, dann aber, wieder im Interesse der eigenen Macht, gegen den Kaiser gekämpft und so die Sache der Reformation gerettet. 1549 hielt er sich am Hof von Herzog Ercole II. d'Este in Ferrara auf; man schmiedete weitreichende politische Pläne, bei denen »Macht« eine weit größere Rolle spielte, als »Glaube«. In Ferrara dürfte Moritz aber auch Tizians »Zinsgroschen« gesehen haben und ein großes Gemälde von Dosso Dossi: »Herkules und die Pygmäen«. In der Herrscherikonographie spielte Herkules seit jeher eine wichtige Rolle.

Der Kampf mit den Pygmäen ist keine der »kanonischen« Taten des antiken Helden. Die Erzählung findet sich in den Bildbeschreibungen des antiken griechischen Schriftstellers Philostrat; Goethe hat sich mit Philostrat beschäftigt und 1818 bemerkt: »Herkules und die Pygmäen; köstlicher Gegensatz«. Worum geht es? Herkules hatte Antäus besiegt. Erschöpft ruhte er aus und schlief ein. Das Volk der Pygmäen, in der Überzeugung, mit Antäus verwandt zu sein, wollte dessen Tod rächen und begann, den schlafenden Helden zu attackieren. Herkules erwachte endlich – und die Lächerlichkeit des Angriffs wurde deutlich.
Wieder in Sachsen, gab Moritz bei Lucas Cranach d. J. Bilder dieser Thematik in Auftrag. Zwei davon besitzt die Dresdner Gemäldegalerie Alte Meister noch heute: »Der schlafende Herkules und die Pygmäen« (Kat.-Nr. 364) sowie »Der erwachte Herkules und die Pygmäen« (Kat.-Nr. 365). Die Aussage war damals und ist heute unverkennbar als Anspielung auf die Person des jeweiligen Auftraggebers. Der Herzog von Ferrara (der selbst Ercole, also Herkules hieß) genauso wie der Kurfürst von Sachsen wollten ihre Leistungen oder zumindest ihre Möglichkeiten mit denen des Herkules verglichen sehen. Wenn dann noch, wie bei Dosso Dossi und bei Cranach d. J., gewisse Ähnlichkeiten mit Ercole II. beziehungsweise Moritz festgestellt werden konnten, wird der Bezug zur damaligen Gegenwart nur umso überzeugender.
So arbeitete schon Moritz selbst an der mythologischen Verklärung seines Wirkens. Später, nach seinem Tode 1553, waren es sein Bruder, Kurfürst August, dann nachfolgende Wettiner albertischer Linie, besonders Kurfürst Christian I., die sich im Interesse der Legitimation der eigenen Position darum bemühten, das Andenken an Moritz zu heroisieren und zu verklären. Die posthumen Bildnisse zeugen davon.
Bei Heinrich Göding gab Kurfürst Christian I. 1589 ein lebensgroßes, ganzfiguriges Porträt von Moritz in Auftrag, das unverkennbar im Typus an Bildnisse des Kaisers, Karls V., und hoher kaiserlicher Gefolgsleute angelehnt war (Kat.-Nr. 385). Der gerüstete Wettiner steht in einer Landschaft, im Feldherrenzelt, den Kommandostab in der Hand. Im Hintergrund sehen wir die Belagerung oder den Entsatz einer Stadt: Sächsische Truppen kämpfen als Kontingent des Reichsheeres mit Türken.
Man muss diese Kriegsszene auf eine gefährliche Episode im Leben von Moritz im Jahre 1542 beziehen. Wir lesen bei Georgius Agricola, »Die Sippschaft des Hauses zu Sachsen. Vier Bücher« 1555, dass Moritz mit vielen Soldaten nach Ungarn gegen die Türken gezogen sei, und zwar bis vor die von den Türken besetzte Stadt Pest: »alldo ist an einem Sontage ein Sansacke [eine Abteilung Soldaten] mit 1500 pferden herausgefallen und ein scharmützel angefangen / doreint Hertzog Moritz selbte dritte gewuscht [selbst hinein verwickelt] und den Turcken also in die hende kommen«. Nur durch die Aufopferung eines seiner Leibjäger, der sich schützend über ihn warf, wurde er gerettet. Unser Bild spielt darauf an. Es zeigt einen großen Fluss, es könnte die Donau sein, und eine sehr große Stadt an beiden Ufern: Es ist Pest auf der flachen Seite, Buda auf dem Berg, auch wenn man keine topographisch exakte Darstellung vor sich hat.
Moritz als Beschützer des Reiches, der sein Leben aufs Spiel gesetzt hat im Kampf gegen die Ungläubigen, gemalt, wie auch der Kaiser dargestellt wurde. In der verklärten Erinnerung sollte nicht das politische Lavieren, das Wechseln der Seiten bleiben, sondern Moritz als Streiter für das Reich, gegen die türkische Bedrohung, die auch eine Bedrohung des Christentums war, unabhängig von der Konfession: »Hertzog Moritz ist ein behertzter streitbar fürst gewest«, schrieb Georgius Agricola 1555. Er war auch ein kühn denkender, im Sinne Niccolò Machiavellis dem Zweck viele Bedenken unterordnender Politiker.

»und heisst auf Deudsch Gute botschafft«

Geschichte im Blick der Gegenwart

In Martin Luthers Vorrede zum Neuen Testament von 1534 lesen wir: »Denn Evangelion ist ein Griechisch wort / und heisst auf Deudsch Gute botschafft / gute mehre / gute newe zeitung / gut geschrey / davon man singet / saget und frölich ist.« Es war eine Zeit des Aufbruchs, diese erste Hälfte des 16. Jahrhunderts, mit der sich unsere 2. Sächsische Landesausstellung beschäftigt. Aber war die Botschaft immer gut, immer fröhlich? Die Menschen erlebten epochale Umbrüche auf allen Gebieten, im Glauben, aber auch in der Welt des Geistes und der Kunst. Die intensive Beschäftigung mit der Antike prägte sich wissenschaftlich als Humanismus und in der Kunst als Renaissance aus. Das ganze bestehende Weltbild veränderte sich. In Wissenschaft, Philosophie, Literatur, Architektur und bildender Kunst entstanden Höchstleistungen, die wir bis heute bewundern.

Schließlich wurde alles das überlagert von den starken Versuchen, eine Reform der Kirche in Gang zu bringen, Bemühungen, die mit der Zeit immer radikaler wurden und schließlich dazu führten, dass sich neben der katholischen die lutherische und die reformierte Kirche nach blutigen Auseinandersetzungen etablierten. Von diesen Kämpfen berichtet die Geschichtsschreibung; und wie die weltlichen und die kirchlichen Herren, der Kaiser und die Fürsten des Reiches, die europäischen Könige und der Papst sich in diesen Auseinandersetzungen verhielten, das ist Gegenstand unserer Ausstellung – gesehen aus sächsischer Perspektive, aber der Blick nicht auf Sachsen begrenzt.

Daran muss denken, wer die Epoche verstehen will, an die wir uns mit der Torgauer Ausstellung annähern; und auch die Kunstwerke erschließen sich besser, ja, vielleicht überhaupt nur dem, der sich mit der Geschichte der Reformationszeit beschäftigt. Das sei hier wiederholt. Wenn aber aus dem Verstehen ein Erleben, ein Nacherleben der Geschichte werden soll, dann sind Kunstwerke und beispielsweise die Gemälde von Lucas Cranach dem Vater und Lucas Cranach dem Sohn dazu auf besondere Weise geeignet. Man vergisst es nicht wieder, wenn man gesehen hat, wie »das feur des HERRN [h]erab« gefallen ist; und man möchte wissen, warum es zu soviel Intoleranz kommen konnte, wie wir sie in der Niedermetzelung der Baalspriester erleben. Wir werden auch in Erinnerung behalten, dass Cranach d. Ä. die Wasserkannen getragen hat. Warum? Weil die Künstler, mitten aus ihrer Zeit heraus, als Betroffene Position bezogen haben – oder die Position ihrer Auftraggeber zur Darstellung brachten. So fordern sie uns auf, unseren eigenen Standpunkt zu finden, nicht nur im Verhältnis zu den Ereignissen der Geschichte, sondern in unserer Zeit.

Kirche und Frömmigkeit um 1500

Um 1500 waren Glaube und Macht eng miteinander verknüpft: So konnte beispielsweise der gewählte deutsche König nur durch den Papst zum Kaiser gekrönt werden, um das Gottesgnadentum zu erlangen. Der christliche Glaube bestimmte im ausgehenden Mittelalter in Europa den Alltag und das Leben der Menschen. Eine tiefe Frömmigkeit und Heilssehnsucht, die sich in riesigen Reliquiensammlungen und Ablassankäufen äußerte, prägte die Zeit. Durch Pilgerfahrten, Stiftungen und Gebete versuchten die gläubigen Christen, die Furcht vor dem ungewissen Jenseits zu mildern. Von einer Auflösung der mittelalterlichen Welt kann in Bezug auf die kirchliche Geschlossenheit nicht gesprochen werden. Der Papst, Oberhaupt der christlichen Kirche, weilte als Inhaber der geistlichen Macht in Rom.

In der Zeit der Renaissance bildete sich ein neuer Typus der Päpste heraus, der dem der weltlichen Fürsten glich. Die Renaissancepäpste waren – bis auf wenige, kurzlebige Ausnahmen – mächtige Herrscher und Staatsmänner. Sie führten kostspielige Kriege zur Erweiterung des Kirchenstaates und des eigenen Machtbereichs. Nepotismus, Simonie (Ämterhandel) und dynastisches Denken prägte ebenso ihr Handeln wie Mäzenatentum, Verschwendungssucht und Unsittlichkeit. Der päpstliche Hof stand denen der übrigen weltlichen wie geistlichen Territorialfürsten in nichts nach.

Die Durchsetzung eigener Vorhaben zwang die Herrscher zur Suche nach finanz- und schlagkräftigen Verbündeten. Auch der Kaiser war hierin von den Ständen abhängig, denn sie mussten ihm die Mittel bewilligen. Geistliche und weltliche Obrigkeiten standen sich ebenso gegenüber wie Kaiser und Reichsstände oder Landesherrn und Landstände. Gerade zu Beginn der Neuzeit versuchten sie alle, ihre Herrschaftsbasis zu verstärken. Im Mittelpunkt dieser Machtkämpfe stand sowohl der Kampf um die Vorherrschaft zwischen weltlicher und geistlicher Macht als auch der Dualismus zwischen den Habsburgern und Frankreich.

Cecilie Hollberg

1

1
Hans Hesse
Wolfgangsaltar
um 1515

Holz, Mitteltafel 110 × 88,5 cm, Seitenflügel 110 × 36 cm, Predella 28 × 106 cm
Ev.-Luth. St. Katharinenkirche Annaberg-Buchholz

1

Die ursprüngliche Bestimmung des Retabels ist nicht mehr nachweisbar. Wahrscheinlich ist die Auftragserteilung durch eine in Annaberg oder auch Buchholz ansässige Wolfgangsbruderschaft. Der hl. Wolfgang erfuhr als Schutzpatron der Bergleute allgemeine Verehrung. Aufgegriffen wird die Rahmenerzählung vom lernbegierigen jungen »Knappius« und dem bergverständigen alten »Daniel« aus Rülein von Calws 1500 erschienenem »nutzlich bergbüchleyn«, fußend auf der Legende zur »Erzsuche« Daniels. Im Hintergrund steigt der zum Bergmann mit »Arschleder« gewandelte Daniel auf einen Baum. Ein Engel bedeutet ihm, nicht in den Zweigen, sondern an den Wurzeln nach dem »Schatz« zu suchen. Es ist die erste Darstellung der an legendäre Erzfindungen gebundenen Gründungssage von Annaberg, die später auf der Rückseite des Bergknappschaftsaltars in der Annenkirche zu Annaberg-Buchholz, dem so genannten Bergaltar, eine bereits von der Reformation geprägte reiche Ausformung finden sollte. Der hl. Wolfgang, bestimmt durch sein Attribut, ein Beil, sitzt mitten in einer Bergbaulandschaft. Die von ihm nach der Legende gegründete Kirche steht als Andachtsstätte im Bergrevier. Rings um ihn arbeiten Bergknappen auf den Grubenfeldern. In der Ferne erkennt man die Annaberger Annenkirche mit den einst vorhandenen Dachgiebeln. Die Malerei der Mitteltafel gehört ebenso wie die Flügelgemälde mit einer Mondsichelmadonna und der hl. Katharina zu den reifen selbstständigen Leistungen Hans Hesses. Auf den Rückseiten der Flügel befinden sich Darstellungen von Petrus und Paulus, die Predella zeigt ein Bild mit dem Schweißtuch der Veronika. IS

Literatur:
Neubert 1962; Sandner 1983, S. 49 f.;
Sandner 1993, S. 252 f.

2

2
unbekannter Meister
Zwei Reliefs eines Flügelaltars aus dem ehemaligen Franziskanerkloster in Torgau
Geburt Christi
Anbetung Christi durch die Heiligen Drei Könige
nach 1480

Lindenholz, farbig gefasst, 86 × 88 cm bzw. 86 × 98 cm
Restaurierung 2003/2004
Stadt- und Kulturgeschichtliches Museum Torgau, Inv.-Nr. VI d-10 bzw. Inv.-Nr. VI d-9

Die rückwärtige flache Behandlung weist auf die ursprüngliche Anordnung der Holzbildwerke in einem Altarschrein, der nach Überlieferungen acht Reliefs aus der Heilsgeschichte Christi enthielt. Nach bisheriger Mutmaßung wird das Gesamtwerk als Leistung einer klösterlichen Schnitzerwerkstatt betrachtet. Der Gesamteindruck deutet auf sächsische Herkunft unter Einbeziehung süddeutscher und niederländischer Gestaltungselemente, die damals charakteristisch für das von vielen Nachbarlandschaften abhängige, zentrale Durchgangsland Sachsen waren. Die Thematik als Bestandteil der heilbringenden Szenerie im Stil der ausgehenden Spätgotik wurde spätestens nach 1525 durch die neuen Welterkenntnisse der Reformationszeit abgelöst. Sie bedeutete das Ende derartiger Schutzaltäre, deren gleichbleibende Thematik in kräftiger Bildersprache durch das christliche Dogma des Mittelalters vorgeschrieben war. Dem entspricht die Gestaltung der Figuren, die in kostbare Gewänder der Zeit gekleidet sind, aber auch die enge Unterstützung zur irdischen Welt herstellen sollten.
Die Plastiken treten in charakteristischer Weise aus dem Reliefgrund hervor, wobei die anatomisch richtige Wiedergabe der Körperteile vorerst noch nicht voll ausgebildet ist, die Köpfe mit zum Teil derben Gesichtern zeigen gegenüber den meisterhaft durchgeführten Faltengewändern noch eine gewisse Naivität und unterstreichen die altertümliche Art der Ausführung und die noch konservative Gesinnung der Auftraggeber.
Der Altar wurde schon vor Übernahme in die Sammlung des Torgauer Altertumsvereins 1854 in Teile zerlegt. Nach dem Zweiten Weltkrieg erhielten sich nur die hier gezeigten Exponate. HJK

Literatur:
Veröffentlichung Altertumsverein Torgau 1931, H. XXIII, S. 12; Wienand 1973; Findeisen/Magirius 1976, S. 300 f.

3
sächsisch
Kelch aus der Torgauer Schlosskapelle
1504

Silber, vergoldet, Email, H. 27,5 cm
Torgau, St. Marien, ohne Inv.-Nr.

4
sächsisch
Patene aus der Torgauer Schlosskapelle
1504

Silber, vergoldet, Email, Ø 18,7 cm
Torgau, St. Marien, ohne Inv.-Nr.

4

3

5
südniederländisch
Die Messe Gregors des Großen
um 1519

Öl auf Holz, 75,4 × 60,8 cm
bez. auf dem Saum des Altartuchs:
SA GREGORIAN[...] ORA P[...]
Privatbesitz

Während einer Messe des Papstes Gregor zweifelt einer der Anwesenden an der tatsächlichen Verwandlung von Wein und Brot in Leib und Blut Christi. Daraufhin bittet Gregor um ein Zeichen: Auf dem Altar erscheint Christus selbst und zeigt seine Wundmale. Blut fließt zum Beweis der wahren Verwandlung in den Kelch auf dem Altartisch.
Im Wesentlichen folgt auch der Maler des ausgestellten Gemäldes den Hauptmotiven dieser Erzählung. Sie wurde erst seit dem 14. Jahrhundert aus verschiedenen Motiven zusammengefügt, um die Wahrheit der »Transsubstantiation« im katholischen Glauben zu festigen. So befindet sich in der Kirche S. Croce, Rom, ein berühmtes Gnadenbild, das der Legende nach auf eine Vision Gregors zurückgeht: Ihm sei während der Messe in dieser Kirche der Schmerzensmann erschienen, woraufhin er einen großen Ablass für alle diejenigen ausgesetzt habe, die ihre Sünden beichten, bereuen und kniend Gebete vor dem Gnadenbild sprechen. Von diesem Bild kursierten gerade um 1500 besonders viele Abbildungen, die sogar selbst die Wirkung des Urbildes zugesprochen bekamen.

Das Thema erhält in der Zeit (vor-)reformatorischer Zweifel einige Brisanz. So betonen die Gemälde programmatisch die leibhaftige Erscheinung Christi zusammen mit Engeln, die seine Leidenswerkzeuge vorweisen. In unserem Fall zeigt das Messbuch zusätzlich die Kreuzigung Christi; auf dem Altar stehen unmittelbar vor den Augen Gregors noch Hostienschale und Kelch – das Wunder der Wandlung vollzieht sich.
Damit ist auch das heikle Thema des Ablasswesens präsent. Die Inschrift auf dem Antependium hier schließt die Hoffnung auf die Fürsprache des Papstes zum Erlass der Strafe und zur Sündenvergebung mit ein: »Heiliger Gregor, bitte für uns«, heißt es dort in Latein.
Im vorliegenden Beispiel wird die Verherrlichung der katholischen Kirche besonders ausführlich gestaltet: Gregor ist umringt von weiteren knienden Heiligen in kostbaren Gewändern. Rechts erscheint im Bischofsornat und mit seinem Attribut, einem pfeildurchbohrten Herzen, der hl. Augustinus, davor als Kardinal der hl. Hieronymus mit seinem Löwen. Mit Gregor sind damit drei der vier Kirchenväter zugegen, so dass der vierte, der hl. Ambrosius, vermutlich im Bischof ganz links zu erkennen sein wird. Vor ihm kniet als Diakon im Messgewand der hl. Stephanus, erkennbar an den Steinen seines Martyriums. Als zweiter Messdiener, der wie Stephanus ebenfalls eine hohe Kerze hält, figuriert der hl. Laurentius mit dem Rost als Attribut. Hinten links tritt ein weiterer Kardinal hinzu. Symmetrisch zu ihm zieht auf der anderen Seite ein junger Mann den Vorhang zur Seite, um staunend das Wunder zu sehen, das weiteren Personen im Hintergrund noch verborgen bleibt. Ein Zweifelnder, der nicht an das Wunder der Eucharistie glaubt, fehlt offensichtlich – Zweifel an den Dogmen der katholischen Kirche verbieten sich.

5

6

Der anonyme Künstler schildert brillant die Pracht des Zeremoniells mit kostbaren Brokatstoffen und goldenen Zierraten. Edwin Buijsen brachte das Gemälde in Zusammenhang mit einer südniederländischen Darstellung des Pfingstwunders im Rheinischen Landesmuseum Bonn, die 1519 datiert ist (Inv.-Nr. G.K. 179; briefl. 1. Nov. 1999). Tatsächlich entspricht der Stil der Vordergrundfiguren exakt dem des größeren Bonner Gemäldes, womit eine Datierung auch der Gregorsmesse möglich wird. Die Figuren von Christus und den Engeln auf dem Altar erinnern eher an Arbeiten aus der Werkstatt von Bernaert van Orley, so dass eine Zuordnung konkreter zur Brüsseler Kunst jener Jahre naheliegt. GJMW

Literatur:
unpubliziert; zum Thema siehe: Die Messe Gregors des Großen 1982.

6
Wolf Traut
St. Gregors-Messe mit dem Gekreuzigten als Ursprung der 7 Sakramente
um 1510

Holzschnitt, 27,3 × 37,3 cm
Badische Landesbibliothek Karlsruhe,
Inv.-Nr. 3 aus *Kb 21

7
Lucas Cranach d. Ä.
Christus als Schmerzensmann an der Geißelsäule
1515

Lindenholz, 60 × 52,3 cm
Gemäldegalerie Alte Meister,
Staatliche Kunstsammlungen Dresden,
Gal.-Nr. 1906 D

7

Die Darstellung des Gottessohnes als Schmerzensmann war in der Malerei und Plastik des Mittelalters ein weit verbreitetes Thema und wurde erst nach der Mitte des 16. Jahrhunderts seltener. Im Zeitalter der Reformation war der »Schmerzensmann« in unterschiedlichen Gewichtungen und Auslegungen sowohl bei den Altgläubigen als auch bei Luther und seinen Anhängern präsent. Im Bild des »Schmerzensmannes« wird die Passion Christi (Dornenkrönung, Kreuzigung, Beweinung) sinnbildlich und menschlich aufrüttelnd dargestellt und mit dem Gedanken an die Wiederholung des Opfers Christi in der Eucharistie der Messe verbunden. Christus, der nicht tot, sondern lebend dargestellt wird, zeigt als Schmerzensmann seine Wundmale und verweist so gleichzeitig auf seinen Opfertod und seine Auferstehung.

Albrecht Dürers Titelblatt zur Kupferstichpassion von 1509 (Kupferstich-Kabinett Dresden) zeigt deutlichen Vorbildcharakter für Cranachs »Schmerzensmann an der Säule« und beweist erneut, wie intensiv sich der Wittenberger Hofmaler mit den Werken seines noch berühmteren Kollegen auseinandergesetzt hat. Cranach griff die Darstellung des auf einem mehrstufigen Podest und vor einer Säule stehenden Christus auf. Er folgte dem Dürerschen Vorbild weitgehend auch bezüglich der Haltung, der Kleidung und des Gesichtsausdrucks der Adoranten, Maria und Johannes des Täufers.

Der Vergleich mit dem Dürerschen Kupferstich zeigt jedoch auch, dass Cranach es nicht bei einer Wiederaufnahme des Motivs beließ, sondern dieses als Anregung begriff und verwandelte. Bedeutende Unterschiede zu der Darstellung Dürers bestehen darin, dass Cranach die Komposition räumlich und architektonisch, aber auch um zwei weitere Figuren, die Heiligen Rochus und Sebastian, erweiterte. Die wichtigsten Veränderungen betreffen jedoch die Figur des Schmerzensmannes selbst. So verzichtete Cranach auf das Motiv des Blutstrahls der Seitenwunde, weiterhin sind die Hände Christi bei Cranach vor der Körpermitte übereinander gelegt, als wären sie noch gebunden, und Christus blickt den Betrachter direkt an, der so ganz persönlich angesprochen und zu einem unmittelbaren Zeugen des Opfers Christi wird.

Über den Auftraggeber des Gemäldes ist nichts bekannt. Die Darstellung der Pestheiligen Sebastian und Rochus könnte auf die Entstehung des privaten Andachtsbildes aus konkretem Anlass, d. h. bei Pestgefahr oder bereits herrschender Seuche, hindeuten. Andererseits zählten Sebastian und Rochus zu den Patronen von Kurfürst Friedrich dem Weisen. Dieser hatte Cranach im Jahr 1514 – also ein Jahr vor der Datierung des Gemäldes – nachweislich für ein Bild des »Schmerzensmannes« mit sechs Gulden entlohnen lassen. Angeblich stammt das Gemälde aus der Schlosskapelle in Torgau, was sich jedoch nicht belegen lässt. In die Dresdner Galerie gelangte es – willkürlich mit anderen Werken Cranachs zusammengesetzt – erst im Jahr 1861 aus dem Bildervorrat. Nach dem Zweiten Weltkrieg war das Gemälde verschollen. 2001 konnte es zurückgewonnen werden. KK

Literatur:
Hübner 1862, S. 377, Nr. 1742; Lindau 1883, S. 105; Ebert 1963, S. 86; Schade 1974, S. 407, Dok. 116; Friedländer/Rosenberg 1989, S. 84, Nr. 71.

8

Kopfstück einer spätgotischen Martersäule

um 1500

4 Bildreliefs zur Leidensgeschichte Jesu:
Jesus betet am Ölberg;
Jesus als Schmerzensmann;
Jesus trägt das Kreuz;
Jesus stirbt am Kreuz
Sandstein (?), 34 × 35,5 × 55 cm
Ev.-Luth. Kirche St. Gallus-Kirchgemeinde Sadisdorf

8

»Martern« (vom dargestellten Leiden Jesu Christi) oder Bildstöcke standen im 15./16. Jahrhundert auch in Sachsen an vielen Straßen und Wegen, errichtet als Andachtsbild oder Betsäule. Die Vorübergehenden sollten an die »letzten Dinge« denken und ihre Seele Gott anbefehlen. Man erflehte den göttlichen Beistand auf der Reise, in Pestzeiten und in persönlichen Nöten. In der Reformationszeit ist manches Bild und manche Betsäule als »Götzenbild« beseitigt worden. Weitere Säulen gingen durch Kriege, Säkularisation und Unverständnis verloren. UE

Literatur: Eichler 2003, S. 80.

9

9

Jörg Breu

Der Tod des Gerechten und des Ungerechten

um 1540

Holzschnitt von 8 Blöcken, 98 × 66 cm
Albertina, Wien,
Inv.-Nr. DG 1960/967

10

Erhard Schön

Der Große Rosenkranz

Gegenwurff Christlichs gebets des hymnischen Rosenkrantz

sign., um 1515

Holzschnitt mit Typendruck,
44,7 × 29,9 cm (Blatt)
Kupferstich-Kabinett, Staatliche Kunstsammlungen Dresden, Inv.-Nr. A 1041
Germanisches Nationalmuseum, Nürnberg, Inv.-Nr. H 577

Innerhalb eines Rosenkranzes, bestehend aus fünfmal zehn kleinen und fünf großen – auf das »Vater unser« bzw. »Ave Maria« und das Glaubensbekenntnis bezogenen – Blüten zeigt der Holzschnitt in der Mittelachse die Trinität: Gottvater, umgeben von Seraphim, die Heilig-Geist-Taube und Christus am Kreuz. Daneben ordnet sich beiderseits in vier Registern die himmlische Hierarchie: Maria mit Kind und drei anbetende Engel erscheinen oberhalb des Kreuzbalkens, darunter die Patriarchen und Propheten, Apostel und Evangelisten, dann die Märtyrer und Bekenner, schließlich die Jungfrauen und Witwen.
Neben dieser Stufenfolge der Heiligen findet sich zugleich die aus neun Chören bestehende Engelshierarchie, die nach den Seraphim zunächst im oberen Register die Cherubim und Throne (throni), darunter die Herrschaften (dominationes) und Mächte (virtutes), dann die Gewalten (potestates) und Fürsten (principatus) sowie die Erzengel und Engel versammelt. Über diesem Rosenkranz ist in der Mitte, von zwei Engeln präsentiert, das Schweißtuch Christi (sudarium) mit der vera icon abgebildet, links erkennt man die »Messe des hl. Gregor«, rechts die »Stigmatisation des hl. Franziskus«. Unterhalb des Rosenkranzes knien auf einer Erdzone beiderseits in den Ecken des Bildes anbetend die – sämtlich als Mitglieder der Rosenkranzbruderschaft zu denkenden – Vertreter der kirchlichen und weltlichen Stände, von Papst und Kaiser, beide mit einem Pater noster (wie das Gebetszählgerät zu dieser Zeit noch heißt) in Händen, abwärts.

10

In der abgeteilten unteren Zone schließlich sieht man die Seelen der Verstorbenen im Fegefeuer; fünf Engel sind indessen im Begriff, einzelne dieser Seelen aus der Flammenpein zu erlösen und ins Paradies zu bringen. Die zeitlichen Sündenstrafen dieser Seelen sind – so will der Holzschnitt verstanden werden – vorzeitig abgebüßt infolge des mit einem reichen Ablass begabten Rosenkranzgebets der christlichen Stände auf Erden, deren Frömmigkeitsübung diesen selbst wie den Verstorbenen zugute kommt (den genauen Umfang dieses Ablasses vermerkt der obere Text).
Den Letzteren eröffnet sich überdies durch ihr Gebet ein Blick in die zukünftige Herrlichkeit: Wolkenbänder, welche die Gemeinschaft der Heiligen und Engel in dem Rosenkranz untergliedern, kennzeichnen deren Wiedergabe als himmlische Erscheinung, die durch die ergänzenden Motive offenbar in Parallele gesetzt wird zu den Erscheinungen Gregors des Großen und des hl. Franziskus wie auch zu der Anschauung Christi in der vera icon. TN

Literatur:
Steiner 1984, S. 35; Himmel, Hölle, Fegefeuer 1994, Kat.-Nr. 99; Hollstein, XLVII u. XLVIII: Erhard Schön, hier: XLVII, Nr. 3; Noll 2000.

11

11

unbekannt

Schutzmantelmadonna im Rosenkranz, durch die Trinität gekrönt

Leipzig: Martin Landsberg, um 1500

Holzschnitt, koloriert, mit Typendruck,
17,2 × 17,3 cm
Staatsbibliothek Bamberg, Sign. VI Aa. 20

Ein Rosenkranz aus fünfmal zehn kleinen Blüten und fünf Medaillons (anstelle der größeren Rosen) mit den Wundmalen Christi umschließt die Jungfrau Maria. Die Krone, die von der Trinität über deren Haupt gehalten wird, weist sie als Himmelskönigin (regina coeli) aus, der ausgebreitete Mantel, unter dem sich der Beischrift zufolge Mitglieder des Dominikanerordens drängen, kennzeichnet sie als Schutzmantelmadonna (mater omnium; mater misericordia).

Bereits das älteste, in Griechisch auf einem Papyrusfragment überlieferte Mariengebet (3./4. Jahrhundert), das in Lateinisch zuerst im 9. Jahrhundert begegnet (Sub tuum praesidium) und das die Beischrift auf Deutsch zitiert (Vnther deine beschutzunge), bittet um den Schutz der Jungfrau; im 6. Jahrhundert wird bei Gregor von Tours erstmals der Mantel Marias als schutzgebend erwähnt, im 13. Jahrhundert endlich entwickelte sich das Motiv der Schutzmantelmadonna, das zu den zentralen Bildthemen der spätmittelalterlichen Marienikonographie gehört.

Hatte zuerst der Zisterzienser Caesarius von Heisterbach um 1225 in seinem »Dialogus miraculorum« (VII, 59) von der Vision eines Bruders berichtet, der, in den Himmel entrückt, die Mitglieder seines Ordens unter dem Mantelschutz Marias findet, so übernahmen in der Folge auch andere Orden diese Legende, um entsprechend eine solch bevorzugte Stellung bei Maria für sich zu reklamieren. Hier wird dem hl. Dominikus – durch sein Attribut, einen Hund mit brennender Fackel im Maul, charakterisiert – die Gnade der besagten Vision zuteil.

Der Gründer des Dominikanerordens galt infolge der Propaganda des Dominikaners Alanus de Rupe irrtümlicherweise zugleich als der von Maria direkt dazu beauftragte (Neu-)Begründer des Rosenkranzgebets, was die besondere Nähe zu der Himmelskönigin nochmals bekräftigt. Der Rosenkranz wie die unter dem Mantel Marias sich bergenden Ordensbrüder sind demnach auf Dominikus, auf zwei ihm zugeschriebene Visionen bezogen. Im Übrigen könnte der Rosenkranz als Rahmen für die zentrale Szene aufgegriffen worden sein, um sie – wie bei Erhard Schöns »Himmlischen Rosenkranz« (Kat.-Nr. 10) – als Erscheinung bzw. Vision zu kennzeichnen.

In den Ecken des Blattes erscheinen als vier prominente Mitglieder des Dominikanerordens Petrus Martyr (l. o.), Thomas von Aquin (r. o.), Vinzenz Ferrer (l. u.) und Katharina von Siena (r. u.). Die Beischrift, die zunächst von der Vision des hl. Dominikus berichtet, mündet in die Aufforderung an alle Frommen – Geistliche wie Laien – »mit andechtigen hertzen vnd demutigen geberthe« die Mutter der Barmherzigkeit mit dem genannten Mariengebet um ihren Schutz anzuflehen. TN

Literatur:
Heitz 1918, Taf. 7; Martin Luther und die Reformation in Deutschland 1983, Kat.-Nr. 462;
Bartsch 1992, Nr. 16401.1012, S. 20;
ergänzend: Steiner 1984; Parello 1994, S. 82 – 87.

12

12
Heinrich Vogtherr d. Ä.
Die Madonna erscheint der Herzogin Barbara von Sachsen
o. O. 1514

TH, in: Marcus von Weida: Der Spiegel hochloblicher Bruderschafft des Rosenkrantz
137, 10 Bl., 10 leere Bl., 2 Bl. mit handschriftl. Einträgen, mit Einband 21,5 × 16 × 3,5 cm
Bayerische Staatsbibliothek München, Sign. Res/4 Asc. 1031

Literatur: VD 16, M 962.

13
Meister des Alexiusaltars
Monstranz von zwei Engeln getragen
um 1520

Öl auf Holz, 85 × 56,5 cm
Ev.-Luth. Stadtkirchgemeinde St. Marien und St. Laurentius Dippoldiswalde

Im Spätmittelalter hatte sich für die Gläubigen der Akzent gottesdienstlicher Teilnahme vom kaum mehr als einmal im Jahr praktizierten Empfang der Abendmahlselemente ganz auf die Anbetung der gewandelten Hostie verlagert. Dies geschieht seither sowohl innerhalb als auch außerhalb der heiligen Messe. Für letztere Fälle wird eine Hostie in ein Zeigegefäß, d. h. die Monstranz, gegeben und darin zur Verehrung ausgesetzt. Das Tabernakel für die Aufbewahrung der übrigen gewandelten Hostien befand sich bereits im 15. Jahrhundert des Öfteren in der Predella der Flügelretabel.

13

Das Tafelbild aus Dippoldiswalde mit vielleicht noch originaler seitlicher Rahmung könnte ein (bewegliches) Verschlussbrett dafür gewesen sein. Näher liegt eine Bemalung für die Predellarückseite, die den Ort für die Ehrenbezeugung durch eine Kniebeuge kennzeichnet. Die Engel sind als Kleinkinder wiedergegeben und somit Hinweis auf das Vordringen süddeutsch-donauländischer Einflüsse, die im Rahmen der spätgotischen Malerei die frühe Renaissance ankündigen. FS

Literatur: Hentschel 1939, S. 24 f.

14
Erhard Etzlaub
Das ist der Rom-Weg von meylen zu meylen mit puncten verzeychnet von eyner stat zu der andern durch deutzsche landt
Nürnberg, um 1499

Holztafel-Druck
Niedersächsische Staats- und Universitätsbibliothek Göttingen, Sign. Mapp 2570 RARA
eingeheftet in: Atlas gedruckt zu Ulm 1486 zur Geographie des Ptolemäus
33 Landkarten, astrologische Skizze, 31 × 42 × 4 cm
Nürnberg: Georg Glogkendon 1501
Maße aufgeschlagen 60 × 41 cm
Stadtarchiv Löbau, Sign. 135, V 34344S; II Af I

Im späten Mittelalter reisten neben Händlern, Studenten, Gelehrten und Diplomaten auch zahlreiche Pilger nach Italien bzw. Rom. Um 1499 hatte der Nürnberger Kompassmacher Erhard Etzlaub die Rom-Wegekarte mit den Pilgerrouten zum Heiligen Jahr herausgebracht. Hauptmerkmal der Karten Meister Etzlaubs ist die Südorientierung, damit die Karten mit dem Sonnenkompass eingesetzt werden konnten. Im oberen Bereich der Karte findet sich konsequenterweise die Bezeichnung »Mittag«, unten »Mitternacht«. Der Abstand zwischen zwei dargestellten Punkten beträgt jeweils eine Meile (»von meylen zu meylen mit puncten«). Die Rom-Wegekarte wurde später mit einigen Veränderungen zu einer Karte für den täglichen Gebrauch. CH

Literatur:
Krüger 1958; Imago Germaniae 1996, S. 13.

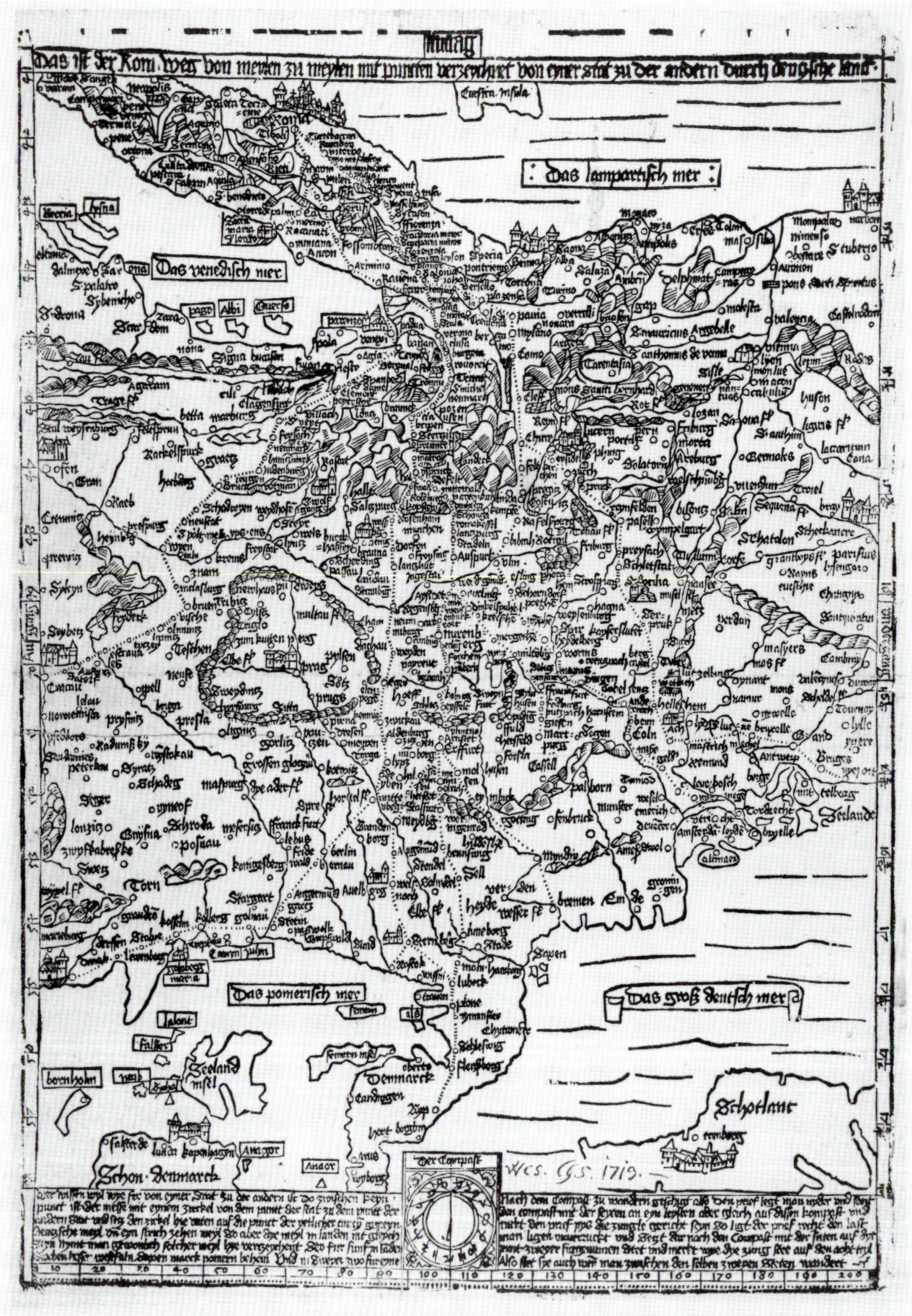
Mittag
Das ist der Rom weg von meylen zu meylen mit puncten verzeychnet von eyner stat zu der andern durch deutsche land
Das lampartisch mer
Das venedisch mer
Das pomerisch mer
Das groß deutsch mer
Schotlant
Der Compaß
Denmarck
Schon Denmarck
Zeland insel

14

15

16

15

Johannes Stamler

Dyalogus [...] de diversarum gencium sectis et mundi religionibus

Auguste: Oglin & Nadler 1508

(2), XXXII, (2) Bl., 33 × 23 cm
TH von Hans Burgkmaier
München, Universitätsbibliothek,
Sign. W 2 Theol. 492

Der Titelholzschnitt dieses »Dialogs zwischen den Religionen« gibt programmatisch den Inhalt der Schrift wieder. Hans Burgkmair legte ihn wie einen Bühnenaufbau an. Auf der unteren Ebene stehen fünf namentlich gekennzeichnete Disputanten vor einem Richter, der unter der »Fons vere Sapiencie sitzt.« Diese Quelle entspringt unter dem Thron einer weiblichen Allegorie, der »Sancta Mater Ecclesia«, der heiligen Mutter Kirche. Zu ihren Füßen knien anbetend links und rechts Papst und Kaiser, denen sie Doppelschlüssel und Schwert reicht. Während die Fahnen über ihren Köpfen unversehrt im Wind wehen, sind die Fahnenstangen der vier anderen weiblichen Personifikationen, die ebenfalls auf kleinen Thronen sitzen, zerbrochen. Ihre Beischriften weisen sie als konkurrierende Kirchen mit ihren Propheten (u. a. »Sinagoga« für das Judentum; »Machometus« als Prophet des Islam) aus. Der Dialog zielt auf eine Verherrlichung des Siegs der christlichen Kirche über alle anderen Religionen der Welt. EK

Literatur:
Hollstein V, Nr. 81; Bartsch XI, S. 45.

16

Pilgerzeichen

nach 1464

Blei, H. 9,4 cm
Stadtgeschichtliches Museum Leipzig,
Inv.-Nr. PR/5/2001

Das Pilgerzeichen aus Vierzehnheiligen bei Jena, wurde in der Nähe der Via Regia (Königsstraße) gefunden. Es stellt neben Maria mit Jesus die 14 Nothelfer dar. Am unteren Rand finden sich unter der Inschrift »XIIII nothelfer bey jhene« zwei kleine Wappen, links mit dem Rautenkranz das wettinische und rechts mit dem Löwen das meißnische. Das durchbrochene Flachrelief mit spätgotischen Fialtürmen und Rahmenwerk wurde aufgenäht bzw. umgehängt, wie an der erhaltenen Öse links unten deutlich wird. Pilger trugen solche Zeichen, denen man schützende Kräfte zuschrieb, als Erkennungsmerkmal auf ihren Reisen oder brachten sie als Andenken mit. Die Gruppe der 14 Nothelfer wird in Deutschland seit dem 14. Jahrhundert in Notsituationen angerufen. Zu ihnen gehören u. a. Christophorus, Georg, Barbara und Katharina. Abformungen des gleichen Pilgerzeichens finden sich u. a. an den Glocken von Kulkwitz bei Leipzig. BH

Literatur:
Neues Leipzigisches Geschichts-Buch 1990, S. 59.

17

sächsisch

Krücke (Votivgabe)

1530

Holz, H. 123 cm, B. 6 cm
Ev.-Luth. Stiftskirchgemeinde Unserer lieben Frauen Chemnitz-Ebersdorf

Die Stiftskirche Unserer lieben Frauen in Ebersdorf war in vorreformatorischer Zeit eine bekannte Marienwallfahrtsstätte. Darauf verweisen noch vorhandene Votivgaben, die Menschen für erfahrene Hilfe der Kirche verehrten. Zu ihnen gehört die aus einem vierseitigen Stab mit Knauf bestehende Krücke. Die in den Schaft eingekerbte, ursprünglich farbige Inschrift lautet: »KRUCK. DU. HAST. KLEIN. GLUCK./ KRUCK. DU. HAST. GROS. UNGLUCK./ CZU. MEINEM. UNGLUCK. HAB. ICH. EIN. SCHON. KRUCK./ ODHLATHL. INRI 1530«. Die Krücke stiftete ein Lahmer für seine Heilung. SS

Literatur:
Magirius 1971, S. 1; Zeit und Ewigkeit 1998, S. 65, Kat.-Nr. 1, 67.

17

18

unbekannt, vermutlich rheinisch

Sitzender Jesusknabe

um 1500

Ton, unglasiert, modellgeformt, H. 8 cm
Stiftung Moritzburg, Kunstmuseum des Landes Sachsen-Anhalt, Halle, Sammlung Kunsthandwerk, Inv.-Nr. Ke 143

19

unbekannt, vermutlich rheinisch

Maria mit dem Kinde

um 1500

Ton, unglasiert, modellgeformt, H. 12,6 cm
Stiftung Moritzburg, Kunstmuseum des Landes Sachsen-Anhalt, Halle, Sammlung Kunsthandwerk, Inv.-Nr. Ke 127

Beide Figürchen sind hallesche Grabungsfunde. Der sitzende Jesusknabe wurde 1895 am Robert-Franz-Ring, die Maria mit dem Kinde 1906 beim Abbruch der Michaeliskapelle am Alten Markt entdeckt. Diese kleinen Heiligenfiguren finden sich vorwiegend in den bekannten mittelalterlichen Töpferorten Köln, Augsburg und Nürnberg. Die Hersteller sind als »hilligenbackers« oder »bildedrucker« bekannt. Die Produktion erfolgte durch zwei Teilformen, in die der Ton eingedrückt wurde. Beim Zusammenfügen beider ausgedrückter Teile mit Tonschlicker wurde ein Holzstab, der unten herausragte, dazwischengelegt. Danach glättete man die Seitennähte und arbeitete, wenn nötig, die Oberfläche nach. Nach der Trocknung an der Luft wurde der Holzstab herausgezogen und die Figur in schwachem Feuer gleichmäßig gebrannt.
Aufgrund dieser rationellen Vervielfältigungstechnik kann sicherlich von einer preiswerten und umfangreichen Produktion dieser Devotionalien im 15. Jahrhundert ausgegangen werden. Die im Vergleich spärlichen Funde im mitteldeutschen Raum lassen vermuten, dass die Figürchen zusammen mit anderen Töpferwaren durch Händler verbreitet und vertrieben wurden. Dafür spricht auch das Vorkommen gleicher, nur an der Oberfläche mitunter leicht überarbeiteter Formen an verschiedenen Fundorten. Verwendung fanden die Figürchen vermutlich vornehmlich zur Hausandacht. RGrü

Literatur:
Sauerlandt 1912; Sauerlandt 1919, S. 256;
Werner/Schade 1958, Nr. 246–256;
Dasein und Vision 1989, S. 49 f., Nr. A 134;
Hanse, Städte, Bünde 1996, S. 219 f., Nr. 4.27 b, c.

20

Papst Innozenz VIII.

Fastendispens (Druck in Deutsch)

23. Juli 1490

Papst Innozenz VIII. gestattet den Brüdern Friedrich, Kurfürst, und Johann, Herzog von Sachsen, in ihren Landen den Verzehr von Butter und Milcherzeugnissen während der Fastenzeit für zwanzig Jahre zu erlauben. Dafür sollen alle diejenigen, die Milcherzeugnisse verzehren, den zwanzigsten Teil eines Guldens abgeben, der die ersten zehn Jahre für den Bau einer steinernen Brücke über die Elbe bei Torgau und einer Kapelle an dieser verwendet werden soll, die nächsten zehn Jahre soll ein Viertel der Einnahmen nach Rom fließen, der Rest für die Vollendung der Brücke und Kapelle verwendet werden.

2 Urkunden
1. Pergament mit an roter Seidenschnur angehängter Bleibulle, 30,4 × 50 cm, Plica 5,2 cm; 2. Papier, 30,5 × 30,2 cm
Thüringisches Hauptstaatsarchiv Weimar, Sign. EGA, Urkunden 1903

Sachsen im Reich und in Europa

Die Dynastie der Wettiner stieg im Laufe des späten Mittelalters zur Hegemonialmacht Mitteldeutschlands auf. Gestützt auf ihre alte Machtbasis in der Mark Meißen (seit 1089) und in der Landgrafschaft Thüringen (seit 1247/64) konnten sie ihre beherrschende Stellung allmählich ausbauen. Mit dem Anfall der sächsischen Kurwürde 1423 stiegen die Wettiner in den engsten Kreis der führenden Reichsfürsten auf, deren vornehmstes Recht es war, den König zu wählen. Seitdem wurde der ausgedehnte Herrschaftsbereich der Wettiner als »Sachsen« bezeichnet.

Der Rang des Hauses Wettin ist an vielfältigen Eheverbindungen mit reichsfürstlichen Familien und europäischen Königshäusern ablesbar. Zu den Instrumentarien dynastischer Familienpolitik gehörte es außerdem, nachgeborene Söhne auf Bischofsstühlen zu platzieren, was im 15. Jahrhundert mit unterschiedlichem Erfolg in Würzburg, Mainz und Magdeburg gelang. Die Silberfunde im Erzgebirge seit den 1470er Jahren erweiterten den finanziellen Spielraum der wettinischen Politik, obschon ihre Bedeutung vielfach überschätzt worden ist.

Im Laufe des späten Mittelalters wurde aus dem offenen Herrschaftsgebilde der Wettiner ein verdichtetes Territorium, das als »vormoderner Staat« bezeichnet werden kann. Mit dem Streben nach einer durchorganisierten Territorialherrschaft standen aber stets die dynastischen Familieninteressen im Widerspruch, die dazu führten, dass die Wettiner ihr Territorium im 14. und 15. Jahrhundert mehrfach geteilt haben. Durch die Leipziger Teilung entstanden 1485 aus dem bisher gemeinsam verwalteten Territorium der Brüder Ernst und Albrecht das Kurfürstentum und das Herzogtum Sachsen.

Während sich das ernestinische Sachsen unter den Kurfürsten Friedrich dem Weisen und Johann dem Beständigen nach 1517 frühzeitig der Reformation öffnete (in diesem Territorium lag das Zentrum der Reformation, Luthers Universitätsstadt Wittenberg), wurde das Herzogtum Sachsen unter Herzog Georg zum Bollwerk der alten Kirche. Als Hauptschauplatz des Kampfes um die Reformation ist Sachsen in dieser Epoche untrennbar mit der deutschen und europäischen Geschichte verbunden. Im Zuge des Schmalkaldischen Krieges und im Bündnis mit Kaiser Karl V. gelang es Herzog Moritz 1547, die sächsische Kurwürde zu erlangen.

Enno Bünz

22

21
Hans Kraft d. Ä.
Medaille auf Kurfürst Friedrich III. von Sachsen
1513

Im tiefliegenden Fond innerhalb eines durch Bögen gebildeten Zierkreises Brustbild des Kurfürsten im Harnisch nach rechts, das Haar in der Drahthaube gefasst, auf dem Harnisch IHS (S retrograd). MARI.
Rs.: Einköpfiger Adler mit durch Bögen verziertem Kopfschein

Silber, geprägt, ⌀ 50 mm, 65,2 g
Stiftung Schloss Friedenstein Gotha, Inv.-Nr. 4.1./1150

22
Hans Kraft d. Ä.
Medaille auf Kurfürst Friedrich III. von Sachsen
1513

FRID.ELECT.IMPOꝫ-LOCVM.TES.GEИLIA
Im Fond Brustbild des Kurfürsten mit Drahthaube und im Harnisch nach rechts;
Rs.: ꕥ MAXIMILIAHVS ꕥ RO ꕥ REX ꕥ SEMPER ꕥ AVGVST'
Einköpfiger Adler ohne Kopfschein, er trägt das kaiserliche, d. h. österreichisch-burgundische Wappen als Brustschild, rechts und links des Adlerkopfes: 15-13

glatter Rand, Gold, geprägt, ⌀ 20 mm, 10,411 g
Münzkabinett, Staatliche Kunstsammlungen Dresden, Inv.-Nr. 3695

Am 8. August 1507 wurde Friedrich III. der Weise von Kaiser Maximilian I. für die Zeit seiner Abwesenheit vom Reichsgebiet zum Generalstatthalter des Reiches, d. h. zu seinem Stellvertreter, ernannt. Den Titel wollte Friedrich auch mittels repräsentativer Medaillen dokumentieren. Das Interesse des Kurfürsten an dieser zunächst in Italien verbreiteten Kunstgattung könnte sein Rat und Kämmerer Degenhart Pfeffinger geweckt haben, der antike Münzen sammelte und von dem der italienische Bildhauer Adriano Fiorentino ein Medaillenporträt gefertigt hatte; sicher waren ihm aber auch die frühen Schaumünzen Kaiser Maximilians bekannt.
Die Realisierung des Projektes zog sich über mehrere Jahre hin, in denen unter Beteiligung verschiedener Stempelschneider und Goldschmiede einige Medaillen, darunter auch gegossene Stücke, entstanden. Als Grundlage dienten Entwürfe Lucas Cranachs d. Ä. Im Dezember 1513 schließlich prägte Hans Kraft d. Ä. die ersten 74 Stück der gewünschten Statthaltermedaillen (s. auch Kat.-Nr. 21). Das vorliegende Exemplar kann als ein unmittelbarer Vorläufer zu diesen gelten. Die Ausformung erinnert an die früher entstandenen Gussmedaillen, doch ist das Format kleiner und die Ausschmückung reduziert.
Übersetzung der Legende: Friedrich, Kurfürst, eingesetzt als Generalstatthalter, Maximilian, Römischer König, allzeit Mehrer des Reiches. EH

Literatur:
Tentzel 1705/1982 a, Taf. 2/IV; Grotemeyer 1970, S. 161, Kat.-Nr. 8, Taf. III, Abb. 6; Arnold 1990; Brozatus 1994, S. 43–55, außerdem: S. 52, Kat.-Nr. 6.16.

23
Adriano Fiorentino
Friedrich der Weise, Kurfürst von Sachsen
1498

Gelbguss, H. 62,8 cm
sign. innen an der Rs.: HADRIANUS FLORENTINUS ME FACIEBAT, dat. vorn am Kragen: ANN. SALVT. MCCCCLXXXVIII;
bez. Schriftband an der Büstenvorderkante: FRIDERICUS.DUX.SAXONIAE SACRI.RO. IMPERII.ELECTOR.
Skulpturensammlung, Staatliche Kunstsammlungen Dresden, Inv.-Nr. H^4 1/1

Die 1498 datierte und von Adriano Fiorentino signierte Büste gibt die Züge des Kurfürsten, sein breites Antlitz mit leicht gedrückt wirkender Nase und nach vorne gezogenem Kinn, stilisiert, aber sicher wieder und vermittelt etwas von dessen geistiger Autorität und Würde.
Der Künstler nutzte einen Büstentyp, der im frühen 15. Jahrhundert aus mittelalterlichen Reliquienbüsten entwickelt worden war und in Florenz, dem Herkunftsort Fiorentinos, zu einer ersten Blüte gelangte. Dabei verband er den italienischen Typ, für den auch eine leichte Kopfwendung charakteristisch ist, mit nordalpinen Elementen, wie der deutschen Kleidung und Kopfbedeckung, der Barttracht und der Frisur. Sie geben dem Bildwerk ein unitalienisches Gepräge. Gleichwohl gilt das Bildnis als eines der frühesten Beispiele für den italienischen Porträttyp nördlich der Alpen.
Da ein Aufenthalt Adriano Fiorentinos in Sachsen nicht belegt ist, könnte das Modell der Büste am Hof des späteren Kaisers Maximilian I. in Tirol entstanden sein, in dessen Umgebung sich Friedrich der Weise zwischen 1497 und 1498 aufhielt und bei dem zu dieser Zeit auch der Künstler in Diensten stand. AS

Literatur:
Hase 1826, S. 3, Nr. 9; Barock in Dresden 1986, S. 207, Kat.-Nr. 227; Verborgene Schätze 1992, S. 43, Kat.-Nr. 24; Von allen Seiten schön 1995, S. 152, Kat.-Nr. 11; Hauptsache Köpfe 2001, S. 56, Kat.-Nr. 1.

23

24
unbekannt
Maximilian I., römischer Imperator

Öl auf Kupfer, 29 × 20,5 cm
Gemäldegalerie Alte Meister,
Staatliche Kunstsammlungen Dresden,
Inv.-Nr. Mo 713

25
Werkstatt des Jean Perrèal
Ludwig XII.
um 1512/14

Öl auf Holz, 31,8 × 23,8 cm
London, Royal Collection Trust,
Lent by her Majesty Queen Elizabeth II,
Inv.-Nr. 403431

Das Original dieses Bildnisses von Jean Perréal ist verloren, von den bekannten Kopien ist diese wohl die beste. Im Jahr 1498 folgte Ludwig XII. Karl VIII. auf den französischen Thron und heiratete 1514 Maria Tudor. Das Bildnis entstand möglicherweise im Zusammenhang der Eheverhandlungen – man sagt, Perréal habe es selbst nach England gebracht.
Der König ist in traditioneller Halbfigur dargestellt. Seine Hand ruht auf dem Rand des Rahmens – ein Motiv, das in der europäischen Malerei der 1520er Jahre sehr verbreitet war. Er trägt vorn an der Hutkrempe ein Abzeichen und eine Kette mit Ordensmedaille. Der Hutschmuck scheint aus Gold zu sein, Indiz für Reichtum und Status des Dargestellten. Es ist vermutet worden, dass er St. Denis, den Schutzheiligen der französischen Krone, gemeinsam mit St. Rusticus und St. Eleutherius zeigt. Um den Hals trägt er den höchsten Ritterorden Frankreichs. Dieser wurde 1469 von Ludwig XI. zur Erinnerung an den Sieg der Johanna von Orleans am St. Michaelstag 1420 gegründet, er sollte von den 36 besten Rittern Frankreichs getragen werden. Der St. Michaelsorden konkurrierte mit dem Orden vom Goldenen Vlies. In dem Bildnis wird die Legitimität Ludwigs XII. als erstem Valois auf dem französischen Thron betont, nachdem das Haus der Kapetinger erloschen war.
Das Œuvre Perréals, der Hofmaler der Könige Karl VIII., Ludwig XII. und Franz I. war, ist weiterhin ungesichert. Dennoch, die Handschrift des Porträts Ludwigs XII. hat nicht die Qualität z. B. der beiden signierten Bilder Perréals im Louvre. Besonders die Modellierung des Inkarnats lässt die Plastizität vermissen, die man in den Pariser Gemälden sehen kann. Vermutlich handelt es sich um eine qualitätvolle Werkstattkopie. KBa

Literatur:
Shaw 1937, S. 38, Nr. 76; Dupont 1947; Hackenbroch 1996, S. 9; Louvre Nouvelle Acquisitions 1996, S. 120 ff.

26
Hans Burgkmair d. Ä.
Allegorischer Reichsadler des Konrad Celtis mit den Künsten, dem Musenbrunnen und dem Urteil des Paris
1507

Holzschnitt, 33,3 × 21,6 cm
Öffentliche Kunstsammlungen Basel,
Kupferstichkabinett, Inv.-Nr. 1823.2618

Dieser Holzschnitt wurde von Konrad Celtis vermutlich als Titelblatt für eine Publikation anlässlich eines Festspiels zu Ehren Kaiser Maximilians konzipiert. Drei Motive, Reichsadler, Musenbrunnen und Urteil des Paris, verknüpfte der Wiener Humanist hier zu einer komplexen Allegorie auf die weltliche Herrschaft. Das Paris-Urteil zu Füßen des Musenbrunnens gibt den Grundton für die Deutung an. Wahrscheinlich griff Celtis hier auf Marsilio Ficino zurück, der die drei Göttinnen als »vita contemplativa«, »vita activa« und »vita voluptuosa« deutete.
Nach Ficino hätte Paris alle drei gleichermaßen verehren sollen, denn nur so hätte sich die Harmonie der Welt bewahren lassen. Maximilian – so legt Celtis nahe – solle aus dem Irrtum des Paris lernen (errando discitur philosophia), um so seiner Rolle als neuer Apoll, dem Bewahrer der »harmonia mundi«, gerecht zu werden. EK

Literatur:
Hollstein V, 800; Koepplin/Falk 1976, Nr. 535;
Martin Luther und die Reformation 1983, Nr. 109;
Müller 1998, S. 40, Abb. 7.

26

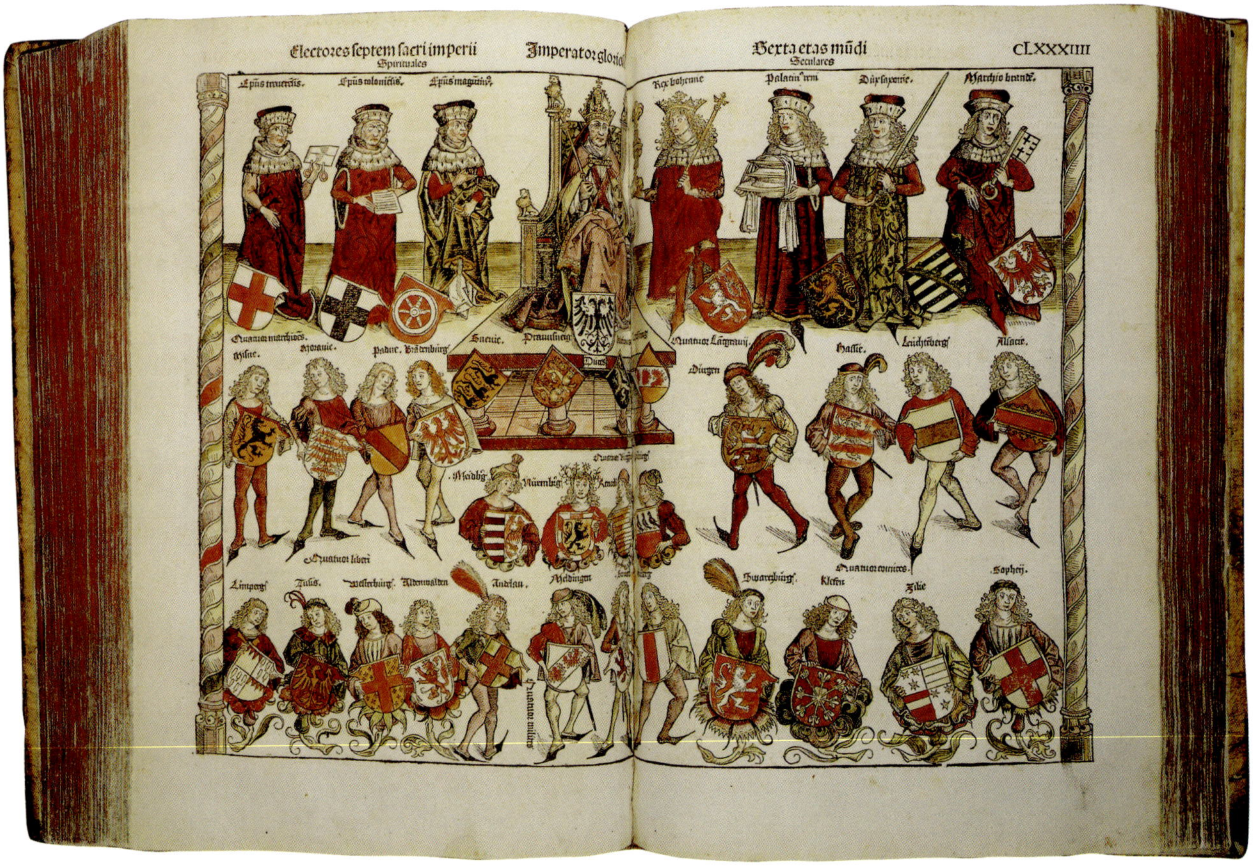

27

27
Hartmann Schedel
Registrum huius operis libri cronaricum
Nürnberg: Anton Koberger 1493

Holzschnitt, koloriert, 45 × 36 × 9 cm
Marienbibliothek Halle, Sign. R 2.1
aufgeschlagen:
Die Hierarchie des Hl. Röm. Reiches

Eines der anspruchsvollsten Buchprojekte der deutschen Renaissance ist das 1493 in Nürnberg erschienene Liber Chronicarum, kurze Zeit später deutsch als »Weltchronik« publiziert. Die Buchempfehlung, die sich im Exemplar der Bayerischen Staatsbibliothek erhalten hat, legt die Chronik jedem gebildeten Menschen ans Herz, der nicht nur das theologisch tradierte, sondern auch das empirisch erfahrbare Wissen der Zeit in zuverlässiger Darstellungsweise lesen wolle. Während der Text aus heutiger Sicht weitgehend konventionell erscheint, liegt die eigentliche verlegerische Leistung in den zahllosen Abbildungen. Stadtansichten, Bildnisse und andere Illustrationen stellten den Zeitgenossen erstmals ein umfassendes Bild der Welt vor Augen.

Auf den Blättern 183 f. wird eine Ordnung des Reichs entworfen: Kurfürsten, Ständevertreter, Vertreter von Dörfern, Städten usw. – jeweils mit den ihnen zugehörigen Wappen – werden hier hierarchisch zueinander geordnet. Diese Fiktion, die Herrschaftsstrukturen im Heiligen Römischen Reich Deutscher Nation würde einem höheren Plan entspringen, beschäftigte die Zeitgenossen vielfach – prominentestes Beispiel ist Hans Burgkmaiers »Quaternionenadler«. EK

Literatur:
Welt im Umbruch 1981, bei Nr. 42; Füssel 1996; Reske 2000.

28

süddeutsch, Tirol (?)

Kurfürsten-Eule mit abnehmbarem Kopf

um 1540

Fayence, H. 27,5 cm
Museum für Kunst und Gewerbe Hamburg,
Inv.-Nr. 1921.163

Die Elite unter den Reichsständen bildete das Kurfürstengremium, vier weltliche und drei geistliche Fürsten. Ihre besondere Bedeutung lag in dem Recht begründet, den Kaiser zu wählen. Das Haus Habsburg stellte seit dem Jahr 1438 den Kaiser, stieg aber erst im 17. Jahrhundert in den Kreis der Kurfürsten auf. Der hier gezeigte Krug mit abnehmbarem Kopf ist eine der frühesten Fayencen in Deutschland. Er zeigt den gekrönten habsburgischen Adler von den Wappen der Kurfürsten umgeben. Durch die zentrale Position des Adlers wurde die Vorherrschaft des Hauses Habsburg im Reich betont. Die Darstellung gemeinsam mit den Kurfürstenwappen verdeutlicht aber die Grundidee des Herrschaftssystems im Reich: Der gewählte Kaiser war nicht unumschränkter Herrscher im Reich. EK

Literatur:
Handbuch 1980, S. 93, Nr. 178; Hoffmann 1982, Nr. 106; Bavaria, Germania, Europa 2000, Nr. 19.34.

28

29

Ewiger Landfrieden und Reichskammergerichtsordnung

Basel: Michael Furter 1495

8°, 20 Bl.
Germanisches Nationalmuseum, Nürnberg,
Sign. 8° Inc. 5941

Im Sommer 1495 versuchten König und Reichsstände auf dem Wormser Reichstag, überkommene Strukturen zu reformieren. Dabei trafen unterschiedliche Vorstellungen bezüglich des königlichen Machtanspruchs aufeinander.

Disz bůchlin sagt von dem landtsfryde Cammergericht Gemeynen pfening vnnd von der hanthabung des frydens rechts vnnd ordnung wie die dan vff der versamlung des heyligen Richs tag zů wormß im jor M.cccc.xcv. durch vnseren allergenedigistē herrn Maximilian römischer künig Die Churfürsten vn̄ gemein versamlung des heyligen Ryches geordnet gesetzt vnd beschlossen seint.

29

Trotzdem wurden konkrete Ergebnisse erzielt: Ein allgemeiner Landfrieden sprach ein zeitlich unbeschränktes Fehdeverbot aus, Konflikte sollten nunmehr mithilfe gerichtlicher Streitschlichtung gelöst werden. Dies wurde aus der Kontrolle des Königs herausgelöst und durch die Reichskammergerichtsordnung fixiert sowie durch ein neues Reichskammergericht überwacht. Trotzdem konnte der Landfrieden damit noch nicht gesichert werden, da die Reichsordnung zu seiner Durchsetzung zu schwach war. TUM

Literatur:
Angermeier 1966, S. 533–555; Angermeier 1984, S. 164–184; Zippelius 1999, S. 27 ff., 44 ff.

30

Die Esslinger Reichsmünzordnung von 1524

1 Bl., 86 × 41 cm
Sächsisches Hauptstaatsarchiv Dresden,
Sign. 10024 Geheimer Rat (Geheimes Archiv),
Loc. 4489,1, Bl. 184

Die von Kaiser Karl V. am 10. November 1524 in der Freien Reichsstadt Esslingen erlassene Reichsmünzordnung ist die erste von den drei Reichsmünzordnungen des 16. Jahrhunderts, die das Bemühen der kaiserlichen Zentralgewalt um die Wiederherstellung der Währungseinheit des Reiches widerspiegeln.
Sie enthält genaue Bestimmungen über die neuen auszuprägenden Reichsmünzen, die sowohl das Aussehen als auch den Münzfuß, das Gewicht und den Feinsilbergehalt betreffen. Die größeren Nominale, Güldener, Halbgüldener und Örterer, wie der ganze, halbe und viertel Taler genannt wurden, sollten gemäß der sächsischen Münzordnung von 1500 ausgeprägt werden. Da die sächsischen Fürsten aber bereits 1504 den Feinsilbergehalt geringfügig reduziert hatten, lehnten sie die Reichsmünzordnung ab.
Keinen Anklang bei Sachsen und den anderen größeren deutschen Ländern fand auch die Bestimmung, dass eine Seite der neuen Reichsmünzen des Kaisers Namen mit Titulatur und das Reichswappen tragen sollten. Lediglich die als reichseinheitliches Münzgrundgewicht festgelegte Kölner Mark setzte sich im ganzen Reich durch und galt bis ins 19. Jahrhundert. Für ihr erst im 19. Jahrhundert exakt ermitteltes Gewicht von 233,855 g schwanken im 16., 17. und 18. Jahrhundert die Berechnungen, so dass man von etwa 234 g ausgehen kann. PA

Literatur:
Hirsch 1756–68/1977/78, S. 240, Nr. CLXVII (kommentarloser Textabdruck); Arnold 1971, S. 28.

31

Jakob Wimpfeling

Gravamina Germanicae Nationis

Schlettstadt: Lazarus Schürer 1519

Herzog August Bibliothek Wolfenbüttel,
Sign. 72 Quod. (6)

Anfänglich bezeichneten die Gravamina, begrifflich erstmals 1456 offiziell benutzt, die Belastung von Reich, Reichskirche und Gläubigen durch Papst und Kurie. 1510 beauftragte Maximilian I. den Humanisten Jakob Wimpfeling, ein Gutachten über die Kirchenreform anzufertigen, mit dem der Kaiser politischen Druck auf Papst Julius II. ausüben wollte. Wimpfeling stellte dabei besonders die materielle Schädigung Deutschlands durch die Kurie heraus, wobei er sich in seinen zehn Gravamina auf Artikel bezog, die bereits seit 1456 bestanden. Auch Luther nutzte sie in seiner Schrift »An den christlichen Adel deutscher Nation« (Kat.-Nr. 118). TUM

Literatur:
Ulman 1879; Wolgast 1993.

32

Türkensteuerregister des Amtes Meißen

1529

Akte, Papier mit Pappdeckel, Fadenheftung,
60 Bl., 34 × 22 cm
Sächsisches Hauptstaatsarchiv Dresden,
Sign. Loc. 10040 Obersteuerkollegium,
Landsteuerregister Nr. 293, fol. 26 f., 29 f.

Die Türkensteuer wurde auf dem Leipziger Landtag im November 1529 bewilligt. Sie war zur Türkenabwehr bestimmt und ohne größere Probleme erhoben und eingesammelt worden. Im gesamten albertinischen Herzogtum kamen etwa 125 000 fl. von dieser Steuer ein. Das Geld verblieb bei den Landständen, die über eine zweckgebundene Ausgabe wachten. US

Literatur:
Goerlitz 1928, S. 366 – 378.

Die Sächsischen Städte – Bergbau, Wirtschaft, Handel

Im Herzogtum Sachsen gab es im ausgehenden Mittelalter eine große Zahl von Städten, die alle in die Landesherrschaft eingegliedert waren. Keine Stadt hatte den Status einer Freien oder sogar Reichsstadt. Gleichwohl war das Städtewesen in Sachsen sehr vielgestaltig. Bedeutenden Handels-, Berg- und Residenzstädten standen zahlreiche Minderstädte gegenüber, die sich durch Bevölkerungszahl und Wirtschaftsstruktur kaum von den umliegenden Dörfern unterschieden. Sofern die Steuern odnungsgemäß an den Landesherrn entrichtet wurden, genossen die Städte große Selbständigkeit in ihrer Finanzpolitik. Ordnungen regelten das städtische Wirtschaftsleben und sicherten das Treiben von Kaufmannschaft, Handwerk und Gewerbe. Unter Georg dem Bärtigen gelangten die Städte zu wirtschaftlichem Wohlstand.

Mit der Entdeckung neuer und großer Silbervorkommen (»Zweites Berggeschrei« von 1471) ging im Erzgebirge die Gründung zahlreicher Städte einher. In der ersten Hälfte des 16. Jahrhunderts entstanden Annaberg, Marienberg und Scheibenberg, die ersten Planstädte der Renaissance nördlich der Alpen. Durch die starke Zuwanderung aus dem gesamten Gebiet des Heiligen Römischen Reiches stiegen die Einwohnerzahlen deutlich an. Mit 12 000 Einwohnern war Annaberg 1530 die größte Stadt Sachsens. Die schnelle Erweiterung der Bergstädte gab Gelegenheit für neue Handwerke, Gewerbezweige und Aufträge für Künstler. Bürgerliches Selbstbewusstsein und Repräsentationsbedürfnis manifestierten sich u. a. im Bau großer Kirchen. Die bedeutendsten dieser so genannten obersächsischen Hallenkirchen entstanden zwischen 1500 und 1546: die Stiftskirche in Freiberg (Dom) und die Pfarrkirchen St. Annen in Annaberg und St. Wolfgang in Schneeberg.

Gefördert wurde der Handel in Sachsen durch die Landesherren. Begünstigt durch die geographische Lage im mitteldeutschen Herrschaftsgebiet, profitierte Leipzig davon, an zwei wichtigen Fernhandelswegen zu liegen. Zwei Messeprivilegien Kaiser Maximilians I. von 1497 und 1507 (Kat.-Nr. 53, 54) schalteten die Konkurrenten Halle, Magdeburg und Erfurt aus. Das ermöglichte den Aufstieg Leipzigs zur bedeutendsten mitteldeutschen Messestadt.

Cecilie Hollberg

Literatur: Groß 2004, S. 38 ff.

33

33
Peter Breuer
Christus im Elend
um 1500

Lindenholz, farbig gefasst, H. 116 cm
Stadt- und Bergbaumuseum Freiberg,
Inv.-Nr. 47/31

Das Motiv des »Christus im Elend« als plastisches Einzelbildwerk entwickelte sich im späten 15. Jahrhundert aus dem Passionszyklus heraus. Der erschöpfte Christus rastet unmittelbar vor seiner Kreuzigung. Auffallend häufig ist die Darstellung in Obersachsen, insbesondere im Raum Freiberg anzutreffen. Die individuell verehrten Bildwerke fanden meist in kleinen Kapellen oder Nischen Aufstellung. Die Herkunft der Skulptur aus einer Stadtkirche, wie hier aus der Nikolaikirche in Freiberg, ist eher selten.
Bemerkenswert ist, dass es dem bekannten Zwickauer Meister Peter Breuer gelang, ein Werk nach Freiberg, dem Zentrum der obersächsischen Bildschnitzer zu liefern. Unverkennbar zeigt die Skulptur in den Gesichtszügen den prägenden Einfluss von Tilmann Riemenschneider, bei dem Breuer seine Ausbildung erhielt. Es liegt daher nahe, sie zu den frühen Werken des Zwickauer Meisters zu zählen. Künstlerisch nahe stehen die prächtigen Figuren des Altars aus der Nikolaikirche in Zwickau, obwohl sie deren Qualität nicht ganz erreicht. AK

Literatur: Hentschel 1952, S. 116 f.

34
Silber – Ag
Bergkappe Fundgrube am Widdersberg, Schneeberg-Neustädtel, Erzgebirge

7,5 × 7 × 15 cm, 325 g
Museum für Mineralogie und Geologie, Mineralogische Sammlung, Dresden,
Inv.-Nr. 7657 Sa

Die erste Beschreibung dieser außergewöhnlichen Silberstufe in Form eines »Silbernen Kreuzes« stammt von dem Augsburger Patrizier Philipp Hainhofer, welcher am 16. September 1629 die Kunstkammer besuchte. »So ist auch vnder andern ain schönes gewächs von gedigenem Silber, so noch in kain feuer kommen, wie ain baum mit seiner wurzel, vnd oben wie ain creuz, darumb sich aine schlange hatte gewunden, mit verwunderung zu sehen [...]« Diese Silberstufe gehört seit jener Zeit zu den vielbewunderten Stücken der Dresdner Sammlung.
Die Grube Bergkappe wurde im Jahr 1513 das erste Mal erwähnt. Neben den Stücken vom »Silbernen Tisch« von der Grube St. Georg in Schneeberg aus dem Jahr 1477 sowie der Chlorargyritstufe von der Grube Himmlisch Heer bei Annaberg aus der Frühzeit dieser Grube um 1536 bis 1538 handelt es sich beim »Silbernen Kreuz« um eine der ältesten Silberstufen aus dem Erzgebirge. KT

Literatur:
Fischer 1939, S. 35 ff., Anm. 117; Quellmalz 1990;
vgl. Der silberne Boden 1990, S. 19 f., Kat.-Nr. 1–4;
Meisterwerke bergbaulicher Kunst 1990, S. 578 ff.;
Thalheim 1996, S. 74 f.

35
Akanthit
(Argentit, Silberglanz, Glaserz) – Ag_2S
Himmelfahrt Fundgrube, Freiberg, Erzgebirge

15,5 × 8,5 × 9,5 cm, 1779 g
Museum für Mineralogie und Geologie, Mineralogische Sammlung, Dresden,
Inv.-Nr. 1991 Sa

Neben gediegenem Silber ist das Silbersulfid Akanthit, im alten bergmännischen Sprachgebrauch auch als Silberglanz oder Glaserz bezeichnet, mit einem Silbergehalt von etwa 87 Prozent ein wichtiges Silbererz. Der Akanthit wurde aus heißen wässrigen Lösungen (Hydrothermen) auf den Erzgängen abgesetzt. Unter einer Bildungstemperatur von 179 °C wandelt sich Argentit in Akanthit um. Deshalb muss das in der älteren Literatur als Argentit bezeichnete Silbersulfid als Akanthit bezeichnet werden.
Akanthit kommt auf den Freiberger Erzgängen in derber Form, aber auch in kubischen Kristallen vor. Diese außergewöhnliche Akanthitstufe wurde im Jahre 1915 von der Mineralien-Niederlage der Königlich Sächsischen Bergakademie Freiberg für 1000 Reichsmark erworben. KT

Literatur:
Arnold/Quellmalz 1978, S. 134 ff.;
Wagenbreth/Wächtler 1986, S. 194 ff.;
vgl. Der silberne Boden 1990, S. 20 f., Kat.-Nr. 5.

35

34 ▶

36
Hämatit (Roter Glaskopf) – Fe_2O_3
Johanngeorgenstadt, Erzgebirge

11 × 5,5 × 7,5 cm, 1209 g
Museum für Mineralogie und Geologie, Mineralogische Sammlung, Dresden, Inv.-Nr. 10711 Sa

Hämatit (Roteisenerz) war auf den hydrothermalen Eisenerzgängen der »Roteisen-Baryt-Formation« (heute »Quarzige Hämatit-Baryt-Assoziation«) sowie der jüngeren »Eisen-Mangan-Formation« (heute »Quarzige Fe-Mn-Assoziation«) im Erzgebirge das wichtigste Eisenerz mit etwa 70 Prozent Eisengehalt. Solche Roteisengänge wurden bei Johanngeorgenstadt und Eibenstock im Westerzgebirge sowie bei Schellerhau im Osterzgebirge abgebaut.
Diese schöne Stufe eines »Roten Glaskopfes«, benannt nach dem »glatzkopfartigen« Aussehen, stammt aus einem Eisenerzgang aus der Umgebung von Johanngeorgenstadt. KT

Literatur:
Der silberne Boden 1990, S. 22, Kat.-Nr. 12; Baumann/Kuschka/Seifert 2000, S. 212 ff.

36

37
Magnetit (Magneteisenerz) – Fe_3O_4
Friedrich Erbstolln, Berggießhübel, Elbtalschiefergebirge

14 × 4,5 × 12 cm, 1699 g
Museum für Mineralogie und Geologie, Mineralogische Sammlung, Dresden, Inv.-Nr. 5086 Sa

Neben Hämatit (Roteisenerz) war Magnetit ein wichtiges Eisenerz in Sachsen. Magnetit trägt seinen Namen auf Grund der ausgeprägten magnetischen Eigenschaften.
Diese schöne Magnetitstufe stammt aus dem »Mutter Gottes Lager« im Friedrich Erbstolln bei Berggießhübel. Magnetit kam hier in mehreren steil einfallenden Magnetit-Sulfiderzlagern vor, welche in die paläozoischen Gesteine des Elbtalschiefergebirges eingeschaltet sind. Primär durch den untermeerischen Vulkanismus im Oberdevon gebildet, wurden diese Vererzungen während der variszischen Gebirgsbildung metamorph überprägt, gefaltet und steilgestellt. Um 1388 soll der Bergbau auf Eisenerze um Berggießhübel eingesetzt haben, welcher vor allem die Hammerwerke im Bahratal mit Rohstoffen beliefert hat. Im 16. Jahrhundert wurde dann das »Pirnische Eisen« aus dem Revier Berggießhübel zu einem Begriff.
Erzlager mit Magnetit wurden auch in der Umgebung von Schwarzenberg und Breitenbrunn im Westerzgebirge abgebaut. Hier treten die Magnetit-Sulfiderzlager in Gesteinen des Kambriums auf. Der Bergbau ging hier in der Zeit zwischen 1567 und 1941 um. KT

Literatur:
Fischer 1965, S. 106 ff.; Schmidt 1984, S. 29 ff.; Baumann/Kuschka/Seifert 2000, S. 117 ff.

38
Chalkopyrit (Kupferkies) – $CuFeS_2$
mit Calcit (Kalkspat) – $Ca[CO_3]$
Junge Hohe Birke Fundgrube, Zug (Ortsteil Langenrinne) bei Freiberg, Erzgebirge

17 × 14 × 8 cm, 3222 g
Museum für Mineralogie und Geologie, Mineralogische Sammlung, Dresden, Inv.-Nr. 2078 Sa

Chalkopyrit war neben Bornit, Chalkosin sowie den Fahlerzen Tennantit und Tetraedrit der Kupferträger auf den Freiberger Erzgängen. Kupferbergbau ging auch auf den Erzgängen im Annaberger und Marienberger Revier sowie auf den Erzlagern bei Schwarzenberg im Westerzgebirge und Berggießhübel im Elbtalschiefergebirge um. Auch die »Kupfergrube« Sadisdorf bei Schmiedeberg im Osterzgebirge, eine pneumatolytische Greisenlagerstätte mit einer Kupfer- und Zinnmineralisation baute zeitweilig auf Kupfer. KT

38

Literatur:
vgl. Der silberne Boden 1990, S. 21, Kat.-Nr. 8; Baumann/Kuschka/Seifert 2000, S. 88 ff.

39
Wismut – Bi
mit Skutterudit (Speiskobalt) – $(Co,Ni)As_3$
Schneeberg, Erzgebirge

12 × 9 × 4,5 cm, 1135 g
Museum für Mineralogie und Geologie, Mineralogische Sammlung, Dresden, Inv.-Nr. 3696 Sa

Am 30. Januar 1824 wurde vom Mineralienhändler Rösler diese Stufe »Federartiges gediegen Wismuth; von Schneeberg« im Wert von 3 Talern für das Mineralienkabinett in Dresden eingetauscht. Johann Heinrich Gottlieb Gössel beschreibt es im Band III des »Katalog[s] des Königlich-Sächsischen Mineralien-Cabinetts« auf Seite 453 – 454 unter der Nummer 10 als »Gedieg. Wismuth, grün und gelb angelaufen, in zu federartig gerieften Blechen ausgedehnten octaedrischen Krystallen, mittlerer Größe und klein, eingewachsen in ein Gemenge aus derben und krystallisirten Speiskobalt, graulichen drusigen Amethyst und weißen tafelartigen Kalkspath; von Schneeberg, [...] G. no. 3115.« Das gediegene Wismut ist in dieser bemerkenswerten Stufe skelettförmig in Skutterudit eingewachsen.
Der Bergbau auf Wismut hatte in Schneeberg schon seit 1463 Bedeutung erlangt. Wismut wurde als Letternmetall, eine Legierung aus Zinn, Wismut und Blei, für den Buchdruck benötigt. KT

Literatur:
Wagenbreth/Wächtler 1990, S. 207 ff.

40
Skutterudit (Speiskobalt) – (Co, Ni) As_3 mit Calcit (Kalkspat) – Ca[CO]$_3$
Neujahrschacht, Schneeberg-Neustädtel, Erzgebirge

18 × 14 × 7 cm, 2718 g
Museum für Mineralogie und Geologie, Mineralogische Sammlung, Dresden, Inv.-Nr. 11448 Sa

Diese außergewöhnlich schöne Skutteruditstufe, zur Hälfte mit Calcit überwachsen, stammt vom Neujahrschacht in Schneeberg-Neustädtel. Der genaue Fundort ist der Richard Flache Gang auf der 90 Lachter Sohle unter dem Niveau des Marx Semmler Stollns. Der Bergbau auf Kobalt ging im Westerzgebirge auf den Gängen der »BiCoNiAg(U)-Formation« (heute »Bi-Co-Ni-As-Ag(-U)-Assoziation«) um. Neben Kobalt wurde aus diesen Gängen auch Wismut und Silber gewonnen. Skutterudit war in Schneeberg neben Safflorit ein wichtiges Kobalterz. Nach der Erfindung der Smalte oder des Kobaltblaus, einem blauen, durch Kobaltoxid gefärbten Glas, durch Peter Weidenhammer um das Jahr 1520 sowie der Verbesserung seiner Herstellung durch den Glasmacher Christoph Schürer nach 1540 erreichte der Schneeberger Bergbau einen Aufschwung. 1568 wurde in Schneeberg das erste Blaufarbenwerk gegründet. KT

Literatur:
Der silberne Boden 1990, S. 22, Kat.-Nr. 13;
Wagenbreth/Wächtler 1990, S. 88 ff., 207 ff.;
Baumann/Kuschka/Seifert 2000, S. 200 ff.

40

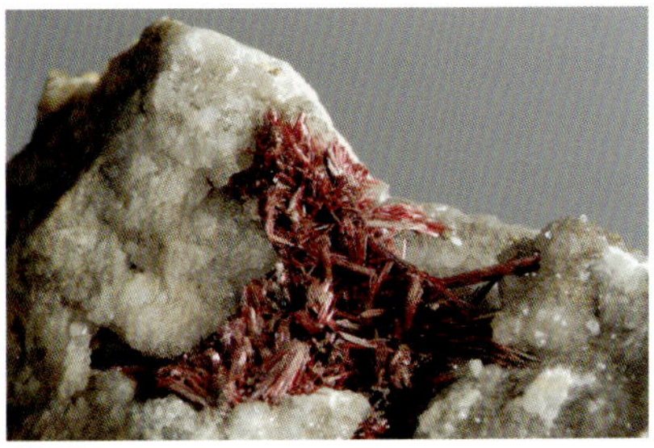

41

41
Erythrin (Kobaltblüte) – $Co_3[AsO_4]_2 \cdot 8\ H_2O$ auf Quarz – SiO_2
Schneeberg-Neustädtel, Erzgebirge

16,5 × 10,5 × 13 cm, 2583 g
Museum für Mineralogie und Geologie, Mineralogische Sammlung, Dresden, Inv.-Nr. 12233 Sa

Erythrin ist ein typisches Oxidationsmineral auf kobalthaltigen Erzgängen. Es fällt durch seine pfirsichblütenrote bis dunkelrosa Farbe sowie die typischen langnadeligen Kristalle auf. Der alte Bergmannsausdruck für dieses wasserhaltige Kobaltarsenat lautet auf Grund des Auftretens und der Kristallform Kobaltblüte. Erythrin war ein wichtiger Anzeiger für die Kobaltführung der Erzgänge. Neben den Primärerzen wie Skutterudit und Safflorit wurde auch Kobaltblüte als Kobaltrohstoff in Schneeberg gewonnen. Diese schöne Erythrinstufe wurde auf dem Katharina Flachen Gang in Schneeberg-Neustädtel gefunden. KT

Literatur:
Der silberne Boden 1990, S. 22, Kat.-Nr. 14.

42
Gang der »BiCoNiAg(U)-Formation« mit Skutterudit (Speiskobalt) – (Co,Ni)As_3, Wismut – Bi, Quarz – SiO_2 und Calcit (Kalkspat) – Ca[CO_3] in Phyllit
Schneeberg, Erzgebirge

31 × 18 × 5 cm, 4397 g
Museum für Mineralogie und Geologie, Mineralogische Sammlung, Dresden, Inv.-Nr. 3808 Sa

Die Gänge der »BiCoNiAg(U)-Formation«, heute »Bi-Co-Ni-As-Ag(-U)-Assoziation«, waren im Schneeberger Revier die wichtigste Grundlage für den Silber-, Wismut- und Kobaltbergbau im 16. Jahrhundert. Die Erzgangstufe wurde 1926 im Tausch (Wert 35 RM) von der Mineralien-Niederlage Freiberg erworben. KT

Literatur:
Wagenbreth/Wächtler 1990, S. 207 ff.;
Baumann/Kuschka/Seifert 2000, S. 195 ff.

43
Gang der »Edlen Quarz-Formation« (eq) mit Sphalerit (Zinkblende) – ZnS, Galenit (Bleiglanz) – PbS, Pyrit (Schwefelkies) – FeS_2, Quarz – SiO_2 und Dolomit – CaMg[CO_3]$_2$ in Gneis
Kleinvoigtsberg bei Freiberg, Erzgebirge

32 × 20 × 6,5 cm, 7600 g
Museum für Mineralogie und Geologie, Mineralogische Sammlung, Dresden, Inv.-Nr. 2776 Sa

Diese außergewöhnliche Gangstufe stammt aus der »Edlen Quarz-Formation«, welche vom 19. Jahrhundert bis Mitte des 20. Jahrhunderts als eigenständige Gangformation ausgehalten wurde. Sie tritt vor allem in den Gruben der Freiberger Randgebiete auf und galt später als feinkristalliner Gefügetyp der »kiesig-blendigen Bleierz-Formation« sowie der »Edlen Braunspat-Formation«. Heute wird sie zur »Quarz-Polymetallsulfid-Assoziation« gestellt. Die Gangfüllung ist als Ringelerz ausgebildet. Dabei werden brekziöse Gneisfragmente durch Sphalerit sowie Galenit eingehüllt und mit Quarz verkittet. Die brekziösen Strukturen wurden durch tektonische Bewegungen während des Aufreißens und der anschließenden Mineralisation der Gänge erzeugt. KT

Literatur:
Wagenbreth/Wächtler 1986, S. 167 ff.;
Baumann/Kuschka/Seifert 2000, S. 88 ff.

43

44
Kassiterit (Zinnstein) – SnO_2
Zinnwald (Cinovec), Erzgebirge

8 × 7 × 6 cm, 870 g
Museum für Mineralogie und Geologie, Mineralogische Sammlung, Dresden, Inv.-Nr. 1287 BaS

Das Zinnoxid Kassiterit ist mit einem Zinngehalt von etwa 79 Prozent das wichtigste Zinnerzmineral. Kassiterit wird im überkritischen (pneumatolytischen) Bereich bei Temperaturen zwischen 600 und 400 °C gebildet. Dabei zeigen die erzbildenden Lösungen mit ihrem hohen Gehalt an Säuren eine ausgeprägte Aggressivität gegenüber dem silikatischen Nebengestein, z. B. Granit. Die Feldspäte der Granite werden aufgelöst und in Glimmer, Quarz und Topas umgewandelt. Daneben kommt es zu einer feinkörnigen Imprägnation des Granits mit Kassiterit. Solche Bildungen werden als Greisen bezeichnet. Eine typische Greisenlagerstätte ist Altenberg im Osterzgebirge. Daneben setzt sich Kassiterit auch in steilstehenden Gängen und in oberflächenparallelen, zwiebelschalenförmigen Flözen ab, welche den Lagerklüften des Granits folgen. Solche Flöze wurden in Zinnwald abgebaut. Hier ging beiderseits der sächsisch-böhmischen Grenze Bergbau um. Die Hauptblütezeit des Zinnwalder Bergbaus lag zwischen 1550 bis 1600. Auf den Gängen und in den Flözen kam es zur Bildung größerer Kristalle und Kristallaggregate.
Diese außergewöhnlich große Kassiteritstufe ist ein besonderes Prachtstück. Sie besteht aus mehreren Kristallen, darunter Zwillingen in Form von Visiergraupen. KT

Literatur:
Der silberne Boden 1990, S. 21 f., Kat.-Nr. 9; Wagenbreth/Wächtler 1990, S. 181 ff.; Baumann/Kuschka/Seifert 2000, S. 128 ff.

44

45
Gang der »kiesig-blendigen Bleierz-Formation« (kb) mit Galenit (Bleiglanz) – PbS, Sphalerit (Zinkblende) – ZnS, Quarz-SiO_2 und Dolomit $CaMg[CO_3]_2$ in Gneis
Freiberg, Erzgebirge

52 × 41 × 7 cm, etwa 40 000 g
Museum für Mineralogie und Geologie, Mineralogische Sammlung, Dresden, Inv.-Nr. 2055 Sa

Die Gänge der »kiesig-blendigen Bleierz-Formation« waren vor allem im Zentralteil der Freiberger Lagerstätte entwickelt. Die kb-Gänge traten als Stehende Gänge mit N-S- bis NO-SW-Verlauf und Flache Gänge mit N-S- bis NW-SO-Verlauf auf. Typisch war die Mineralisation mit Galenit (Bleiglanz), Sphalerit (Zinkblende) und Pyrit (Schwefelkies). Das Bleisulfid Galenit spielte mit einem Silbergehalt bis 1 Prozent eine Rolle als Silbererz. Die Gangstufe zeigt einen typischen Querschnitt durch einen Erzgang der »kiesig-blendigen Bleierz-Formation« des Freiberger Reviers. KT

Literatur:
Wagenbreth/Wächtler 1986, S. 10 ff.; Baumann/Kuschka/Seifert 2000, S. 88 ff.

46
Georgii Agricolae Medici Bermannus sive de re metallica (Georg Agricola: Bermannus oder über den Bergbau)
Basel: Hieronymus Froben 1530

15,4 × 10 cm
Technische Universität Bergakademie Freiberg, Universitätsbibliothek »Georgius Agricola«

Georgius Agricola war bereits nach seinen humanistischen Studien in Leipzig für mehrere Jahre in Zwickau und Schneeberg mit dem sächsischen Silberbergbau in Berührung gekommen, ehe er von 1523 bis 1526 in Italien, dem Mutterland des Humanismus, studierte, dort den medizinischen Doktortitel erwarb und sich 1527 als Stadtarzt und Apotheker in St. Joachimsthal niederließ, einem der damals wichtigsten Zentren des erzgebirgischen Silberbergbaus. Nach nur einem Jahr Aufenthalt in der Bergstadt legte er das Manuskript seines Erstlingswerkes vor, das in der Form eines Dialogs über den Bergbau die bis dahin vorherrschenden alchimistischen und astrologischen Deutungen der Metallgenese überwand und die wissenschaftliche Mineralogie und Lagerstättenkunde begründete. Es war die erste Stufe auf dem Weg zu seinen 1550 abgeschlossenen, aber erst 1556 erschienenen Zwölf Büchern vom Berg- und Hüttenwesen (»De re metallica. Libri XII«), dem für Jahrhunderte wichtigsten Standardwerk und Lehrbuch dieser Fächer. AL

Literatur:
Agricola 1955; Wilsdorf 1956, S. 169 ff.

47
Ulrich Rülein von Calw
Eyn wolgeordent vnd nützlich büchlin wie man Bergwerck suchen vnd finden sol
Worms: Schöffer 1518

8°, 47 gez. Bl.
Sächsische Landesbibliothek – Staats- und Universitätsbibliothek Dresden, Sign. S. B. 1079

Ulrich Rülein aus dem schwäbischen Calw, Doktor der freien Künste und der Medizin, war von 1497 bis 1523 Stadtarzt der Bergstadt Freiberg, mehrfach deren Ratsmitglied und Bürgermeister. Schon wenige Jahre nach Beginn seiner Freiberger Tätigkeit, etwa um 1500, veröffentlichte er anonym »Eyn nutzlich bergbuchleyn«, einen Dialog des Bergpatrons Daniel mit einem Knappen, dem er eine Einführung in die (Freiberger) Lagerstätten, ihre Bauwürdigkeit und über allgemeine Fragen des Bergbaus gibt. Er ist noch stark von Alchimie und Astrologie beeinflusst, die später in Agricolas Bermannus überwunden wurde. Das Bergbüchlein wurde ein echtes Volksbuch und erlebte mehr als 20 verschiedene Ausgaben, davon neun bis zur Mitte des 16. Jahrhunderts. Die hier vorliegende Wormser Ausgabe von 1518 ist die dritte; sie ist bedeutsam durch die Beigabe des (nicht von Rülein stammenden) ältesten deutschen Bergwörterbuchs. AL

Literatur: Pieper 1955.

48
Hans Rudthardt
Berckbuchel: von den Berckstedten in Fürstentumben tzu Sachssenn [...] Rudthardt
o. O. 1539

Martin-Luther-Universität Halle-Wittenberg, Universitäts- und Landesbibliothek Sachsen-Anhalt in Halle (Saale), Sign. Misc. 4°96

49
Petrus Albinus
Chronica der Churfürstlichen Sächssischen Freyen Bergkstadt St. Annabergk ankunfft.
Nachmahls, Hohes und Niedriges Standes Verenderung des Regiments Geistlich und Weltlich. Auch der Stadt Zunehmen und gedeyen, und was vornehmens in einem jeden Jahr vorgelauffen, sambt andern mercklichen Historien, den unsern also in frischen gedächtnüss zubehalten, in einfaldt zusammen bracht (von anderer Hand: Ab Orig. Urbis usque ad A. 1540)
zwischen 1590 und 1598

Handschrift, 35 Bl., fol.
Sächsische Landesbibliothek – Staats- und Universitätsbibliothek Dresden, Sign. L 99

50
Annaberg. Annales de Ao. 1492 biß Ao. 1539.
Abschrift der Chronik des Petrus Albinus aus dem 17. Jahrhundert

von Kanzleihand mit Korrekturen von anderer Hand, 25 Bl., fol.
Sächsische Landesbibliothek – Staats- und Universitätsbibliothek Dresden, Sign. Q 127

Annaberg verdankt seine Entstehung der Entdeckung ausgedehnter Silbererzvorkommen am Schreckenberg im Jahre 1492. Herzog Georg der Bärtige veranlasste in Vertretung seines Vaters Herzog Albrecht die planmäßige Anlage einer Stadt am Westhang des Pöhlberges. Am 28. Oktober 1497 wurde die Gründungsurkunde für die »Newe Stadt bey dem Schreckensperg« (seit 1499: St. Annaberg) ausgestellt. Der reiche Bergsegen machte Annaberg, das bereits ein Jahrzehnt nach seiner Gründung nahezu 8000 Einwohner zählte, im 16. Jahrhundert zu einer der wohlhabendsten Städte im Reich.
Der sächsische Geschichtsschreiber Petrus Albinus (Weis), 1578 Professor der Poesie in Wittenberg, 1586 Rektor der dortigen Universität und seit 1587 Sekretär und Archivar am Hofe Kurfürst Christians I. und seines Nach-

47

51

folgers, stellt in seinem überwiegend annalistisch angelegten Werk die Geschichte der Stadt in ihrer grandiosen Aufbruchszeit dar. Seine allerdings an einigen Stellen fehlerhafte Darstellung ist zum Teil eine Kompilation älterer, im Original verloren gegangener Quellen (eine anonyme Schrift über die Gründung Annabergs, die Annalen des Ratsherren Jobst Freitag und die Aufzeichnungen des Bürgermeisters Jobst Hanfstengel), beruht aber auch auf eigenen Aktenstudien (insbesondere der Bergakten). Albinus erwähnt außerdem Ereignisse der Reichsgeschichte und geht auf die Genealogie der Wettiner und auf einzelne Mitglieder des Fürstenhauses, besonders Kurfürst Ernst und Herzog Albrecht, ein. Auch einige Notizen über Luther und Melanchthon fügte er hinzu.
Die handschriftlich überlieferte Annaberger Chronik ist wie einige andere von Albinus verfasste und ebenfalls nur handschriftlich existierende bzw. erst später edierte Chroniken meißnischer Städte (u. a. Chemnitz, Crimmitschau, Dresden und Schneeberg) als Vorarbeit für ein geplantes Werk über die Geschichte meißnisch-sächsischer Städte zu verstehen, ein Werk, das wiederum nur als Teil einer mehrbändigen Beschreibung und Geschichte der Mark Meißen gedacht war. Realisieren konnte Albinus davon nur den »Commentarius novus de Mysniae« (1580, in zwei Teilen erw. 1589/90 u. d. T.: »Meißnische Land- und Bergchronica«). REi

Literatur:
Annaberg 1965; Bönhoff 1910, S. 1–50; NDB, Bd. I, S. 151.

51
Freiberger Meister
Bergmann
um 1510

Holz, farbig gefasst, H. mit Konsole 90 cm
Ev.-luth. Domgemeinde St. Marien Freiberg

Vermutlich stammt die Figur mit erhaltener originaler Farbfassung aus dem Auszug eines Schnitzaltars, ähnlich dem Bergaltar in der St. Annenkirche in Annaberg. Die ursprüngliche Funktion der linken Hand ist unklar. Das Motiv des Bergmanns als Lichtbringer war im 16. Jahrhundert noch nicht bekannt. Bei der typischen Bergmannskleidung fehlen die nach 1516 zunehmend üblichen Knieschützer. Dies unterstützt eine Datierung der Figur in die Zeit zwischen 1505 und 1515, als die meisten Altarretabel im Freiberger Dom entstanden.
Zweifellos handelt es sich um ein Werk eines Freiberger Bildschnitzers. Gelegentlich versuchte Zuschreibungen an Ulrich Dornhart sind jedoch wenig überzeugend. Stilistisch näher liegend ist die Entstehung der Figur in der Werkstatt des so genannten Apostelmeisters, dem bekanntesten Bildschnitzer dieser Zeit in Freiberg. AK

Literatur:
Magirius 1977, S. 224; Sandner 1993, S. 19, 104, 324.

52
Christoph Walther I.
Landesherrlicher Wappenstein
1525

Sandstein, 145 × 105 × 25 cm
Ev.-Luth. Kirchgemeinde Altenberg-Zinnwald, Stadtkirche Altenberg

Das Auffinden der ergiebigen Altenberger Zinnerzlagerstätte um 1440 erregte sehr rasch lebhaftes Interesse bei den sächsischen Landesherren. Durch verschiedene Maßnahmen versuchten sie Einfluss auf den ertragreich scheinenden Bergbau zu nehmen: Durch geschickte Kaufhandlungen erwarben sie nach und nach den für den Bergbau entscheidenden Grundbesitz. Der Erlass von Bergordnungen durch die Landesfürsten, die Verleihung des Stadtrechts 1451 und finanzielle Beteiligungen dienten dagegen der Entwicklung von Bergbau und Gemeinwesen. Erst unter der Regierung Herzog Georgs 1522–1525 kam es zum Neubau eines großen Gotteshauses in Altenberg. Im Auftrag des Herzogs schuf Christoph Walther 1525 den Wappenstein für die Altenberger Stadtkirche, der zu den großartigen Werken der sächsischen Frührenaissance zählt. Der ehemals über dem Eingang am Kirchturm eingesetzte Wappenstein ist heute der einzige Sachzeuge des im Krieg 1945 zerstörten Gotteshauses und zugleich das älteste erhaltene Geschichtszeugnis Altenbergs. CS

Literatur:
Hammermüller 1964; Hentschel 1966.

53
Leipziger Messeprivileg durch Maximilian I.
Worms, 10. Juli 1497

Handschrift auf Pergament, 35,5 × 64,8 cm, rotes Siegel in dunkler Wachsschale an rot-weiß-blauen Schnüren, ⌀ 8 cm
Stadtarchiv Leipzig, Sign. Urk.-K. 7,11

54
Zweites Leipziger Messeprivileg durch Maximilian I.
Konstanz, 23. Juni 1507

Handschrift auf Pergament, 40 × 75 cm, rotes Siegel in heller Wachsschale an schwarz-gelben Seidenschnüren, ⌀ 8 cm
Stadtarchiv Leipzig, Sign. Urk.-K. 7,15

Mit seinem Privileg vom 20. Juli 1497 krönte Maximilian I. eine bedeutsame Etappe Leipziger Handelsgeschichte: den Aufstieg zum binnenländischen Zentrum im Ost-West- bzw. im West-Ost-Handel auf der Via regia und der Via imperii. Die Urkunde bedeutet aber auch in anderer Hinsicht eine Zäsur: Es ist das erste Mal, dass die drei Leipziger Jahrmärkte zu Neujahr, Jubilate und dem Sonntag nach Michaelis zusammen und gleichberechtigt unter den Schutz des Königs und des Reiches gestellt wurden.
Allen »des Reichs Undertanen und Getreuen« wurde geboten, alle Personen, die die »Jarmerckht mit irem Handel und Gewerb suchen, darzu und davon ziehen« bei Strafe von 50 Pfund nicht zu behindern. Um das Gedeihen der großen Leipziger Märkte zu sichern, wurde gleichzeitig bestimmt, dass künftig in den umliegenden Bistümern Magdeburg, Halberstadt, Meißen, Merseburg und Naumburg keine neuen Jahrmärkte errichtet werden durften.
Mit diesem Privileg von 1497 hatte Leipzig vor allem die Konkurrenten Halle und Magdeburg in eine perspektivlose Position gedrängt. Nur zehn Jahre später erreichte Leipzig eine wesentliche Erweiterung seiner Privilegien: Am 23. Juni 1507 bestätigte und ergänzte Maximilian I. nicht nur die Zusagen von 1497 für die Sicherheit von Kaufleuten und Waren auf dem Wege von und zu den Jahrmärkten durch die Androhung der Reichsacht, sondern verlieh der Stadt auch »Niderlage und Stapel mit grosser und clainer Ware« wie anderen bedeutenden Handelsstädten. Danach mussten alle Waren im Einzugsbereich Leipzigs hier zuerst zum Kauf angeboten werden. Entscheidend war aber das neue Privileg, dass innerhalb von 15 Meilen (etwa 111 km) um Leipzig kein Jahrmarkt abgehalten und keine Niederlage errichtet werden durfte. Diese Be-

53

55

stimmung richtete sich vor allem gegen Erfurt, das noch in dieser Meilenzone lag und dem alle bisherigen Handelsvorrechte abgesprochen wurden. Damit war auch der letzte ernstzunehmende Konkurrent Leipzigs auf Dauer ausgeschaltet. Zugleich wurden mit diesem zweiten großen Privileg die entscheidenden rechtlichen Voraussetzungen festgeschrieben für die dominierende Rolle Leipzigs als Handelsstadt in Mitteldeutschland in den folgenden Jahrhunderten.
Im Übrigen wurde in der Urkunde von 1507 erstmals der Begriff Messe gebraucht, allerdings ohne direkten Bezug auf die Leipziger Jahrmärkte. MS

55
Bulle Papst Leos X. »Romanus pontifex«
Rom, 8. Dezember 1514

Stadtarchiv Leipzig,
Sign. Urk.-K. 7,18

56
Mandat Papst Leos X. an die Bischöfe von Meißen und Merseburg und an den Propst von St. Thomas zu Leipzig
Rom, 8. Dezember 1514

Stadtarchiv Leipzig,
Sign. Urk.-K. 7,19

Die Bulle mit dem Textanfang »Romanus pontifex« gehört in die Reihe der grundlegenden Leipziger Messeprivilegien und zur Begründung Leipzigs als wichtigstem Handelsplatz Mittel- und Ostdeutschlands mit europäischer Bedeutung aufzusteigen. Maßgeblich für diesen Erfolg war die politische Förderung durch die wettinischen Landesherrn. Die auf Betreiben Herzog Georgs von Sachsen erwirkte päpstliche Bulle nimmt direkten Bezug auf das zweite Messeprivileg Kaiser Maximilians I. von 1507 und stellt damit der Garantie des vornehmsten weltlichen Herrschers der abendländischen Christenheit auch die Bestätigung durch die höchste geistliche Instanz zur Seite.
Das beigefügte Mandat an die beiden albertinischen Landesbischöfe und den Leipziger Thomaspropst entspricht der gängigen päpstlichen Praxis, hochrangige Geistliche aus der Region, die dort die geistliche Gerichtsbarkeit innehatten, zur Überwachung und Durchsetzung der päpstlichen Gnadenakte zu verpflichten. CV

Literatur: Müller 1941; Blaschke 1999.

57

57
unbekannter sächsischer Goldschmied
des 15. Jahrhunderts
Szepterpaar der Universität Leipzig
1476

[auf den oberen Schriftbändern bez.]
M(ARCHIO) A(LBERTUS) DUCES SAXONIE und
E(RNESTUS) PRINCEPS ELECTOR
[auf den unteren Schriftbändern bez.]
ANNO DOMINI M CCCCLXXVI TO REFORMATA
SCEPTRA ALMA UNIVERSITATIS STUDIJ LIPZCENSIS
und
FRIEDERICUS ET WILHELMUS LANTGRAVIJ
TURINGIE ET MARCHIONES MISSNENSES ETC.
PRIMI FUNDATORES UNIVERSITATIS LIPZCENSIS

Silberblech über Holzkern, Appliken Silber vergoldet (?), gravierte Wappen ehemals farbig emailliert (Silberreliefschmelz?),
L. 112 und 110 cm
Kunstsammlung der Universität Leipzig,
Inv.-Nr. 1913/21 und 1913/22

Als Ausdruck eigener Gerichtsbarkeit und Selbstverwaltung stellten die vom Landesherrn verliehenen Szepter wichtige Symbole universitärer Unabhängigkeit dar. Zusammen mit den Siegeln und der Amtskette des Rektors gehörten sie zu den wichtigsten Insignien der Universität. Nachdem das ursprüngliche, von den thüringisch-sächsischen Herrschern Friedrich der Streitbare und Wilhelm II. gestiftete Szepterpaar aus der Gründungszeit der Universität (1409) abhanden gekommen war, wurde es durch das vorliegende – kaum minder geschichtsträchtige – ersetzt: Es stammt den Inschriften zufolge aus dem Jahre 1476 und war von den beiden gemeinsam regierenden Wettinern, Kurfürst August und Herzog Albrecht dem Beherzten verliehen worden.
Die – untereinander weitgehend identischen – Szepter treten als etwa 110 cm lange Silberstäbe mit goldenen Appliken in Erscheinung, im Innern verbirgt sich ein Holzkern. Der im Querschnitt runde Griff ist oben und unten durch goldene Dodekaeder eingefasst, darüber folgt ein achteckiger Schaft, dessen oberes Drittel durch einen goldenen Wirtel abgeteilt ist. Die Dodekaeder zeigen gravierte, ehemals auch emaillierte Wappen. Am unteren Knauf erscheinen jene von Altenburg, Thüringen, Polen und der Mark Landsberg, außerdem ein Familienwappen, wahrscheinlich der Leipziger Familie von Posern, am oberen jene der so genannten »Vier Nationen« Schlesien, Niedersachsen (Braunschweig), Meißen und Bayern, in die nach Prager Vorbild auch die Mitglieder der Leipziger Universität eingeteilt waren.
Die um den Schaft gewundenen Spruchbänder nennen das Stiftungsjahr 1476, die Stifter des ersten sowie jene des vorliegenden Szepterpaares. Die Bekrönung besteht aus je vier, in zwei Rängen angebrachten goldenen Blattrispen mit spätgotisch inspirierten Rankenmotiven. Darüber folgen vier Wappenschilde, auf denen u. a. auf Restaurierungen der Jahre 1773 und 1820 hingewiesen wird, ein achteckiger Knauf sowie ein geschlossenes Blattkrönchen. RHvG

Literatur:
Kunstschätze aus Sachsen 1991, S. 265.

Friedrich der Weise – Frömmigkeit und Humanismus

Tief empfundene Frömmigkeit, praktiziert von Laien wie Klerikern, einzeln oder miteinander gelebt, und die als »Humanismus« bezeichnete, an der heidnischen wie christlichen Antike orientierte Bildungsbewegung sind zwei spätmittelalterliche Erscheinungen. Beide schlossen einander nicht aus, sondern fanden gelegentlich zu sehr innigem Miteinander. Eine dieser Verbindungen, die folgenreichste, war die Reformation der Kirche, begonnen im Sachsen Friedrichs des Weisen und aufgenommen in großen Teilen des Reiches und darüber hinaus. Humanistische Studien waren eher an sprachlichem Erfassen und alltagssprachlicher Vermittlung der Zusammenhänge zwischen Gott, Mensch und Welt in Verbindung mit Geschichte und Poesie orientiert als an ihrer streng schulmäßig-rationalen Systematisierung auf metaphysischer Grundlage, wie es die Studienpläne der traditionellen Universitäten vorsahen.

Der sächsische Kurfürst Friedrich war ein frommer Mann. Das bezeugen seine Wallfahrten – eine führte ihn bis nach Palästina –, seine Fürsorge für Kirchen und Klöster, die Frömmigkeitsliteratur, die er sich eigens von Theologen erbat, vor allem aber seine riesige Sammlung von Reliquien und ihre mit Ablass verbundene öffentliche Ausstellung in der Stiftskirche zu Wittenberg, die auch der Ort vieler Messstiftungen war. Als Universitätskirche und Aula erhielt die Stiftskirche 1502 mit Gründung der Leucorea eine Funktion, durch die sie ihre alte nach gut 20 Jahren verlieren sollte.

Der erste Rektor der Universität Wittenberg, Martin Pollich aus Mellerstadt, stand wie andere Vertraute des Kurfürsten in regem Kontakt mit Humanisten in Mittel- und Süddeutschland und vermittelte einige von ihnen an die Leucorea, an der von Anfang an einige feste Stellen für humanistische Studien vorgesehen waren. Auch der Gründungsdekan der Theologischen Fakultät, der seit seiner Jugend mit Friedrich vertraute Johann von Staupitz, dessen Christusfrömmigkeit den jungen Luther prägte, galt als Freund von Humanisten und wurde von ihnen wegen seiner Predigten verehrt. Der Kurfürst selbst unterstützte die Dichterkrönung des »Erzhumanisten« Konrad Celtis, setzte sich in der »Reuchlinfehde« für den Hebraisten Johannes Reuchlin ein, berief 1518 auf dessen Empfehlung Philipp Melanchthon als Griechischprofessor an die Leucorea und ließ sich 1520 durch Erasmus von Rotterdam in der Luthersache beraten. Der Erfurter Humanist Georg Spalatin kam 1502 nach Wittenberg, wurde später Privatsekretär, Hofprediger und Seelsorger Friedrichs und hielt als Beauftragter für die Universität die Verbindung zwischen dem Kurfürsten und Luther, der zusammen mit Melanchthon die Universität im reformatorischen Sinn auf der Grundlage humanistischer Studien umgestaltete.

Luther selbst hatten die sprachlichen Hilfsmittel, die der Humanismus zur Verfügung stellte, zu einem befreiend neuen Verständnis für Gottes Wort in der Heiligen Schrift verholfen. Seine Bibelauslegung – auf dem Universitätslehrstuhl wie auch in volkstümlichen deutschen Schriften – gab der spätmittelalterlichen Frömmigkeit eine neue Richtung. Zu seinen Adressaten gehörte nicht zuletzt Kurfürst Friedrich. Mit dem Hinweis auf den Glauben an Christus als den einzigen Grund des Heils tröstete ihn Luther über den Verfall seiner alten, mit extensiver Heiligenverehrung auf der Grundlage tausender Reliquien verbundenen Frömmigkeit. In der Auseinandersetzung mit der römischen Papstkirche bediente sich Luther auch der historischen Einsichten von Humanisten wie Laurentius Valla und schulte sein polemisches Vermögen z. B. am Beispiel Ulrich von Huttens.

Michael Beyer

58

59

58

Albrecht Dürer

Friedrich III., der Weise, Kurfürst von Sachsen

um 1500

Tempera auf Leinwand (doubliert), 76 × 57 cm
bez. links unten mit dem Monogramm AD (ligiert). – Slg. Hugford, Florenz. – 1779 Großherzog von Toskana. – 1794 Slg. Armano, Florenz. – Slg. Duke of Hamilton. – Erworben 1882
Staatliche Museen zu Berlin, Gemäldegalerie, Kat.-Nr. 557C

Bildnis in halber Figur nach rechts gewendet. Der Dargestellte trägt ein schwarzes Barett und ein schwarzes Wams, dessen Ärmel geschlitzt und mit goldenen Brokatstreifen besetzt sind. Der Mantel ist quer über die linke Schulter drapiert. Den Hintergrund bildet die Wand eines Raumes, auf der sich der Schatten des Dargestellten abzeichnet. Mit eindringlichem Blick mustert er den Betrachter. Er ist von diesem durch eine Brüstung getrennt, auf der seine Hände ruhen. In der linken Hand hält er eine Schriftrolle. Während die Haltung des Oberkörpers Ruhe und Gelassenheit ausdrückt, lässt der intensive Blick etwas von der Kraft der Persönlichkeit erahnen.
Kurfürst Friedrich III., genannt »der Weise«, gehörte zu den bedeutendsten Fürsten seiner Zeit. Er war seit 1500 Generalstatthalter des Kaisers und Präsident des in Nürnberg tagenden Reichsregiments. Nach dem Tode Maximilians I. wurde ihm 1519 die Kaiserwürde angetragen, die er jedoch ausschlug. Er war der Gönner und Beschützer Luthers, dem er 1521 freies Geleit nach Worms gewährte und den er auf der Wartburg verbarg. Die Politik Friedrichs hat wesentlich zur Ausbreitung der Reformation beigetragen.
Das Porträt galt in der Sammlung Hamilton als Selbstbildnis Dürers, weil es an dessen Bildnisse von 1493 und 1498 in Paris und Madrid erinnert. Der Dargestellte wurde von Bode auf Grund der 1498 datierten Porträtbüste von Adriano Fiorentino in Dresden als Friedrich der Weise identifiziert. Im April des Jahres 1496 hielt sich Friedrich mit seinem Bruder Johann in Nürnberg auf. Man hat vermutet, dass das Porträt Friedrichs damals entstanden ist. Zweifel daran sind vor allem auf Grund kostümkundlicher Details, wie der Form des Baretts, geäußert worden. Auch die Zeichnung und Modellierung der Hände sprechen eher für eine Entstehung um 1500. RGr

Literatur:
Bode 1884; Anzelewski 1971, S. 27, 125 f., Nr. 19;
Löcher 1985, bes. S. 49;
Gemäldegalerie Berlin 1996, S. 42.

59

Andreas Meinhardi

Dialogus illustrate ac Augustissime urbis Albiorene vulgo Vittenberg dicte Situm Amenitatem ac Illustration docens Tirocinia Nobilium atrium iacentibus Editus

Leipzig: Martin Landsberg 1508

4°, 68 Bl.
Ratsschulbibliothek Zwickau,
Sign. 24.10.18.(6)

Der in Pirna geborene Andreas Meinhardi, seit dem Wintersemester 1504/05 Magister für weltliche Literatur an der Universität Wittenberg, preist in seiner in Dialogform gehaltenen Schrift die »Schönheit und den Ruhm der hochberühmten, herrlichen Stadt Albioris, gemeinhin Wittenberg genannt«. Der Autor widmet sich neben der Stadt auch der 1502 gegründeten Universität, an der eine humanistische Lehr- und Denkweise immer mehr an Einfluss gewann. KL

Literatur:
VD 16, M 2251; Reinke 1976; Treu 1986.

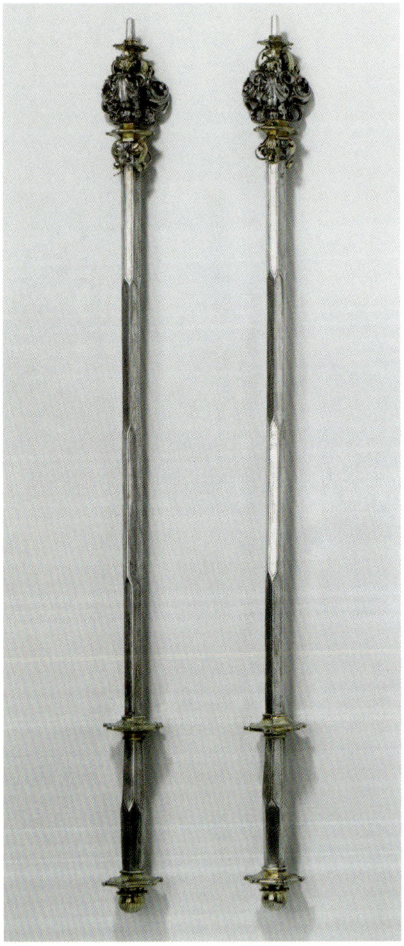

61

60
Gründungsprivileg Kaiser Maximilians I. für die Universität Wittenberg
Ulm, 6. Juli 1502

Pergament mit anhängender Bulle,
58,8 × 49,5 cm
Martin-Luther-Universität Halle-Wittenberg,
Universitätsarchiv, Inv.-Nr. Rep. 1/III, Nr. 1

Der Stiftungsbrief Kaiser Maximilians I. wurde auf Ersuchen des Kurfürsten Friedrichs des Weisen am 6. Juli 1502 in Ulm unterzeichnet und mit einem anhängenden Wappensiegel versehen. Das Wappen enthält in der Mitte den einfachen Reichsadler mit den angegliederten Wappen von Ungarn, Österreich, Burgund, Tirol und Habsburg. Die Urkunde anerkennt das Fehlen einer Universität in dieser Region, gestattet die Einrichtung von vier Fakultäten und die Benennung von deren Mitglieder durch den Kurfürsten. Die Fakultäten erhalten auch die üblichen Ordnungs-, Verwaltungs- und Promotionsrechte. Damit werden der Wittenberger Universität die gleichen Würden, Attribute und Privilegien wie den bereits bestehenden Universitäten des Heiligen Römischen Reiches deutscher Nation zuerkannt. Wittenberg war die erste deutsche Hochschule, die ohne den päpstlichen Segen eröffnet wurde. Die Zustimmung des Papstes erhielt der Kurfürst erst fünf Jahre später. RTS

Literatur:
300 Jahre Universität Halle 1994, S. 117, Abb. 62;
Speler 1997, S. 76 f., Abb. 22.

60

61
Paul Müllner [Möller?] (zugeschrieben)
Rektorenszepter der Wittenberger Universität
Nürnberg 1509

Silber, teilweise feuervergoldet, L. je 87 cm
Martin-Luther-Universität Halle-Wittenberg,
Zentrale Kustodie,
Inv.-Nr. MLU-Ku 2A und 2B

Die Wittenberger Rektorenszepter, sieben Jahre nach der Gründung der Leucorea gefertigt, sind spätgotische Arbeiten des Nürnberger Goldschmiedemeisters Paul Müllner (Möller), die eingravierte Jahreszahl 1509 gibt über die genaue Entstehungszeit Auskunft. Daneben befinden sich zwei gravierte Wappenschilde mit dem sächsischen Rautenkranzwappen und dem Amtswappen des Erzmarschalls des Heiligen Römischen Reiches deutscher Nation. Besonders reizvoll sind die à jour gearbeiteten Bekrönungen und die zart facettierten langen Schäfte.

Das Erzmarschallwappen spricht dafür, dass Friedrich der Weise als Universitätsstifter die Szepter für die Universität anfertigen ließ; die mit Akanthus geschmückten Bekrönungen sind stilistisch mit den Szeptern der Universitäten Tübingen, Freiburg i. Br. und Basel vergleichbar. Einst wurden auch Fakultätsszepter bei Vorlesungen vorgelegt, von denen die hallesche Universitätskunstsammlung ein Wittenberger Szepterpaar besitzt. RTS

Literatur:
300 Jahre Universität Halle 1994, S. 117, Abb. 22;
Speler 1997, S. 76, Abb. 23.

62

62
unbekannter Siegelstecher
Siegelpetschaft der Universität Wittenberg
1502

Umschrift:
»WITEIBERG – DOCERE – ME AVSPICE – CEPIT«
(Wittenberg hat unter meinem Schutz die Lehrtätigkeit aufgenommen)
Auf einem Band: VNIVERSIO – .1. – .5:II

Silber, gegossen, mit Griff, ⌀ 42 mm
Staatliche Museen zu Berlin – Münzkabinett, Inv.-Nr. alter Bestand

Zentral auf dem Siegelpetschaft seiner 1502 gegründeten Universität erscheint Friedrich der Weise im typischen Ornat des sächsischen Kurfürsten mit geschultertem Schwert. Die Umschrift, die den Gründungsakt betont, ist durch vier Wappenschilde, das des Herzogtums Sachsen, der Landgrafschaft Thüringen, der Markgrafschaft Meißen und der Kurwürde unterbrochen. EK

Literatur:
Suhle 1964, Nr. 42; Kunst der Reformationszeit 1983, Kat.-Nr. E38.12.

63
Wittenberger Heiltumsbuch
Wittenberg: [Symphorian Reinhart] 1509/10

44 Bl., 19,5 × 14,5 cm, moderner Pappeinband
Universitätsbibliothek Leipzig,
Sign. 92-8-1527

Heiltumsbücher, d. h. Verzeichnisse der Reliquien einzelner Orte, Kirchen oder Klöster, wurden im 15. und frühen 16. Jahrhundert vor allem in gedruckter Form verbreitet und dienten der Werbung für die vielerorts regelmäßig veranstalteten Reliquienschauen oder Heiltumsweisungen. Die Texte geben Auskunft über den Ablauf der Weisung, benennen den Inhalt der einzelnen Reliquiare und informieren oft auch über die Ablässe, die anlässlich der Schau zu erwerben waren. Zugleich dienten die Drucke repräsentativen Zwecken. Sie wurden daher aufwendig ausgestattet und reich illustriert.
Vor allem dank der 117 Holzschnitte von Lucas Cranach ist das für Kurfürst Friedrich den Weisen hergestellte Wittenberger Heiltumsbuch – neben dem Halleschen Heiltum von 1520 – das berühmteste Beispiel. Es erschien in zwei Ausgaben. Der Druck der vorliegenden Ausgabe B wurde laut Kolophon 1509 abgeschlossen, das Titelblatt nennt, wohl als Publikationsjahr, das Datum 1510. Dem Werk kommt eine besondere dokumentarische Bedeutung zu, denn die kurfürstliche Reliquiensammlung ging bereits im 16. Jahrhundert fast vollständig verloren. FE

Literatur:
Kühne 2000, S. 400 – 423; Cardenás 2002.

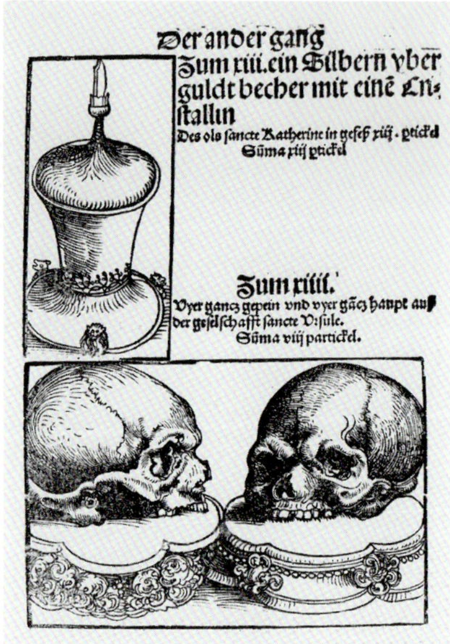
Der ander gang
Zum xiii. ein Silbern vber guldt becher mit einē Cristallin
Des ols sancte Katherine in gefeß xiij. ptickel
Sūma xiij ptickel

Zum xiiii.
Vyer gancz gepein vnd vyer gācz haupt auß der geselschafft sancte Vrsule.
Sūma viij partickel.

Dis heiligthums
Zum xv. Ein vber guldt Kestlein mit viel durchsichtigen Berillen vnnd edeln gestein besaczt
Ein Silbernn sarch mit zweien poeden oben mit silberm vbergulten gesprengk vnd schilt der kur vnd Sachsnerlandt.

63

64

65

64
Paul Müllner (zugeschrieben)
Reliquienstatuette des hl. Petrus
Nürnberg, um 1520

Silber teilvergoldet,
H. 53 cm
Domschatzkammer St. Petri Bautzen,
Inv.-Nr. M 14

Die Figur steht auf einem Sockel, der als Reliquienbehälter mit einem Fenster gearbeitet ist. Petrus hält in der Rechten den großen Himmelsschlüssel und trägt in der Linken ein Buch. Die gravierte lateinische Inschrift auf dem vergoldeten Saum des Gewandes nennt Petrus als Verfasser des apostolischen Glaubensbekenntnisses. Auf dem Kopf der Heiligenschein mit der Namensbezeichnung. Die P. Müllner zugeschriebene Statuette könnte auch in Sachsen (Dresden, Leipzig oder Bautzen selbst?) oder in Schlesien (Breslau) entstanden sein (vgl. Kat.-Nr. 65). SS

Literatur: Fritz 1982, S. 297; Seifert 1992, S. 16.

65
Paul Müllner (zugeschrieben)
Reliquienstatuette des hl. Bartholomäus
Nürnberg, um 1520

Silber teilvergoldet, Sockel mit Steinbesatz,
H. 39,5 cm
Domschatzkammer St. Petri Bautzen,
Inv.-Nr. M. 15

Die Figur steht auf einem als Reliquienbehälter mit einem Fenster versehenen Sockel. Der Heiligenschein nennt in gesägten, teilweise ausgebrochenen Buchstaben den Namen. Der Mantelsaum trägt eine gravierte lateinische Inschrift, die die Apostel als Richter der Welt bezeichnet. In der Linken trägt Bartholomäus ein aufgeschlagenes Buch, in der Rechten hält er ein Messer, das Marterwerkzeug. SS

Literatur: Fritz 1982, S. 297; Seifert 1992, S. 16 f.

66

66

Hrotsvit von Gandersheim

Opera, illustris virginis et monialis germane

Nürnberg: [A. P.] für die Sodalitas Celtica

1501

82 Bl., 30 × 21,5 cm, Halbledereinband
Universitätsbibliothek Leipzig
Sign. Poet. lat. 60
Germanisches Nationalmuseum, Nürnberg,
Sign. 4° L. 1153 s (Postinc.)

Im Spätherbst 1501 veröffentlichte Konrad Celtis unter Verantwortung der von ihm geleiteten Humanistenvereinigung »Sodalitas Celtica« in Nürnberg die Werke der Hrotsvit, Kanonisse im sächsischen Stift Gandersheim (etwa 935 – nach 973?), die er 1494 in einer Handschrift des Klosters St. Emmeram in Regensburg entdeckt hatte. Die Erstausgabe ist in einer Antiquatype venezianischen Stils gedruckt, mit acht blattgroßen Holzschnitten von Dürer und Hans Süß von Kulmbach versehen und gilt als herausragendes Zeugnis für den Einfluss der typographischen Kultur der Renaissance in Deutschland. Überdies markiert sie den eigentlichen Beginn der Rezeptions- und Forschungsgeschichte zum Werk der Hrotsvit, die »nicht nur die erste deutsche Dichterin und Geschichtsschreiberin, sondern überhaupt die erste bedeutende lateinische Autorin seit der Antike und die erste Dramatikerin der christlichen Welt« war (F. Rädle). FE

Literatur:
Grimm 1974; Rädle 1983, Sp. 196 – 210;
Finckh/Diehl 2003.

67

Johann Friedrich I. der Großmütige, Kurfürst von Sachsen

Schreibbuch
(LiBeR Ill[ustrissi]mi Principis et Domini D. Joannis Friderici Saxonie Ducis Lantgrauij Duringie et Marchionis Misne [...])

1513

Autograph, Papier, 186 Bl., 23 × 17 × 4,3 cm
Stiftung Weimarer Klassik und Kunstsammlungen, Herzogin Anna Amalia Bibliothek,
Sign. Q 13d

1512 übernahm Magister Alexius Crossner die Unterrichtung des Kurprinzen Johann Friedrich. Vom Inhalt der schulischen Ausbildung zeugt das Schreibbuch. Es enthält u. a. eine Niederschrift des griechischen Alphabets, eine deutsch-lateinische Spruchsammlung alter Griechen und Römer, von Kirchenvätern und Humanisten sowie die Vita des antiken Schriftstellers Terenz (190 – 159 v. Chr.). Auch finden

68

sich in ihm 33 Fabeln Aesops in lateinischer Übersetzung des Laurentius Valla und als Abschluss die lateinische Confessio des Prinzen, die die fünf Sinne, die sieben Todsünden und die zehn Gebote in deutscher Sprache einschließt. UL

Litatur:
Mentz 1903, S. 7 ff.; Bauer 2003, S. 11 f.

68
deutsch
Schwert (Kalenderschwert)
1521 und 1532

Klingenätzung: vermutlich Nürnberg
am Knaufbeschlag das kursächsische, herzoglich-sächsische und thüringische Wappen
Rückenklinge, geätzt;
Gefäß: Eisen, gefeilt und geschwärzt;
Scheide: Holz, Leder;
Beschläge an Gefäß, Scheide und Besteck: Silber, getrieben, teils graviert, vergoldet

L. ges. 97 cm, Klingenlänge 83,5 cm, Klingenbreite 3,5 cm
Rüstkammer, Staatliche Kunstsammlungen Dresden, Inv.-Nr. VI 366/XI 114

Das Prunkschwert hat eine zur Jagd ausgelegte Rückenklinge. Im Rüstkammerinventar von 1567 wurde es als »lang schwert oder reuthling« angesprochen. Die Klingendatierung 1521 und die Wappen am silbervergoldeten Knaufbeschlag beziehen sich auf Kurfürst Friedrich den Weisen. Die zweite Jahreszahl an der Klinge, 1531, gehört in die Regierungszeit Kurfürst Johanns des Beständigen.
Die wohl Nürnberger Klinge des Schwertes zeigt in hervorragender, vermutlich Nürnberger Ätzmalerei einen von der Klingenspitze her zu lesenden Dauerkalender für ein so genanntes Gemeinjahr. Den Monatsbildern und Monatsnamen sind die Tierkreiszeichen zugeordnet. Die Tageseinteilung ist durch fortlaufende Ziffern gegeben, denen in zyklischer Abfolge vom 1. Januar her einer der sieben Buchstaben a–g beigefügt ist. Mit Kenntnis des Sonntagsbuchstaben lässt sich, Schaltjahre ausgenommen, für ein bestimmtes Datum der Wochentag ermitteln. Neben den Ziffern und Buchstaben sind Heiligennamen und feststehende christliche Festtage eingetragen. Die Gestaltung der 1992 wieder zugeordneten Scheide mit einem silbervergoldeten Ortband in Gestalt eines Mondes folgt der Funktion der Klinge als Kalender. JB

Literatur:
Ehrenthal 1899, S. 95, E 571; Seidlitz 1921, S. 124, Nr. 55; Schöbel 1967; Ich Thomas Müntzer 1989, S. 21; Bäumel 1995, S. 33.

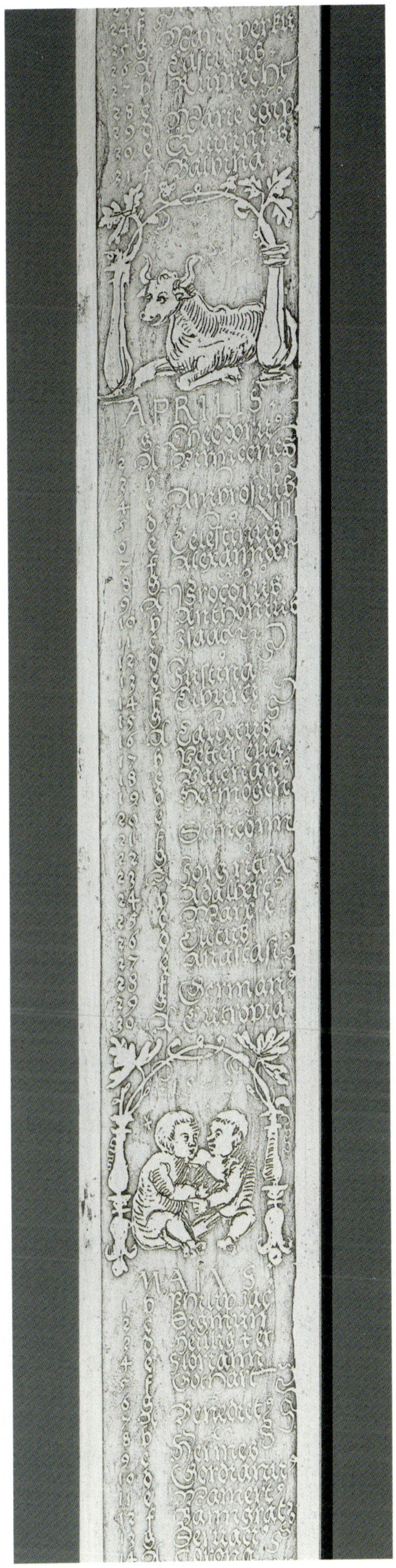

68

NOVVM TESTA-
MENTVM OMNE, MVLTO QVÀM ANTEHAC DI
ligentius ab ERASMO ROTERODAMO recognitũ, emẽ
datum ac translatum, nõ solum ad Græcam ueritatẽ, uerum
etiam ad multorũ utriusq; linguæ codicum, eorumq; ueterũ
simul & emẽdatorum fidem, postremo ad probatissimorũ
autorum citationem, emẽdationem & interpretationẽ, præ-
cipue Origenis, Athanasij, Nazianzeni, Chrysostomi, Cy-
rilli, Theophylacti, Hieronymi, Cypriani, Ambrosij, Hila-
rij, Augustini, unà cũ Annotationibus recognitis, ac magna
accessione locupletatis, quæ lectorem doceant, quid qua ra-
tione mutatũ sit. Quisquis igitur amas uerã Theologiam, le
ge, cognosce, ac deinde iudica. Neq; statim offendere, si quid
mutatum offenderis, sed expende, num in melius mutatum
sit. Nam morbus est non iudicium, damnare quod non in-
spexeris.
SALVO VBIQVE ET ILLABEFACTO
ECCLESIAE IVDICIO.
Addita sunt in singulas Apostolorum epistolas
Argumenta per ERASMVM ROT.

69

69

[Erasmus von Rotterdam]

Novum Testamentum omne, multo quam antehac diligentius ab Erasmo Roterodamo recognitum, emendatum et translatum

Basel: Johannes Froben 1519

120, 566 S., [5] Bl., 579 S.
Universitätsbibliothek Leipzig,
Sign. Biblia. 42

Das Wissenschaftsideal des Humanismus verlangte die Rückbesinnung auf die Quellen des überlieferten Wissens. So entstanden nicht nur die ersten textkritischen Ausgaben antiker Autoren, sondern es wurde auch versucht, dem Urtext der Bibel möglichst nahe zu kommen. Das umfangreichste Projekt zu diesem Zwecke war die Erarbeitung der so genannten Complutensischen Polyglotte durch spanische Gelehrte, die den Text der Bibel in Hebräisch, Chaldäisch, Griechisch und Latein nach alten Handschriften edierten. Erasmus von Rotterdam, der berühmteste Humanist seiner Zeit, hatte sich ebenfalls zur Aufgabe gestellt, das Neue Testament in seiner Ursprache neben einer lateinischen Neuübersetzung herauszugeben. Bislang kannte man das Neue Testament fast ausschließlich aus der lateinischen Übersetzung des Kirchenvaters Hieronymus. Erasmus verbesserte diese alte Übersetzung an zahlreichen Textstellen und versuchte sogar in der 1516 erschienenen ersten Ausgabe seines Werkes den Titel »Neues Testament« in »Neues Instrument« umzuändern, hat diese Neuerung aber in der hier ausgestellten zweiten Auflage, die 1519 erschien, zurückgenommen. Erasmus' Ausgabe des Neuen Testaments diente Martin Luther als Vorlage für seine Übersetzung ins Deutsche. TD

70

Desiderius Erasmus [von Rotterdam]

Moriae encomium

Basel 1515

84 Bl., 22,5 × 17,5 × 4 cm (mit Einband)
Bayerische Staatsbibliothek München
Sign. Res/4 A.lat.b. 518
Universitätsbibliothek Erlangen-Nürnberg,
Sign. 8 Phl.A.IX.22

Im Haus des englischen Humanisten Thomas More geschrieben, wird das »Lob der Torheit« als Reaktion auf Mores utopisches »Lob der Weisheit« gesehen. Anders als die übrige Narrenliteratur, z. B. das »Narrenschiff« des Sebastian Brant (1494), geißelt Erasmus die Torheit jedoch nicht als Sünde, sondern stellt augenzwinkernd fest, dass in einer von Torheit regierten Welt zuviel kritische Weisheit zur Verzweiflung führen muss. Die Vorstellung der Torheit in allen Berufen und Ständen bot auch Gelegenheit zum direkten Angriff: Erasmus prangert Missstände in der Kirche und bei der Geistlichkeit direkt an. Am Ende dieser Passage entwickelt Erasmus ein positives Konzept der Torheit, die er in Anlehnung an Paulus' Korintherbrief (1. Kor 1,18 ff.) als Zustand des Außersichseins (Extase) beschreibt, den Gott denen verleiht, die ihn lieben. EK

Literatur:
Watson 1979; Martin Luther und die Reformation 1983, Nr. 120.

71
Quentin Metsys (Massys)
Medaille auf Erasmus von Rotterdam
1519

· ER · – ROT · 1519 IMAGO AD VIVÂ EFFIGIE EXPRESSA THN ΚΡΕΙΤΤΩ ΤΑ ΣΥΓΓΡΑΜΜΑΤΑ ΔΕΙΞΕΙ: Brustbild nach links mit Kappe und Schaube mit hochgestelltem Schalkragen. Rs.: Auf Felsen Grenzstein mit der Büste des Gottes TERMI-/NVS und Beischrift CONCEDO – NVLLI, Umschrift: ΟΡΑ ΤΕΛΟΣ ΜΑΚΡΟΥ ΒΙΟΥ MORS VLTIMA LINEA RERV̂.

glatter Rand, Blei, Ø 103,8 mm, 486,42 g
Münzkabinett, Staatliche Kunstsammlungen Dresden, Inv.-Nr. 1960/G 34

Desiderius Erasmus ist einer der größten Vertreter des europäischen Humanismus. Als Philologe ist ihm die Drucklegung von Werken zahlreicher antiker Schriftsteller zu verdanken. Er trat für die Reformierung der Kirche ein, distanzierte sich aber schließlich von Luthers Kampf gegen das Papsttum.
Übersetzung der Legende Vs.: Erasmus von Rotterdam 1519, ein Bildnis nach dem Leben geschnitten, das Bessere zeigen seine Schriften. Rs.: Ich, Terminus, weiche niemandem. Der Tod ist die letzte Linie der Dinge. RGru

Litatur:
Juncker 1706, S. 167 ff.; Arnold 1967 b, Nr. 39; Femmel 1971, Nr. 69.

72

72
Gregor Reisch
Margarita philosophica [cu[m] additionibus nouis ab auctore suo studiosissima reuisione quarto super additis]
Basel: Michael Furter 1517

Titelblatt fehlt; Holzschnitte mit Illustrationen, graphischen Darstellungen und Notenbeispielen, teilweise koloriert; [285-1] Bl., 22,3 × 16,5 cm; zeitgenössischer Ledereinband, Hinterdeckel ersetzt
Universitätsbibliothek Leipzig, Sign. Allg. Enz. 617

Straßburg: Johannes Schott 1504
TH, Holzschnittillustrationen, 8°, 329 und II Bl.
Germanisches Nationalmuseum, Nürnberg
Inv.-Nr. 8° Ph. 61 (Postinc.)

Typisch für den Übergang von der Scholastik des ausgehenden Mittelalters zu den Anfängen des Humanismus sind Werke wie die »Margarita Philosophica« des Gregor Reisch. Diese »Philosophische Perle« gehörte zum Literaturkanon an den Universitäten der Zeit und handelt in den ersten Büchern sämtliche »septem artes«, die sieben freien Künste, also die Grammatik, Logik, Rhetorik, Arithmetik, Musik, Geometrie und Astronomie ab.

Nach weiteren vier Büchern naturwissenschaftlichen Charakters endet das in Quaestionenform angelegte Lehrbuch mit einem moralphilosophischen Teil. Darin enthalten sind auch Abhandlungen über den Aberglauben oder die Nekromantie. Auf zahlreichen sehr interessanten Illustrationen, im ausgestellten Exemplar illuminiert, befinden sich Namen antiker sowie mittelalterlicher Gelehrter. So führt auf Bl. 3v Nicostrata, die angebliche Erfinderin des Alphabets, einen Schüler in das »Speisezimmer der Philosophie« (triclinium philosophiae).
Reisch, heftiger Verfechter des Kartäuserordens und Beichtvater Maximilians I., war, nicht zuletzt auf Grund seiner Verflechtungen mit der Affäre der Dunkelmännerbriefe, erklärter Feind Luthers. ML

Litatur:
VD 16, R 1040 (dort wohl fälschlich: [356] Bl.);
Srbik 1961; Reisch 2002.

73

73
[Verfasser: Crotus Rubeanus,
Ulrich von Hutten]
**Epistolae obscurorum virorum,
ad Dominum M. Ortvinum Gratium ...**
[In zwei Teilen]
Frankfurt a. M. 1581

78 und 194 Bl., 15 × 9,5 cm, Pergamenteinband (unter Verarbeitung eines Blattes aus einem mittelalterlichen Messbuch)
Universitätsbibliothek Leipzig,
Sign. 59-8-4481
Speyer: Jakob Schmidt 1517
Germanisches Nationalmuseum, Nürnberg,
Sign. 8° L. 1951r (Postinc.)

Im Jahre 1502 trat der jüdische Gelehrte Johannes Pfefferkorn zum Christentum über und bald schon mit Unterstützung durch die Kölner Dominikaner literarisch gegen seine vormalige jüdische Religion auf. Der Talmud und die anderen jüdischen Schriften gehörten verboten und verbrannt, so seine Forderung. Hauptgegenspieler Pfefferkorns wurde der Humanist und Professor für hebräische Sprache Johannes Reuchlin, der u. a. eine Auswahl an ihn gerichteter unterstützender Briefe berühmter Zeitgenossen, die »Epistolae clarorum virorum« (1514), herausgab. Als Unterstützung Reuchlins waren auch die anonym erschienenen »Epistolae obscurorum virorum« (Dunkelmännerbriefe, 1515, erweiterte Fassung 1517) der Humanisten Crotus Rubeanus und Ulrich von Hutten gedacht. Die Sammlung fingierter Briefe von Gesinnungsgenossen des Kölner Dominikaners Ortwin Gratius an ihren Meister gibt eine scholastische Buchstabengelehrtheit, einen scheinfrommen Lebenswandel und ein barbarisches Latein der Kölner Dominikaner Spott und Lächerlichkeit preis. SH

Literatur: Hecht 1964.

Die zwei Sachsen

Das Territorium zwischen Werra im Westen und Schwarzer Elster im Osten, Thüringer Wald und Erzgebirge im Süden sowie Harz und Fläming im Norden war seit dem Ende des 11. Jahrhunderts zunehmend vom Geschlecht der Wettiner herrschaftlich gestaltet worden. Sie stiegen von Markgrafen von Meißen zu Kurfürsten von Sachsen auf, die nach 1423 das sächsische Kurfürstentum zum zweitmächtigsten Territorialstaat im Reich nächst der Hausmacht der Habsburger entwickelten. Die Landesteilungen von 1382 in Chemnitz und 1445 in Altenburg brachten zwar Rückschläge in dieser Entwicklung, konnten aber immer wieder überwunden werden.
Das Jahr 1485 brachte in der Mitte des Reiches eine Situation, die für die Zukunft grundlegende Bedeutung erlangte. Die auf dem Landtag zu Leipzig zwischen den Brüdern Ernst und Albrecht am 17. Juni 1485 verabredete und am 11. November 1485 ebenfalls in Leipzig vollzogene Teilung sollte den Verlauf der gesellschaftlichen Entwicklung bis in unsere Tage nachhaltig beeinflussen. Das Haus Wettin trennte sich dauerhaft in die Linien der Ernestiner und der Albertiner. Zwei neue Territorialstaaten erschienen auf der politischen Bühne Deutschlands und Europas. Sie gingen außen- und innenpolitisch getrennte Wege, die bald zu machtpolitischen Konfrontationen führten. Das 1485 entstandene ernestinische Kurfürstentum Sachsen mit Torgau bzw. Wittenberg als Residenzen und das albertinische Herzogtum Sachsen mit Dresden als Residenz hatten für 62 Jahre Bestand.
Dann brachte der Schmalkaldische Krieg mit der Wittenberger Kapitulation vom 19. Mai 1547 erneut eine grundlegende Änderung der politischen Machtkonstellation im Reich. Es entstand das albertinische Kurfürstentum Sachsen als einer der mächtigsten deutschen Territorialstaaten im 16. Jahrhundert und das nun wesentlich verkleinerte ernestinische Herzogtum Sachsen mit Weimar als Residenz, das sich nach 1572 in kleinstaatliche sächsisch-ernestinische Herzogtümer aufteilte. Während das albertinische Sachsen zur Führungsmacht der evangelischen Reichsstände aufstieg, wurde das ernestinische Sachsen bald in die politische Bedeutungslosigkeit entlassen.

Reiner Groß

74

75

76

74
Lucas Cranach d. Ä., Werkstatt
Kurfürst Friedrich der Weise
um 1515

Öl/Tempera auf Nadelholz, 64,5 × 49,3 cm
Kunstsammlungen der Veste Coburg,
Inv.-Nr. M 166

Das Bildnis Kurfürst Friedrichs des Weisen ist Gegenstück zu demjenigen Herzog Johanns des Beständigen (Kat.-Nr. 75). Beide sind Flügelunterteile eines zersägten Altars, der vermutlich ursprünglich für die Schlosskirche oder -kapelle der Veste Coburg geschaffen wurde. Von dem Altar sind außerdem die rückseitigen Oberteile der Flügel mit den Brustbildnissen der Apostel Jakobus d. Ä. und Andreas (Kat.-Nr. 76) und der Apostel Judas Thaddäus und Simon (Kat.-Nr. 77) erhalten. AD

Literatur: s. Kat.-Nr. 77.

75
Lucas Cranach d. Ä., Werkstatt
Herzog Johann der Beständige
um 1515

Öl/Tempera auf Nadelholz, 64,7 × 49,3 cm
Kunstsammlungen der Veste Coburg,
Inv.-Nr. M 167

Das Bildnis Herzog Johanns des Beständigen ist Gegenstück zu demjenigen des Kurfürsten Friedrich des Weisen (Kat.-Nr. 74). AD

Literatur: s. Kat.-Nr. 77.

77

76
Lucas Cranach d. Ä., Werkstatt
Brustbildnisse der Apostel Jakobus d. Ä. und Andreas
um 1515

Öl/Tempera auf Nadelholz, 41,2 × 51,2 cm
Coburg, Schloss Callenberg,
Sammlung Herzoglicher Kunstbesitz – Stiftung der Herzog von Sachsen-Coburg und Gotha'schen Familie,
Inv.-Nr. CAP. XI, Nro. 70

Die Tafel war ursprünglich das Gegenstück zu derjenigen mit den Aposteln Judas Thaddäus und Simon (Kat.-Nr. 77). Beide Darstellungen sind Fragmente zersägter Altarflügel, auf deren Vorderseiten sich ursprünglich die Halbfigurenbildnisse des Kurfürsten Friedrich des Weisen und seines Bruders Herzog Johann des Beständigen (Kat.-Nr. 74, 75) in ewiger Anbetung befunden haben. Auf ihren Rückseiten waren ehemals noch die Füße und Unterschenkel der Apostel zu sehen. Die Ernestiner waren demnach wohl ähnlich wie auf dem etwas kleineren Dessauer Fürstenaltar (um 1510) oder auch auf dem Hochaltar der Katharinenkirche zu Zwickau (1518), empfohlen von den hinter ihnen stehenden Patronen, in Halbfigur dargestellt. AD

Literatur: s. Kat.-Nr. 77.

77
Lucas Cranach d. Ä., Werkstatt
Brustbildnisse der Apostel Judas Thaddäus und Simon im Buch lesend
um 1515

Öl/Tempera auf Nadelholz, 41,5 × 52,5 cm
Coburg, Schloss Callenberg,
Sammlung Herzoglicher Kunstbesitz – Stiftung der Herzog von Sachsen-Coburg und Gotha'schen Familie,
Inv.-Nr. CAP. XI, Nro. 300

Die Tafel war ursprünglich das Gegenstück zu derjenigen mit den Aposteln Jakobus d. Ä. und Andreas (Kat.-Nr. 76). AD

Literatur:
Lehfeldt 1900; Kunstgeschichtliche Ausstellung Erfurt 1903, S. 16 f., Kat.-Nr. 84 f., 92 f.; Lehfeldt 1906, S. 237 f.; Lehfeldt 1907, S. 558 f.; Friedländer/Rosenberg 1989, S. 82 f., Kat.-Nr. 64; Sandner 1993, Taf. 16; Lucas Cranach 1994, S. 315 f., Kat.-Nr. 135 sowie S. 151, Abb. A 94.

78
Brevarium Magdeburgense
[Leipzig]: Melchior Lotter
1513

Martin-Luther-Universität Halle-Wittenberg, Universitäts- und Landesbibliothek Sachsen-Anhalt in Halle (Saale),
Sign. 87 L 1028

79
Umkreis der »Werkstatt des Halberstädter Ofens«
Reliefkachel mit Darstellung des sächsischen Wappens
Anfang 16. Jahrhundert

Irdenware mit hellbraunem Scherben und polychromer Bemalung mit transparenter Bleioxidglasur in Grün, Blau, Ocker, Braun und Schwarz sowie opaker Zinnoxidglasur in Weiß, 29,2 × 18,5 × 4,7 cm
Kunstgewerbemuseum, Staatliche Kunstsammlungen Dresden, Inv.-Nr. 1749

In einer rechteckigen, leicht gewölbten Rahmenkachel mit Säulenarchitektur und Rundbogen sowie je einer Rosette in den oberen Zwickeln befindet sich das sächsische Wappen mit Helmzier des Bischofs Ernst von Halberstadt. Ernst von Halberstadt war der Sohn des sächsischen Kurfürsten Ernst und der Bruder des sächsischen Kurfürsten Friedrich des Weisen. Als Erzbischof von Magdeburg seit 1476 und seit 1479 Coadjutor von Halberstadt, ab 1480 auch Bischof, setzte dieser gegen den Willen der Bürger 1491 die Weihe des Halberstädter Doms durch.

79

Der Ofen, von dem diese Kachel stammt, wurde Anfang des 16. Jahrhunderts, wohl noch im Auftrag des Erzbischofs, von einer leistungsfähigen Töpferwerkstatt aus dem sächsisch-thüringischen Raum hergestellt, die unter dem Namen »Werkstatt des Halberstädter Ofens« besonders zur Zeit der Reformation bekannt wurde. Zahlreiche Öfen nahmen in ihren Bildprogrammen Serien mit Darstellungen zu den Glaubensbekenntnissen auf, die oft direkten Bezug auf die religiösen Auseinandersetzungen der Reformationszeit nahmen. Manchmal versteckt, manchmal unmittelbar, zeigten die Öfen mit ihren Motiven wie Tugend-, Herrscher-, Planeten-, Wappen- und mythologischen Darstellungen, zu welcher Konfession Auftraggeber und Hersteller gehörten. RGR

Literatur:
Strauß 1966, Taf. 12, 2; Franz 1969, Abb. 116; Kunsthandwerk der Gotik und Renaissance 1981, S. 102, Kat.-Nr. 94; Deutsche Keramik 1984, S. 38, Kat.-Nr. 13.

80
Leipziger Teilung der wettinischen Länder 1485
Kurfürst Ernst von Sachsen bestimmt den Umfang des meißnischen Teils innerhalb der zwischen ihm und seinem Bruder Albrecht aufzuteilenden wettinischen Länder
Leipzig, 26. August 1485

Urkundenlibell, Ausfertigung, Papier mit Pergamentumschlag, 33,5 × 47 cm (aufgeschlagen), Siegel des Ausstellers an rot-schwarzer Schnur, gezeigt werden S. 2 und 3
Sächsisches Hauptstaatsarchiv Dresden, Sign. 10001 Ältere Urkunden, Nr. 8578

Länderteilungen gehörten zu den üblichen Verfahren der spätmittelalterlichen Herrschaftspraxis. Bedingt durch dynastische Politik und genealogische Zufälle kam es bis 1485 mehrfach zu unterschiedlichen Herrschaftsaufteilungen. Die Teilung zwischen Kurfürst Ernst von Sachsen und seinem jüngeren Bruder Herzog Albrecht von Sachsen wurde auf Wunsch des Erstgenannten durchgeführt, möglicherweise auf Anraten dessen Obermarschalls Hugold von Schleinitz.
Ernst hatte als älterer der beiden Brüder den Umfang der beiden Teile zu bestimmen. Sein jüngerer Bruder Albrecht durfte zwischen den beiden Gebieten wählen, die im Interesse einer auch zukünftig engen Verflechtung der wettinischen Besitzungen stark miteinander verschachtelt worden waren.

81

Die hier ausgestellte Urkunde enthält Bestimmungen über den vorwiegend meißnischen Teil der wettinischen Länder. Herzog Albrecht wählte schließlich diesen sowohl von ihm als auch von seinem älteren Bruder als wertvoller angesehenen Teil, obwohl dafür zusätzlich 100 000 Gulden an den künftigen Inhaber des vorwiegend thüringischen Teils zu zahlen waren. Das gerade neu erschlossene Bergbaugebiet um Schneeberg sowie einige von den Wettinern im 15. Jahrhundert neu erworbenen, noch ungesicherten Besitzungen blieben in gemeinsamer Verwaltung. Das Gebiet des 1423 an die Wettiner gefallenen Herzogtums Sachsen-Wittenberg, mit dem die Kurfürstenwürde verbunden war, verblieb aus reichsrechtlichen Gründen ungeteilt bei Kurfürst Ernst.
Obwohl die Festlegungen der Leipziger Teilung später durch die Ergebnisse des Schmalkaldischen Krieges von 1546/47 und andere Ereignisse stark modifiziert wurden, hatten sie eine außerordentliche Fernwirkung. Die durch die Teilung entstandenen beiden Linien der Wettiner, die Ernestiner und die Albertiner, regierten bis zu ihrer Entmachtung durch die Novemberrevolution von 1918 in voneinander getrennten Ländern, die bei den Ernestinern später durch neue Teilungen weiter zersplittert wurden. EL

Literatur:
Posse 1889, Taf. 93–102 (Abb.); Hänsch 1909; Sander/Spangenberg 1926, S. 18 ff.; Blaschke 1985; Fuhrmann/Kretschmann/Lasius 2000, S. 58; Rogge 2002, S. 222–226.

81
niederländischer Meister (?)
Bildnis Albrechts des Beherzten, Herzog zu Sachsen
nach 1494

Inschrift auf der Rs.: Albertus Animosus
Öl auf Eichenholz, 28 × 19,5 cm
Gemäldegalerie Alte Meister,
Staatliche Kunstsammlungen Dresden,
Gal.-Nr. 806 B

Albrecht III. Herzog zu Sachsen, den man wegen seines militärischen Tatendrangs den »Beherzten« nannte, war der jüngere Sohn Kurfürst Friedrichs II., des Sanftmütigen, und nach dessen Tod an der Seite seines Bruders Ernst für 21 Jahre Mitregent über die wettinischen Länder. Der an deutscher Reichspolitik mehr als an sächsischen Fragen interessierte Albertiner stellte sich 1487 als Reichsfeldherr in den Dienst des Kaiserhauses und wurde ein Jahr später zum Generalstatthalter der Niederlande ernannt.
Das einzige bekannte Bildnis Albrechts zeigt ihn mit der Ordenskette des Goldenen Vlieses, die er zum Dank für seine Verdienste um die niederländischen Reichsgebiete im Mai 1491 in Mecheln aus den Händen Philipps des Schönen empfangen hatte. Dies war offenbar Anlass für das Porträt, das seine entschlossenen Züge im Brustbild mit erhobenem Haupt und in einer leichten Wendung nach links wiedergibt. Albrecht ist in der Mode der Zeit gekleidet; er trägt ein violettes Untergewand, einen mit Goldstickerei verzierten Mantel mit breitem Kragenumschlag und eine rote Kappe über offenem, schulterlangem Haar. Das in entschlossenen Strichlagen großzügig modellierte Gesicht entbehrt jedoch der feinen, vertriebenen Malweise südniederländischer Meister des ausgehenden 15. Jahrhunderts. Denkbar wäre daher auch eine Entstehung des Porträts im 16. Jahrhundert als Kopie eines deutschen Meisters nach dem verlorenen flämischen Original aus der Zeit um 1494/95.
UN

Literatur:
Zurück in Dresden 1998, S. 220, Kat.-Nr. 52 mit Abb.;
Saksers yn Fryslan 1998, S. 19 f., Kat.-Nr. 7 mit Abb.;
Thieme 2002.

80

83

82
Bärenspieß mit dem Wappen des Hochmeisters Friedrich von Sachsen
Anfang 16. Jahrhundert

gestähltes Eisen, geschmiedet, gefeilt, geätzt, 28 × 9 cm
Stiftsmuseum der Stadt Aschaffenburg, Inv.-Nr. 104/52

Die Wahl Friedrichs von Sachsen 1498 zum Hochmeister des Deutschen Ordens in Preußen und Livland stand im Zeichen einer tiefen Krise des Ordenstaates. Nach dem Aufstand der preußischen Stände gegen den Orden war im 2. Thorner Frieden von 1466 das gesamte Ordensland westlich der Weichsel an die polnische Krone gefallen. Mit der Wahl des sächsischen Herzogs zum Hochmeister verband sich die Hoffnung, sich von der Bindung an die polnische Krone wieder entziehen zu können. Friedrich konnte auf Grund seiner Beziehungen im Reich gegenüber dem polnischen König ohne Kriegsrisiko stark auftreten. Er reformierte das Heerwesen und leitete die Konsolidierung der Finanzen des Ordenslandes ein. Der Ordensstaat wandelte sich mehr und mehr zum Fürstentum. EK

Literatur:
800 Jahre Deutscher Orden 1990, Nr. II.8.16; Benninghoven 1990, S. 177–181.

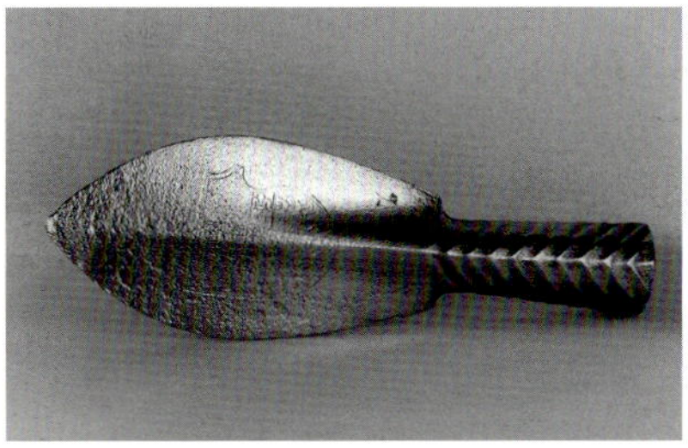

82

83
Väterliche Ordnung von 1499
Herzog Albrecht von Sachsen trifft Bestimmungen zur Nachfolge seiner Söhne Georg und Heinrich in Sachsen und Friesland
Maastricht, 18. Februar 1499

Urkundenlibell, Ausfertigung, Pergament, 34,5 × 52 cm (aufgeschlagen), Siegel der Herzöge Albrecht, Georg und Heinrich von Sachsen an rot-schwarzer Schnur, Unterschriften der Herzöge Albrecht, Georg und Heinrich
Sächsisches Hauptstaatsarchiv Dresden, Sign. 10001 Ältere Urkunden, Nr. 9284b, Exemplar B

Im Rahmen seiner umfangreichen Dienste für das Heilige Römische Reich erlangte Herzog Albrecht von Sachsen 1498 die Erbstatthalterschaft über Friesland und konnte im Bereich des heute zu den Niederlanden gehörenden Westfriesland trotz erheblicher Widerstände auch eine reale Herrschaft aufbauen. Dieser von den sächsischen Territorien weit entfernte Gebietserwerb ermöglichte es ihm, eine Nachfolgeregelung für seine beiden im weltlichen Stand verbliebenen Söhne Georg und Heinrich zu treffen, die eine weitere Zersplitterung Sachsens nach der Leipziger Teilung von 1485 vermied. Friedrich, der dritte Sohn Albrechts, war damals schon Hochmeister des Deutschen Ritterordens in Preußen und kam als Geistlicher für die Erbfolge in Sachsen und in Friesland nicht in Frage.
Die Kernbestimmung der väterlichen Ordnung war, dass Herzog Georg in Sachsen und Herzog Heinrich in Friesland jeweils die ungeteilte Herrschaft übernehmen sollten. Im Fall des Verlusts eines der beiden Länder hatte der Geschädigte im anderen Land nur das Recht auf ein begrenztes Gebiet und bestimmte Einkünfte, nicht aber auf einen Anteil an der Herrschaft. Obwohl die ebenfalls enthaltenen Regelungen zur weiteren Erbfolge nach dem Tod der Herzöge Georg und Heinrich etwas unscharf formuliert sind, lassen sie deutliche Ansätze in Richtung Primogeniturerbfolge erkennen.
Im albertinischen Sachsen ist es in der Folgezeit tatsächlich zu einer weitgehenden Durchsetzung der Primogeniturerbfolge gekommen. Friesland wurde dagegen 1504 von dem an Herrschaftsaufgaben nicht besonders interessierten Herzog Heinrich gegen Nutzungsrechte in Sachsen an seinen Bruder Georg abgetreten. Jener verkaufte dieses für die Wettiner weit entfernte und schwer zu beherrschende Territorium 1515 an den späteren Kaiser Karl V. EL

Literatur:
Bergerhausen 2000; Fuhrmann/Kretschmann/Lasius 2000, S. 60; Leisering 2002 (mit Edition der Urkunde); Rogge 2002, S. 252–260.

84

84
Wappenverleihung an den Gubernator von Friesland Herzog Albrecht von Sachsen
Aschaffenburg, 19. August 1499

Papier, Feder in Schwarz, koloriert, 40 × 20 cm
Österreichisches Staatsarchiv, Wien, Abteilung Haus-, Hof- und Staatsarchiv, Sign. Reichskanzlei, Maximiliana, 40/11/19, fol. 246

König Maximilian I. ernannte Albrecht Herzog von Sachsen (den Beherzten) am 20. Juli 1498 zum Gubernator und Potestaten der reichsunmittelbaren friesischen Länder und verlieh ihm am 19. August 1499 dieses Amtswappen. Der in acht Felder geteilte Schild enthält die Wappen seiner herzoglichen Erbländer Sachsen, Thüringen, Meißen, Landsberg, Pfalzgrafschaft Sachsen, Pfalzgrafschaft Thüringen, Pleißen und Brehna. Beim Wappen der Pfalzgrafschaft Thüringen scheint dem Maler ein Fehler unterlaufen zu sein, da die Farben von Schild und Figur verwechselt wurden, richtig wäre ein goldener Adler im schwarzen Feld. Das Besondere daran ist jedoch der Herzschild, der den kaiserlichen Doppeladler zeigt, wie er seit Kaiser Sigismund ab 1417 bzw. 1433 in Gebrauch war. Als Zeichen seiner Gubernatorenwürde sind die Schwanzfedern mit dem friesischen Wappen belegt: in einem blauen mit goldenen Schindeln bedeckten Schild (»außgesprayttet gelb spenn«) zwei übereinander gestellte goldene hersehende Löwen. Die um den Schild gelegte Kollane des Ordens vom Goldenen Vlies zeigt Albrecht als Ordensmitglied an. MG

Literatur:
Hefner 1856, S. 19, Taf. 26; Vries 1986, S. 187.

1517 – Der Beginn der Reformation

Die Reformation beginnt an einem Schreibtisch. Der steht sowohl in einem Kloster als auch in einer Universität. Sie nimmt erste Konturen an, als der Wittenberger Augustinereremit und Theologieprofessor Martin Luther am 31. Oktober 1517 einer allgemein akzeptierten Frömmigkeitspraxis entgegentritt, die für ihn aus wissenschaftlichen und seelsorgerischen Gründen nicht länger hinnehmbar ist. Er tut das auf zweierlei Weise: Im Rahmen des normalen Studienbetriebes der Universität lädt er zu einer akademischen Disputation von 95 Thesen über die Kraft der kirchlichen Ablässe ein: Was trägt der mit großem Werbeaufwand betriebene Handel mit Ablassbriefen nach dem Tod der Gläubigen für das Schicksal ihrer Seelen wirklich aus? Und welche Rolle spielt der Papst dabei? Muss man beim Bewältigen von eigener Schuld und Strafe nicht zuerst auf Jesus Christus hören? Der hatte über das Buße-Tun gesagt, das sei eine Angelegenheit des ganzen menschlichen Lebens, eine Frage der Bereitschaft eines jeden einzelnen Menschen, Gott an sich heranzulassen. Echtes Buße-Tun sei also gerade nicht ein mathematisch erfassbares und schon gar nicht mit Geld zusammenhängendes Geschehen. Und im Übrigen sollten sich die Leute mit ihrem überschüssigen Geld unmittelbar – ohne die Zwischeninstanz Ablass – in ihrer eigenen Umgebung als Christen unter Christen erweisen.

Außerdem schreibt Luther Briefe an kirchliche Vorgesetzte. Ein Brief geht an den Magdeburger Erzbischof Kardinal Albrecht, der zugleich Bischof von Halberstadt ist und als Erzbischof von Mainz ein Kurfürst des Reiches. Ausgerechnet Albrecht hat aber diesen Ablass verursacht. Denn die Fülle seiner kirchlichen Würden hatte umfangreiche Strafgebühren an Rom zur Folge. Die Kredite dafür müssen mit hohem Zinsfuß beim Augsburger Bankhaus Fugger abgezahlt werden. Und Albrecht ist auch der Vorgesetzte des berüchtigten Ablasspredigers Johann Tetzel, den Luther in seiner 27. These mit dem Satz zitiert: »daß sich die Seel' gen Himmel schwingt, wenn – eingelegt dem Kasten – Geld erklingt«. Luther, der von den finanziellen Abmachungen zwischen Rom und Albrecht damals noch nichts weiß, wendet sich als Mönch demütig in der Form, aber als Doktor der Theologie deutlich in der Sache an den Kardinal: Die Begründung dieses Ablasses ebenso wie die Art und Weise der Ablasspredigt seien theologisch unhaltbar. Die Zeit dränge! Luther verweist auf den Buchdruck und sieht verheerende Folgen voraus, wenn jemand auf den Gedanken käme, sich dieses neuen Mediums ablass- und damit kirchenkritisch zu bedienen.

Welchen Erfolg hatte Luthers Doppelstrategie vom 31. Oktober 1517? Zur akademischen Disputation erschien niemand. Aber die Thesen flogen in lateinischer und deutscher Sprache – so sahen es begeisterte Zeitgenossen – wie von Engelsflügeln getragen innerhalb von 14 Tagen durch Deutschland. Kardinal Albrecht übergab Luthers Brief und Thesen der römischen Kurie und verursachte damit Luthers Römischen Prozess. Und der Buchdruck sollte wirklich einen entscheidenden Anteil haben. Luther selbst begann ihn jetzt extensiv für eine populäre, deutschsprachige Ablasskritik zu nutzen, deren Erfolg nicht lange ausblieb. Zu Recht verwies er später auf seinen »Sermon von Ablass und Gnade« von Anfang 1518, der im kirchlichen Establishment eingeschlagen habe, »als sei der Himmel eingestürzt, der Erdkreis gebrandschatzt: Man verklagt mich beim Papst! Man schickt mir eine Vorladung nach Rom und mächtig erhebt sich das Papsttum gegen mich allein!« Luther blieb nicht lange allein. Die Reformation war – unaufhaltsam, wie sich zeigen sollte – in Bewegung gekommen.

Michael Beyer

SANCTUS · MARTINUS
SIMON FRANCK · KARD. ALBRECHT v. BRANDENBURG ALS HEILIGER MARTIN · 1524

SIMON FRANCK · URSULA RIEDINGER ALS HEILIGE URSULA · 1524

85

85
Cranach-Werkstatt (Simon Franck?)
zwei Tafeln (Gegenstücke?):
Albrecht von Brandenburg als hl. Martin und die hl. Ursula
um 1524 und 1524 (?)

Öl auf Lindenholz (parkettiert)
je 121 × 56,5 bzw. 54 cm
Stiftsmuseum der Stadt Aschaffenburg,
Inv.-Nr. 169/55 und 170/55

Wahrscheinlich ist die Albrecht-als-hl.-Martin-Tafel identisch »mit unserm conterfact, so lang wir sein«, die der Kardinal qua seinem Testament von 1540 »unser dumkirchen zu Mentz« vermachte und die man »ins hohe chore neben dem hohen altar uber der richter stule« hängen sollte (Redlich). Sie stammt zusammen mit der Ursula-Tafel vermutlich aus Halle. Ob beide Tafeln ursprünglich Altarflügel waren, ist ungewiss. In der Hallenser Stiftskirche des Kardinals befanden sich ein Martin- und ein Barbara-Altar. Beide Altarretabel zeigten auf ihrer Festtagsseite einen Heiligen Martin bzw. eine Heilige Ursula. Die Altäre wurden von Lucas Cranach d. Ä. und seiner Werkstatt (darunter Simon Franck?) zwischen 1520 und 1523/25 einheitlich geschaffen: Im geschlossenen Zustand waren in der Regel vier Heilige vor Architekturkulisse zu sehen. Öffnete man die Altäre, so sah man – gerahmt von den Altarpatronen (diese vor Landschaftshintergrund platziert) – eine Szene aus der Passion Christi. Durchaus denkbar also, dass die Tafel mit dem hl. Martin, er war der Patron des Erzbistums Mainz, und die Tafel mit der hl. Ursula, sie gehörte zu den Hallenser Stiftspatronen, die Flügelinnenseiten der genannten Altäre sind. Sie wäre dann allerdings auf verschiedenen Altären platziert gewesen. Denkbar wäre auch eine von der Ausstattung der Hallenser Stiftskirche unabhängige Verwendung der beiden Tafeln; beispielsweise für die Moritzburg bzw. später für den so genannten »Neuen Bau«.
Bei der hl. Ursula wurde immer wieder ein Rollenporträt angenommen. Dies geht zurück auf den Mainzer Geschichtsforscher Franz J. Bodmann, denn dieser beschriftete eine Handzeichnung von der Ursula-Tafel vom September 1800 mit dem Text: »Rehdingerin A. 1524. Concubina Alberti [...]«. Damit war die Kardinalsmätresse Ursula Redinger gemeint, über die man aber nicht sehr viel weiß. Ihre Nachfolgerin Agnes Pless begleitete Albrecht, als er Halle 1541 endgültig wegen der sich ausbreitenden Reformation verlassen musste, nach Mainz; in seinem Gepäck waren vermutlich auch die beiden Tafeln. AT

Literatur:
Flechsig 1900, S. 162–166; Redlich 1900, S. 170; Tacke 1990; Speyer 1991; Tacke 1992, S. 103–109, 116; Tacke 2002.

86

87

86
Bischofsstab des Kardinals Albrecht von Brandenburg
1539

Holzstab, Krümme: Silber, vergoldet, getrieben und gegossen, graviert und zieseliert, Email
L. ges. 185 cm, L. Krümme 35,5 cm
Statens historiska museum, Stockholm,
Inv.-Nr. 351

Dieser Bischofsstab gelangte während des Dreißigjährigen Krieges nach Schweden. Dass er aus dem Besitz Kardinal Albrechts von Brandenburg stammt, wird aus den Wappen auf dem kugeligen Knauf unterhalb der Krümme deutlich, wo neben dem Wappenschild des Brandenburgers seine Hauptsitze Mainz, Magdeburg und Halberstadt vertreten sind. 1539 datiert, entstand der Bischofsstab kurze Zeit bevor Albrecht dem Drängen der lutherischen Bürger der Stadt nachgeben musste und im Jahr 1541 Halle verließ. Dort hatte er seit den 1520er Jahren eine prachtvolle Bischofsresidenz errichtet.
Aufgrund der Ornamentformen nimmt man an, dass bei der Anfertigung des Stabes eine bereits vorhandene Krümme Verwendung fand. Leider findet sich auf dem Stab kein Goldschmiedezeichen. Daher ist es bei derzeitigem Kenntnisstand nicht möglich, seinen Herstellungsort zu lokalisieren. EK

Literatur:
Albrecht von Brandenburg 1990, Nr. 74;
Nickel 1999, S. 39.

87
Hallesches Heiltumbuch von 1520
Vortzeichnus und zceigung des hochlobwirdigen heiligthumbs der Stifftskirchen der heiligen Sanct Moritz und Marien Magdalenen zu Halle
[Halle: Wolfgang Stöckel 1520]

19,5 × 15 × 4,5 cm
Marienbibliothek Halle, Sign. Hof 135

Das Hallesche Heiltumbuch wurde im Auftrag des in Halle residierenden Erzbischofs von Magdeburg und Kurfürsten von Mainz, Kardinal Albrecht von Brandenburg, nach der Aussage des Postskripts im Jahre 1520 »yn der löblichen stadt halle« gedruckt. Vorgestellt werden in dem Band, geordnet in sechs »Gängen«, die in Halle von den Erzbischöfen Ernst von Sachsen und Albrecht zusammengetragenen Reliquien, die von kostbaren und kunstvollen Reliquiaren umschlossen waren.

Die meisten Reliquiare werden in Holzschnitten abgebildet, die überwiegend von dem Nürnberger Maler und Graphiker Wolf Traut stammen. Traut hat einen der Holzschnitte (Bl. 47v) mit seinem Monogramm signiert, dagegen enthält das Buch keinen Hinweis auf den Drucker. Der Vergleich der Drucklettern weist auf die Offizin des zu dieser Zeit in Leipzig ansässigen Druckers Wolfgang Stöckel hin.

Das Hallesche Heiltum war zunächst in der Magdalenenkapelle der Moritzburg untergebracht. 1523 wurde es in die zur Stiftskirche erhobene alte Klosterkirche der Dominikaner (heute »Dom«) überführt.

Die Abbildung zeigt eines der wenigen erhaltenen Reliquiare, »eyn gantz guldenen kelch mit vil kostlichen steynen vnd perlin / dorynn sein vier stuck vom heyligenn creutze«, gefertigt von Hans Huiuff, Goldschmied, Bürger und Ratsherr in Halle a. d. Saale. Der Kelch gelangte im Dreißigjährigen Krieg nach Schweden und wird heute im Dom von Uppsala aufbewahrt. HN

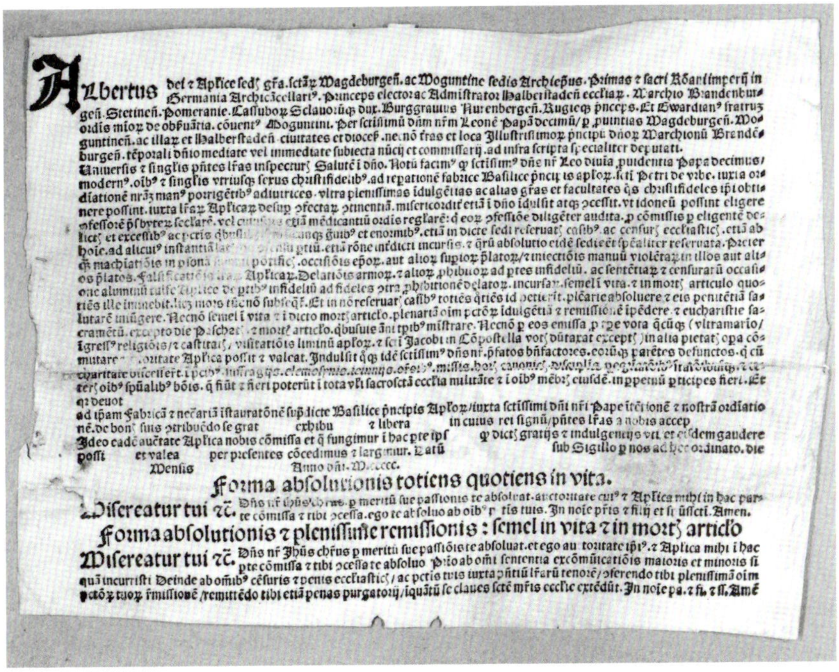

Albertus

Forma absolutionis totiens quotiens in vita.

Misereatur tui etc.

Forma absolutionis et plenissime remissionis: semel in vita et in mortis articulo

Misereatur tui etc.

89

88

Instructio Summaria pro subcommissarijs, penitentiarijs et confessoribus

Mainz: Johann Schöffer, nach 1514

4°, 20 Bl.
Herzog-August Bibliothek Wolfenbüttel
Inv.-Nr. 459.3 Theol. (3)
um 1516, 18,5 × 14,5 cm
Deutsches Historisches Museum, Berlin,
Sign. R 55/877

Dies ist das Ablass-Handbuch, mit dem Erzbischof Albrecht von Brandenburg 1517, im Jahr von Luthers 95 Thesen, die im Magdeburger und Halberstädter Gebiet tätigen Prediger des Petersablasses offiziell in ihre Arbeit einwies. In 94 Einzelkapiteln werden die Verfahrensweisen und Inhalte der Verkündigung festgelegt. Der Text verherrlicht den Ablasskauf mit »geradezu marktschreierischen Superlativen« (Fabisch-Iserloh 1988 – 91) als eine unvergleichliche Gnadengabe, die die Gläubigen nur zum eigenen Schaden verschmähen könnten.

Der Widerspruch Luthers gegen den Ablass, der zur Reformation führte, entzündete sich an diesem Buch. BM

Literatur:
VD 16, M 266; Fabisch/Iserloh 1988 – 91, Bd. I, S. 246 – 293.

89

Albrecht von Brandenburg,
Ablassbriefformular zum St.-Peter-Ablass

[Leipzig: Melchior Lotter 1516]

Einblattdruck, Pergament,
14,5 × 19,5 cm
Universitätsbibliothek Leipzig,
Sign. 75-4-88
Gutenbergmuseum Mainz,
Sign. GM Ink 972

Das Ablasswesen war eines der bedeutendsten religiösen Phänomene des späten Mittelalters. Bereits seit der Erfindung des Buchdrucks wurden Ablässe vor allem in gedruckter Form bekannt gemacht. Dabei kam den Beichtformularen (Ablassbriefen) die zentrale Rolle zu. Sie wurden in großer Zahl gegen eine Gebühr an die Gläubigen ausgegeben und dienten dazu, bei der Beichte einen Nachlass der Sündenstrafen, einmal im Leben und einmal im Angesicht des Todes zu erwirken. Die vom Beichtvater zu sprechenden Absolutionsformeln sind im unteren Teil des Formulars abgedruckt.

Der Mainz – Magdeburger Ablass der Jahre 1515 – 1517, zu dem das ausgestellte Formular gehört, war die letzte große Ablasskampagne vor der Reformation. Vordergründig sollten die Erlöse dem Bau der Peterskirche in Rom zugute kommen, doch war schon den Zeitgenossen bewusst, dass die Gelder kaum jemals ihr Ziel erreichten. FE

Literatur: Winterhager 1999; Eisermann 2001.

61

Ein Frag an eynen Müntzer/wahin doch souil Geltz kumme das man alltag müntzet: Antwort des selben Müntzers/Von dreyen Feinden vnnsers Geltz/wa wir nit acht darauff haben/werden wir den Seckel zum Gelt an.

Wann wir hetten rechten glauben
Gott vnd gemainen nutz vor augen

Recht Elen/darzů maß vnd gwicht
Gůt frid vñ auch gleich Recht vñ Ghricht

Einerlay Müntz vnd kain falsch Gelt
So stůnd es wol in aller welt.

Frag an den Müntzer.

¶ Sag lieber Müntzer bistu frum
Wa mainst das souil gelts hinkum
Daran Teütsch land groß mangel hat
Vnd jr doch müntzet frü vnd spat
Nun ist ye Silbers nicht vil dran
Das man müg gwin am schmeltzen han
Auch wil yetz kainr so haußlich werden
Das er groß schetzs grab in die erden
Noch ist kain gelt klagt all welt sehr
Das wundert mich vnd manchen mehr

Antwort des müntzers

¶ Täglich hör ich diß frag vnd klag
Ligt doch die antwort hell am tag
Wañ wir nit weren sunst als plind
Vnd sehen vnsers gelts drey find
Den Babst/New sitten/Frembde wahr
Die vnser land erschöpffen gar
Doch hat der Römisch gwerb ein end
Wa icht wir Teütschen selber wend
Vom anndern so wir nit wölln lon
Werden wirs gelt zum seckel on

Der Erste Feindt.

¶ Der Babst kan vns gantz höflich fatzē
Mit Bullen/Abblaß/Dispensatzen
Vmb böse war gůt gelt er nimpt
Wie aim geschwinden kauffman zimpt
Auch seind jm bstümpt vil groß Annaten
Gend jm teütsch Bischoff vnd Prelaten
Welchs alles trifft ein grosse Summ
Ich kans nit glauben ist er frumm
So er gelt fordert bey der schwer
Vmb dingk das sunst wol zimlich wer
Vnd es jm alls vmbs gelt ist fail
Gnad/Pfrůnden vnd das ewig hail
Wer mer gibt hat den pessern tail
Er můß ye nit Stadhalter sein
Des trewen Gots der milch vnd wein
On gold vnd silber gibt zukauffen
Haist vns zum gnaden prunnen lauffen
Begert nichts darum dañ däckbars hertz
Er hat selbs tragen vnsern schmertz
Sein plůt vnd todt zalt vnser schuld
Durch in allain kumpts Vatters huld
Noch wolt der Babst das gelt drum han
Des hat jms glimpfft schier yederman
Glaub mir/Rom het vns gar auß gsogē
Den seckel mit dem gelt entzogen
Het nit der trew Gott gsehen drein
Seins worts vns geben hellen schein
In welchem doch gantz klärlich stat
Wa rechte thür in hymel gat
Nit durch die Römisch gülden Port
Sunder Christum den gnaden hort
Drumb hats Babsts grempel yetz ein ent
Wa icht wir Teütschen selber went

Der Annder Feindt.

¶ Den andern Feint nun auch verstand
Der vnser gelt fürt auß dem land
Ich main den Kauffman der on rü
Frembd vnnütz war vns füret zů
Die vnserm leib so nodt auch thůt
Wies Babsts kram kumpt der sel zugůt
Sonder zu lust vnd hoffart raicht
Damit man vns teütsch narren laicht
Mancherlay gwürtz vnd welschem wein
Seyden Sammet/sonst tůcher fein
Pierredt von rotem scharlach gmacht
Darnach ein yeder pawr yetz tracht
Der Eltern sitt ist gar veracht
Die vns mit trewen gsparet hond
Das wir so schandtlich yetz verthond
O wie wol stůnds/do in ainr stat
Kaum ainr Lündsch rock vnd hosen hat
Der paurßman trůg ein zwilche Jupp
Für gwürtz war zwibel auff der supp
Lebt rauch/tranck pieren most vñ wasser
Was nit wie yetz ein foller prasser
Satzt auff von starckem Filtz ein hůt
Was jm für windt vnd kelte gůt
Der handwercks man thet jm auch recht
Mit gwand vnd narung was er schlecht
Von landt tůch macht der Bürger klaid
Vnd hielt man gůten vnterschaid
Ein yeder nach seim gůt vnd stand
Pfuch pfuch es ist ein grosse schand
Das es sich yetz hat alls verkert
Vnd disem übel nymandt wert
Was einr yetz jar vnd tag gewan
Henckt er eins mals dem kat sack an
Das übrig můß sein gar verschlempt
Kains überfluß sich nymandt schempt
Ja wem es gůlt ein gůldin zlon
Der hat wol sechs vor hin verthon
Die sol er erst noch naißwa gwinnen
Wil jm doch allweg zeit zerrinnen
Vnd ist yetz alls vorgessen brot
Drumb sicht man allenthalb groß nodt
Dañ arme hoffart werdt kain wil
Da bey man doch macht schulden vil
Die werden nicht zu danck bezalt
Wird einr drey tag kranck oder alt
Hilff Gott so hat er nit mer zleben
Man můß jm pfrůnd jm spittal geben
Damit wirdt yederman beschwerdt
Der gmain/vnd aigen seckel glert
Vnd kan zu letst nichts werden drauß
Dañ das wir můssen lan von hauß
Sonst wa der überfluß würdt gspart
Ein Teütscher sich des andern nart
Vnd wir brauchtē lands gwechs vñ wat
So würd den sachen noch wol rat

Der Dritt Feindt.

¶ Yetz kum ich an den dritten Findt
New sitten der on zal vil sindt
Damit man treibt ein schentlich preng
Yetz kürtz dañ lang/yetz weit dañ eng
Yetz ist es prait/dañ macht mans schmal
Da ist kain maß jnn überal
Was einem yetz an ermeln hangt
Het etwan zů eim rock gelangt
Yetz lest mans gantz/dañ ists zerschnitten
Alweg bringt man ein andern sitten
Vnd můß das heütig morn veralten
Wie möchten wir dañ parschafft bhalten
Wir tragen yetz die welschen schlappen
Seltzam Paret vnd Spannisch kappen
Wo kompt doch einr her über mer
Der vns nit gleich sein sitten lehr
So vol sind wir des wanckeln můts
Warlich ich sorg es bring nit gůts
Got werd vns fürn in dises landt
Völcker der wir yetz tragen gwandt
Vnd vnser übel gransam straffen
Sein zorn wirdt ye nit alweg schlaffen
Hochfart/kriegen/füllen/schweren
Mag sich kains wegs ind harr erweren
Vnd dunckt mich es sey an der zeyt
Got wöllt ich wäns/es sey noch weyt.

¶ Wolffgang Rösch Formschneyder.

90

90
Jörg Breu
Ein Frag an eynen Müntzer wahin doch sovil geltz kumme
um 1530

Holzschnitt mit Typendruck, altkoloriert, 18,9 × 27,3 cm (Bild)
Stiftung Schloss Friedenstein Gotha, Inv.-Nr. 39.43

Geld war in der Frühen Neuzeit nicht unbegrenzt verfügbar. Von der Menge Edelmetalls, das einem Landesherrn zur Verfügung stand, hing ab, wieviel Münzen er für den Handel produzieren konnte – und nur wenige Fürsten verfügten über reiche Silbervorkommen im eigenen Lande wie die Wettiner. In der Regel musste das notwendige Edelmetall auf dem Markt erworben werden, daher waren Münzen relativ knapp, was den Handel stark belastete. Drei Ursachen für die Münzknappheit nennt das Flugblatt: Kaufleute, die mit falschen Maßen und Gewichten betrügen, Münzmeister, die den Edelmetallgehalt der Münzen manipulieren, und an wichtigster Stelle den Papst mit seinen Bullen und Ablässen. Im Bild betont Jörg Breu jedoch einseitig den Ablasshandel und den Klerus als Feinde des Geldes, die anderen »Geldverschlinger« werden nur angedeutet. EK

Literatur:
Hollstein IV, Nr. 408; Geisberg 1923–30, 353; Von der Freiheit eines Christenmenschen 1967, Nr. 11; Meuche/Neumeister 1976, S. 39 f., 79, Bl. 6; Luther und die Folgen für die Kunst 1983, Nr. 62; Martin Luther und die Reformation in Deutschland 1983, Nr. 321; Carolus 2000, Kat.-Nr. 119.

91

91
Tetzels Ablasskiste
Ende 15. Jahrhundert

eisenbeschlagene Eichenholztruhe
H. 40,7 cm, B. 82,5 cm, T. 47,5 cm
Städtisches Museum Braunschweig, Inv.-Nr. B 31

Der Überlieferung nach ist dies einer der Ablassgeldkästen Johann Tetzels. Mit Eisenblechen beschlagen und breiten Eisenbändern armiert, verschließen mittig ein eingebautes Zuhaltungsschloss und außen zwei Überwurfkrampen die Ablasstruhe. Im Inneren befindet sich ein schmaler, besonders verschließbarer kleiner Holzkasten.
Der Legende zufolge wurde Tetzel die Ablasskiste im Elm – auf dem Weg zwischen Küblingen und Königslutter – 1517 geraubt, nachdem er vorher mit Erfolg den Ablass gepredigt hatte. Sie soll danach lange auf dem Schloss Süpplingenburg in der Nähe von Königslutter aufbewahrt worden sein. So hat es jedenfalls auch Matthäus Merian d. Ä. 1654 in seiner Beschreibung der Topographie der Herzogtümer Braunschweig und Lüneburg festgehalten. EE

Literatur: Christiani 1983.

92
unbekannter Nürnberger Künstler
Medaille auf Kardinal Albrecht von Brandenburg
1526

DOMINVS · MIHI · ADIVTOR · QVEM · TIMEBO · ANN · ÆTAT · XXXVII. Innerhalb der Umschrift doppelter vertiefter Linienkreis. Brustbild des Erzbischofs mit Barett nach rechts.

Rs.: ALBERT · CARD · MOG · ARCHIEP · MAGD · HALB · ADM · MARCH · BRAND · ZC · M · D · XXVI. Innerhalb der Schrift Perlkreis. Das vierfeldige Brandenburger Wappen mit den drei aufgelegten Mittelschilden, besteckt mit Kreuzstab, Schwert und Krummstab, verbunden mit den Quastenschnüren des Kardinalshutes.

glatter Rand, Silber (Guss),
Ø 43,9 mm, 32,754 g
Münzkabinett, Staatliche Kunstsammlungen Dresden, Inv.-Nr. 2507

Albrecht von Brandenburg, seit 1513 Erzbischof von Magdeburg und Administrator des Bistums Halberstadt, ließ sich 1514 auch zum Erzbischof von Mainz und damit zum Primas der deutschen Kirche wählen. Das Bildnis dieses höchsten kirchlichen Würdenträgers ist auf einer Reihe von Medaillen verewigt. Vorliegendes Werk ordnet Habich dem Nürnberger Umkreis zu.
Übersetzung der Legende Vs. und Rs.: Der Herr ist mein Helfer, wen soll ich fürchten? (Ps. 27, V.1). Im Alter von 37 Jahren. Albert, Kardinal von Mainz, Erzbischof von Magdeburg, Administrator von Halberstadt, Markgraf von Brandenburg etc. 1526. RGru

Literatur:
Habich 1929–34, Bd. I, 2, Nr. 923; Brockmann 1994, Nr. 8.

95

96

93

93
Hans Reinhart d. Ä.
Medaille auf Kardinal Albrecht von Brandenburg
1535

DOMINVS ꙮ MIHI ꙮ ADIVTOR ꙮ QVEM ꙮ TIMEBO ꙮ ANN ꙮ AEAT ꙮ 46 ꙮ
Brustbild des Erzbischofs in verziertem Gewand nach rechts. Unter dem Armabschnitt die Signatur: HR (ligiert)
Rs.:
ÂLBF(=E)RT ◦ CARD ◦ MOG ◦ ARCHIEP ◦ MAGD ◦ HALB ◦ ADM ◦ MARC ◦ BRAND ◦ ZC ꙮ 1535 ꙮ
Das 15-feldige brandenburgische Wappen, gehalten links vom Hl. Erasmus und rechts vom Hl. Moritz.

glatter Rand, Silber (Guss),
Ø 61,5 mm, 132,298 g
Münzkabinett, Staatliche Kunstsammlungen Dresden, Inv.-Nr. 2387

Der hl. Moritz war der Patron des Erzstifts Magdeburg, der hl. Erasmus der Patron der Hohenzollern in Brandenburg.
Übersetzung der Legende Vs. und Rs.: Der Herr ist mein Helfer, wen soll ich fürchten? (Ps. 27, V.1). Im Alter von 46 Jahren. Albert, Kardinal von Mainz, Erzbischof von Magdeburg, Administrator von Halberstadt, Markgraf von Brandenburg etc. 1535. RGru

Literatur:
Habich 1929–34, Bd. II, 1, Nr. 1941;
Brockmann 1994, Nr. 12.

94
unbekannt
Medaille auf Albrecht von Brandenburg
1515

Silber, gegossen, Ø 50 mm
Staatliche Museen zu Berlin – Münzkabinett, Inv.-Nr. alter Bestand

Das zu den frühesten deutschen Gussmedaillen zählende Stück wurde erstmals durch Habich in Zusammenhang mit der zeitgenössischen Grabplastik gebracht – nicht nur technische Besonderheiten, sondern auch das für eine Medaille ungewöhnliche Brustbild en face geben Anlass zu dieser Vermutung. Die Rückseite zeigt das achtfeldige brandenburgische Wappen, belegt mit den Schilden der drei Stifte Mainz, Magdeburg und Halberstadt, die auf Krummstab und zwei Kreuzstäbe aufgelegt sind. Albrecht scheint mit dem Ergebnis ausgesprochen zufrieden gewesen zu sein, denn – so die Überlieferung – er verehrte ein Bronzeexemplar dem Humanisten Erasmus von Rotterdam. EK

Literatur:
Habich 1929–34, Bd. I, 1, Nr. 9; Bd. I, 2, S. LXIV;
Kunst der Reformationszeit 1983, Nr. B 71.1;
Martin Luther und die Reformation in Deutschland 1983, Nr. 240.

95

Albrecht Dürer

Kardinal Albrecht von Brandenburg (Der kleine Kardinal)

1519

Kupferstich, 14,8 × 9,8 cm
Albertina, Wien, Inv.-Nr. DG1930/1555
Kupferstich-Kabinett, Staatliche Kunstsammlungen Dresden, Inv.-Nr. A 839
(vgl. auch Kat.-Nr. 96).

Literatur:
Bartsch, VII, Nr. 102; Meder 1932, Nr. 100.

96

Lucas Cranach d. Ä.

Kardinal Albrecht von Brandenburg

1520

Kupferstich, 16,8 × 11,5 cm
Kupferstich-Kabinett, Staatliche Kunstsammlungen Dresden, Inv.-Nr. 1925-50

Da man davon ausgehen kann, dass Cranach den Kardinal persönlich gekannt hat, lässt sich vermuten, dass seiner Graphik – obwohl sie in ihrer Komposition Dürers Vorbild zweifelsohne folgt – für das Porträt selbst eine neue, eigens ausgeführte zeichnerische Aufnahme zugrunde lag. Die Cranach-Forschung bemühte sich um das Herausarbeiten der fein nuancierten Unterschiede zwischen beiden Darstellungen: die geglättete Schulterkontur, den offengelassenen Mantel, vor allem aber die gegenüber der Kantigkeit des Dürer-Stichs verjüngten, weicheren Gesichtzüge. Aus einem Brief, den Dürer Anfang des Jahres 1520 an Georg Spalatin schrieb, wissen wir, dass der Künstler dem Kardinal nicht nur 200 Abdrucke seines Kupferstichs, sondern auch die Kupferplatte selbst schickte. Das Porträt sollte als Frontispiz für Albrechts Hallesches Heiltumbuch verwendet werden. AKu

Literatur:
Bartsch VII, Nr. 4; Hollstein VI, Nr. 2; Koepplin/Falk 1974, S. 88, Nr. 34.

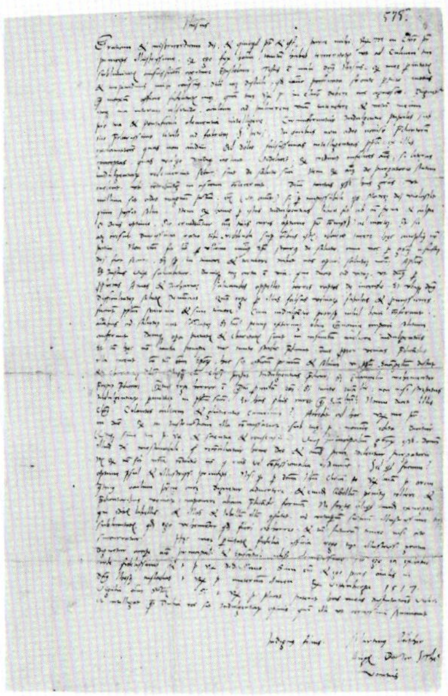

97

97

Martin Luther

Brief an Albrecht von Brandenburg

31. Oktober 1517

Autograph, 31 × 21 cm
Riksarkivet, Stockholm, ohne Inv.-Nr.

Am 31. Oktober 1517 schrieb Martin Luther an Albrecht von Brandenburg, in dessen Namen ein Petersablass vertrieben wurde. Er forderte den Erzbischof von Mainz und Magdeburg auf, irreführende Predigten über den Ablass abzustellen und seine entsprechende Instruktion zurückzunehmen. Luther legte dem Brief die 95 Thesen zum Ablass bei. GWa

Literatur:
WA Br 1, S. 108–115, Nr. 48; Brecht 1981–87, Bd. I, S. 187ff.

98

Martin Luther

D. Martini Luther theologi Disputatio pro declaratione virtutis indulgentiarum

[Basel: Adam Petri] 1517

4°, [4] Bl., Halbledereinband
Universitätsbibliothek Leipzig
Sign. Libri.sep.A. 2042
Stadtbibliothek Worms, Sign. LB 9a

Wir kennen heute aus dem Jahr 1517 drei Druckausgaben der berühmten 95 Thesen, die Luther an die Tür der Wittenberger Schlosskirche angeschlagen haben soll. Zwei davon haben die Form des Einblattdrucks, sie sind in Nürnberg von Hieronymus Höltzel und in Leipzig von Jacob Thanner gedruckt. Die hier ausgestellte Ausgabe, die von Adam Petri in Basel gedruckt wurde, bringt den Text schon in »Buchform« heraus. Die Thesen sind in drei Abteilungen zu 25, 25, 25 und 20 Thesen gegliedert.
Es ist nicht geklärt, ob es einen heute nicht mehr überlieferten Wittenberger Urdruck der Thesen gab, der den drei genannten Drucken als Vorlage diente. Wahrscheinlicher ist die Annahme, dass die Thesen brieflich verschiedenen Gelehrten mitgeteilt wurden und diese dann an verschiedenen Orten für deren Drucklegung sorgten. Die Auflage der Schriften wird nicht sehr hoch gewesen sein. Die eigentliche Popularisierung des Ideengehalts der 95 Thesen erfolgte durch Luthers Schrift in deutscher Sprache »Ein Sermon von Ablass und Gnade«, von der über zwei Dutzend Ausgaben in den ersten Jahren der Reformation erschienen sind. TD

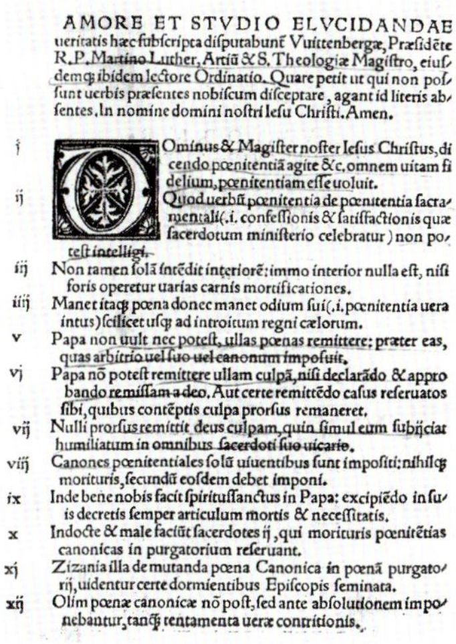

AMORE ET STVDIO ELVCIDANDAE ueritatis hæc subscripta disputabunt Vuittenbergæ, Præsidēte R.P. Martino Luther, Artiū & S. Theologiæ Magistro, eiusdemq; ibidem lectore Ordinatio. Quare petit ut qui non possunt uerbis præsentes nobiscum disceptare, agant id literis absentes. In nomine domini nostri Iesu Christi. Amen.

i Dominus & Magister noster Iesus Christus, dicendo pœnitentiā agite &c. omnem uitam fidelium, pœnitentiam esse uoluit.
ij Quod uerbū pœnitentia de pœnitentia sacramentali (.i. confessionis & satisfactionis quæ sacerdotum ministerio celebratur) non potest intelligi.
iij Non tamen solā intēdit interiorē: immo interior nulla est, nisi foris operetur uarias carnis mortificationes.
iiij Manet itaq; pœna donec manet odium sui (.i. pœnitentia uera intus) scilicet usq; ad introitum regni cælorum.
v Papa non uult nec potest, ullas pœnas remittere: præter eas, quas arbitrio uel suo uel canonum imposuit.
vj Papa nō potest remittere ullam culpā, nisi declarādo & approbando remissam a deo. Aut certe remittēdo casus reseruatos sibi, quibus contēptis culpa prorsus remaneret.
vij Nulli prorsus remittit deus culpam, quin simul eum subijciat humiliatum in omnibus sacerdoti suo uicario.
viij Canones pœnitentiales solū uiuentibus sunt impositi: nihilq; morituris, secundū eosdem debet imponi.
ix Inde bene nobis facit spiritussanctus in Papa: excipiēdo in suis decretis semper articulum mortis & necessitatis.
x Indocte & male faciūt sacerdotes ij, qui morituris pœnitētias canonicas in purgatorium reseruant.
xj Zizania illa de mutanda pœna Canonica in pœnā purgatorij, uidentur certe dormientibus Episcopis seminata.
xij Olim pœnæ canonicæ nō post, sed ante absolutionem imponebantur, tanq; tentamenta ueræ contritionis.

98

¶ Amore et studio elucidande veritatis, hec subscripta disputabuntur Wittenburge Presidente R. P. Martino Luther Eremitano Augustiniano Artiũ et S. Theologie Magistro, eiusdemq; ibidem lectore Ordinario. Quare petit vt qui non possunt verbis presentes nobiscum disceptare / agant id literis absentes.

In Nomine dñi nostri Ihesu Christi. Amen.

1 Dñs et magister noster Jhesus Christus, dicendo penitẽciã agite &c., omnẽ vitam fidelium, penitentiam esse voluit.

2 Qd verbũ de penitẽtia sacramẽtali (.i. cõfessionis et satisfactionis que sacerdotum ministerio celebratur) non potest intelligi.

3 Nõ tñ solã intẽdit interiorẽ; immo interior nulla est, nisi foris operetur varias carnis mortificationes

4 Manet itaq; pena donec manet odiũ sui (.i. penitẽtia vera intus) scz vsq; ad introitum regni celorum.

5 Papa nõ vult nec põt; vllas penas remittere, preter eas, q̃s arbitrio vel suo vel canonum imposuit.

6 Papa nõ potest remittere vllã culpam, nisi declarando et approbando remissaz a deo. Aut certe remittendo casus reseruatos sibi, quibus contẽptis culpa prorsus remaneret.

7 Nulli prorsus remittit deus culpã, quin simul eũ subijciat: humiliatũ in omnibus: sacerdoti suo vicario.

8 Canones penitentiales solũ viuentibus sunt impositi; nihilq; morituris s'm eosdem debet imponi.

9 Inde bñ nobis facit spũssanctus in papa, excipiendo in suis decretis semꝑ articulum mortis et necessitatis.

10 Indocte et male faciũt sacerdotes ij, qui morituris pñias canonicas in purgatorium reseruant.

11 Zizania illa de mutanda pena Canonica: in penaz purgatorij, videtur certe dormientibus Episcopis seminata.

12 Olim poene canonice nõ post, sed ante absolutionẽ imponebant, tãq̃ tentamenta vere contritionis.

13 Morituri: per mortẽ om̃ia soluũt: et legibus canonũ mortui iam sunt: hñtes iure earum relaxationem.

14 Imperfecta sanitas seu charitas morituri: necessario secum fert, magnũ timorem, tantoq; maiorem: quanto minor fuerit ipsa.

15 Hic timor et horror, satis est, se solo (vt alia taceã) facere penã purgatorij, cũ sit proximus desperationis horrori

16 Vident: infern⁹: purgatoriũ, celũ differre, sicut desꝑatio: ꝓpe desꝑatio: securitas differunt.

17 Necessariũ videt aĩab⁹ ĩ purgatorio sicut minui horrorẽ: ita augeri charitatẽ

18 Nec probatũ videtur vllis: aut rõnibus aut scripturis, ꝙ sint extra statũ meriti: seu augende charitatis.

19 Nec hoc probatum esse videt, ꝙ sint de sua beatitudine certe et secure saltem omnes: licet nos certissimi simus.

20 Igitur Papa per remissionẽ plenariã oĩm penarũ: nõ simpliciter oĩm intelligit, sed a seipso tantũmodo impositarum.

21 Errant itaq; indulgẽtiaz p̄dicatores ij, qui dicunt per Pape indulgẽcias, hominem ab omni pena solui et saluari

22 Quin nullam remittit aĩabus in purgatorio: quã in hac vita debuissent, s'm Canones soluere.

23 Si remissio vlla oĩm omnino penarũ, potest alicui dari, certum est eam non nisi perfectissimis .i. paucissimis dari.

42 Falli ob id necesse est, maiorẽ ptẽ populi: per indifferentẽ illam et magnificã pene solute promissionem.

25 Qualẽ potestatẽ habet Papa in purgatoriũ generaliter: talẽ habet: quilibz Epus et Curatus in sua Diocesi et parochia specialiter.

26 Optime facit Papa, ꝙ nõ ptãte clauis (quã nullã hz) sed per modũ suffragij dat animabus remissionem.

17 Hominem predicant, qui statim: vt iactus nũmus in cistam tinnierit: euolare dicunt animam.

18 Certum est nũmo in cistam tinniente: augeri questũ et auariciã posse: suffragium aũt ecclesie est in arbitrio Dei solius.

19 Quis scit si om̃es anime in purgatorio velint redimi, sicut de S. Seuerino et paschali factum narratur.

20 Nullus securus est de veritate sue cõtritionis: multo minus de consecutione plenarie remissionis.

21 Q̃ rarus est vere penitẽs: tã rarus est vere indulgẽcias redimẽs, i. rarissim⁹

22 Damnabuntur ineternũ cũ suis magistris: qui ꝑ lrãs veniarum securos sese credunt de sua salute.

23 Cauendi sunt nimis, qui dicunt venias illas Pape: donum esse illud Dei inestimabile quo recõciliatur homo deo.

24 Gratie eñ ille veniales: tantũ respiciunt penas satisfactionis sacramentalis ab homine constitutas.

25 Non christiana p̄dicant: qui docẽt: ꝙ redempturis animas vel confessionalia nõ sit necessaria contritio.

26 Quilibet Christianus vere cõpunctus: hz remissionem plenariam a pena et culpa: etiam sine literis veniarum sibi debitam

27 Quilibet verus christianus siue viuus siue mortuus: hz participationẽ omnium bonorum Christi et ecclesie: etiã sine literis veniarum a Deo sibi datã

28 Remissio tamẽ et participatio Pape: nullo modo est contẽnenda, quia (vt dixi) est declaratio remissionis diuine.

29 Difficillimũ est etiam doctissimis Theologis: simul extollere veniarum largitatẽ et cõtritionis veritatem coram populo.

30 Contritionis veritas penas querit et amat. Veniarũ autem largitas relaxat et odisse facit saltem occasione.

31 Caute sunt venie Apostolice p̄dicande: ne populus false intelligat, eas preferri ceteris bonis operibus charitatis

32 Docendi sunt christiani: ꝙ Pape mens non est: redemptionem veniarum vlla ex pte comparandã esse operibus misericordie.

33 Docendi sunt Christiani: ꝙ dans pauperi: aut mutuans egenti, melius facit, q̃ si venias redimeret.

34 Quia ꝑ opus charitatis crescit charitas et fit homo melior: s' per venias nõ fit melior: sed tantũmodo a pena liberior.

35 Docendi sunt christiani, ꝙ qui videt egenũ et neglecto: dat pro venijs non indulgentias Pape: sed indignationem dei sibi vendicat.

36 Docendi sunt christiani: ꝙ nisi superfluis abundent: necessaria tenent domui sue retinere: et nequaq̃ ꝓpter venias effundere.

37 Docendi sunt Christiani, ꝙ redemptio veniarum est libera: non precepta

38 Docẽdi sunt Christiani, ꝙ Papa sicut magis eget: ita magis optat: in venijs dandis ꝓ se deuotam orõnem: q̃ promptam pecuniam.

39 Docendi sunt Christiani, ꝙ venie Pape sunt vtiles: si nõ in eas cõfidant: s' nocentissime: Si timorem dei per eas amittant.

40 Docẽdi sunt Christiani ꝙ si Papa nosset exactiões venialiũ p̄dicatoz, mallet Basilicã S. Petri ĩ cineres ire, q̃ edificari: cute carne ꝛ ossib⁹ ouiũ suaz.

41 Docẽdi sunt Christiani, ꝙ Papa sicut debet ita vellet: etiã vẽdita (si op⁹ sit) Basilica S. Petri, de suis pecunijs dare illis: a quorũ plurimis quidã concionatores veniarum pecuniam eliciunt.

42 Vana est fiducia salutis ꝑ literas veniarũ etiã si Commissarius: immo Papa ipse suam animam ꝓ illis impignoraret.

43 Hostes Christi et Pape sunt ij: qui propter venias p̄dicãdas verbũ dei in alijs ecclesijs penitus silere iubent.

44 Iniuria fit v̄bo Dei: dũ in eodẽ s'mõe: equale vel longius tps impenditur venijs q̃ illi.

45 Mens Pape necessario est ꝙ si venie (qd minimũ est) vna cãpana: vnis põpis et ceremonijs celebrantur.

46 Euãgeliũ (qd maximũ est) centũ cãpanis: cẽtũ põpis: centũ ceremonijs p̄dicetur.

47 Thezauri ecclesie: vnde Papa dat indulgentias: neq; satis nominati sunt: neq; cogniti apud populum Christi.

48 Temporales certe nõ esse patet ꝙ nõ tam facile eos ꝓfundũt: sed tantũmodo colligũt multi Concionatorum.

49 Nec sunt merita Christi et sanctorũ: q: hec semꝑ sine Papa: oꝑantur gratiam hominis interioris: et crucẽ mortem infernumq; exterioris.

50 Thesauros ecclesie S. Laurentius dixit esse: pauperes ecclesie: sed locutus est vsu vocabuli suo tempore.

51 Sñ temeritate dicim⁹ claues eccl'ie (merito Cristi donatas) eẽ thesauz istũ

52 Clarũ est eñ ꝙ ad remissionẽ penarũ et casuũ sola sufficit ptãs Pape.

53 Verus thesaurus ecclesie est sacrosanctũ Euangeliũ glorie et gratie Dei.

54 Hic aũt est merito odiosissimus: quia ex primis facit nouissimos.

55 Thesaur⁹ aũt indulgẽtiaz merito est gratissim⁹: q: ex nouissimis facit priores.

56 Igitur thesauri Euãgelici rhetia sunt: quibus olim piscant viros diuitiarũ.

57 Thesauri indulgentiaz rhetia sunt: quib⁹ nũc piscabãtur diuitias virorum.

58 Indulgentie: quas Cõcionatores vociferantur maxias grãs: intelliguntur vere tales: quo ad questum ꝓmouendum.

59 Sunt tamẽ re vera minime ad gratiam Dei et Crucis pietatem compate.

60 Tenentur Epi et Curati veniarũ Apostolicarũ Cõmissarios cũ om̃i reuerentia admittere.

61 Sed magis tenent oĩbus oculis intendere: om̃ib⁹ auribus aduertere: ne ꝓ cõmissione Pape sua illi somnia p̄dicent.

62 Contra veniarũ Aplicaz veritatẽ: qui loquit: sit ille anathẽa et maledictus

63 Qui vero cõtra libidinẽ ac licentiã verboz Concionatoris veniarũ: curam agit: Sit ille benedictus.

64 Sicut Papa iuste fulminat eos: qui in fraudẽ negocij veniarum quacumq; arte machinantur

65 Multo magis fulminare intendit eos: qui per veniarum p̄textum in fraudẽ sancte charitatis et veritatis machinantur.

66 Opinari venias papales tantas esse vt soluere possint hominẽ: etiã si quis ꝑ impossibile Dei genitricem violasset Est insanire.

67 Dicim⁹ cõtra ꝙ venie Papales: nec minimũ venialium peccatorum tollere possunt: quo ad culpam.

68 Quod dicit: nec si S. Petrus mõ Papa esset: maiores grãs donare posset: est blasphemia in S. Petrum et Papam.

69 Dicimus cõtra: ꝙ etiaz iste et quilibet Papa maiores hz: scz Euangelium: virtutes: grãs curationũ &c. vt 1. Corin: 12.

70 Dicere crucem armis Papalibus insigniter erectam: Cruci Christi equiualere: Blasphemia est.

71 Rationẽ reddent Epi: Curati: et Theologi: Qui tales sermones in populũ licere sinunt.

72 Facit hec licentiosa veniarũ p̄dicatio: vt nec reuerentiã Pape facile sit etiam doctis viris redimere a calũnijs: aut certe argutis questiõibus laicorum.

73 Scz cur Papa nõ euacuat purgatoriũ ꝓpter sanctissimã charitatẽ: et summã animaz necessitatẽ vt cãm oĩm iustissimã: Si infinitas animas redimit ꝓpter pecuniam funestissimã: ad structuram Basilice vt causam leuissimam.

74 Itẽ cur ꝑmanent exequie et anniuersaria defunctorũ: ꝛ nõ reddit: aut recipĩ

75 ꝑmittit bñficia ꝓ illis instituta: cũ iam sit iniuria ꝓ redemptis orare.

76 Itẽ que illa noua pietas Dei et Pape: ꝙ impio et inimico ꝓpter pecuniã cõcedunt: animã piam et amicam dei redimere: Et tñ ꝓpter necessitatẽ ipsius met pie et dilecte anime: nõ redimũt eam gratuite charitate.

77 Itẽ Cur Canones pñiales, re ipsa et nõ vsu: iã diu in semet abrogati et mortui. Adhuc tñ pecunijs redimunt ꝑ ꝯcessionẽ indulgẽtiaz tãq̃ viuacissimi.

78 Itẽ Cur Papa cuius opes hodie sunt opulentissimis Crassis crassiores Nõ de suis pecunijs magis q̃ paupez fideliũ struit vnã tñ Basilicã S. P

79 Item: Quid remitit: aut ꝑticipat Papa ijs: qui per cõtritionẽ ꝑfectam, ius habent plenarie remissionis et participationis.

80 Item Quid adderetur ecclesie boni maioris. Si Papa sicut semel facit: ita centies in die cuilibet fidelium has remissiones et participationes tribueret

81 Ex quo Papa salutem querit animaz ꝑ venias magis q̃ pecunias: Cur suspendit literas et venias iam olim cõcessas: cum sint eque efficaces.

82 Hec scrupulosissima laicoz argumẽta: sola ptãte cõpescere: nec reddita rõne diluere, Est ecclesiã et Papã hostib⁹ ridendos exponere et infelices christianos facere.

83 Si ergo venie s'm spiritum et mentem Pape p̄dicarentur: facile illa omnia soluerentur: immo non essent.

84 Valeãt itaq; oẽs illi ꝓphete: q̃ dicũt populo Christi: pax pax et nõ est pax

85 Bñ agãt oẽs illi ꝓphete qui dicũt populo Christi: Crux crux: et nõ est crux.

86 Exhortandi sunt Christiani vt Caput suum Christũ per penas: mortes: infernosq; sequi studeant.

87 Ac sic magis per multas tribulationes intrare celum: q̃ per securitatem pacis confidant.

1517.

99

99
Martin Luther
95 Thesen gegen den Ablass
Leipzig: [Jacob Thanner] 1517

Typendruck, 40 × 28 cm
Ev. Kirchspiel Zeitz

Luther fügte seinem mahnenden Brief an Erzbischof Albrecht von Brandenburg als theologische Begründung 95 Thesen gegen den Ablasshandel bei. Sie sollten Grundlage der Disputation zur Klärung der Ablasslehre sein. Die von Melanchthon aufgestellte Behauptung, die Thesen seien am 31. Oktober 1517 an die Wittenberger Schloss- und Universitätskirche geschlagen worden, wird seit den 1960er Jahren bezweifelt. Die Disputation über die Thesen kam zwar nicht zustande, doch ist ihre geschichtliche Wirkung unbestreitbar.
Noch vor Ende 1517 wurden die Thesen in Leipzig von Jacob Thanner und in Nürnberg von Hieronymus Höltzel als Einblattdrucke in Plakatform gedruckt. CH

Literatur:
WA, Bd. I, S. 233–238; Martin Luther und die Reformation in Deutschland 1983, Kat.-Nr. 205.

Friedrich der Weise und Luther

Am Hofe Friedrichs des Weisen trug man im Winter 1522, selbstverständlich mit Zustimmung der Fürsten, eine Kleidung, auf deren rechtem Oberärmel eingearbeitet die Buchstaben VDMIA standen, die Abkürzung für VERBUM DOMINI MANET IN AETERNUM, auf deutsch »Das Wort Gottes bleibt in Ewigkeit«. Das war eine wichtige Aussage der Bibel. Mit ihr wollten die Sachsen ihren Glauben bekennen, im darauffolgenden Jahr sogar öffentlich auf einem Reichstag.
Das alles war ein Wagnis, nachdem Martin Luther auf dem Wormser Reichstag 1521 tapfer sein Bekenntnis abgelegt hatte und dafür mit der Reichsacht bedacht worden war, die allerdings dem Kurfürstentum Sachsen nach geheimer Absprache Friedrichs mit dem Kaiserhof nicht zugestellt wurde. Offiziell musste man in Sachsen also gar nichts von der Verurteilung Luthers wissen. So etwas konnte sich der Kurfürst leisten, dem Karl V. zwei Jahre zuvor seine Kaiserwahl zu verdanken hatte, da Friedrich als einer der sieben Kurfürsten seine Stimme dem Habsburger gegeben hatte.
Staunen wir, dass der Kurfürst Luther nur ein einziges Mal gesehen hat und das lediglich per Distanz auf dem Reichstag. Aber er hatte von diesem Professor seiner vor 20 Jahren gegründeten Universität in Wittenberg durch seinen Sekretär Spalatin gehört und ihn selbst viel gelesen, der zusammen mit Kollegen den christlichen Glauben von menschlicher Bevormundung befreit und Studenten aus ganz Europa in diese sächsische Stadt gelockt hatte.
Trotz seines hervorragenden Ranges im Reich, wo Friedrich einige Zeit von Innsbruck aus anstelle des Kaisers Maximilian I. regiert hatte, wurde der Kurfürst nicht leichtfertig. Erst am Tage seines Todes empfing er das Sakrament sub utraque specie, d. h. er erhielt auch den Wein zur Oblate aus der Hand des Pfarrers. Das war endgültig Friedrichs Bekenntnis zum evangelischen Glauben.
Vom Dienst für das Reich zog er sich zurück, je mehr sich zeigte, dass sein Einsatz für den Frieden in Europa und innerhalb Deutschlands ohne Ergebnis blieb. Deshalb förderte er mit großer Energie Schloss- und Kirchenbauten sowie weitere bildende Künste, Musik, Wirtschaft, öffentliche Ordnung und Sicherheit in seinem Kurfürstentum. Modern richtete er ein Kanzleihaus in Torgau ein. Er mühte sich hier um eine steinerne Elbbrücke. »Tantum quantum possum«, »soviel wie ich kann«, das war sein Wahlspruch auch in dieser Hinsicht.

Ingetraut Ludolphy

100
unbekannter Meister in der Art
des Hans Schwarz
Medaille auf Martin Luther
1520

Blei, gegossen (Sekundärguss), ∅ 40 mm
Stiftung Weimarer Klassik und Kunstsammlungen, Inv.-Nr. Sp 34

101
Nürnberger Meister
Medaille auf Martin Luther (einseitig)
1520

Bronze, gegossen, ∅ 41 mm
Staatliche Museen zu Berlin – Münzkabinett, Inv.-Nr. alter Bestand

Wie groß das Interesse an der Person Luthers war, zeigen die vielen Medaillen, die schon wenige Jahre nach dem Erscheinen seiner 95 Thesen im Druck in großer Zahl gegossen und geprägt wurden. Diese einseitige Medaille aus Nürnberg folgt wörtlich einem früheren Bleiguss aus dem Umkreis des Hans Schwarz, ist jedoch in der Darstellung des Reformators asketischer und von feinerem Stil. EK

Literatur:
Habich 1929–1934, Bd. I, 2, Nr. 956;
Ficker 1934, S. 103–161, Nr. 54;
Kunst der Reformationszeit 1983, Nr. E. 38.3.

102
Monogrammist HG
Medaille auf Martin Luther
1521

Silber, gegossen, ∅ 61 mm
Münzkabinett, Kunsthistorisches Museum Wien, Inv.-Nr. 12.72bß

103
Hans Schenk oder Scheutzlich
Medaille auf Martin Luther
1524

Inschrift zwischen erhabenem Linienkreis und feinem Perlkreis: MARTINVS · LVTHER · APOSTOLVS · ANNO · DOMINI · 1524 ⊛
Brustbild nach rechts vorn mit Doktorhut und Ordensgewand.

Rs.: Allegorische Darstellung des Kampfes Luthers gegen das Papsttum. Rechts ein ausschreitender nackter Mann, der Züge Martin Luthers trägt, mit einer im Nacken hängenden Kapuze, aufgeschlagenem Buch in der vorgestreckten Rechten und einem Gegenstand in der nach unten gehaltenen Linken. Vom Buch gehen Lichtstrahlen nach oben und unten aus. Rechts davon Inschrift: VERBV(m) / LVCERNA / PEDIBV(s) / MEIS. Über dem Mann ein schwebender Engel mit Gegenstand (Schwert?) in Händen. Links eine nackte, dicke Figur in Ausfallstellung, über dem Kopf in jeder Hand ein Schwert schwingend. Über ihr im Feld: VENTER / DEVS / MICHI. Links im Hintergrund zwei kleinere Aktfiguren. Im Abschnitt ein liegendes Skelett mit Bogen sowie der Inschrift: NVLLI RECEDAM. Im Winkel rechts undeutlich Signatur: H S(?) K

103

glatter Rand, Silber, ∅ 33,2 mm, 12,49 g
Münzkabinett,
Staatliche Kunstsammlungen Dresden,
Inv.-Nr. 2131

Nach Habich steht das Porträt Martin Luthers in seinem jugendlichen Typus ziemlich isoliert. Es ähnelt einem Holzschnitt im Germanischen Nationalmuseum Nürnberg. In der Forschung sind die schwer erklärbaren Figuren und Details der Medaillenrückseite unterschiedlich gedeutet worden. Habich sieht darin eine Darstellung Luthers in heroischer Gestalt im Kampf mit der Papstkirche, die als große Hure erscheint. Die beiden Aktfiguren links bezeichnet er als Adam und Eva, Träger des Sündenfalls, das Skelett im Abschnitt als den durch die Sünde in die Welt gekommenen Tod (Bogenschütze), der durch das Evangelium überwunden erscheint.
Cante schließt sich bezüglich der Interpretation Ficker an, der in der dicken nackten Figur (Koloss) den Antichristen in der männlichen Gestalt des Papstes erkannte, der mit »den beiden Schwertern der päpstlichen Gewalt« auf die Heilige Schrift einschlägt. Mit der Nacktheit der Kontrahenten wurde der heroische Charakter der Auseinandersetzung betont – als Anspielung auf den Kampf Davids gegen Goliath. Cante beschreibt die zwei kleinen nackten Figuren links im Hintergrund als männlich mit Kaiserkrone (?) und breitkrempigem Hut (?). Die vom humanistischen Gedankengut beeinflusste Bildszene der Medaillenrückseite ist als eine allegorische Überhöhung von Luthers Auseinandersetzung mit Papst Leo X. zu deuten.
Übersetzung der Legende Vs. und Rs.: Martin Luther Apostolus, im Jahr des Herrn 1524. Das Wort ist meines Fußes Leuchte. Der Bauch ist mir Gott. Ich werde niemandem weichen. RGru

Literatur:
Ficker 1924, S. 61 f.; Habich 1929–34, Bd. II, 1, Nr. 2198; Schnell 1983, Nr. 6; Cante 2004.

104
Lucas Cranach d. Ä.
Martin Luther als Augustinermönch
1520

Kupferstich, 13,8 × 9,7 cm
Unterschrift: AETHERNA IPSE SVAE MENTIS SIMVLACHRA LVTHERVS / EXPRIMIT AT VVLTVS CERA LUCAE OCCIDVOS
(Hollstein 6, III. Zustand, mit getilgter Kopfstudie)
Stiftung Weimarer Klassik und Kunstsammlungen, Inv.-Nr. DK 37/81

Mit diesem Bildnis beginnt die lange Reihe von Lutherbildnissen Lucas Cranachs. Sie begleiten den Lebensweg des Reformators und prägen bis heute unsere Vorstellung vom Menschen Martin Luther. Man kann sicher davon ausgehen, dass Cranachs Bildnisse in enger Abstimmung mit dem kursächsischen Hof entstanden, der ein vitales Interesse daran hatte, das Bild des Wittenberger Professors in der Öffentlichkeit zu formen. Dass man allerdings für dieses erste Bildnis nicht den auflagenstarken Holzschnitt wählte, überrascht. Auch die lateinische Unterschrift deutet auf ein begrenztes Publikum als Adressaten. Der Entwurf scheint auch keine Zustimmung am Hof gefunden zu haben, denn die Platte wurde verworfen und für andere Zwecke verwendet. Erst in den 1570er Jahren wurde sie erneut abgezogen, die meisten heute erhaltenen Lutherbildnisse stammen aus dieser Zeit. EK

Literatur:
Hollstein VI; Bartsch V; Deutsche Kunst der Dürerzeit 1971, Nr. 130; Koepplin/Falk 1974, Nr. 35; Scribner 1981, S. 15, Abb. 3; Warnke 1984.

105
Lucas Cranach d. Ä.
Martin Luther als Augustinermönch in der Nische
bez. und dat. 1520

unter dem Bildnis: »AETHERNA IPSE SVAE MENTIS SIMVLACHRA LVTHERVS / EXPRIMIT. AT VVLTVS CERA LVCAE OCCIDVOS / M. D. X. X.
(Die unvergänglichen Abbilder seines Geistes bringt Luther selbst hervor, seine sterblichen Züge jedoch das Wachs des Lucas, 1520)

Kupferstich, 17,1 × 11,7 cm (Hollstein 7)
Stiftung Weimarer Klassik und Kunstsammlungen, Inv.-Nr. DK 182/83
Staatliche Graphische Sammlung München, Inv.-Nr. 14448 D

105

Nachdem das erste Lutherbildnis von Lucas Cranach d. Ä. (Kat.-Nr. 104) offensichtlich nur in einer sehr kleinen Auflage gedruckt wurde, schuf er im selben Jahr noch eine zweite, erweiterte und vor allem gemilderte Fassung, die nun die Halbfigur des Augustinermönchs gleich einem Heiligen mit leicht erhobenen Augen vor einer Nische zeigt. Im Demutsgestus führt er die Linke beteuernd zur Brust und hält in der nicht sichtbaren Rechten die Bibel. Aufgrund ihrer einfacheren Lesbarkeit wurde diese Variante zum ersten offiziellen Bildnis Luthers und fand zu seiner Zeit sogleich eine weite Verbreitung, insbesondere auch als Illustration in reformatorischen Schriften. AD

Literatur:
Koepplin 1974, S. 92 f., Kat.-Nr. 36;
Martin Luther und die Reformation in Deutschland 1983, S. 175, Kat.-Nr. 215; Warnke 1984, S. 27 ff.;
Rebel 1994, bes. S. 136 f.

106
Lucas Cranach d. Ä.
Martin Luther mit dem Doktorhut
1521

Kupferstich (II. Zustand), 20,8 × 15 cm
Kupferstich-Kabinett, Staatliche Kunstsammlungen Dresden, Inv.-Nr. A 5389

LUCAE OPVS EFFIGIES HAEC EST MORITVRA LUTHERI / AETERNAM MENTIS EXPRIMIT IPSE SVAE / M.D.X.X.I.
(Des Lucas Schöpfung ist dieses Abbild der sterblichen Gestalt Luthers, das Ewige seines Geistes prägte er selbst)

Auch von diesem Profilbildnis Martin Luthers, dem zweiten Bildnistyp, den Lucas Cranach Anfang der 1520er Jahre prägte, sind zwei Versionen bekannt. Anders als das Bildnis Luthers als Augustinermönch stammen sie jedoch von einer Druckplatte, stellen also zwei Zustände desselben Entwurfs dar. Von dem ersten Zustand sind derzeit nur zwei Abzüge bekannt (Kunstsammlungen der Veste Coburg; Forschungsbibliothek Gotha). Der hier gezeigte zweite Zustand ist ausgesprochen verbreitet, auch diese Platte wurde bis ins 17. Jahrhundert immer wieder für neue Abzüge genutzt.
Das Profilbildnis hat seinen Ursprung in der Medaillenkunst und war dort zunächst Herrschern vorbehalten, wurde aber in der Frühen Neuzeit zunehmend auch zur Auszeichnung herausragender Persönlichkeiten genutzt. Hatte Cranach Luther in seinem ersten Bildnisentwurf als asketischen, auf göttliche Eingebung vertrauenden Mönch gezeigt, so schuf er hier ein ganz anderes Image: Das Bildnis füllt den gesamten Bildraum aus, die Schulterpartie gewinnt durch den üppigen Mantel Monumentalität, wie auch der weit ausladende Doktorhut den Kopf ins Überlebensgroße steigert. Luther erscheint hier nobilitiert durch das gesamte Gewicht seiner humanistischen und theologischen Gelehrsamkeit. EK

Literatur:
Hollstein II, Nr. 9, Bartsch Nr. 6; Koepplin/Falk 1974, SD 95, Nr. 38; Scribner 1981, S. 15 f., Abb. 3; Warnke 1984, S. 46, Abb. 19; Gotteswort und Menschenbild 1994, Kat.-Nr. 2.3 und 2.4; Im Dienst von Macht und Glauben 1998, Nr. 4, Taf. 77.

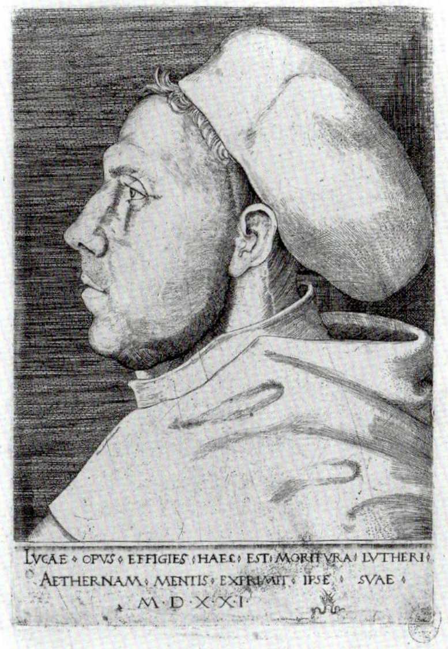

106

107
Hans Baldung gen. Grien
Brustbild Martin Luthers als Augustinermönch im Dreiviertel nach rechts
1521

Holzschnitt, 15,5 × 11,4 cm
Öffentliche Kunstsammlung Basel, Kupferstichkabinett, Inv.-Nr. 1823.3666
Kunstsammlungen der Veste Coburg, Inv.-Nr. I,102,17

Der Maler Hans Baldung übersetzt hier den Kupferstich Lucas Cranachs »Martin Luther als Augustinermönch in einer Nische« (Kat.-Nr. 105) von 1520 in einen Holzschnitt. Luther lässt das Buch in seiner Hand sinken. Cranach belässt es dabei, Baldung fügt die Taube des Heiligen Geistes und einen Heiligenschein ein. Erstmals wurde dieser Holzschnitt um 1521 durch den Verleger Johannes Schott in Straßburg verwandt. Auch in Süddeutschland gab es also das Interesse, dem Wittenberger Theologen durch bildkünstlerische Mittel besondere Autorität und dadurch seinen Ideen größeres Gewicht zu verleihen. EK

Literatur:
Hollstein II, Nr. 270; Von der Freiheit eines Christenmenschen 1967, Kat.-Nr. 4; Koepplin/Falk 1974, S. 94, Nr. 37; Scribner 1981, Abb. 9; Luther und die Folgen für die Kunst 1983, Kat.-Nr. 27; Warnke 1984, S. 32, Abb. 16.

108
Daniel Hopfer, nach Lucas Cranach d. Ä.
Martin Luther
als Mönch mit Doktorhut
bez. und dat. 1523

»Des lutters gestalt mag wol verderben /
Sein cristlich gemiet wirt nymer sterben /
M·D·XXIII·D H
(= Daniel Hopfer, dazwischen Signet der Pinienzapfen)

Eisenradierung, 23,7 × 15,8 cm
Kupferstich-Kabinett, Staatliche Kunstsammlungen Dresden, Inv.-Nr. A 5151
Staatliche Graphische Sammlung München, Inv.-Nr. 15831 D

Die von Daniel Hopfer geschaffene Eisenradierung geht auf das dritte im Kupferstich verbreitete Bildnis Martin Luthers von Lucas Cranach d. Ä. aus dem Jahre 1521 zurück, auf dem dieser nach links gewandt dargestellt ist. Die dichte Schraffur des Hintergrundes (zweiter Zustand, der erste Zustand zeigt einen hellen neutralen Grund) hat Hopfer offensichtlich bewusst in einen das Haupt hinterfangenden Strahlenkranz abgewandelt, der der Bildfindung eine neue Dimension verleiht. Das überzeitlich-idealtypische Reformatorenporträt Cranachs wird somit zur Lutherikone überhöht. AD

Literatur:
Koepplin/Falk 1974, S. 95, Kat.-Nr. 38; Welt im Umbruch 1980, S. 148 f., Kat.-Nr. 43; Martin Luther und die Reformation in Deutschland 1983, S. 176 f., Kat.-Nr. 217; Warnke 1984, S. 41–49; Gotteswort und Menschenbild 1994, S. 97, Nr. 2.3, 2.4, Abb. S. 128; Kaiser Karl V. 2000, S. 242 f., Kat.-Nr. 218.

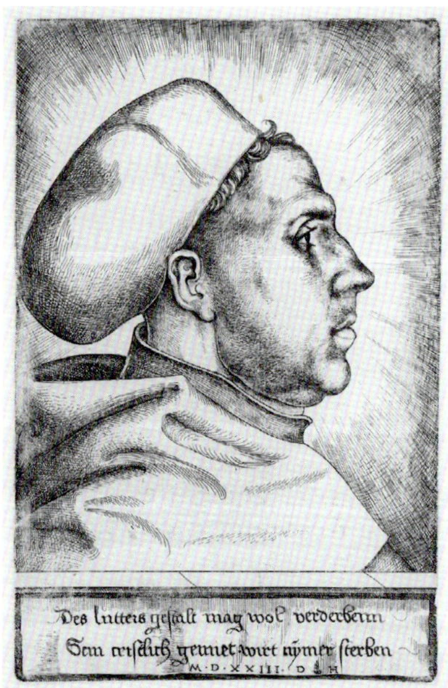

108

109

109
Hans Brosamer, nach Lucas Cranach d. Ä.
Herzog Georg der Bärtige
vor 1534

am oberen Rand: »Von Gottes genaden Georg Hertzog zu Sachsen / Landtgraff in Düringen / und Marggraff zu Meyssen.«
unten: Wolffgang Resch Formschneyder zu Nürenberg

Holzschnitt, koloriert, 37,6 × 29,3 cm
Kupferstich-Kabinett, Staatliche Kunstsammlungen Dresden, Inv. Nr. A 6634
Stiftung Schloss Friedenstein Gotha, Inv.-Nr. G 38,47

Den Beinamen »der Bärtige« erhielt Herzog Georg von Sachsen erst, nachdem er sich als Zeichen seiner Trauer über den Tod seiner Gemahlin Barbara (Tochter Casimirs IV. von Polen) am 15. Februar 1534 seinen Bart nicht mehr scheren ließ und fortan einen geteilten Vollbart trug. Aufgrund dieser Tatsache ist das Holzschnitt-Bildnis wohl kurz vor 1534 zu datieren, denn es zeigt den gealterten, grauhaarigen Fürsten ohne seinen späteren charakteristischen Bart.
Der Anlass für den ursprünglichen Auftrag an Lucas Cranach ist bis jetzt unbekannt. Er mag jedoch ein besonderer gewesen sein, vor allem, weil der Herzog einen ungewöhnlichen, schmalen grünen Blätterkranz auf seinem Haupt trägt, der von einem gelben oder goldenen Band – die heraldischen Farben Sachsens – umwunden ist. Der ihm verliehene Orden des Goldenen Vlieses hängt merkwürdigerweise nicht an der üblichen, kostbaren breiten Goldkette, sondern nur an einem schmalen Lederband. Sein Herrschaftsanspruch wird

nicht nur inschriftlich über dem gerahmten Bildnis hervorgehoben, sondern auch mit den beiden Wappen Sachsens und Thüringens auf dem roten Grund in den oberen Ecken. AD

110
Hieronymus Emser
De disputatione Lipsicensi epistola quantum ad Boemos obiter deflexa est
[Leipzig: Melchior Lotter 1519]

4°, 6 Bl., 21 × 16,5 cm
Deutsches Historisches Museum, Berlin, Sign. R 57/8132
Universitätsbibliothek Leipzig, Sign. Kirchg.1041-an

Am 13. August 1519, also kurz nach der Leipziger Disputation, schrieb und veröffentlichte Hieronymus Emser einen Brief an den Administrator des Prager Erzbistums, den Leitmeritzer Probst Johannes Zak, in dem Emser die Hussitenfrage behandelte. Der Brief erschien in der beachtlichen Auflage von 1000 Exemplaren und war Ausgangspunkt einer bis zum Tod Emsers im Jahr 1527 geführten scharfen publizistischen Auseinandersetzung zwischen Martin Luther und Hieronymus Emser. FA

Literatur:
VD 16, E 1116; Emser 1519; Emser 1519/1921.

De disputatiõe Lipsicensi: quantum ad Boemos obiter deflexa est: Epistola Hieronymi Emser.

Noster hic Aegoceron sine freno: peccat in vno: Q non est Lucę linea ducta manu.

110

Ein Sermon geprediget tzu Leipßgk uffm Schloß am tag Petri vñ pauli im xviiij. Jar / durch den wirdigen vater Doctorem Martinũ Luther augustiner zu Wittenburgk / mit entschuldigung etzlicher artickel / ßo ym von etzlichen seiner abgunstigen zugemessen seyn / in der zeit der Disputacion zu Leipßgk gehalten.

Gedruckt zu Leypßgk durch Wolffgang Stöckel im iar. 1519.

111

111
Martin Luther
Ein Sermon gepredigt zu Leipzig auf dem Schloß am Tage Petri und Pauli
Leipzig: Wolfgang Stöckel 1519

4°, [4] Bl., TH, Broschur
Universitätsbibliothek Leipzig, Sign. Off. Lips.: Stö.98
Stadtbibliothek Worms, Sign. LB 31a

In den Tagen der Leipziger Disputation predigte Martin Luther auf Wunsch des Herzogs Barnim von Pommern, damals Rektor der Universität Wittenberg, am 29. Juli auf der Pleißenburg über die Bibelstelle Matth. 16,13–19, die Frage nach Jesus und die Übergabe der Schlüsselgewalt an Petrus. Luther nutzt die Gelegenheit, seine Ansichten auch außerhalb des Hörsaals auf der Kanzel darzulegen. Die Schlüsselgewalt ist nicht einzelnen Personen gegeben, sondern der Kirche in ihrer Gesamtheit. Priester sind Diener dieser Kirche und Mittler der göttlichen Gnade und Vergebung, die aber jeder selbst durch seinen Glauben empfangen muss und nicht durch Ablass bekommen kann.
Da Luther wegen dieser Predigt scharf angegriffen wurde, lässt er sie später drucken und versieht sie mit einer Vorrede. Der Titelholzschnitt gilt als ältestes Lutherporträt, wobei der Holzschneider sicher keine Ähnlichkeit anstrebte, sondern den Typus eines Mönchs darstellte. Aus Ungeschicklichkeit bedachte er nicht, beim Schneiden des Bildstocks die Umschrift »DOCTOR MARTINUS LUTTER AUGUSTINER WITTENB« spiegelverkehrt anzubringen, so dass sie nun im Druck verkehrt erscheint. TD

112
Hieronymus Dietrich
Medaille auf Johannes Hus
um 1530

Silber, geprägt, teilvergoldet, Ø 41,5 mm
Staatliche Museen zu Berlin – Münzkabinett, Inv.-Nr. alter Bestand

Der böhmische Theologe Johannes Hus gilt als wichtiger Vorläufer Martin Luthers. Er trat bereits zu Beginn des 15. Jahrhunderts als Kritiker der damaligen Kirche hervor und stellte die Autorität des Papstes in Frage. 1515 wurde er als Ketzer verbrannt. Die Medaille des erzgebirgischen Medailleurs Hieronymus Dietrich wurde in großer Zahl unters Volk gebracht. Die Rückseite zeigt die Verbrennung von Hus. EK

Literatur:
Habich 1929–34, Bd. II,1, Nr. 1896; Katz 1932, Nr. 70; Kunst der Reformationszeit 1983, Nr. F17.1; www.bautz.de/bbkl/h/hus_j.shtml

112

113

113
Hans Burgkmair d.Ä.
Der Heilige Georg
1518

Holzschnitt, 32,5 × 23 cm
Inschrift: DIVVS GEORGIVS CHRISTIANORVM MILITVM PROPVGNATOR.
Albertina, Wien, Inv.-Nr. DG1934/55

Georg war ein aus Kappadokien stammender römischer Soldat, der nach seiner Bekehrung unter Diokletian den Märtyrertod starb. Als Heiliger wurde er zur Identifikationsfigur der Ritter und Krieger. Die Inschrift weist den prunkvoll Gewappneten als christlichen Tugendhelden, den so genannten miles Christi, aus. Aus der östlichen Herrscherikonographie übernommen, wurde der hl. Georg seit dem 14. Jahrhundert auch in Westeuropa immer häufiger beim Drachenkampf zu Pferde dargestellt. Der Legende nach wurde die Stadt Selena durch einen bösen Drachen bedroht. Um ihn zu beschwichtigen, mussten ihm täglich anfangs zwei Lämmer, später ein Lamm und ein Mensch geopfert werden. Als das Los auf die Tochter des Königs fiel, kam Georg und rettete beide. Sie sind rechts im Bild zu sehen. Der Drache, das Sinnbild des Bösen, liegt besiegt am Boden.
Übliches Symbol des Heiligen ist seine Lanze, die hier zerbrochen dargestellt ist. Statt des Siegbanners bildet Burgkmair das Kreuz in der Helmzier und auf der Schabracke ab. Darunter befindet sich ein Medaillon mit dem Pelikan. In der christlichen Ikonographie gilt der Pelikan als Symbol der Nächstenliebe. CH

Literatur:
Hollstein V, S. 75, Nr. 253; LMA, Bd. IV, Sp. 1273 ff., Bd. VI, Sp. 1864 f.

114
Hans Burgkmair d.Ä.
Kaiser Maximilian I. zu Pferd
1518

Holzschnitt, 32,2 × 22,7 cm
Kupferstich-Kabinett, Staatliche Kunstsammlungen Dresden, Inv.-Nr. A 2043
Albertina, Wien, Inv.-Nr. DG1934/65

Maximilian I. erscheint auf diesem Holzschnitt in voller Rüstung auf einem nach links schreitenden, ebenfalls voll gewappneten Pferd. Pferd und Reiter sprengen den sie nahezu einengenden reich verzierten Renaissancebogen (vgl. Kat.-Nr. 113). Die Renaissance entlieh der Antike künstlerische und sprachliche Gestaltungsmittel. Sie zeigen sich hier in der römischen Inschrift: • IMP • CAES • MAXIMIL • AUG • sowie im klassischen Profil des Kaisers mit offenem Visier und der Anspielung auf das Reiterstandbild Marc Aurels auf dem Kapitol. Der Bezug zur römischen Tradition betont deutlich den Machtanspruch des Kaisers. Im Gegensatz zu dem dynamischen römischen Vorbild Marc Aurels wirkt Kaiser Maximilians, der so genannte »letzte Ritter«, durch seine stolze Haltung eher unbewegt. Im Hintergrund prangt groß der Reichsadler. CH

Literatur:
Hollstein V, S. 109, Nr. 323.

114

115
Hans Weiditz
Kaiser Karl V.
1519

Holzschnitt, 39,5 × 20,4 cm
Albertina, Wien, Inv.-Nr. DG1949/369

Das Porträt Karls V. wurde vermutlich aus Anlass der Kaiserwahl 1519 propagandistisch überarbeitet. Der junge Habsburger trägt ein Barett, über dem mit Hermelinpelz besetzten Mantel prangt die Kollane mit dem Goldenen Vlies. Karls Hände ruhen auf einem edlen Stoff mit Granatmuster, zugleich umschließt seine Rechte einen Granatapfel. »Noch Weiter« lautet über seinem Haupt die deutsche Übersetzung der berühmten Kaiserdevise »Plus Ultra«. Die beiden Worte umschließen die Säulen des Herakles. Eine Reihe symbolträchtiger, der Antike entlehnter Embleme und Bilder umgeben den Kaiser und untermauern dadurch seinen Herrschaftsanspruch. Der Text unterhalb des Bildes führt Karls Titel auf und bezeichnet ihn als »Römischer Künig« und »zu Hispanien [...] Künig«. CH

Literatur:
Martin Luther und die Reformation in Deutschland 1983, Kat.-Nr. 248; Kaiser Karl V. 2000, Kat.-Nr. 56; Burkhardt 2002, S. 154 f.

115

Disz new Bockspyl ist gemacht zu lob vnd eren dem aller durchleü-
chtigosten großmächtigosten herren/ Herr Carle /erwölter Römscher Küng. Küng jn Hyspanien vnd Neapels etc. Geborner
Ertzhertzog yn Osterich etc. Vnd wirt disz spyl wären biß das man zelt. M. CCCCC. xxxj. Jar. Diser zyt nemen gar eben war.
Dar nach wirt sich der Bock verkeren / Vnd wirt der christen gloub sich meren. Lob vnd danck sy gott dem herren.

116

116
Pamphilius Gengenbach
Das neue Bockspiel zu Ehren Kaiser Karls V.
um 1519

Holzschnitt, teilkoloriert, Typendruck,
31,3 × 24,9 cm (Blatt)
Stiftung Schloss Friedenstein Gotha,
Inv.-Nr. 37.45

Der recht derbe Einblattholzschnitt illustriert in seiner Funktion als satirisch-ermahnendes Flugblatt die sich nach der Kaiserwahl 1519 abzeichnenden gegensätzlichen politischen Positionen und Spannungen in Europa und im Staat. Dargestellt ist ein Kartenspiel, um die aktuelle europäische Politik und ihre konkurrierenden Parteien pointiert erläutern zu können. Am Kopfende des oberen Tisches hat Karl V., umgeben von seinem Schwager Ludwig II. von Ungarn und seinem Bruder Erzherzog Ferdinand I. von Österreich, Platz genommen. Links sitzen als Mitspieler ein Türke und rechts der französische König sowie gegenüber ein Venezianer als Rückenansicht u. a. m. Sie alle spielen um die politische und wirtschaftliche Macht in Europa, wobei Karl seine Karten noch in Händen hält bzw. gerade mit Hilfe Ferdinands I. ausspielt. Vorne links erblickt man den Reichsritter und Freund Ulrichs von Hutten, Franz von Sickingen, im Spiel mit den mächtigen Ständen. Vorne rechts versucht sich der immer mehr emanzipierende Bauernstand gegenüber den Landsknechten in den Vordergrund zu spielen. Wenngleich der Ausgang des Kartenspiels nicht offen zu bleiben scheint, wird vom Autor für das Jahr 1531, etwa zehn Jahre nach dem Erscheinen des Blattes, doch noch eine günstige Wendung im Ränkespiel der politischen Mächte zugunsten der Befriedung des Reiches und Europas ausgesprochen. MFM

Literatur:
Meuche/Neumeister 1976, Bl. 35.

117
Wahlkapitulation Karls V.
3. Juli 1519

Urkundenlibell, Ausfertigung, Pergament,
35 × 50 cm (aufgeschlagen),
Siegel Karls V. an schwarz-roter Schnur
Sächsisches Hauptstaatsarchiv Dresden,
Sign. 10001 Ältere Urkunden, Nr. 10248
(eines von zwei Exemplaren)

Als Kaiser Maximilian I. am 12. Januar 1519 starb, war es ihm trotz umfangreicher diplomatischer Bemühungen nicht gelungen, die Königswahl seines Enkels Karl zu sichern. Neben der Politik des französischen Königs Franz I., der selbst die Nachfolge Maximilians anstrebte, spielte dabei auch die Haltung des sächsischen Kurfürsten Friedrich des Weisen eine wesentliche Rolle. Dieser besonders auf korrekte Handlungsweise bedachte Fürst lehnte eine Wahl Karls schon zu Lebzeiten Maximilians aus reichsrechtlichen Gründen ab.
Als die Wahlhandlung am 17. Juni 1519 in Frankfurt am Main begann, war ihr Ausgang zunächst offen. Am 27. Juni einigten sich die Kurfürsten zunächst auf Kurfürst Friedrich von Sachsen als für alle Seiten annehmbaren Kompromisskandidaten. Dieser lehnte die Königswürde jedoch aus Altersgründen und seiner – für einen König – sehr geringen Hausmachtgrundlage ab.
Einen Tag später wurde ebenfalls einstimmig Karl, der damals bereits König von Spanien war, von den Kurfürsten gewählt. Es war insbesondere ein Ergebnis der Verhandlungsführung des sächsischen Kurfürsten, dass der neue König Karl V. am 3. Juli 1519 eine Wahlkapitulation ausstellte. Er gab den Kurfürsten hiermit eidlich weitgehende Zusicherungen in Bezug auf die Art und Weise seiner Herrschaftsausübung und die Bewahrung ihrer Privilegien. EL

Literatur:
Becker 1998, Sp. 1086–1089; Kluckhohn 1893, Nr. 387 (Edition); Ludolphy 1984, S. 204–224.

118
Martin Luther
An den Christlichenn Adel teutscher Nation: von des Christlichen standes besserung
Wittenberg: [Melchior Lotter d. J.] (1520)

4°, [47] Bl.
Universitätsbibliothek Leipzig
Sign. 4-B.S.T.83/29
Stadtbibliothek Worms, Sign. LB 34

Seit der Leipziger Disputation von 1519 hatte sich in Luther die Überzeugung herausgebildet, dass der Papst der Antichrist und die verweltlichte Kirche zutiefst zu verwerfen seien. In mehreren Schriften und Briefen hatte er sich veranlasst gesehen, zu sozialethischen Fragen der Reformation, zu wirtschaftlichen Missständen, Wucher, Bettelunwesen und Bildungsmisere Stellung zu nehmen. Die Kenntnis der von den Reichsständen verfochtenen »Gravamina der deutschen Nation wider den Heiligen Stuhl zu Rom« und die Bekanntschaft mit Ulrich von Hutten und dessen antirömischen Pamphleten verdichteten sich bei ihm zu der Auffassung, dass es die Pflicht der weltlichen Obrigkeiten, insbesondere des christlichen Adels sei, die römische Tyrannei auszumerzen.
Er wendet sich also in dieser Schrift vom Sommer 1520 gezielt an den deutschen Adel mit

An den Christlichenn Adel teutscher Nation: von des Christlichen standes besserung: D. Martinus Luther.
Anno 1520.
Durch yhn selbs gemehret vnd corrigirt.
Wittemberg.

118

Kaiser Karl V. als dessen oberstem Repräsentanten und fordert ihn auf, ein von Rom unabhängiges Nationalkonzil einzuberufen und eine grundlegende Reform der kirchlichen und weltlichen Ordnung durchzuführen. Er entwickelt die zugrunde liegenden Prinzipien von der weltlichen Obrigkeit als einziger legitimer Gewalt und der Hoheit der christlichen Gemeinden ebenso wie 27 Einzelforderungen, die in ihrer Gesamtheit auf die Entmachtung der römischen Kurie und eine von den Reichsständen getragene Reform des Staatswesens im Interesse des weltlichen Adels und des Städtebürgertums hinaus liefen. Die Schrift fand reißenden Absatz. Noch 1520 brachte der Wittenberger Drucker zwei erweiterte Neuauflagen heraus, acht gleichzeitige Nachdrucke erschienen außerhalb Wittenbergs, weitere Drucke, darunter zwei italienische, in den Folgejahren. AL

119
Martin Luther
Von der Babylonischen gefengknuß der Kirchen
[Straßburg: Johann Schott 1520]

4°, 72 Bl.
Sächsische Landesbibliothek –
Staats- und Universitätsbibliothek Dresden,
Sign. Hist. eccl. E. 280,20
Stadtbibliothek Worms, Sign. LB 34a

»De captivitate Babylonica ecclesiae«, Luthers grundlegende Auseinandersetzung mit dem Sakramentswesen der mittelalterlichen Kirche, erschien Anfang Oktober 1520 als einzige seiner großen Reformationsschriften nur in lateinischer Sprache, als eine wissenschaftli-

che Abhandlung, deren Lektüre ungebildeten Lesern eher vorenthalten werden sollte. Der Reformator verfocht darin eine Orientierung der Sakramentslehre und -praxis allein an der Bibel sowie die Reduzierung der Zahl der Sakramente auf die Taufe, das Abendmahl und allenfalls die Buße und damit einen radikalen Umbau des kirchlichen Lebens.
Es scheint, dass die hier gezeigte Übersetzungsausgabe noch vor dem Jahresende 1520 herausgekommen ist. Sie erschien in Straßburg und war ein Werk des durch ein reiches deutschsprachiges Schrifttum bekannten Literaten, Satirikers und Dichters Thomas Murner, eines Straßburger Franziskaners, der bereits polemisch gegen Luther hervorgetreten war. Vermutlich war es Murners Absicht, Luther durch diese – übrigens korrekte und wortmächtige – Wiedergabe seines Buches in der Volkssprache als Empörer bloßzustellen. Allerdings war er hierin mit dem Drucker Johann Schott offenbar uneins, und so entsprach die Aufmachung, in der die Schrift erschien, jener Absicht kaum.
Das Titelblatt ist von einem Holzschnittporträt des Reformators beherrscht, das, einer Vorlage Cranachs folgend, wahrscheinlich von Hans Baldung Grien stammt und bei Schott bereits einen Druck der lateinischen Fassung des Buches geschmückt hatte. Es war offensichtlich dazu bestimmt, für Luther zu werben, der in durchaus monumentaler Pose als aufrichtiger Ausleger der Bibel dargestellt und verherrlicht ist. BM

Literatur:
VD 16, L 4194; Benzing 1966, Nr. 712; WA 6, S. 487 f.; Brecht 1981 – 87, S. 362 – 366.

119

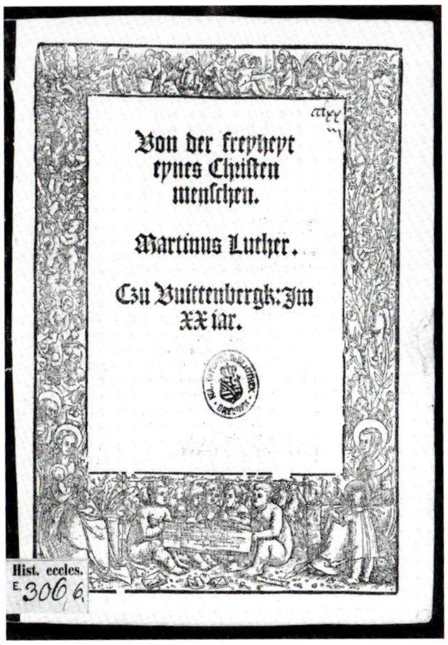

120

120
Martin Luther
Von der freyheyt eynes Christenmenschen
Wittenberg 1520

4°, 16 Bl.
Sächsische Landesbibliothek –
Staats- und Universitätsbibliothek Dresden,
Sign. Hist. eccl. E. 306,6
Leipzig: Melchior Lotter d. Ä. 1520
Stadtbibliothek Worms, Sign. LB 51

Diese vielleicht berühmteste Schrift des Reformators erschien im November 1520, mitten in der bewegten Zeit der Bannandrohung und akuten Gefährdung seiner Existenz. Sie ist in der lateinischen Fassung Papst Leo X. gewidmet, auf Grund der Fiktion, diesem sei die Verurteilung Luthers von seinen Beratern abgenötigt worden, und gibt sich als ein Friedensangebot. Sie enthält, wie Luther selbst es ausdrückt, »die gantz summa eyniß Christlichen leben«. Fast gänzlich ohne Polemik wird dargelegt, der glaubende Christ sei von allen Sünden, Gesetzen und Geboten frei und eben deshalb »williglich«, »auß lauterer freyheit«, ein dienstbarer Knecht zur Hilfe seines Nächsten, um diesem »ein Christen« zu werden, »wie Christus mir worden ist«.
Das kleine Buch hatte einen geradezu explosiven publizistischen Erfolg; bereits in der kurzen Zeit bis zum Jahresende 1520 erschienen in den beiden sprachlichen Fassungen nicht weniger als zehn Auflagen. Es trug zur religiösen Fundierung der Reformationsbewegung maßgeblich bei. BM

Literatur:
VD 16, L 7196; WA 7, S. 12 – 38; Benzing 1966, 735; Brecht 1981 – 87, Bd. I, S. 386 – 390.

121
Martin Luther
Von weltlicher vberkeit, wie weyt man yhr gehorsam schuldig sey
[Augsburg: Philipp Ulhart 1523]

4°, 2 + 20 Bl., TE
Deutsches Historisches Museum, Berlin,
Sign. R 92/2603
Straßburg: Wolfgang Köpfel 1523
Stadtbibliothek Worms, Sign. LB 147

Dieses Buch – das hier in einem Augsburger Nachdruck der Wittenberger Erstausgabe vom März 1523 gezeigt wird – ist die wichtigste und wirkungsreichste Stellungnahme Luthers zur politischen Ethik. Der Reformator äußert sich darin zu einer ganzen Reihe von durch den Ausbruch der Reformation aktuell gewordenen Grundsatzfragen: Über das Amt des Herrschers und die Stellung des Christen als Untertan und als Obrigkeit, zum Widerstandsrecht, zur Ausübung von Gewalt und zum Krieg. Das Werk hat die soziale und politische Orientierung des Luthertums stark mitbestimmt. BM

Literatur:
VD 16, L 7309; Benzing 1966, Nr. 1515; WA 11, S. 229 – 281; Brecht 1981 – 87, Bd. II, S. 120 ff.

121

122

122
Bannandrohungsbulle
»Ex[s]urge Domine« Papst Leos X.
gegen Martin Luther
Rom, 15. Juni 1520

Urkunde (Bulle), Ausfertigung, Pergament, 57×85 cm, Bleisiegel (Bulle) des Ausstellers an roten und gelben Seidenfäden, ⌀ 40 mm
Sächsisches Hauptstaatsarchiv Dresden, Sign. 10001 Ältere Urkunden, Nr. 10277

Die päpstliche Bannandrohung gegen Luther und dessen Verbrennung des Textes der Bulle am 10. Dezember 1520 in Wittenberg vor dem Elstertor bedeuteten für beide Seiten den entscheidenden Schritt zur Kirchenspaltung. Nach Luthers Thesenanschlag und nach gescheiterten päpstlichen Vermittlungsversuchen erreichten die Dominikaner Ende Mai 1518 in Rom die Einleitung des kanonischen Prozesses gegen Luther wegen Ketzerei. Im Gefolge der Leipziger Disputation im Juli 1519 zwischen Luther und Eck sollte Luther von Rom aus noch einmal zum Widerruf aufgefordert werden. Den endgültigen Text der päpstlichen Urkunde mit einer ganzen Reihe von Anschuldigungen bestimmte Eck entgegen den moderateren Intentionen des Kardinals Cajetan maßgeblich mit. Die Bulle wurde Leo X. am 2. Mai 1520 vorgelegt.
Die beiden päpstlichen Boten, die die Bannandrohung in Deutschland verkündigen sollten, Eck und Aleander, gingen mit drei Ausfertigungen der Urkunde auf Reisen. Zur Veröffentlichung und Verbreitung wurden außerdem zahlreiche Drucke angefertigt, insgesamt in etwa 4000 Exemplaren. Beide Boten stießen mit der Banndrohung auf Ablehnung und Widerstand. Eck war froh, nach Erledigung seines Auftrages sein Exemplar nach Rom zurückbringen zu können. An Kurfürst Friedrich den Weisen hatte er eine beglaubigte Abschrift übersandt, an die Universität Wittenberg einen Druck. Aleander händigte eines seiner Exemplare der Urkunde an Räte des Kaisers aus. Dieses verblieb letztlich in Stuttgart. Das andere gelangte an Herzog Georg von Sachsen und ist im Dresdner Archiv wohl erhalten.
Die Urkunde, deren Text 41 ketzerische Lehrsätze aufzählt, wurde von Erasmus und Luther wegen ihrer schwachen theologischen Begründungen zunächst für eine Fälschung gehalten und allgemein verhöhnt. Nachdem Aleander in Löwen, Köln und Mainz lutherische und ähnliche Schriften öffentlich verbrannt hatte, bereiteten Luther und Melanchthon die Verbrennung der Bücher des päpstlichen Rechts und der Scholastiker vor. Diese Verwerfung der Grundfesten der kirchlichen Welt trennte Luther auch von den bisher sympathisierenden Humanisten wie Erasmus und Pirckheimer. Dem Feuer vom 10. Dezember 1520, das Luther selbst als endgültigen Bruch mit der Papstkirche sah, übergab er mit einem Gebet auch einen Druck der Bannandrohungsbulle. LFB

Literatur:
Schottenloher 1918; Beschorner 1953; Miller 1968; Groß/Kobuch/Müller 1983, Nr. 48 (mit Abb. und Angaben zu Drucken und Lit.).

123

123
Matthes Gebel
Medaille auf Leonhard von Eck
1527

Im Punktkreis: LEONHART (Kleeblatt) VON (Kleeblatt) EGKH (Kleeblatt) ÆT (Kleeblatt) XXXXVI (Kleeblatt)
Brustbild nach links, bartlos, Mütze mit Ohrenklappen. Eckiger Abschnitt. Innerhalb der Schrift doppelter, vertiefter Linienkreis.

Rs.: Im Punktkreis: OÍS · CARO · FOENV́ / ET · OMNIS · GLORIA · EIVS / · QVASI FLOS / · FOENI. Darunter im Abschnitt Wappen (fünfblättrige Rosette auf Querbalken). Zu beiden Seiten M * D – XXVII.

glatter Rand, Bronze (Gelbguss), ∅ 37,9 mm, 29,09 g
Münzkabinett, Staatliche Kunstsammlungen Dresden, Inv.-Nr. 9010

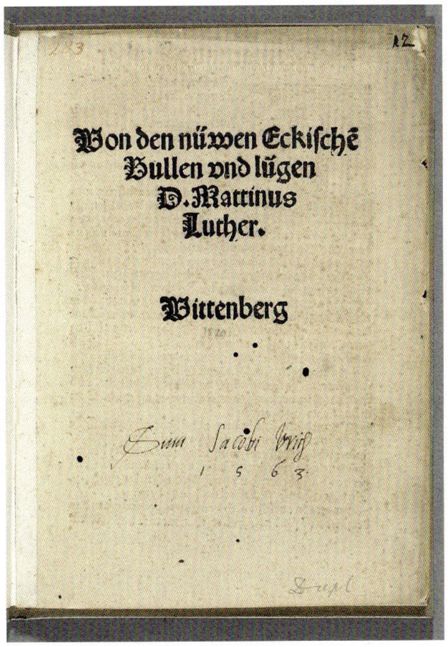
Von den nüwen Eckischē Bullen vnd lügen D. Martinus Luther.

Wittenberg

124

Leonhard von Eck war Diplomat im Dienst des Markgrafen von Brandenburg-Ansbach und ab 1519 von Herzog Wilhelm IV. von Bayern. Als entschiedenem Gegner des Protestantismus gelang es diesem klugen, aber auch bestechlichen Ratgeber des bayerischen Herzogs, in Bayern alle reformatorischen Bestrebungen zu unterbinden. Auf der Medaille ist er im Alter von 46 Jahren dargestellt. Übersetzung der Legende Rs.: Alles Fleisch ist wie Gras und alle seine Herrlichkeit wie des Grases Blume (1. Petrus, 1, 27). RGru

Literatur:
Habich 1929 – 34, Bd. I, 2, Nr. 954.

124
Martin Luther
Von den neuen Eckischen Bullen und Lügen
Wittenberg: [Melchior Lotter d. J.] 1520

4°, 8 Bl.
Deutsches Historisches Museum, Berlin, Sign. R 96/330
Stadtbibliothek Worms, Sign. LB 43

Dieses scharfe Pamphlet Luthers gegen seinen alten Gegner Johannes Eck erschien im Oktober 1520, unmittelbar nachdem in Wittenberg die Bulle, mit der Papst Leo X. dem Reformator den Bann androhte, im Wortlaut bekannt geworden war. Luther versucht das päpstliche Dokument hier als ein Machwerk Ecks hinzustellen, der »falsch ym hertzen« sei. BM

Literatur:
VD 16, L 7172; Benzing 1966, Nr. 718; WA 6, S. 576 – 594; Brecht 1981 – 87, Bd. I, S. 383.

125
Martin Luther
Doctor Martini Luthers offentliche verhor zo Worms imm Reychstag Red vnnd widerred
Übers.: Georg Spalatin
[Augsburg: Sigmund Grimm und Marx Wirsung 1521]

4°, [6] Bl., TH
Stiftung Luthergedenkstätten in Sachsen-Anhalt, Sign. Ag 4° 194 d
Universitätsbibliothek Erlangen-Nürnberg, Sign. 4 Thl. V,4

Die Flugschrift gehört in eine ganze Reihe, die Luthers Auftreten vor Kaiser und Reich im April 1521 in Worms dokumentieren. Es handelt sich um ein ursprünglich lateinisches Protokoll, das der kurfürstliche Geheimsekretär Georg Spalatin übersetzte. Die später anders zitierten Lutherworte am Schluss lauten hier: »Got kumm mir zuhulf. Amen. Da bin ich.«
Besonders attraktiv wird die Flugschrift durch den ganzseitigen Titelholzschnitt, offensichtlich ein Nachschnitt der zweiten Fassung von Cranachs erstem Lutherporträt. Die Verweigerung des Widerrufs in Worms brachte Luther den endgültigen Durchbruch in der Öffentlichkeit. Ein Zeitzeuge fasste die Stimmung so zusammen: »Neun Zehntel in Deutschland rufen ›Hoch Luther‹ und das übrige Zehntel immer noch ›Nieder mit Rom‹.« MT

Literatur:
VD 16, L 3653; Benzing 1966, Nr. 928; WA 7, 864 N.

Doctor Martini Luthers offenliche Verhör zu Worms im Reichstag/ Red/ Und Widerred Am. 17. tag/ Aprilis/ Im jar 1521 Beschechen

Copia ainer Missiue/ Doctor Martinus Luther nach seinem abschid zu Worms zu ruck an die Churfürsten/ Fürsten/ Vñ stend des Reichs da selbst verschriben gesandt hatt.

125

126
Edikt von Worms
wohl Straßburg: Johann Grüninger 1521

Einblatt mit 224 Zeilen
Stadtbibliothek Worms, Sign. LB 10

Der einseitige Plakatdruck ist nicht der Urdruck des Wormser Edikts. Vermutlich handelt es sich um einen zeitgenössischen Nachdruck in Plakatform. Ort und Jahr werden nicht angegeben, man darf wohl annehmen, dass es Johann Grüninger [Straßburg] 1521 druckte. Hauptverfasser des Wormser Edikts war Aleander, päpstlicher Nuntius und kaiserlicher Vertrauensmann. Das Wormser Edikt verurteilt Luthers Lehre und seine Schriften: »Der Roemischen Kaiserlichen Maiestet // Edict wider Martin Luthers Bücher vnd leere seine anhenger // Enthalter vnd nachfolger, vnd etlich ander schmeliche schrifften [...]«. Luther selbst wird durch das Edikt für vogelfrei erklärt.
Das Wormser Edikt wurde auf Wunsch Kaiser Karls V. noch vor dem Reichstag verkündet, nachdem allerdings viele bereits abgereist waren. Die Durchsetzung des Edikts hing von der Bereitwilligkeit der deutschen Fürsten ab. Zahlreiche Fürsten und Städte ließen das Edikt nicht publizieren oder verzögerten dessen Druck. Der Kaiser wagte es nicht, Friedrich dem Weisen, der Luther Schutz gewährte, das Edikt zuzustellen. CH

Literatur:
Kalkhoff 1922; Schottenloher 1941; Benzing 1981; Reuter 1981.

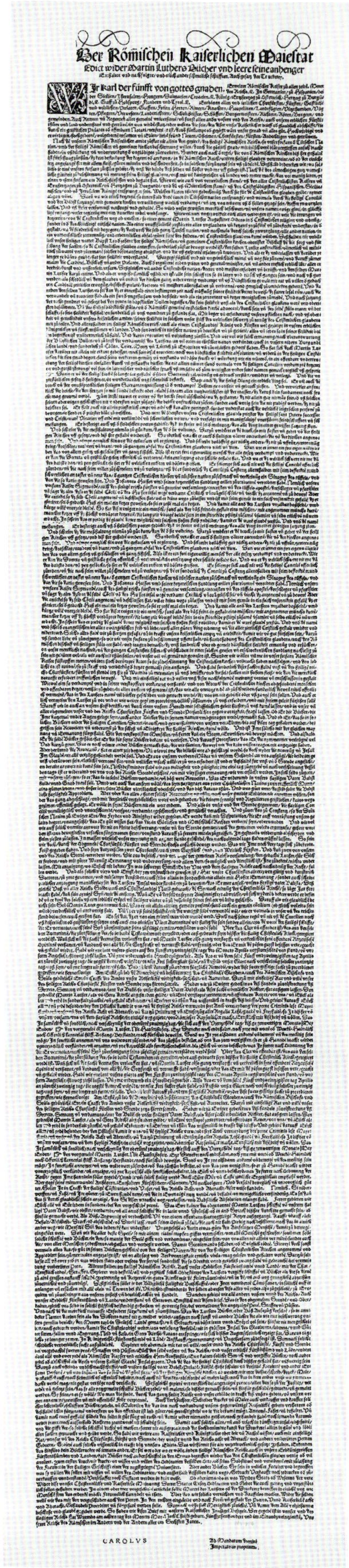
Der Römischen Kaiserlichen Maiestat
Edict wider Martin Luthers Bücher vnd leere seine anhenger

CAROLVS

126

127

127
Albrecht Dürer
Friedrich der Weise von Sachsen
1524

Kupferstich, 19,2 × 12,7 cm
Kupferstichkabinett, Staatliche Kunstsammlungen Dresden, Inv.-Nr. A 845
Staatliche Museen zu Berlin, Kupferstichkabinett, Inv.-Nr. 4582-1877

Vermutlich fertigte Albrecht Dürer während des Aufenthalts Friedrichs des Weisen beim Nürnberger Reichstag 1522 eine Silberstiftzeichnung an, die diesem Kupferstich zugrunde liegt. Das Brustbild gibt den sächsischen Kurfürsten als würdig und bedacht nach links blickenden Landesherrn wieder. Das Porträt ist links oben durch das Kur-, rechts das sächsische Wappen flankiert. Wenn sich Friedrich der Weise auch nicht direkt zum Protestantismus bekannte, so protegierte er doch Luther, indem er ihm Schutz auf der Wartburg gewährte. Durch die lateinische Inschrift unterstreicht Dürer die Frömmigkeit, »magna pietate« des Kurfürsten und dessen Schutz des Gotteswortes. CH

Literatur:
Hollstein VII, S. 93, Nr. 102; Martin Luther und die Reformation in Deutschland 1983, Kat.-Nr. 229; Kaiser Karl V. 2000, Kat.-Nr. 226.

128
Lucas Cranach d. Ä.
Martin Luther als Junker Jörg
1522

Überschrift: IMAGO MARTINI LVTHERI, EO HABITV EXPRESSA, QVO REVERSVS EST EX PATHMO VVITTENbergam (Bildnis Martin Luthers, so dargestellt, wie er aus seinem Patmos nach Wittenberg zurückkehrte)

Holzschnitt, 28,3 × 20,4 cm
Kupferstich-Kabinett, Staatliche Kunstsammlungen Dresden, Inv.-Nr. A 139673

Auf dem Rückweg von Worms wurde Luther 1521 von Kurfürst Friedrich dem Weisen auf die Wartburg entführt. Während man im ganzen Reich glaubte, Luther sei ermordet, lebte er dort unerkannt unter dem Namen Jörg und begann mit der Übersetzung der Bibel in die deutsche Sprache. Mehrfach machte Luther als Ritter verkleidet Ausflüge in die Umgebung und erfuhr so auch von den Unruhen, die Andreas Karlstadt in Wittenberg angezettelt hatte. Um diese Kirchenkrise zu beenden, kehrte Luther am 13. Januar 1522 nach Wittenberg zurück. Mit seinem Holzschnitt verbreitete Cranach die Nachricht von der Rückkehr Luthers. In der Überschrift wird die Insel »Pathmos« genannt, wo der Evangelist Johannes – inspiriert von einem Engel – sein Evangelium schrieb. EK

Literatur:
Hollstein II, 132; Geisberg 1923–30, Bd. VIII, Nr. 30; Jahn 1972, 405; Koepplin/Falk 1974, Nr. 42; Martin Luther und die Reformation in Deutschland 1983, Kat.-Nr. 260; Warnke 1984, S. 50, Abb. 30; Kaiser Karl V. 2000, Kat.-Nr. 220.

128

129
Martin Luther (Übers.)
Das Newe Testament Deutzsch (Septembertestament)
Wittenberg: [Melchior Lotter d. J., September 1522]

2°, [4], CVII, [7], LXXVII, [26] Bl.
Universitätsbibliothek Leipzig, Sign. Libri.sep.A. 1502

Bekanntlich übersetzte Martin Luther während seines Aufenthalts auf der Wartburg das Neue Testament ins Deutsche. Nach Wittenberg zurückgekehrt, veranlasste er die Drucklegung seiner Übersetzung, die im September 1522 erschien (daher die Bezeichnung »Septembertestament«). Schon im Dezember erfolgte eine zweite, an vielen Stellen verbesserte Auflage (»Dezembertestament«).
Lucas Cranach war nicht nur zusammen mit Christian Döring der Verleger des Septembertestaments, sondern er schuf auch eine Reihe Holzschnitte zur Illustration des Druckes. Diese Holzschnitte beziehen sich auf die Apokalypse und provozierten dadurch, dass in verschiedenen Bildern höllische Untiere oder auch die babylonische Hure eine Papstkrone trugen. Vermutlich auf Anweisung Kurfürst Friedrichs des Weisen mussten diese Kronen für das Dezembertestament aus den Bildstöcken herausgeschnitten werden.
Diese Stöcke verkaufte Lucas Cranach später an Hieronymus Emser, der seine eigene Bibelübersetzung, die allerdings weitgehend von der lutherischen abgeschrieben war, damit ausstattete. TD

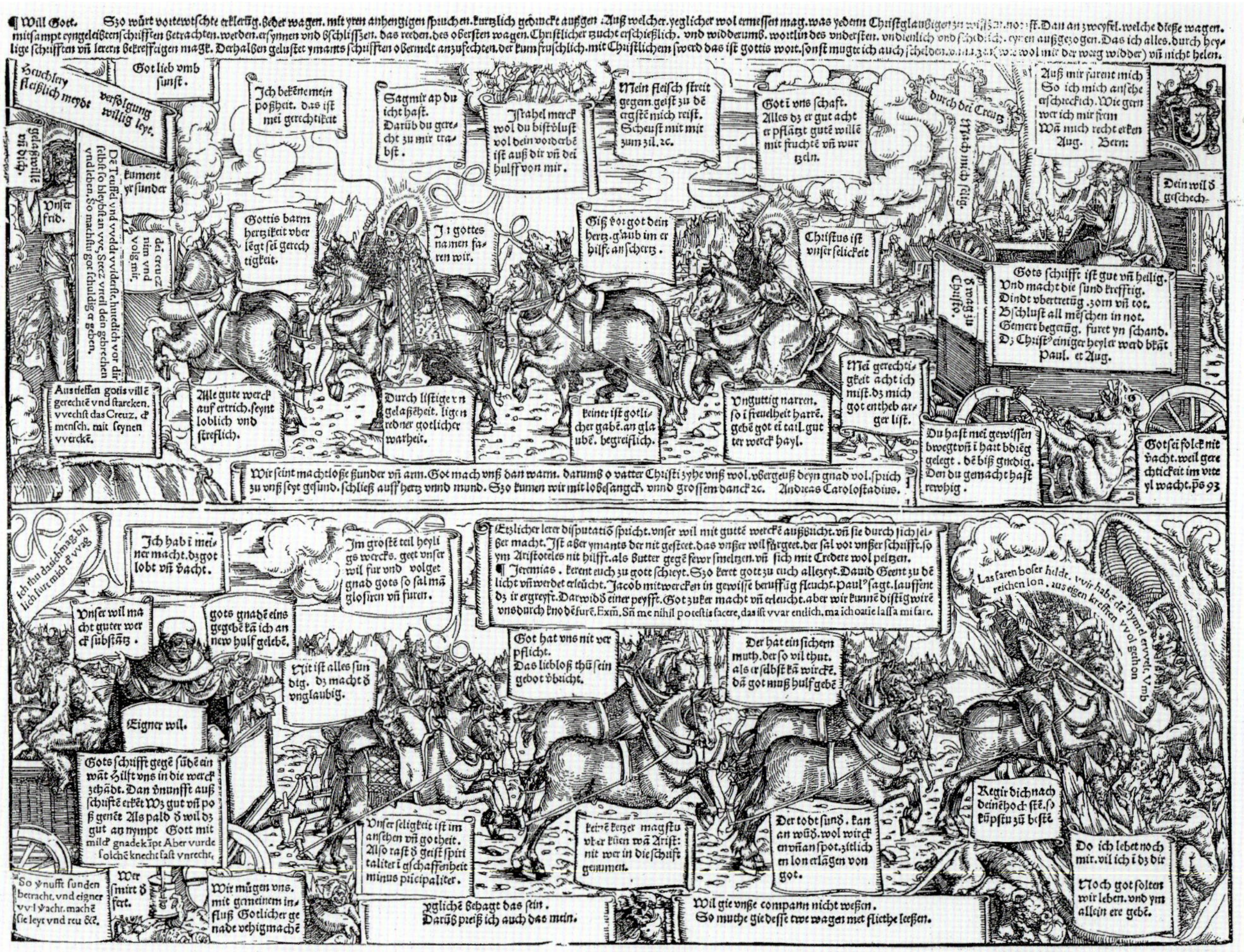

130

130
Lucas Cranach d. Ä.
Der Himmel und der Höllenwagen des Andreas Bodenstein gen. Karlstadt
Wittenberg: Johannes Rhau-Grunenberg
1519

Holzschnitt, 29,9 × 40,7 cm (Bild)
Ev. Kirche in Berlin-Brandenburg, Konsistorium (Eigentümer: Ev. Kirchengemeinde Wittbriezen)

Andreas Bodenstein konzipierte mit diesem Blatt das erste reformatorische Flugblatt überhaupt. Es entstand im Vorfeld der Leipziger Disputation und ist als Frucht von Karlstadts Abkehr von der mittelalterlichen Scholastik zu deuten. In zwei Reihen übereinander ziehen zwei Wagengespanne in entgegengesetzte Richtungen. Während der obere Wagen Christus entgegen fährt, stürzt der untere in den weit geöffneten Höllenrachen. Texttafeln erläutern die Motive des Blattes, Thema ist die Willensfreiheit des Menschen: »Wen der Vater nicht zieht, der kann Christus nicht nachfolgen auf seinem Kreuzesweg.« Entsprechend wird der Prälat, der den unteren Wagen steuert, als »Eigener Wille« bezeichnet.
Auf die scharfe Kritik des Klerus an dem Blatt antwortete Karlstadt »Ich hab niemand genennet noch ausgemalet in den Bildern des Wagens, sondern die allgemeinen Irrtümer von Theologen angezeigt.« EK

Literatur:
Bartsch VII, S. 134, Nr. 110 – 131 (als Schäufelein); Geisberg 1923 – 30, S. 612; Jahn 1972, S. 362; Zschelletzschky 1973; Meuche/Neumeister 1976, S. 14, 113 f., Taf. 5; Luther und die Folgen für die Kunst 1983, Nr. 65; Oelke 1992, S. 223 ff., Abb. 8.

131
unbekannt
Sehet auff das ist eyn seltzams thier Eyn wolff bekleydt mit kirche geschier (Die Hirten als Wölfe)
Mainz: Johann Schöffer (?), um 1520

Holzschnitt, Typendruck:
4 Strophen à 6 Zeilen, 26,3 × 35,7 cm
Stiftung Moritzburg, Kunstmuseum des Landes Sachsen-Anhalt, Halle, Graphisches Kabinett, Inv.-Nr. F 15

Variante: In einer um 1520/30 datierten Variante eines unbekannten Meisters wurde Martin Luther nicht dargestellt. Das Blatt gilt als erläuterndes Gegenstück zu dem als Fragment erhaltenen Holzschnitt »Luther und Hus als gute Hirten« (Staatliche Museen zu Berlin, Kupferstichkabinett).
Luther wird als Retter der christlichen Herde dargestellt, der mutig den Wölfen entgegentritt, die, verkleidet als Papst und Kardinal Tiere aus der Herde reißen. Der Gegensatz von gutem Hirten und bösen Wölfen (Joh. 10, 1–29) ist typisch für das einfache antithetische Denken der reformatorischen Flugblätter und verbildlicht die Zuspitzung der theologischen Auseinandersetzungen zwischen Luther und der römischen Kirche um 1520. Im Text spricht Luther direkt zum Betrachter, den er auffordert, sich nicht vom Kreuz Christi zu entfernen. Er selbst stellt sich den Wölfen entgegen und »Solts auch kostn meinen leib«. KB

Literatur:
Wäscher 1955, S. 14; Meuche/Neumeister 1976, S. 35; Staatliche Galerie Moritzburg 1994, S. 45; Hanse, Städte, Bünde 1996, S. 298, Nr. 4.155; Dräger/Bake 2000, S. 75, Nr. 14.

132
Hans Sebald Beham
Der Sturz des Papsttums
[Nürnberg: Hans Hergot?] 1524

Holzschnitt, 34,3 × 47 cm
Staatsbibliothek zu Berlin – Preußischer Kulturbesitz, Sign. YA 273 gr

131

133
Matthes Maler, nach Lucas Cranach d. Ä.
Passional Christi vnd Antichristi
Wittenberg: Johann Rhau-Grunenberg 1521

12 × 9,6 cm
Ratsschulbilbiothek Zwickau, Sign. 12.10.11.(8)
Germanisches Nationalmuseum, Nürnberg, Sign. 8° Rl. 3429 (Postinc.)

Von Luthers Gedankengut beeinflusst, schuf Lucas Cranach d. Ä. einen Holzschnittzyklus von 13 Antithesen, in denen er das unchristliche Verhalten des Papstes dem Leben Christi gegenüberstellt. Die kurzen Textangaben enthalten Bibelzitate und Auszüge aus den kanonischen Rechtsbüchern. An der Redaktion der Texte waren neben Martin Luther auch Philipp Melanchthon, Georg Spalatin und der Jurist Johann Schwertfeger beteiligt.
5. Antithese: Christus steht betend und mit zum Himmel gerichteten Augen inmitten von Armen, Kranken und Gebrechlichen. Der Papst schaut von einer Tribüne herab einem Ritterturnier zu.
13. Antithese: Christus fährt, in der linken Hand die Kreuzfahne, zum Himmel. Der Papst stürzt kopfüber in die Hölle, aus deren Flammen drei Verdammte empor schreien. KL

Literatur:
VD 16, L 5585; Benzing 1966, Nr. 1015; WA 9, S. 690 ff.

133

136

134
anonymes Flugblatt
Von der München vrsprung
in der Nacht zum 15. August 1523 an das Tor des Dominikanerinnenklosters in Weida angeschlagen
Weida, o. J. [1523]

Holzschnitt, Originaldruck, 1 Bl., 42,5 × 31,5 cm
Thüringisches Hauptstaatsarchiv Weimar,
Sign. EGA, Reg. Kk 1459, Bl. 5

Durch den Mitte des 15. Jahrhunderts von Johannes Gutenberg erfundenen Buchdruck konnten sich Ideen in einem bisher nicht gekannten Ausmaß verbreiten. In der Reformationszeit entstanden mittels dieses Mediums zahlreiche Flugschriften und Flugblätter mit einer breiten öffentlichen Wirksamkeit.
Hier wird auf drastische Art die Herkunft der Mönche und Nonnen dargestellt und deren Lebensweise in einem Spottgedicht angeprangert: »Sy geben weder Krawt [Kraut] noch Brey. Damit nit grosser Kost ausgee, auf das wird gemert ir Gut und Gelt. In Gleißnerey [Heuchelei] betriegen die Welt, sind reissendt Wolff in Schaffes Schein, füren die Welt in helsche [höllische] Pein […]«. Der Verfasser stellte damit jedoch nicht Gott an sich, sondern die damalige Kirche in ihrer Struktur und ihrem Selbstverständnis als Mittler zwischen Mensch und Gott in Frage. Das Flugblatt ist im Kontext mit der seit 1523 stark angewachsenen Zahl der Klosteraustritte von Nonnen zu sehen. VG

Literatur:
Pamphlet 1523/1920 S. 76 f.; Eberhardt 1967, Nr. 16, S. 42 f.; Graupner 1999, S. 126 f.

135
Philipp Melanchthon, Martin Luther
Deuttung der zwo grewlichen Figuren Bapstesels zu Rom vnd Munchskalb zu Freyberg in Meyssen funden
Wittenberg 1523

Holzschnitt, 4°, 8 Bl., 21 × 14,5 cm
Kupferstich-Kabinett,
Staatliche Kunstsammlungen Dresden,
Inv.-Nr. A 1990-662

Im Dezember 1522 wurde in Freiberg ein missgestaltetes Kalb geboren. Wie Kometen und andere Naturereignisse galt auch dies als böses Vorzeichen für besondere Veränderungen. Der deformierte Kopf des Kalbes erinnerte mit seinen hellen Flecken an eine Tonsur. Durch diese Ähnlichkeiten mit einem Mönch, wurde das Kalb sofort sowohl von der antilutherischen als auch von der antipäpstlichen Propaganda entsprechend verwertet. Luther bat Cranach um Illustrationen zu diesem »Mönchskalb« und einem »Papstesel«, dessen Deutung Melanchthon besorgte. Die beiden Ereignisse werden zu Vorzeichen für das Nahen des Antichristen (Daniel 8,3). Die Flugschrift erschien 1523 und wurde sofort in ganz Deutschland kopiert – neun Auflagen bis ins 17. Jahrhundert hinein sind bekannt sowie Übersetzungen ins Englische und Niederländische. EK

Literatur:
Benzing 1966, 1553; Hollstein IV, Nr. 14, 15; Grisar/Heege 1921/22; Koepplin/Falk 1974, S. 370, Nr. 246; Scribner 1981, S. 127 ff., Abb. 97, 98; Martin Luther und die Reformation in Deutschland 1983, Nr. 295; Luther und die Folgen für die Kunst 1983, Nr. 49.

136
Peter Flötner (Bild), Hans Sachs (Text)
Der arm gemein Esel
1525

Holzschnitt mit Typendruck, 17,6 × 39,5 cm
Kupferstich-Kabinett,
Staatliche Kunstsammlungen Dresden,
Inv.-Nr. A1921-551
Universitätsbibliothek Erlangen-Nürnberg,
Sign. AH 351

Dieses Flugblatt von Hans Sachs und Peter Flötner erschien kurz nach dem Ende des Bauernkrieges, das die Ereignisse in allegorischer Form kommentiert: Der Esel ist der kleine (gemeine) Mann. Er wird von drei Reitern gequält – die »Gleisnerei« in Gestalt eines Barfüßermönchs konnte er zu Boden werfen, »Wucher« und »Tyran« halten sich jedoch weiterhin auf dem Rücken des Tieres. Drei weibliche Personifikationen versuchen den Esel zu trösten: die »Vernunft«, die »Gerechtigkeit« und ganz rechts das »Wort Gottes«. Die Worte dieser letzten Personifikation sind bitter: »Esel, dich hat die Vernunft verblendet, so dass du der Gewalt widerstehen willst, die Gott zur Strafe deiner Sünde gesandt hat«. Die 1525 wiederhergestellte Ordnung wird als von Gott gewollt und die Unterdrückung des kleinen Mannes als Strafe für seine Sünden dargestellt. EK

Literatur:
Hollstein VIII, Nr. 33, Geisberg/Strauss 1974, Bd. III, 775; Stuhlfauth 1918/19, S. 233 – 248; Hoffmann 1978, S. 196 f., Abb. 15; Scribner 1981, S. 122 f., Abb. 93.

»Schwärmer« und Bauernkrieg

Die frühe Reformation brachte – ausgehend von ihren Zentren in Wittenberg und Zürich – eine tiefgreifende Emanzipation des »Laien«-Elements innerhalb der Kirche hervor (Allgemeines Priestertum aller Gläubigen). Diesem Vorgang korrespondierte Luthers Unterscheidung und – bezogen auf dieses irdische Leben – prinzipielle Gleichordnung von weltlichen und geistlichen Aufgaben auf ihren jeweils spezifischen Handlungsebenen. Politik oder Wirtschaft, d.h. die politische Seite des öffentlichen Lebens konnten nicht mehr Gegenstand unmittelbarer geistlicher Kompetenz und Spontanität sein, sondern gehörten gemäß biblischer Überlieferung unter das »weltliche Schwert«, das sich seinerseits nicht in die geistlichen Belange – wie etwa das Lesen der Bibel durch Christen – zu mengen hatte. Dem naturgemäß engen Miteinander beider Bereiche im christlichen Gemeinwesen entsprach die Fürsorge für die Kirche (materielle Sicherstellung von Verkündigung, Schule und Armenfürsorge) auf der weltlichen Ebene. Die geistliche Ebene sollte, und zwar allein mit dem Wort durch christliche Unterweisung, auf das Glaubensleben in christlicher Freiheit und Dienstbarkeit Einfluss nehmen, was allerdings auch die Beratung und Kritik des Handelns von Christen auf weltlicher Ebene einschloss.
Die große reformatorische Bewegung enthielt jedoch von Anfang an auch Kräfte oder brachte solche hervor, denen dieses empfindliche Miteinander gemessen an ihrem Wunsch einer schnellen und greifbaren Verwirklichung christlichen Lebens in Kirche und Gesellschaft nicht genügte. So bezeichnete Luther etwa die Zwickauer Propheten, Andreas Bodenstein aus Karlstadt, Thomas Müntzer oder auch Wiedertäufer als »Schwärmer«, weil sie seiner Meinung nach falschen Ordnungsvorstellungen für eine christliche Gesellschaft anhingen, die sich ihren ungeordneten Gedanken über das Wirken des Gottesgeistes in der Welt verdanken würden. Den »Schwärmer« stellte man sich bildlich als einen Menschen vor, dessen Kopf ein Bienenschwarm umschwärmt, der also faktisch orientierungslos ist. Solche »Schwärmer« mussten nicht grundsätzlich gegen die weltliche Obrigkeit eingestellt sein. Müntzer etwa versuchte zunächst die sächsischen Fürsten für sein Konzept gesellschaftlicher Veränderung auf der Basis der Vernichtung der »Gottlosen« – d.h. aller unchristlich handelnden Menschen – in ihrem Herrschaftsbereich zu gewinnen, ehe er seine Hoffnungen an den Bauernaufruhr knüpfte.
Das heutige Sachsen war von wenigen kleineren Fällen abgesehen nicht in den Bauernkrieg verwickelt. Den süddeutschen aufständischen Bauern gestand Luther die Berechtigung vieler Forderungen gegen ihre weltlichen Herren grundsätzlich zu, nicht jedoch ihre Begründung alter Rechte oder gar des bewaffneten Kampfes aus dem Evangelium von Jesus Christus. Wenn sich aber – wie vor Frankenhausen in Thüringen geschehen – der bewaffnete Kampf der Bauern mit der Erwartung Müntzers verband, das Gottesreich stünde unmittelbar vor dem Einbruch in diese Welt, sah Luther den Teufel selbst am Werk. Die gemessen an der öffentlichen Verbreitung reformatorischen Gedankengutes sonst weithin wirkungslose Propaganda altgläubiger Theologen gegen die Reformation vermochte im Falle des Bauernkrieges durchaus Erfolg zu verbuchen, vor allem wirkungsgeschichtlich gesehen: Luther wurde zum Verursacher des Krieges und zugleich zum Bauernverräter stilisiert.

Michael Beyer

137
Dye Grundtlichen Vnd rechten haupt Artickel aller Baurschafft vnnd Hyndersessen der Gaistlichen vn Weltlichen oberkayten, von wölchen sy sich beschwert vermainen
[Augsburg: Melchior Ramminger 1525]

4°, 6 Bl.
Hessisches Staatsarchiv Marburg,
Sign. 3 Nr. 190
Regensburg 1525 (4 Bl.)
Sächsische Landesbibliothek –
Staats- und Universitätsbibliothek Dresden,
Sign. Hist. germ. B 178,36

Im Südwesten des Reiches begann im Herbst 1524 der deutsche Bauernkrieg. Die Aufständischen formierten sich in so genannten Haufen, der größte um das Dorf Baltringen bei Laupheim (südlich von Ulm). Seine Anführer überreichten dem Schwäbischen Bund im Februar 1525 über 300 Beschwerden insbesondere gegen die Leibeigenschaft und verlangten deren Abstellung.
Auf der Grundlage dieser Beschwerden verfassten der Memminger Prediger Christoph Schappeler und der Kürschnergeselle Sebastian Lotzer die »Zwölf Artikel«. Sie befreiten die Beschwerden vom Lokalkolorit, verallgemeinerten sie und erhoben sie in den Rang göttlichen Rechts. Sie machten das Evangelium und das Gotteswort zur legitimativen Grundlage ihrer Forderungen und belegten diese im Einzelnen mit über 60 Bibelstellen. Außer dem hier vorliegenden Erstdruck erschienen innerhalb weniger Wochen rund 25 Nachdrucke (z.T. in Varianten). Dadurch wurden die »Zwölf Artikel« zum bekanntesten und verbreitetsten Programm des Bauernkrieges. AL

Literatur:
Franz 1963, S. 174 ff.; Laube/Seiffert 1978, S. 26 ff., 567; Blickle 1981, S. 289 ff.

Die Grundtlichen vñ rechten haupt
Artickel/aller Baurschafft vnd
Hyndersessen der Geistli-
chen vñ weltlichen ober
kayten/von welchen
sy sich beschwert
vermainen.

137

138

138

Martin Luther

Ermanunge zum fride auff die zwelff artikel der Bawrschafft ynn Schwaben

Wittenberg: [Joseph Klug] 1525

4°, 20 Bl.
Stadtbibliothek Worms, Sign. LB 204
Nürnberg 1525, Typendruck, 4°
Germanisches Nationalmuseum, Nürnberg, Sign. 8° G. 3120 (Postinc.)

Luther war seit dem »Pfaffenstürmen« von Erfurt im Mai und Juni 1521 und dem Beginn der Wittenberger Bilderstürme im Dezember 1521 von der Furcht befallen, das von ihm befreite Gotteswort könne zur gewaltsamen Austragung der Konflikte benutzt werden. Dagegen stemmte er sich seit Anfang 1522 durch Schriften wie der »Treuen Vermahnung zu allen Christen, sich zu hüten vor Aufruhr und Empörung« und zahlreichen Predigten. Als 1524 zunächst im Südwesten des Reiches dennoch der Bauernkrieg begann und sich die Aufständischen in »Zwölf Artikeln« auf das Evangelium und das göttliche Recht beriefen, versuchte er die Bewegung zunächst mit einer »Ermahnung zum Frieden« zu dämpfen. An die Fürsten und Herren appellierte er, dem Wort Gottes Raum zu geben und die unrechtmäßige Bedrückung der Bauern abzustellen. Den Bauern unterstellte er, das Evangelium in ihren »Zwölf Artikeln« falsch und missbräuchlich auszulegen, und er beschwor sie, im Vertrauen auf das Gotteswort jede Gewalt zu unterlassen. AL

Literatur:
Laube/Seiffert 1978, S. 203 ff., 591 f.; Delius 1983, S. 105 ff.; WA 18, S. (279), 291 ff.

139

Martin Luther

Wider die sturmenden Bawren Auch wider die reubischen vnd mördisschen rotten der andern Bawren

Erfurt: Matthes Maler 1525

Typendruck, 4°
Germanisches Nationalmuseum, Nürnberg, Sign. 8° G. 3118 (Postinc.)

140

Wider die Reubischen vnd Mordischen rotten der Bawren [...] Antwort Johanis Coclej Von Wendelstein.

Köln: Peter Quentel 1525

Universitätsbibliothek Leipzig, Sign. Kirchg. 963/7

Nachdem alle Bemühungen Luthers, den Bauernkrieg zu verhindern, fruchtlos geblieben waren, wurde er Ende April / Anfang Mai 1525 auf einer Reise in Thüringen unmittelbarer Zeuge des Aufruhrs. In ohnmächtiger Wut verstieg er sich zu dem Aufruf an die Obrigkeiten, die Bauern mit allen Mitteln niederzuschlagen. »Solch wunderliche Zeiten sind jetzt, dass ein Fürst den Himmel mit Blutvergießen leichter verdienen kann als andere mit Beten. [...] Drum, liebe Herren, [...] steche, schlage, würge hier, wer da kann, bleibst Du drüber tot, wohl Dir, seligeren Tod kannst Du nimmermehr überkommen.«
Der Erstdruck erschien bereits am 10. Mai 1525 in Wittenberg als Anhang zur »Ermahnung zum Frieden« (Kat.-Nr. 138) unter dem Titel »Auch wider die räuberischen und mörderischen Rotten der anderen Bauern« (Kat.-Nr. 139), danach separat in über 25 Nachdrucken unter variierenden Titeln, darunter der vorliegende von Matthes Maler. Die Schrift wurde – auch bei vielen Anhängern Luthers – mit Bestürzung aufgenommen, so dass Luther im Juli 1525 zu seiner Rechtfertigung einen »Sendbrief von dem harten Büchlein wider die Bauern« (Kat.-Nr. 142) veröffentlichte.
Der zweite ausgestellte Text ist ein Sammeldruck des Luthergegners Johannes Cochläus, dazu gedacht, Luther durch kompromittierende Schriften zu diskreditieren. AL

140

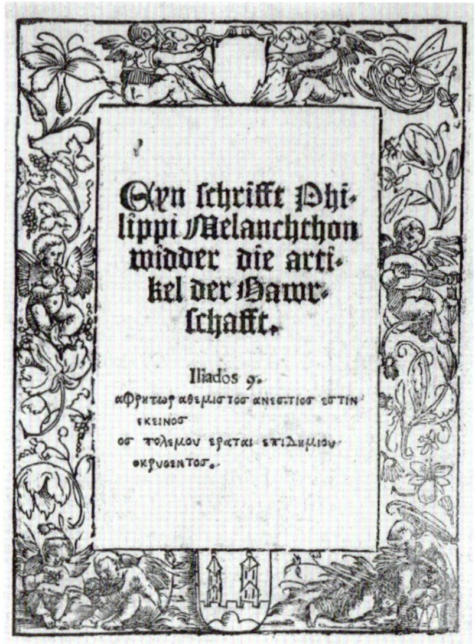

141

Literatur:
WA 18, S. (344), 357 ff.; Laube/Seiffert 1978, S. 328 ff., 599; Delius 1983, S. 140 ff.

141

Philipp Melanchthon

Eyn schrifft Philippi Melanchthon widder die artikel der Bawrschafft.

Wittenberg: Johann Rhau-Grunenberg 1525

4°, 12 Bl.
Universitätsbibliothek Leipzig, Sign. St.Nicolai.619
Nürnberg: [Jobst Gutknecht] 1525
Sächsische Landesbibliothek – Staats- und Universitätsbibliothek Dresden, Sign. Hist. eccl. E. 323,7b

Melanchthons Stellungnahme zu den »Zwölf Artikeln« der Bauern wurde zwischen dem 18. Mai und 15. Juni 1525 – also nach Luthers Bauernkriegsschriften – als Gutachten für den Kurfürsten von der Pfalz verfasst und etwa Anfang September 1525 zum Druck gebracht. Wie Luther in seiner »Ermahnung« (Kat.-Nr. 138) hält er einige der Forderungen im Einzelnen für berechtigt, lehnt aber die Artikel, ihre evangelische Begründung und die Handlungsweise der Bauern grundsätzlich als unchristlich und teuflisch ab. Oberstes Prinzip ist ihm das Gehorsamsgebot gegenüber der Obrigkeit. Die Obrigkeiten mahnt er, Missstände abzustellen, rechtfertigt aber zugleich das blutige Strafgericht über die Aufständischen. Von der Schrift sind sechs verschiedene Drucke bekannt. AL

Literatur:
Laube/Seiffert 1978, S. 223, 592 f.

142
Martin Luther
Eyn Sendebrieff von dem harten buchlin widder die bauren.
Wittenberg: [Michael Lotter] 1525

4°, 16 Bl., TE
Deutsches Historisches Museum, Berlin, Sign. R 95/843
Stadtbibliothek Worms, Sign. LB 217

Nach dem Blutbad gegen die aufständischen Bauern, der Einnahme Mühlhausens und der Hinrichtung Thomas Müntzers in der zweiten Maihälfte 1525 sah sich Luther wegen seiner Raserei »wider die räuberischen und mörderischen Rotten der Bauern« (Kat.-Nr. 140) bei Freund und Feind heftiger Kritik ausgesetzt. Die einen äußerten Unverständnis über seine Haltung und mahnten Barmherzigkeit an, die anderen gaben ihm die Schuld am Aufruhr.
In seiner Pfingstpredigt vom 4. Juni 1525 verbat er sich jede Kritik, bekräftigte seine Auffassung vom göttlichen Amt der Obrigkeit, bezeichnete Aufruhr gegen die Obrigkeit als schlimmstes aller Verbrechen und rechtfertigte damit das Strafgericht der Fürsten ebenso wie sein eigenes Verhalten. Da die Kritik dennoch nicht verstummte, verarbeitete er die Gedanken der Predigt zum »Sendbrief« und forderte darin in rüdem Ton seine Kritiker auf, entweder das Maul zu halten oder zu bekennen, dass sie selbst im Herzen Aufrührer seien. Der Sendbrief erschien im Juli 1525 und erlebte noch im selben Jahr sieben Nachdrucke. AL

Literatur:
Laube/Seiffert 1978, S. 413 ff., 618 f.; Delius 1983, S. 148 ff.

142

Anzaigung zwayer
falschen zungen des Luthers wie
er mit der ainen die paurn ver-
füret/mit der andern sy verdammet hat/
durch Admiralsiden Wunderer.
genant Johann Fundling.
1525.
Der omplaser vnd der zwayzungig ist verflůcht/ dañ vill die fride
gehabt haben hat er betrubt vnd verwirret. Eccle. 28.

Mit kayserlicher freyhait drey jar.

143

143
Johannes Findling
Anzaigung zwayer falschen zungen des Luthers wie er mit der ainen die paurn verfüret mit der andern sy verdammet hat
Landshut: Johannes Weißenburger 1526

4°, 29 Bl., TH
Deutsches Historisches Museum, Berlin,
Sign. R 59/719
Stadtbibliothek Worms, Sign. LB 365c

Luthers Haltung im Bauernkrieg nutzten seine altgläubigen Gegner zu scharfer Abrechnung. Hieronymus Emser, Hofkaplan Herzog Georgs in Dresden, und Johannes Cochlaeus trugen in umfangreichen Schriften Zitate Luthers zusammen, um zu beweisen, »wie Luther zum Aufruhr getrieben hat«. Luther erscheint als der eigentliche Verursacher und Inspirator des Bauernkrieges und als der Schuldige an dessen Opfern. Das gleiche Anliegen verfolgt der Mainzer Franziskanerguardian Johannes Findling (auch Fundling) in dieser Schrift. Er zitiert ausführlich widersprüchliche Äußerungen Luthers und bezichtigt diesen bewusster Doppelzüngigkeit. Mit der einen Zunge habe er das Volk zum Aufstand gereizt, mit der anderen habe er es verdammt. AL

Literatur:
Laube/Seiffert 1978, S. 441 ff., 620 ff.

144
Thomas Müntzer
Außlegung des andern unterschyds Danielis deß propheten gepredigt auffm schlos zu Alstedt
Allstedt: [Müntzer] 1524

4°, 14 Bl.
Sächsische Landesbibliothek –
Staats- und Universitätsbibliothek Dresden,
Sign. Hist. eccl. E. 328,19
Martin-Luther-Universität Halle-Wittenberg,
Universitäts- und Landesbibliothek
Sachsen-Anhalt in Halle (Saale),
Sign. an Ig 3022 (14)

Thomas Müntzer, ursprünglich aus dem Kreis um Luther in Wittenberg hervorgegangen, hatte sich theologisch und im praktischen Reformationsprozess von Luther weg entwickelt und war bis 1524 über verschiedene Stationen seines Wirkens zu einer von der Mystik beeinflussten spiritualistischen Glaubenslehre gelangt, die den Weg zur Auserwähltheit in der unmittelbaren Geisterfahrung und in der Orientierung auf Kreuz und Leiden sah. Seit Ostern 1523 wirkte er als Prediger im kursächsischen Allstedt, wo er zunächst mit einer Gottesdienstreform hervortrat und in zwei größeren Schriften seine Lehre weiter ausarbeitete. Als Herzog Johann von Sachsen und Kurprinz Johann Friedrich im Juli 1524 auf einer Reise auf dem Allstedter Schloss Station machten, nutzte Müntzer die Gelegenheit, ihnen am 13. Juli in einer Predigt seine von Luther abweichende Auffassung über die Rolle der weltlichen Obrigkeit darzulegen.
Ausgehend vom zweiten Kapitel (»anderen Unterschied«) des Propheten Daniel, der ältesten biblischen Apokalypse, verkündete Müntzer den Fürsten, dass der Untergang der bestehenden Welt nahe sei, weil sie auf dem Bund der gottlosen Herrscher gegen das gemeine Volk beruhe. Es sei grundlegende Aufgabe der christlichen Obrigkeit, den Antichrist in der Welt zu bekämpfen und dem Reich Gottes den Weg zu bereiten. Wenn sie sich dem verweigere, sei das Volk von Gott auserwählt und verpflichtet, ihr das Schwert zu nehmen und selbst die Herrschaft auszuüben. Die »Fürstenpredigt« wurde noch im Juli 1524 in Allstedt gedruckt. AL

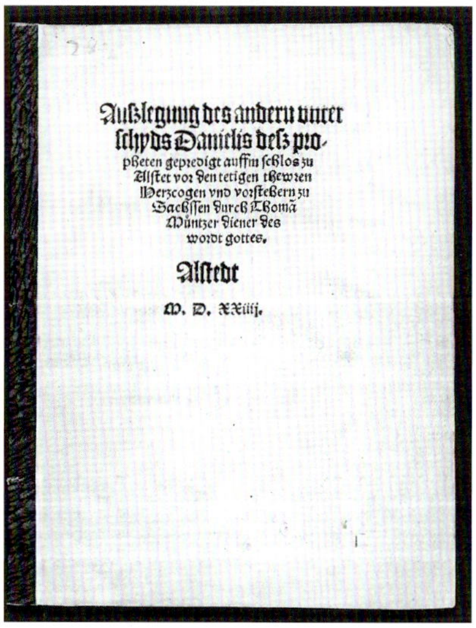

Außlegung des andern vnter
schyds Danielis desz pro-
pheten gepredigt auffm schlos zu
Alstet vor den tetigen thewren
Herzcogen vnd vorstebern zu
Sachssen durch Thomã
Müntzer diener des
wordt gottes.
Alstedt
M. D. XXiiij.

144

Literatur:
Franz/Kirn 1968, S. 241 ff.; Laube 1983, Bd. II, S. 982 ff.;
Vogler 1989, S. 160 ff.

145
Martin Luther
Eyn brieff an die Fürsten zu Sachsen von dem auffrurischen geyst
[Augsburg: Heinrich Steiner] 1524

4°, 8 Bl.
Deutsches Historisches Museum, Berlin,
Sign. R 92/2245
Straßburg: Johann Knobloch 1524; 4°, 10 Bl. TE
Stadtbibliothek Worms, Sign. LB 185

Seit Ende 1523 war es für Luther klar, dass Thomas Müntzers Abdriften von der Wittenberger Reformation irreparabel geworden war. Seine Versuche, den Kurfürsten zu einem schärferen Vorgehen gegen Müntzer und die Allstedter zu bewegen, blieben erfolglos. Mit Sorge betrachtete er einerseits die Radikalisierung in Allstedt, wovon die Zerstörung der Mallerbacher Kapelle im März 1524 deutlichstes Zeugnis gab, und andererseits das Werben Müntzers um die Gunst der kursächsischen Landesfürsten. Die Nachricht von Müntzers Fürstenpredigt könnte letzter Anlass gewesen sein, die Fürsten mit diesem um Mitte Juli 1524 geschriebenen Brief gegen den »Satan von Allstedt« zu mobilisieren. Er legte aufrührerische Potenzen von Müntzers Theologie bloß und forderte, Müntzer des Landes zu verweisen und möglichen Aufruhr mit Gewalt zu bekämpfen. Der Brief wurde unmittelbar nach seiner Abfassung von Lucas Cranach in Wittenberg gedruckt; noch 1524 erschienen vier Nachdrucke, darunter dieser von Heinrich Steiner in Augsburg. AL

Literatur:
Laube/Seiffert 1978, S. 490 ff., 626 ff.; Delius 1983,
S. 85 ff.; Bräuer 1994, S. 57 ff.

146
Thomas Müntzer
Hoch verursachte Schutzrede vnd antwort wider das Gaistloße Sanfft lebende fleysch zu Wittenberg
[Nürnberg: Hieronymus Höltzel] 1524

4°, 18 Bl.
Anhaltische Landesbücherei Dessau, Wissenschaftliche Bibliothek und Sondersammlungen, Sign. Georg 871

Müntzer begann wahrscheinlich unmittelbar nach Luthers Brief an die Fürsten zu Sachsen noch in Allstedt mit der Konzipierung dieser Antwort. Nach seiner Flucht aus Allstedt um den 7. August 1524 arbeitete er in Mühlhausen weiter an ihr und stellte sie nach seiner Ausweisung aus Mühlhausen an einem unbekannten Ort, möglicherweise in Nürnberg fertig, wo sie jedenfalls vor Mitte Dezember 1524 gedruckt wurde. Zentrales Anliegen ist die Auseinandersetzung mit Luthers Rechtfertigungslehre und Obrigkeitsauffassung. Für Müntzer ist das Amt der Obrigkeit nur so lange als göttlich zu betrachten, als es darauf gerichtet ist, die Frommen zu schützen und die Gottlosen zu strafen. Da die herrschenden Obrigkeiten aber gegen diesen Auftrag verstoßen, werden sie selbst gottlos. Die Schwertgewalt geht dann auf das gottgläubige Volk über, das dazu berufen ist, die Gottlosen »vom Stuhl zu stoßen«. Die Druckauflage wurde vom Nürnberger Rat beschlagnahmt; nur wenige Exemplare gelangten an die Öffentlichkeit. AL

Literatur:
Laube/Seiffert 1978, S. 83 ff., 577 ff.; Vogler 1989, S. 208 ff., bes. 214 ff.; Bräuer 1994, S. 57 ff.

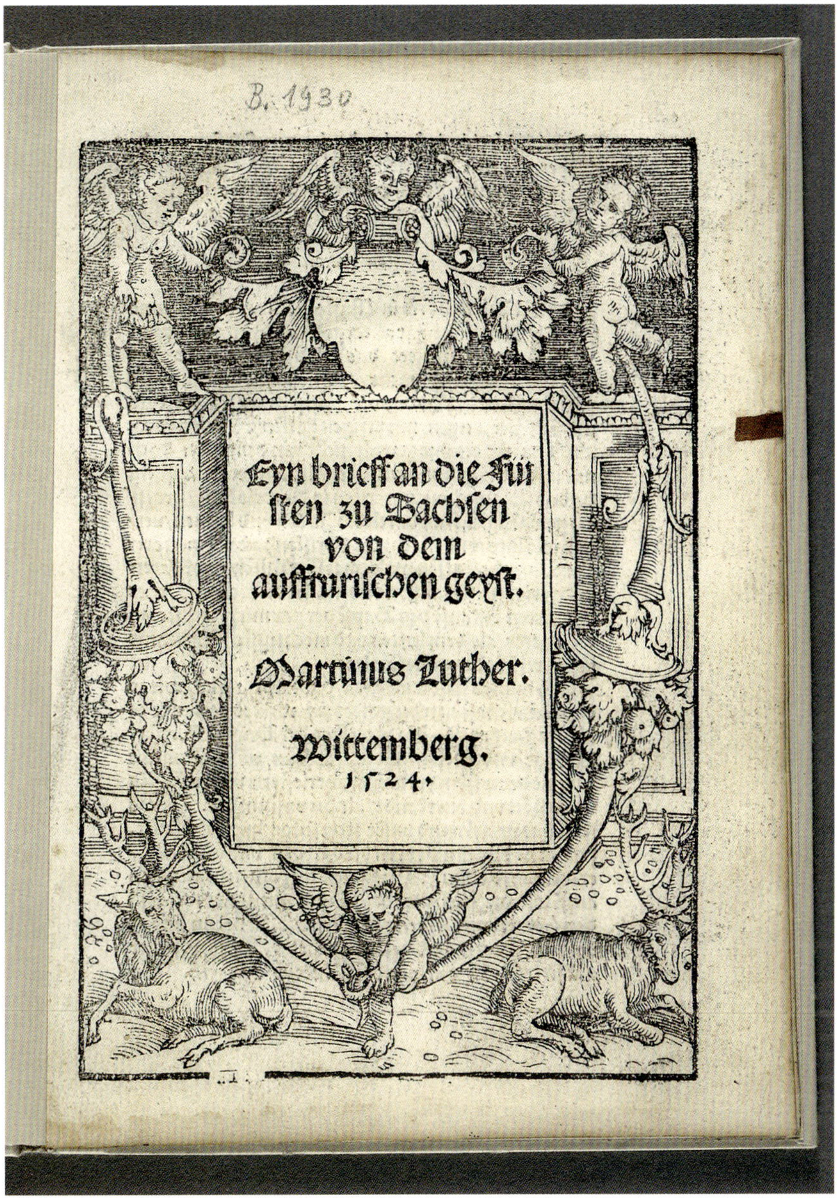

145

Bewaffnung der aufständischen Bauern

Die großen Bauernhaufen, die manchmal die Stärke von 10 bis 15 000 Mann hatten, waren in Fähnlein untergliedert. Ein Fähnlein umfasste etwa 500 Bauern, die nächst kleinere Einheit, die Rotte, 15 bis 20 Mann. In der Organisation orientierten sie sich dabei an der Praxis der Landsknechtsheere und den Aufgeboten der Städte.

Die Bewaffnung der Aufständischen war unterschiedlich. Vereinzelt waren die Bauern mit den gleichen Waffen wie die Landsknechtsheere ausgerüstet. Besonders wichtig waren Feuerwaffen und Geschütze, die jedoch häufig fehlten. Die aufständischen Bauern versuchten sie im Sturm auf Städte und Burgen zu erobern. Zu der traditionellen Ausrüstung gehörten aus Handwerkszeug gefertigte Stangenwaffen, wie Kriegssensen, Dreschflegel und Morgensterne. Zu den Behelfswaffen zählten außerdem große Äxte, Hämmer, Mistgabeln und Fischspieße. Der volkstümliche Name Morgenstern wurde von den strahlenförmig angeordneten eisernen Spitzen an der Holzkeule abgeleitet. Morgensterne gab es bereits in den Heeren der Hussiten.

Alle Bauernwaffen sind anonyme Stücke; um so bemerkenswerter ist die Kennzeichnung der einen Kriegssense (Kat.-Nr. 148) mit zwei Marken. Eine Marke trägt in einem ovalen Perlkranz einen Pinienzapfen, wie er für den Beschau städtischer Waffen aus Augsburg üblich war. GQ

148 149 150 151

147
Kriegssense
1501/1700

Eisen, Holz, B. 44 cm, L. ges. 145 cm, Blatt mit Tülle 66,5 cm, Blatt ohne Tülle 51,2 cm, Tülle 15 cm, 920 g
Deutsches Historisches Museum, Berlin, Inv.-Nr. W 86/2

148
Kriegssense
Augsburg (?), 16. Jahrhundert

Eisen, geschmiedet, Holz, L. ges. 145 cm
Deutsches Historisches Museum, Berlin, Inv.-Nr. W 4884

149
Keule mit eiserner Ringverstärkung
16. Jahrhundert

Eisen, geschmiedet, Holz, L. ges. 90 cm
Deutsches Historisches Museum, Berlin, Inv.-Nr. W 72/88

150
Schlageisen
16. Jahrhundert

Eisen, geschmiedet, L. ges. 102 cm
Deutsches Historisches Museum, Berlin, Inv.-Nr. W 1494

151
Morgenstern
16. Jahrhundert

Eisen, geschmiedet, Holz, L. ges. 199 cm
Deutsches Historisches Museum, Berlin, Inv.-Nr. W 72/80

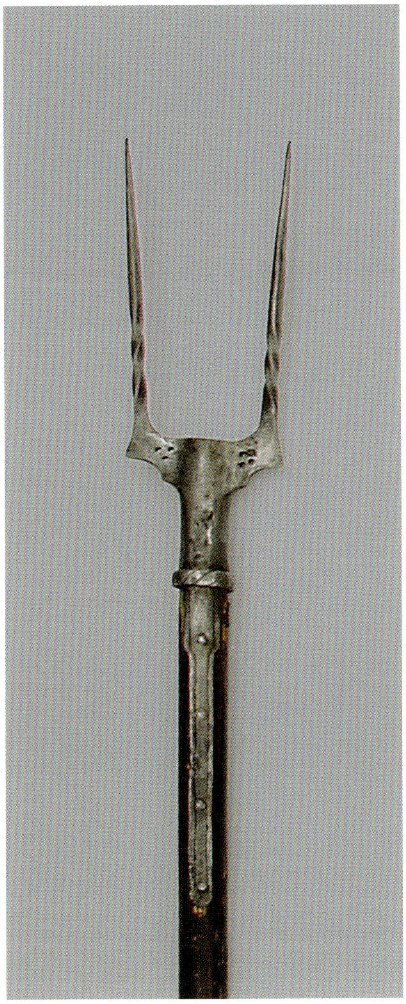

152

152
Kriegsgabel
16./17. Jahrhundert

Schmiedeeisen, Eschenholz, L. ges. 183 cm
Bayerisches Armeemuseum Ingolstadt,
Inv.-Nr. A 70

Die Kriegsgabel, italienisch furca ferra, ist hauptsächlich eine in Italien und Frankreich beliebte Bauernwaffe. In beiden Ländern ist sie bis zum Ende des 17. Jahrhunderts anzutreffen. Neben ihrer Funktion als Stoßwaffe dient sie auch zum Niederreißen von Hindernissen beim Sturm auf Stellungen und Schanzen. Zahlreiche Exemplare sind mit Widerhaken versehen, um gegnerische Reiter aus dem Sattel zu reißen. Offensichtliches Vorbild bei ihrer Entwicklung ist die Mistgabel. Auch die Kriegsgabel ist durch ihre einfache und billige Herstellung weit verbreitet. GRvK

153
Verbrante vnnd abgebrochene Schlosser vnnd Clöster, So durch die Bawerschafft yhn Würtzburger und Bamberger Stifften beschehen
Altenburg: G. Kantz 1525

8°, 1508
Berlin, Union Evangelischer Kirchen in der EKD-Bibliothek der Kirchenkanzlei, ohne Inv.-Nr.

154
Philipp Melanchthon
Die Histori Thome Muntzers, des anfengers der Doeringgishen vffrur, seer nutzlich zu lesen
Hagenau: J. Setzer (1525)

4°, (11) Bl.
Forschungsbibliothek Gotha,
Sign. Theol. 4° 235 (1) R

155
Ein gloubwirdig vnd warhafftig vnderricht wie die Dhoringischen Pawern vor Franckenhawßen vmb yhr mißhandlung gestrafft [...] worden
Dresden: [Emserpresse] 1525

4°, 6 Bl.
Sächsische Landesbibliothek –
Staats- und Universitätsbibliothek Dresden,
Sign. Hist. Germ. B 178, 75

Am 15. Mai 1525 wurden die aufständischen Bauern bei Frankenhausen durch die vereinigten Fürstenheere vernichtend geschlagen, am 25. Mai wurde Mühlhausen eingenommen, am 27. Mai Thomas Müntzer hingerichtet. Unmittelbar danach entstand in der Kanzlei Herzog Georgs von Sachsen und wahrscheinlich redigiert von dessen Hofkaplan Hieronymus Emser dieser sich als authentisch gebende »Unterricht« über die Vorgänge, der am 12. Juni bereits gedruckt vorlag. Er hebt in apologetischer Übersteigerung die Rolle Herzog Georgs als Haupt der Fürstenpartei hervor und will durch die Schilderung der Langmut und Milde der Fürsten gegenüber den Bauern die ersteren vom Schuldvorwurf an dem Blutbad entlasten, die letzteren und besonders Müntzer belasten. Triumphierend wird die Niederlage des Ketzers und seine angebliche reuige Rückkehr in den Schoß der alten Kirche geschildert, auch als Warnung an die Adresse Luthers. Ein Nachdruck erschien in Straßburg. AL

Literatur:
Bräuer 1973, bes. S. 342 f.;
Laube/Seiffert 1978, S. 511 ff., 633 ff.

156
Andreas Bodenstein gen. Karlstadt
Von abtuhung der Bylder
Vnd das keyn Bedtler
vnther den Christen seyn soll
Wittenberg: Nickel Schirlentz 1522

Typendruck, 4°, 20 Bl.
Sächsische Landesbibliothek –
Staats- und Universitätsbibliothek Dresden,
Sign. Hist. eccl. E. 243, 20
Germanisches Nationalmuseum, Nürnberg,
Sign. 8° K. 1698 (Postinc.)

Während Luthers Wartburgaufenthalt drängte 1521 die Stadtgemeinde in Wittenberg immer stärker auf die Beseitigung der alten Kultformen und die praktische Durchsetzung der neuen Sozialethik. Führend war dabei der Universitätsprofessor und Prediger Andreas Bodenstein von Karlstadt. Von ihm inspiriert, aber auch beeinflusst von Philipp Melanchthon, gab sich Wittenberg im Januar 1522 eine neue Stadtordnung, die das Leben der Stadtgemeinde reformierte. Die zu Grunde liegenden Prinzipien erläutert Karlstadt in dieser Schrift. Insbesondere fordert und begründet er das Verbot der Bilderverehrung und die Abschaffung der Bilder sowie das Verbot der Bettelklöster, die Beschaffung bürgerlicher Arbeit für Arbeitsfähige und tätige Nächstenliebe für Arbeitsunfähige zur Ausmerzung des Bettelunwesens. Von dem Druck gibt es unterschiedliche Versionen sowie einen Straßburger Nachdruck. AL

Literatur:
Laube 1983, Bd. I, S. 105 ff.; Bd. II, S. 1024 ff.

156

157

157
Martin Luther
Widder die hymelischen propheten von den bildern vnd Sacrament
Wittenberg: Cranach und Döring 1525

4°, 44 Bl.
Sächsische Landesbibliothek –
Staats- und Universitätsbibliothek Dresden,
Sign. Hist. eccl. E. 309.16
Stadtbibliothek Worms, Sign. LB 214

Im Dezember 1524 und Januar 1525 erschienen in zwei Teilen die ausführlichen Auseinandersetzungen Martin Luthers mit einigen Lehren seines ehemaligen Wittenberger Universitätskollegen und Weggefährten aus der Frühzeit der Reformation, Andreas Bodenstein von Karlstadt, mit dem es seit geraumer Zeit kirchenpolitische und theologische Differenzen gab und der der ärgste Feind zu werden schien. Im ersten Teil geht es um die Entfernung der Bilder aus den Kirchen (Bildersturm) und die Form der Messe. Vorrangig aber war die Schrift die Antwort Luthers auf die so genannten Abendmahlstraktate Karlstadts, die dieser nach seiner Vertreibung aus Kursachsen im Herbst in Basel hatte drucken lassen und die den Anfang des innerprotestantischen Streits um das Abendmahl bildeten.
Nach anfänglicher Übereinstimmung mit Luther gelangte Karlstadt schon in seiner Orlamünder Zeit (1523/24) zu der Überzeugung, dass Christus beim Abendmahl in Brot und Wein nicht real gegenwärtig sei (Realpräsenz), sondern das Mahl eher symbolische Bedeutung habe zur Erinnerung an Christi Opfertod. Luther reagierte ungehalten, ja erbost, zumal Karlstadt trotz Repressalien viele Anhänger fand – er war neben Luther der meistgelesene deutschsprachige Autor aus der Anfangszeit der Reformation. In seiner Polemik rückte Luther wider besseren Wissens Karlstadt in die Nähe der Schwärmer und Thomas Müntzers. Als Karlstadt im Februar 1525 Luthers Kampfschrift zu lesen bekam, antwortete er prompt mit drei Gegenschriften. CZ

Literatur:
WA 18, S. 37–214.; Brecht 1989; Joestel 2000.

158
Hieronymus Emser
Das man der heyligen Bilder yn den Kirchen nit abtun, noch uneren soll
[Dresden: Emserpresse 1524]

4°, 32 Bl.
Bayerische Staatsbibliothek München,
Sign. Res/4 Polem. 3341,9

In der Wittenberger Stadtordnung vom 24. Januar 1522 war angeordnet worden, dass die Bilder aus den Kirchen zu entfernen sind. Andreas Karlstadt lieferte in seiner Schrift »Von Abtuung der Bilder« (Kat.-Nr. 156) die Begründung dafür. Emser antwortete darauf 1522 mit dem Vorwurf der Ketzerei und verteidigte die Bilder als Abbilder der Wirklichkeit mit hohem pädagogischen Wert. Die Schrift war dem Autor zwei Jahre später den hier vorliegenden Nachdruck wert. FA

Literatur:
VD 16, E 1108; Laube 1997, S. 335 f.;
Aurich 2000, S. 11 f., 97.

159
Erhard Schön (zugeschrieben)
Klagred der armen verfolgten Götzen vnd Tempelpilder über so vngleich vrtayl vnd straffe
um 1530

Holzschnitt, koloriert, 44,2 × 37,7 cm
(mit Text)
Stiftung Schloss Friedenstein Gotha,
Inv.-Nr. G 74,7

Der Holzschnitt gibt links den Blick in das Innere einer Kirche, wo mehrere, teils wohlständische, mit pelzbesetzter Schaube und Barett bekleidete Männer im Zuge sind, Bildwerke wie den Crucifixus und Darstellungen der Muttergottes und des Apostels Petrus von ihren Plätzen zu entfernen, um sie, rechts, entweder in einem Anbau der Kirche unter Verschluss zu nehmen oder in einem hoch auflodernden Feuer zu verbrennen; erkennbar sind hier ein Christus- und Marienbild, während eine Figur des Apostels Paulus eben davor steht, in die Flammen geworfen zu werden. Ebenfalls rechts, im Hintergrund, erscheint, seinerseits in Schaube und Barett, ein augenscheinlich wohlsituierter Mann, dem zwei Frauen, ein gefüllter Geldsack und eine überdimensionierte Weinflasche zugeordnet sind und dessen energische Gesten sich mutmaßlich auf den Bildersturm beziehen; ein mächtiger Balken in seinem Auge verweist indes auf das Wort des Evangeliums: »Was siehst du den Splitter im Auge deines Bruders, aber den Balken in deinem Auge bemerkst du nicht?« (Matth. 7, 3; Lk 6, 41).
Das Verhältnis zwischen dieser Gestalt und dem Abtun der Bildwerke erhellt aus dem beigefügten, möglicherweise von »einem der Konstanzer Reformatoren (Thomas Blarer?)« verfassten, auch in »separater Drucküberlieferung« (Bernd Moeller) vorliegenden Gedicht. Die »verfolgten Götzen vnd Tempelpilder« führen hier das Wort; das über sie verhängte Urteil, genauer: die Beseitigung der Abgötterei erkennen sie willig an, wiewohl sie darauf verweisen, dass nicht sie selbst sich geschaffen und nicht eigenmächtig zur Verehrung in den Kirchen aufgestellt haben: »Ir [Bilderstürmer, d.V.] selb habt vns zu goetzen gmacht / Von denen wir yetz sind verlacht / Vnd ist an vns des halb kain schuldt / [...] Daran ist schuldig der vns macht / Vnd auffgericht ein solchen pracht«. Eindringlich aber beklagen sie die noch immer vorhandenen mehr als »tausent goetzen«, denen in jeder Form von Sünde und Laster die Ehre gegeben werde: »Der goetzen sind so vil on zal / Schier alle menschen überal / Vil geitz hochfart vnd huorerey / Vil schand laster vnd buoberey / Fressen sauffen vnd gots lestrung / Jst yetz gemain bey alt vnd jung«. Die sündigen Menschen sollen bedenken, wie sie selbst »großmechtig goetzen vnd starn blind« sind – d. h. verblendet wie in der Illustration der Mann mit dem Balken im Auge, der angesichts der Beischrift als den Todsünden der Wollust bzw. des Ehebruchs (zwei Frauen), des Geizes (Geldsack) und der Völlerei – des »sauffen(s)« (Weinflasche) – hingegeben erscheint. Die »Tempelpilder« mahnen: »[...] wer goetzen brennen well / Luog nuor das er nit sey ein gsell / Der sünd vnd ergerlichem leben / So sey dann alle sach vergeben / Eim yeden der handt an vns legt / [...] Ein yeder woel sein falsch verlon / vnd von seim goetzen leben lon.«
Der Holzschnitt bezieht sich auf die im Verlauf der Reformation erfolgten Bilderstürme und erklärt, dass die Bilder nicht an sich Götzen, nicht selbst für den Götzendienst verantwortlich seien – so dass mit ihrer Beseitigung geradezu Unschuldige gestraft werden, die sich in ihrem geduldigen Leiden überdies als vorbildhaft erweisen – und dass mit ihrer Zerstörung keineswegs auch die Abgötterei

Klagrede der armen verfolgten Götzen vnd Tempelpilder/über so vngleich vrtayl vnd straffe.

So wir in solcher nodt gestelt
An vns wirdt Ritter alle welt
Vnd müssen sten in solcher far
Bekennen vns hie offenbar
Wir armen tempel bilder gmain
Vnd winckel götzen groß vnd klain
Verjehen vnser missethat
Die Gott vnd dwelt erzürnet hat
Das wir jm tempel gstanden sind
Gleich wie des hymels hauß gesind
Vnd haben gfürt so güten schein
Als weren wir Gott selber gsein
Zu vns hat gschryen yeder man
Dem etwas was gelegen an
Für wassers nodt oder für fewr
Für alle angst vnd all vnghewr
Für all kranckhaiten überal
Rüfft man vns an on maß vnd zal
Man kam zu vns mit grosser ehr
Ferr über land vnd über Mer
Vnd opffert vns als einem Gott
Dem rechten Gott zu warem spott
So sind wir darnach gstanden hie
Als weren wir gleich eben die
An denen Gott hett wolgefalln
Zu denen man müß also walln
Vnd wer Gott darmit dienet wol
So man vns götzen jnnen hol
Von aussen zieret hübsch vnd fein
Das solt dañ schöner gots dinst sein
Gleich als gott auch ein solcher wer
Von aussen hübsch vnd jnnen ler
So sagen wir auch frey darzů
Wie wol die menschen vil vnrů
Mit vns gehebt on vnterlaß
Darzů vil gůt vnd gelt on maß
An vns gewendt/noch ist es war
Das aller Chost verloren gar
Man trib mit vns ernst od schimpff
So gebens wir doch kainē glimpff
Vnd wöln gern noch vnrechter hon
Die weyl man doch do von wil lon
Das wider Gott wie man thůt sagē
Man wöll abgötterey verjagen
Wir sind zu friden überauß
Got wöll dz rechter ernst werd drauß
So wöllen wir die ersten sein
Vnd willig tragen dise pein
Die weyl vns aber zů glan ist
Zu reden alles was vns brist
So wöll wirs thůn/ nit vns zu gůt
Mit denen man so gůten můt
Jn schimpff vñ ernst yetz haben wil
Vnd wir ye sind das faßnacht spil
Wie wol vns dannoch wund nimpt
Warumb die welt so gar ergrimpt
Sey über vns/vnd solchen poch
Mit vns auß stoß/ die weyl es doch
On zweyfel ist/vnd gantz gewiß
Das mir nit schuldig vnsers bschiß
Was mügen wir das man vns hat
Jnd kirchen gstelt an gweichte stat
Vnd v..n anpettet/ gleich als ob

Solch ehr vñ dinst wer Gottes lob
Wer hat ye ghört vns solchs begern
Jm namen Gots der mags bewern
Ein ploch ist einr vor zeiten gsein
Do ward er gschnitzt zum götzē fein
Der ander ist auß stain gehawen
Vñ hat vns darnach an thůn schawē
Drümb dz vns geben ward ein stalt
Als einer jung wer oder alt
Der ein ein weyb der ander ein man
Das habt jr selber gfangen an
Mit vns die wir kain leben hond
Vnd dannoch yetzund tragen sond
Die schuld vñ straff für ander leut
Das ist doch ein vngleiche peut
Jr selb habt vns zu götzen gmacht
Von denen wir yetz sind verlacht
Vnd ist an vns des halb kain schuldt
Jr selbs bey vns habt gnad vñ huldt
Gesůcht/ vñ gmaint wir weren die
Euch möchten begnadē dort vñ hie
Drümb habt jr vnsselb dahin bracht
Darnach wir haben nie gedacht
Daran ist schuldig der vns macht
Vnd auffgericht ein solchen pracht
Wir haben nymand beten drumb
Das man vns hielt also für frum
Kain wort wir ye nit reden kynnen
Wie vil man vns wil an gewynnen
Her zů hab wir kain trit nie thon
Auch künnen wir dauon nit gon
Man hat vns in die kirch getragen
Mügen wir mit der warhait sagen
Vnd hat der tempel etwan brunnen
So sind die pfaffen wol endtrunnen
Wir aber haben müssen pleyben
Kainr het sich künē vmbhin reyben
Vnd so vns selbst an hülff zerunnen
So sind doch tausent zu vns kumen
Vmb gnad vnd hilff in jrer nath
Vnd gwiß vermaint zufinden rath
So hab wir gar kain klag nie ghört
Vnd het sich alle welt empört
Wir heten doch kain wort nit gsagt
Darūb ists nichts was mā vns klagt
Das ist auch yetz wol offenbar
Man rupfft vns hin vñ her beim har
Vñ thů vns nun gleich wie mā well
Noch sind wir yedermans gesell
Wañ es vns thůt nicht wol noch we
Was sollen wir doch sagen me
Thůt man vns ehr so laß wirs sein
Wir reden auch gar nichts darein
Ob man vns flůcht vñ gar verbrent
O wer der falsch da mit gewent
Das wölte Gott von hymelreich
Wie gült es vns so gar geleich
Das wir yetz also brennen müssen
Möchtē wir auch nun anders büssen
Für so vil götzen tausent hundert
Das ists/das vns yetz also wundert
Ob man die selbē auch werd neyden
Vnd mit so grossem ernst bekreyden
Sy straffen nach jr sünd so hart

Wie vns dann yetzund widerfart
Man kan wol sagen wer wir sindt
Vnd was man falsches an vns findt
Was aber andern manglet vil
Da hat man noch nicht so vil wil
Zu straffen das selb/vnd ist wol
Zu sorgen/das die welt sey vol
Vil grösser götzen/die noch lang
Nit werden leyden solchen drang
Wie wir/das lassen wir sein doch
Wie wol wir nit so böß sind noch
Weil wir vns nit hand darzu bracht
Das sagen wir gleich wol bedacht
Hetten wir hilff darzu gegeben
Pillich verlüren wir das leben
So hab wir nymandt layt gethan
Das solt man von vns glernet han
Man zeicht vns groß Abgötterey
Noch hört man nicht dz einer schrey
O das die welt all jres leyden
So willig trüg vñ rach könt meydē
Wie wir stil gschwigē hand biß her
Das weren köstlich newe mer
Das man gen feinden dultig wer
Wo findt man sollich götzen mer
Kain kirchengötz dem andern ye
Ein böses wort hat geben nye
Kain frembdes gůt hab wir begert
Jr selbs habt vns da mit beschwert
Den pfaffen vnd den jrn zugůt
Damit hettens ein freyen můt
So hab wir nymād todt geschlagen
Wer ist der solchs vō vns mög klagē
Man hat vns auch nit sehen spiln
Oder sunst ander kurtzweyl ziln
So het kainr nie gehabt kein pfenig
Noch sonst/es sey vil oder wenig
Vnnütz verprasset jm wirtzhauß
Do man so vol wirdt über auß
Es hat auch kainr dē andern trunckē
Das er sey vndern tisch gesuncken
Kain pübenleben hab wir gfürt
Auch hat vns nie das hertz berürt
Ebruch vnd ander bůrerey
Des wissen wir vns warlich frey
Vnd yetzund wil vns mācher fressen
Der doch sein selbst so gar vergessen
Des er in allem seinem leben
Kain dinglin/nie vmb got hat gebē
Vnd wil an vns zu ritter werden
Vnd ist doch er mit allen perden
Mit allem thun vnd aller kunst
Ein grösser götz dann zehen sunst
Wie wol wir nit gantz lauter seind
Vnd ist man vns wol pillich feind
So wir jm tempel also gstanden
Vnd jr gemaint Gott wer verhādē
Sol aber an vns solcher schein
Wie recht vnd gůt verworffen sein
Vnd über vns das vrtayl gan
Do mit Gott werd die ehr an than
Wie wir dann willig sind fürwar
Weren wir nůr auß tilget gar
Vnd ließ man nůr kain über bliben

Das mit vns ye kain falsch wůr tribē
So höret doch mit gantzem fleiß
Vnd nemet war auch anders gleiß
Der sich noch allenthalb verlaufft
Fürwar vñ gar schentlich verkaufft
Vnter dem namen Jesu Christ
Das freylich wol zuklagen ist
Der götzen sind so vil on zal
Schier alle menschen überal
Vil geitz hochfart vnd hůrerey
Vil schand laster vnd büberey
Fressen sauffen vnd gots lestrung
Jst yetz gemain bey alt vnd jung
Ebruch ist yetzund so gemain
Schier nymand lebt seins weibs al-
Wer nit kan allē vortail treibē (lain
Můß all sein tag ein bettler pleiben
Mit seinem negstē freund vñ vind
Da ist die welt mechtig geschwind
Das sy nit anders waiß vom glaubē
Dañ es sol sein/den negsten rauben
Die jugent ist so gar vnzogen
Als was sy redt das ist gel ogen
Mit üppigkait sy alles thůt
Vater vnd můter honds für gůt
Vnd sehen zů dem argen leben
Biß in Gott eins dē lon wirt geben
Wie mancher ist der bsinnet sich
Zu flůchen also ergerlich
Das sich der hymel möchte biegen
Geschweyge des schentlichē liegen
Das man yetz thůt in aller welt
Vnd manchem nun fast wol gefelt
Das hůren leben get empor
Ja in der stat vnd negst dar vor
Der gleichen schand ist yetz so vil
Das nymand haben mag der wil
Da von zu singen oder sagen
Wir thůn es aber Gotte klagen
Vnd allen den die Gott erkennen
Vnd sich auch lassen Christē nennen
Auch den die ergerlich leben
Nichts thůt dañ wider Got streben
Das jr gedencket wie jr sind
Großmechtig götzen vñ starn blind
Ja vor euch selbst vñ auch vor Gott
Des werdet yetzt auch jr zu spott
Wir künnen vor euch nicht genesen
Vnd füret jr selst sollich wesen
Der teufel hat gwiß solchen můt
Nicht/in der tieffen hell für gůt
Wie mancher ist/der vns yetz flůcht
Vnd ist doch er so gar verrůcht
Jn allem leben/vnd sein hertz
Jst foller sünd/ Jst das ein schertz
Man zuckt gen vns vil messer bloß
Das sol dann sein der eyfer groß
Das man so wild mit vns vmb gat
Vnd zeucht vns hin vnd her jm kat
Vnd sind doch tausent götzen mer
Zu den man sagt gnad her gnad her
Mit vnterthanen auch dar bey
Jsts gar jm boden gleißnerey
Wůst künnens wol vnd sewisch sein

Die Obren reden nicht fast drein
So ists hernach vmb vns zu thain
Wirs leberlein gar gfressen han
Wir müssen auß dem biltstock all
Vnd pleibet noch die hůr jm stall
Wir müssen auß den kirchen auch
Gehören all zum feür vnd rauch
Noch pleibt die hůr auch an d want
Gemalet mit so grosser schant
Do ergert sich gar nymands ab
Jm tempel müssen wir her ab
Darzů dem schlaff vñ abendtrincken
Biß das man thut zu boden sincken
An spilen rasten nichts ab gat
Verget sich wol gleich frů vnd spat
Das sol nicht sein der götzen gleiß
O nain/es ist der heilgen weiß
Jm Pabstūb trůgē vns die pfaffen
Vnd thetten vns gar fein an gaffen
Drümb das wir warē ziert mit gold
Dem selben waren sy fast hold
Do ert ein grosser götz den klain
Das künnen sy gar nicht vernain
Vnd yetz gets vns gleich auch also
Die etwan vnser waren fro
Die thon vns yetz all plagen an
Das kainer vor in pleiben kan
Ein grosser götz yetz da her fart
Den rucken er so gar nit spart
Er tregt an vns er möcht zubrechen
Als vnglück wil er an vns rechen
Vñ maint es sey schon als volbracht
Drümb das man hat an vns gedacht
Vnd das man vns yetz nymmer sicht
Fürwar damit nit gnůg geschicht
Es sey dann das man weiter far
Vnd hab gůt acht wol hin vnd har
Da mit das übel gstraffet werd
Vnd ab zestelt all schantlich perd
Vnd darzu all leichtfertigkait
Die wider zucht vnd erberkait
Sol man nicht leyden überal
Vnd ist doch des on alle zal
Des über trinckens vnd vil essen
Vnd biß zu mitter nacht gesessen
Verspilt versuffen was man hat
Geb wie es weyb vnd kinden gat
Wañ nit mer da/ so schreit mā mort
Das man nit hilffet hie noch dort
Seinr grossen armůt/ ja seim spil
O solcher gsellen fint man vil
Jn klaidung ist solch überfluß
Ein yeder solt des han verdruß
Dem Christi wandel were kundt
Vnd wolt gehörn in seinen bundt
Yedoch wirdt aller hochfart endt
Her zů nahen vnd das behendt
Den ebruch so man jn erfart
Mit ernst man solte straffen hart
Man solt in straffen mit dem blůt
Zu vil dingen würd das sein gůt
Der hůrerey darbey nicht schonen
Die wechter solt man wol belonen
Das sy alzeit hetten gůt acht

Dann wo man yetz vns götzen [illegible]
Vnd das laster nit wirdt gewent
Do kan man merckē das kain stund
Jns hertz ist komen nie kain grund
Der jugent halb wer vil zu klagen
Wer kan es aber alles sagen
Wo rechter glaub da waiß man wol
Wie man die jugent ziehen sol
Mit würffel spilen vñ mit karten
Beim wein auch eins auffs and war
Got lestern vñ nu übel fluchen (ten
Das wirts hauß ee dañ kirchē suchen
Das klaid zuhawen/vnd mit gseln
Tag vnde nacht spaciren weln
Das ist als gmain yetz bey d jugendt
Sy lebt doch gantz on alle tugendt
Jst es nu sach dz man wirt schweigē
Zu solchen lastern vnd sy leiden
Vnd einr wil sein ein biderman
Vnd wil dannoch nicht helffen dran
Mit allem ernst vñ fleiß in gmain
Damit gestrafft werd groß vñ klain
Gesatz vnd ordnung machen gůt
Vnd darob halten ernstlich hůt
Damit das Gott hab wolgefallen
Ob einem yeden vnd ob allen
So wirdt man sehen das Gott lebt
Der allem übel wider strebt
Vnd gleich wie er hat haim gesucht
Die pfaffen die so gar verrucht
Auch wie er hat vns götzen funden
Das vns yetz hend vñ füß gebunden
Vmb vnsern falsch vñ vm dē schein
Den wir jm tempel gfürt hand fein
Also wirdt Gott on zweyfel finden
Al andern falsch vñ den auch binden
Wie vns mit henden vñ mit füssen
Vnd jn mit andern lassen büssen
Des sey yetz gnůg das nymant denck
Als ob wir suchten solche renck
Mit denen wir vns machten schon
Damit man vns nit geb den lon
Mā thůt vns recht/nůr frisch dahin
Nun wöllen wir doch willig sin
Vnd dise welt verlassen gern
Als ob wir nie herkommen wern
Vnd wie wers doch so ein fein ding
So jr auch möchtet also ring
Der welt absterben vnd erkennen
Dz glon můß sein wz mā kan nennē
W ir auch darumb gern weln daran
Es hat mit vns nun gar kain span
Allain wer götzen brennen well
Lůg nůr das er nit sey ein gsell
Der sünd vnd ergerlichem leben
So sey dann alle sach vergeben
Eim yeden der handt an vns legt
vnd nit den falschen schein vertregt
So wir biß her gefüret hon
Ein yeder wöl sein falsch verlon
vnd von seim götzen leben lon
Es wirdt jm sunst auch also gon
Dañ Gott vertregt nit falschē won.

159

beseitigt werde. Die Zerstörung der Bilder erscheint im Lichte einer fortwährenden Lasterhaftigkeit der Menschen – dem eigentlichen Götzendienst – als ein Akt der Verblendung, wenn nicht der bewussten Heuchelei. Die unschuldigen »Tempelpilder« fordern auf zu einem christlichen Leben, was erst in Wahrheit ein Ende der Abgötterei bedeuten würde. TN

Literatur:
Hollstein, 47, Nr. 5; Martin Luther und die Reformation in Deutschland 1983, Kat.-Nr. 515; Luther und die Folgen für die Kunst 1983, Kat.-Nr. 1; Bildersturm 2000, S. 361, Kat.-Nr. 186.

160

160
Erfurter Meister (?)
Pietà aus Orlamünde
Mitte 15. Jahrhundert

Alabaster, 65 × 47 × 16 cm
Thüringisches Museum Eisenach;
Leihgabe der Ev.-Luth. Kirchgemeinde Orlamünde

Nach seinem Weggang aus Wittenberg wirkte Andreas Bodenstein von Karlstadt als einfacher Pfarrer im thüringischen Orlamünde, damals wettinisches Territorium. Ähnlich wie in Wittenberg 1522 veranlasste er auch hier die Entfernung aller Bilder aus den Kirchen und es ist zu vermuten, dass die hier gezeigte Pietà in dieser Zeit zerstört wurde. Aus kostbarem Alabaster von einem Erfurter Meister des 15. Jahrhundert gearbeitet, wird sie eines der zentralen Andachtsbilder der Kirche in Orlamünde gewesen sein. Die Art der Zerstörung – die Schläge zerstörten Kopf und Körper Mariens – lässt auf gezielte Gewalteinwirkung schließen. Zwar ging Karlstadt nie ein Bündnis mit Thomas Müntzer ein, dennoch wurde er – auch auf Betreiben Luthers – 1525 endgültig aus Sachsen ausgewiesen. EK

Literatur:
Aller Knecht und Christi Untertan 1996, S. 34; Kaiser Karl V. 2000, Nr. 241.

Georg der Bärtige zwischen Reform und Reformation

Die Reformation ist in den Jahren 1517 bis 1539 zur politischen und religiösen Wegscheide der wettinischen Territorien geworden. Während das ernestinische Kurfürstentum Sachsen unter Friedrich dem Weisen und vor allem unter Johann dem Beständigen als das »Mutterland der Reformation« bezeichnet werden kann, blieb das albertinische Herzogtum Sachsen unter Georg dem Bärtigen (1500–1539) dem alten Glauben treu. Dabei stand auch Georg von Sachsen, geprägt von persönlicher Frömmigkeit und theologischer Bildung, dem Anliegen Martin Luthers nicht von Anfang an ablehnend gegenüber. Als Vertreter eines starken landesherrlichen Kirchenregiments förderte er die Reform der Weltgeistlichkeit und der Klöster und war bestrebt, kirchliche Missstände im Sinne einer katholischen Reform abzustellen.
Erst die Leipziger Disputation 1519 hat zum Bruch des Albertiners mit Martin Luther geführt. Der Bauernkrieg 1525, in Georgs Augen eine unmittelbare Folge der Reformation, führte zum politischen Zusammengehen altgläubiger und reformatorischer Fürsten. Der Dresdner Hof wurde zu einem Zentrum des Kampfes gegen die »lutherische Sekte« (Herzog Georg), die man im Herzogtum Sachsen nicht nur mit politischer Repression zu bekämpfen suchte, sondern auch mit der Publikation antilutherischer Druckschriften (Emser-Presse). Mit besonderer Heftigkeit wurde in Flugschriften die von Herzog Georg betriebene Kanonisation Bennos von Meißen, die letzte Heiligsprechung des Mittelalters, kontrovers erörtert.
Die Beurteilung der langen Regierungszeit Herzog Georgs wird bis heute entscheidend von seinem letztlich vergeblichen Kampf gegen die Reformation bestimmt. Der Herzog betätigte sich über sein Territorium hinaus reichspolitisch auf Reichstagen und im Reichsregiment. Auch andere bedeutende Reichsterritorien wie Kurbrandenburg oder das Herzogtum Bayern standen bis in die 1530er Jahre der Reformation ablehnend gegenüber. Noch in den letzten Lebensjahren Georgs wurde jedoch deutlich, dass das Vordringen der lutherischen Lehre nicht aufzuhalten war. Nach dem Tod Georgs des Bärtigen hat sein Bruder Heinrich der Fromme (1539–1541) die Reformation im Herzogtum Sachsen eingeführt.

Enno Bünz

161

161
Lucas Cranach d. Ä.
Herzog Georg der Bärtige
1534

Öl auf Holz (Rotbuche), 63,8 × 43,4 cm
bez. r. Mitte in Gold:
geflügelte Schlange 153 (4)
Museum der bildenden Künste Leipzig,
Inv.-Nr. 43

Ökonomie der Malweise und Charakteristik einer individuellen Persönlichkeit sind von Lucas Cranach d. Ä. in diesem Porträt Herzog Georgs meisterhaft miteinander verknüpft worden. Aus dem Jahr 1534 stammt auch der Meißner Altar von Lucas Cranach d. Ä., der nach dem Tod von Georgs Frau, der Herzogin Barbara und Tochter des Königs Kasimir von Polen, gestiftet wurde (Meißen, Dom). Auf dem linken Flügel ist Georg unter den hl. Jakobus und Petrus kniend dargestellt, sein Bildnis zeigt identische Gesichtszüge wie das Leipziger Gemälde. Das spricht dafür, dass beiden Werken die gleiche Porträtstudie zugrunde liegt. Cranach d. Ä. könnte diese 1534 in Dresden angefertigt haben, wo er sich anlässlich eines Religionsgesprächs, an dem auch Melanchthon und Kardinal Albrecht von Brandenburg teilnahmen, im Gefolge des Kurfürsten Johann Friedrich I. aufgehalten haben soll.
Nach dem Tod seiner Frau ließ Georg sich den Bart wachsen, weshalb auf späteren Repliken des Porträts (z. B. Wartburg-Stiftung Eisenach, Kunsthistorisches Museum Wien) ein langer Bart hinzugefügt worden ist. Weitere Repliken befinden sich u. a. in den Staatlichen Museen zu Berlin, Gemäldegalerie, den Bayerischen Staatsgemäldesammlungen München und der Stiftung Weimarer Klassik und Kunstsammlungen, Herzogin Anna Amalia Bibliothek.
Die goldene Kette weist ihren Träger als Ritter im Orden vom Goldenen Vlies aus, zu dem Georg erst 1531 wohl auch als Gegenleistung für seine Kaisertreue und Festhalten am katholischen Glauben ernannt worden war. Das Ordenszeichen der Kette wurde nur bei den Feierlichkeiten des Ordens, bei kirchlichen Umzügen und päpstlichen Audienzen getragen, bei geringeren Anlässen genügte ein rotes Band. Die Lichtreflexe auf den Kettengliedern sind sorgfältig gemalt. Der kostbare schwarze Damastmantel mit breitem Kragen, der zwei Drittel des Bildes einnimmt, trägt zum Ausdruck von Würde und Macht bei.
Die meiste Aufmerksamkeit zieht jedoch der strenge, zugleich desillusionierte Gesichtsausdruck des albertinischen Herrschers auf sich. Es fällt nicht schwer, sich angesichts dieser Gesichtszüge jenen widersprüchlichen Menschen vorzustellen, der einerseits Luthers Kritik am Ablasshandel teilte, kirchliche Missstände bekämpfte und an der Leipziger Disputation von 1519 persönlich teilnahm, der andererseits im Laufe der Jahre zum erbitterten Feind der Reformation geworden war. Kurz vor seinem Tod verheiratete er geradezu verzweifelt – und vergeblich – seinen geisteskranken Sohn Friedrich, um durch Nachkommenschaft zu verhindern, dass sein eigener Bruder Heinrich, ein Anhänger Luthers, seine Nachfolge antreten würde.
Cranach vermochte Entschlossenheit und Tatkraft, aber auch Starrsinn und – nach über 30 Jahren Regierungstätigkeit nicht verwunderlich – eine gewisse Müdigkeit im Amt zu erfassen. Projizieren wir hier historisches Wissen in das Bild? Wohl kaum, wir folgen nur dem Blick des Künstlers, der einen Machthaber am Ende seiner Laufbahn vor sich hatte, der die Macht noch in den Händen hielt, dessen Augen jedoch das Wissen um ihre Grenzen verraten. JN

Literatur:
Schuchardt 1851, Bd. II, S. 86, Nr. 334; Friedländer 1899, S. 51, 242, Nr. 64; Flechsig 1900, S. 275, Nr. 64; Friedländer/Rosenberg 1932, S. 63, Nr. 180/181; Cranach 1953, S. 33, Nr. 42; Lucas Cranach 1973, S. 34, Nr. 27 (Berliner Replik); Friedländer/Rosenberg 1978, S. 113, Nr. 219 B; Sander/Guratzsch 1995, S. 34; Nicolaisen 1997, S. 110, Anm. 38; Unsichtbare Meisterzeichnungen 1998, S. 139, Nr. 15.5 (Eisenacher Replik).

162
niederländischer Bildteppich
Die Kreuztragung
um 1520/25

Wolle, Seide, Metallfäden, 344 × 338 cm
Gemäldegalerie Alte Meister,
Staatliche Kunstsammlungen Dresden,
Gal.-Nr. B9

Der Bildteppich ist vermutlich um 1520/25 in der Brüsseler Werkstatt des Pieter I. van Aelst entstanden, einer der berühmtesten und erfolgreichsten niederländischen Tapisseriemanufakturen in der 1. Hälfte des 16. Jahrhunderts. Der Entwurf für die Dresdner »Kreuztragung«, die so genannte Patrone, vereinte sowohl Anregungen aus dem Werk Albrecht Dürers und Rogier van der Weydens als auch zeitgenössischer Künstler wie Jan Gossaert. So liegt der Komposition Dürers gleichnamiger Kupferstich aus seiner »Großen Passion« (1497/98) zugrunde, während einige der in hochmoderne, phantastische Kostüme gekleidete Frauen – und Soldatenfiguren offensichtlich durch Zeichnungen Jan Gossaerts beeinflusst sind.
Die »Kreuztragung« ist Teil einer zehn Teppiche umfassenden Passionsserie, der so genannten »Alten Passion«, die bereits im Dresdner Inventar des kurfürstlichen »Tapezereyengewölbes« von 1565 genannt wird. Vermutlich war die Teppichserie durch Herzog Georg den Bärtigen, der wegen seiner friesischen Besitztümer enge Beziehungen zu den burgundischen Niederlanden pflegte, in Flandern erworben und in die sächsische Residenz geschickt worden. UN

Literatur: Emmrich 1963.

162

Medaillen auf Georg den Bärtigen

Das Aussehen Herzog Georgs von Sachsen ist durch eine Vielzahl von Porträtdarstellungen überliefert. Neben den Ölgemälden Lucas Cranachs d. Ä. sind vor allem die zahlreichen Schaumünzen (Medaillen) von hervorragender künstlerischer Qualität. Solche Bildnismedaillen dienten nicht als Zahlungsmittel, sondern waren Denk- und Schaumünzen. Sie wurden von den Dargestellten als Erinnerungsstücke an Verwandte und Freunde verschenkt, im diplomatischen Verkehr verehrt, fanden Eingang in fürstliche Kunstsammlungen (das Dresdner Münzkabinett geht auf Herzog Georg zurück) und wurden gelegentlich auch als Halsschmuck getragen.
Im Zuge der Renaissance hat sich die Bildnismedaille seit 1438 von Italien kommend in Europa verbreitet. In Deutschland ließen sich erstmals auf dem Reichstag von Augsburg 1518 mehrere Fürsten von Hans Schwarz auf Schaumünzen verewigen, unter ihnen auch Herzog Georg von Sachsen.
Viele Medailleure (»konterfetter«) sind nur durch ihre Werke bekannt. Der anonyme Meister der Kardinal-Albrecht-Gruppe hat eine große Zahl von Porträtmünzen Herzog Georgs und seiner Angehörigen geschaffen, weshalb anzunehmen ist, dass er in Sachsen gearbeitet hat. Melchior Peuerlein wirkte als Münzstempelschneider in Leipzig. Hieronymus Magdeburger ist als Stempelschneider und Medailleur in Annaberg und Freiberg nachweisbar. Zwischen ihm, dem Meister der Kardinal-Albrecht-Gruppe und dem Monogrammisten H gab es möglicherweise Werkstattzusammenhänge. Bei den ausgestellten Stücken handelt es sich um Gussmedaillen nach Holz-, Stein- oder Wachsmodellen. Nur die Schaumünze Peuerleins (Kat.-Nr. 165) ist eine Prägemedaille.
Die Medaillen tragen auf der Vorderseite das Porträt des Herzogs, zumeist verbunden mit einer programmatischen Umschrift, auf der Rückseite das sächsische Wappen und entsprechen damit dem in Deutschland weitverbreiteten Typus der Bildnis-Wappen-Medaille. Die Porträtdarstellungen der ausgestellten Stücke belegen, dass der Beiname »der Bärtige« nur bedingt richtig ist, da sich Georg erst nach dem Tod seiner Frau Barbara 1534 einen Bart wachsen ließ. So zeigen ihn die Schaumünzen des Hieronymus Magdeburger von 1527 (Kat.-Nr. 163), des Monogrammisten H von 1530 (Kat.-Nr. 164) und des Melchior Peuerlein von 1531 (Kat.-Nr. 165) noch bartlos. Auf dieser sehr seltenen Schaumünze ist er im Harnisch mit Streitkolben dargestellt, womit die Beischrift PRINCEPS CATHOLICVS korrespondiert.

163

164

166

Herzog Georg war unter den altgläubigen Reichsfürsten einer der streitbarsten Gegner der lutherischen Lehre. Der Wahlspruch des Herzogs SIT NOMEN DOMINI BENEDICTVM (»Der Name Gottes sei gepriesen«) auf den Medaillen (Kat.-Nr. 163) und (Kat.-Nr. 164) ist dem Buch Hiob 1,21 entnommen. Auf den kunstvollen Medaillen nach Art des Hans Schwarz (Kat.-Nr. 166) und vom Meister der Kardinal-Albrecht-Gruppe (Kat.-Nr. 167) von 1537 nimmt die Umschrift SEMPER LAVS EIVS IN ORE MEO (»immerdar sei in meinem Munde sein Lob«) Bezug auf Psalm 34 und zeugt damit von der tiefen Frömmigkeit des Herzogs. Für diese Medaille ist der von Lucas Cranach in mehreren Gemälden überlieferte Porträttypus Vorbild gewesen (u. a. Tryptichon in der Grabkapelle im Meißner Dom). Die Medaillen von 1537 zeigen Georg als Mitglied des Ordens vom Goldenen Vlies, dem der Herzog seit 1531 angehört hat. EB

Literatur:
Habich 1929–34, Nr. 563, Nr. 1845, Nr. 1848, Nr. 1886, Nr. 1894 (dort die ältere Lit.); Katz 1932; Bamberg 1934; Suhle 1950; Grotemeyer 1957; Barock in Dresden 1986, S. 257; Der silberne Boden 1990, S. 57; Hessen und Thüringen 1992, S. 279; Georgius Agricola 1994, S. 185.

163
Hieronymus Magdeburger
Medaille auf Georg den Bärtigen
1527

Umschrift: ⁜ GEORGIVS ⁝ DEI ⁝ GRACIA ⁝ DVX ⁝ SAXONIE ∘ ETC. ∘ ♣ ANNO ∘ DOMINI ∘ MDXXVII ∘ ETATIS ∘ SVE ∘ LVI. ∘
Rs.: ∘ SIT NOMEN ⁝ DOMINI ⁝ BENEDICTVM ∘

Silber, ∅ 44,2 mm, 41,15 g
Münzkabinett, Staatliche Kunstsammlungen Dresden, Inv.-Nr. 4051

164
Monogrammist H
Medaille auf Georg den Bärtigen
1533

(die Vs. mit der Jahreszahl 1530 in der Umschrift wurde nach einer Vorlage Friedrich Hagenauers kopiert)
Umschrift: GEORGIVS × DEI × GRA(CIA) × DVX × SAXONIAE × ANNO × SAL(VTIS) × MDXXX ×
Rs.: ⁜ SIT ⁜ 1 ⁜ NOMEN ⁜ 5 ⁜ DOMINI ⁜ 33 ⁜ BENEDICTVM

Silber, ∅ 43,7 mm, 17,25 g
Münzkabinett, Staatliche Kunstsammlungen Dresden, Inv.-Nr. 4057

165
Melchior Peuerlein
Georg der Bärtige, Medaille anlässlich der Verleihung vom Goldenen Vlies
1531

Umschrift: GEORGI(VS) DVX SAXO(NIE) PRI(N)CEPS CATHOLI(CVS).
Rs.: LA(N)TGRA(VIVS) THVRI(N)G(IE) & MARCH(IO) MISNE

Silber, ∅ 41,2 mm, 59 g
Münzkabinett, Staatliche Kunstsammlungen Dresden, Inv.-Nr. 2305

166
Art des Hans Schwarz
Medaille auf Georg den Bärtigen
1537

Umschrift: SEMPER · LAVS · EIVS · IN · ORE · MEO · ANNO · AETATIS · LXV. ·
Rs.: ⁜ GEORGIVS · DEI · GRACIA · DVX · SAXONIE · ANNO · MDXXXVII ·

Silber, ∅ 44,5 mm, 25 g
Münzkabinett, Staatliche Kunstsammlungen Dresden, Inv.-Nr. 2253
Kunstsammlungen der Veste Coburg, Inv.-Nr. Med 150

167
Meister der Kardinal-Albrecht-Gruppe
Medaille auf Georg den Bärtigen
1537

Umschrift: SEMPER LAVS EIVS IN ORE MEO AETA(TIS) LXV.
Rs.: GEORGIVS DEI GRACIA DVX SAXONIE ANNO MDXXXVII

Silber, gegossen, ∅ 42,6 mm, 42,8 g
Münzkabinett, Staatliche Kunstsammlungen Dresden, Inv.-Nr. 2304

168
Schreiben Herzog Georgs des Bärtigen, Ausfertigung der herzoglichen Kanzlei
Dresden, 12. April 1524

Papier
Stadtarchiv Leipzig,
Sign. Tit. VIII B Nr. 1, Bd. I, Bl. 11–12

Die frühe Reformation fand in den Städten den stärksten Widerhall. Aufgrund der Kommunikationsbedingungen und der Bildungsverhältnisse bildete sich eine »reformatorische Öffentlichkeit«, die die Lehre Martin Luthers durch Predigten und Druckschriften aufnahm. Die deutsche Reformation war »ein städtisches Ereignis« (A. G. Dickens). Dies gilt auch für die Handels- und Universitätsstadt Leipzig, die seit der Landesteilung von 1485 zum albertinischen Herzogtum Sachsen gehörte. Leipzig hatte damals etwa 8000 Einwohner.
Der Landesherr Herzog Georg der Bärtige setzte der Reformation seit 1519 energischen Widerstand entgegen. Bereits 1522 und 1523 war der Herzog gegen evangelische Prediger vorgegangen. 1523/24 trat mit Andreas Bodenschatz ein weiterer lutherischer Prediger im Nonnenkloster St. Georg vor dem Peterstor auf. Die Hauptpfarrkirchen der Stadt – St. Nikolai und St. Thomas – blieben ihm aber verschlossen. Dies war der Ansatzpunkt für zahlreiche Leipziger Bürger und Einwohner (105 werden namentlich genannt, die Auflistung war ursprünglich wohl länger), am 2. April 1524 Herzog Georg zu bitten, Bodenschatz als Prediger in einer der Stadtpfarrkirchen anzustellen. Zu den Unterzeichnern gehörten reiche Bürger, angesehene Professoren und bedeutende Buchdrucker wie Melchior Lotter d. Ä. Leipzig gehörte damals zu den frühen Zentren des reformatorischen Buchdrucks.
Die Ablehnung Herzog Georgs vom 12. April 1524 verweist zunächst auf die in der Stadt vorhandenen Predigtstätten (neben St. Nikolai und St. Thomas das Dominikaner- und das Franziskanerkloster). Formal argumentiert er mit dem Pfarrzwang, durch den die Bürger an die Kirche ihres Pfarrsprengels gebunden seien und wo sie mit »yren geordenten predigern wohl zufryden« sein könnten. Der Herzog betont, dass es den Bittstellern darum ginge, Prediger anzustellen, die das »Lotterische gyft« ausgießen würden. Das Volk müsse aber mit »Cristlichen und nicht mit Lotterischen predigern vorsehen« werden. Der Herzog verbindet sein ablehnendes Schreiben mit grundsätzlichen Ermahnungen, christliche Geschäftspraktiken zu beachten und die Lebensführung an den Zehn Geboten auszurichten.

Trotz der langen Namensliste von 1524 ist davon auszugehen, dass in Leipzig Bürgerschaft und Stadtrat mehrheitlich nicht lutherisch eingestellt waren. Außerdem muss die städtische Reformation stets im Zusammenhang mit der landesherrlichen Fürstenreformation gesehen werden, die im Herzogtum Sachsen erst nach dem Tod Herzog Georgs der Lehre Luthers zum Durchbruch verholfen hat. EB

Literatur:
Buchwald 1900; Geß 1904, S. 648–650, Nr. 643; Bornkamm 1961; Groß/Kobuch/Müller 1983, S. 131, 349; Hoyer/Schwarz 1983; Thieme 1983.

169
Hieronymus Emser
Divi Bennonis Misnensis quondam episcopi vita […]
Leipzig: Melchior Lotter d. Ä. 1512

TH, 2°, 18 Bl.
Ratsschulbibliothek Zwickau,
Sign. 24.3.13 (12)

Die Vita des heiligen Benno entstand im Zusammenhang mit dem Vorhaben Herzog Georgs von Sachsen, den hochmittelalterlichen Meißner Bischof (1066–1105/07) durch den Papst heilig sprechen zu lassen. Schon im späten 13. Jahrhundert war Benno in Meißen als Heiliger verehrt und vom Bischof heiliggesprochen worden, um das Jahr 1500 hatte sich sein Kult in ganz Sachsen verbreitet. Um die gesamtkirchliche Kanonisation zu erreichen, strengte Herzog Georg 1499 einen Kanonisationsprozess in Rom an, für den neben Wunderberichten auch eine Vita benötigt wurde. Diese verfasste der Dresdner Hofkaplan Hieronymus Emser, der zu diesem Zweck auch eine Forschungsreise zu den Lebensstationen Bennos unternahm. Wenngleich Emser wenig über den historischen Benno in Erfahrung bringen konnte, ist das von ihm entworfene Bild des Heiligen um so aussagekräftiger für die Weltanschauung seiner eigenen Zeit, so etwa im humanistisch-reformorientierten Idealbild des heiligen Bischofs. CV

Literatur:
VD 16, E 1117; Volkmar 2002, S. 125–156.

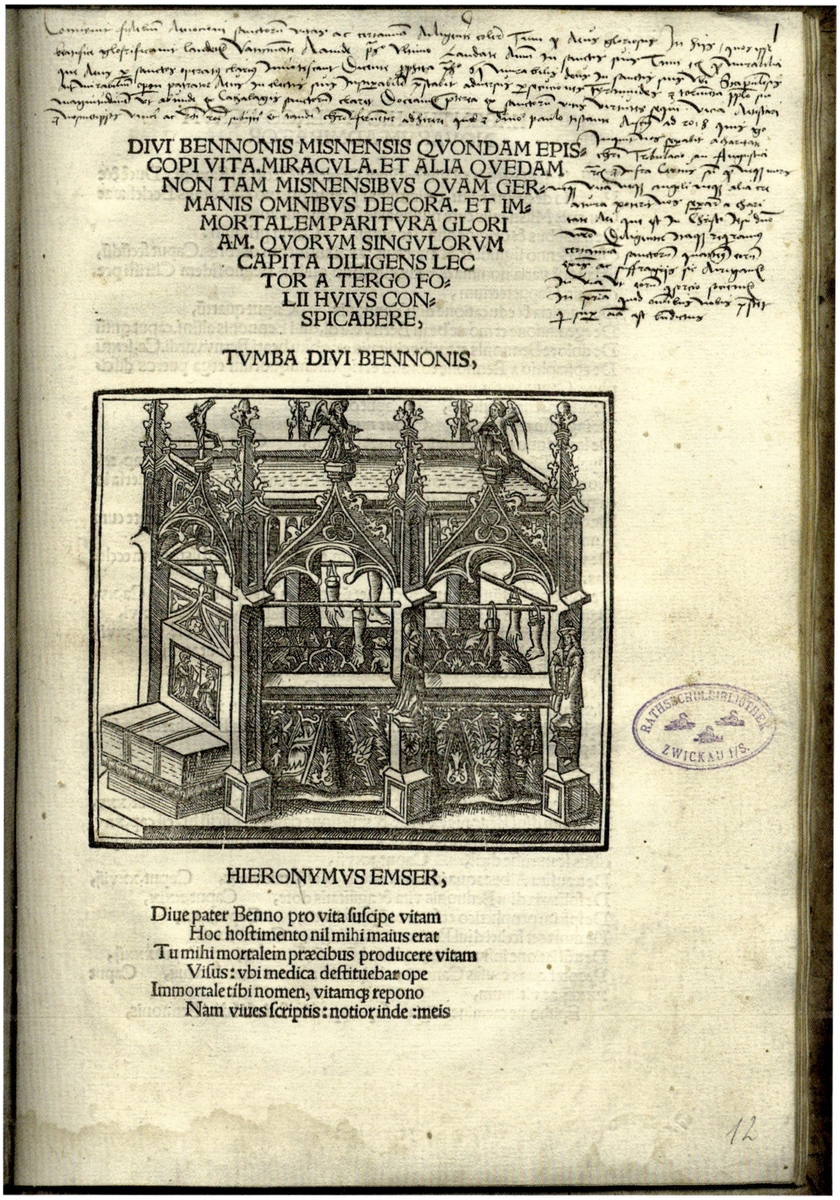
DIVI BENNONIS MISNENSIS QVONDAM EPIS-
COPI VITA.MIRACVLA.ET ALIA QVEDAM
NON TAM MISNENSIBVS QVAM GER-
MANIS OMNIBVS DECORA. ET IM-
MORTALEM PARITVRA GLORI
AM. QVORVM SINGVLORVM
CAPITA DILIGENS LEC
TOR A TERGO FO:
LII HVIVS CON:
SPICABERE,

TVMBA DIVI BENNONIS,

HIERONYMVS EMSER,

Diue pater Benno pro vita suscipe vitam
Hoc hostimento nil mihi maius erat
Tu mihi mortalem præcibus producere vitam
Visus: vbi medica destituebar ope
Immortale tibi nomen, vitamqꝫ repono
Nam viues scriptis: notior inde :meis

12

169

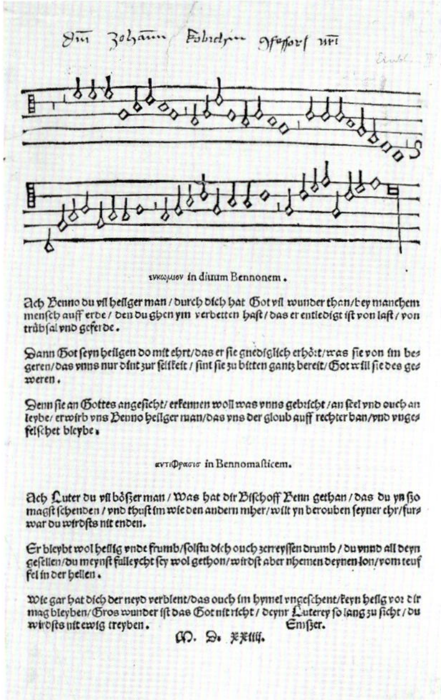

170

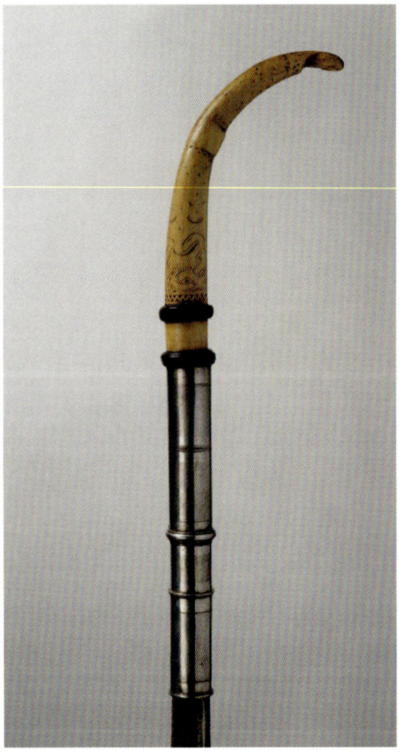

171

170

[Hieronymus Emser]

Εγκωμιον in diuum Bennonem, Αντιφρασισ in Bennomasticem

[Dresden: Emserpresse] 1524

mit Noten, 23 × 24,5 cm
Bayerische Staatsbibliothek München,
Sign: Einbl. III 52 g

Der deutschsprachige Choral »Lobgedicht auf den göttlichen Benno« entstand vermutlich in Dresden, wo ihn Hieronymus Emser im Sommer 1524 als Flugblatt drucken ließ. Gerade war mit dem hochmittelalterlichen Bischof Benno von Meißen zum ersten Mal ein Christ aus Sachsen vom Papst heilig gesprochen worden. Unter großer öffentlicher Anteilnahme wurde seine Heiligenerhebung am 16. Juni 1524 im Meißner Dom gefeiert, wogegen Martin Luther scharf protestierte (vgl. Kat.-Nr. 173). Als Autor des Liedes ist der Dresdner Hofkaplan Emser anzusehen, der zusammen mit seinem Dienstherrn, Herzog Georg von Sachsen, der eifrigste Förderer der Heiligsprechung gewesen war. In den ersten drei Strophen wird die Fürsprache des Heiligen bei Gott zugunsten der Gläubigen als Kerninhalt der altgläubigen Heiligenverehrung hervorgehoben. Die nächsten drei Strophen, die als »Gegenrede wider die Bennofresser« eine eigene Einheit bilden, richten sich direkt gegen Luther. Der auf populäre Wirkung abzielende und als Flugblatt verbreitete Choral ist ein bemerkenswertes Beispiel für die Bemühungen der altgläubigen Verteidiger um Herzog Georg, die Reformation mit ihren eigenen Waffen zu schlagen. CV

Literatur: Aurich 2000, S. 54 f.

171

Schottland (?) / Sachsen

Krümme des Hirtenstabes des Bischofs Benno von Meißen

Ende 10. Jahrhundert / um 1285

Walbein, Holz, metallenes Kopfstück mit Krümme, zusammengesetzter Knauf, Krümme H. 19 cm, B. 13,5 cm
Metropolitan-Kirchen-Stiftung
Unser Lieben Frau des Erzbistums München und Freising, vertreten durch das Erzbischöfliche Kunstreferat München

172

Breve Papst Leos X. an Herzog Georg von Sachsen über die Heiligsprechung des Bischofs Benno von Meißen

Rom, 5. Juli 1520

Pergament, eingebunden,
35 × 68 × 5,5 cm
Sächsisches Hauptstaatsarchiv Dresden,
Sign. 10024, Geheimer Rat (Geheimes Archiv),
Loc. 8994/8

173

Martin Luther

Widder den newen Abgott vnd allten Teuffel

Wittenberg: Hans Lufft 1524

4°, 13 Bl., TE
Universitätsbibliothek Leipzig,
Sign. Polem. 134-k
Stadtbibliothek Worms, Sign. LB 202

173

Luther verfasste diese Flugschrift mit Blick auf die am 16. Juni 1524 stattfindende Feier der päpstlichen Heiligsprechung Bennos von Meißen. Anlass seines scharfen Angriffs war die aktive Werbung für die Meißner Erhebungsfeier, den Hintergrund aber bildete die innige Feindschaft, die ihn mit dem Initiator der Kanonisation, Herzog Georg von Sachsen, verband. In der Flugschrift räumte Luther der Heiligenverehrung zwar einen Platz in der christlichen Frömmigkeit ein. Gleichzeitig aber verdammte er in polemischer Weise die volksfromme Überhöhung des Heiligenkults und die Verehrung Bennos, durch die er den Kern der christlichen Botschaft verdunkelt sah.

Die mehrfach nachgedruckte Flugschrift Luthers rief eine prompte Reaktion der altgläubigen Publizisten im albertinischen Sachsen hervor. Noch im Sommer 1524 erschienen vier Gegenschriften (vgl. Kat.-Nr. 170) und so erreichte die Kontroverse um Benno bald eine reichsweite Öffentlichkeit. CV

Literatur:
WA 15, S. 183–198; Volkmar 2002, S. 161–172.

174
Simon Blich
Verderbe vnd schade der Lande vnd leuthen am gut leybe ehre vnd der selen seligkeit ausz Lutherischen vnnd seins anhangs lehre zugewant
Leipzig: Wolfgang Stöckel 1524

4°, 24 Bl.
Stiftung Luthergedenkstätten in Sachsen-Anhalt, Sign. Kn A 330/2211

Es gehört sicher zur Tragik der Alten Kirche, dass ihre Anhänger Luther und seinen Freunden publizistisch nichts annähernd Gleichwertiges entgegenzustellen hatten. Zwar versuchte Herzog Georg von Sachsen seit 1519 durch ihm ergebene Kleriker auch mit Streitschriften gegen die Reformation vorzugehen, jedoch blieben die Ergebnisse dürftig. Die Bücher gegen Luther wurden nicht gekauft, die Drucker lieferten gewöhnlich nur gegen Vorkasse.
Auch dem Werk des Abtes von Pegau wurde kein besseres Schicksal zuteil. Er selbst zweifelte schon in seinem Vorwort, ob dem Buch Erfolg beschieden sei. Obwohl er auf Luthers Forderung eingeht, nur die Heilige Schrift als Autorität anzuerkennen, kann er Luther ausschließlich fleischliche Sünden vorwerfen. Der Gedanke der Rechtfertigung des Sünders aus Glauben allein scheint ihm unbegreiflich. Dem Büchlein fehlt jede ersichtliche Gliederung, die Sprache ist holprig und von lateinischen Bibelzitaten durchsetzt. Ein solcher Angriff konnte der Reformation nicht gefährlich werden, sondern offenbarte vielmehr die völlige Hilflosigkeit der Gegner. MT

Literatur:
VD 16, B 5731; WA, Br 10, 106–110; Claus 1987, Stöckel 158.

175

175
Hieronymus Emser
Das naw testament nach lawt der Christlichen kirchen bewerten text, corrigirt vnd widerumb zu recht gebracht
Dresden: Wolfgang Stöckel 1527

4°, 4, CXCVI Bl.
Marienbibliothek Halle, Sign. B I.40 Fol

1527 erschien in Dresden das so genannte Emsertestament, dem Luthers Septembertestament von 1522 (Kat.-Nr. 129) als Textgrundlage diente. Das Plagiat einer Übersetzung durch Hieronymus Emser wurde schon von Zeitgenossen erkannt, denn Emser hat den Text der lutherischen Übersetzung nur geringfügig verändert. Gleichwohl erfuhr der Text zahlreiche Nachauflagen. Die Vorrede für diese mit den Holzschnitten Georg Lembergers vorzüglich ausgestattete Ausgabe schrieb der albertinische Landesherr Herzog Georg. FA

Literatur:
VD 16, B 4374; Gelhaus 1989, S. 27–56, 144–158; Aurich 2000, S. 23, 113.

176

176
Johannes Cochlaeus
Sieben Köpffe Martini Luthers vom Hochwirdigen Sacrament des Altars
Leipzig: Valentin Schumann 1529

TH, 4°, 26 Bl., 21 × 16 cm
Germanisches Nationalmuseum, Nürnberg, Sign. 8° Rl. 2773 (Postinc.)
4°, 20 Bl.
Stadtbibliothek Worms, Sign. LB 378b

Johannes Cochlaeus, seit 1528 in Diensten des altgläubigen Herzogs Georg von Sachsen und scharfer Gegner Luthers, stellt in seinem »Septiceps Lutherus« tatsächliche oder vermeintliche Widersprüche in Luthers Schriften zitatweise zusammen und sucht damit nachzuweisen, dass Luther sieben Entwicklungsstufen vom bescheidenen Doktor über den Kirchenfeind und Mordbrenner bis zum Ordnungshelfer einer neuen (ketzerischen) Kirche durchgemacht habe. Diesen Stufen ordnet er sieben Köpfe zu, die im Widerstreit miteinander liegen.
Neben und nach der lateinischen Urfassung brachte Cochlaeus drei deutsche Teilfassungen heraus, deren erste hier vorliegt. Sie will (vergeblich) Luthers Landesherrn, Kurfürst Johann von Sachsen, von der Falschheit und Widersprüchlichkeit der Abendmahlslehre Luthers überzeugen: Luther leugne den Opfercharakter der Messe, zerstöre jede Andacht gegenüber dem Sakrament des Altars, verleugne die Anwesenheit Christi im Sakrament, ja letztlich die Gottheit Christi. Damit sei Luther selbst der Geburtshelfer der von ihm bekämpften »Schwärmer« und sei ein schlimmerer Feind der Kirche als Thomas Müntzer. Außer dem Leipziger Erstdruck gibt es einen Dresdner und einen Tübinger Nachdruck. AL

Literatur: Laube 2000, S. 989 ff.

177
Martin Luther
Verantwortung der auffgelegten Auffrur von Hertzog Georgen Sampt einem Trostbrieff an die Christen von ihm aus Leipzig unschuldig verjagd
Wittenberg: Nickel Schirlenz 1533

4°, 32 Bl., TE
Stadtbibliothek Worms, Sign. LB 297

178
Michael Vehe
Ein New Gesangbüchlin Geystlicher Lieder
Leipzig: Nickel Wolrab 1537

8°, 70 (= 80), (7) Bl.
Ratsschulbibliothek Zwickau, Sign. 1.7.9.(2)

Die Liedersammlung des Hallenser Stiftsprobstes Michael Vehe kann – nach dem 1524 in Sigmundslust erschienenen »Hymnarius« – als das erste katholische Gesangbuch der Reformationszeit bezeichnet werden. Es beinhaltet neben Bearbeitungen mittelalterlicher Gesänge auch zeitgenössische Texte verschiedener Autoren und von Vehe selbst. KL

Literatur:
VD 16, V 486; ADB, Bd. 39, S. 529 f.;
MGG, Bd. 13, Sp. 1359 ff.; Wackernagel, S. 142 ff.

179
Bundtnys zwischen Kay[serlichen] und Kön[iglichen] Majestät und etzlichen andern Stenden
Nürnberg, 10. Juni 1538

Handschrift, behändigte Ausfertigung, 6 Bl., 34 × 45 cm
Sächsisches Hauptstaatsarchiv Dresden, Sign. 10024, Geheimer Rat (Geheimes Archiv), Loc. 7269/8, Bl. 1r – 6v

Der Nürnberger Bund war der Zusammenschluss von nur wenigen Reichsständen zum Zwecke der »Erhaltung unseres christlichen Glaubens und der Handhabung Frieds und Einigkeit, auch guter Sitten im heiligen Reiche«. Es war der letzte Versuch Kaiser Karls V., ein Gegengewicht zum Schmalkaldischen Bund im Reich zu schaffen. Das Zustandekommen des Bundes, dem nur die Erzbischöfe von Salzburg und Magdeburg sowie die Herzöge Georg von Sachsen, Erich und Heinrich von Braunschweig-Lüneburg sowie Wilhelm und Ludwig von Bayern angehörten, war vor allem das Ergebnis der Verhandlungen des Reichsvizekanzlers Dr. Matthias Held. Der Kaiser, dem ein so schwacher Bund, wie ihn Held zusammengebracht hatte, nichts nützte, bestätigte erst am 20. März 1539 den Nürnberger Vertrag allein unter dem Eindruck der sich zuspitzenden politischen Entwicklung in Vorbereitung auf die Verhandlungen des Frankfurter Anstandes vom April 1539. RG

Literatur: Brandi 1937, S. 341 – 361.

erzog Georg von Sachsen. Holzschnitt von Hans Brosamer vor 1534, nach einer Vorlage von Lucas Cranach

und Hebräisch, ein. Er selbst führte ein streng ... Leben, das ...
spiel für eine christliche Lebensweise dienen sollte.

Es gehört zu den tragischen Entwicklungen der Geschichte, daß He
Martin Luther zu unerbittlichen Gegnern wurden. Der Professor an der s
versität Wittenberg hatte 1517 mit seinen Thesen auf sich aufmerksar
Evangelium, die gute Botschaft Jesu Christi, bildeten für Martin Luthe
Glaubens. Er lehrte, daß Gnade und Barmherzigkeit Gottes, die man
ben erlangen kann, Gesetz und Gericht überstrahlen. Mit den »guten
Zentrum der spätmittelalterlichen Frömmigkeit standen, lasse sich dage
de gewinnen. Herzog Georg stand diesen Gedanken anfangs aufgesc
über. Zu einem Bruch kam es jedoch bei der Leipziger Disputation,
schen Streitgespräch in der Pleißenburg zu Leipzig. Als Luther für das
Brot und Wein eintrat, wurde Georg an seinen Großvater erinnert, den k
nig Georg von Podiebrad, der zu den Hussiten gehört hatte. Von diesen
licher Lehren wandte sich Georg voller Unmut ab. Der Landesherr betr
Kampf gegen die Reformation als seine Lebensaufgabe.

Bereits um 1520 verbreiteten sich Luthers Gedanken in Leipzig un
neue Medium des Drucks ermöglichte ein schnelles Verteilen reform
blätter und Schriften. Herzog Georg begann einen erbitterten Kampf
breitung dieser Ideen. Angesichts der Nähe zum Kurfürstentum Sachse
der Weise die reformatorische Botschaft duldete, war dieses Vorgeh
Scheitern verurteilt. Georg verbot die Schriften Luthers, er gab selb
Streitschriften heraus, die gegen die Gedanken der Reformation gericht
sondere gegen das Abendmahl mit Brot und Wein. Die Anhänger Luthe
doch nur über die nahe Landesgrenze wechseln, um den Verfolgunge
Mit Restriktionen waren die neuen Ideen nicht zu bekämpfen. Georg blie
lichkeit, mit Briefen, Mahnschreiben und theologischen Abhandlunger
ben zu werben. Dabei wurde er von den Geistlichen am Dresdner Hof
Hieronymus Emser und Johannes Cochläus, und auch vom Meißner Bi
VI. von Schleinitz (1518–1537). Der Streit mit den Anhängern der Refo
Luther selbst, war so aufgeheizt, daß die Schriften mit Beschimpfungen u
gen angefüllt waren.

In den späten 1520er Jahren wurde deutlich, daß die Reformation
Sachsen kaum einzudämmen war. Priester waren von der alten Lehre a
Flucht aus den Klöstern setzte ein. In Meißen verließen 13 Chorherr
St. Afra. 1527 sagten sich die Erzpriester in Görlitz und Reichenbach v
schof los und schafften die bisherige Liturgie ab. Hilflos mußte Johannes
nitz den Visitationen im Kurfürstentum Sachsen zusehen, die Kurfü
Beständige 1529 angeordnet hatte. Der nordwestliche Teil des Bistur
Gebiete um Torgau, Eilenburg und Leisnig, waren nun evangelisch. Her
Bischof Johannes VI. von Schleinitz setzten nunmehr eigene Visitatoren e
stände in den Klöstern zu beseitigen. Die verweltlichte Kirche sollte zu ihr
Aufgaben zurückfinden. Herzog Georg machte 1538 sogar den Vorsc
stimmten Bedingungen Priesterehe und Abendmahl mit Brot und Wein zu
auch dieses Entgegenkommen konnte keinen Umschwung mehr bewir

Herzog Georg mußte in der eigenen Familie schwere Rückschläge er
1525 war seine Tochter Christina, Gemahlin des Landgrafen Philipp vo
alten Glauben abgefallen. Auch der jüngere Bruder, Herzog Heinrich, fo
Luthers. 1537 führte er in den Ämtern Freiberg und Wolkenstein im Erzg
formation ein. Zu Georg hielten nur noch die beiden Söhne. Herzog Joh
schon 1537, und auch der geistig behinderte Friedrich überlebte sein
Nach der Erbfolge mußte das Land nun an Herzog Heinrich fallen. Das E
lischen Herzogtums Sachsen war besiegelt; die Reformation ließ sich n
verhindern.

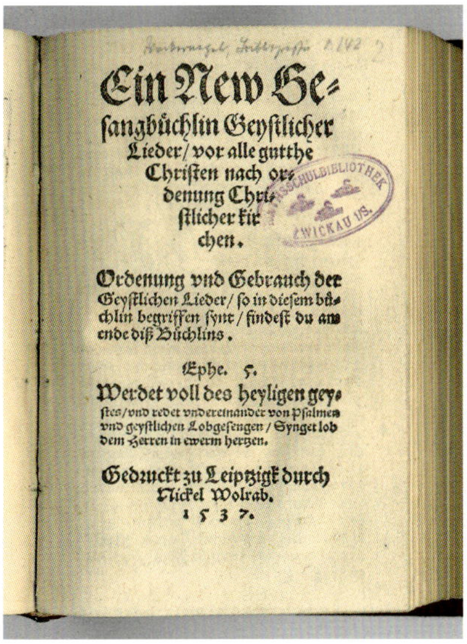
Ein New Ge-
sangbüchlin Geystlicher
Lieder / vor alle gutthe
Christen nach or-
denung Chri-
stlicher kir-
chen.

Ordenung vnd Gebrauch der
Geystlichen Lieder / so in diesem bü-
chlin begriffen synt / findest du am
ende diß Büchlins.

Ephe. 5.

Werdet voll des heyligen gey-
stes / vnd redet vndereinander von Psalmen
vnd geystlichen Lobgesengen / Synget lob
dem Herren in ewerm hertzen.

Gedruckt zu Leipzigk durch
Nickel Wolrab.
1537.

178

Reformatorische Bildthemen und ihre Verbreitung

In der religiösen Kultur des späten Mittelalters, das wie keine andere Epoche seit der Antike von einer Allgegenwart des Bildes bestimmt war und in dem die bildliche Darstellung eine zuvor nie gekannte Bedeutung erlangte, fiel auch bei der Verteidigung und Verbreitung der reformatorischen Lehre diesem unmittelbar wirksamen Medium ein gewichtiger Anteil zu. Nahezu von Anfang an waren die reformatorischen Schriften und Flugblätter von einer entsprechenden »Bildpropaganda« begleitet, die sich von dem frühen »Passional Christi und Antichristi« (1521) (Kat.-Nr. 133) und satirischen Einblattdrucken über Bildnisse Luthers bis hin zu Illustrationen der reformatorischen Errungenschaften erstreckten. Weit der größte Teil dieser Darstellungen blieb auf die Druckgraphik beschränkt und ging in der »tagespolitischen« Publizistik auf. Daneben entwickelten sich jedoch für den öffentlichen und privaten religiösen Gebrauch neue Bildthemen und Darstellungsformen, die über den Bilderkampf hinaus der altkirchlichen Ikonographie eigene reformatorische Glaubensbilder entgegensetzten.
Die mehr oder weniger modifizierte Aufnahme eines bereits ubiquitär vorhandenen Themas findet sich etwa in der Wiedergabe des Gekreuzigten oder des Schmerzensmannes. Als vormals nur gelegentlich aufgegriffene neutestamentliche Motive, die erst im reformatorischen Zusammenhang – zunächst bei Lucas Cranach d. Ä. – zu größerer Bedeutung gelangten, sind »Christus und die Ehebrecherin« (Joh. 8, 2 – 11) (Kat.-Nr. 181) und »Christus und die Samariterin« (Joh. 4, 6 – 30) zu nennen. Thematische Neuschöpfungen bilden das Motiv »Christus segnet die Kinder« (Matth. 19, 13 – 15; Mk. 10, 13 – 16; Lk. 18, 15 – 17) (Kat.-Nr. 180) und – sicher als die wichtigste, die reformatorische Lehre in ihren zentralen Gesichtspunkten didaktisch-allegorisch veranschaulichende Bildfindung – die von Cranach wohl in Verbindung mit den Reformatoren konzipierte antithetische Darstellung des Menschen unter dem Gesetz und unter der Gnade.
Wie zuvor ein und dasselbe Thema gleichzeitig in den verschiedensten Bildgattungen vom Altarretabel bis zum Einblattholzschnitt oder der Buchillustration auftauchen konnte, so begegnet auch namentlich diese letztgenannte reformatorische Allegorie sowohl auf Altarbildern (z. B. Schneeberger Retabel; Retabel der Weimarer Stadtkirche) oder Lehrhaften Tafeln (z. B. Stiftung Schloss Friedenstein Gotha; Germanisches Nationalmuseum, Nürnberg) wie auf Einblattdrucken. Verbreitung fanden die neuen Bildprägungen durch eine solche gattungsübergreifende Vervielfältigung ebenso wie durch die gleichsam serielle Herstellung zahlreicher Repliken und Varianten zunächst in der Cranach'schen »Großwerkstatt«, aber auch durch die Übernahme der Themen von seiten anderer Künstler; von »Gesetz und Gnade« beispielsweise durch Wolfgang Krodel (Kat.-Nr. 183) und Peter Dell (Kat.-Nr. 182).
Kennzeichnend für die reformatorische Bildkunst ist – entsprechend dem Gewicht, das dem Wort der Heiligen Schrift zugemessen wurde – die mehr oder weniger massive Einbeziehung von biblischen Zitaten und, damit zusammenhängend, eine – vielfach schon in der altkirchlichen Kunst vorhandene – Didaktisierung des Dargestellten, das nicht zur anbetenden Verehrung gebraucht werden, sondern zur Belehrung dienen sollte.

Thomas Noll

180

180
Lucas Cranach d. J.
Christus segnet die Kinder
um 1540

Lindenholz, 84 × 122 cm
Gemäldegalerie Alte Meister,
Staatliche Kunstsammlungen Dresden,
Gal.-Nr. 1927

Insgesamt lassen sich vier Gemälde des Themas in den Inventaren der Dresdner Sammlung nachweisen, was lebhaftes Zeugnis dafür ablegt, wie beliebt und verbreitet die Darstellung auch im protestantischen Dresden war. Zwei Gemälde wurden in Versteigerungen Mitte des 19. Jahrhunderts veräußert, zu einer Zeit also, als die allgemeine Wertschätzung Cranachs sehr deutlich zurückgegangen war. Neben dem hier besprochenen hat sich in der Dresdner Gemäldegalerie noch eine Darstellung von »Christus segnet die Kinder« aus dem Jahr 1538 von Lucas Cranach d. Ä. erhalten. Eventuell stammen sie ursprünglich aus Schloss Hartenfels in Torgau, denn für das 16. Jahrhundert sind dort ebenfalls Cranach-Gemälde mit dem Thema der Kindersegnung verbürgt. So befand sich laut eines Inventars aus der 2. Hälfte des 16. Jahrhunderts, das die Cranach-Gemälde in Schloss Hartenfels auflistet, eine Darstellung »Wie der Herr Jesus die Kinderlein zu sich kommen heißet« im Zimmer des Kurfürsten. Weiter wird im Inventar noch »Ein Taffel, darauff wie Jesus die kleinen Kinderlein zu sich erfodert [sic]« im »Eckgemach nachm Teich zu« erwähnt. Ob es sich bei diesen Bildern um jene Gemälde handelt, die sich heute in der Gemäldegalerie Alte Meister befinden, ist nicht mehr zu klären, erscheint jedoch nicht unwahrscheinlich.

Das kindlich-unreflektierte Gottvertrauen, das in der neutestamentlichen Geschichte (Matth. 19, 13–15; Mk. 10, 13–16; Lk. 18, 15–17) und ihrer bildlichen Wiedergabe zum Ausdruck kommt, entsprach ganz den Kerngedanken in Luthers Auffassung vom Glauben als göttlicher Gnade und von der Erlösung des Menschen allein durch den Glauben. Ein weiterer Grund für die häufige Darstellung des Themas, auch in der Zeit nach Cranach, ist sicherlich in Luthers ablehnender Haltung zum Zölibat sowie in seiner bekannten Wertschätzung der Familie zu sehen. Das Motiv steht jedoch auch in einem konkreten religionspolitischen Kontext der Zeit. So stellt die »Kindersegnung« eine bildliche Gegenposition zu den Ansichten der Wiedertäufer dar und propagiert die traditionelle Praxis der schon im Kindesalter empfangenen Taufe.

Die Tatsache, dass die frühesten datierten Kindersegnungs-Gemälde von Cranach aus dem Jahr 1538 stammen, wird im Zusammenhang mit Luthers Predigten über die ersten zwei Kapitel des Johannesevangeliums in den Jahren 1537 und 1538 gesehen. Kurfürst Johann Friedrich der Großmütige, ein Feind und Verfolger der Wiedertäufer, erwarb nachweisbar in den Jahren 1539, 1543 und 1550 Gemälde mit dem Motiv der Kindersegnung. Eine in Leipzig erhaltene, von Cranach d. J. um 1540 gezeichnete Vorlage zu einer Tapisserie, die im Hintergrund eine Darstellung von Schloss Hartenfels zeigt, spricht dafür, dass der Kurfürst plante, sogar eine ganze Wand in Torgau mit dem Thema auszustatten. KK

Literatur:
Vorzeichnüs; Schuchardt 1851, Bd. I, S. 122, 161, 208; Koepplin/Falk 1976, S. 516–518; Andersson 1981, S. 54 f.; Mehnert 1990, Nr. 19; Kolb 2003.

181

181
Lucas Cranach d. Ä., Werkstatt (?)
Christus und die Ehebrecherin
2. Viertel 16. Jahrhundert

Holz, 56 × 77 cm
Neapel, Museo Nazionale di Capodimonte,
Inv.-Nr. Q 13

Seit den 1520er Jahren schuf Lucas Cranach zahlreiche Versionen der neutestamentarischen Episode »Christus und die Ehebrecherin«. Dem Gesetz des Alten Testaments folgend sollte sie gesteinigt werden. Die Pharisäer befragten Jesus über diesen Fall, nach langem Schweigen antwortete er: »Wer von euch ohne Schuld ist, werfe den ersten Stein.« Dieser Satz brachte die Menge zur Einsicht, Jesus entließ die Ehebrecherin mit den Worten: »Geh und sündige hinfort nicht mehr« (Joh. 8, 1 – 11).
Die Figuren sind – wohl nach venezianischem Vorbild – nah an den Betrachter heran gerückt. Jesus beherrscht die Bildmitte. Dadurch ergibt sich eine Polarisierung zwischen dem Soldaten links, der sich reichlich mit Steinen bevorratet hat, und der Ehebrecherin rechts. Zwar ist ihr Kleid gelöst, ihren Blick aber hat sie züchtig gesenkt. Ein dünner Schleier betont ihre Zartheit. Der Soldat dagegen trägt eine jener Fratzen, die Cranach gerne z. B. Folterknechten verliehen hat. Jesus weist mit den Augen zum Betrachter auf die Ehebrecherin. Der entscheidende Satz »Wer von euch ohne Schuld ist, werfe den ersten Stein« ist in den meisten Varianten sogar am oberen Bildrand eingeschrieben (ob immer von späterer Hand hinzugefügt, ist hier nicht zu entscheiden). EK

Literatur:
Koepplin/Falk 1974, vgl. Nr. 355, 363;
Friedländer/Rosenberg 1979, Nr. 364c;
Museo Nazionale di Capodimonte 1994, S. 89, Abb.

182

182
Art des Peter Dell d. Ä.
Gesetz und Gnade
um 1530

Birnbaumholz, farbig gefasst,
53,9 × 55,4 × 4 cm (mit Rahmen)
Grünes Gewölbe, Staatliche Kunstsammlungen Dresden, Inv.-Nr. I 50

Die Allegorie der Heilslehre zeigt mehrere alt- und neutestamentliche Szenen. Links repräsentieren Adam und Eva mit der Schlange den Sündenfall. In der Mitte weist die Kreuzigung Christi darauf hin, dass Christus die Schuld der Menschen auf sich nahm. Der auferstandene Christus auf der rechten Seite des Reliefs steht für die Vergebung der Sünden und das ewige Leben. Schilder mit Bibelsprüchen erläutern die einzelnen Szenen.

Die Bildidee gilt als Schöpfung Luthers, der sich um 1528/29 während der Abfassung des Katechismus und der Formulierung der Glaubensgrundlagen verstärkt mit dem Gebrauch von Bildern zur religiösen Unterweisung beschäftigte. Die Antithese von Gesetz und Gnade durch die Gegenüberstellung von Altem und Neuem Testament ist ein bedeutendes protestantisches Lehrbild. Lucas Cranach d. Ä. setzte das Motiv erstmals 1529 um. Die unbezeichnete Arbeit in der Art von Peter Dell d. Ä., Bildhauer in Würzburg und Schüler von Tilmann Riemenschneider, wurde um 1530 geschaffen. AGr

Literatur:
Inventar Kunstkammer 1587, S. 288; Sponsel 1921, S. 10 f.; Luther und die Folgen für die Kunst 1983, S. 210 f.

183

183
Wolfgang Krodel d. Ä.
Gesetz und Gnade
sign. und dat. (rechte Tafel) 1542

Öl auf Holz, Mitteltafel 50 × 35 cm,
Seitentafeln 56 × 41 cm
Ev.-Luth. St. Marien-Kirchgemeinde Kamenz

Die heute als Triptychon in einem gemeinsamen Rahmen montierten Tafeln von Wolfgang Krodel d. Ä., einem aus einer Schneeberger Malerfamilie stammenden mutmaßlichen Schüler von Lucas Cranach d. Ä., zeigen als ursprünglich separates Bild in der Mitte den Erlöser am Kreuz über dem Erdenrund; vor ihm kniet ein Kind – als dessen Epitaph die Tafel gedient haben dürfte –, während die Wappen der Familien von Löser (l. o.), von der Oelsnitz (r. o.), von Mistelbach (l. u.) und von Schlieben (r. u.) die Darstellung flankieren.
Die beiden ursprünglich zusammengehörigen Seitentafeln greifen eine auf Cranach d. Ä. (und mutmaßlich Luther oder Melanchthon) zurückgehende, wesentlich in zwei Varianten ausgeprägte und erstmals 1529 fassbare Bildfindung auf. In didaktisch-allegorischer Form veranschaulicht diese antithetische Darstellung das reformatorische Verständnis des Heilsgeschehens. Die linke Tafel zeigt den mit der Sünde behafteten Menschen, der unter dem alttestamentlichen Gesetz unentrinnbar dem Tod und der Höllenpein ausgeliefert ist. Links im Hintergrund bezeichnet die Wiedergabe des Sündenfalls den Ursprung der (Erb-) Sünde; Moses mit den Gesetzestafeln, ein Hohepriester und zwei Propheten rechts im Vordergrund verweisen auf die Zeit unter dem Gesetz, das die Erkenntnis der Sünde gebracht und dem folgend der in einem Wolkenband erscheinende, über der Sphaira thronende Richter den sündigen Menschen zu verurteilen hat: Teufel und Tod – dessen »Spieß« die Sünde ist (s. Beischrift) – treiben denselben der Hölle zu. Rechts im Hintergrund deutet indes die Aufrichtung der Ehernen Schlange (Num. 21, 4 – 9) als Präfiguration der Kreuzigung Christi (Joh. 3, 14f.) bereits auf die Zeit der Gnade.
Diese Zeit der Gnade, das Thema der zweiten Tafel, hebt an mit der Menschwerdung Christi; links im Hintergrund schwebt – entsprechend der spätmittelalterlichen Verkündigungs-Ikonographie – das Christuskind mit geschultertem Kreuz zu Maria herab. Im Vordergrund verweist Johannes der Täufer, der letzte Prophet, den erlösungsbedürftigen Menschen auf das Lamm Gottes, das der Welt Sünde trägt, welches Christus am Kreuz ist; aus dessen Seitenwunde geht ein Blutstrahl hervor, der den glaubensvoll ihm zugewandten Menschen besprengt und von aller Sündenschuld reinigt. Rechts erscheint der Auferstandene als Sieger über Tod und Teufel bzw. Hölle, darüber ist die Himmelfahrt Christi zu sehen. Der dürren Hälfte vom Baum des Lebens auf der linken Tafel steht eine begrünte Hälfte auf der rechten gegenüber.
Ausführliche Beischriften (teilweise verderbt, hier nach Cranachs entsprechenden Darstellungen ergänzt) kommentieren die beiden Tafeln. Auf der linken Tafel l. o.: »Ro. I. Es wird offenbart Gottes Zorn von Himel: über aller Menschen gottlos Wesen und Unrecht« (Röm. 1, 18); l. u.: »Sie seind alle zumal Sünder: und mangeln das sie sich Gottes nicht rümen mögen. Ro. III« (Röm. 3, 23); Mitte u.: »Die Sü(nde ist) des (To)d(es) Sp(i)es: abe(r) das Gestz (ist der Sünden Kraft. I. Cor. XV« [1. Kor. 15, 56]. »Das Gesetz richtet Zorn an. Ro. IIII« [Röm. 4, 15]); r. u.: »Durchs Gesetz kompt Erkent(n)is der Sünde. Ro. III« (Röm. 3, 20). »Das Gesetz und a(ll)e Propheten: gehen pis aufe Johannis Z(eit.) Math. (XI)« (Matth. 11, 11).
Auf der rechten Tafel l. o.: »(Jesaja VII.) De(r Herr w)ird euch (selb)er ein Zeichen gewen: Sihe (ei)n(e J)ungfraw wird schwanger sein und eine(n) Son geperen« (Jes. 7, 14); l. u.: »Der Gerecht lebt seines Glaubens. Ro. I« (Röm. 1, 17). »Wir halten das der Mensch gerecht werde durch den Glauben: on des Gesetz Werck. Ro. III« (Röm. 3, 20); Mitte u.: »Sihe das ist Gottes Lamb: welchs der Welt Sünde tregt. Jo. I« (Joh. 1, 29). »In der Heiligung des Geistes: zum Gehorsam und Besprengung des Plutes Jhesu Christi. I. Petri I« (1. Petr. 1, 2); r. u.: »Der Tod ist verschlungen ym Sieg: Tod wo ist dein Spies: Helle wo ist dein Sieg: Goth aber sei Danck: der uns den Sieg gibt: durch Jesum Christum unsern Herrn. I. Cor. XV« (1. Kor. 15, 55 u. 57). TN

Literatur:
Gurlitt 1912, S. 69 – 73; Zeit und Ewigkeit 1998, S. 271, Kat.-Nr. 4.16; ergänzend: Löcher/Gries 1997, S. 136 – 140 (mit weiterer Lit.).

184

184
Lucas Cranach d. Ä.
Das Paradies
1530

Pappelholz, 80 × 118 cm
Gemäldegalerie Alte Meister,
Staatliche Kunstsammlungen Dresden,
Gal.-Nr. 1908 A

Wie im Alten Testament beschrieben zeigt Cranach das Paradies als einen wunderschönen Garten Eden mit vielen Tieren, die friedlich miteinander leben. In mehreren Szenen wird die im 1. Buch Moses, Kap. 2–3, geschilderte Geschichte Adams und Evas erzählt, von der Erschaffung Adams bis zur Vertreibung aus dem Paradies. Dabei folgen die Einzelszenen keiner geordneten Abfolge, sondern sind locker über den Bildraum verteilt. Durch den Figurenmaßstab und die zentrale Anordnung in der Bildmitte wird die Unterweisung des ersten Menschenpaares durch Gottvater besonders hervorgehoben. Im Mittelpunkt des Gemäldes steht also die Ermahnung der Menschen, Gottes Gebot zu befolgen.

Das friedliche Nebeneinander der unterschiedlichsten, in der Natur sonst nicht harmonierenden Tiere wie Löwen und Rehe, Bären und Schafe charakterisiert das Paradiesische, in das sich auch das mythische Tier des Einhorns einfügt. Im Gegensatz zu den überwiegend paarweise auftretenden Tieren fallen Hase, Ziegenbock und Fuchs auf. In der Tiersymbolik des 16. Jahrhunderts sind gerade diese Tiere durchweg negativ besetzt. Es kann daher kein Zufall sein, dass Cranach ausgerechnet diese Tiere einzeln auftreten lässt. Sicherlich kann jedoch gesagt werden, dass Cranachs Anliegen weniger die religiös-moralische Darstellung des Sündenfalls war (deren Szene in den Hintergrund gerückt wurde), sondern eher die Schilderung einer Idylle, der Harmonie zwischen Mensch und Tier und verschiedener Tiergruppen untereinander. Die Freude am detailreichen, malerisch kostbaren Darstellen zeigt sich bis ins kleinste Detail, bis zur Spiegelung der Schwäne im Wasser. KK

Literatur:
Friedländer/Rosenberg 1989, S. 110, Nr. 202;
Gemäldegalerie Dresden Alte Meister 1992, S. 159.

185
Hans Reinhart d. Ä.
Sündenfall und Kreuzigung
Medaillenmodell, 1536

Buchsbaum, gedrechselt und geschnitzt,
Ø 68 mm
Museum für Kunsthandwerk,
Grassimuseum Leipzig, Inv.-Nr. 1911.218

Das hier ausgestellte Buchsbaummodell bildet die Vorlage für eine Medaille, die im Jahre 1536 im Auftrag des sächsischen Kurfürsten Johann Friedrich angefertigt worden ist. Bei dem Modell fehlen, im Unterschied zur ausgeführten Medaille, die Signatur, die Jahreszahl und die Wolken. Die Wappenbilder und die Schriftbänder sind leer belassen.
Die Vorderseite der Medaille zeigt den Sündenfall. Adam und Eva stehen unter dem Baum der Erkenntnis und essen von dessen Äpfeln. Um den Stamm windet sich die Schlange, in der Baumkrone sitzen ein Affe, ein Eichhörnchen und ein Hahn. Auf dem Boden sind – in paradiesischer Eintracht – mehrere Tiere dargestellt: ein Einhorn, ein Ochse, ein Esel, am Fuß des Baumes ein Schwan (als Symbol Luthers), ein Schwein, ein Hirsch und ein Hase. Im Hintergrund links, in angedeuteter Landschaftskulisse, die Erschaffung Evas aus einer Rippe Adams, rechts die Vertreibung aus dem Paradies. Die Umschrift, teilweise in ligierten Buchstaben, lautet: »ET · SICVT · IN · ADAM · OMNES · MORIVNTUR · ITA · ET · IN · CHRISTVM · OMNES · VIVICABVNTVR · VNVSQVISQVE · IN · ORDINE · SVO« (»Und so wie alle in Adam sterben, so werden in Christus alle lebendig, ein jeder in seiner Reihenfolge«).
Auf der Rückseite ist die Kreuzigung dargestellt: in der Mitte Christus am Kreuz, links und rechts davon die beiden gekreuzigten Schächer. Im Vordergrund links stützt Johannes die zusammenbrechende Maria. Maria Magdalena umfasst den Fuß des Kreuzes. Links befindet sich ein Soldat in Rüstung mit Lanze, rechts ein anderer, der mit seiner Keule auf den rechten Schächer schlägt. Im Vordergrund ein berittener Hauptmann, der zu Christus blickt. Im Hintergrund links ein Reiter vor einer Kirche, rechts der auferstandene Christus mit dem geöffneten Grab. Die Umschrift, teilweise in ligierten Buchstaben, lautet: »VT · MOSES · EREXIT · SERPETE, ITA · CHRS · IN · CRVCE · EXALTATVS · ET · RESVSCITATVS · CAPVT · SERPETIS · COTRIVIT, VT · SALVARET · CREDETES« (»Wie Moses die Schlange errichtet hat, so hat der am Kreuz erhöhte und wiedererweckte Christus das Haupt der Schlange zertreten, damit er die Gläubigen rette«).
Die Darstellung und Inschrift beziehen sich auf einen der zentralen Denkansätze von Luthers Reformation: Die Gerechtigkeit Gottes wird als Gnade begriffen und der Glaube an die Abhängigkeit zwischen weltlicher Leistung und jenseitigem Lohn angezweifelt. TR

Literatur:
Auktionskat. Lepke 1911, Nr. 74; Sponsel 1920, S. 127; Habich 1929–34, Bd. II,1, Nr. 1968; Thieme/Becker 1934, S. 123; Kuhn 1942, S. 6; Hanisch 1961, S. 46, Nr. 12 b/c; Jahn 1969, Nr. 285 b–c; Kunstschätze aus Sachsen 1991, Nr. 59; Bekker 1998, Nr. 361 (dort Nr. 362 u. Nr. 366 als ausgeführte Medaillen).

185

186
Hans Reinhart d. Ä.
Sündenfall und Kreuzigung
Medaille, 1536

ET · SICVT · IN · ADAM · OMNES · MORIVNTVR · ITA · ET · IN · CHRISTVM · OMNES · VIVIFICABVNTUR · VNVS · QVISQVE · IN ORDINE · SVO [Buchstaben teilweise ligiert]
Adam und Eva unter dem Baum der Erkenntnis, zwischen den Tieren des Paradieses.
Im Baum sind ein Affe, ein Eichhorn und ein Hahn zu sehen. Im Hintergrund links die Erschaffung Evas, rechts die Vertreibung aus dem Paradies. Links im Feld sächsischer Kurschild, rechts herzoglich sächsischer Schild; unten auf Spruchband: IOANNS · FRIDERICVS · ELECTOR · DVX · SAXONIE · FIERI · FECIT;
Rs.: ✠ VT · MOSES · EREXIT · SERPĒ[N]TE, ITA · CHRS · IN · CRVCE · EXALTATUS · ET RESVSCITATUS , CAPVT · SERPĒ[N]TIS · CŌ[N]TRIVIT , VT · SALVARET · CREDĒ[N]TES · [Buchstaben teilweise ligiert] Christus am Kreuz, rechts und links die beiden Schächer. Unterhalb des Kreuzes Maria Magdalena, Maria, Johannes und Soldaten. Im Hintergrund links eine Kirche, rechts die Auferstehung Christi. Unter dem Kreuz: 1536, darüber Monogramm: HR. Unter dem Bild auf Spruchband: SPES · MEA · IN · DEO · EST
glatter Rand, Silber, gegossen, mit aufgelöteten Drähten, Ø 68,4 mm, 65,689 g
Münzkabinett, Staatliche Kunstsammlungen Dresden, Inv.-Nr. 2579

Ähnlich wie andere Werke Hans Reinharts wurde diese Medaille gegossen und anschließend bearbeitet; die Blätter des Baumes sind im Nachhinein aufgelötet worden. Das Stück wirkt dadurch und durch die Fülle der integrierten Einzelheiten besonders kunstfertig. Die Szene des Sündenfalls auf der Vorderseite zeigt den Menschen beim Verlust des ursprünglichen Gnadenstandes, die Rückseite verbildlicht die Erlösung durch Christus als Moment der Gnadenzuweisung. Thematisch rückt damit die Barmherzigkeit Gottes in den Mittelpunkt, es wird eine tröstende Heilsgewissheit sichtbar, die in anderer Form im Wahlspruch aufscheint: »Spes mea in deo est«. Nach Luthers Rechtfertigungserkenntnis wird der Mensch ausschließlich im Glauben angenommen; allein durch ihn erfährt er die Gnade Gottes im Sinne eines in Christus angerechneten Gutseins. Sicherlich zu Recht hat Tentzel in der Medaille auch ein persönliches Glaubensdokument des protestantischen Auftraggebers Kurfürst Johann Friedrich von Sachsen gesehen.
Übersetzung der Legende: (vgl. Kat.-Nr. 185; 1. Kor. 15, 22; Joh. 3, 14; Sprüche Salomos 22,19). EH

Literatur:
Tentzel 1705/1982a, S. 98–104; Habich 1932, Bd. II, 1, Nr. 1968; Deutsche Kunst der Dürer-Zeit, 1971, S. 324, Nr. 618; Bekker 1998, S. 159.

Die Reformation in Europa

Bereits in den 20er Jahren des 16. Jahrhunderts ist die Reformation zu einer europäischen Bewegung geworden. Von der Universität Wittenberg aus weist besonders die Wirksamkeit von Martin Luther, Philipp Melanchthon und Johannes Bugenhagen über den regionalen Rahmen hinaus. Melanchthon wirkte nachhaltig als akademischer Lehrer auf mehrere Generationen von Wittenberger Studenten, die aus Ost- und Nordeuropa zahlreich die kursächsische Landesuniversität besuchten. Bugenhagen ist als Verfasser zahlreicher Kirchenordnungen für Städte und Länder im niederdeutschen Raum und in Dänemark tätig gewesen.

Neben der Reformation in Kursachsen war die reformatorische Predigt des Züricher Leutpriesters Huldrych Zwingli erfolgreich und führte 1525 zur Abschaffung der Messfeier und praktischen Neuordnung der kirchlichen Verhältnisse in der Stadt Zürich. Unter den Reformatoren der süddeutschen Reichsstädte kann besonders Martin Bucer in Straßburg als der einflussreichste gelten. Sein Reformationsmodell wirkte auf viele oberdeutsche Reichsstädte (z. B. Augsburg, Ulm), aber auch auf die Landgrafschaft Hessen. Das vom hessischen Landgrafen Philipp veranstaltete Marburger Religionsgespräch 1529 vermochte aber ebenso wenig wie die 1536 auf Bucers Initiative zustande gekommene »Wittenberger Konkordie« auf Dauer die Einheit der reformatorischen Bewegung zu konstituieren.

Durch die religionspolitischen Folgen des Augsburger Reichstages von 1548 (Interim) in die Emigration gezwungen, wirkte Bucer in seinen letzten Lebensjahren auf Einladung König Edwards VI. im englischen Cambridge. Die Straßburger Kirchenordnung Bucers wurde auch von Jean Calvin zum Vorbild für die 1541 in Genf eingeführte Gemeindeordnung. Calvin seinerseits wirkte durch die Genfer Reformation und sein Hauptwerk »Institutio Christianae religionis« (mehrere Ausgaben zwischen 1536 und 1559) wesentlich auf den westeuropäischen Protestantismus ein (Niederlande, Frankreich, Schottland).

Andreas Gößner

187
Lucas Cranach d. Ä.
König Christian II. von Dänemark
bez. und dat. 1523

Auf einer Inschriftentafel am oberen Rand: »Christiernus · 2. · dei gracia · Daniæ · Sueciæ · Noruegiæ · Vican / dalorum · Gotthorumque · rex · Dux · Slesuicensis · Holfaciæ · / Stormarie · Dietmarsiæ · Comes · in · Oldenborch · ce«

Holzschnitt, 25,2 × 17,2 cm
Stiftung Schloss Friedenstein Gotha, Inv.-Nr. G 43.118

König Christian II. von Dänemark, vermählt mit Elisabeth von Habsburg, einer Schwester Kaiser Karls V., musste, nachdem er eine Massenhinrichtung unter seinen Gegnern veranlasst hatte (Stockholmer Blutbad, 8./9. September 1520) und nach einer Adelserhebung 1523 sein Land verlassen. Er floh zu seinem Oheim Friedrich dem Weisen nach Wittenberg, wo er sich zeitweilig auch im Haus Cranachs aufgehalten haben soll. Danach ging er im Frühjahr 1524 nach Altenburg und im Juli desselben Jahres in die Niederlande.

Vermutlich hat Christian II. das Holzschnitt-Bildnis bei Cranach in Auftrag gegeben, um seine Herrschaftsansprüche zu dokumentieren, worauf zunächst die Inschriftentafel mit seinen Titeln am oberen Rand hinweist. Gleichzeitig deutet der unter einer offenen Bogenarchitektur, die von vier reich verzierten Säulen getragen wird, hinter einer Brüstung in Halbfigur dargestellte dänische König mit seiner linken Hand, um seine Legitimation zusätzlich zu bekräftigen, auf sein darunter befindliches, sehr großes Wappen hin, das von zwei wilden Männern flankiert wird.

Im selben Jahr wurden von Lucas Cranach d. Ä. oder seiner Werkstatt zwei weitere Holzschnitte sowie zwei Gemälde mit Porträts Christians II. geschaffen (Germanisches Nationalmuseum, Nürnberg; Museum der bildenden Künste Leipzig). Bis auf den Holzschnitt mit dem Profilbildnis gehen vermutlich alle weiteren auf einen Prototyp zurück.
AD

Literatur:
Cranach 1953, S. 73, Kat.-Nr. 146; Koepplin/Falk 1974, S. 251, Kat.-Nr. 160, Abb. 114 sowie S. 351 f., Kat.-Nr. 238, Abb. 191 f., S. 346 f.; Schade 1974, S. 54; Gotteswort und Menschenbild 1994, S. 146, Kat.-Nr. 2.33.

187

188

188
Johannes Bugenhagen
Acta der Disputation zu Flensburg, die sache des Hochwirdigen Sacraments betreffend
Wittenberg: Josef Kluck 1529

8°
Marienbibliothek Halle, Sign. Oelh 5 (2) Okt

In den Jahren 1528–1544 folgte Bugenhagen mehrfach dem Ruf nach Norddeutschland, um dort die Neuordnung der kirchlichen Verhältnisse durchzuführen. So weilte er, von seiner Tätigkeit in Wittenberg beurlaubt, 1528 in Braunschweig und 1529 in Hamburg, mit dem Ergebnis, dass in beiden Städten seine ausgearbeiteten Kirchenordnungen angenommen und eingeführt wurden.
In dieser Zeit, mit dem Einfluss zwinglischer und täuferischer Gedanken in Friesland konfrontiert, leitete er im April 1529 in Flensburg die von sechs Notaren mitgeschriebene Disputation. Diese war vom lutherisch gesonnenen dänischen Kronprinzen, des späteren Königs Christian III., angeordnet worden. Dabei musste Melchior Hoffman, ein aus Schwäbisch Hall stammender Kürschner, zu der Zeit zunehmend von schwärmerischen Gedanken beeinflusster Prediger in Kiel, gegenüber dem Kronprinzen, lutherischen Predigern und Bugenhagen über sein Sakramentsverständnis Rede und Antwort stehen. In der ausführlichen Schlussrede vertritt Bugenhagen noch einmal deutlich Luthers Sakramentslehre. KE

189
[Hans Mikkelsen]
Thette ere thz Nøye testamenth paa danske ret effter latinen vdsatthe
Wittenberg 1524

8°, 314 Bl., TE
Königliche Bibliothek Kopenhagen,
Sign. Th 29420 4°

Gegen Ende seiner Regierungszeit nahm König Christian II. von Dänemark-Norwegen Kontakt mit Wittenberg auf. Er war von dem Wunsch erfüllt, die Universität Kopenhagen zu einer modernen, humanistischen Universität nach dem Vorbild Wittenbergs umzugestalten und entwickelte reges Interesse an der sächsischen Reformationsbewegung. Über seinen Onkel, Kurfürst Friedrich den Weisen, ließ er im Dezember 1520 Martin Reinhard als Hofprediger anstellen. Dieser stammte aus Eifelstadt und hatte sich im Sommer desselben Jahres in Wittenberg immatrikuliert. Im März des folgenden Jahres wurde Mathias

189

Gabler Griechischprofessor an der Universität Kopenhagen, und von Mai bis Juni 1521 hielt sich Andreas Bodenstein von Karlstadt in Dänemark auf. Der König verbot der Universität, die Bannbulle gegen Luther öffentlich zu machen und bemühte sich sogar darum, Luther und Melanchthon nach Dänemark zu holen, allerdings vergeblich.
Anfang 1523 wurde der König vom dänischen Reichsrat ins Exil gezwungen. Er und Königin Elisabeth (Isabella), eine Schwester Kaiser Karls V., traten nun offen zum lutherischen Glauben über. Christian hielt sich mehrmals in Wittenberg auf und war bald mit Luther vertraut. Zu den ersten Früchten dieser Bekanntschaft zählte die vorliegende dänische Ausgabe des Neuen Testaments durch den ehemaligen König: »Thette ere thz Nøye testamenth paa danske ret effter latinen vdsatthe«. Die Übersetzung, die vor allem auf Luthers deutscher Fassung des Neuen Testaments und in einzelnen Passagen auf dem Neuen Testament des Erasmus beruhte, war das Werk einiger Männer, die dem König ins Exil gefolgt waren.
Zwischen die Apostelgeschichte und Paulus' Brief an die Römer wurde ein offener Brief vom Kanzler des Königs, Hans Mikkelsen, an das dänische Volk eingefügt. Man erklärte den Menschen, dass der König evangelisch geworden war, und forderte sie auf, sich ihm anzuschließen und ihn als König zurückzuverlangen. Damit lag das Neue Testament erstmals auf Dänisch vor, und die Ausgabe war sogar mit Luthers Einleitung und seinen Vorworten zu den einzelnen Schriften versehen.
MSL

190
Martin Luther
(Übersetzung Paulus Helie)
Een cristelig Vnderwyssingh paa the ty Gudz Buhord
Rostock 1526

8°
Königliche Bibliothek Kopenhagen,
ohne Sign.

Obwohl der Nachfolger Christians II., Friedrich I., schwören musste, niemals zu gestatten, dass sich ein »Lutherjünger« in Dänemark aufhielt, breitete sich die evangelische Bewegung nun im Königreich aus. Die Ursachen dafür waren sowohl politischer als auch sozialer und religiöser Natur, und schon in den frühen 30er Jahren des 16. Jahrhunderts waren sämtliche großen Provinzstädte evangelisch geworden. Studenten, die nach einem Aufenthalt an deutschen Universitäten nach Hause zurückkehrten, brachten das neue Gedankengut mit. Zudem führten Seemänner und Kaufleute aus den deutschen Ostseestädten Schriften von Luther und anderen Reformatoren im Original oder in dänischen Übersetzungen ein, die unter anderem in Rostock und Magdeburg gedruckt worden waren. Ab 1527 konnten die Protestanten in Dänemark selbst Bücher drucken lassen. Aus den Jahren bis 1536 sind 41 Übersetzungen deutscher Reformationsschriften bekannt. Davon stammten 19 von Luther, der Rest unter anderem von Melanchthon, Bugenhagen, Johann Agricola, Johannes Toltz, Nicolai Hermann und Urban Rhegius. Am Anfang stand die Übersetzung von Luthers Betbüchlein, »Een cristelig Vnderwyszningh paa the ty Gudz Budord«. MSL

Der Wittenberger Einfluss auf die Ausbreitung der Reformation in Dänemark

Ein Bürgerkrieg (1534–1536) endete siegreich für den Sohn Friedrichs I., so dass er im August 1537 als Christian III. zum König gekrönt wurde. Er war überzeugter Lutheraner, und der Kontakt nach Wittenberg wurde nun so eng wie nie zuvor. Der König konnte Kurfürst Johann Friedrich von Sachsen dazu bewegen, Johann Bugenhagen Urlaub zu gewähren, damit sich dieser von 1537 bis 1539 in Kopenhagen aufhalten konnte. Aus Wittenberg kam auch der Däne Peder Palladius, der zum ersten lutherischen Bischof im Bistum Seeland (Kopenhagen) wurde. Er hatte von 1531 an in Wittenberg studiert und war dort Doktor der Theologie geworden. Nun wurde die Universität Kopenhagen nach Wittenbergischem Vorbild zu einer evangelischen Institution umgestaltet, und zwischen 1530 und 1559 besuchten 234 Studenten aus Dänemark-Norwegen die Universität in Wittenberg.
Über all die Jahre hinweg führte der König einen lebhaften Briefwechsel mit Luther und den anderen Theologen aus Wittenberg. Wittenberg wurde zum zentralen geistlichen Orientierungspunkt für Dänemark. Hier ließ der König auch das Kirchenregiment des Königreichs genehmigen: »En ordinantz hworledis Kircketienesten skal holdes vdi Danmarcks oc Norges riger oc de hertugdome til Sleswig oc Holsten 1537« (Kat.-Nr. 191). Darin wurde angeordnet, dass alle Geistlichen ein Exemplar von Philipp Melanchthon: »Instructio Visitationis Saxonicae« (Kat.-Nr. 192), besitzen mussten, außerdem die Bibel, Luthers Kirchenpostille, seinen Katechismus und eine Erläuterung dazu, Melanchthons Loci communes sowie das Augsburger Bekenntnis mitsamt der Rechtfertigungslehre und dem Kirchenregiment.

En Ordinantz hworledis Kircketienſten ſkal holdes vdi Danmarcks oc Norges riger/ oc de hertugdøme til Sleſwig oc Holſten.
Aar effter gudz byrd
M. D. XXXVII.

191

Ausschlaggebend für die Umschulung der dänischen Geistlichkeit sowie der Bevölkerung wurden die Predigten. Den Pfarrern war es in den ersten Jahren gestattet, autorisierte Predigten vorzulesen, dazu diente u. a. Hans Tausen: »Winterdelen aff Postillen« (Kat.-Nr. 193), eine von Luthers Kirchenpostille inspirierte Schrift. Einige von Peder Palladius' praktisch-theologischen und dogmatischen Schriften wurden in Wittenberg verlegt. Zu den einflussreichsten zählte seine Schrift »De Poenitentia et de Justificatione adhortatio et commonefactio« (Kat.-Nr. 194), die klar seine Abhängigkeit von Luthers und Melanchthons Theologie sowie der Methodik des Letztgenannten belegt. MSL

191
En ordinantz hworledis Kircketiensten skal holdes vdi Danmarcks oc Norges riger oc de hertugdøme til Sleswig oc Holsten 1537
Roskilde: Hans Barth 1538

Kl 8°
Königliche Bibliothek Kopenhagen,
Sign. A 87802 8°

192
Philipp Melanchthon
(Übersetzung Johannes Bugenhagen)
Instructio visitationis Saxonicae
Wittenberg 1539

8°
Königliche Bibliothek Kopenhagen,
Sign. Th bis 1330 8°

193
Hans Tausen
Winterdelen aff Postillen
Magdeburg 1539

8°
Königliche Bibliothek Kopenhagen,
Sign. Q 13180 8°

194
Petrus Palladius
De Poenitentia et Justificatione
Wittenberg 1558

8°
Königliche Bibliothek Kopenhagen,
Sign. Th bis 1086 8°

Die Entwicklung der Reformation bis zum Augsburger Bekenntnis

Der Wormser Reichstag 1521 wurde zum Wendepunkt im Reformationsprozess. Nicht nur Martin Luther bekannte sich zu seiner neuen Theologie, sondern auch Karl V. verpflichtete sich als Reichsoberhaupt öffentlich, jede Ketzerei, zu der auch Luther zählte, zu unterdrücken. Das Wormser Edikt verpflichtete alle Reichsstände, aktiv gegen die »Neuerungen« vorzugehen. Es bildete die Grundlage aller antireformatorischen Maßnahmen der nächsten Jahre. Veränderungen konnten sich nur gegen das bestehende Kirchenwesen durchsetzen. In dieser Konfliktsituation entwickelte sich die evangelische Bewegung an vielen Orten zur reformatorischen Bewegung, die schließlich ab 1525/26 in die Reformation als institutionelle und rechtliche Neuordnung von Kirche und Frömmigkeit mündete.
Es blieb nicht bei der evangelischen Predigt, beim Verfassen, Lesen und Verbreiten von Flugschriften, bei Protesthandlungen als Bekenntnis Einzelner oder ganzer Gruppen. Die Bereitschaft zu Gewalt und Zerstörung, zum radikalen Bruch mit den Alten, wuchs, der wie in Wittenberg 1521/22 zum Bildersturm führte. Reformatorische Forderungen verbanden sich mit sozialen und politischen. Radikale Anschauungen traten in den Vordergrund und gefährdeten die Erneuerung. Zu Schwerpunkten der Veränderungen wurden zunächst die Städte. Das bestehende Kirchensystem zerbrach. An die Stelle der hierarchisch aufgebauten, auf Kult und Klerus ausgerichteten Kirche des Mittelalters trat die evangelische Gemeinde, das vorhandene Parochialsystem übernehmend und territorial eingebunden als Grundlage der späteren Landeskirchen.
Die Bauernunruhen 1524/25 gefährdeten die reformatorische Erneuerung und stärkten altgläubige Gegner, sie beschleunigten jedoch die Institutionalisierung der reformatorischen Bewegung. 1524 bekannte sich der Ulmer Städtetag zu Gottes Wort. Im April 1525 entstand in Preußen das erste reformatorisch geprägte Territorium. Der Reichstagsbeschluss von Speyer 1526 führte in Hessen und Kursachsen zur umfassenden Reorganisation des Kirchenwesens. Vollzogene Änderungen wurden legalisiert und legitimiert. Der Aufbau evangelischer Kirchen begann. Zum entscheidenden Instrument wurden dabei die Visitationen. Innen- und außenpolitische Entwicklungen begünstigten die organisatorische Verfestigung der Reformation. Die Bemühungen, das Wormser Edikt wieder herzustellen, führten zu neuen Protesten. 1529 wandten sich in Speyer evangelische Reichsstände entschlossen gegen die altgläubige Mehrheit. Sie stellten die eigene Verantwortung in Glaubensfragen den Beschlüssen des Reichstages entgegen. Auf Reichsebene standen sich die Altgläubigen und die Protestanten als zwei Gruppen gegenüber. Diese Trennung wurde nicht mehr überwunden und leitete die Entstehung der Konfessionen ein. Sichtbares Zeichen dafür war die Übergabe der Augsburgischen Konfession der evangelischen Reichsstände, die sich der Wittenberger Reformation und Martin Luther verbunden fühlten, an Karl V. am 25. Juni 1530 in Augsburg.

Günther Wartenberg

195

196

Damit hatten sich die evangelischen Stände ein konfessionell begründetes politisches Machtinstrument zum Schutz gegen die Durchführung des Wormser Ediktes von 1521 (Kat.-Nr. 126) und zur Verteidigung der evangelischen Glaubenslehre geschaffen. Ein erster Schritt hin zum Schmalkaldischen Bund von 1531 war getan. VG

Druck:
Hortleder 1617, S. 1317 f.; Groß/Kobuch/Müller 1983, Nr. 206, S. 266 f., 383 f.
Literatur:
Friedensburg 1884; Stoy 1889; Patze/Schlesinger 1967, S. 214 f., 323.

195
Lucas Cranach d. Ä.
Friedrich der Weise
1525

Rundbild, Holz, Ø 13 cm
Staatliche Kunsthalle Karlsruhe,
Inv.-Nr. 120

196
Lucas Cranach d. Ä.
Johann der Beständige
1525

Rundbild, Holz, Ø 13 cm
Staatliche Kunsthalle Karlsruhe,
Inv.-Nr. 119

Im Jahr 1525 starb Kurfürst Friedrich der Weise. Land und Kurwürde fielen an seinen Bruder Johann, mit dem Friedrich sich schon lange die Regierungsgewalt geteilt hatte. Der neue Kurfürst beauftragte Lucas Cranach zur Erinnerung an seinen Bruder und zum Beweis der Kontinuität sächsischer Herrschaft mit einer ganzen Reihe von Doppelbildnissen der beiden Fürsten. Das Bildnis Friedrichs des Weisen mit Schnurbart und Barett geht auf einen Bildnistyp zurück, den Cranach um 1522 entwickelte. Das Karlsruher Täfelchen ist das erste, das ihn mit völlig ergrautem Haupt- und Barthaar zeigt. Für das Bildnis Johanns kann man einen solch festgelegten Porträttyp noch nicht ausmachen. EK

Literatur:
Friedländer/Rosenberg 1979, Nr. 179d, 179e;
Koepplin/Falk 1974, Nr. 182, 183.

197
Beitritt evangelischer Reichsfürsten zum Gotha-Torgauer Bündnis des Landgrafen Philipp von Hessen mit Kurfürst Johann von Sachsen (Magdeburger Vertrag)
Magdeburg, 12. Juni 1526

Ausfertigung mit den eigenhändigen Unterschriften und Siegeln der Aussteller
1 Pergamentblatt, 35 × 61 cm, acht angehängte Siegel an Pergamentstreifen, Umbug: 5 cm
Thüringisches Hauptstaatsarchiv Weimar,
Sign. EGA, Urkunde Nr. 1709

Die konfessionellen Auseinandersetzungen zwischen den evangelischen Ständen und den mit dem Kaiser verbundenen Altgläubigen führten nach dem Bauernkrieg zunehmend zu Sonderbündnissen, die in politische und später auch militärische Machtauseinandersetzungen eingebettet waren.
Auf der reformatorischen Seite schlossen der hessische Landgraf Philipp und der ernestinische Kurfürst Johann von Sachsen am 27. Februar 1526 in Gotha ein Defensivbündnis, das am 2. Mai in Torgau ratifiziert wurde. Darin verpflichteten sie sich zum gegenseitigen Beistand bei einem konfessionell motivierten Angriff Dritter. Bis zum Sommer konnten weitere Bundesgenossen gewonnen werden, so dass unter dem 12. Juni 1526 in Magdeburg ein verstärktes Verteidigungsbündnis beurkundet wurde. Neben Kursachsen und Hessen gehörten ihm nunmehr die Herzöge Ernst, Franz und Otto von Braunschweig-Lüneburg, Herzog Philipp von Braunschweig-Grubenhagen, Fürst Wolfgang von Anhalt und die Grafen Albrecht und Gebhardt von Mansfeld an. Magdeburg, Bremen und Herzog Albrecht von Preußen folgten noch im gleichen Jahr.

198
Protestation der evangelischen Fürsten gegen die von den altgläubigen Reichsständen und König Ferdinand auf dem zweiten Reichstag zu Speyer gefassten Beschlüsse
Speyer, 20. April 1529

Ausfertigung von Kanzleihand
mit eigenhändigen Unterschriften
Folio, 17 Bl.
Thüringisches Hauptstaatsarchiv Weimar,
Sign. EGA, Reg. E 115

Außenpolitische Zwänge und Verstrickungen des Kaisers verhinderten seit 1521 immer wieder die beabsichtige Ausführung des Wormser Ediktes (Kat.-Nr. 126) gegen die evangelischen Reichsstände. So verabschiedete der erste Speyerer Reichstag 1526 einen Kompromiss, der bis zu einem allgemeinen Konzil die Eigenverantwortlichkeit der Stände in der Religionsfrage vorsah. Dieses Übereinkommen bot den Evangelischen die Möglichkeit zur Institutionalisierung der Reformation und zur Ausbildung eines evangelischen Landeskirchenregiments.
1529 hatte sich die internationale Lage zeitweise entspannt und die Altgläubigen sahen sich in der Lage, die milde Bestimmung von 1526 rückgängig zu machen und das Wormser Edikt endlich durchzuführen. Gegen diese Beschlussvorlage der altkirchlichen Mehrheit auf dem zweiten Speyerer Reichstag protestierten die evangelischen Fürsten von Kursachsen, Hessen, Lüneburg, Brandenburg-Ansbach und Anhalt und übergaben König Ferdinand am 20. April ihre schriftlichen Einwände. Diesem Votum schlossen sich die 14 Reichsstädte Straßburg, Nürnberg, Ulm, Konstanz, Lindau, Memmingen, Kempten, Nörd-

lingen, Heilbronn, Reutlingen, Isny, Weißenburg und Windsheim sowie St. Gallen an. Der Reichsabschied vom 22. April 1529 beachtete dagegen die Protestation nicht, und die konfessionellen Gegensätze blieben bestehen und gewannen zunehmend politische Natur. Die Vertreter der evangelischen Konfession werden seitdem auch als Protestanten bezeichnet. VG

Druck:
Deutsche Reichstagsakten, Nr. 143, S. 1273–1288; Eberhardt 1967, Nr. 25, S. 60 f.; Groß/Kobuch/Müller 1983, Nr. 182, S. 238, 376.
Literatur:
Lutz 1983, S. 245–252; Mau 2000, S. 203–212.

199
Georg Spalatin (Abschrift)
Artikel des Glaubens und der Lehre
[Juni 1530]

Papier, 32 Bl., 32 × 22,3 cm
Thüringisches Hauptstaatsarchiv Weimar, Sign. EGA, Reg. E 129

Die erste, noch unvollständige deutsche Fassung der Confessio Augustana geht auf Georg Spalatin zurück. Dieser, seit 1525 Pfarrer und seit 1528 Superintendent in Altenburg, begleitete Kurfürst Johann 1530 als Prediger auf den Reichstag zu Augsburg. Neben Justus Jonas, Johann Agricola und Philipp Melanchthon war er an der Ausarbeitung der Confessio Augustana und ihrer Apologie beteiligt. GWa

Literatur: Höß 1989, S. 342 f.

200
Augsburger Bekenntnis
25. Juni 1530

Amtliche Abschrift des Originals
der deutschen Fassung, 47 × 33 cm
Österreichisches Staatsarchiv Wien,
Abteilung Haus-, Hof- und Staatsarchiv,
Sign. MEA Reichstagsakten Fz. 5/3

Um den Frieden im Reich zu stabilisieren, sollten die Differenzen zwischen Katholiken und Protestanten auf dem Reichstag von Augsburg 1530 möglichst beigelegt werden. Die von Philipp Melanchthon verfasste »Confessio Augustana« war so formuliert, dass ein Kompromiss möglich schien. Am 25. Juni 1530 wurde im Kapitelsaal des bischöflichen Palastes die Schrift verlesen und Kaiser Karl V. überreicht. Sachsen war durch Kurfürst Johann und seinen Sohn Johann Friedrich vertreten. Katholischerseits wurde das Bekenntnis durch die »Confutatio« zurückgewiesen, worauf die Protestanten mit einer »Apologia« antworteten. Ein Konsens auf theologischer Basis war damit unerreichbar geworden.
Als einziges Exemplar der Confessio Augustana ist diese Abschrift im Archiv des Mainzer Erzbischofs überliefert; die in Lateinisch und Deutsch abgefassten Originale, die dem Kaiser auf dem Augsburger Reichstag übergeben wurden, sind verloren gegangen. EDP

Literatur:
Welt im Umbruch 1980, Bd. I, S. 189 f., Nr. 112 [?]; Kaiser Karl V. 2000, S. 259, Nr. 246.

Lucas Cranach d. Ä. im Dienst von Hof und Diplomatie

Seit seiner Ankunft in Sachsen war Lucas Cranach als Hofmaler an allen großen künstlerischen Projekten des kursächsischen Hofes beteiligt. Sein Aufgabenspektrum reichte von der Herstellung repräsentativer Bildnisse über die Ausstattung von Kirchen und Schlössern bis hin zur vergänglichen Dekoration von Turnieren und Hoffesten.[1] Die sächsischen Fürsten hatten hohe Ansprüche – Cranach wusste sie dank seines Erfindungsreichtums und vor allem dank seines Organisationstalents zu befriedigen: In seiner Wittenberger Werkstatt arbeitete ein Kreis junger Maler und Handwerker daran, die Entwürfe des Meisters auf höchstem Niveau und zugleich in großer Zahl umzusetzen.[2]

Im Zeitalter des Humanismus maß sich der Rang eines Hofes auch an der künstlerischen und inhaltlichen Qualität der Bildwerke, mit denen sich der Fürst umgab oder die er im diplomatischen Verkehr zwischen den Höfen verschenkte. Unter den deutschen Fürsten konnte Friedrich der Weise wohl mit Recht hier die Führerschaft beanspruchen. In seinen Sammlungen fanden sich Hauptwerke aller großen Künstler seiner Zeit.[3] Kurprinz Johann Friedrich konnte den gezielten Einsatz von Kunst zum Beispiel in den Anfangsjahren der Reformation kennen lernen, als Cranachs Luther-Bildnisse – Aufträge des Kurfürsten – das Image des Reformators als eines gläubigen Mönchs und Wissenschaftlers erfolgreich prägten.[4]

Über den Schmuck sächsischer Schlösser der Reformationszeit wissen wir nur aus Inventaren, selten ist ein erhaltenes Gemälde sicher für ein Schloss oder gar einen Raum zu bestimmen. Dennoch geben uns die Inventare eine klare Vorstellung von der Bildwelt in der täglichen Umgebung der fürstlichen Familie. Viele christliche Themen sind aufgelistet, ebenso zahlreich sind Szenen aus der antiken Mythologie. Gemeinsam ist diesen Bildern ihr belehrender Charakter: Gute und schlechte Vorbilder sollten das Handeln des Fürsten leiten.

Auch diplomatische Geschenke hatten mehr als nur dekorativen Zweck. Kurz nach dem Regierungsantritt Johann Friedrichs erhielt Lucas Cranach den Auftrag zu 60 Kurfürstenbildnissen.[5] Solche Bildnisse konnten dazu dienen, ausgewählte Untertanen und benachbarte Herrscher über den Regierungswechsel und das Aussehen des neuen Fürsten zu informieren. In dieselbe Zeit fällt aber auch eine Bildniskampagne, die gegen die Weigerung des Kaisers gerichtet war, dem Erben Friedrichs des Weisen die angestammte Kurwürde zu bestätigen. Breit gestreut erinnerten diese Bildnisse die Höfe Europas an die Verdienste der Wettiner und rechtfertigten so die Ansprüche Johann Friedrichs. Einen Höhepunkt Cranach'scher Bilddiplomatie stellen sicherlich die Jagdbilder dar, die um 1544/45 entstanden und fiktive Jagdszenen vor dem Residenzschloss Hartenfels zeigen: Kaiser und Kurfürst, die Anführer der gegnerischen Parteien im bald ausbrechenden Schmalkaldischen Krieg, friedlich vereint beim fürstlichen Vergnügen. Gemalt in Zeiten höchster Spannungen und wohl als Geschenke für die habsburgischen Höfe gedacht, können diese Bilder nur als Appell zu einer friedlichen Beilegung des schwelenden Konflikts verstanden werden.

Eckhard Kluth

1 Vgl. hierzu Stievermann 1994; Stephan 1980.
2 Hierzu Koepplin/Falk 1974, S. 121, 94–97; Lucas Cranach 1994.
3 Bruck 1903.
4 Warnke 1984.
5 Schade 1974, S. 435, Nr. 276.

201

201
Lucas Cranach d. J.
Johann Friedrich von Sachsen und die Wittenberger Reformatoren
Martin Luther and the Wittenberg Reformers
etwa 1543

Holz, 72,8 × 39,7 cm (Fragment)
Toledo Museum of Art, Gift of Edward Drummond Libbey, Acc.-No. 1926.55

Auf diesem Fragment einer Tafel, die ursprünglich größer war und durch eine weitere Komposition rechts ergänzt wurde, ist Kurfürst Johann Friedrich von Klerikern, Reformatoren und Räten umgeben. Sicher identifizierbar sind bis heute (v. l. n. r.): Martin Luther, Magister Georg Spalatin, der bereits Friedrich dem Weisen als enger Berater gedient hatte, Kurfürst Johann Friedrich von Sachsen, der Kanzler Dr. Gregor Brück und schließlich am rechten Bildrand Philipp Melanchthon. Sie alle gehörten zu den Vorkämpfern und wichtigsten Mitarbeitern an der Reformation.
Buchstabe und Nummern zur Kennzeichnung der dargestellten Personen stammen von späterer Hand. Ihre Identität ist auf der Rückseite des Bildes (falsch) aufgeschlüsselt. Johann Friedrich der Großmütige ist mit dem Buchstaben A gekennzeichnet. Der Kurfürst zeigt sich auf dieser Tafel entschlossen für die Reformation eintretend, aber auch voller Selbstbewusstsein und in der Gewissheit, die führenden geistigen Kräfte der Zeit »auf seiner Seite« zu haben. KK

Literatur:
Osiander 1959, S. 256; Fabian 1964, S. 266–280; Martin Luther und die Reformation in Deutschland 1983, S. 324 f., Kat.-Nr. 429; Stievermann 1994.

202
Biblia. das ist die gantze Heilige Schrifft Deudsch
Wittenberg: Hans Lufft 1534

8 Bl., CCXII, LXXXX gez. Bl., 6 Bl., CXIIII, LIX, CVI, CC gez. Bl.
Sächsische Landesbibliothek – Staats- und Universitätsbibliothek Dresden, Sign. S. B. 102

Nach der Publikation des Septembertestaments, Luthers deutscher Übersetzung des Neuen Testaments im Jahre 1522, hatte Luther unterstützt durch den Wittenberger Humanistenkreis unermüdlich an der Übersetzung auch des Alten Testaments gearbeitet. Sie wurde in Abschnitten veröffentlicht. Es sollte aber bis 1534 dauern, bis eine Vollbibel in deutscher Sprache vorlag. Für diese Bibel wurden

allerdings die bereits veröffentlichten Teile einfach zusammengefügt. Einiges war bereits revidiert worden, apokryphe Texte wie das Buch Judith lagen erst jetzt übersetzt vor. An den eingefügten Titelblättern kann man erkennen, dass die Gesamtausgabe auf sechs Teile hin angelegt war.
Die Teile wurden – wie es damals üblich war – ungebunden verkauft. Auch um die Kolorierung der Illustrationen kümmerte sich der Käufer der Bibel selbst. Seine Arbeiten an den Holzschnitten hatte der Monogrammist MS bereits 1532 begonnen, und Martin Luther hat diesen Entwurfsprozess aufmerksam begleitet. Sie schmücken vor allem das Alte Testament und die Offenbarung des Johannes. Auch nach Erscheinen der Vollbibel wurde an der Übersetzung weiter gefeilt und ganze Passagen revidiert. Mit Luthers Tod endete dieser Prozess: Für seine Erben war die letzte autorisierte Fassung unantastbar. EK

Literatur:
Martin Luther und die Reformation in Deutschland 1983, S. 275 ff., Kat.-Nr. 367; Füssel 2002.

203

204

203
Lucas Cranach d. Ä., Werkstatt
Kurfürst
Johann Friedrich der Großmütige
bez., um 1535

Öl auf Holz, 21 × 14 cm
Kunstsammlungen der Veste Coburg,
Inv.-Nr. M 21

Nach dem Regierungsantritt Johann Friedrichs des Großmütigen im Jahre 1532 gab dieser eine ganze Reihe kleiner Bildnispaare mit seinem Porträt und demjenigen seiner jungen Gemahlin, Sibylle von Cleve, bei Lucas Cranach d. Ä. in Auftrag. Die vermutlich ehemals auch mit Scharnieren zu kleinen Porträtdiptychen verbundenen Gemälde waren als Geschenke an andere Höfe gedacht. Das sehr ähnliche, aber qualitätvollere Bildnispaar in der Sammlung Heinz Kisters weist auf der Rückseite der Tafel des Johann Friedrich die auf Pergament gemalten Wappen des Kurfürsten und seiner Gemahlin auf, was für die ursprüngliche Zusammenfügung zu einem Diptychon spricht. Die serienmäßigen Ausführungen dürften in den meisten Fällen den beiden Söhnen Cranachs, Hans und Lucas, zugeschrieben werden.
Das Bildnis stellt das Gegenstück zu dem der Sibylle von Cleve (Kat. Nr. 204) dar. AD

Literatur:
Koepplin/Falk 1974, S. 301, Kat.-Nr. 192 f., Abb. 161 f., S. 302, Kat.-Nr. 194, Abb. 160;
Friedländer/Rosenberg 1989, S. 137, Kat.-Nr. 337;
Dülberg 1990, S. 189, Kat.-Nr. 42, Abb. 456 – 458.

204
Lucas Cranach d. Ä., Werkstatt
Sibylle von Cleve,
Kurfürstin und Herzogin von Sachsen
bez., um 1535

Öl auf Holz, 20 × 14 cm
Kunstsammlungen der Veste Coburg,
Inv.-Nr. M 20

Sibylle von Cleve, Tochter des Herzogs Johann II. von Cleve und der Maria von Jülich und Berg, wurde 1526 im Alter von 14 Jahren mit dem 23-jährigen Kurprinzen Johann Friedrich von Sachsen vermählt. Die beiden haben eine Ehe in inniger Liebe zueinander geführt, was besonders der rege Briefwechsel während der fünfjährigen Gefangenschaft Johann Friedrichs bezeugt. Nachdem der Kurfürst in der Schlacht bei Mühlberg im April 1547 von Karl V. besiegt und gefangen genommen wurde, zog Sibylle sich nach Weimar zurück. Als ihr Gemahl Anfang September 1552 zu Augsburg aus seiner Haft entlassen worden war, reiste sie ihm nach Coburg entgegen. Beide zogen daraufhin in ihre Residenz Weimar unter großem Jubel ein. Doch auf Grund ihrer geschwächten Gesundheit starb Sibylle bereits nach anderthalb Jahren am 21. Februar 1554. Johann Friedrich folgte seiner Gattin bereits am 13. März 1554 im Tode nach.
Das Hüftbildnis Sibylles von Cleve stellt das Gegenstück zu demjenigen des Kurfürsten Johann Friedrich (Kat.-Nr. 203) dar. In der 1. Hälfte des 16. Jahrhunderts und insbesondere von Cranach wird die physisch kleinere Frau häufig in einem größeren Körperausschnitt gezeigt als der Mann. Sibylle wendet sich vom Beschauer aus nach links zu ihrem Gemahl, blickt ihn jedoch nicht an. Im Ver-

gleich mit ihrem Bildnis in der Sammlung Heinz Kisters wirken ihre physiognomischen Merkmale, das schmale Gesicht mit dem spitzen Kinn, den kleinen schräg gestellten Augen, der großen langen Nase und dem schmalen Mund, etwas übersteigert.
Die Kurfürstin trägt ein hochmodisches Kleid aus Samt und Brokat mit geschnürtem, besticktem Mieder, Faltenhemd und dem sächsischen Kragen. Geschmückt ist sie mit einer goldenen Kette mit Anhänger über dem Hemd und einer Glieder- sowie Hobelspankette über dem Mieder. Ihr doppeltes Halsband und ihr Haarnetz zeigen mit Perlen gestickt mehrfach ihre Devise »ALS IN EREN«. Über dem Haarnetz trägt sie schräg ein schwarzes Barett. Eine unmittelbar vergleichbare Replik befindet sich in der Stiftung Schloss Friedenstein Gotha. AD

Literatur:
Stichart 1857, S. 167–193; ADB, Bd. 34, S. 141; Flechsig 1900, S. 264 ff.; Sponsel 1906, S. 22 f.; Koepplin/Falk 1974, S. 301, Kat.-Nr. 192 f., Abb. 161 f., S. 302, Kat.-Nr. 194; Friedländer/Rosenberg 1989, S. 137, Kat.-Nr. 337; Gotteswort und Menschenbild 1994, S. 26 f., Kat.-Nr. 1.8 und 1.9, Abb. S. 40 f.

205

205
Lucas Cranach d. Ä.
Martin Luther
1532

Buchenholz, 18,6 × 15 cm
Gemäldegalerie Alte Meister,
Staatliche Kunstsammlungen Dresden,
Gal.-Nr. 1918

206
Lucas Cranach d. Ä.
Philipp Melanchthon
1532

Buchenholz, 18,3 × 15 cm
Gemäldegalerie Alte Meister,
Staatliche Kunstsammlungen Dresden,
Gal.-Nr. 1919

Cranachs Porträts von Martin Luther bestimmen unsere Vorstellung vom Aussehen des Reformators bis heute. Dies gilt besonders für das Bildnis Luthers, das ab 1532/33 in erstaunlicher Menge aus der Cranach-Werkstatt hervorging. Im typischen kleinen Format wird hier der 49-jährige Luther im Dreiviertelprofil mit Schaube und Barett gezeigt, in den Händen ein Buch, das wahrscheinlich die Bibel darstellen soll. Wie so häufig ist diesem Bildnis Luthers Philipp Melanchthon als sein wichtigster Mitstreiter zur Seite gestellt.
Die Rückseiten der Bildnisse sind qualitätvoll und in originaler grüner Marmorierung bemalt, was darauf hinweist, dass die Rückseiten im 16. Jahrhundert auch zu sehen waren. Möglicherweise konnten die Täfelchen ursprünglich mit der Bildnisseite zueinander

207

geklappt mit auf Reisen genommen werden, vielleicht bildeten sie auch ein aufklappbares Kästchen. Die Inschriften, welche das Todesdatum der Dargestellten und ihr jeweiliges Alter nennen, sind später – auf alle Fälle nach 1560, dem Todesdatum Melanchthons – von anderer Hand hinzugefügt worden. Die Jahreszahl 1532 dagegen ist original, die Bemalung der Täfelchen aus Buchenholz in diesem Jahr wird auch durch den dendrochronologischen Befund gestützt. KK

Literatur:
Gemäldegalerie Dresden Alte Meister 1992, S. 160 f.;
Löcher 1995, S. 371 f.

207
deutscher Meister
Luthers Siegelring
Augsburg, um 1530

Gold, geschnittener Carneol,
28 × 28 mm, ∅ 23,3 mm
Grünes Gewölbe, Staatliche Kunstsammlungen Dresden, Inv.-Nr. VIII 97

Die Schiene des Ringes verbreitert sich zur Mitte hin und umschließt mit flach angedrücktem Rand einen ovalen Carneol. Vertieft in diesen ist ein sechseckiges Schild mit dem Wappen Luthers: ein Kreuz inmitten eines Herzens, umschlossen von einer Rose und einem Ring. Zu beiden Seiten der Schildspitze sind spiegelbildlich die Initialen M L eingeschnitten.
Die Geschichte von Luthers Siegelring ist ein Zeugnis für die enge Beziehung der sächsischen Kurfürsten zum lutherischen Glauben.

206

Der Wittenberger Theologe Jonas schrieb Luther 1530 aus Augsburg, dass Herzog Johann Friedrich, der spätere Kurfürst, Luther einen Ring anfertigen ließ. Etwas später erwähnt Luther den Ring in einem Brief an Melanchthon: Er sei ihm zu groß, was er als Zeichen dafür verstehe, dass er nicht zum Tragen von Gold bestimmt sei.
Allgemein waren Ringe damals größer als heute, da sie über den Handschuhen getragen wurden. Der Ring vererbte sich auf den Urenkel des Reformators, Johann Martin Luther, Stiftsrat zu Wurzen. Dieser gab ihn an den Kurfürsten Johann Georg I. ab und erhielt im Gegenzug das Rittergut Hohburg. In der Leichenpredigt für den Kurfürsten aus dem Jahr 1657 wird erwähnt, dass dieser den Ring bis zu seinem Tode getragen habe. AGr

Literatur:
Weller 1657, S. 139; Inventar Juwelenzimmer 1733, S. 448, Nr. 3 b; Hasche 1781, S. 84; Textor 1834; Arnold 1967 a, S. 182 f.

208

208
deutscher Meister
Melanchthons Ring
1. Hälfte 16. Jahrhundert

Achat, Gold, 30 × 28 mm
Grünes Gewölbe, Staatliche Kunstsammlungen Dresden, Inv.-Nr. VIII 98

Im Inventar des Juwelenzimmers im Grünen Gewölbe von 1733 heißt es: »Ein starcker güldener glatter Ring, in welchem ein Stein, als ein Auge formieret. In der Mitte ist der Aug Apffel schwartz und braun, sodann gelblich und hat rothe Streiffe, Am Ende ist er weiß und ein schwartz Band dran gebunden: Dr. Philippus Melanchthon soll diesen Ring getragen haben.« AGr

Literatur:
Inventar Juwelenzimmer 1733, S. 452.

209

210

209
Hans Reinhart
Kurfürst Johann Friedrich
1535

Tuffsteinrelief, ∅ 45 cm
Stiftung Weimarer Klassik und Kunstsammlungen, Inv.-Nr. A 2108

210
Hans Reinhart
Sibylle von Cleve
1535

Tuffsteinrelief, ∅ 45 cm
Stiftung Weimarer Klassik und Kunstsammlungen, Inv.-Nr. A 2109

Diese beiden Flachrelieftondi stammten ursprünglich aus Schloss Hartenfels in Torgau. Eingefügt in den Architrav-Aufsatz des prachtvollen Eingangsportals zum ehemaligen Festsaal waren sie Teil eines Bildprogramms ernestinischer Machtpräsenz. Sie bestechen durch ungewöhnlich filigrane bildhauerische Bearbeitung. Auf dem Kragen des Kurfürsten steht die gestickte Devise AL(LE)S IN ERE(N KANN NIEMAND WEH)REN, im Halsband der Kurfürstin sind die Buchstaben HFS erkennbar.
Die erhaltenen Rechnungen nennen den Holzschnitzer und Medailleur Hans Reinhart aus Halle, der die Bildwerke – nach Vorlagen Cranachs – für 18 fl. gefertigt hat. Die Virtuosität der feinplastischen Ausführung und die Höhe der Bezahlung spricht für eine eigenhändige Arbeit des vielseitigen Meisters. Er fertigte im gleichen Jahr auch eine Medaille mit dem Brustbild des Kurfürsten in ganz ähnlicher Haltung. Die beiden Tondi zeigten ursprünglich eine Teilpolychromie mit partiellen Vergoldungen sowie farbigen Augen und Lippen. Spätestens im 18. Jahrhundert wurden sie aus dem Portal entfernt und sind heute in Torgau durch Kopien ersetzt. AK

Literatur: Findeisen 1974, S. 7.

211
Lucas Cranach d. Ä., Werkstatt
Bildnis des Kurfürsten Johann Friedrich des Großmütigen
bez. mit der geflügelten Schlange und dat. 1533

Öl auf Holz, 20 × 14 cm
Museo Nacional del Prado, Madrid, Inv.-Nr. 7798

Das Bild galt zuerst als Porträt eines Unbekannten. Es handelt sich aber ohne Zweifel um den sächsischen Kurfürsten Johann Friedrich den Großmütigen. Das unveröffentlichte Werk zeigt ein von Cranach ausgeführtes Porträt, das auf die Machtübernahme Johann Friedrichs im Jahr zuvor anspielt und für ein Mitglied des Hofes, einen Angehörigen, Freund oder Verwandten bestimmt war. Es gibt den Fürsten mit einem runden, breiten Gesicht, auffälligem Schnurrbart, ausgeprägtem Bart auf beiden Seiten der Wangen und geringem Haupthaar sowie dem allgemeinen Eindruck von Körperfülle wieder. In seinem Aufputz fällt der Koller auf, der mit kleinen Perlen besetzt ist, die das »S« von Sachsen bilden, ferner das weiße Hemd, die vier goldenen Ketten, der Anhänger, der von der untersten Kette herabhängt, die schwarze Kleidung und das Obergewand mit Pelzkragen.
Wie viele Menschen seiner Zeit dem Prunk mit Schmuckstücken zugetan, unterscheidet Johann Friedrich sich hier etwas von dem Bildnis, das Cranach in seiner Zeit als Thronfolger von ihm gemalt hatte (Musée du Louvre). In diesem Werk ist er mit einem Hut abgebildet, an dem verschiedene Juwelen glänzen. Er trägt ebenfalls dicke goldene Ketten um den Hals, obwohl die Form des Anhängers ebenso von dem Madrider Bild abweicht wie das Hemd mit seinen diversen gestickten Streifen. Gleichwohl wiederholt sich der Ring mit dem Edelstein am Zeigefinger der rechten Hand. Insgesamt wirkt das Modell gefälliger und idealisierter als im vorliegenden Gemälde, obwohl nur relativ wenig Zeit – zwei Jahre – zwischen den beiden Bildnissen verstrichen ist.
Der Bildträger besteht aus an den Längsseiten leicht verwölbtem Eichenholz. Seine Stärke entspricht dem aus der Zeit Gewohnten. Die Rückseite weist einen schwarzen Überzug in der Art eines Teeraufstrichs, Reste eines Lacksiegels und, auf aufgelegtem Pergament, zwei Wappen des Hauses Sachsen – eines davon das persönliche Wappen des Kurfürsten Johann Friedrich – sowie einen Hinweis auf das schottische Landhaus der Vorbesitzerfamilie Gladstone (Fasque, Aberdeenshire) auf.
Cranach hat 1532/33 verschiedene kleine Porträts von Mitgliedern des sächsischen Herrscherhauses angefertigt. Das vorliegende Bild gehört in diese Reihe. Wie bei Cranach vor dem Tod seines Sohnes Hans 1536 üblich, ist es mit einem kleinen schlangenförmigen Drachen mit erhobenen Flügeln signiert. Neben der Signatur erscheint das Ausführungsdatum 1533. Gegenüber den ebenfalls historischen Personen, die auf seinen Jagdszenen wiedergegeben sind (Kat. P-2175 und P-2176), handelt es sich um das erste Einzelporträt von Lucas Cranach, das – durch Zuweisung des Ministeriums für Bildung, Kultur und Sport im Jahr 2002 – in den Prado gelangte. JJL

Literatur: Luna 2003, S. 71.

212

212

Lucas Cranach d. Ä.

Friedrich der Weise, Johann der Beständige und Johann Friedrich der Großmütige, Kurfürsten von Sachsen (Triptychon)

um 1535

Öl auf Holz, Mitteltafel 67,5 × 67 cm,
Flügel je 68,7 × 32,3 cm
Hamburger Kunsthalle, Inv.-Nr. 606

Nach Antritt seiner Regierung bestellte Kurfürst Johann Friedrich 1532 bei Cranach »LX par teffelein daruff gemalt sein die bede churfursten selige vnd lobliche gedechtnus«. Von diesen etwa 20 × 15 cm messenden Doppeltafeln sind zahlreiche Exemplare bekannt, die als diplomatische Geschenke verteilt wurden. Unter den Bildnissen der Vorgänger des Kurfürsten, Friedrich dem Weisen und Johann dem Beständigen, tragen sie meist die gleichen, teils auf Luther zurückgehenden Lobverse, die auch auf dem Hamburger Triptychon zu lesen sind.
Die große Fassung, erstmals 1815 in Hamburg nachweisbar, erweitert die Porträts um das Bildnis des regierenden Kurfürsten. Damit wird die dynastische Rechtmäßigkeit der Regierung Johann Friedrichs verbildlicht, während die Lobverse das Thema der Kaisertreue mit dem realiter damit kollidierenden reformatorischen Bekenntnis demonstrativ verbinden. Die ursprüngliche Anlage als verschließbares Triptychon, traditionell assoziiert mit Altargemälden, unterstreicht sowohl das Gottesgnadentum der kursächsischen Herrschaft als auch die Doppelrolle des Kurfürsten, der nun auch Oberhaupt der protestantischen Landeskirche war. GW

Literatur:
Friedländer/Rosenberg 1979, S. 137, Nr. 338, Farbtaf.

213

Lucas Cranach d. Ä., Werkstatt

Herkules und die Rinder des Geryones

o. J.

Rotbuchenholz, 109,3 × 98,5 cm
Herzog Anton Ulrich-Museum Braunschweig, Kunstmuseum des Landes Niedersachsen, Inv.-Nr. GG 717

214

Lucas Cranach d. Ä., Werkstatt

Herkules am Scheideweg

o. J.

Rotbuchenholz, 110,1 × 98,1 cm
Herzog Anton Ulrich-Museum Braunschweig, Kunstmuseum des Landes Niedersachsen, Inv.-Nr. 712

Beide Herkules-Darstellungen gehören zu einer für die Cranach-Werkstatt einmaligen Folge von heute noch acht erhaltenen Gemälden mit Herkules-Taten, von der angenommen werden kann, dass sie im fürstlichen Auftrag für ein sächsisches oder eventuell sogar braunschweigisches Schloss angefertigt wurde. Ihre genauere Herkunft und Bestimmung sowie der ursprüngliche Umfang der mit Sicherheit noch mehr Bilder umfassenden Serie sind jedoch unbekannt.

213

214

Herkules und die Rinder des Geryones steht innerhalb des antiken zwölfteiligen Kanons von Herkules-Taten an zehnter Stelle. Das Thema der Darstellung wird durch die Inschrift deutlich: STERNIT GERYONEN BOBVSQUE POTITVR IBERIS (Er streckt den Geryones zu Boden und bemächtigt sich der iberischen Rinder). Bildlich dargestellt ist dementsprechend die Geschichte des dreileibigen männlichen Geryones, der auf der Insel Erytheia jenseits des Okeanos-Stroms wohnte und Rinderherden besaß, die von dem Hirten Eurytion und dem Hund Orthos bewacht wurden. Der Auftrag, den Herakles bekam, lautete, die Rinder zu entführen und zu Eurystheus zu bringen. Zu diesem Zweck musste er im Kampf Geryones, Eurytion und Orthos besiegen. Die cranachsche Darstellung verkürzt die Erzählung auf das Wesentliche und beschränkt sich auf die zentralen Figuren Herkules und den dreiköpfigen (statt dreileibigen), bereits besiegten Geryones sowie zwei seiner Rinder.

Herkules am Scheideweg thematisiert – wie auch das motivisch-szenisch verwandte Urteil des Paris, das sich noch größerer Beliebtheit in der deutschen Renaissance erfreute – die Entscheidung des antiken Helden zwischen Tugend und Wollust bzw. Laster, zwischen einem Leben der Tat und einem Dasein, das den Sinnen verfallen ist und nachgibt. Dies wird in der Inschrift benannt: SOLLICITAT IVVENEM VIRTVS AC BLANDA VOLVPTAS (Es lockt den Jüngling die Tugend und die schmeichelnde Lust).

Die Wahl des Herkules zwischen Tugend und Laster gehört nicht zu den zwölf kanonischen Herkules-Taten, sondern wurde erst im 5. Jahrhundert v. Chr. von dem griechischen Dichter und Philosophen Prodikos den Herkules-Erzählungen hinzugefügt. Der Held entscheidet sich für den tugendhaften und mühsameren Weg. Dies wird in der Darstellung der Cranach-Werkstatt durch Haltung und Gestik des Protagonisten deutlich gemacht. Die Personifikationen von Tugend und Laster sind ebenso klar charakterisiert: Die eine zeigt sich bis auf einen durchsichtigen Schleier nackt, die andere züchtig in zeitgenössischer Frauenkleidung. Der »Virtus« zugeordnete Hirsch im Hintergrund fügt als Christussymbol der antikischen Entscheidung für die Tugend eine christologische, moralisch-religiöse Bedeutung hinzu. KK

Literatur:
Panofsky 1930; Verzeichnis der Gemälde 1976, S. 15, Nr. 712, 717; Matsche 1994; Foister 2003; Robert 2003.

215

216

217

215
Lucas Cranach d. J.
Simson und Delila
um 1537

Lindenholz, 74,5 × 121 cm
Gemäldegalerie Alte Meister,
Staatliche Kunstsammlungen Dresden,
Gal.-Nr. 1929

Die alttestamentarische Geschichte des Helden Simson (Richter 16, 19–21), der schließlich durch eine »Weiberlist« besiegt wurde, ist eines der anschaulichsten und beliebtesten Themen der »Weibermacht« im 16. Jahrhundert. Simson, der – wovon noch der Eselskinnbacken im Vordergrund zeugt – so siegreich gegen die Philister gekämpft hatte, wird durch Delila seiner Haare und damit seiner Kraft beraubt und auf diese Weise seinem Verderben ausgeliefert, das in Gestalt der Feinde links im Hintergrund naht.
In der Darstellung werden gleich mehrere »Cranach-Prinzipien« offensichtlich: das der Variation von Bildlösungen, das der Nobilitierung von Themen, die bisher nur in den graphischen, gebundenen und dekorativen Künsten verbreitet waren, und schließlich das Aufgreifen von Anregungen anderer Künstler und ihre Verarbeitung bzw. Verwandlung. Mehrere Varianten des Themas sind aus der Cranach-Werkstatt bekannt.
Am Beginn der Auseinandersetzung Cranachs d. Ä. mit dem Sujet steht ein Holzschnitt aus dem Jahr 1524. Wenige Jahre später übernimmt er das Thema in die Tafelmalerei (1529, Städtische Kunstsammlungen Augsburg). Die Verarbeitung von Holzschnitten anderer Künstler wie Albrecht Dürer (Der Ritter vom Turn, Basel 1493) und Lucas van Leyden (1514/1517) ist gerade auch im Dresdner Exemplar, das auf Grund seiner dekorativen Züge 1974 von Dieter Koepplin Lucas Cranach d. J. zugesprochen wurde, zu beobachten. KK

Literatur:
Koepplin/Falk 1976, S. 574, Nr. 472;
Hoffmann 1992, S. 60 f., Nr. 19; Marx 1996.

216
Lucas Cranach d. J.
David und Bathseba
um 1537

Lindenholz, 74 × 121 cm
Gemäldegalerie Alte Meister,
Staatliche Kunstsammlungen Dresden,
Gal.-Nr. 1930

Die Geschichte von König David, der die Frau seines Feldherrn Uria, Bathseba, beim Baden beobachtet, sich in sie verliebt, sie zur Geliebten nimmt und schließlich, nachdem er den Ehemann Bathsebas in den Tod geschickt hat, ehelicht, wird im 2. Buch Samuel, 11 des Alten Testaments geschildert.
Von den bekannten Varianten des Themas aus der Cranach-Werkstatt hebt sich das Dresdner Gemälde durch ein raffiniert auskomponiertes Spiel der Gesten und Blickrichtungen ab. Die zentrale und – wie so häufig bei Cranach – formal ein Dreieck bildende Figurengruppe zeigt Bathseba und zwei Dienerinnen. Bathseba ist in ihr Bad vertieft und scheint – im Gegensatz zu den meisten anderen Darstellungen der Cranach-Werkstatt – König Davids Blick nicht zu bemerken. Eine Dienerin trocknet Bathsebas rechten Fuß mit dem eigenen Rock ab, die andere steht mit den Schuhen bereit. Sie nimmt als einzige der Figurengruppe bereits Blickkontakt mit dem Betrachter auf. Am rechten Bildrand stehen zwei weitere Gefährtinnen Bathsebas. Während die eine in koketter Kopfdrehung sich rückwärts zum Betrachter wendet, lenkt die andere mit Blick und ausgestrecktem Zeigefinger die Aufmerksamkeit des Betrachters unwillkürlich weiter in die linke obere Bildecke. Dort wird König David mit Gefolgsleuten gezeigt, wie sie vom Balkon herab das Bad der Bathseba beobachten. Vertikale (Turm und Bäume) und horizontale (Landschaft im Hintergrund) Achsen im Bild vervollständigen die durchorganisierte Komposition.
Ein in sich verschlungener, kahler Baumstamm am linken Bildrand kann als Mahnung vor kommendem Unheil verstanden werden. In den 1529 publizierten Cranach-Holzschnitten zu Luthers deutschem Katechismus diente die Darstellung David und Bathsebas als Illustration zur Übertretung des 6. Gebotes »Du sollst nicht ehebrechen«.
Die Dresdner Darstellung von »David und Bathseba« wurde bereits 1858 von Gustav Waagen Cranach d. J. zugeschrieben. Dies blieb in der Forschung unbeachtet, eine erneute Zuschreibung an Cranach d. J. nahm schließlich Koepplin vor. KK

Literatur:
Waagen 1858, S. 38, Nr. 1644; Koepplin/Falk 1976, S. 570 f., Nr. 469; Hoffmann 1992, S. 57 ff., Nr. 18; Wiemers 2002.

217
Lucas Cranach d. J.
Salome mit dem Haupt Johannes des Täufers an der Tafel des Herodes
1537

Buchenholz, 82,5 × 121 cm
Gemäldegalerie Alte Meister, Staatliche Kunstsammlungen Dresden, Gal.-Nr. 1923

Die Darstellung von Salome, welche Herodes das abgeschlagene Haupt Johannes des Täufers präsentiert, reiht sich thematisch in die Folgen der so genannten »Weibermacht« oder »Weiberlisten« ein. Geschichten der Bibel oder der antiken Literatur dienten dabei als »anschauliche Beweise« für die Verführungskraft der Frauen und das Unglück, das sie über die Männer gebracht hatten. Solche Beispiele für die Macht der Frauen über die Männer waren im 15. und 16. Jahrhundert sehr beliebt und vor allem in den angewandten, dekorativen, gebundenen und graphischen Künsten verbreitet. Cranach d. Ä. übernahm Themen der »Weiberlisten« als erster deutscher Künstler in die Tafelmalerei. Auch von Salome mit dem Haupt Johannes des Täufers sind mehrere Gemälde aus der Cranach-Werkstatt bekannt. Sie sind offensichtlich von Holzschnitten Lucas van Leydens inspiriert.
Die Dresdner Tafel wurde zusammen mit 17 (!) weiteren Cranach-Bildern am 20. November 1657 von Kurfürst Johann Georg II. in die Dresdner Kunstkammer eingeliefert. Unter diesen Gemälden waren auch die Darstellungen von »David und Bathseba« (Kat.-Nr. 216), »Simson und Delila« (Kat.-Nr. 215) und »Salomos Götzendienst« (Gal.-Nr. 1928) der Dresdner Gemäldegalerie, die auf Grund ihrer Ähnlichkeiten in Größe und Komposition vermutlich ursprünglich eine zusammenhängende Reihe der »Weiberlisten« bildeten. »Salome mit dem Haupt Johannes des Täufers an der Tafel des Herodes« hebt sich von dieser durch die Datierung, das Bildträgermaterial (Buchenholz statt Lindenholz) sowie das etwas andere Format ab. Sie kann deshalb nicht in einem direkten Entstehungszusammenhang, wohl aber als thematische Ergänzung der Reihe gesehen werden. KK

Literatur:
Hoffmann 1992, S. 55 f., Nr. 17; Koepplin 2003.

218

218
Lucas Cranach d. Ä.
Hofjagd zu Ehren Karls V. vor Schloss Hartenfels
1544

Öl auf Holz, 114 × 175 cm
Museo Nacional del Prado, Madrid, Inv.-Nr. 2175

Das Gemälde hat ein ähnlich konzipiertes Gegenstück (Museo Nacional del Prado, Inv.-Nr. 2176). In beiden Werken wird in unterschiedlichen, aber sich ergänzenden Episoden das Jagdvergnügen gezeigt, das Kurfürst Johann Friedrich der Großmütige zu Ehren Kaiser Karls V. in Torgau veranstaltete. Auf beiden Bildern erkennt man im Hintergrund Schloss Hartenfels, die Residenz der Kurfürsten. Nach allen ins Auge fallenden künstlerischen Eigenheiten geht der vom Künstler umgesetzte Wunsch des Auftraggebers über das eigentliche Konzept eines mit in – beinahe in Art einer Porträtgalerie – unterschiedlichen Haltungen wiedergegebenen Figuren angereicherten Landschaftseindruck hinaus. Wenn man die große Zahl minutiös wiedergegebener Details in Rechnung stellt, erinnert das Ergebnis in gewisser Weise mehr an die Arbeit eines Miniaturmalers als an die ästhetische Formulierung eines Malers.
Die Wiedergabe des Panoramas mit außerordentlich hohem Blickpunkt und nahe am oberen Bildrand und damit weit über der Mittelachse der Komposition liegender Horizontlinie, erinnert an die Ausdrucksweise einer Tapisserie, auf deren Oberfläche ebenfalls vielfältige Handlungen von zahllosen Menschen und Tieren projiziert sind. Viele von ihnen zeigt Cranach in sehr dynamischer Haltung. Er gibt dadurch auf seine Weise das Lärmen und Getöse der Jagden wieder. Dabei verzichtet der Maler auch nicht auf die Wiedergabe blutiger Zusammenstöße von dramatischer Leidenschaftlichkeit. Davon abgesetzt sind die Vordergrundfiguren: Kaiser, Kurfürst, sein Hofstaat oder die Damen. Man sieht sie in Anspannung, aber abseits der unmittelbaren Gefahr und doch in den Ablauf des faszinierenden Geschehens eingebunden.
Es handelt sich mehr um eine erzählende Wiedergabe eines Ereignisses als um eine wirkliche Herausforderung an Cranachs kompositorische Fähigkeiten. Und dies trotz der überraschenden und kühnen Anhäufung von Details, unter denen die Ansichten der Hauptdarsteller – einige von ihnen in einer Weise wiedergegeben, dass man von authentischen Porträts sprechen kann – und die unterschiedlichen und vielfältigen Anekdoten herausragen, welche die Bildoberfläche füllen. Die kürzlich vorgenommene Restaurierung erlaubt, die für Cranachs Meisterschaft im gesamten Werk zeugenden Details noch präziser wahrzunehmen.
Der Künstler, dem bei der Ausführung wahrscheinlich Werkstattmitarbeiter und sogar sein eigener Sohn, Lucas Cranach d. J., zur Seite

219

standen, hat den komplexen Schauplatz als von einem Fluss durchzogene waldige Landschaft mit außerordentlich hohem Horizont und Blickpunkt gestaltet. Unzählige Jagdsituationen spielen sich ab, durch ihren Gehalt an Wettbewerb und Tragik noch einzigartiger wegen der dargestellten Ereignisse. Im oberen Bereich der Tafel erscheinen innerhalb eines komplexen Wappenschildes, der auch das persönliche Wappen von Johann Friedrich dem Großmütigen umfasst, die Wappen des Kurfürstentums Sachsen. Abgesehen von diesem Gemälde und seinem ebenfalls im Prado befindlichen Gegenstück gibt es ähnliche Darstellungen noch im Kunsthistorischen Museum in Wien, im Nationalmuseum von Stockholm, im Statens Museum von Kopenhagen und im Schloss Moritzburg [heute Cleveland – Anm. d. Red.].
Die zwei Tafeln gehörten der Schwester Kaiser Karls V., der Königin Maria von Ungarn, über die sie in die königlich spanischen Sammlungen gelangten. JJL

Literatur:
Friedländer/Rosenberg 1932, Nr. 330; Schade 1974, Taf. 209 – 211; Friedländer/Rosenberg 1978, Nr. 411.
Ausstellungen:
Les Chefs d'Œuvre du Musée du Prado, Genf 1939, Nr. 119; Carlos V y su tiempo, Toledo 1958, S. 75.

219
Lucas Cranach d. Ä.
Hofjagd auf Hirsche und Bären
1540

Öl auf Holz, 133 × 185,5 cm
The Cleveland Museum of Art,
Inv.-Nr. 1958.425

Dieses ist das früheste erhaltene Jagdbild Cranachs, in dem Schloss Hartenfels zentral im Hintergrund erscheint. Wie in den Jagdbildern der 1520er Jahre gibt auch hier eine Flussbiegung dem Vordergrund seine räumliche Struktur. Während dort der Blick des Betrachters im Bildzentrum von Bäumen oder Felsen aufgehalten wurde, öffnet sich hier der Blick auf das neue kursächsische Residenzschloss. Kurfürst Johann Friedrich steht mit erhobener Armbrust im Vordergrund, und Sibylle von Cleve hat rechts ihre Armbrust im Anschlag. Auch die Nebenfiguren sind soweit individualisiert, dass man bekannte Gesichter sucht. Francis erkennt in dem Mann im gelben Gewand in der Vordergrundmitte Herzog Johann Wilhelm, in dem Knaben mit Hunden links Herzog Johann Friedrich II. – auf Grund des Altersunterschieds der beiden Söhne Johann Friedrichs ist dies jedoch kaum überzeugend. Im Mittelgrund am linken Bildrand hat ein junger Mann die Armbrust angelegt. Der alte Mann neben ihm ähnelt einem Bildnis in Stuttgart, das neuerdings unter dem Namen Jobst von Hayn läuft, der seit 1546 Kanzler am kursächsischen Hof war. Diese Stellung hat zur Entstehungszeit des Bildes Melchior von Ossa inne. Die von Grimm vorgeschlagene Identifizierung des Mannes im graublauen Mantel links vom Kurfürsten als Moritz von Sachsen ist fraglich. EK

Literatur:
Francis 1959, S. 200 – 205; Schade 1974, Taf. 210; Friedländer/Rosenberg 1979, Nr. 412 b; Grimm 1994, Nr. 131.

Die Gründung des Schmalkaldischen Bundes

Der Schmalkaldische Bund evangelischer Reichsstände wurde am 27. Februar 1531 in Schmalkalden gegründet. Reichsständische Bünde gaben die Möglichkeit zur Opposition auch außerhalb der Reichstage. Die Bünde waren ein Instrument der Reichspolitik, doch mussten sie sich verpflichten, defensiv zu bleiben und durften sich nicht gegen Reich oder Kaiser richten. Allerdings beteuerten die Schmalkaldener selbst auf dem Höhepunkt der Konflikte noch, sich »allain zu Gegenwehr und rettungsweise« gegen die Angriffe der katholischen Seite zusammengeschlossen zu haben. Das Bündnis sollte zur gemeinsamen »Gegenwehr« der Bündner dienen und der drohenden Reichsexekution zuvorkommen. Zu militärischer Verteidigung und zu präventivem Handeln im Konfliktfall schlossen sich neben Hessen und dem ernestinischen Sachsen auch Ernst von Lüneburg, Philipp von Braunschweig-Grubenhagen, Wolfgang von Anhalt, Gebhard und Albrecht von Mansfeld sowie die Städte Biberach, Braunschweig, Einbeck, Esslingen, Göttingen, Goslar, Isny, Konstanz, Lindau, Lübeck, Magdeburg, Memmingen, Reutlingen, Straßburg und Ulm dem Bund an. Erst nachdem die lutherische Sache mehr Popularität gewonnen hatte, wurde 1535 die Annahme der Confessio Augustana zur Aufnahmebedingung. Die Siegelung des Bundesvertrages durch seine Mitglieder fand im Juni 1532 statt. Ein Jahr später gab sich der Bund eine effiziente Militärverfassung mit Landgraf Philipp von Hessen und Johann Friedrich dem Großmütigen von Sachsen als Bundeshauptleuten. Den evangelischen Territorien sollte der Schmalkaldische Bund als Instrument zur politischen und militärischen Sicherung der Reformation in ihren Ländern gegen den Kaiser und dessen Verbündete dienen.

Johann Friedrichs Versuch von 1536, den Schmalkaldischen Bund für innerwettinische Streitigkeiten zu nutzen, schlug fehl. Die Konstruktion des Bundes war so angelegt, dass sie eine Instrumentalisierung zu anderen Zwecken verhinderte. Das protestantische Verteidigungsbündnis wurde 1536 um weitere zehn Jahre verlängert. Der zweite Bundesvertrag und die zweite »Verfassung auf Gegenwehr« datiert auf den 29. September 1536. Seit Mitte der 1530er Jahre war der Schmalkaldische Bund bedeutender Faktor der Reichspolitik geworden. Zu seinen neuen Mitgliedern zählten nun auch die Herzöge von Württemberg und Pommern.

Seit Januar 1537 bemühte sich Johann Friedrich um den Beitritt Herzog Heinrichs von Sachsen zum Bund. Die Aufnahme wurde am 7. Juli 1537 vollzogen, doch sollte die Vollmitgliedschaft erst im Fall der Regierungsübernahme von Heinrich bzw. dessen Sohn Moritz eintreten.

Cecilie Hollberg

Literatur:
Fabian 1962; Haug-Moritz 2004, S. 112–123.

220

Der erste Schmalkaldische Bundesvertrag

27. Februar 1531

Ausfertigung, Pergament, 36 × 62 cm,
16 anhängende Siegel der Aussteller
Archives municipales de Strasbourg,
Sign. G.u.P., lad. 47, Nr. 137

Seit dem Augsburger Reichstag von 1530 gerieten die Protestanten zunehmend unter politischen Druck. Trotz aller Bedenken und theologischer Differenzen fanden sie sich zum Abschluss eines Verteidigungsbündnisses zum Schutz der Bündnispartner bereit. Ursprünglich unterzeichneten 18 evangelische Reichsstände im thüringischen Schmalkalden am 27. Februar 1531 den Bundesvertrag. Bis 1532 traten fünf weitere Stände hinzu. Der Vertrag ist in mehreren Ausfertigungen überliefert. Das kursächsische und hessische Exemplar sind nicht mehr vorhanden. CH

Literatur:
Martin Luther und die Reformation in Deutschland 1983, Kat.-Nr. 274; Hessen und Thüringen 1992, Kat.-Nr. 552.

221

Aufnahme der Herzöge Heinrich und Moritz von Sachsen in den Schmalkaldischen Bund

7. Juli 1537

Urkundenlibell, Ausfertigung, Pergament,
34,5 × 50,5 cm (aufgeschlagen), Siegel von
fünf Urkundenausstellern (Kurfürst Johann
Friedrich von Sachsen, Landgraf Philipp
von Hessen, Städte Ulm, Augsburg und
Magdeburg) an schwarz-rot-gelb-weißer
Schnur, Siegel der Stadt Braunschweig als
sechster Aussteller fehlt
Sächsisches Hauptstaatsarchiv Dresden,
Sign. 10001 Ältere Urkunden, Nr. 10850

Unter dem Einfluss seiner Ehefrau Katharina von Mecklenburg begann Herzog Heinrich von Sachsen Anfang 1537 entgegen dem Willen seines regierenden älteren Bruders Georg im ihm zur Nutzung zugewiesenen Gebiet um Freiberg und Wolkenstein die Reformation einzuführen. Georg, dessen Sohn Johann am 11. Januar 1537 verstorben war, versuchte daraufhin mit allen ihm zur Verfügung stehenden rechtlichen Mitteln eine Erbfolge Heinrichs zu verhindern. So erlangte er auf dem Leipziger Landtag im Mai 1537 von den Ständen die Zusicherung, dass ihm sein verbliebener Sohn Friedrich trotz einer Geisteskrankheit nachfolgen sollte. Die wirkliche Regierungsgewalt sollte in diesem Fall einem ständischen Ausschuss von 24 Personen übertragen werden.

220

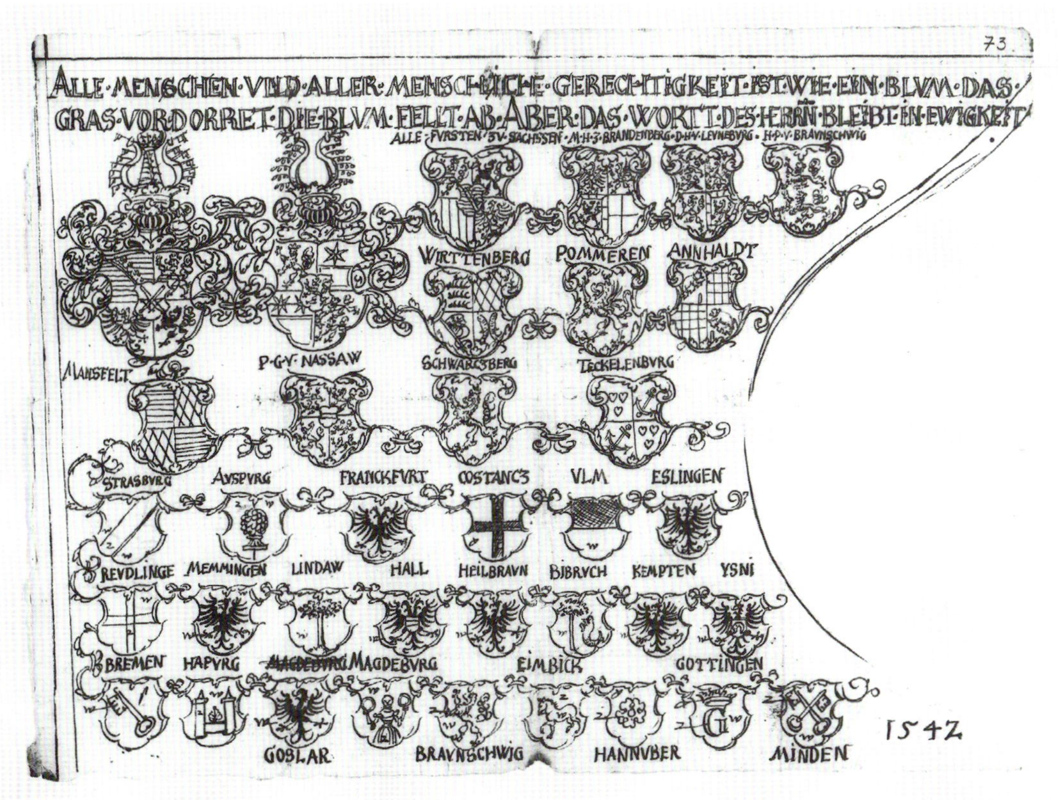
73
ALLE·MENSCHEN·VND·ALLER·MENSCHLICHE·GERECHTIGKEIT·IST·WIE·EIN·BLVM·DAS·
GRAS·VORDORRET·DIE·BLVM·FELLT·AB·ABER·DAS·WORTT·DES·HERRN·BLEIBT·IN·EWIGKEIT
ALLE·FVRSTEN·ZV·SACHSSEN·M·H·Z·BRANDENBERG·D·H·V·LEVNEBVRG·H·P·V·BRAVNSCHWIG
WIRTTENBERG
POMMEREN
ANNHALDT
MANSFELT
P·G·V·NASSAW
SCHWARCZBERG
TECKELENBVRG
STRASBVRG
AVSPVRG
FRANCKFVRT
COSTANCZ
VLM
ESLINGEN
REVDLINGE
MEMMINGEN
LINDAW
HALL
HEILBRAVN
BIBRVCH
KEMPTEN
YSNI
BREMEN
HAPVRG
MAGDEBVRG
MAGDEBVRG
EIMBICK
GOTTINGEN
GOSLAR
BRAVNSCHWIG
HANNVBER
MINDEN
1542

222

Seit Januar 1537 verhandelte der ernestinische Kurfürst Johann Friedrich von Sachsen mit Herzog Heinrich über dessen Beitritt zum Schmalkaldischen Bund. Die Aufnahme in dieses Bündnis der evangelischen Reichsfürsten wurde schließlich am 7. Juli 1537 vollzogen, wobei Moritz als ältester Sohn Herzog Heinrichs mit einbezogen wurde. Wegen der unselbständigen Position Heinrichs als nicht mitregierender jüngerer Bruder Herzog Georgs wurde er in die zum Bündnis gehörende »Verfassung zu Rettung und Gegenwehr« zunächst nicht aufgenommen. Die Vollmitgliedschaft sollte erst im Fall einer Regierungsübernahme von Heinrich oder Moritz eintreten.
Herzog Georgs letzter verbliebener Sohn Friedrich starb noch kurz vor seinem Vater. Auch andere Bemühungen Georgs, Heinrich von seiner Nachfolge auszuschließen, blieben letztlich erfolglos. Somit wurde Herzog Heinrich als neuer Landesfürst nach dem Tod Georgs am 17. April 1539 auch Vollmitglied des Schmalkaldischen Bundes. EL

Literatur:
Langenn 1841, S. 177–181 (Druck der Urkunde, als Datierung hier fälschlich 6. Juli 1337 angegeben); Brandenburg 1896, S. 10–24; PKMS I, Nr. 11 (Regest); Held 1997, S. 18–23.

222
Michael Müller
Entwurf
der Schmalkaldischen Bundesfahne
1542

Federzeichnung, 30,5 × 42 cm
Hessisches Staatsarchiv Marburg,
Sign. 3 Nr. 616 f. 73

223
unbekannt (Erzgebirgische Prägestätte)
Medaille auf die Erneuerung
des Schmalkaldischen Bundes
1535

im äußeren Blätterkranz:
+ VON GOTS · GNADEN · IOHANS · FRIDERICH · HERZOG · ZV SA
im inneren Blätterkranz Brustbild mit Pelzmantel nach links zwischen: 1·5·–·Σ5·
Rs.: im äußeren Blätterkranz:
+ VON · GOTTES · GNADEN · PHILIPS · LANTGRAVE · ZV · HESSEN
im inneren Blätterkranz Brustbild nach links vorn mit Schnurrbart, Hut und Feder sowie dreifacher Kette zwischen ·1·5·–·35·

223

glatter Rand, Silber, Ø 38,3 mm, 13,96 g
Münzkabinett,
Staatliche Kunstsammlungen Dresden,
Inv.-Nr. 2281

Kurfürst Johann Friedrich von Sachsen und Landgraf Philipp von Hessen ließen als Anführer des Schmalkaldischen Bundes auf dessen Erneuerung eine Medaille in Gold und Silber prägen und laut Tentzel an »anwesende Städtische Gesandte und Fürstliche Räthe und Cavalliers« zum Andenken verteilen. Das Bildnis Philipps von Hessen geht auf einen 1534 erschienenen Holzschnitt Hans Brosamers zurück. RGru

Literatur:
Tentzel 1705/1982 a, S. 96 ff., Taf. 7; Katz 1932, Nr. 78, Taf. IX; Hessen und Thüringen 1992, Kat.-Nr. 552 b.

224
Hieronymus Dietrich (?)
Medaille auf Philipp von Hessen und
Johann Friedrich den Großmütigen
1535

Silber, geprägt, Ø 41 mm
Staatliche Museen zu Berlin – Münzkabinett,
Inv.-Nr. alter Bestand

225
unbekannt (Erzgebirgische Prägestätte)
Medaille auf Landgraf Philipp von Hessen
(sog. Fortunamedaille)
1537

+ · VON · GOTTES · GNADEN · PHILIPS · LANDTGRAF · ZV · HESSEN ·
Brustbild nach links vorn, Backenbart, Schnurrbart und am Kinn so genannte Mücke, Hut mit Feder, dreifache Kette.
Rs.: MEIN · STERCKE · GLVC · VND · LOB · IST · MEIN · HER · VND · GOT · EXO · 15 ·
Nackte, geflügelte Fortuna im Profil auf einer geflügelten Kugel, hält in den Händen ein Glücksrad mit drei menschlichen Figuren, im Hintergrund Landschaft mit Gebäuden. Im Abschnitt: 15 – 37

glatter Rand, Silber (Guss), Ø 38,8 mm, 13,13 g
Münzkabinett, Staatliche Kunstsammlungen Dresden, Inv.-Nr. 2161

Das Werk ist eine Nachahmung der 1535 von Concz Welcz und Hieronymus Magdeburger geschaffenen Medaille, deren Rückseitendarstellung von Dürers Kupferstich »Das große Glück« beeinflusst ist. Von der 1537 entstandenen Medaille existieren zwei Rückseitenvarianten, die sich vor allem durch die Kopf-

225

stellung der Fortuna – einmal im Profil, zum anderen en face – unterscheiden. Die Rückseite trägt als Inschrift die Devise des Landgrafen nach dem 2. Buch Moses, 15, 2. Mit dem Fortunabild ist wohl nicht das blinde Vertrauen in das Glück, sondern das Erkennen der »allgemeinen göttlichen Vorsehung« gemeint. RGru

Literatur:
Habich 1929 – 34, Bd. II, 1, Nr. 1901 (aber Variante); Katz 1932, Nr. 86, Taf. IX; Hessen und Thüringen 1992, Kat.-Nr. 554 a.

226
Wolf Milicz
Medaille auf Kurfürst Johann Friedrich von Sachsen als Träger des Ordens vom Goldenen Vlies
1537

im Blätterkreis: IMAGO ♣ IOANNIS ♣ FRIDERICI ♣ ELECTORIS ♣ DVCIS ♣ SAXONIAE ♣
Brustbild Johann Friedrichs nach halbrechts mit goldenem Vlies
Rs.: im Blätterkreis: NON ♣ FRVSTRX ♣ GLAD / IVM ♣ GESTAT ♣ NAN ♣ D / EI ♣ MINISTER ♣ EST / VLTOR ♣ AD ♣ IR ♣ / MD XXXVII
im Abschnitt fünf Ritter

glatter Rand, Silber, gegossen (Nachguss), Ø 52,6 mm, 30,05 g
Münzkabinett, Staatliche Kunstsammlungen Dresden, Inv.-Nr. 2170
1537, Silber, gegossen, Ø 49,5 mm, 32,33 g
Stiftung Schloss Friedenstein Gotha, Inv.-Nr. 4.1/1177

Das Medaillenporträt zeigt Kurfürst Johann Friedrich von Sachsen mit dem Orden vom Goldenen Vlies, wenngleich er diesen gar nicht besaß. Ob der Fehler dem Stempelschneider absichtslos unterlaufen ist, wäre zu fragen. Bereits Katz hat die Medaille dem für die Joachimsthaler Münzstätte tätigen Wolf Milicz zugeschrieben, von dem noch zwei weitere Medaillen mit verwandten Bildprogrammen überliefert sind. Wie schon Tentzel vorschlug, könnte sich die vorliegende Medaille auf die Bundesversammlung von 1537 beziehen, auf der u. a. über die Teilnahme der Verbündeten an dem vom Papst nach Mantua einberufenen Konzil negativ entschieden wurde. Die Ritterdarstellung der Rückseite ließe sich dann, wie Gaschütz dargelegt hat, als Demonstration der Macht des Schmalkaldischen Bundes verstehen.

227

Übersetzung der Legende: Bildnis des Kurfürsten Johann Friedrich, Herzog von Sachsen. – Sie [die Obrigkeit] führt das Schwert nicht umsonst, denn sie ist Gottes Dienerin als eine Rächerin zum Zorn (Römer 13, 4). EH

Literatur:
Tentzel 1705/1982 a, S. 112 – 117; Katz 1932, Nr. 274; Gaschütz 1985; Wallenstein 1994, S. 13, Nr. 4.8.

227
Hans Reinhart d. Ä.
Medaille auf Kurfürst Johann Friedrich von Sachsen
1535

(Zweig) IOANNS . FRIDERICVS . ELECTOR . DVX – SAXONIE . FIERI . FECIT . ETATIS – SVÆ . 32
Brustbild nach halbrechts mit Pelzschaube und Kette, in den Händen Kurschwert und Kurhut.
auf der Halskrause: × EREN × ALS × IN EREN
Rs.: (Zweig) SPES ♣ MEA ♣ IN ♣ DEO ♣ EST ♣ ANNO – NOSTRI ♣ SALVATORIS ♣ M.D.X.X.X.V
dreifach behelmtes sächsisches Wappen mit Kurschild

glatter Rand, Silber, gegossen, vergoldet, Ø 64,7 mm, 60,73 g
Münzkabinett, Staatliche Kunstsammlungen Dresden, Inv.-Nr. 2883
Stiftung Moritzburg, Kunstmuseum des Landes Sachsen-Anhalt, Halle, Landesmünzkabinett, Inv.-Nr. LMK 25893

Am 20. November 1535 erfolgte nach langen Verhandlungen die Belehnung Johann Friedrichs mit Sachsen durch König Ferdinand. Hierin ist wohl der Anlass für die Entstehung der Medaille zu sehen.
Das Stück wirkt mit der detaillierten Wiedergabe des Pelzkragens, von Kurschwert und Kurhut sehr kostbar und diente sicher repräsentativen Zwecken. Das Bildnis ist deutlich an einem Holzschnitt orientiert, den Lucas Cranach d. Ä. 1533 geschaffen hatte. Es sind mehrere Varianten der Medaille bekannt.
Übersetzung der Legenden: Johann Friedrich, Kurfürst, Herzog zu Sachsen, hat sie machen lassen im 32. Lebensjahr. Meine Hoffnung ruht auf Gott. Im Jahre unseres Erlösers 1535. EH

Literatur:
Tentzel 1705/1982 a, S. 86 ff.; Habich 1929 – 34, Bd. II, 1, Nr. 1935; Kuhn 1941/42, S. 173, 181, Taf. 15, Abb. 2; Hessen und Thüringen 1992, S. 305, Kat.-Nr. 554 b.

228
Hieronymus Dietrich
Medaille auf Kurfürst Johann und Herzog Johann Friedrich von Sachsen
1530

(äußerer Kreis) IOANNIS . E – LECTORIS . D – VCIS . SAXON – IAE . ET . FILI –
(innerer Kreis) IOANNIS . – FRIEDERICI . – EFFIGIES ✿ – ✿ M . D . XXX .
Brustbilder der Dargestellten nach rechts mit Klappmützen, Doppelzeilige Umschrift mit vier Wappen (Wappenschilde von Kursachsen, Landgrafschaft Thüringen, Herzogtum Sachsen und Markgrafschaft Meißen)
Rs.: IOANNES . STRAFT . DEN . EBRVC . HERODES . DRVM . MVST . ER . STERBEN . MAR . VI*
Gastmahl des Herodes, an der Tafel springt ein Hund empor; darunter im Abschnitt: Der Henker übergibt Salome und Herodias die Schüssel mit dem Haupt Johannis des Täufers.

glatter Rand, Silber, gegossen (Nachguss), Ø 45,2 mm, 12,96 g
Münzkabinett, Staatliche Kunstsammlungen Dresden, Inv.-Nr. 2592

Die Medaille, die in jüngerer Zeit mehrfach Hieronymus Magdeburger zugeschrieben wurde, erinnert dem Gelehrten Wilhelm Ernst Tentzel zufolge an die Überreichung der Augsburger Konfession auf dem Augsburger Reichstag 1530. Aus heutiger Sicht mag sich der Zusammenhang zwischen der alttestamentlichen Geschichte vom Gastmahl des Herodes und dem zeitgenössischen Geschehen nicht sofort erschließen; womöglich ist jedoch der Name beider Regenten – Johannes – auf den Täufer zu beziehen. Die Medaille vermittelte dann die Sicht, dass die beiden Fürsten ebenso furchtlos und auf Lebensgefahr für ihren Glauben eintraten wie Johannes der Täufer. Tentzel nahm zudem, auch im Rückgriff auf eine ältere Deutung, Bezüge auf weitere Ereignisse während des Augsburger Reichstages wahr.
Übersetzung der Legende Vs.: wahrhaftige Bildnisse von Johann, Kurfürst, Herzog von Sachsen, und des Sohnes Johann Friedrich, 1530. EH

Literatur:
Tentzel 1705/1982 a, S. 60 ff.; Katz 1932, Nr. 38; Kunst der Reformationszeit 1983, S. 185, Nr. C 25.11; Christensen 1992, S. 35 f.; Wallenstein 1994, S. 18, Nr. 4.14.

229

229
Hieronymus Magdeburger
Medaille auf Herzog Heinrich von Sachsen
1539

(Monogramm H mit eingestelltem Kreuz) . HEINERICVS . DEI . GRACIA . DVX . SAXONIÆ . ANNO . ÆTATIS . SVÆ . LXVI .
Hüftbild des Herzogs im Harnisch, mit Koller, Doppelhänder, Degen und Dolch nach rechts
Rs.: (Monogramm H mit eingestelltem Kreuz) IOSEPH . RESTITVT9 [= us] . EST . PRISTINE . SVE . DIGNITATI . ANNO . DO . 1.5.39.
dreifach behelmtes sächsisches Wappen, Schrift zwischen erhabenen Linienkreisen

glatter Rand, Silber, gegossen, ziseliert, ∅ 47,6 mm, 28,81 g
Münzkabinett, Staatliche Kunstsammlungen Dresden, Inv.-Nr. 2317

Heinrich der Fromme setzte sich frühzeitig mit Luthers Lehre auseinander. Ab 1536 schließlich war Jakob Schenk als lutherischer Hofprediger in Freiberg tätig. Heinrich folgte 1539 seinem Bruder Herzog Georg, der Luther abgelehnt hatte, in der Regierung des Herzogtums Sachsen und führte die Reformation ein. Wahrscheinlich entstand die Medaille anlässlich des Regierungsantritts; dies legt zudem die Rückseitenlegende nahe. Bereits die Brüder Erbstein schrieben Monogramm und Medaille dem an den Münzstätten in Freiberg und Annaberg tätigen Stempelschneider Hieronymus Magdeburger zu, einem der produktivsten und wichtigsten Meister der erzgebirgischen Medaillenkunst; auch Katz teilte diese Zuweisung.
Übersetzung der Legende: Heinrich von Gottes Gnaden, Herzog zu Sachsen, im Jahre seines Alters 66. Joseph ist in seine vorige Würde wieder eingesetzt worden, im Jahre des Herrn 1539. EH

Literatur:
Tentzel 1705/1982b, Taf. 5/III; Erbstein 1888–1909, Bd. I, S. 36, Nr. 193; Habich 1929–34, Bd. II,1, Nr. 1904; Katz 1932, Nr. 87; Der silberne Boden 1990, S. 57, Kat.-Nr. 108.

230
Kurfürst Johann Friedrich von Sachsen, Herzog Moritz von Sachsen, Landgraf Philipp von Hessen
1545

Goldabschlag vom 3-fachen Guldengroschen (3-facher Taler) auf die Gefangennahme Herzog Heinrichs von Braunschweig und seines Sohnes Karl
Mzst. Goslar, Mzm. Gregor Einkorn
Gold, ∅ 51,2 mm, 16,11 g
Münzkabinett, Staatliche Kunstsammlungen Dresden, Inv.-Nr. 1125

Vgl. Kat.-Nr. 246. RGru

Literatur:
Schnee 1982, Nr. 124 (3-facher Guldengroschen).

Die Reformation im albertinischen Sachsen

Die Herzöge Heinrich und Moritz förderten die Wittenberger Reformation im albertinischen Sachsen. Bis 1539 wurde von dem romtreuen Herzog Georg dem Bärtigen jegliche Zuwendung zur lutherischen Lehre unterbunden. Erst nach dessen Tod gelang es seinem Nachfolger, Heinrich dem Frommen, die Reformation durchzusetzen. Die evangelische Religionspolitik des neuen Landesherrn rief Protest unter den albertinischen Landständen hervor. Der Meißner Bischof versuchte, durch eigene Reformvorschläge die Einführung der Reformation zu verhindern. Das entschlossene Handeln des Herzogs und die Hilfe Kursachsens führten dazu, dass der altgläubige Widerstand überwunden wurde. Im Sommer 1539 wurden in den größeren albertinischen Städten die Kirchen visitiert und Superintendenten ernannt. Eine zweite Kirchenvisitation folgte nur einige Monate später. Die im September 1539 verabschiedete »Heinrichsagende« (Kat.-Nr. 232) und der kursächsische »Unterricht der Visitatoren« (Kat.-Nr. 231, 549) galten als Grundlage für die evangelische Kirche im Herzogtum. Heinrich gab bereits mit der zweiten Kirchenvisitation die Zusammenarbeit mit Kursachsen auf und beschritt einen eigenen kirchenpolitschen Weg.
Herzog Moritz setzte die Religionspolitik seines Vaters zielstrebig fort. Er verzichtete auf weitere Visitationen und festigte durch neue Kirchengesetze sowie veränderte Verwaltungsstrukturen die evangelische Landeskirche im Herzogtum. In der Landesordnung von 1543 verankerte er wichtige kirchenpolitische Verordnungen. Zur Regelung kirchlicher Belange wurde 1545 in Meißen und Merseburg ein Konsistorium eingerichtet. Moritz entfernte sich in seiner religionspolitischen Haltung zunehmend von Kursachsen und entfaltete durch seine Bündnispolitik mit Kaiser Karl V. eine eigene Position als evangelischer Landesherr im Reich.

Heiko Jadatz

231
Philipp Melanchthon, Martin Luther
Vnterricht Der Visitatorn an die Pfarrer in Hertzog Heinrichs zu Sachsen Fursthenthumb
Dresden: Wolfgang Stöckel 1539

Martin-Luther-Universität Halle-Wittenberg, Universitäts- und Landesbibliothek Sachsen-Anhalt in Halle (Saale), Sign. Pon Vg 2877

Vgl. Kat.-Nr. 549.

232
Agenda, das ist die kirchenordnung für die diener der kirchen in herzog Heinrichen zu Sachsen fürstenthumb gestellet
Leipzig: Nikolaus Wolrab 1540

Universitätsbibliothek Leipzig,
Sign. Althaus.392
Erfurt: Wolfgang Stürmer 1540
15 × 10 × 3 cm
Marienbibliothek Halle, Sign. C IV.4 (3) Dd

Eine evangelische Gottesdienstordnung war für die Einführung der Wittenberger Reformation im sächsischen Herzogtum eine wichtige Voraussetzung. Nach der ersten Kirchenvisitation im Sommer 1539 wurde mit der Erarbeitung der Agende begonnen. Am 19. September 1539 erschien die in Wittenberg gedruckte Ordnung. Sie wurde von den ernestinischen Theologen Justus Jonas, Georg Spalatin, Caspar Cruciger, Friedrich Myconius, Justus Menius und Johannes Weber unterzeichnet. Inhaltlich berücksichtigte man die Ergebnisse der ersten Kirchenvisitation und griff zum Teil auf ernestinische Gottesdienstordnungen zurück.
Die so genannte »Heinrichsagende« war zunächst als Provisorium gedacht. Eine zweite Ausgabe erschien zu Beginn der zweiten Kirchenvisitation. Mit der 1540 in Leipzig gedruckten dritten Ausgabe galt sie als offizielle Gottesdienstordnung im albertinischen Sachsen. Sie wurde mehrfach nachgedruckt und schließlich in überarbeiteter Form in die große kursächsische Kirchenordnung von 1580 aufgenommen. HJ

Literatur: Hort 1886.

233

233
Confessio, oder Bekentnus des Glaubens ettlicher Fürsten und Stedte: überantwort Keiserlicher Maiestat, auff dem Reichstage, gehalten zu Augspurg, Anno 1530
[Text von Philipp Melanchthon, aus dem Lateinischen übersetzt von Justus Jonas]
Apologia der Confessio mit fleis emendiert
Leipzig: Nikolaus Wolrab 1540

344 Bl., 14,5 × 9,2 cm, brauner Ledereinband
Universitätsbibliothek Leipzig,
Sign. Symb. 399

Am 11. März 1530 ging das Reichstagsausschreiben Kaiser Karls V. am kursächsischen Hof in Torgau ein. Im Sommer des Jahres sollte in Augsburg der religiöse und politische Gegensatz im Reich beigelegt werden, der durch die »Abschaffung der Missbräuche« in der Kirche von den Reformatoren herbeigeführt worden war. Kurfürst Johann der Beständige beauftragte Philipp Melanchthon – Martin Luther stand unter Reichsacht und durfte nicht in Augsburg erscheinen – mit der Abfassung einer Verteidigungsschrift.
Erst wollte Melanchthon darin nur die »Abschaffung der Missbräuche« rechtfertigen, d. h. erklären, weshalb etwa Priester sehr wohl heiraten dürfen oder Laien sehr wohl auch den Kelch beim Abendmahl gereicht bekommen sollten. Dann aber bettete er die sieben »Missbrauchsartikel« (Confessio Augustana XXII–XXVIII) in 21 »Lehrartikel« (CA I–XXI) ein, um auch noch einmal klarzustellen, dass die Reformatoren auf dem Boden der katholischen Lehre standen. So wurde am 25. Juni 1530 vor Kaiser und Reichsständen ein vollständiges Bekenntnis verlesen – die erste Bekenntnisschrift der Evangelisch-Lutherischen Kirche. SH

Literatur:
Förstemann 1833; Immenkötter 1997.

234
Hans Reinhart d. Ä.
Dreifaltigkeitsmedaille
1544

PROPTER. – SCELVS – POPVL! MEI – PERCVSSI: – EVM (Blütenornament) – ESAIÆ˙ – LIII (Blütenornament) Gnadenstuhl auf Wolkenband, links und rechts Engel, darüber Cherubim. Aufgelötete Einzelfiguren. Auf der Fußplatte: H-R.

Rs.: REGNANTE . MAVRITIO – D : G : DVCE . SAXONIÆ . ETC: GROSSVM – HVNC . LIPSIÆ H[ans] R[einhart]: CVDEBAT : AN°. - . M . D . XLIIII . MENSE . IANV:
Zwei Engel halten eine Tafel mit dem herzoglich-sächsischen Wappen am oberen Rand, darunter stilisierte Wolken. Im Feld: 22 Zeilen lateinischer Text aus dem Athanasischen Glaubensbekenntnis und einem kirchlichen Hymnus.

glatter Rand, Silber, gegossen, einzelne Teile aufgelötet, Ø 103 mm, 259,03 g
Münzkabinett, Staatliche Kunstsammlungen Dresden, Inv.-Nr. 8832
Silber gegossen, vergoldet
Kunstsammlungen der Veste Coburg, Inv.-Nr. Med 148

Die Dreifaltigkeitsmedaille gilt als Hauptwerk Hans Reinharts. Sie ist nicht nur technisch sehr aufwendig gearbeitet, auch das Bild-Text-Programm ist elaboriert und fordert zu Fragen heraus. Die konkrete Gestalt des Gnadenstuhls – so wird die hier gewählte Bildform der heiligen Dreifaltigkeit genannt – ist mit verschiedenen Beispielen für diesen Bildtypus in der sächsischen Bauplastik um 1500 verglichen worden. Noch deutlicher als in solchen Vorläufern tritt in der Medaille die Funktion Gottvaters als Weltenherrscher zutage, hält er doch mit beiden Händen die sonst oft fehlenden Herrscherinsignien; allenfalls die Knie könnten das Kreuz tragen. Mit der Abbildung des Gnadenstuhls überhaupt weicht die Medaille von verschiedenen, seit 1535 im Erzgebirge gefertigten Medaillen ab, die in anderer Weise ebenfalls die Dreifaltigkeit thematisieren.

Für die Auftraggeberschaft Herzog Moritz' sprechen die Umschrift, derzufolge das Stück von Hans Reinhart während Moritz' Regierungszeit geschaffen worden ist, und das herzoglich-sächsische Wappen. Tatsächlich lassen sich die Ikonographie und die weitere Beschriftung aus dieser Perspektive recht befriedigend erklären: Die Bildform des Gnadenstuhls war bereits in der vorreformatorischen Kunst verbreitet, und das Trinitätsverständnis des Athanasianums wurde von Anhängern Luthers – so nehmen etwa die Schmalkaldischen Artikel darauf Bezug – wie auch von den Altgläubigen anerkannt. Als junger Herzog bemühte sich Moritz aus politischen Gründen ab ungefähr 1542 um den Ausgleich zwischen den Religionsparteien. Die Medaille könnte diese Position widerspiegeln.

Übersetzung der Legenden: ... er ist um die Missetat meines Volkes gebracht worden. Jesaja 53,8. Unter der Regierung Moritz', von Gottes Gnaden Herzog von Sachsen, hat diesen Schaugroschen H[ans] R[einhart] zu Leipzig hergestellt, im Jahre 1544, im Monat Januar.

Dies ist der rechte christliche Glaube, dass wir einen Gott in drei Personen und drei Personen in einem Gott ehren. Eine andere Person ist der Vater, eine andere der Sohn, eine andere der Heilige Geist. Aber der Vater, Sohn und Heiliger Geist ist ein einiger Gott, gleich in der Herrlichkeit, gleich in ewiger Majestät. O du hochgelobte Einigkeit, o du anbetungswürdige Dreieinigkeit. Durch dich sind wir erschaffen, du wahre Ewigkeit. Durch dich sind wir erlöst, du höchste Liebe. Dich beten wir an, du Allmächtiger, dir singen wir, dir sei Lob und Ehre.
EH

Literatur:
Tentzel 1705/1982b, Taf. 8/1; Cahn 1905; Domanig 1913; Habich 1929–34, Bd. II, 1, Nr. 1962; Kuhn, S. 169–180; Grunthal 1972; Der silberne Boden 1990, S. 59, Kat.-Nr. 114; Hessen und Thüringen 1992, S. 325, Kat.-Nr. 580 b; Smith 1994, S. 70 f.; The Currency of Fame 1994, S. 287 ff.

234

235
Concz Welcz
Medaille mit Darstellungen der Erschaffung Evas und des Jüngsten Gerichts
1545

Die Erschaffung Evas durch Gottvater aus der Rippe Adams, darum Tiere des Paradieses, vier Winde, Sonne, Mond und Sterne. Im Abschnitt auf einer Kartusche in vier Zeilen: ♣ – ♣ / ANN – O . M . - . D . – XLV / CONDITORI . ET . CONSERVATORI / ORBIS . DEO . TRINO . ET . VNO . / HOC . FACIE . C. W. / ♣
Rs.: Jüngstes Gericht; Christus, auf der Weltkugel sitzend, oben und unten zwei Gruppen: die Seligen und die Verdammten, oben zwei Engel mit Fanfaren. An den Seiten zwei Spruchbänder, darauf: (links) VENITE . BENEDICTI . PATRIS . MEI . / IN . REGNUM . VESTRVM . MA . 25 – (rechts) ITE . MALEDICTI . IN . IGNEM . / ETERNVM . MATHE . XXV .

glatter Rand, Bronze, gegossen,
Ø 62,5 mm, 83,5 g
Münzkabinett, Staatliche Kunstsammlungen Dresden, Inv.-Nr. 1294

Die Darstellungen der Vorder- und Rückseite folgen teilweise druckgraphischen Vorlagen Hans Holbeins d. J.; das gesamte Bildprogramm thematisiert, unterstützt durch die Inschriften, den dreieinigen Gott als Schöpfer und Weltenrichter. Katz schrieb die mit den Initialen C. W. signierte Medaille Concz Welcz zu. Dieser gehörte zu jenen Goldschmieden und Stempelschneidern, die v. a. im 2. Drittel des 16. Jahrhunderts im Umkreis der sächsischen und böhmischen Münzstätten im Erzgebirge tätig waren. Fraglich bleibt zum einen, ob es einen konkreten Anlass für die Entstehung der Medaille gab, zum anderen, ob sich Welcz von Hans Reinharts großformatigen Medaillen mit biblischen Szenen hat anregen lassen. Mit der Gegenüberstellung alt- und neutestamentlicher Szenen fügt sich die 1545 entstandene Medaille in die lokale Tradition religiöser Schaumünzen und Medaillen. Überliefert sind Predigten des seit 1542 in St. Joachimsthal tätigen Lutherschülers Johannes Mathesius, in denen er die Verbreitung von Medaillen mit Bibelszenen wohlwollend betrachtet.
Übersetzung Legende Vs.: Im Jahre 1555 dem Schöpfer und Bewahrer der Welt, dem dreieinigen Gott, dies hat gemacht C[oncz] W[elz].
Übersetzung Legende Rs.: Kommet her, ihr Gesegneten meines Vaters, in euer Reich! Matth. 25 – Gehet hinweg von mir, ihr Verfluchten, in das ewige Feuer! Matth. 25. EH

Literatur:
Ermann 1885; Katz 1932, Nr. 233;
Münzen und Medaillen zur Reformation 1983.

236

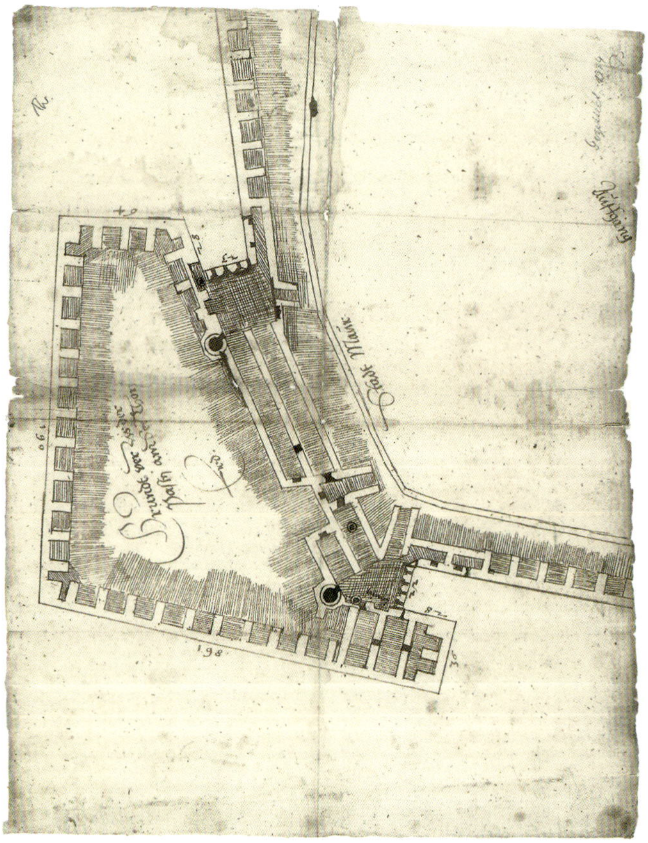

237

236
Caspar Vogt von Wierandt
Die Wilsdruffer Bastion, Grundriss und Querschnitt
Mitte 16. Jahrhundert

Zeichnung, 34 × 46,5 cm
Sächsisches Hauptstaatsarchiv Dresden,
Sign. 10024 Geheimer Rat (Geheimes Archiv),
Loc. 9125/20, Bl. 21/22

237
Caspar Vogt von Wierandt
Die Seetor-Bastion, Grundriss
Mitte 16. Jahrhundert

Zeichnung, 34 × 46,5 cm
Sächsisches Hauptstaatsarchiv Dresden,
Sign. 10024 Geheimer Rat (Geheimes Archiv),
Loc. 4451/6, Bl. 12

Mit dem Regierungsantritt von Herzog Moritz am 7. August 1541 begann eine neue Periode in der politischen und wirtschaftlichen Entwicklung des albertinischen Herzogtums Sachsen. Bald sah sich der junge Moritz in die deutsche und europäische Machtpolitik zwischen Kaiser Karl V., dem Schmalkaldischen Bund und den west- und nordeuropäischen Mächten eingebunden. Da dabei militärische Auseinandersetzungen vorprogrammiert waren, war Moritz auf die Erhöhung der Verteidigungsfähigkeit seines Landes bedacht. Dazu gehörte die Befestigung der wichtigsten Städte seines Landes nach den neuesten Erkenntnissen der Militärarchitektur. Deshalb nahm er den Militärbaumeister Caspar Vogt von Wierandt 1541 in seine Dienste und beauftragte ihn mit dem weiteren Ausbau der Festungsanlage seiner Residenz Dresden.
1545 muss der Entwurf für die Bastionärfestigung Dresdens fertig gewesen und von Moritz bestätigt worden sein. Der Entwurf sah für die Residenz acht Bastionen vor, darunter vier große Bastionen nach Westen, Südwesten, Südosten und Osten, die die Festungstore sichern sollten. 1546 wurde mit dem Bau kleinerer Bastionen auf der Residenzseite begonnen, durch die Kriegshandlungen im Schmalkaldischen Krieg aber unterbrochen.
Als Moritz 1547 die Kurwürde erlangt hatte und damit Dresden zur Residenz des albertinischen Kurfürstentums Sachsen geworden war, wurden die Befestigungsarbeiten mit neuer Energie 1548 wieder aufgenommen. Dazu kam ab Mitte 1548 die Gefahr einer militärischen Auseinandersetzung zwischen dem Kaiser und dem albertinischen Kurfürsten. Im Zuge dieser Baumaßnahmen entstanden die zwei auf den Plänen dargestellten Festungswerke. Schließlich gehörte zu den Verteidigungsmaßnahmen des Kurfürsten der Ausbau der Jagdschlösser Klippenstein in Radeberg, Moritzburg und Tharandt als vorgeschobene Verteidigungsstationen im Vorfeld von Dresden. RG

Literatur: Papke 1997, S. 30 – 65.

238

238
unbekannter Modelltischler,
wohl auf Anordnung von Paul Buchner oder von diesem selbst
Modell des Jagdschlosses Moritzburg
vermutlich zwischen 1593/1601

Lindenholz, Bodenplatte Nadelholz, farbig gefasst, 56 × 59 cm, H. 24 cm
Staatliche Schlösser, Burgen und Gärten Sachsen, Schloss Moritzburg,
Inv.-Nr. 563/79

Das in die einzelnen Geschosse zerlegbare, insgesamt 18-teilige Holzmodell zählt zu den wenigen überkommenen Schlossmodellen aus der Renaissance; es ist neben dem Modell des Praun'schen Schlösschen in Almoshof bei Nürnberg (um 1600) möglicherweise das älteste erhaltene Schlossmodell in Deutschland. Seine sichtbare dunkle Übermalung verbirgt eine weitaus größere originale Farbigkeit: helleres Grau in den Außenfassaden, rostrote Dachflächen, grün abgesetzte Fensterlaibungen und einen ockerfarbenen Innenhof.
Die bisher früheste Erwähnung findet sich im Modellkammerverzeichnis von 1827, neben fünf weiteren, heute nicht mehr erhaltenen Schlossmodellen. Nach mehreren Stationen bekam das Modell 1927 seinen heutigen Standort im Schloss Moritzburg.
Das von 1542 bis 1546 unter Herzog Moritz erbaute Jagdschloss gibt im Modell wesentlich den Zustand nach dem Um- und Ausbau im Jahre 1584 wieder, dem vermutlich Pläne des Oberzeugmeisters Paul Buchner zugrunde lagen. Offen bleibt die Frage, ob es sich um ein Kontroll- oder um ein Entwurfsmodell handelt, zu dessen Anfertigung Buchner zwei Jahre nach dem Tod Christians I. unter der Regierung des Administrators Herzog Friedrich Wilhelm (1591 – 1601) aufgefordert worden sein könnte. Zudem fallen Unstimmigkeiten im Aussehen zwischen dem Modell und dem tatsächlichen Bau auf. So verfügen im Modell die vier Türme und die beiden Wehrmauern jeweils über ein Geschoss mehr, und die Giebelgestaltung des Fürstenhauses ist regelmäßiger dargestellt. RGi

Literatur:
Inventar Model-Kammer 1827; Bachmann 1939; Dietzel 2003. Für Hinweise und Informationen dankt der Autor herzlich Jutta Bäumel, Michael Korey, Klaus Schillinger und Dirk Syndram.

239
vermutlich Hans Krell
Philipp von Hessen
um 1560/70

Öl auf Holz, 80,5 × 64 cm
Inschrift über der rechten Schulter:
PHILIPPVS LANDGRAVE ZV / HESSEN GRAVE ZV / CATZENELNBOGEN / DIETZ ZIEGEN / HAIN UND NIDDA
Wartburg-Stiftung Eisenach, Inv.-Nr. M 76

Anders als die sächsischen Kurfürsten scheint Philipp der Großmütige auf eine bildkünstlerische Repräsentation wenig Wert gelegt zu haben; die Mehrzahl der Bildnisse entstand ohne sein persönliches Zutun. Die Porträts des Landgrafen von Hessen sind heute nur noch in zeitgenössischen Kopien erhalten. Hans Krell, ein Cranach-Schüler, benutzte vermutlich eine Werkstattvorlage aus dem Jahr 1534, die Philipp in Ganzfigur darstellte und 1811 beim Schlossbrand in Kassel verloren ging. Diese Tafel zeigt ihn als jungen Mann in Halbfigur; die höfische Kleidung besteht aus einem schwarzen Obergewand, einem verzierten gelben Wams und einer dunklen Kopfbedeckung. Rechts oben ist ein großes hessisches Wappen platziert. Das gevierte Wappen besitzt einen Helmschild mit dem ludowingischen Stammwappen, einem steigenden sechsfach weiß-rot geteilten Löwen auf blauem (hier bräunlich-grünem) Grund. Links (heraldisch rechts) oben steht für Katzenelnbogen ein steigender roter Löwe auf gelbem (hier weißem) Grund, rechts oben für Ziegenhain ein schwarz-gelb geteilter Schild mit einem gelben Stern im schwarzen Feld, links unten für Nidda das beinahe gleiche Wappen – nur mit zwei gelben Sternen im oberen Feld – und daneben für Diez zwei übereinander gelagerte gelbe leopardierte Löwen auf rotem Grund. GJ

Literatur:
Drach/Könnecke 1905, bes. S. 27; Voss 1917, S. 206; Asche 1957, S. 158–60; Hessen-Thüringen 1992, S. 293 f., Kat.-Nr. 540 a; Aller Knecht und Christi Untertan 1996, S. 271 f., Kat.-Nr. 239; Schuchardt 1998, S. 34.

239

240
unbekannt
Elisabeth, Landgräfin von Hessen
(Porträtmedaillon)
dat. 1519

Solnhofer Stein, Ø 16,8 cm
Kunsthistorisches Museum Wien, Kunstkammer, Inv.-Nr. 10129

240

Das aus Solnhofer Stein geschaffene Porträtmedaillon stellt Elisabeth von Hessen, Herzogin von Sachsen auf Rochlitz dar. Sie war die Schwester des Landgrafen Philipp von Hessen und Gemahlin Johanns von Sachsen, des früh verstorbenen Sohnes Herzog Georgs des Bärtigen. Immer wieder hat sie sich um das Wohl des jungen Herzogs Moritz gekümmert und seine Heirat mit Agnes von Hessen unterstützt.
Das Porträtmedaillon gehörte ursprünglich zur Ausstattung des Landgrafenzimmers Wilhelms IV. in der Wilhelmsburg zu Schmalkalden. AD

Literatur:
Werl 1957, S. 199–229; Hessen und Thüringen 1992, S. 258 f., Kat.-Nr. 499 a; Held 1997; Herrmann 2003.

241
Ehevertrag Landgraf Philipps von Hessen für seine Tochter Agnes mit Herzog Moritz von Sachsen
1. Januar 1541

Pergamenturkunde, 40 × 79,5 cm
mit anhängenden Siegeln der vertragsschließenden Fürsten
Sächsisches Hauptstaatsarchiv Dresden, Sign. 10001 Ältere Urkunden, Nr. 10968

Seit Anfang 1539 wurden für den 18-jährigen Moritz Heiratspläne geschmiedet, sowohl von seiner Mutter Katharina als auch von Herzogin Elisabeth von Rochlitz. Letztere hatte die Tochter ihres Bruders Philipp von Hessen, Agnes, ins Spiel gebracht. Bei seinem Aufenthalt im Sommer 1539 in Marburg und Kassel sagte Moritz dem Landgrafen von Hessen die Heirat mit Agnes zu. Auf dem Hintergrund der Doppelehe Philipps von Hessen verweigerte schließlich Katharina ihre Zustimmung zur Ehe von Moritz mit Agnes.
Entgegen dem elterlichen Willen reiste Moritz Anfang 1541 nach Hessen und erlangte am 9. Januar 1541 von Landgraf Philipp in Marburg den sofortigen Vollzug der Ehe mit Agnes. Am gleichen Tag wurde der Ehevertrag geschlossen, worin die Erbangelegenheiten zwischen der Landgrafschaft und dem Herzogtum Sachsen ebenso geregelt wurden wie die Mitgift von Agnes und deren Verzicht auf Erbansprüche in Hessen. Als Moritz Ende März 1541 wieder in Dresden weilte, erlangte er die formelle Verzeihung seiner Eltern zur Eheschließung und am 5. August 1541 die Ernennung zum Stellvertreter in den laufenden Geschäften durch seinen todkranken Vater Herzog Heinrich. RG

Literatur:
PKMS I, S. 87 ff.; Herrmann 2003, S. 28–36.

Die Eskalation des Konflikts

Herzog Heinrich d. J. von Braunschweig-Wolfenbüttel war nach dem Tod Herzog Georgs von Sachsen 1539 der einzig bedeutende altgläubige Fürst im Norden des Reiches. Unbeirrt vertrat er die Linie Kaiser Karls V. und versuchte dabei, seinen Herrschaftsbereich zu vergrößern. Die freie Reichsstadt Goslar war ebenso wie Braunschweig durch die Politik des Herzogs bedroht, zumal die beiden Städte schon zum neuen Glauben übergetreten waren. Sie drängten nun in den 1531 gegründeten Schmalkaldischen Bund, in dem sich unter Führung Kurfürst Johanns des Beständigen und Landgraf Philipps von Hessen evangelische Fürsten und Städte zusammengeschlossen hatten.
Schon 1541 bereiteten sich der Landgraf von Hessen und der Kurfürst von Sachsen darauf vor, Herzog Heinrich zu vertreiben, und Landgraf Philipp verpflichtete seinen Schwiegersohn Herzog Moritz zur Unterstützung. Der kaisertreue sächsische Herzog sah seine Zusage nicht als Hilfe für den Schmalkaldischen Bund an, dem er nicht angehörte. Schließlich verhinderten die Wurzener Fehde 1542 und der Zug Moritz' nach Ungarn gegen die Türken eine Teilnahme des Herzogs von Sachsen gegen Herzog Heinrich. Dieser wurde durch Landgraf Philipp und Kurfürst Friedrich nach Bayern vertrieben, eine Militärverwaltung im Herzogtum eingesetzt und die Ausbreitung der evangelischen Lehre gefördert. Herzog Moritz hatte sich auf Geldhilfe beschränkt und 1542 eine erneute Zusage zur Hilfe gegen den Braunschweiger Herzog gegeben. Während dieser sich 1545 anschickte, sein Herzogtum zurückzuerobern, berief sich Landgraf Philipp auf dieses Versprechen.
Als Herzog Moritz bei den Truppen des Landgrafen eintraf, ging es ihm vor allem um Vermittlung zwischen den beiden Fürsten. So erreichte er, dass sich Herzog Heinrich von Braunschweig-Wolfenbüttel in einer aussichtslosen Lage vor Landgraf Philipp demütigen, aber nicht vollständig ergeben wollte. Der hessische Landgraf lehnte Herzog Heinrich jedoch als Verhandlungspartner ab und ließ ihn trotz Moritz' Bitten gefangen nehmen. Eine Entscheidung, wie mit dem Herzog von Braunschweig-Wolfenbüttel zu verfahren sei, wurde durch den Schmalkaldischen Bund immer wieder hinausgezögert. Seine Freilassung erfolgte erst nach der Schlacht bei Mühlberg 1547, bei der Kursachsen den kaiserlichen Truppen unterlag.

Markus Cottin

243

242
Lucas Cranach d. J.
Elias und die Baalspriester
1545

Öl auf Holz, 127 × 242 cm
Gemäldegalerie Alte Meister,
Staatliche Kunstsammlungen Dresden,
Gal.-Nr. 1941

Vgl. die Einführung von Harald Marx, S. 27 – 32.

Literatur:
Woermann 1899, S. 631; Vergessene Altdeutsche Gemälde 1997, S. 90 f.; Schulze 1997, S. 22; Schulze 2004, S. 59 – 65.

243
Monogrammist IW
Der Papst als böser Schächer
um 1545

Holzschnitt, koloriert, Typendruck,
40,5 × 31,3 cm
Stiftung Schloss Friedenstein Gotha,
Inv.-Nr. 37.33

Bei Lukas ist zur Passion Christi von dem guten und dem bösen Schächer zu lesen (Lk. 23, 39 – 43). Als der eine Christus verspottete, wies der andere ihn zurecht. Jesus versprach dem guten Schächer: »Noch heute wirst du mit mir im Paradiese sein.« Der böse Schächer rechts im Bild trägt auf seinem Kopf die Papsttiara. Kleine Teufel schweben um ihn herum. Der gerechte Schächer steht für die lutherische Kirche, die allein das wahre Evangelium verkündet. Die Gleichsetzung von Papst und Antichrist, die in den 1540er Jahren Hochkonjunktur hatte, erreicht in diesem Blatt einen drastischen Höhepunkt. EK

Literatur:
Strauss 1975, Bd. III, S. 1270; Meuche/Neumeister 1976, S. 41, Bl. 49; Scribner 1981, S. 100, Abb. 73; Martin Luther und die Reformation in Deutschland 1983, Nr. 293; Luther und die Folgen für die Kunst 1983, Nr. 54.

244
Lucas Cranach d. J.
Die Belagerung Wolfenbüttels
1542

Holzschnitt von 8 Stöcken, 74,5 × 109 cm
Rijksmuseum Amsterdam,
Sign. RP-P-OB-70.515

Im August 1542 schlossen die Truppen des Schmalkaldischen Bundes unter der Führung von Kurfürst Johann Friedrich den katholischen Herzog Heinrich von Braunschweig-Lüneburg in der Wasserburg Wolfenbüttel ein. Am Ende der Belagerung floh Herzog Heinrich, und seine Truppen ergaben sich. Das Land wurde evangelisch.
Der bereits in hohem Alter stehende Hofmaler Cranach begleitete seinen Dienstherrn ins Feldlager vor Wolfenbüttel. Es musste natürlich im Interesse nicht nur des Sächsischen Hauses, sondern des ganzen Bündnisses sein, diesen militärischen Erfolg auch visuell zu dokumentieren, zumal es sich um den ersten kriegerischen Zusammenstoß zwischen führenden Vertretern der beiden Religionsparteien handelte. Die Abrechnungen des Hofmalers führen für das Jahr 1543 unter anderem auf: »34 Florin 6 Groschen vor 2 große Tücher

244

darauf die Belagerung von Wolfenbüttel gemalet ist«. Erhalten hat sich die Darstellung leider nicht. Bedenkt man die Reise des Vaters nach Wolfenbüttel, so ist zu vermuten, dass er neben den »Tüchern« auch den Riss für den Holzschnitt geliefert hat, der dann von einem professionellen Formschneider in der Werkstatt ausgeführt wurde.

Von dem wandbildgroßen, im wahrsten Sinne des Wortes Riesenholzschnitt sind lediglich zwei Exemplare in München und Amsterdam nachweisbar. Es ließe sich vermuten, dass der Wandel des Kriegsglücks und schließlich die Niederlage des Bundes gegen die kaiserlichen Truppen bei Mühlberg im April 1547 zu einer »damnatio memoriae« führte, der die meisten Exemplare dieser visuellen »Kriegstrophäe« zum Opfer gefallen sein mochten. AKu

245
Mzst. Goslar, Mzm. Gregor Einkorn
Doppelter Guldengroschen (Doppeltaler)
Kurfürst Johann Friedrich von Sachsen
Landgraf Philipp von Hessen
1543 (Nachguss)

♣ IOHANNS · FRIDRICVS · ELECTOR · DVX · SAXONIE · BVRGGRAVI · MAGDEBVRG · D·1·5·4·3· / SI · DEVS · PRO · NOB · QVIS · CONT · NOS (in doppelter Umschrift)
Hüftbild des Kurfürsten nach rechts mit geschultertem Schwert in der rechten und Wappen in der linken Hand.
Rs.: ♣ PHILIPPVS · DEI · GRATIA · LANDGRAVIVS · HASSIÆ · COMES · KATZENELLEN · DIETZ · ET · NIDDA · 1543 / VICTORIA · NOSTRA · A SOLO · DEO · EST ♣ (in doppelter Umschrift)
Hüftbild des Landgrafen nach links mit nach unten gerichtetem Schwert in der linken und Wappen in der rechten Hand

Silber (gegossen), ⌀ 51,3 mm, 48,75 g
Münzkabinett, Staatliche Kunstsammlungen Dresden, Inv.-Nr. 4697

Als Befehlshaber des Schmalkaldischen Bundes ließen Kurfürst Johann Friedrich von Sachsen und Landgraf Philipp von Hessen, um ihre Macht zu demonstrieren, von 1542 bis 1547 die »Schmalkaldischen Bundestaler« prägen. Die Gemeinschaftsprägung fand nach der Inbesitznahme der Länder Herzog Heinrichs d. J. von Braunschweig-Wolfenbüttel in Goslar statt, aus dessen Silberschatz diese Münzen geprägt wurden.

Übersetzung der Legende Vs.: Johann Friedrich, Kurfürst (und) Herzog zu Sachsen, Burggraf von Magdeburg – Ist Gott für uns, wer mag wider uns sein? (Brief des Paulus an die Römer 8, 31).

Übersetzung der Legende Rs.: Philipp von Gottes Gnaden Landgraf von Hessen, Graf von Katzenelnbogen, Dietz und Nidda – Unser Sieg ist von Gott allein. RGru

Literatur:
Haupt 1974, Taf. 65, Nr. 5; Schnee 1982, Nr. 122; Hessen und Thüringen 1992, Nr. 562 a.

245

246

246
Mzst. Goslar, Mzm. Gregor Einkorn
Doppelter Guldengroschen (Doppeltaler) auf die Gefangennahme Herzog Heinrichs von Braunschweig und seines Sohnes Karl
Kurfürst Johann Friedrich von Sachsen
Herzog Moritz von Sachsen
Landgraf Philipp von Hessen
1545

· IVSTVS · N · RELINQI:
Landgraf Philipp von Hessen, Kurfürst Johann Friedrich von Sachsen und Herzog Moritz von Sachsen jeweils im Harnisch und mit ihrem Wappenschild
über den Köpfen: PHILIPS – IHONIΣ (sic!) · FRIDERI – MAVRITZ.

Rs.: ∘ DES ∘ 21 ∘ / OCTOBRIS ∘ ANNO / 1545 ∘ WARD ∘ HERTZO / G ∘ HANNRICH ∘ V̄ BRUNS̄ / MIT ∘ SEINEM ∘ SON ∘ KARLL ∘ / BEI ∘ BOCKOLOM ∘ DVRCH ∘ DI ∘ / KRISTLICHE ∘ BVNTZ OBERS̄T / LANTGRAF ∘ PHILIPS ∘ VAN ∘ H / ESSEN ∘ BEISEIN ∘ HERTZOG ∘ / MORITZ ∘ VAN ∘ SACHSEN ∘ E ∘ / MIT ∘ GROSER ∘ HERES ∘ K / RAFFT ∘ ELLEGT (sic!) ∘ GEFFA / NGEN ∘ VND ∘ GEN ∘ / KASSELL ∘ GEF / VRT ∘

Silber, Ø 51 mm, 59,18 g
Münzkabinett, Staatliche Kunstsammlungen Dresden, Inv.-Nr. 4710

Der Versuch Herzog Heinrichs d. J., das vom Schmalkaldischen Bund 1542 eingenommene Braunschweiger Land wiederzugewinnen, endete mit der Gefangennahme des Herzogs bei Bockenem und seiner Überführung über Kassel in das feste Ziegenhain.
Übersetzung der Legende Vs.: Der Gerechte wird nicht verlassen (Ps. 37, 25). RGru

Literatur:
Haupt 1974, Taf. 65, Nr. 6; Schnee 1982, Nr. 125; Hessen und Thüringen 1992, Nr. 562 b.

247

247
Georg Pencz
Johann Friedrich der Großmütige
1543

Kupferstich, 40,4 × 31,1 cm
Kunstsammlungen der Veste Coburg Inv.-Nr. I,142,145
Kupferstich-Kabinett, Staatliche Kunstsammlungen Dresden, Inv.-Nr. 2605

Es ist überraschend, dass in dem reichen Stichwerk des Georg Pencz nur ein Bildnis überliefert ist, obwohl er als Maler fast ausschließlich im Porträtfach tätig war. Das vorliegende Blatt entstand 1543 und zeigt den sächsischen Kurfürsten kurz nach der erfolgreichen Belagerung Wolfenbüttels. In seinen gemalten Bildnissen beeindruckt Pencz durch die frontale Monumentalität seiner Darstellung. Diese gibt er hier zugunsten des am sächsischen Hof verbreiteten Dreiviertelprofils auf. Die gedrungene Figur mag auf die Vorlage zurückgehen, denn in der Behandlung der Stoffe, des Pelzes und der Juwelen beweist Pencz, dass er durchaus in der Lage ist, malerische Qualität in einen Kupferstich zu übersetzen. EK

Literatur:
Bartsch 126; Landau 1978, Nr. 124;
Kurzwelly 1895, S. 92; Koepplin/Falk 1974, Nr. 206;
Christensen 1992, S. 66 ff.

248
Hans Brosamer
Landgraf Philipp I. von Hessen
um 1546

über dem Bildnis: »[Von Gotts] gnaden Philips Landgraffe zu Hessen / Graffe zu Catzenelnbogen / Dietz Ziegenhayn vnd Nydda ec.
darunter: »Hans Guldenmundt« (?)
Holzschnitt, altkoloriert, 35,8 × 23,8 cm
Staatliche Graphische Sammlungen München, Inv.-Nr. 119067D
36,2 × 25,7 cm
Kupferstich-Kabinett, Staatliche Kunstsammlungen Dresden, Sign. A 6642

Landgraf Philipp I. der Großmütige von Hessen war der Schwiegervater des Herzogs und späteren Kurfürsten Moritz von Sachsen, der seine Tochter Agnes zur Frau nahm. Er zeichnete sich besonders als einer der ersten evangelischen Landesfürsten aus. Nach der Begegnung mit Luther 1521 in Worms und unter dem Einfluss der Schriften Melanchthons führte er in Hessen bereits 1526 die Reformation ein und gründete 1527 in Marburg die erste protestantische Universität. Er war Initiator des Marburger Religionsgesprächs 1529 und maßgeblich an der Gründung des Schmalkaldischen Bundes 1531 beteiligt. Nach der Niederlage im Schmalkaldischen Krieg ließ ihn Karl V. in Gefangenschaft setzen, aus der er erst auf Grund immer wiederholter Fürbitte seines Schwiegersohns nach dem Passauer Vertrag 1552 entlassen wurde.
Philipp von Hessen ist im Harnisch nach links blickend dargestellt und trägt einen aufwendigen, ringsherum mit Federbüschen geschmückten Hut. AD

248

249

Literatur:
Press 1983, S. 60–77; Martin Luther und die Reformation in Deutschland 1983, S. 212 f., Kat.-Nr. 269; Ruhland 1997; Held 1997.

249
Hans Lieferinck
nach Cornelis Anthonisz
Franz I. zu Pferde
1542/44

Holzschnitt, koloriert, etwa 34 × 28,5 cm
Inschrift: »Les tres christien Roy Franciscus … va[n] Vra[n]crijc.&.c.«
Rijksmuseum Amsterdam,
Inv.-Nr. RP-P-1932-156

Dieses altkolorierte Blatt entstand als Teil einer umfangreichen Serie von Reiterbildnissen europäischer Fürsten, wohl im Zusammenhang des kaiserlich-französischen Krieges von 1542–1544. Der französische König war seit seiner Thronbesteigung im Jahr 1514 einer der wichtigsten Gegenspieler der habsburgischen Hegemoniebestrebungen. Als solcher war dieser papsttreue Monarch ein wichtiger Partner für die protestantischen Fürsten im Reich. Von der Niederlage der Franzosen, die 1544 zum Frieden von Crépy führen sollte, ist in dem Reiterbildnis nichts zu spüren. Links oben das mit der Kette des St. Michaelsordens geschmückte Wappen zeigt die königlich-französische Lilie, die sich auf Zaumzeug und Sattel des Pferdes wiederholt. EK

Literatur:
Hollstein 1976 ff., XXX, Nr. 17; Scailliérez 1992, Nr. MI 832; Maria van Hongarije 1505–1558 1993, Nr. 123; Kaiser Karl V. 2000, Nr. 67.

250
Erhard Schön (zugeschrieben)
Papst Paul III.
um 1535

Holzschnitt, koloriert, 37,2 × 26,7 cm
Stiftung Schloss Friedenstein Gotha,
Inv.-Nr. 38.29

Mit Papst Paul III. begann der Aufbruch der Römischen Kirche in eine neue Zeit. Zwar setzte er die Missbräuche seiner Vorgänger fort, zeugte mehrere Nachkommen, verkaufte seine Gunst, doch erkannte er zugleich, dass Rom und seine Kirche der Wittenberger Reformation nur durch Reformen würde widerstehen können. Die größte Reformunternehmung im Pontifikat Pauls III. war das allgemeine Konzil, dessen wechselvolle Geschichte bereits Mitte der 1530er Jahre begann. Ein erster Versuch 1537/38 ein Konzil in Mantua zusammenzurufen scheiterte, und es sollte bis 1545 dauern, dass das Konzil in Trient zu seiner ersten Sitzung zusammentrat. Die Beratungen wurden erst 18 Jahre später nach drei Sitzungsperioden von Pius IV., Pauls III. viertem Nachfolger, beendet. EK

Literatur:
Holstein XLVIII, Nr. 172; Geisberg 1923–30, 1291; Iserloh/Glazik/Jedin 1967, S. 476 ff.

250

251
Friedensvertrag von Oschatz zwischen Johann Friedrich dem Großmütigen und Moritz zur Beilegung der »Wurzener Fehde«
10. April 1542

Pergament, 49 × 64 cm, drei angehängte Siegel an Pergamentstreifen, Plica 8 cm
Thüringisches Hauptstaatsarchiv Weimar, Sign. EGA, Urkunde Nr. 1231

Das Verhältnis zwischen Ernestinern und Albertinern war schon längere Zeit durch verschiedene Streitigkeiten belastet, als es 1542 in der Wurzener Fehde zu einer ersten Eskalation kam. Nach Ausdehnung seiner Territorialgewalt strebend, ließ Kurfürst Johann Friedrich am 22. März Wurzen, den Hauptort des zum Stift Meißen gehörenden Amtes und strategisch wichtigen Muldenübergang, von seinen Truppen besetzen. Als Anlass diente die Weigerung des Bischofs von Meißen, die Türkensteuer nach Wittenberg abzuliefern. Das Vorgehen Johann Friedrichs verstieß gegen die Leipziger Teilung von 1485, nach der Wurzen unter gemeinsamer Schutzherrschaft der beiden wettinischen Linien stand. Herzog Moritz zog daraufhin ebenfalls Truppen zusammen. Nur durch das schnelle Eingreifen Landgraf Philipps von Hessen konnte eine militärische Auseinandersetzung verhindert werden. Philipp vermittelte in Oschatz einen Friedensvertrag, der den Status quo wiederherstellte. Da es zu keinem Kampf kam, konnten die Truppen nach Abschluss des Vertrages am 10. April 1542, dem Ostermontag, miteinander Osterfladen essen – daher auch die Bezeichnung »Wurzener Fladenkrieg«. ChW

Edition:
PKMS I, S. 407–411, Nr. 340.
Literatur:
Brandenburg 1898 a, S. 194–206; Wartenberg 1975, S. 57–63; Wartenberg 2003 a, S. 58–63.

Luthers Tod – Melanchthon wird Bezugspunkt der Reformation

Am 18. Februar 1546 starb Martin Luther in seiner Geburtsstadt Eisleben. In die tiefe Trauer um den Propheten der Reformation und gottgesandten Lehrer mischten sich Sorgen um die Zukunft. Ohne Zögern bestätigte Kurfürst Johann Friedrich die Rolle der Universität Wittenberg als Lehrautorität und Bewahrung der rechten Lehre. Die Verantwortung dafür übertrug er vor allem Johannes Bugenhagen, Philipp Melanchthon, Caspar Cruciger und Georg Major. Kurfürstliche Autorität sorgte für einen reibungslosen Wechsel und die Kontinuität unter den Wittenberger Reformatoren.
Der Verlauf des Schmalkaldischen Krieges 1546/47 veränderte grundlegend die Situation. Der Übergang der Kurwürde und damit Wittenbergs an die Albertiner stellte die Nachfolger Luthers vor die Entscheidung. Dass Melanchthon in Wittenberg blieb und den neuen Landesherrn, Kurfürst Moritz, unterstützte, verärgerte die Ernestiner. Ihren Höhepunkt erreichten die Angriffe auf die Wittenberger Theologen im Streit um das Interim und die sich aus dem kaiserlichen Religionsgesetz ergebenden innerprotestantischen Lehrstreitigkeiten. Einzelne Theologen, die sich als die wahren Sachwalter Luthers verstanden, stellten die Autorität Wittenbergs infrage, ohne den Einfluss Melanchthons schmälern zu können. Die Angriffe früherer Schüler und Freunde, wie Matthias Flacius Illyricus, trafen ihn schwer, Ausgleichsversuche scheiterten.
Das Fortschreiten der Reformation in Europa verstärkte die Ausstrahlungskraft der Leucorea. Wittenberg bewahrte mit Melanchthon seine Stellung als Zentrum der Reformation und reformatorischer Theologie. Melanchthon wurde zum »Lehrer Europas«. Sein Rat, seine Schüler, seine Ordnungen, seine Lehrbücher beeinflussten die Entwicklung in vielen Ländern Europas.
Die weitere Entwicklung des Kirchen- und Bildungswesens im albertinischen Kursachsen ist ohne Melanchthon nicht denkbar. Das Reformationswerk kam zum Abschluss. Ausschlaggebend war die enge Zusammenarbeit der Kurfürsten Moritz und August und der Dresdner Räte mit dem Reformator, was auch für die Kirchen- und Religionspolitik auf Reichsebene galt. Zum Lebenswerk Melanchthons gehörten die Sammlung, Systematisierung, Vermittlung und Weitergabe der Wittenberger Theologie, die er durch eigene entscheidende Beiträge bis zu seinem Tod am 19. April 1560 fortschrieb.

Günther Wartenberg

252
Martin Luther
Die Schmalkaldischen Artikel
(Artickel so da hetten sollen auffs Concilion zu Mantua oder wo es würde sein vberantwortet werden von unseres Teils wegen. Und was wir annemen oder geben kündten oder nicht)
Wittenberg 1538

Papier, 18,4 × 15 cm
Stadt- und Kulturgeschichtliches Museum Torgau, Inv.-Nr. VI a-R 165

Die Schmalkaldischen Artikel entstanden anlässlich des für den Mai 1537 durch Papst Paul III. einberufenen Konzils zu Mantua. Zu dieser Zusammenkunft waren auch die Protestanten geladen. Als Reaktion auf diese Einladung formulierte Luther im Auftrag des sächsischen Kurfürsten Johann Friedrichs des Großmütigen für die Verhandlungen die Artikel, in denen man mit der Gegenpartei übereinkam. Weiter beinhalteten sie jene Punkte, die für die Protestanten unabänderlich waren und jene, über welche möglicherweise eine Einigung erzielt werden könnte. In krankheitsbedingter Abwesenheit Luthers wurde diese Schrift auf dem Bundestag des Schmalkaldischen Bundes abgelehnt, besonders Philipp Melanchthon urteilte sie als zu schroff ab. Man einigte sich, die Wittenberger Konkordie und die Confessio Augustana, die auf der Grundlage der Torgauer Artikel entstanden war, zum Bekenntnis zu erheben.
Letztlich lehnte man eine Beteiligung am Konzil ab, da es in einer italienischen Stadt abgehalten werden sollte, was einer Unterwerfung unter das Papsttum gleichkäme. Trotz der Ablehnung auf dem Bundestag fanden die Artikel 1580 Eingang in das Konkordienbuch, die Gesamtheit der lutherischen Bekenntnisschriften, und wurden somit zum Teil des für alle Lutheraner verbindlichen Bekenntnisses. SKMT

Literatur: Appel 1955[4], S. 305 f.

253

253
Martin Luther
Wider das Papsttum zu Rom, vom Teufel gestiftet
Wittenberg: Hans Lufft 1545

TH, 4°, 104 Bl.
Stadtbibliothek Worms, Sign. LB 349
Marienbibliothek Halle, Sign. G 3.157 (16)

254
Ein New Lied von der weltlichen Oberkeit. Item ein Rathschlag Doctoris Martini Lutheri
Dresden: Matthias Stöckel d. Ä. 1546

4°, 7 Bl.
Bayerische Staatsbibliothek München, Sign. Rar. 4402

255

255
Nürnberger Meister
Trinkbecher Luthers
um 1540

Silber, vergoldet, 14,5 cm
Grünes Gewölbe, Staatliche Kunstsammlungen Dresden, Inv.-Nr. IV 313

Ein silbervergoldetes privates Trinkgefäß bezeugte Wohlstand und wurde nur zu besonderen Gelegenheiten verwendet. Der Deckelbecher mit kurzem Schaft und profiliertem Rundfuß ist mit 13 ovalen, senkrechten Buckeln vor waagerecht gestricheltem Grund verziert. Oberer Becherrand und Deckel sind mit eingraviertem Blattwerk dekoriert. Der balusterförmige Angriff trägt einen Deckelknauf mit einer kleinen Medaille, mit der Zahl 39 (= 1539) und einer lateinischen Umschrift (sie hoffen auf ihn allezeit). Sie zeigt ein Kruzifix, vor dem der Prophet Jonas mit einem Wal kniet (Siegelmotiv des Justus Jonas). Im Deckelinneren findet sich eine weitere Medaille. Sie zeigt Luthers Bildnis und umlaufend seinen lateinischen Wahlspruch (im Stillesein und Hoffen werdet ihr stark sein). Das Montieren von Medaillen in bereits hergestellte Arbeiten auf Wunsch der Käufer war in den Goldschmiedewerkstätten der Renaissance üblich. Da persönliche Medaillen beliebte Geschenke in Humanistenkreisen waren, konnten auf diese Weise Beziehungen optisch bekräftigt werden.
Richter konnte 2003 die These Junckers untermauern, dass der Becher ein Geschenk von Jonas an Luther war. Nach dem Tod Luthers im Jahr 1546 wurde der Becher über die Witwe an eines der vier Kinder vererbt. Seit 1890 befindet er sich im Grünen Gewölbe. AGr

Literatur:
Juncker 1706, S. 284; Inventar Kunstkammer nach 1732, fol. 171v.; Erdmann 1804, S. 89; Sponsel 1928, S. 168; Arnold 1967a, S. 185 ff.; Kohlhaussen 1968, S. 495; Hernmarck 1978, S. 81; Arnold 1983; Richter 2003.

256
Lucas Cranach d. J., Werkstatt/Nachfolger
Martin Luther auf dem Sterbebett
nach 1546

Lindenholz, 64 × 50,5 cm
Gemäldegalerie Alte Meister, Staatliche Kunstsammlungen Dresden, Gal.-Nr. 1955

Das letzte weitverbreitete Lutherbildnis stellt den Reformator im Tode dar. Der Augenzeugenbericht von Justus Jonas und Michael Coelius, der noch im Todesjahr Luthers in Wit-

256

tenberg erschien, gibt Auskunft über die Anfertigung von Bildnissen Luthers im Tode. Ihm zufolge wurde der am 18. Februar 1546 in Eisleben verstorbene Reformator zunächst von einem bis heute unbekannten Eislebener Maler und anschließend von Lucas Furtenagel (geb. 1505) aus Halle porträtiert. Von ihm wird vermutet, dass er ein zeitweiliger Mitarbeiter der Cranach-Werkstatt war oder doch zumindest mit ihr einige Zeit in engerem Kontakt stand. Eine Zeichnung des toten Luther von seiner Hand befindet sich im Kupferstichkabinett der Staatlichen Museen zu Berlin.
Eine der vor Ort angefertigten Zeichnungen gelangte nach Wittenberg in die Cranach-Werkstatt und diente offensichtlich als Vorlage für das erste »offizielle« auf Holz gemalte Totenbildnis Luthers. Unter den zahlreichen Wiederholungen und Varianten des verloren gegangenen Vorbildes aus der Cranach-Werkstatt gehört das Dresdner Gemälde zu jener Gruppe, die dem Vorbild besonders nahe steht.
Das Totenbildnis Luthers sollte belegen, dass der Reformator ohne Schmerz und Todeskampf, dafür mit sich und Gott einig, sanft und friedlich entschlafen war, was vor allem als Zeugnis für sein gutes Gewissen und somit als »Beweis« für die Legitimation der Reformation diente.
Das Dresdner Bildnis Luthers auf dem Sterbebett gehörte ursprünglich zur Privatsammlung des Hofarchitekten und Bildhauers Giovanni Maria Nosseni, die nach dem Tod ihres Besitzers von Kurfürst Johann Georg I. für die kurfürstliche Kunstkammer angekauft wurde. KK

Literatur:
Jonas/Coelius 1546/1996, S. 22; Stuhlfauth 1927; Luther mit dem Schwan 1996; Kolb 2003.

257
Justus Jonas, Michael Coelius
Zwo Tröstliche Predigt Vber der Leich D. Doct: Martini Luther zu Eissleben den XIX. vnd xx. Februarij gethan Durch D. Doct: Justum Jonam. M. Michaelem Celium. Anno 1546
Wittenberg: Georg Rhaw [1546]

20 × 16 × 1 cm
Marienbibliothek Halle, Sign. C IV. 1341
Institut für Zeitungsforschung Dortmund, Sign. Kat. Dortmund 1980, Nr. 288

Die letzten drei Wochen vor dem Tod Luthers am 18. Februar 1546 in Eisleben, wo er sich zur Schlichtung eines Streites zwischen den Grafen von Mansfeld aufhielt, verbrachte Jonas Tag und Nacht zusammen mit seinem langjährigen Weggefährten. Von dem Erleben dieser Tage berichtet er in der Schrift »Vom christlichen Abschied Martin Luthers«. Die Predigt hielt er am 19. Februar in der Kirche St. Andreas zu Eisleben, wo die Leiche Luthers aufgebahrt worden war und »durch einen Gottfürchtigen mit der Feder excipirt« wurde, wie es im Druck heißt. Michael Coelius, Pfarrer in Mansfeld und ebenfalls Zeuge der letzten Lebenstage Luthers, hielt seine Predigt am 20. Februar in Eisleben. KE

258
Philipp Melanchthon
Ein Sermon uber der Leich, des Ehrwirdigen Herren Doctor Martin Luthers
Augsburg: Steiner 1546

4°, 8 Bl.
Stadtbibliothek Worms, Sign. LB 438

259
vermutlich Jakob Stampfer
Medaille auf den Tod Martin Luthers
1546

Bildnis Luthers im 61. Lebensjahr, Umschrift: : MARTINVS . LVTHERVS . ANNO . MDXLV . AETAT . SVAE . LXI
Rs.: Inschrift: PESTIS ERAM VIVVS. MORIENS ERO MORS TVA PAPA. OBIIT ISLEBIAE ANNO. M.D.XLVI. DIE XVIII. FEBRVARII. AETATIS SVAE ANNO LXIII.

Silber, gegossen, ∅ 39 mm
Stiftung Moritzburg, Kunstmuseum des Landes Sachsen-Anhalt, Halle, Landesmünzkabinett, Inv.-Nr. LMK 25366

Die Medaille zeigt ein ausdrucksvolles Porträt des alternden Luther und wurde anlässlich seines Todes im Jahr 1546 gegossen. Der Künstler verwendete für den Guss ein früher gearbeitetes Modell. Das Münzkabinett des Kunsthistorischen Museums in Wien besitzt ein Exemplar mit einem Bildnis Melanchthons auf der Rückseite. Von der ausgestellten Fassung der Medaille ist nur ein zweites Exemplar bekannt, das versteigert wurde und sich heute im Besitz der Stiftung Luthergedenkstätten in Sachsen-Anhalt in Eisleben befindet. Die nicht signierte Medaille wurde Jakob Stampfer vor allem wegen der Schriftgestaltung der Rückseite zugewiesen. Stampfer war überwiegend in Zürich tätig. Seine Gussmedaillen erinnern an die Arbeiten Friedrich Hagenauers. Wahrscheinlich lernte Stampfer seine Kunst in Augsburg und Nürnberg während der Wanderjahre bei den dort tätigen Meistern. Am bekanntesten sind seine Medaillen auf verschiedene Schweizer Reformatoren. Berühmt wurde der Künstler durch die Schweizer Bundestaler, deren Bildidee sich noch heute im Franken wiederfindet. UD

259

Literatur:
Speler 1997, S. 80; Dräger/Bake 2000, S. 89, Nr. 90.

Der Schmalkaldische Krieg

Eine militärische Auseinandersetzung zwischen Kaiser Karl V. samt den katholischen Reichsständen und dem Schmalkaldischen Bund war im Juli 1546 unvermeidlich. Philipp von Hessen sah sich gezwungen, gegen Karl vorzugehen, ehe dessen Rüstungsvorhaben beendet war. In einem »Überraschungsanschlag« eroberte Sebastian Schärtlin von Burtenbach, Befehlshaber der Fußtruppen der oberdeutschen Städte im Schmalkaldischen Bund, die Ehrenberger Klause (11. Juli 1546), wodurch dem Kaiser der Hauptweg nach Italien und für die Hilfe aus Spanien versperrt war. Doch nutzten die Protestanten ihren Erfolg nicht. Am 20. Juli 1546 versammelten die Hauptleute des Schmalkaldischen Bundes, Kurfürst Johann Friedrich und Landgraf Philipp von Hessen, ihre Truppen in der Nähe von Meiningen. Am gleichen Tag erließ der Kaiser die Reichsacht gegen die beiden Hauptleute. Mit der Vollstreckung beauftragte Karl V. Herzog Moritz.

Das Heer der Schmalkaldener zog gen Süden, um sich der Unterstützung der protestantischen Städte zu vergewissern und sich mit ihnen zu vereinigen. Man geht in Regensburg auf protestantischer Seite von etwa 7000 Reitern und 50 000 Fußsoldaten aus, während die habsburgische Seite nur etwa 2000 Berittene und 10 000 Fußsoldaten zählte. Moritz ließ die protestantischen Führer im Unklaren über seine politische Positionierung und täuschte Verhandlungsbemühungen zur Verhinderung eines kriegerischen Konflikts vor. Ende August trafen die beiden Heere bei Ingolstadt aufeinander, wo es zur kampflosen Belagerung kam (Kat.-Nr. 260). Es war sicher ein Fehler der Schmalkaldener, den Oberbefehl zwischen Johann Friedrich und Philipp zu teilen, vor allem aber, dem anerkannten Führer und erfahrenen Soldaten Schärtlin von Burtenbach keine führende Rolle zuzuweisen.

Während sich die Schmalkaldener im Süden aufhielten, besetzte Moritz gemeinsam mit König Ferdinand von Böhmen das ernestinische Sachsen, wogegen Johann Friedrich mit neuen Truppen Teile der verlorenen Gebiete zurückeroberte und das von Moritz verlassene Leipzig belagerte (Kat.-Nr. 266). Karl V. zog Moritz mit Hilfstruppen entgegen, zugleich wurde durch kaiserliches Mandat allen Fürsten die Unterstützung für den geächteten Kurfürsten Johann Friedrich untersagt. Es ist viel spekuliert worden, ob der Kurfürst nicht den Mut hatte, sich seinem obersten Lehnsherrn zu widersetzen, oder ob er grundsätzlich einer kriegerischen Auseinandersetzung ausweichen wollte. Erst bei Mühlberg kam es schließlich zur direkten Konfrontation.

Cecilie Hollberg

Literatur:
PKMS III, S. 291, 342, 760, 822 et passim; Held 1997;
Groß 2003, S. 60 ff.; Herrmann 2003, S. 83–93.

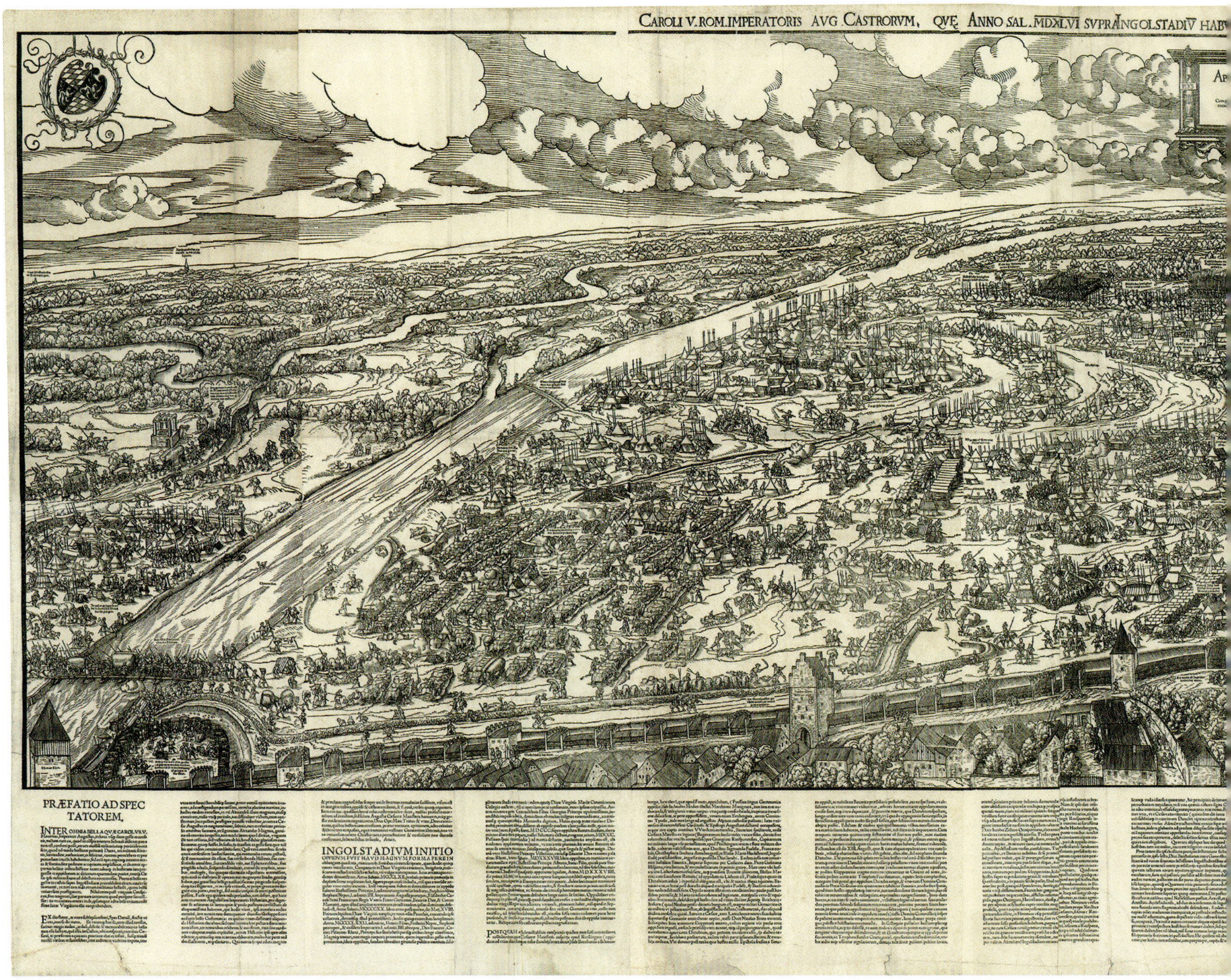

260

260
Hans Mielich
Das Feldlager Kaiser Karls V. vor Ingolstadt, 1546
München: Christoph Zwikopff 1549

Holzschnitt in 16 Stöcken mit lateinischer Beschreibung, 114,5 × 310 cm
Museen der Stadt Regensburg, Inv.-Nr. HV 264

Titel: CAROLI V. ROM. IMPERATORIS AVG. CASTRORVM, QVE ANNO SAL. MDXLVI SVPRA INGOLSTADIV(M) HABVIT, VERA ATQ(VE) INTEGRA PICTVRA, SIMVL SCHMALKALDICO-RVM INFESTAS ACIES, RESQ(VE) IBI GESTAS LVCVLENTER REPRESENTANS
Kartusche: APARATUS VICTORIAE FUNDATO-RIS / QVIETIS CAROLI MAXIMI ... 1549
Signatur der Legende: Monaci excudebatur, impensis Cchristopheri Zvvkopffij, & Ioannis Müelichij Pictoris, ciuium ibidem. Anno Salutis, MDXLIX

Der Münchner Hofmaler Hans Mielich hat im Auftrag Kaiser Karls V. diese großformatige Darstellung einer der wichtigsten Stationen des Schmalkaldischen Krieges geschaffen, des Lagers Karls V. vor Ingolstadt, vor dem es ab dem 28. August 1546 zur Konfrontation der Heere kam. Der Maler »Hanß Muelich Maller von München« stellt sich selbst in Rückansicht im Bildvordergrund dar. Der Blick des Betrachters geht über die Schulter des Zeichners nach Westen. Im Bildvordergrund liegen die Häuser der Stadt vom Kirchturm der Liebfrauenkirche über das geschäftige Treiben vor dem Kreuztor bis hin zum Donautor. Die Wallanlage ist der Stadtmauer im Westen bogenförmig vorgelagert. Von Südwesten wird die Verpflegung über eine Schiffsbrücke ins Lager gebracht.

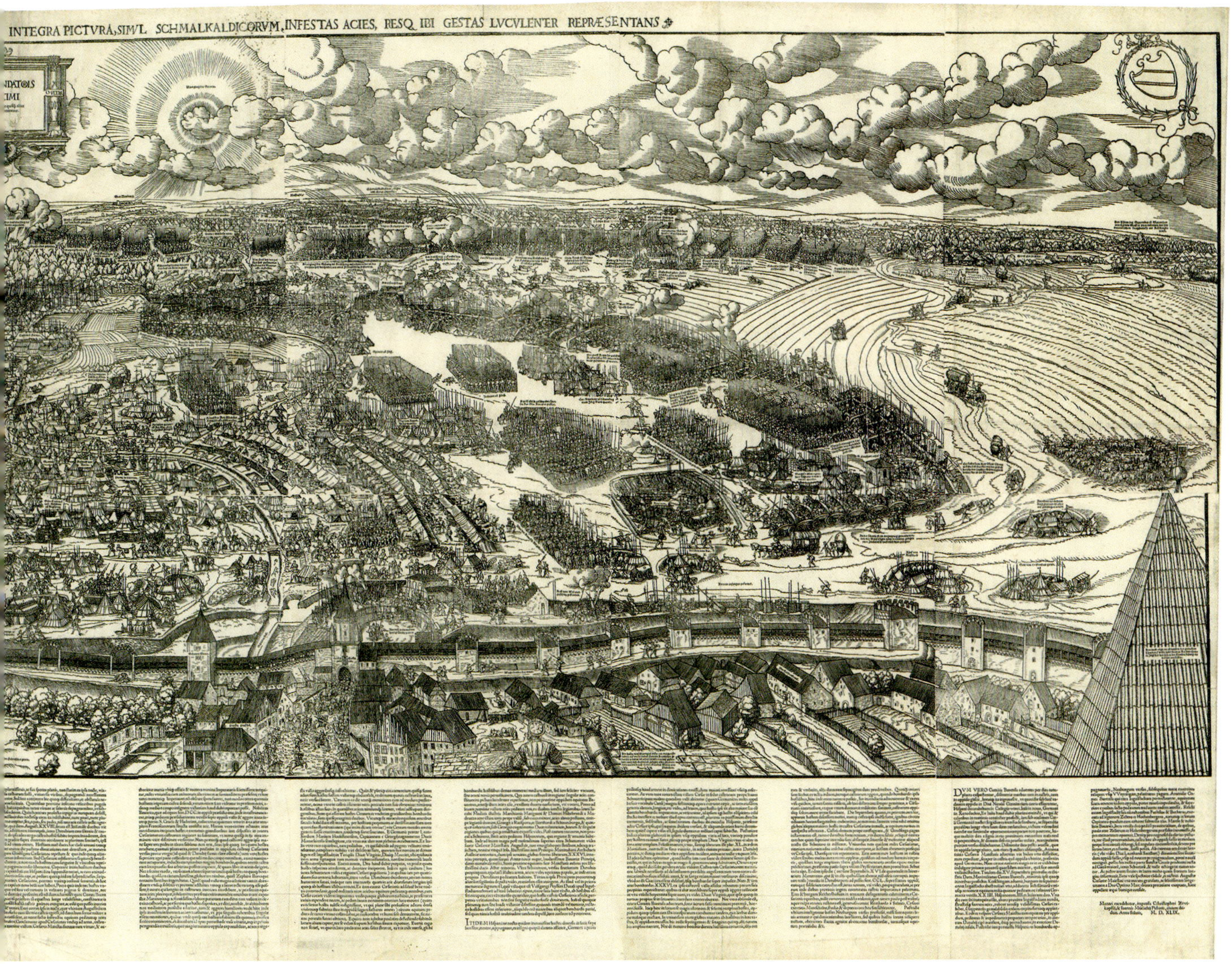

Im linken Teil stehen an offenen Futterkrippen die 7000 Wagenpferde der Artillerie, darüber sind die Zelte der »Ringepferde«, der Streitrosse, angeordnet. Es folgen die Lager der Herzöge Jörg, Philipp und Erich von Braunschweig, des Erzherzogs Maximilian von Österreich, des Markgrafen Albrecht von Brandenburg usw.

Die Bildmitte zeigt das kaiserliche Lager, bei dem der Haufen der kaiserlichen Ritterschaft steht. In der rechten Hälfte und bei der Wallanlage haben die Abteilungen Aufstellung bezogen oder sind in Bewegung dargestellt, von den deutschen Landsknechten über die spanischen und italienischen Fußsoldaten bis zu den berittenen Abteilungen des Papstes und des bayerischen Adels. Das Eingreifen des bayerischen Adels brachte die sichtbare Parteinahme Bayerns und trug wesentlich dazu bei, dass nach heftigem Artillerieduell der feindliche Sturm ausblieb und die Schmalkaldener abzogen.

Jenseits der Wallanlage hat das feindliche Heer Aufstellung bezogen, darunter die Abteilungen der Herzöge Ernst und Albrecht von Braunschweig und des Sebastian Schärtlin von Burtenbach, des Anführers der süddeutschen städtischen Truppen. Am Horizont ist das Lager des Kurfürsten Johann Friedrich von Sachsen und des Landgrafen Philipp von Hessen zu erkennen.

Mielich schildert in größter Ausführlichkeit die Artilleriegefechte und Scharmützel, vor allem aber das Lagerleben. So wird an fünf Stellen der Kaiser gezeigt, der, von einem Standartenträger begleitet, durchs Lager reitet. Am Wall ist er vom Pferd gestiegen und betrachtet sitzend die »groß Katz«, eine Kanone. PGB

Literatur:
Röttger 1925, S. 24, Abb. S. 29; Geisberg 1923–30, 905–920; Appuhn/Heusinger 1976, S. 74, Abb. 49; Hollstein XXVIII, S. 199 (gezeichnet 1546 von Mielich, geschnitten 1549 von Zwikopff); Hofmann/Reissmüller 1981, S. 25–29, Abb. 6, Kat.-Nr. 2; Hemmeter 1998, S. 9, Abb. 2.

261
Ein hübsch newes Lied von dem Zug des loblichen Churfursten vnd Landgraffen
1542

Holzschnitt mit Typendruck,
50 × 35 × 2,8 cm (Rahmen)
Germanisches Nationalmuseum, Nürnberg,
Sign. HB 732

Ein hübsch newes Lied von dem Zug des löblichen Churfürsten vnd Landgraffen/in dem thon/ Der Bapst der ist ein heiliger Man/Vñ wer das rett der leugt in an.

261

262
Ein schön newes lied gemacht zu Lob vnnd Eer Römischer Kayserlicher Mayestat, wie sie im 1546. Jar vor Ingolstadt widern Land
o.O., 1547

4°, 4 Bl.
Hessisches Staatsarchiv Marburg,
Sign. X B 4226

263
Lucas Cranach d. J.
Kurfürst Moritz von Sachsen
um 1550

Papier auf Pappe auf Fichtenholz,
40,5 × 32,5 cm
Gemäldegalerie Alte Meister,
Staatliche Kunstsammlungen Dresden,
Gal.-Nr. 1948

263

Die Zuschreibung der unsignierten Porträtstudie änderte sich im Lauf der Zeit mehrfach. Das Brustbild des Kurfürsten Moritz wird im Dresdner Inventar 1722/28 noch ein Original Dürers genannt. In den Galeriekatalogen wird es von 1835 an geführt, allerdings zunächst keinem Künstler zugeschrieben, sondern unter »Unbekannt« aufgelistet. Erst ab 1843 galt es immerhin als »Cranachs Schule«, 1860 wurde es schließlich von Wilhelm Schäfer als »Cranach der Jüngere« erkannt.
Im Gegensatz zur Porträtstudie Kurfürst Augusts von Lucas Cranach d. J. der Dresdner Gemäldegalerie (Gal.-Nr. 1947), die lange Zeit als Gegenstück betrachtet wurde, lassen sich für das Moritzbild keine Gemälde nachweisen, welche der Studie als möglicher Bildvorlage exakt folgen. Die und angebliche technisch-malerische Unterschiede zum sonstigen Porträtschaffen Lucas Cranachs d. J. veranlassten Werner Schade 1961/62 zu der Vermutung, es könne sich um ein von Tizian ausgeführtes Porträt des Kurfürsten handeln. Beide hätten 1548 in Augsburg Gelegenheit gehabt, sich zu treffen. Naheliegender und wahrscheinlicher bleibt jedoch die Zuschreibung an Cranach d. J.
KK

Literatur:
Inventar Gemäldegalerie 1722–1728, Lit. A: No. 309; Matthäi 1835, S. 21 f., Nr. 94; Schäfer 1860, Bd. III, S. 885 f., Nr. 1672; Schade 1961/62, S. 41–49; Gemäldegalerie Dresden Alte Meister 1992, S. 162 f.

Ein schön newes lied gemacht zů Lob vnnd Eer / Römischer Kayserlicher Mayestat / wie sie im 1546. Jar vor Jngolstat widern Landgrauen von Hessen / vnd Hertzog Hansen von Sachsen / zů veldt gelegen.

Imperio populos regito tu Carole magne,
Hæ tibi erunt artes, pacisq; imponere morem,
Parcere subiectis, & debellare superbos.

Jn der weiß wie die schlacht von Pauia gesungen wirt.

M. D. XLVII.

262

264
König Ferdinand I. verhängt die Reichsacht über Kurfürst Johann Friedrich von Sachsen und Landgraf Philipp von Hessen
Prag, 20. August 1546

Papier, Druck, Tinte, mit eigenhändiger Unterschrift und Papiersiegel, 41,6 × 59 cm
Deutsches Historisches Museum, Berlin,
Inv.-Nr. Do 53/10

Die Verhängung der Reichsacht gegen den Kurfürsten Johann Friedrich von Sachsen und den Landgrafen Philipp von Hessen am 20. Juli 1546 auf dem Regensburger Reichstag wurde zum Auslöser des Schmalkaldischen Krieges. In dem auf dem Prager Schloss unterzeichneten Mandat warf König Ferdinand den Geächteten die Aufwiegelung anderer Stände und Untertanen sowie unziemliche Konspiration und Bündnisse unter dem Schein der Religion vor. Beide fielen in die Acht und Aberacht, verloren ihre Regalien, Lehen und Freiheiten. Für die Schmalkaldener wurde nun der Krieg als Religionssache zur Bündnispflicht. Mit der Aussicht auf Erhalt der sächsischen Kurwürde übertrug Ferdinand die Vollstreckung der Acht über Kurfürst Johann Friedrich dem Herzog Moritz von Sachsen. HA

Literatur:
ADB, Bd. XXV, XIV; NDB, Bd. V, Bd. X.

265
Befehl Kaiser Karls V. an Herzog Moritz zur Vollstreckung der Acht

[gegen Kurfürst Johann Friedrich und Landgraf Philipp]
Regensburg, 1. August 1546
[ausgefertigt Landshut, 8. August 1546]

Ausfertigung mit Siegel und Unterschrift
Stadtarchiv Leipzig, Sign. Urk.-K. 1,4

In den Verhandlungen von Regensburg, die zum Regensburger Vertrag vom 19. Juni 1546 führten, gelang es der kaiserlichen Diplomatie in Verbindung mit dem albertinischen Rat Christoph von Carlowitz, Herzog Moritz in der Auseinandersetzung mit dem Schmalkaldischen Bund fest an Karl V. zu binden. Die Zusagen des Kaisers an den Albertiner blieben dagegen eher vage und an schwierige Bedingungen geknüpft.

Der kaiserliche Befehl, der Moritz am 18. August 1546 zuging, spiegelt das Verständnis des Kaisers vom Ergebnis der Verhandlungen mit Moritz wider. Er forderte von ihm, die am 20. Juli 1546 gegen die Häupter des Schmalkaldischen Bundes, Kurfürst Johann Friedrich und Landgraf Philipp von Hessen, ergangene Acht durchzusetzen. Moritz konnte zwar noch bis Oktober 1546 seine neutrale Haltung wahren, war dann aber durch den Prager Vertrag vom 14. Oktober 1546 endgültig gezwungen, gegen Johann Friedrich in den Krieg einzutreten. Andernfalls drohte eine Eroberung des ernestinischen Landes allein durch königlich-böhmische Truppen und der Verlust dieser Gebiete für die Wettiner insgesamt. Zugleich wurde die in Regensburg bereits in Aussicht gestellte sächsische Kurwürde Moritz nun zugesagt. ChW

Edition: PKMS II, S. 760 ff., Nr. 973.
Literatur: PKMS II, S. 473–479; Brandenburg 1898 b; Herrmann 2003, S. 73–85.

264

265

Warhafftige abconterfeyung der Stadt Leipzig/ wie die nach abbrechung der Vorstede von Hertzog Hans F
S. THOMAS
S. PETER
Dis ist ein klar Contrafactur/
Deutlich gemeld vnd schön figur.
Leipzig der Stadt in Meissner land/
In gantz Europa wol bekandt.
Durch jr gewerb vnd Kauffmanschafft/
Auch durch die Erbar Burgerschafft.
Vnd löblich Vniuersitet/
Des gleichen nicht han andre Stedt.
In gantze Teutscher Nation/
Drumb sie ein außbund ist vnd kron.
Die weit vnd fern wird gepreisst/
Wie sich die sach denn selbst außweisst.
Vnd wenn GOtt ferner durch sein gnadn/
Hett abgew. den grossen schadn.
A
Den sie durch krieg erlitten hat/
Dergleichen wer kein Fürstlich Stadt.
Vnter den Deutschen Stedten alln/
GOtt hat es aber so gefalln.
Do er thet, straffen Deutsche land/
Das er außstrecket seine hand.
Lies über Leipzig gehn ein plag/
Davon ich hie in kurtzen sag.
Vnd euch in Summa diß vormeldt/
Welch diß Figur vor augen stelt.
Denn jr zum meisten habt vernommen/
Wie Hertzog Hans vor Leipzig komen.
Aus vrsach das sehr wol bekand/
Das Er wolt treiben aus dem Land.
B
Hertzog Moritz der sich allzeit/
Vorhelt nach seiner Oberkeit.
Im sieben vnd viertzigsten Jahr/
Da noch der kalte Winter war.
Des Jenners an dem sechsten tag/
Hub sich ein jammer vnd ein klag.
Dieweil der feind im anzug war/
Vnd man anzund die Vorstede gar.
Darinn verdorb sehr grosses gut/
Verzeret durch des fewers glut.
Da nun der Feind war kommen an/
Vnd hett die Stadt abfordern lan.
Die sich zu geben nicht gedacht/
Hatt er alsbald viel schantzen gmacht.
C
Die erst bey einer ziegel hütt/
Vorm Peters thor hoch ausgeschütt.
Gelegen gegen Mittemtag/
Darinnen Thomas hirren lag.
Do thet man weidlich schiessen aus/
Vff Pleissenburgk das Fürstlich Haus/
Gelegen an der Pleissen stram/
Welchs wasser vns der Feind auch nam.
Die andre schantz geworffen was/
Graffn Oldenburgk gen Morgen bas.
Bey einer Windmühl vff eim plan.
Da sah man grosse stück abgahn.
In Henckers thurm mit grossem prauß/
Der hielt den Feinden tapffer auß.
D.

266

zu Sachssen/belegert vnd beschossen ist worden/Nach der geburt Christi 547. im monat Januario.

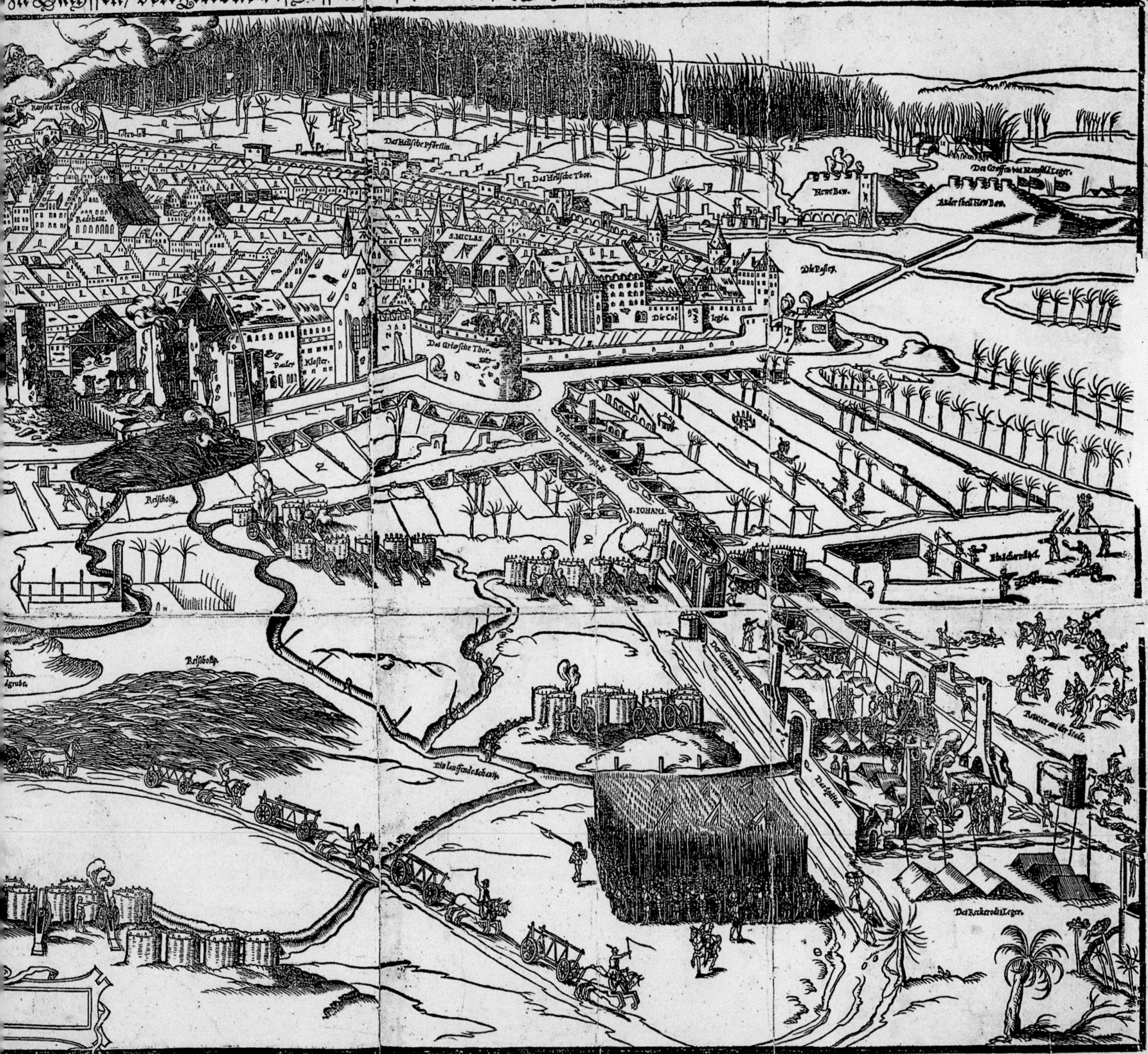

fiel/
der ziel.
r an/
er nahn.
n klar/
sen war.
odt/
ut vnd lot.
ach dabey/
erey.
und/
zund.
hauffn/
wer lauffn.

Denn das geleschet wurd alsbald/
Von Leutten die dazu bestalt.
Die vierde schantz wurd auch gemacht/
Vors Hellisch thor gen Mitternacht.
Da lag Graff Albrecht von Mansfeld/
Wie dir auch anzeigt diß gemeld.
Schoß in die Heusser vngemach/
Zerschmettert fast die ziegel dach.
Zerstümlet auch die höhen gadn/
An mauren thet er kleinen schadn.
Auch von den ersten schantzen drey/
Wurden gefurt zwen graben frey.
Vffs Schloß vnd vff den Heyckers thurm/
Das man darinnen lieff zum sturm.
F

Die futtermawer wurd zersprengt/
Das sich der schutt hinacher senckt.
In stadt graben sag ich vorwar/
Reisholtz war auch gefüret dar.
Eins theils geworffen schon hinein/
Darob zum sturm ein weg solt sein.
Diss alles man dem Feind anzund/
Drumb er die stad nicht stürmen kund.
Denn er auch marckt die kegen wehr/
Die jm dem kampff würd machē schwer.
Drumb er die Stad must faren lan/
Sein sachen greiffen anders an.
Nach dem er nu drey wochen gantz/
Gelegen war in kalter schantz.
G

Hat er das Leger angebrandt/
Vff Aldenburgk geeilt zuhandt.
Vnd vns gelassen zu der beutt/
Viel schwacher knecht vnd krancker leut
Die wir doch angenomen han/
Vnd jhnen alles guts gethan.
Vnd hülff erzeiget als den armen/
Gott wol sich vnser auch erbarmen.
Vnd geben fried vnd einigkeit/
An allem ort der Christenheit.
Woll diesen jammer sehen an/
Den wir jtzund vor augen han.
Vnd leiden noch an allem ort/
Durch raub vñ brand/ vnzucht vñ mort.
H

Dadurch der arme kleine hauffn/
Den Christus thewer must erkauffn.
Zerstrewt wird vnd geschmehet hoch/
O starcker Gott thu helffen noch.
Denn vff dich Herr allein wir bawn/
Vnd vff dein grosse gūt vertrawn.
Du werdst nach dieser straff die ruth/
Die du gebraucht hast vns zu gut.
Zureissen vnd werffen hindan/
Vnd vns dein kinder bleiben lan.
All vnser missethat verzeihn/
Auch ferner alles guts verleihn.
Zu vnser seelen seligkeit.
Dir sey lob/ ehr/ in ewigkeit.
I

266
unbekannt
Wahrhafftige abconterfeyung der Stadt Leipzig
1547

Holzschnitt, 59,5 × 113 cm
Stadtgeschichtliches Museum Leipzig, Inv.-Nr. S 1154/2001

Diese Vogelschauansicht gilt als eine der ältesten und wichtigsten Ansichten Leipzigs. Sie zeigt die Stadt während der erfolglosen Belagerung durch Kurfürst Johann Friedrich im Schmalkaldischen Krieg im Januar 1547. Man sieht die befestigte Stadtanlage von Süd-Ost aus. In der rechten Bildhälfte führt der Grimmaische Steinweg über den Johannisfriedhof, das Hospital und die zerstörte Johanniskirche bis zum Grimmaischen Tor, links ist der Peterssteinweg mit dem Peterstor sowie die stark beschädigte Pleißenburg (Schloss) zu sehen. Die völlig zerstörten Vorstädte sind durchzogen von Gräben und Feldlagern.
Unter dem Bild ist ein Gedicht, welches das Geschehen in vielen Strophen beschreibt. Der großformatige Holzschnitt von 12 Stöcken ist ein Auftragswerk der Stadt und entstand vermutlich unmittelbar nach Ende des Krieges. Die Zuschreibung an Hans Krell geht auf Gustav Wustmann zurück. BH

Literatur: Wustmann 1891, S. 2.

267
Herzog Moritz von Sachsen
Dukatenklippe auf die Belagerung Leipzigs
Mzst. Leipzig 1547

dreiblütige Blume über ◦ MORI / ◦ HER·Z·S·;
darunter geschweiftes Wappen des Herzogtums Sachsen umgeben von Zierelementen, unten zweistielige Blume, Blütenornament als Einrahmung
Rs.: 7-zeilige Legende: ◦ HER / ◦ HANS . / FRİD ◦ BE / :LEGERT◦ LE / :İPZİG° ◦ MEN . / S^{e} İAN AN° ◦ / ·M·D·XLVII; darüber ◦ ꕥ ◦, darunter das Wappen der Stadt Leipzig, auf jeder Seite eine kleine Blume, Blütenornament als Einrahmung

Gold, 20,8 × 24 mm, 3,54 g
Münzkabinett, Staatliche Kunstsammlungen Dresden, Inv.-Nr. 1173

Am 5. Januar 1547 begann Johann Friedrich der Großmütige das von Moritz verteidigte Leipzig zu belagern, musste aber die Belagerung am 27. Januar erfolglos abbrechen. Die Stadt Leipzig, die die Feldzüge von Moritz finanziell unterstützt hatte, war nach dem Ende der Belagerung nicht in der Lage, den Sold an die in der Stadt stationierten Söldner in vollem Umfang weiterzuzahlen. Es kam zu Meutereien, die durch das Ergreifen der Anführer und unter Verweis auf eine rasche Nachzahlung des Soldes beendet werden konnten. Moritz kam der Anfrage des Rates der Stadt in einem Schreiben vom 28. März 1547 nach, die in Leipzig in Sicherheit gebrachten goldenen und silbernen Kirchengeräte, besonders die Kleinodien des Stiftes Merseburg, zur Gewinnung von Münzmetall heranzuziehen. Aus einem schweren, goldenen Kelch, einer Hostienschale und zwei kleineren Goldstücken sowie aus den vom Silbergeschirr abgeschabten Vergoldungen wurden insgesamt 914 ungarische Goldgulden oder Dukaten in rautenförmiger Gestalt (Klippen) aus zwei Stempeln geprägt. Drei Wochen lang arbeiteten Goldschmiede und Handwerksmeister mit ihren Gesellen in einem Raum des Leipziger Rathauses an der Behebung der Geldknappheit.
Auflösung der Legende Vs.: Moritz, Herzog zu Sachsen. WH

Literatur:
Krug 1963, S. 427 ff.; Haupt 1974, Taf. 67, Nr. 10.

267

270

268
Talerklippen, sog. Leipziger Belagerungsklippen
Leipzig 1547

Silber, 45 × 32 mm
Stadtgeschichtliches Museum Leipzig (Sammlung Davignon), Inv.-Nr. MS/189/2003
Silber, 36 × 33 mm
Stadtgeschichtliches Museum Leipzig (Sammlung Davignon), Inv.-Nr. MS/188/2003

Vom 5. bis 27. Januar 1547 belagerte Kurfürst Johann Friedrich von Sachsen vergeblich die von Herzog Moritz von Sachsen stark befestigte Stadt Leipzig. Um nach der erfolgreichen Abwehr der Belagerung die von ihm geworbenen Söldner entlohnen zu können, mangelte es Herzog Moritz an barem Geld. So ließ er die vor der Kriegsgefahr nach Leipzig verbrachten Kirchenkleinodien und das Silbergeschirr des Stiftes Merseburg einschmelzen und im Keller des Leipziger Rathauses vermünzen. Etwaige Vergoldungen wurden vorher sorgfältig heruntergekratzt und die so erhaltenen 2½ kg Feingold ebenfalls zu Münzen verarbeitet. Größtenteils verarbeitete man das Edelmetall zu rautenförmigen Münzen, so genannten Klippen. Einige der erhaltenen Geldstücke weisen unregelmäßige Formen auf, deutliches Zeichen der Zeitnot, unter der die Geldproduktion betrieben wurde. SP

269
Abrechnung über die Anfertigung von Klippen aus Kirchensilber
Leipzig 1547

Handschrift auf Papier, 32,5 × 21 cm
Stadtarchiv Leipzig, Sign. Urk.-K. 83,4

270
Kurfürst Johann Friedrich von Sachsen
1/4 Talerklippe (einseitig)
Mzst. Wittenberg, Arnstadt oder Eisleben, 1547

Silber, 32,1 × 30,9 mm, 8,53 g
Münzkabinett, Staatliche Kunstsammlungen Dresden, Inv.-Nr. 4739

In einem rechteckigen Einschlag befindet sich ein gespaltener und beidseitig eingebogener Schild mit dem Kurwappen und dem Wappen des Herzogtums Sachsen, darüber H H K, darunter die geteilte Jahreszahl 1547. In den Einbuchtungen des Wappens je ein Kleeblatt.

Kurfürst Johann Friedrich war der Befehlshaber des Hauptheeres des Schmalkaldischen Bundes, was einen hohen Bedarf an Geldmitteln erforderte. Nach seiner Rückkehr aus Oberdeutschland Ende 1546 konnte er sein von Herzog Moritz besetztes Kurfürstentum wieder in Besitz nehmen. Die Suche nach geeigneten Münzstätten sowie nach Münzmeistern und Wardeinen gestaltete sich jedoch schwierig. Da auch Münzsilber nur schwer zu beschaffen war, ordnete der Kurfürst an, gegen Ausstellung einer Quittung silbernes Geschirr und Silberschmuck aus Kirchen- und Bürgerbesitz einzuziehen und einzuschmelzen. Dem eingeschmolzenen Silber musste Feinsilber beigegeben werden, um es mit dem erforderlichen Feingehalt in Form von Klippen (rautenförmig) auszuprägen.
Der Kurfürst selbst gab die Gestaltung der Klippen vor. In einem in Vacha am 22. Dezember 1546 ausgestellten Brief schrieb er: »Und damit das Munterlon sovil dest mher erspart werden muge, so wollet anstad der Guldengroschen Klipping von Silber viereckicht, uf einer Seiten allein mit unsern Churschwertern und Rautenkrantz sambt den Buchstaben und der Jhartzahl lassen vermuntzen, wie solchs beiliegender Abrihs ausweihsen, doch sollen die Churschwerdt und Rautenkrantz mit dem Wappen etwas kleiner geschnidten werden, dan die Viesirunge ist.«
Auflösung der Buchstaben H H K: Herzog Hans (Johann) Friedrich, Kurfürst. WH

Literatur:
Kernbach 1995/96, Nr. 2.3.6.

Bewaffnung und Waffenhandwerk 1500 – 1555

Die Bewaffnung der Kämpfer der 1. Hälfte des 16. Jahrhunderts zeugt von dem tiefgreifenden Wandel, der sich seit den »Schweizerkriegen« im mitteleuropäischen Kriegswesen vollzog. Vor allem zwei Faktoren wirkten sich seit der Mitte des 15. Jahrhunderts aus: Neue taktische Konzepte, die den individualistischen Kampfstil des Rittertums zugunsten des massenhaften Einsatzes von Infanterie verdrängten, und die zunehmende Verbreitung von Feuerwaffen. Schwerter und Lanzen waren die Hauptwaffen der berittenen Kämpfer. Die Fußtruppen trugen, je nach Spezialisierung, Langspieße, unterschiedlichste Arten von Hellebarden und Schlachtschwertern, Degen und Dolche in unterschiedlichen Längen. Auch Handfeuerwaffen und Artillerie kamen zum Einsatz.
Die Entwicklung der ritterlichen Schutzbewaffnung hatte mit dem Aufkommen der Feuerwaffen ihren Zenit erreicht. Dennoch trug die schwere Reiterei weiterhin Harnische, die den ganzen Körper umschlossen, und auch die Pferde waren durch Eisenpanzer geschützt. Die Infanterie hingegen, die idealerweise in Formation kämpfte, verzichtete weitgehend auf Rüstungen. Nur höhere Dienstgrade, Doppelsöldner, waren mit »knechtischen Harnischen« ausgestattet, die Torso und Oberschenkel deckten, jedoch gute Bewegungsfreiheit ließen. »Sturmhauben«, zumeist ohne Visier, waren weiter verbreitet. Noch gab es keine Uniformen, doch immerhin eine »Kriegstracht«, das bizarre Kostüm der Landsknechte, bunt, mit geschlitzten Wämsern und Beinkleidern und befiederten Baretten. Solchermaßen ausgestattet traten berittene Kämpfer und Fußknechte zum Kampf an. Gefechte wurden gewöhnlich im Nahkampf entschieden.
Trafen die »Gewalthaufen« aufeinander, so versuchten die Kämpfer in den vordersten Gliedern, sich gegenseitig mit Stichen ihrer Langspieße zu dezimieren. War nicht genug Raum, diese 4 bis 5 m langen Waffen zu benutzen, kam entweder die schiere Muskelkraft zum Einsatz, oder Doppelsöldner stürzten sich in den gegnerischen Haufen, um ihren Kameraden eine »Gasse zu hauen«. Handfeuerwaffen und Artillerie kamen in offenen Feldschlachten zwar immer häufiger zum Einsatz, waren aber auf Grund ihrer langen Ladezeiten und Schwerfälligkeit selten gefechtsendscheidend wirksam. Kamen aber Hakenbüchsen massiv zum Einsatz, verursachten sie grausame Verheerungen in den dichtgedrängten Reihen des Gegners. Und auch die Wirkung der Artillerie nahm die Bilder künftiger Kriege vorweg.

Gerhard Bauer

271 272 273 274 275 276 277 278 279

Stangenwaffen

Der Begriff »Stangenwaffe« bezeichnet eine am Holzschaft befestigte Klinge, die zum Hieb, Stoß oder Wurf geeignet ist. Die Stangenwaffe ist der älteste Typ des Kampfmittels. Bodenfunde belegen ihre Existenz schon in der Steinzeit. Neben ihrer Funktion als Kampfmittel hat sie auch jene des Repräsentationsobjekts. Die Erfindung der Feuerwaffen drängte sie immer mehr in diese Rolle.
Die hier aufgeführten Objekte geben einen Querschnitt der während des 15. bis 17. Jahrhunderts in West-, Mittel- und Südeuropa gebräuchlichen Arten. Zu dieser Zeit war die Stangenwaffe hauptsächlich ein Kampfinstrument des Fußvolkes, das sich aus Bauern und armen Städtern bildete. Sie war billig herzustellen und damit erschwinglich. Zahlreiche Typen wurden aus Ackergeräten der Bauern entwickelt.
Die größte Wirksamkeit zeigen Stangenwaffen im Masseneinsatz. In den Schlachten bei Morgarten 1315, Sempach 1386 und Näfels 1388 besiegten die schweizerischen Gevierthäufen mit Hilfe ihrer Helmbarten und Langspieße die anstürmenden habsburgisch-burgundischen Ritterheere. Die Wunden, die solche Waffen verursachen, sind furchtbar.
In der Epoche der Ritterheere und ihrer Lehensaufgebote, in der Ära der Landsknechtheere sowie in der Zeit der Söldnerheere des Dreißigjährigen Krieges bestimmten Stangenwaffen das Kampfgeschehen. Die Entwicklung der Feuerwaffen leitete ihren Niedergang ein. Trotzdem kannten auch die stehenden Heere am Ende des 17. Jahrhunderts noch den mit der Pike bewaffneten Soldaten. Erst die Erfindung des Bajonetts ließ ab 1680 diesen Waffentyp aus den Heeren verschwinden.
Als Repräsentationsobjekt ist die Stangenwaffe in einigen Staaten bis heute im Gebrauch (Großbritannien, Spanien, Vatikan).
GRvK

271
Helmbarte
14. Jahrhundert

Schmiedeeisen, Eschenholz, L. ges. 235 cm
Bayerisches Armeemuseum Ingolstadt, Inv.-Nr. A 11876
Kunstsammlungen der Veste Coburg, Inv.-Nr. III.B.1

Der Name Helmbarte hat seinen Ursprung in der Bezeichnung Halm für den Schaft und dem Wort Barte für das Beil. Sie entwickelte sich aus dem Spieß, verbunden mit dem Wunsch, mit der verbreiterten Klinge eine Hiebwaffe zu erhalten. Die bemerkenswertesten Charakteristika dieser Waffe sind die zweischneidige Klingenspitze, das in verschiedenen Formen auftauchende Beil sowie der Schnabel an der Vorderseite.
Alle drei Teile sind sehr kompakt in einem Stück geschmiedet. Das Verfahren der mehrlagigen Eisenplatten unterschiedlicher Härte verleiht der Spitze große Dauerhaftigkeit. Der Helmbartentyp existiert in vielen regionalen Varianten und erfuhr in der Zeit seiner Existenz mehrere Verbesserungen. Bei den späteren Exemplaren verleihen Stahlfedern neben der Tülle zusätzlichen Halt.

Die Helmbarte ist die Hauptwaffe der schweizerischen Heere im Kampf gegen die habsburgisch-burgundischen Ritterheere. Gut geführt ist eine Helmbarte geeignet, einen Harnisch zu durchschlagen. Diese Wirkung dokumentiert anschaulich ein Bericht des Pagen Collona, der nach der Schlacht von Nancy 1416 die Leiche Herzog Karls des Kühnen von Burgund fand. Er schildert den Zustand des bereits ausgeplünderten Leichnams durch Helmbartenhiebe als fast zerschlagen. Der Schädel ist bis zum Kiefer gespalten, das Rückgrat vollkommen zertrümmert. GRvK

272
Gläfe
16. Jahrhundert

Schmiedeeisen, Eschenholz, L. ges. 200 cm
Bayerisches Armeemuseum Ingolstadt,
Inv.-Nr. A 6754

Die Gläfe ist vor allem in Italien anzutreffen. Ihr Name ist dem lateinischen Wort »Gladius« für Schwert entlehnt. Das wichtigste Merkmal der sonst messerartigen Klinge, ist der am Klingenrücken herausgeschmiedete Klingenfänger. Dieser kann dorn- oder sichelartig sein. An der Klingenwurzel vervollständigen zwei Parierhaken das Ensemble. Auch an der Gläfe stabilisieren Schaftfedern die Spitze. Wie die Couse hat sich die Gläfe aus der Sense entwickelt. Aufgrund ihrer einfachen Herstellung war die Waffe weit verbreitet. GRvK

273
Couse
16. Jahrhundert

Schmiedeeisen, Eschenholz, L. ges. 260 cm
Bayerisches Armeemuseum Ingolstadt,
Inv.-Nr. A 86

Die Couse ist eine vor allem in Flandern und Deutschland häufig anzutreffende Stangenwaffe. Ihr Name leitet sich von dem franz. Wort »Couteau« für Messer ab. Mit der messerartigen, flachen Klinge ist die Couse sowohl für Stiche als auch für Hiebe geeignet, wobei sie im Hieb ihre größere Kraft entwickelt. Die Spitze steckt meist in einer mit Schaftfedern versehenen Tülle. Der Schaft ist rechteckig.
Ihres repräsentativen Aussehens wegen ist die Couse eine beliebte Waffe für Palastgarden. Bis 1918 wurde sie in Bayern von den Hartschieren zur Hofgala geführt. GRvK

274
Rossschinder
15./16. Jahrhundert

Schmiedeeisen, Eschenholz, L. ges. 250 cm
Bayerisches Armeemuseum Ingolstadt,
Inv.-Nr. A 2852
Kunstsammlungen der Veste Coburg,
Inv.-Nr. III.B.77

Der Rossschinder, auch italienische Helmbarte oder Roncone genannt, war seit dem Ende des 15. Jahrhunderts vor allem in Italien verbreitet. Aus der Sense entwickelt, war er eine beim Fußvolk sehr beliebte Mehrzweckwaffe. Seinen Namen hat er von dem seitlich angebrachten Schnabel, der zum Durchtrennen der Sehnen bei gegnerischen Pferden diente.
Kenntlich ist diese Waffe an ihrer langgestreckten, beilartigen dünnen Stoßklinge mit Dorn, Haken und Sichel. Sie sind in einem Stück geschmiedet. Zwei Flügel verhindern auch hier ein zu tiefes Eindringen in den gegnerischen Körper. Auch beim Rossschinder verstärken Schaftspangen die Tülle und verleihen der Spitze zusätzlichen Halt. GRvK

275
Spetum
16. Jahrhundert

Schmiedeeisen, Eschenholz, L. ges. 280 cm
Bayerisches Armeemuseum Ingolstadt,
Inv.-Nr. A 78

Auch das Spetum, dessen Name sich von dem italienischen Wort Spieto (Spieß) ableitet, ist vor allem in Italien anzutreffen. Vom abgesetzten Hals, in einer rechteckigen Tülle steckend, zweigen zwei schlanke Nebenspitzen ab. Die Spitze ist flach und schmal. Die Tülle läuft in zwei Schaftfedern aus. Der Schaft ist im Durchmesser rechteckig. Bei zahlreichen Exemplaren befinden sich an den Nebenspitzen Widerhaken. Der Kampfwert des Spetums beruht vor allem auf dem psychologischen Effekt. Die Stabilität der Seitenspitzen ist gering. GRvK

276
Knebelspieß
15. Jahrhundert

Eisen, Eschenholz, L. ges. 224 cm
Bayerisches Armeemuseum Ingolstadt,
Inv.-Nr. A 64
Kunstsammlungen der Veste Coburg,
Inv.-Nr. III.B.9

Eine schwere rautenförmige und mit Mittelgrad versehene Klinge ist das wichtigste Kennzeichen dieser Stangenwaffe. Hinzu kommen die mit der Spitze in einem Stück geschmiedete Tülle mit Schaftfedern und zwei Eisenflügel, die so genannten Knebel.
Das Konstruktionskonzept dieser Waffe ist mit dem der Flügellanze identisch. Es ist eine Stoßwaffe, deren Knebel ein zu tiefes Eindringen in den Körper des Gegners verhindern sollen. Das Herausziehen einer Klinge ist besonders im Brustkorbbereich sehr schwierig. Auch der Knebelspieß ist eine Waffe für Fußkämpfer. Daneben findet sie auch bei der Jagd Verwendung. GRvK

277
Flügellanze
14. Jahrhundert

Eisen, Eschenholz, L. ges. 220 cm
Bayerisches Armeemuseum Ingolstadt,
Inv.-Nr. A 6949

Die wichtigsten Kennzeichen dieser Waffe sind die lanzettförmige Klinge mit Mittelgrad und die beiden an der Tülle angebrachten Flügel, die ein zu tiefes Eindringen der Spitze in den Körper des Gegners verhindern sollen.
Die Lanze ist bei Reitern und Fußkämpfern verbreitet. Aus ihr entwickelte sich die Reiterlanze. Durch die zunehmende Dicke ihres Schaftes war das Anbringen eines Griffes notwendig. Seit dem 1. Drittel des 15. Jahrhunderts wurde an der Harnischbrust der Rüsthaken angebracht, der ein Einlegen der mittlerweile mehrere Kilogramm schwer gewordenen Lanze ermöglichte. Eine Eisenscheibe diente als Handschutz. GRvK

278
Ochsenzunge
15./ 16. Jahrhundert

Schmiedeeisen, Eschenholz, L. ges. 253 cm
Bayerisches Armeemuseum Ingolstadt,
Inv.-Nr. A 8132

Die Ochsenzunge ist vor allem in Mitteleuropa und in romanischen Ländern als Waffe des Fußkämpfers verbreitet. Ihre sich zur Spitze hin verjüngende Klinge ist zusammen mit der kurzen Tülle ihr Hauptmerkmal. Hinzu kommt ein kräftiger Mittelgrad auf dem Blatt. Die Ochsenzunge ist eine Variante des Spießes.
GRvK

279
Langspieß, Pike
16. Jahrhundert

Schmiedeeisen, Eschenholz, L. ges. 267 cm
Bayerisches Armeemuseum Ingolstadt,
Inv.-Nr. A 954

Die Länge des Schaftes ermöglichte es in einem Gevierthaufen, auch die Söldner des vierten Gliedes bei der Abwehr eines Angriffes zum Einsatz zu bringen. Durch diese Möglichkeit wurde diese Waffe von den Schweizern wiederentdeckt. Der Langspieß blieb bis zum Ende des 17. Jahrhunderts auf den Schlachtfeldern Europas im Einsatz. Im Verlauf seiner Entwicklung wurde der Schaft immer länger, bis er eine Länge von 4 m erreichte. In der Armee Kurfürst Max Emanuels von Bayern verschwanden die letzten Pikeniere 1683. Neben der Länge des Schaftes ist die im Verhältnis dazu kleine, zweischneidige Spitze mit Mittelgraden an kurzer Tülle mit Schaftfedern das Hauptmerkmal. GRvK

280
deutsch
Streithammer
um 1560

Eisen, Holz, L. ges. 46 cm
Bayerisches Armeemuseum Ingolstadt,
Inv.-Nr. A 3935

Streithämmer zählen in der Kriegsgeschichte zu den gefürchtetsten Waffen. Mit der richtigen Kraft geführt, sind sie in der Lage, Harnischteile zu durchschlagen und tiefe Wunden zu verursachen. Der kurze Streithammer ist eine Reiterwaffe. Sie blieb in Frankreich bis zur Mitte des 16. Jahrhunderts in Gebrauch. GRvK

280

281
Fußstreithammer
16. Jahrhundert

Kunstsammlungen der Veste Coburg,
Inv.-Nr. III.F.10

282
Anderthalbhänder
2. Viertel 16. Jahrhundert

Kunstsammlungen der Veste Coburg,
Inv.-Nr. II.A.240

283
Bihänder
1. Hälfte 16. Jahrhundert

Eisen/Stahl, geschmiedet, graviert, punziert, poliert, 165 × 44 × 18 cm
Germanisches Nationalmuseum, Nürnberg,
Inv.-Nr. W 1397

284
deutsch
Landsknechtsschwert (Katzbalger)
um 1520 – 1540

Klinge: zweischneidig, Hohlschliffe; Gefäß: Eisen, gefeilt und geschwärzt; Gehilze: mit Schnurwicklung, L. ges. 107 cm, Klingenlänge 94 cm, Gewicht 1,38 kg
Rüstkammer, Staatliche Kunstsammlungen Dresden, Inv.-Nr. IV 143

Das Landsknechtsschwert kam als Waffentyp mit den Söldnerheeren der Frühen Neuzeit auf. Das zum Nahkampf – zum so genannten »Katzbalgen« – besonders geeignete Kurzschwert der Landsknechte bildet eine Übergangsform vom Schwert zum Degen. Es ist kenntlich an den zu einer Acht gebogenen Parierstangen, hat eine Scheide mit meist umfangreichem Besteck und weist in seiner späten Entwicklungsphase auch Faust- und Klingenbügel auf. Beim vorliegenden Beispiel sind die Stangen dekorativ miteinander verschlungen und verknotet. Der geriffelte Knauf knüpft ästhetisch an die Faltenmode der Zeit an. JB

284

286

285
Katzbalger
16. Jahrhundert

Schmiedeeisen, Holz, Leder, L. ges. 84 cm
Bayerisches Armeemuseum Ingolstadt,
Inv.-Nr. A 2044

Der Katzbalger war im späten 15. und 16. Jahrhundert die charakteristische Blankwaffe der deutschen Landsknechte. Gekennzeichnet ist er durch seinen verhältnismäßig kurzen Griff mit Fächerknauf und die s-förmig gebogene, gedrehte Parierstange mit den gedrückten Endknöpfen. Die Klinge ist kurz und zweischneidig, mit oder ohne Hohlkehle auf beiden Seiten. Getragen wurde der Katzbalger in einer vertikal am Waffengürtel befestigten Lederscheide. Sein Name ist eine Scherzbezeichnung, die Landsknechte mit balgenden Katzen vergleicht. Nach einer anderen Version stammt der Name von der aus Katzenfell gefertigten Tasche, die neben dem Katzbalger hängt. GRvK

286
deutsch
Panzerstecher
um 1530–1550

Dreikantklinge; Gefäß: Eisen, geschwärzt; Scheide: Holz, Leder schwarz; Beschläge an Gefäß und Scheide: Silber, teilweise gegossen, ziseliert und graviert, L. ges. 129,5 cm, Klingenlänge 98 cm, Gewicht 1,54 kg
Rüstkammer, Staatliche Kunstsammlungen Dresden, Inv.-Nr. I 6/XI 102

Aus dem persönlichen Besitz des Kurfürsten Moritz sind in der Rüstkammer mehrere Panzerstecher überliefert. Die Verstärkung der Brustplatten des Harnischs zur Abwehr der Pistolengeschosse führte bemerkenswerterweise auch zum Aufkommen eines neuen Blankwaffentyps für den ritterlichen Zweikampf, des Panzerstechers. Mit der zum Stich ausgelegten starken drei- oder vierkantigen Klinge suchte man den Harnisch des Gegners zu durchstechen. So wurde der Panzerstecher zeitweilig zu einer – auch von Moritz – bevorzugten Kriegswaffe. Die »halben« Scheidenbeschläge des vorliegenden Panzerstechers zeigen in friesartigem Halbrelief Putti bei der Jagd, im Turnier und beim Musizieren. Das silberne Ortband trägt ein Medaillon mit dem Bildnis Kaiser Karls V. sowie dem Reichsadler. Zu dem Panzerstecher existiert in der Rüstkammer ein Pendant mit ebenso reichen Silberbeschlägen. JB

Literatur:
Ehrenthal 1899, S. 62 f., E 45; Seidlitz 1921, Taf. 21 b, S. 275, Nr. 102; Bäumel 1995, S. 35 f.

287
wohl süddeutsch
Dolch (Ochsenzunge)
um 1530–1540

Dolch, Scheide, Messer, Pfriem; Klinge: breit, zweischneidig, teils gebläut und goldtauschiert; Gefäß: Eisen, ganzer Beschlag Silber, getrieben und vergoldet; Scheide: Holz, Leder; Samt: rot; Silber: getrieben, graviert und vergoldet, starker Silberdraht, vergoldet; Gliederkette: Silber, vergoldet
L. 55 cm, Klingenlänge 40,1 cm cm; 1,32 kg
Rüstkammer, Staatliche Kunstsammlungen Dresden, Inv.-Nr. p 187

Der Prunkdolch trägt am Ortband der Scheide die Medaillonbildnisse von Johann Friedrich dem Großmütigen (Vorderseite) und seiner Gemahlin Sibylle von Cleve. Das ovale Medaillon am Scheidenmund zeigt Abigails Huldigung vor David. Wie die spätestens im Jahr 1567 in Dresden nachweisbare Waffe des Ernestiners in den Besitz der Albertiner gelangte, ist nicht geklärt. In der Dresdner Rüstkammer gehört der Dolch, der mit seinem prächtigen Zusammenspiel von Rot und Gold alle Blicke auf sich zieht, zu den kostbarsten Prunkwaffen. Aufgrund der meisterhaften Gestaltung, vornehmlich der mauresken Klingentauschierung, wurde der Dolch in der Literatur als italienische Arbeit bewertet. Die Bildnismedaillons sollen jedoch auf Matthes Gebel zurück gehen. Das Röslein am Knauf findet sich an einer Reihe süddeutscher Prunkwaffen der Zeit wieder. Die Bezeichnung »Ochsenzunge« für den Waffentyp geht auf die Klingenform zurück. JB

Literatur:
Ehrenthal 1899, S. 100; Seidlitz 1921, S. 124, Nr. 56;
Haenel 1923, S. 134, Taf. 67 b;
Deutsche Kunst der Dürer-Zeit 1971, S. 336, Nr. 648.

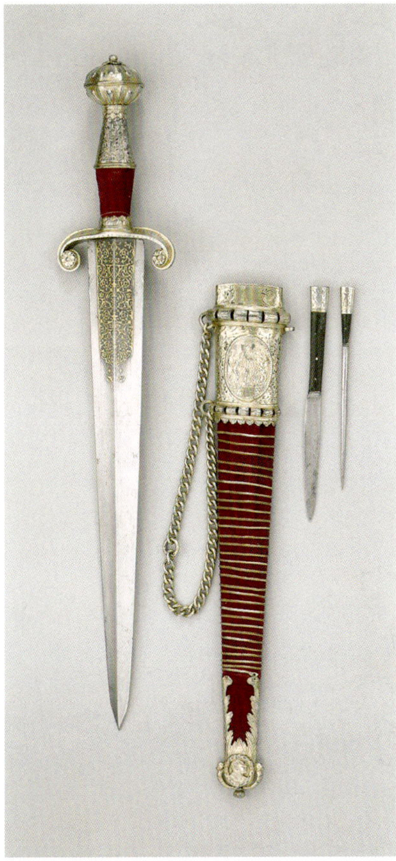

287

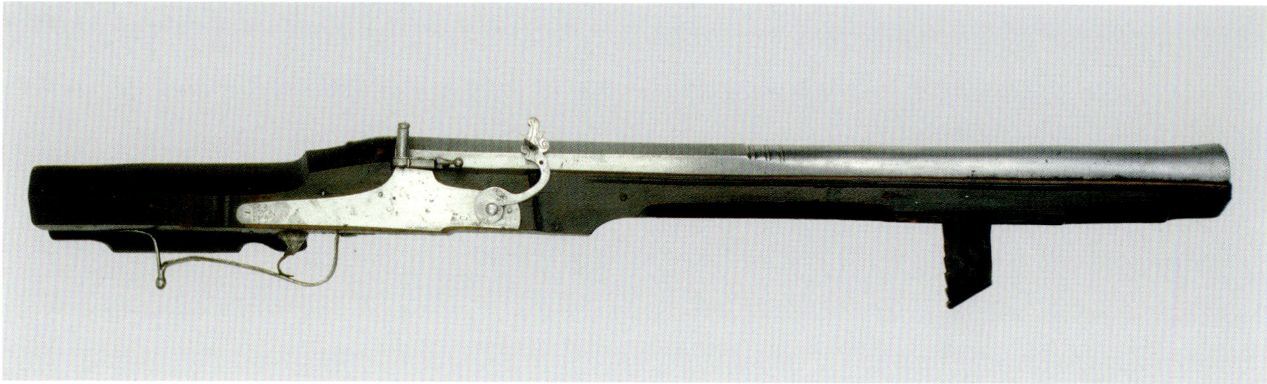

288

288
Nürnberg
Bronzehakenbüchse
letztes Viertel 15. Jahrhundert

Holz, Bronze, Stahl, L. ges. 126 cm, Gewicht 11,45 kg, Kaliber 20 mm
Kunstsammlungen der Veste Coburg, Inv.-Nr. IV.D.17

Schweres Gewehr mit gegossenem Bronzelauf und einfachem Luntenschloss. In den Vorderlauf integriert ein kräftiger Haken. Ganzer, wohl zu späterer Zeit nachgefertigter Holzschaft. Auf dem Lauf zwei Marken, von denen die eine wahrscheinlich als das Zeichen des Nürnberger Geschütz- und Büchsengießers Hans Staud zu deuten ist. Die zweite Marke mit den Initialen »M« und »R« könnte mit dem Großhändler Martin Rosentaler in Verbindung gebracht werden. Dieser stand mit Hans Staud, der 1487–1500 auch städtischer Büchsenmeister war und 1509 starb, in geschäftlicher Verbindung.
Charakteristisch und namengebend bei diesen frühen Handfeuerwaffen ist der am Vorderlauf angegossene bzw. angeschweißte Haken. Mit dessen Hilfe konnte beim Feuern über in Mauerscharten eingelassene hölzerne Wiederlager, so genannte Prellhölzer, der nicht unbeträchtliche Rückstoß der damals üblicherweise über der Schulter angeschlagenen Waffe kompensiert werden. Im späten Mittelalter wurden die Läufe sowohl aus Eisen als auch aus Bronze gefertigt. Für ihre Bronzeprodukte bekannt waren die Nürnberger Rotgießer, die wohl auch die Coburger Hakenbüchse gefertigt haben. AG

Literatur:
Hoff 1969, S. 4–17; Willers 1973, S. 14, 67ff., 730; Geibig 1996, S. 130.

289
deutsch
Luntenschlosstromblon
Ende 16. Jahrhundert

Holz, Stahl, L. ges. 125 cm;
Gewicht etwa 13 kg
Kunstsammlungen der Veste Coburg, Inv.-Nr. IV.D.82

Schwere Handfeuerwaffe mit Luntenschloss. Der zweistufige Lauf ist kammernseitig von achteckigem und mündungsseitig von rundem Querschnitt. Im Mündungsbereich ist er leicht trichterförmig aufgetrieben. Sowohl Lauf als auch Schloss sind mit derzeit nicht sicher auflösbaren Marken versehen, die eine Entstehung im thüringischen Raum, speziell Suhl, denkbar erscheinen lassen. Sie waren als Nahdistanzwaffen dafür bestimmt, eine große Anzahl kleiner Kugeln oder groben Schrots mit einem Schuss zu versenden. Als Zündmechanismen dienten entweder Rad- oder wie im vorliegenden Fall Luntenschlösser. Das hohe Eigengewicht der Waffe, der kräftige Haken sowie die zu erwartende beträchtliche Streuung der Ladung sprechen für eine in erster Linie defensiv im Festungsbereich einzusetzende Waffe. In so genannten Hagelbüchsen kann man frühe Vorgängerformen sehen, mit denen vereinzelt schon in etwa ab der Zeit um 1400 zu rechnen ist. AG

Literatur:
Hoff 1969, S. 17–21; Geibig/Zeune 2003, S. 197.

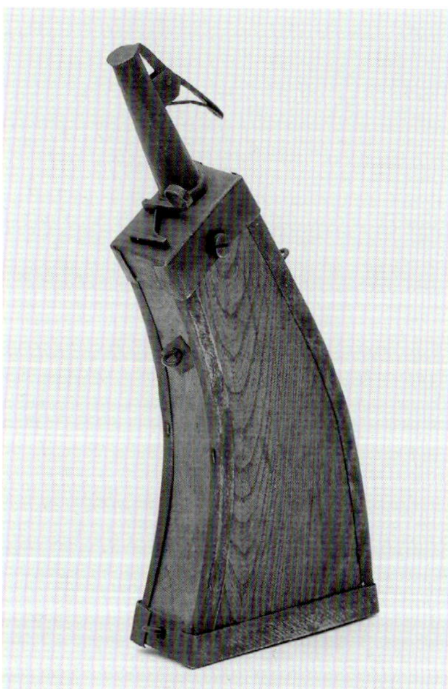

290

290
deutsch
Pulverflasche
16./17. Jahrhundert

Holz, Eisen
Kunstsammlungen der Veste Coburg, Inv.-Nr. VII.42

Holzkörper mit geschwärztem Eisenblechrahmen, vier Halteösen für Trageriemen sowie langem Gürtelhaken an der Rückseite. Lange Schütte mit abgefedertem Deckel. Durch einen ebenfalls abgefederten innenliegenden und von außen zu bedienenden Schieber, der die Schütte von unten verschließt, ist der Schüttenraum als Lademaß bzw. als Dosiereinrichtung zu nutzen. Neben der Lunte zum Zünden und der Kugel (Projektil) ist Pulver als Treibmittel das zum Schießen notwendige dritte Element. Verwahrt wird es separat in »Pulverflaschen« aus denen es im Zuge des Ladevorgangs gegebenenfalls »vordosiert« über die Laufmündung in die Rohrkammer geschüttet werden kann. In den Beständen der Kunstsammlungen der Veste Coburg lassen sich derzeit noch mehr als 200 vergleichbare wohl zur Standardausrüstung von Schützen gehörende Pulverbehältnisse finden. AG

Literatur:
Geibig 1996, S. 132, Abb. 152.

291

292

291
deutsch
Pechkranz
16./17. Jahrhundert

organische Materialien, 35 × 40 cm,
Gewicht 1,55 kg
Kunstsammlungen der Veste Coburg,
Inv.-Nr. III.296.E.1

Um einen hölzernen Ring in mehreren Schichten gewundene Schnüre, die mit Pech oder anderen Brandverstärkern getränkt sind. Pechkränze waren billige, leicht herstellbare und zu gleicher Zeit effektive Kampfmittel, die sowohl von Belagerern als auch von Belagerten eingesetzt wurden. Beim Angriff wurden sie auf Dächer, Vorratslager und andere entzündbare Bereiche geschleudert, um diese durch Brand zu beschädigen oder zu vernichten und um Kräfte durch Löscharbeiten zu binden und somit die Verteidigungskraft zu vermindern. Die Verteidiger nutzen ebenfalls Pechkränze, die als Abwehrmittel von Wällen und Mauern geworfen, für Unordnung und Schaden in den Reihen der stürmenden Angreifer, ihrer Maschinen und ihrer Tiere sorgen sollten. AG

Literatur: Geibig 1996, S. 122 f.

292
wahrscheinlich deutsch
Knechtischer Harnisch
2. Viertel 16. Jahrhundert

Eisen, Stahl, getrieben, Gewicht etwa 14 kg
Kunstsammlungen der Veste Coburg,
Inv.-Nr. I.40

»Halber« blanker Plattenharnisch mit vier Bauchringen, ausgeschnittenem Schambogen und angesteckter Schamkapsel. Die Beintaschen sind achtfach, die Oberarmzeuge vierfach »geschoben« (aus überlappenden, gegeneinander beweglichen Stahlblechen zusammengesetzt). Die Hals- und Armausschnitte der leicht gegrateten »Tapulbrust« sind durch plastisch ausgearbeitete, geschnürte Randwulste abgeschlossen. Die offene Sturmhaube ist mit beweglichen Wangenklappen und angenieteten Augen- und Nackenschirmen versehen. Fehlende Befestigungsmöglichkeiten für einen Rüsthaken unterstreichen die infanteristische Funktion dieses Harnisches. AG

Literatur:
Wackernagel 1983, S. 134, Kat.-Nr. 26, Abb. 24.

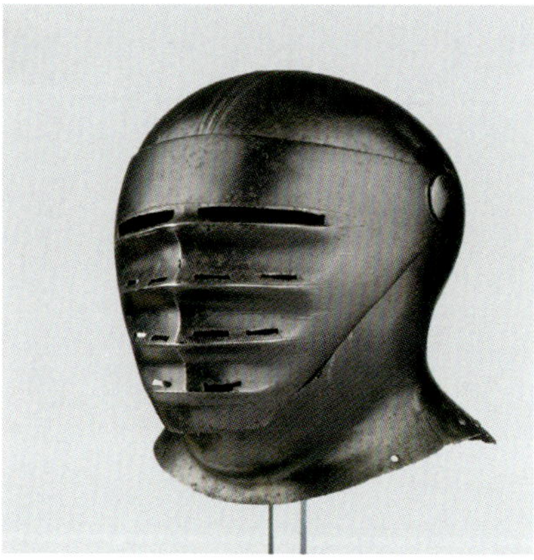

293

294

293
Visierhelm
um 1500

Faltenvisier, Stahl, gebläut, 2100 g
Kunstsammlungen der Veste Coburg, Inv.-Nr. I.A

294
Schaller mit beweglichem Visier
um 1440

Eisen, L. 31 cm, H. 21 cm
Bayerisches Armeemuseum Ingolstadt, Inv.-Nr. A 123

Schaller, in der 1. Hälfte des 15. Jahrhunderts aus dem Eisenhut entstandener stromlinienförmiger, spätgotischer Helmtypus mit Visier oder eingeschnittenem Sehschlitz. GRvK

295
wahrscheinlich deutsch
Pavese
15. Jahrhundert

Holz, Pergament, H. 80 cm, B. 42 cm
Kunstsammlungen der Veste Coburg, Inv.-Nr. I.D.22

In seiner Grundform hochrechteckiger, in seinen Kanten gerundeter und beidseitig mit Pergament überzogener Holzkörper mit im Querschnitt halbrunder, auf der vertikalen Mittelachse liegender Aufwölbung, in die als zentrales Halteelement eine t-förmige ebenfalls mit Pergament überzogene Handhabe eingearbeitet ist. Die Grundfarbe der Pavesenvorderseite ist ein helles Rot, der breite Rand ist schwarz. Darin eingestreut findet sich florales und vegetabiles Dekor in gelb, dunkelrot, grün und blau. Zentrales optisches Element ist das alte Coburger Stadtwappen, ein schwarzer Löwe auf gelbem Grund.
In der Regel wurden derartige Pavesen als Hand- oder Faustschilde getragen und dienten vor allem Fußkämpfern als Schutz. Zahlreiche feststellbare Einstiche und Schussmarken von Klingen und Armbrustbolzen – wie sie auch das vorliegende Exemplar aufweist – bezeugen die Nützlichkeit solcher Pavesen sowohl gegen Nah- als auch gegen Fernwaffen. AG

Literatur:
Nickel 1974, S. 28 ff.

295

296
vermutlich französisch
Amputationssäge (Serra magna)
16. Jahrhundert

geschmiedeter Stahl, Eisenblatt, Weichholz, L. 65 cm
Deutsches Medizinhistorisches Museum Ingolstadt, Inv.-Nr. Ab/318

An den Gewinden der beidseitigen Eisenschlaufen am Sägebogen fehlen die Ziermuttern, die möglicherweise in Eichelform gestaltet waren. CHa

297
vermutlich französisch
Chirurgische Fasszange
16. Jahrhundert

geschmiedeter Stahl, kleiner Defekt an einem Ende des Zangenmauls, L. 38,3 cm
Deutsches Medizinhistorisches Museum Ingolstadt, Inv.-Nr. Ab/327

Beide Instrumente gehören zum unverzichtbaren Arsenal der Kriegschirurgie, wie es schon bei Hans von Gersdorff unter den Begriffen »Serratura« zur Amputation, »Klotz Zang« und »Schlecht pfylzang« zur Extraktion von Geschossteilen aus der Wunde beschrieben wurde.
Für die bis zum 18. Jahrhundert handwerklich ausgeübte Chirurgie galt in besonderer Weise das bereits von Asklepiades (gest. 40 v. Chr.) für die Medizin geprägte Motto »cito, tuto, iucunde« (schnell, sicher, angenehm). Die Chirurgen waren bemüht, rasch und beherzt zu handeln, um den Patienten möglichst schonend zu versorgen. Dazu gehörte die Wundbehandlung ebenso wie das Absetzen von Gliedmaßen bei Gangrän (Wundbrand), wobei immer im gesunden Gewebe operiert wurde. CHa

Literatur:
Gersdorff 1517/1967; Habrich 1995, S. 84–90; Sachs 2001, S. 79–89, Sachs 2003, S. 79.

298
sog. verborgener Bohrer
1. Hälfte 16. Jahrhundert

Eisen/Stahl, geschmiedet, poliert, Messing, 34 × 7,5 × 2 cm
Germanisches Nationalmuseum, Nürnberg, ohne Inv.-Nr.

299
Kugelzange zur Feldmedizin
1. Hälfte 16. Jahrhundert

Stahl, poliert, Messing, 29 × 9 × 4 cm
Germanisches Nationalmuseum, Nürnberg, ohne Inv.-Nr.

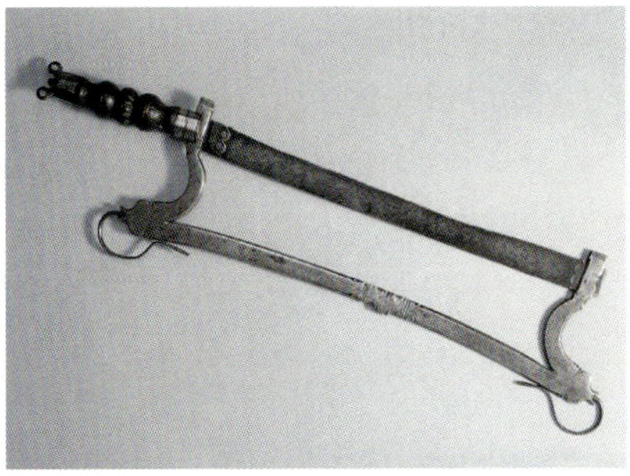

296

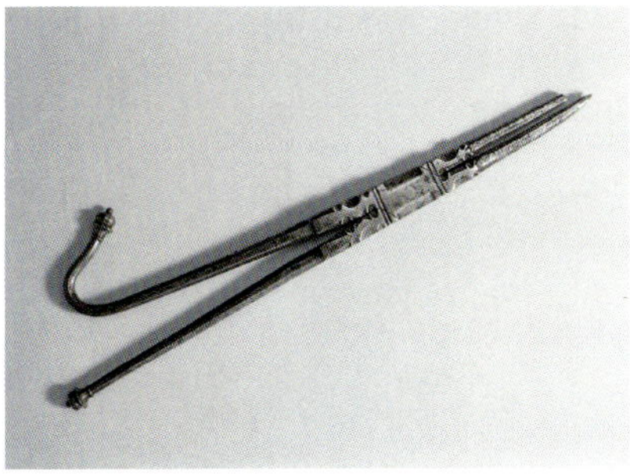

297

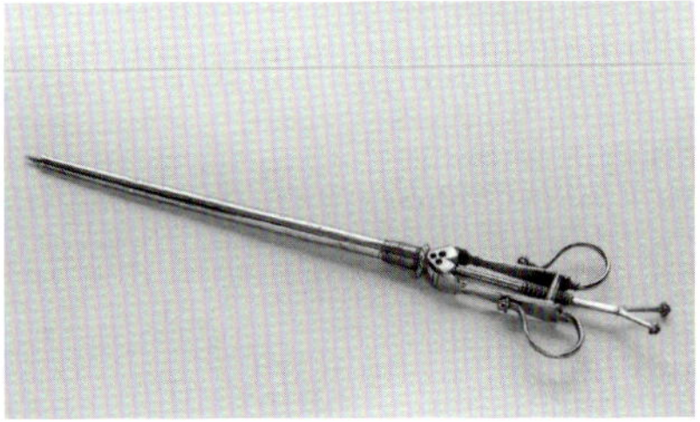

298

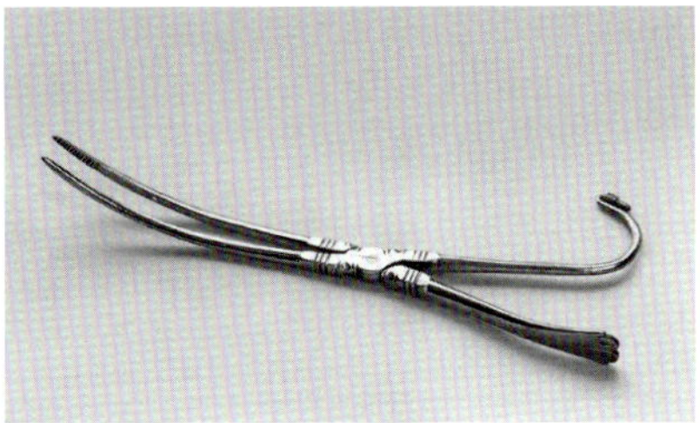

299

Mühlberg und die Folgen

1547 leitete Kaiser Karl V. energisch militärische Hilfsmaßnahmen für seinen Bruder Ferdinand und für Moritz gegen den Schmalkaldischen Bund ein. Anfang April wurden die kaiserlichen Truppen in Eger konzentriert. Am 12. April zog das kaiserliche Heer, das eine Stärke von 27000 Mann hatte, über Adorf, Plauen, Reichenbach, Werdau, Gnandstein, Colditz und Leisnig in Richtung Meißen. Dort hielt sich Kurfürst Johann Friedrich mit etwa 4000 Mann Fußvolk und 2000 Reitern auf. Als sich das kaiserliche Heer näherte, ließ Johann Friedrich am 21. April 1547 die hölzerne Elbbrücke in Meißen abbrennen, hoffte damit eine Schlacht verhindert zu haben und zog langsam rechtselbisch in Richtung seiner befestigten Residenz Wittenberg, das kaiserliche Heer zog linkselbisch hinterher. Drei Tage später standen sich beide Heere auf der Höhe von Mühlberg gegenüber. Es war Verrat im Spiele, als das kaiserliche Heer erfolgreich den Flussübergang begann. Moritz und Herzog Alba verfolgten mit ihrer Reiterei den sich auf Torgau zurückziehenden Kurfürsten.
In der Lochauer Heide hatten sie die kurfürstlichen Truppen erreicht und brachten sie zum Stehen. Bei Koßdorf begann der Waffengang, der in die Geschichte als Schlacht von Mühlberg eingegangen ist. Es war aber mehr ein Scharmützel oder Gefecht, in dessen Ergebnis der Schmalkaldische Krieg sein Ende fand. Die kurfürstliche Artillerie war schon auf dem Weg nach Wittenberg und konnte nicht mehr eingreifen, die Reiterei des Kurfürsten begann angesichts der Übermacht der gegnerischen Reiterei die Flucht und riss das Fußvolk mit. Johann Friedrich, von nur wenigen Getreuen umgeben, ergab sich erst nach verzweifeltem Kampf, aus einer Wunde im Gesicht blutend, dem meißnischen Adligen Thilo von Trotha, der ihn zu Herzog Alba und dieser vor den Kaiser führte. Nach Rede und Gegenrede übergab ihn Karl V. dem spanischen Edelmann Alfons von Vives als Gefangenen.
Damit hatte Kaiser Karl V. die militärische Auseinandersetzung mit den protestantischen Reichsständen siegreich beendet. Die Wittenberger Kapitulation vom 19. Mai 1547 und der freiwillige Fußfall von Landgraf Phillipp vor dem Kaiser am 19. Juni 1547 in Halle, durch dessen Schwiegersohn und Kurfürst Joachim II. von Brandenburg vermittelt, bedeuteten für Karl V. den Höhepunkt seines Sieges über den Schmalkaldischen Bund.
Die Folgen dieses militärischen Sieges wird man unterschiedlich beurteilen müssen. Nach zähen Verhandlungen im kaiserlichen Feldlager vor Wittenberg erhielt Herzog Moritz die Kurwürde und das damit verbundene Herzogtum Sachsen-Wittenberg, aber nicht alle ernestinischen Gebiete. Das führte zwar zu einer politischen Neuordnung des mitteldeutschen Raums, aber nicht zu der von dem Albertiner angestrebten Beseitigung der Leipziger Teilung.
Damit wie auch mit der Gefangennahme des hessischen Landgrafen hatte der Kaiser selbst in eigenwilliger Folgerung der den Vermittlern, Moritz und Kurfürst Joachim II., gegebenen Zusagen den Keim für erneute Verwicklungen mit den Reichsfürsten gelegt. Hinzu kommt, dass in den nächsten Jahren weder eine politische Neuordnung des Reichs im Sinne einer zentralisierten Monarchie durch den Kaiser noch ein Ausgleich beider Konfessionen erlangt wurde. Letztlich war Mühlberg für Karl V. ein Pyrrhussieg, für Moritz und das neue albertinische Kurfürstentum Sachsen der Beginn eines politischen Aufstiegs.

Reiner Groß

Literatur:
PKMS III, S. 21–30; Groß/Kobuch/Müller 1983, S. 291 ff.;
Blaschke 1997, S. 10–18; Held 1997;
Groß 2003, S. 60 ff.; Herrmann 2003, S. 83–93.

Reiterfigur des Kurfürsten Moritz von Sachsen

Die Harnische für Mann und Ross sowie der zugehörige Sattel sind bereits im Inventar der Rüstkammer von 1606 zusammen beschrieben und waren auf einem braunen Holzpferd ausgestellt. Das Inventar enthält keinen genauen Vermerk darüber, woher die Harnische stammen bzw. bei welchem Anlass sie getragen wurden. Sie werden lediglich als Eigentum des Kurfürsten Moritz von Sachsen bezeichnet. Ehrenthal stellte die Vermutung auf, Moritz könnte den Feldharnisch während seiner Anwesenheit beim Reichstag in Augsburg 1548 in Auftrag gegeben haben.
Nach dem Sieg von Mühlberg wurde von September 1547 bis Juni 1548 in Augsburg der so genannte »Geharnischte Reichstag« abgehalten, auf dem Kaiser Karl V. die aktuellen Religions- und Verfassungsfragen in seinem Sinn zu lösen versuchte. Die äußere Form des Harnischs spricht aber eher für eine frühere Entstehung. Wahrscheinlich hat Moritz sich diesen Harnisch nicht »auf den Leib schlagen« lassen, sondern kaufte ihn nur. Ob dies eventuell während des Reichstages in Augsburg geschah, ist ebenso unsicher wie die Umstände des Erwerbs insgesamt. HS

300
Matthäus Frauenpreis d. Ä.
Feldharnisch
Augsburg, 2. Viertel 16. Jahrhundert (evtl. 1548)

Eisen: getrieben, poliert
Plattnermarke auf der linken Hentze
Rüstkammer, Staatliche Kunstsammlungen Dresden, Inv.-Nr. M 111

Literatur:
Inventar Rüstkammer 1606, S. 142; Erbstein 1889, S. 61; Ehrenthal 1899, S. 150, G 39; Haenel 1923, S. 4, Taf. 2.

301
deutsch
Kürasssattel
16. Jahrhundert

Holz, Leder, Eisen: getrieben, poliert
Rüstkammer, Staatliche Kunstsammlungen Dresden, Inv.-Nr. L 552a

Literatur:
Inventar Rüstkammer 1606, S. 142; Ehrenthal 1899, S. 150, G 39; Haenel 1923, S. 4, Taf. 2.

302
deutsch
Rossharnisch
um 1530–1540

Eisen: getrieben, poliert, durchbrochen und mit Filz unterlegt
Rüstkammer, Staatliche Kunstsammlungen Dresden, Inv.-Nr. L 381

Literatur:
Inventar Rüstkammer 1606, S. 142; Erbstein 1889, S. 61; Ehrenthal 1899, S. 150, G 39; Haenel 1923, S. 4, Taf. 2; Schuckelt 1994/95, S. 19.

303
Florenz (?)
Lanze
16. Jahrhundert

dreikantiges Spießeisen: blank; runder Schaft: Holz, teils kanneliert; Nietnägel: Eisen blank; Textilreste; Klingenlänge (mit Tülle) 15 cm
Rüstkammer, Staatliche Kunstsammlungen Dresden, Inv.-Nr. R 216

Lanzen zählen zu den ältesten ritterlichen Waffen und als solche auch zu den ersten herrscherlichen Insignien. Die Lanze wurde bei der Verleihung von Territorien, dem so genannten Fahnenlehen, verwendet und dabei mit einem das Territorium bezeichnenden Wappentuch versehen. Im militärischen Gebrauch diente die Lanze auch als Träger des Feldzeichens. Die vorliegende elegant geformte geriffelte Lanze stammt wohl aus Fürstenbesitz, sie weist Reste eines Fahnentuchs auf. JB

Reiterfigur des sächsischen Kurfürsten Johann Friedrichs des Großmütigen

In den Inventaren von 1606 bis 1836 und in den frühen Katalogen der Rüstkammer wird der Trabharnisch ausdrücklich als der Kürass bezeichnet, den Johann Friedrich der Großmütige in der Schlacht von Mühlberg am 24. April 1547 getragen hat. Erst seit der Beschreibung des Königlichen Historischen Museums von Albert Erbstein (1889) wird Johann Friedrich II., der 1567 bei Gotha gefangen genommen wurde, als Besitzer des Harnischs genannt. In der Königlichen Waffensammlung (Real Armería) in Madrid befindet sich ein Harnisch, der ebenfalls von Johann Friedrich in der Schlacht von Mühlberg getragen worden sein soll. Ein von Tizian im Jahr nach der Schlacht im Auftrag Kaiser Karls V. gemaltes Porträt seines Gefangenen in eben diesem Harnisch stützt diese Auffassung. Möglicherweise handelt es sich bei dem Dresdner Exemplar um einen zweiten Harnisch, den Johann Friedrich auf dem Feldzug mit sich führte. Seine Form entspricht jedenfalls der Körperfülle des entmachteten Kurfürsten. Mehrere Briefe, in denen Moritz betonte, dass er Geschütze, Fahnen und Wagen der Truppen von Johann Friedrich erbeutete, und die Inventareintragungen machen dies wahrscheinlich.
Seit 1934 wurde die farbig bemalte und mit Barthaaren beklebte Gesichtsmaske Johann Friedrichs mit der Narbe der in der Schlacht von Mühlberg erlittenen Wunde auf der linken Wange zusammen mit dem Trabharnisch als Erinnerungsstück an den Sieg von Moritz und seine Übernahme der Kurwürde in der Dresdner Rüstkammer präsentiert. Panzerärmel zur Vervollständigung des Körperschutzes und ein schwarzes Schwert wurden bereits im Inventar von 1606 genannt. Der ausgestellte Rossharnisch ist eine Arbeit des Augsburger Plattners Anton Peffenhauser und entstand erst knapp 40 Jahre nach der Schlacht von Mühlberg. Der ursprünglich in Verbindung mit dem Harnisch Johann Friedrichs genannte Rossharnisch hat sich nicht erhalten. Der Sattel ist eine moderne Nachbildung in Anlehnung an die Beschreibung des Inventars von 1606. HS

304
deutsch
Trabharnisch
1. Hälfte 16. Jahrhundert

Eisen: getrieben, geschwärzt,
Gewicht 27,04 kg, geschlagen für Kurfürst Johann Friedrich den Großmütigen
Rüstkammer, Staatliche Kunstsammlungen Dresden, Inv.-Nr. M 112

300–303 ▶

304–308

Literatur:
Inventar der Rüstkammer von 1606, S. 149;
Quandt 1834, S. 129; Frenzel 1850, S. 94, Nr. 3;
Erbstein 1889, S. 60; Ehrenthal 1899, S. 152, G 60.

305
deutsch
Panzerärmel
16. Jahrhundert

Ringe: Eisen, geschmiedet, am Rand Messing
Rüstkammer, Staatliche Kunstsammlungen
Dresden, Inv.-Nr. N 63

Literatur: unpubliziert

306
deutsch
Gesichtsmaske des Kurfürsten Johann Friedrichs des Großmütigen
nach 1547

Pappe: gepresst, bemalt,
angeklebte Barthaare, 25 × 17 cm
Rüstkammer, Staatliche Kunstsammlungen
Dresden, Inv.-Nr. H 222

Literatur: unpubliziert

307
deutsch
Schwert
um 1525–1545

Klinge: zweischneidig, Hohlschliff,
Gefäß: geschwärzt, L. ges. 111 cm,
Klinge 91 cm, Gewicht 1,45 kg
Rüstkammer, Staatliche Kunstsammlungen
Dresden, Inv.-Nr. IV 139

Literatur: unpubliziert

308
Anton Peffenhauser
Rossharnisch
Augsburg, um 1585

Eisen: getrieben, geschwärzt und golden
bemalt; gemarkt mit der Augsburger
Beschau (Pinienzapfen);
gefertigt für die Kurfürsten August oder
Christian I. von Sachsen
Rüstkammer, Staatliche Kunstsammlungen
Dresden, Inv.-Nr. L 376

Literatur: Ehrenthal 1899, S. 41, C 20;
Schuckelt 1994/95, S. 23, Abb. 25.

309
Peter von Speyer d. Ä.
Trabharnisch
Annaberg, 1546

Eisen getrieben, geschwärzt, geätzt; Kettenhemd: Eisen geschmiedet, Gewicht 26 kg
Rüstkammer, Staatliche Kunstsammlungen Dresden, Inv.-Nr. M 97

Herzog August von Sachsen nahm an der Seite seines älteren Bruders Moritz am 24. April 1547 an der Schlacht von Mühlberg teil. In der Lochauer Heide wurden die Truppen des fliehenden Kurfürsten gestellt. Dessen Schützen feuerten auf die nachstoßenden Reiter von Herzog Moritz. Während der anschließenden Ladepause sprengte Herzog August mit seinen Truppen zwischen die Schützen, was nach längeren Scharmützeln die endgültige Niederlage Johann Friedrichs besiegelte.
Herzog August war einer der vier ranghohen Persönlichkeiten, von denen sich Harnische in europäischen Sammlungen erhalten haben, die in der gleichen Schlacht zum Einsatz kamen. In der Hofjagd- und Rüstkammer des Kunsthistorischen Museums in Wien befindet sich der Trabharnisch des im Ergebnis dieser Schlacht zum Kurfürsten ernannten Moritz von Sachsen (sächsisch, um 1545, Inv.-Nr. A 353), und in der Real Armeria des Patrimonio Nacional in Madrid werden der Feldharnisch von Kaiser Karl V. (Desiderius Helmschmid, Augsburg, 1544, Inv.-Nr. A-164) sowie der Trabharnisch des geschlagenen Kurfürsten Johann Friedrich von Sachsen (der Großmütige, deutsch, vor 1547, Inv.-Nr. M-11) verwahrt. Die Dresdner Rüstkammer besitzt einen Trabharnisch, der Johann Friedrich als »Zweitharnisch« des Feldzuges gegen Karl V. und Moritz zugeschrieben wird (vgl. Kat.-Nr. 304).
Der geschwärzte Trabharnisch von Herzog August besteht aus offener Sturmhaube mit aufschlächtigem Kinnreff, geschobenem Kragen, Tapulbrust mit Bauchreifen, Rücken mit Gesäßreifen, geschobenen Achseln mit Schwebescheiben, geschobenen Beintaschen und Fingerhandschuhen. Der gesamte Harnisch ist mit blanken Ätzstreifen in feinster Ausführung verziert. Der Dekor besteht aus Ranken, Vögeln und verschiedenen Kriegerdarstellungen. Auf dem Bruststreifen befindet sich das vierteilige herzogliche Wappen. Die Sturmhaube trägt zweimal die Jahreszahl 1546. Auf der linken Brustseite kniet ein Ritter vor dem Kruzifix, während im Mittelstreifen des Rückens das Opfer Isaaks dargestellt ist. Unter dem Harnisch befinden sich Panzerärmel und ein Panzerschurz. HS

Literatur:
Inventar Rüstkammer 1606, S. 53, Ehrenthal 1899, S. 54, E 4; Haenel 1923, S. 6, Taf. 3 a; Schöbel 1973, S. 28, Nr. 7.

309

310

310
deutscher Maler, nach Tizian
Kaiser Karl V. im Harnisch
Mitte 16. Jahrhundert

Leinwand, 110 × 91 cm
Kunsthistorisches Museum Wien,
Gemäldegalerie, Inv.-Nr. 8060

Im Oktober 1547 äußerte Karl V. den Wunsch, Tizian nach Augsburg kommen zu lassen. Von Februar bis Mitte September 1548 hielt Tizian sich auf Wunsch Karls V. in Augsburg auf. Hauptwerk dieses Aufenthalts war das große Reiterbildnis, das den Kaiser als Sieger in der Schlacht von Mühlberg zeigt (Madrid, Museo Nacional del Prado), daneben entstanden auch andere Porträts Karls V. Tizian hebt selbst ein Doppelporträt des Kaisers mit seiner verstorbenen Gemahlin hervor, die nur in Kopien überliefert sind. Von besonderer Bedeutung für die spätere Herrscherikonographie war das Dreiviertel-Porträt, das Karl V. in der Rüstung der Schlacht von Mühlberg und mit Kommandostab zeigte. Ein Porträt seines Bruders König Ferdinands I., das diesen ebenfalls im Harnisch der Schlacht von Mühlberg zeigt, ist offensichtlich als Pendant konzipiert. Kopien des Bildnispaares finden sich in der Sammlung der Fürsten Fugger-Babenhausen, Babenhausen (das Porträt Ferdinands 1548 datiert).
Die hier ausgestellte Version stellt Karl V. nicht im Harnisch der Schlacht von Mühlberg, sondern in einem ähnlichen Harnisch in der Art des Augsburger Plattners Desiderius Helmschmied dar, der sich von dem Mühlberger Harnisch vor allem durch das Fehlen der auffallend gezackten Ornamentbordüren unterscheidet. Dem vorliegenden Exemplar am nächsten steht eine Fassung im Museum Czartoryski in Krakau. Im Gegensatz zu anderen Kopien, die den Kaiser wesentlich jünger zeigen, dürften diese beiden Ausführungen das verlorene Original Tizians genauer wiedergeben. Das Aussehen des Kaisers entspricht genau dem Porträt im Lehnstuhl von 1548 (München, Alte Pinakothek), es ist anzunehmen, dass Tizian sich für beide Bildnisse einer Vorlage bediente. KS

Literatur:
Glück 1937, S. 173; Braunfels 1956, S. 196; Müller Hofstede 1967, S. 47; Wethey 1971, Kat.-Nr. L-5; Porträtgalerie zur Geschichte Österreichs 1976, Nr. 22; Schweikhart 1997, S. 34 f.; Kaiser Karl V. 2000, Kat.-Nr. 251.

311
Monogrammist M. S.
Das Aller-Durchlauchtigsten-Großmechttigsten [...] Herrn Karoli des V. Römischen Kaisers Feldlager Beij Wittenberg
1547

Holzschnitt, 154,3 × 154,7 cm
Kungliga Biblioteket Stockholm,
Inv.-Nr. De la Gardie Sammlung (Nr. 180)

In monumentalem Format stellt hier ein unbekannter Holzschneider den Sieg Kaiser Karls V. im Schmalkaldischen Krieg dar. Wittenberg, das theologische Zentrum der Reformation, wurde vom Kaiser eingenommen und besetzt. Von der gegenüberliegenden Elbseite gesehen, entwickelt sich die Landschaft in extremer Vogelschau. Rechts liegt die Stadt, links außerhalb der Mauern sieht man die Ruinen der abgebrannten Vorstadt. Das Lager der kaiserlichen Truppen und seiner Verbündeten – unter ihnen auch Herzog Moritz – nimmt die gesamte linke Bildhälfte ein. Beischriften identifizieren Gebäude und Personen. EK

Literatur:
Strauss 1975, Bd. III, S. 1284; Von der Freiheit eines Christenmenschen 1967, Nr. 5; Appuhn/Heusinger 1976, S. 65, 74; Die Elbe/Labe 1992, Kat.-Nr. 8/55.

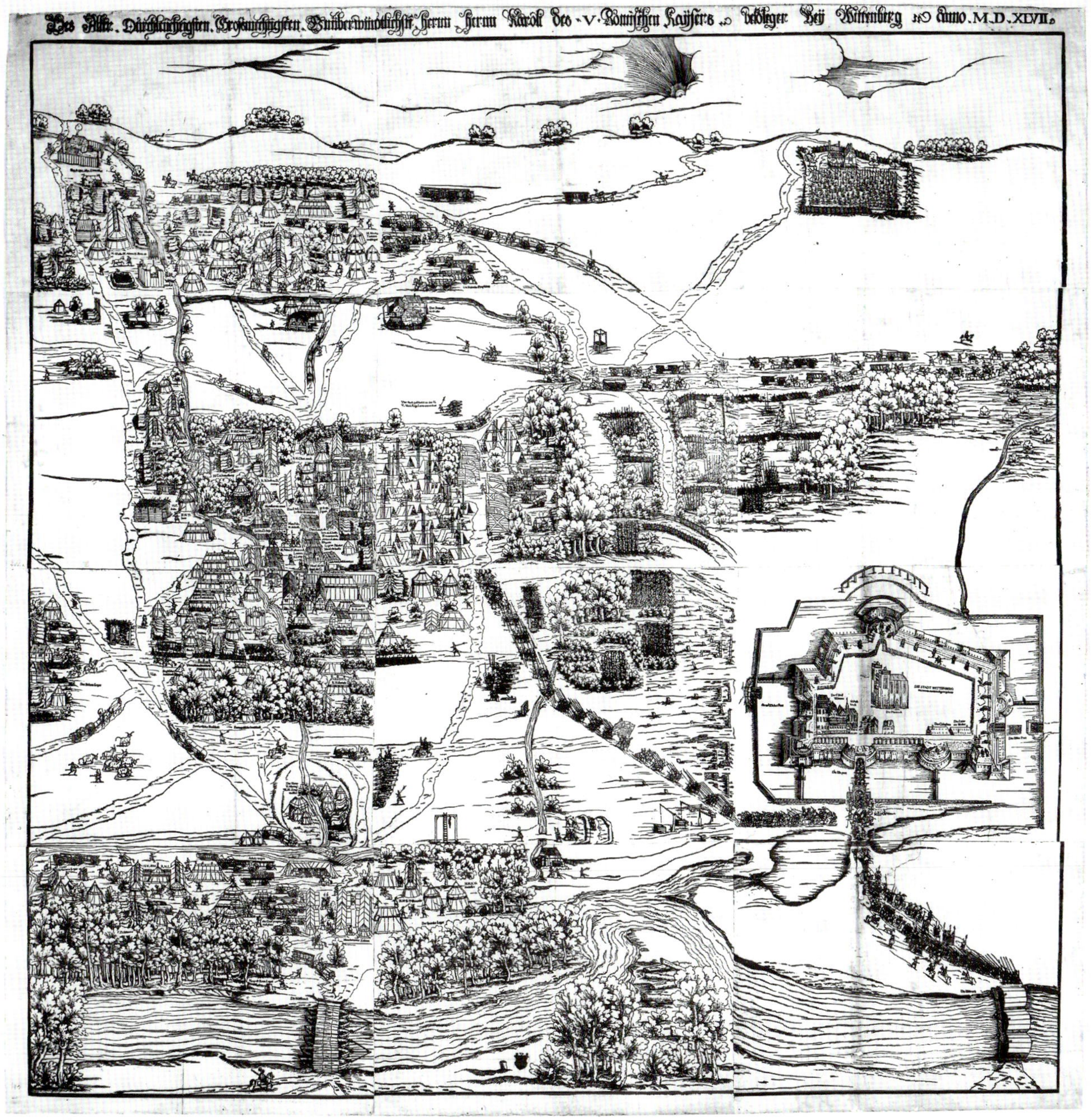

311

312
deutscher Meister
Ring Johann Friedrichs des Großmütigen
um 1540

Gold, Saphir, Email, 37 × 30 mm
Grünes Gewölbe, Staatliche Kunstsammlungen Dresden, Inv.-Nr. VIII 96

Dieser Ring ist eng mit dem Übergang der Kurfürstenwürde von der ernestinischen an die albertinische Linie der Wettiner verbunden. Nach dem Inventar des Juwelenzimmers im Grünen Gewölbe von 1733 gehörte er dem ernestinischen Kurfürsten Johann Friedrich dem Großmütigen. Dieser habe ihn in der Schlacht von Mühlberg 1547 dem Ritter Thilo von Trotha geschenkt, der ihn gefangen nahm. Eindeutig belegt ist, dass der Ritter von Trotha den Kurfürsten bei der Gefangennahme vor dem Tod durch spanische Kriegsteilnehmer rettete. Ein Ring wäre demnach ein angemessenes Ehrengeschenk gewesen. Der Ritter von Trotha hatte zum Gefolge von Herzog Moritz gehört und wurde anschließend Stallmeister am Dresdner Hof. Laut Sponsel kaufte Kurfürst Johann Georg I. im Jahr 1642 den Ring für die kurfürstliche Kunstkammer von dem Floßschreiber zu Halle, Christian Fugmann, für 130 Taler.

Es handelt sich um einen goldenen Ring mit hellblauem, achteckig flach gewölbtem, abgekantetem Saphir in Kastenfassung, die schwarz emailliert ist. AGr

Literatur:
Bericht 1547; Inventar Juwelenzimmer 1733, S. 448, Nr. 3 a; Sponsel 1929, S. 168, Nr. 6; Ranke 1956, S. 999; Menzhausen 1968, S. 93; Deutsche Kunst der Dürer-Zeit 1971, Nr. 577; Lucas Cranach 1972, Nr. 197.

312

313
Hans von Ponickau
Bericht über die Schlacht bei Mühlberg
25. April 1547

Aktenheft, wohl Abschrift, Papier, 4 Lagen mit 8 Bl., 33,5 × 21 cm
Sächsisches Hauptstaatsarchiv Dresden, Sign. 10024 Geheimer Rat (Geheimes Archiv), Loc. 7186/1, Bl. 1r – 8r

Hans von Ponickau auf Pomßen, als Kämmerer der oberste Finanzbeamte des Kurfürsten, berichtet – offenbar aus der Gefangenschaft – vom Verlauf der Schlacht bei Mühlberg. Diese war weniger eine Schlacht als ein Rückzugsgefecht zwischen Mühlberg und Torgau. Strategische Planung und militärisch-taktische Leitung fehlten auf der kursächsischen Seite. Johann Friedrich hatte Ponickau selbst, keinen militärischen Befehlshaber, mit der Führung der Truppen beauftragt.

Das kurfürstliche Heer war von Meißen aus nach einem Nachtmarsch erst am Mittag des 23. April 1547 in Mühlberg angekommen. Johann Friedrich ließ am Sonntag, dem 24. April, in einem Lager vor der Stadt ausruhen und befand sich selbst beim kaiserlichen Angriff im Gottesdienst. Die Kaiserlichen, geführt von dem militärisch erfahrenen Karl V. selbst, hatten sich mit den Truppen Herzog Albas und Herzog Moritz' vereinigt.

Bei Erscheinen der ersten Soldaten am linken Elbufer entsandte der Kurfürst Beobachter und beschloss den Aufbruch. Er ließ die Kaiserlichen mit zwei Kanonen beschießen, begann aber noch zu frühstücken, da er einen baldigen Angriff nicht erwartete. Unter Ausnutzung des niedrigen Wasserstandes setzten die kaiserlichen Truppen jedoch überraschend über, während die Kurfürstlichen sich vor dem beginnenden Beschuss in die Stadt zu retten suchten. Aufgrund der fehlenden Führung kam weder eine geordnete Verteidigung des erhöhten Elbufers noch ein rascher Abzug zustande. In Unkenntnis der Wege über Lochau nach Wittenberg und nach einem ungeordneten, rasch abgeschlagenen Angriff der Reiterei auf die nachrückenden Kaiserlichen wandelte sich der Abzug zur Flucht. Kurfürst Johann Friedrich wurde im Schweinert, einem Gehölz am Rand der Lochauer Heide, gefangen genommen.

Ponickaus Bericht dürfte zur Rechtfertigung seines Handelns als Befehlshaber nach der Gefangennahme durch den abgesetzten Kurfürsten abgefasst worden und in vorliegender Form als Abschrift in den Besitz der albertinischen Verwaltung geraten sein. LFB

Literatur:
Mentz 1908, S. 100 – 105, vgl. auch Anhang Nr. 77 vom 29. Mai; PKMS III, Nr. 520 (Regest); Held 1997, S. 79 – 99; Blaschke 1997; Herrmann 2003, S. 89 – 93.

314
Johannes Bugenhagen
Wie es uns zu Wittemberg in der Stadt gegangen ist in diesem vergangen Krieg
Wittemberg 1547

4°, 16 Bl.
Sächsische Landesbibliothek – Staats- und Universitätsbibliothek Dresden, Sign. Hist. Sax. C 680,3
Universitätsbibliothek Leipzig, Sign. Hist. Sax. 1256

Seit Luthers Auftreten auf dem Reichstag zu Worms 1521 verfolgte der Kaiser das Ziel, die »lutherische Sekte« auszutilgen und die Einheit der römischen Kirche wiederherzustellen. Zudem sollten die im Schmalkaldischen Bund zusammengeschlossenen evangelischen Fürsten und Reichsstädte, die so genannten »Reichsrebellen«, der kaiserlichen Macht unterworfen werden. Der Krieg wurde mit dem Gefecht auf der Lochauer Heide bei Mühlberg am 24. April 1547 entschieden. Die Truppen Karls V. besiegten die Schmalkaldener, nahmen ihren Anführer, Kurfürst Johann Friedrich, gefangen und zwangen ihn zur Wittenberger Kapitulation (Kat.-Nr. 315).

Für den Ausgangspunkt und Hort der Reformation befürchteten die Bewohner das Schlimmste. Johannes Bugenhagen, enger Vertrauter Luthers war nicht geflohen, sondern als Seelsorger in der Stadt geblieben. Er beschreibt die gemischten Gefühle zwischen Bangen und Hoffen und wie man dann doch mit dem Schrecken davongekommen sei: keine Erstürmung und Plünderung der Stadt, keine Besatzung durch spanische Söldner. Unter dem neuen Landesherrn, dem mit Kurkreis und Kurwürde für sein Eintreten auf des Kaisers Seite belohnten evangelischen Herzog Moritz von Sachsen, konnte man auch bei seinem Glauben bleiben. Nur Bugenhagen, im Interesse von Stadt und Universität um Ausgleich mit der neuen Regierung bemüht, erfuhr Anfeindungen und Verleumdungen. Im Anhang berichtete er von der Wiedereröffnung der Universität noch im selben Jahr. CZ

Literatur: Leder 1984.

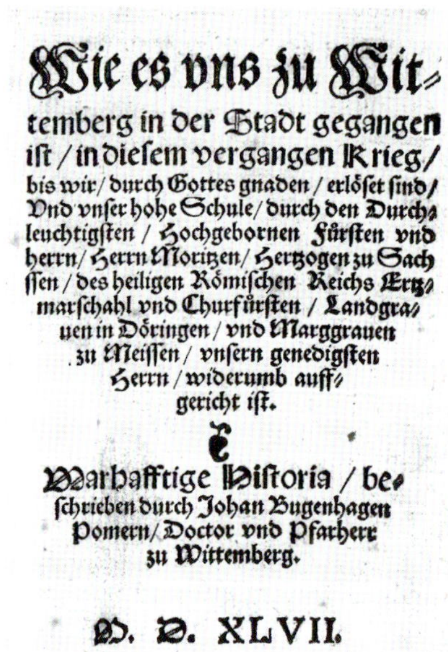
Wie es vns zu Wit-
temberg in der Stadt gegangen
ist / in diesem vergangen Krieg/
bis wir/ durch Gottes gnaden / erlöset sind/
Vnd vnser hohe Schule/ durch den Durch-
leuchtigsten / Hochgebornen Fürsten vnd
herrn/ Herrn Moritzen/ Hertzogen zu Sach-
ssen / des heiligen Römischen Reichs Ertz-
marschahl vnd Churfürsten / Landgra-
uen in Döringen / vnd Marggrauen
zu Meissen / vnsern genedigsten
Herrn / widerumb auff-
gericht ist.
Warhafftige Historia / be-
schrieben durch Johan Bugenhagen
Pomern/ Doctor vnd Pfarherr
zu Wittemberg.
M. D. XLVII.

314

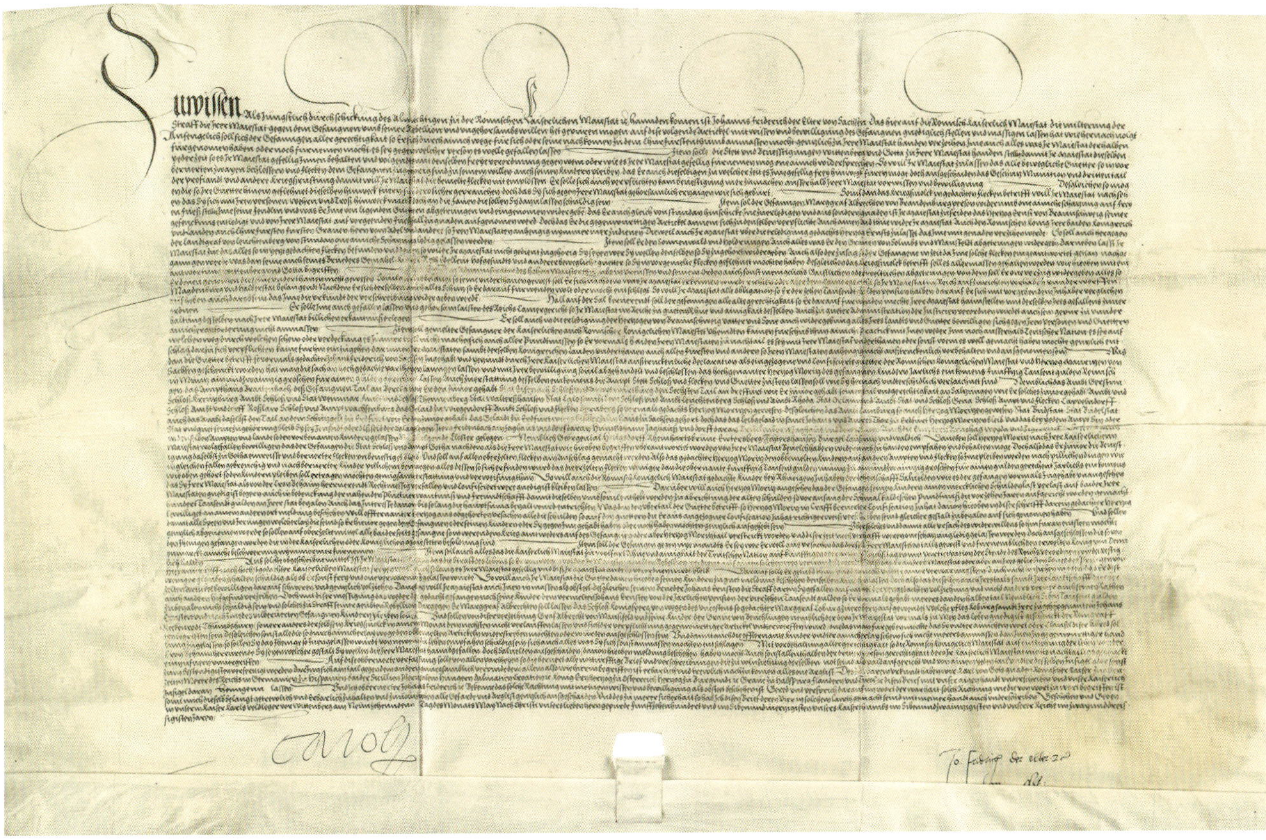

315

315
Wittenberger Kapitulation Kurfürst Johann Friedrichs von Sachsen vor Kaiser Karl V.
Feldlager vor Wittenberg, 19. Mai 1547

Urkunde, Ausfertigung für Herzog Moritz von Sachsen, Pergament, 53,7 × 84 cm, großes Siegel des Ausstellers an Pergamentstreifen, ∅ 15 cm, Siegelbild 10 cm
Sächsisches Hauptstaatsarchiv Dresden, Sign. 10001 Ältere Urkunden, Nr. 11316a

Beim Heranrücken des kaiserlichen Heeres von Böhmen suchte Johann Friedrich im Schmalkaldischen Krieg die Sicherheit seiner befestigten Residenz Wittenberg. Überraschend gelang den Kaiserlichen am 24. April 1547 bei Mühlberg der Übergang über die Elbe und im anschließenden Gefecht ein Sieg über das kurfürstliche Heer. Johann Friedrich wurde an der Lochauer Heide gefangen genommen. Im Angesicht der Belagerung seiner Residenz und unter der Bedrohung der gegen ihn verhängten Todesstrafe musste der Kurfürst nach zähen Verhandlungen in die Wittenberger Kapitulation einwilligen. Zugeständnisse in der Frage der Religion jedoch verweigerte er hartnäckig.
In dem vor Wittenberg am 19. Mai angenommenen und unterzeichneten Vertrag verzichtete Johann Friedrich für sich und seine Nachkommen der ernestinischen Linie auf die Kurwürde, musste seine Festungen ausliefern sowie das Territorium der Kur und den ernestinischen Anteil an der Markgrafschaft Meißen und den sächsischen Bergwerken aufgeben. Ihm und seinen Söhnen verblieb ein Einkommen von 50 000 Gulden aus dem nunmehr auf Thüringen beschränkten Herzogtum Sachsen. Somit sicherte er seinen Söhnen ein souveränes Fürstentum. Johann Friedrich selbst blieb trotz seiner Zugeständnisse bis 1552 Gefangener des Kaisers. Die vorliegende Ausfertigung der Kapitulationsurkunde ließ Karl V. am 4. Juni an Herzog Moritz zustellen, den er im Feldlager zum Kurfürsten ausrufen ließ. LFB

Literatur:
Ißleib 1891/1989; Mentz 1908, S. 108–112; PKMS III, Nr. 584 (Regest); Groß/Kobuch/Müller 1983, Nr. 224 (mit Abb. und Angaben zu Druck, Regest und Lit.); Held 1997, S. 59–78 und 100–113 (mit Abb.).

316

316

Guido Fontana

Die Überquerung der Elbe durch die Truppen Kaiser Karls V.

um 1570

Kühlgefäß; Majolika, 50 × 48,5 × 22,5 cm
Musée Antoine Vivenel, Compiègne (Frankreich), Inv.-Nr. L.3015

Für das Haus Habsburg war der Sieg bei Mühlberg ein bedeutender Beweis für die Rechtmäßigkeit seines Führungsanspruchs. Die propagandistische Verwertung begann unmittelbar nach dem Sieg und wurde über Jahrzehnte hinweg fortgesetzt. Ein außergewöhnliches Beispiel ist das hier gezeigte Kühlgefäß, jedoch kein Einzelstück. Durch die Form des Kühlgefäßes ist die Szenerie verunklärt. Deutlich erkennbar ist jedoch die über der Szenerie schwebende Victoria: Die Siegesgöttin hat bereits über Sieg und Niederlage entschieden und reicht den Kaiserlichen den Siegerkranz. EK

Literatur:
Blockmans/Burke 1999, S. 301 f.; Carolus 2000, Nr. 282.

317

Giovanni Bernardi da Castelbolognese

Medaille auf Karl V. bei Mühlberg und die Expedition nach Tunis

etwa 1548

Silber, 111 × 90 mm
Münzkabinett, Kunsthistorisches Museum Wien, Inv.-Nr. 16bß

318

Leone Leoni

Medaille auf Kaiser Karl V. / Schlacht bei Mühlberg, mit Sturz der Riesen

o. J. (1549)

im Perlkreis: · IMP · CAES · CAROLVS · V · AVG
Geharnischtes Brustbild mit Lorbeerkranz, Vlieskette und Feldbinde nach rechts
Rs.: im Perlkreis: DISCITE – IVSTITIAM MONITI
Sturz der Titanen

glatter Rand, Silber (Guss), ⌀ 71,8 mm, 95,29 g
Münzkabinett, Staatliche Kunstsammlungen Dresden, Inv.-Nr. 2227
Münzkabinett, Kunsthistorisches Museum Wien, Inv.-Nr. 19bß

318

319

Leoni schuf die Medaille 1549 bei einer Reise nach Brüssel, wo er von Kaiser Karl V. empfangen wurde. Laut Habich ist die Rückseitendarstellung vom Jüngsten Gericht Michelangelos in der Sixtinischen Kapelle inspiriert. Die Niederwerfung der Titanen durch Zeus symbolisiert dabei den Sieg des Kaisers über die protestantischen Fürsten im Jahr 1547. Übersetzung der Legende Vs. und Rs.: Kaiser Karl V., Mehrer des Reiches. Lernet Gerechtigkeit, wenn ihr gemahnt werdet (Vergil). RGru

Literatur:
Koehler 1744, S. 125 ff.; Bernhart 1919, Nr. 163, 2; Habich 1923, Nr. 132, Taf. XCI; Hessen und Thüringen 1992, Kat.-Nr. 576 c.

319
unbekannt (Nickel Milicz zugeschrieben)
Medaille anlässlich der Schlacht bei Mühlberg auf Karl V. und Ferdinand I.
1547

im Blätterkranz: LVMI · ET · ORA · CAROLI · V · IMPERATOREIS · GRE · FERDINA(N)DVS · DG · ROMANO · BOE · HVNG · Z · REX ·
Die einander zugewandten Brustbilder Karls V. und Ferdinands in Bogenarchitektur, beide mit Vlieskette. In Zwickel und Abschnitt wappenhaltende Engel mit dem kastilischen und dem österreichischen Schild
Rs.: im Blätterkranz: CAPTIVITAS (Zweig) / IOANIS · FRIDERICI. Im Abschnitt: DVCIS (Zweig) SAXONIAE / · M · D · XLVII

glatter Rand, Silber, Ø 57,9 mm, 55,81 g
Münzkabinett, Staatliche Kunstsammlungen Dresden, Inv.-Nr. 3498
Stiftung Schloss Friedenstein Gotha, Inv.-Nr. 4.1./1183

Habich ordnet die Medaille dem Monogrammisten WS zu, Katz dem in St. Joachimsthal nachweisbaren Stempelschneider Nickel Milicz. Tentzel kommentiert die Ungenauigkeit der lateinischen Inschrift auf der Medaillenvorderseite.
Übersetzung der Legende Vs. und Rs.: Dieses sind die Augen und das Gesicht Karls V., des deutschen Kaisers. Ferdinand, von Gottes Gnaden, römischer, böhmischer und ungarischer König.
Die Gefangennahme Johann Friedrichs, des Herzogs von Sachsen, 1547. RGru

Literatur:
Tentzel 1705/1982 a, S. 171 f., Taf. 13, V.; Juncker 1706, S. 308 ff.; Habich 1929–34, Bd. II, 1, Nr. 1909; Katz 1932, Nr. 313, Taf. XLV, 4; Hessen und Thüringen 1992, Nr. 576 b.

320
unbekannt
Einseitige Medaille auf die Gefangennahme des Kurfürsten Johann Friedrich des Großmütigen in der Schlacht bei Mühlberg 1547
1549

Karl V. und Ferdinand nebeneinander auf Pferden nach links, dahinter drei Landsknechte. Links kniet Johann Friedrich von Sachsen, hinter dem ein Landsknecht steht
Oben auf einem Spruchband:
1547 · DEN · 24 · APRILS / IST · IOHAN · FRIDERIC / H · DVRCH · KEISER / CAROL · DES · 5 ·
im Abschnitt (Fortsetzung): VOR · MVLBERG · GEF / ANGEN · WORDEN / · 1549 ·
links vom Boden abgesetzt: MISERERE / RE · MEI · / DOMINE / NOS · SV / MVS · IAM · HIC · (Erbarme dich meiner, o Herr, wir sind jetzt hier)

glatter Rand, Silber, Ø 60,5 mm, 49,72 g
Münzkabinett, Staatliche Kunstsammlungen Dresden, Inv.-Nr. 3494

Die bei Tentzel nicht aufgeführte Medaille ist sehr selten. RGru

Literatur:
Schnell 1983, Nr. 428.

320

321
Bericht des albertinischen Rats Christoph Türk an seinen Kollegen Georg von Komerstadt über die Schlacht bei Mühlberg
Feldlager vor Mühlberg, 25. April 1547

Aktenschriftstück, eigenhändige Ausfertigung, Papier, 35 × 21 cm
Sächsisches Hauptstaatsarchiv Dresden, Sign. 10024 Geheimer Rat (Geheimes Archiv), Loc. 9141/10, Bl. 2r – 3r

Türk wertet zunächst die Ergebnisse der Schlacht (»eine victoria, die allein von goth kumpt« und sich kein Mensch auf Erden zumessen darf) und hebt Herzog Moritz' persönlichen Anteil am Sieg hervor (»[...] hat sich [...] gantz manlich und ritterlich erzaigt«). Ohne seinen Anteil wäre dieser Sieg nicht errungen worden. Die Bestrebungen werden nun auf den Friedensschluss und gut christlich Regiment gerichtet sein.
Sodann berichtet er vom Verlauf der Schlacht: Der Sieg wurde durch das Auffinden einer Furt durch die Elbe ermöglicht. Bei den Gefechten, an denen nur die Reiterei beteiligt war, würden auf kaiserlicher Seite nicht mehr als 20 Gefallene zu zählen sein, die beim Übergang über den Fluss ertrunken oder beim ersten und letzten Angriff der Kurfürstlichen erschossen worden sind. Herzog Moritz, der sein Bestes getan habe, hat mit eigener Hand einige Hauptleute Johann Friedrichs, seine Leute haben den Herzog selbst und weitere Fürsten gefangen genommen. Sie haben reiche Beute von Geschützen, Pulver, Proviant, Geld, Kleinoden und Silber gemacht. Der gefangene Kurfürst, »übers Maul« verwundet, ist noch nachts nach seiner Gefangennahme vor den Kaiser geführt worden. LFB

Literatur:
Langenn 1841, S. 304 f. (Druck); PKMS III, Nr. 523 (Regest); Blaschke 1997; Held 1997, S. 79 – 99; Herrmann 2003, S. 89 – 93.

322
Moritz an Landgraf Philipp von Hessen
Bericht von der Schlacht bei Mühlberg
25. April 1547

Handschrift
Hessisches Staatsarchiv Marburg, Sign. 3 Nr. 954 f.56

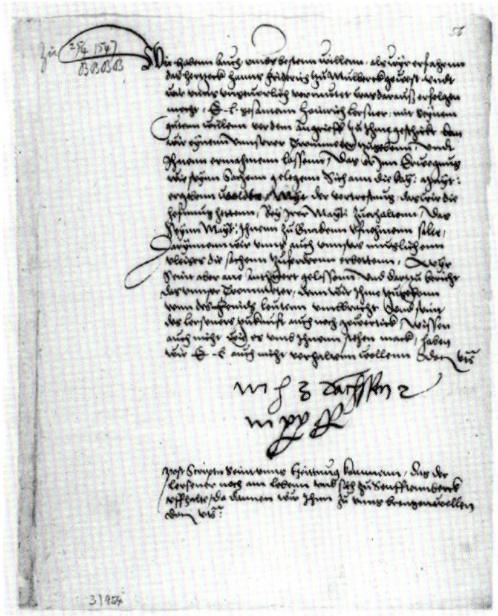

322

323
Lorenz Trunk
Kurschwert des Herzogs Moritz von Sachsen
Nürnberg 1547

Silberbeschläge von Schwert und Scheide mehrfach gemarkt: Kreuz mit zwei Winkeln und vier Punkten (Meistermarke von Lorenz Trunk) und »N« (Beschau von Nürnberg)
Klinge: beschriftet und datiert: »Mein leben vnd endt Steht alles in Otteß hendt Anno Dm MDXLVII/ Wer mit dem schwert ficht. So werden mit dem schwert gericht«.
Schwert mit Scheide und Besteck; Klinge: zweischneidig, Hohlschliff, Schlagmarke, geätzt, in den Tiefen vergoldet; Gefäß: Eisen, ganzer Beschlag Silber, gegossen, ziseliert, teils vergoldet; Scheide: Holz, Leder, ganzer Scheidenbeschlag sowie Griffkappen: Silber, gegossen und ziseliert, teils geätzt, teils vergoldet.

L. ges. 119 cm; Klinge 97 cm, Gewicht 2 kg; Scheide L. 100,5 cm, Gewicht 820 g; Messer L. 21,4 cm; Pfriem L. 18,3 cm
Rüstkammer, Staatliche Kunstsammlungen Dresden, Inv.-Nr. VI 375

Im Unterschied zu den anderen sächsischen Kurschwertern weist das von Moritz keine heraldischen Zeichen auf. Seine Symbolkraft erhält es durch die auf Vorlagen der deutschen Kleinmeister Heinrich Aldgrever, Virgil Solis und Hans Sebald Beham beruhenden bildlichen Darstellungen. Die Gestaltung des Prunkschwerts ist an den Entwurf eines Schwerts vom Nürnberger Goldschmied Wenzel Jamnitzer für Karl V. von 1544 angelehnt (Weimar, Kunstsammlungen). Das Hauptmotiv bilden Herkules und Cacus als Blickfang an der Scheide.
Das Herkules-Motiv erlebte im frühneuzeitlichen Herrscherkult eine Renaissance. Sowohl Karl V. als auch Moritz identifizierten sich mit dem antiken Helden. Herkules erschlägt mit der Keule den vom Rinderraub lebenden Riesen Cacus. Der Herkules-Gruppe am Scheidenbeschlag folgen zum Ort (Scheidenspitze) hin die allegorischen Gestalten der Fruchtbarkeit, des Friedensglücks, des Ehestandes, der Mäßigung und der Zeit. Zwischen diesen sind noch als Hinweis auf die Türkengefahr die hl. Barbara, Schutzheilige in Gefahren, und ein gerüsteter türkischer Würdenträger dargestellt. Die zwei Herzen tauschenden Hände am Scheidenmund symbolisieren einen Freundschaftsbund.
Dieses Motiv stützt die Vermutung, dass das Schwert ein Geschenk Karls V. gewesen sein könnte. Die der Bibel entlehnte Klingeninschrift lässt sich als mögliche Botschaft des Kaisers wie als Wahlspruch des Albertiners lesen. Beim Belehnungszeremoniell 1547 in Augsburg hat Karl V. Herzog Moritz nicht dieses Schwert, sondern das Reichsschwert gereicht und ihn damit in das Reichserzmarschallamt eingeführt. JB

Literatur:
Inventar Rüstkammer 1567; Reibisch 1826, Taf. 4; Ehrenthal 1899, S. 106 f.; Haenel 1923, S. 80, Taf. 40 b; Dresdner Rüstkammer 1992, Taf. 1; Bäumel 1995, S. 36 f.

324

324
Tizian
Johann Friedrich der Großmütige in Rüstung
1548

Öl auf Leinwand, 129 × 93 cm
Madrid, Museo Nacional del Prado,
Inv.-Nr. 533

Dieses Bildnis des gefangenen Johann Friedrichs schuf Tizian wahrscheinlich während seines ersten Aufenthalts in Augsburg 1548. An der Zuschreibung wurde lange gezweifelt. Erst jüngere Untersuchungen des durch einen Brand des Alcazars schwer beschädigten Gemäldes haben gezeigt, dass es wohl eigenhändig, aber doch mit erheblicher Werkstattbeteiligung gemalt wurde.
Höchst ungewöhnlich ist die Art der Darstellung: Der sächsische Fürst ist hier in voller Rüstung, aber nicht zu Pferde, mit gezogenem Schwert, aber mit kraftlos gesunkenem Arm gezeigt. Die Wunde im Gesicht, die Johann Friedrich während der Schlacht bei Mühlberg erhalten hat, klafft frisch und rot, das Blut tropft in breitem Strom bis auf den Harnisch hinunter. Gezeigt wird hier der Verlierer der Schlacht, in dem Moment, in dem er sein Schwert sinken lässt und sich dem Kaiser ergibt.
Es scheint, so berichten die Quellen, mehrere solcher Bildnisse Johann Friedrichs gegeben zu haben, die in den Habsburgischen Residenzen in Burgund, Spanien und Österreich hingen. Der Gedanke liegt nahe, der Kaiser habe – ganz in der Tradition der italienischen »pitture diffamanti« – mit diesem Bildnis den besiegten Anführer der Reformationstruppen gleich einer Kriegsbeute vorführen wollen. EK

Literatur:
Braunfels 1965; Wethey 1971, S. 111 f., Nr. x-65; Schweikhardt 1997, S. 38 ff.; Kaiser Karl V. 2000, Nr. 252; Carolus 2000, Nr. 285.

325
Tizian
Kurfürst Johann Friedrich von Sachsen
1548

Öl auf Leinwand, 103,5 × 83 cm
Kunsthistorisches Museum Wien,
Gemäldegalerie, Inv.-Nr. 100

Das Gemälde zeigt Johann Friedrich in Halbfigur während seiner Gefangenschaft unter Karl V. Vermutlich entstand das Bild 1550/51 während Tizians zweitem Aufenthalt in Augsburg. Die Darstellung Johann Friedrichs durch Tizian belegt die große Bedeutung, die dem gefangenen Kurfürsten beigemessen wurde. Sein kolossaler Körper ist in ein schwarz-graues, unauffälliges Gewand mit Pelzkragen gehüllt. Die weniger als sonst bei Tizian übliche Stofflichkeit des sehr dunklen Gewandes unterstreicht die imposante Körperfülle mit dem mächtigen Kopf. Durch den sparsamen Einsatz von Inkarnat wird der Kopf plastisch und deutlich hervorgehoben. Der aufmerksame Blick des Ernestiners trifft fast erhaben, aber misstrauisch auf den Betrachter. Dennoch suggeriert die Haltung des sächsischen Herrschers Würde. Anders als in Tizians Bild von 1548, das den geharnischten Ernestiner mit blutender Narbe zeigt (Kat.-Nr. 324), ist die bei Mühlberg zugefügte Narbe hier kaum mehr sichtbar.
Johann Friedrich trägt keinerlei Waffen, Herrschersymbole oder Schmuck, ein Zeichen für seine politische Entmachtung. Daher fehlen an seinen fleischigen, kraftlos wirkenden Händen auch Ringe. Der linke Unterarm ist aufgestützt, die linke Hand hält ein schwarzes unscheinbares Barett. CH

Literatur:
Karl V. 2000, Kat.-Nr. 253;
Bauer/Hellmann 2003, S. 153 f.

325 ►

326
Lucas Cranach d. J.
Kurfürst Johann Friedrich der Großmütige als Kämpfer für den protestantischen Glauben und die Reformation
dat. 1547

am oberen Rand: »Abconterfectung / des durchleuchtigsten / hochgebornen / Fürsten und Herrn / Herrn Johan friedrichen hertzogen zu Sachsen des heyligen / Römischen Reichs Ertzmarschalh vnd Churfürsten / Landgraven in Döringen / Marggraven zu Meyssen vnd / Burggraven zu Magdeburg / wie er in seinem feldleger ist gangen.«

Holzschnitt, koloriert, 39,7 × 27,8 cm
Stiftung Schloss Friedenstein Gotha, Inv.-Nr. G 42.3

326

327

Umgeben von den vierzehn Wappen seiner Länder steht Kurfürst Johann Friedrich der Großmütige in ganzer Figur im Harnisch mit Degen und Dolch, das Kurschwert geschultert, in der Mitte des Blattes. Auf letzterem steht seine Devise »V. D. M. I. E.« – Verbum Domini manet in aeternum (Das Wort Gottes stehet in Ewigkeit). Zu seinen Füßen wird er von verschiedenen Tieren angegriffen, die als sinnbildliche Verkörperungen der Vertreter der katholischen Kirche Tiara, Kardinalshut, Mitra und Birett tragen. Neben seiner rechten Schulter steht Psalm 34 »Der gerecht mus viel leiden / Aber der HERR hilfft ihm aus dem allen.«
Der Holzschnitt ist offensichtlich kurz vor der Schlacht bei Mühlberg gegen Kaiser Karl V. und Moritz von Sachsen entstanden, um den gerechten Kampf des Kurfürsten für den protestantischen Glauben zu untermauern und zu demonstrieren. AD

Literatur:
Gotteswort und Menschenbild 1994, S. 161, Kat.-Nr. 2.47, Farbabb. S. 136.

327
unbekannt
Bildnis Johann Friedrichs des Großmütigen
nach 1547

Terrakotta, gefasst, 32 × 32 cm
Stiftung Moritzburg, Kunstmuseum des Landes Sachsen-Anhalt, Halle, Sammlung Plastik, Inv.-Nr. III 225

Vermutlich handelt es sich um einen »Gaffkopf«, der als Portal- oder Wanddetail aus dem Hallenser Franziskaner- oder Barfüßerkloster stammt, das vor 1832 zugunsten des Neubaus der Universität abgerissen wurde.
Johann Friedrich der Großmütige war auf dem Höhepunkt seiner Macht am 1. Januar 1547 in Halle eingezogen und ließ sich als neuer Landesherr von der Stadt huldigen. Gegen eine Rente von 10 000 Gulden kaufte er dem Erzbischof Johann Albrecht die Stifte Magdeburg und Halberstadt ab. In der Folge konnte hier die Reformation endgültig eingeführt werden. Bereits am 9. Januar 1547 trafen die Reformatoren Justus Jonas und Dr. Goldstein wieder in Halle ein.
Der für Johann Friedrich unglückliche Ausgang der Schlacht bei Mühlberg hatte auch für Halle unmittelbare Folgen. Am 10. Juni 1547 bezog Kaiser Karl V. die Neue Residenz, den Stadtpalast Albrechts von Brandenburg. Hier mussten sich die verbündeten Philipp von Hessen mit Kniefall und auch Johann Friedrich dem Kaiser unterwerfen. Der Legende nach wurden sie anschließend doppelzüngig zum Bankett auf die Moritzburg gelockt, dort dann jedoch durch Herzog Alba gefangen genommen.
Das Relief wurde von unbekannter Hand nach dem Bildtyp Lucas Cranachs modelliert. Stilistisch ist es den Medaillenporträts Hans Reinharts d. Ä. verwandt. UD

Literatur:
Speler 1997, S. 81; Dräger/Bake 2000, S. 77, Nr. 25.

328
Lucas Cranach d. J.
Taufe Christi im Beisein von Kurfürst Johann Friedrich dem Großmütigen und Martin Luther
um 1548

kolorierter Holzschnitt von drei Stöcken, 27,8 × 38,8 cm
Stiftung Schloss Friedenstein Gotha, Inv.-Nr. G 42,1
Albertina, Wien, Inv.-Nr. DG1929/471

Der Holzschnitt stellt die Taufe Christi in einer von Felsen umgebenen Landschaft dar. Links und rechts wohnen dem Geschehen knieend und betend Kurfürst Johann Friedrich der Großmütige und Martin Luther bei. In Strahlenglorien erscheinen über der Taufe Gottvater und die Taube.
Nach der Niederwerfung der Wiedertäufer wurde das Thema der Taufe Christi als eines der wichtigsten Offenbarungsbilder evangelischen Glaubens wieder häufiger dargestellt. AD

Literatur:
Schade 1974, S. 94; Koepplin/Falk 1976, S. 495 f., Kat.-Nr. 347; Gotteswort und Menschenbild 1994, S. 159, Kat.-Nr. 2.44, Farbabb. S. 133.

328

329
Peter Roddelstedt gen. Gottlandt
Johann Friedrich der Großmütige mit Daniel in der Löwengrube
1551

Kupferstich, 18,7 × 24,7 cm
Kunstsammlungen der Veste Coburg,
Inv.-Nr. DK 273/95

Vor einem Vorhang sitzt Johann Friedrich der Großmütige. Links ist der Blick frei auf eine raumgreifende Hintergrundszene. Eine Schrifttafel beschreibt sie als die alttestamentarische Historie von Daniel in der Löwengrube: Obwohl anderen Glaubens, war Daniel treuer Diener seines Herrn und wurde auf Grund falscher Anschuldigungen gefangen gesetzt. Er stand fest zu seinem Glauben, und dieses Gottvertrauen brachte die Wahrheit an den Tag. Auch Johann Friedrich konnte 1551 auf Rehabilitation hoffen: Mit dem Beitritt Kurfürst Moritz' zum Torgauer Bündnis im Mai 1551 hatte sich der wahre Feind des Kaisers gezeigt. Karl V. versuchte Moritz mit der Drohung einer Restitution Johann Friedrichs zur Raison zu bringen. EK

Literatur:
Hollstein VII; Christensen 1992, S. 92 ff., Abb. 30; Flügel 1996, S. 82 f., Abb. 3.

330
Matthes Gebel
Medaille auf Johann Friedrich den Großmütigen
1551

DEI GRA: IO: FRID: SENIOR DVX SAXON (Blütenornament) ANNO ÆTAT: SVÆ 48 · CAPTIVITAT: VERO 4 ♣
Brustbild mit Bart nach links vorn, ohne Kopfbedeckung, auf der linken Wange Narbe, pelzverbrämter Rock
Rs.: SPES · MEA · IN · DEO · EST · ANNO · SALVTIS – M · D · XXXXXI
dreifach behelmtes, zwölffeldiges Wappen (ohne die Kurschwerter)

glatter Rand, Silber (Guss), Ø 50,5 mm, 74,51 g
Münzkabinett, Staatliche Kunstsammlungen Dresden, Inv.-Nr. 2450
Stiftung Schloss Friedenstein Gotha, Inv.-Nr. 4.1./1193

Die Medaille entstand während der Gefangenschaft des Kurfürsten. Die Narbe auf der linken Wange rührt von der Wunde her, die Johann Friedrich der Großmütige in der Schlacht bei Mühlberg empfing. Das Brustbild geht auf das Gemälde von Tizian zurück, das dieser auch während der Gefangenschaft 1548 in Augsburg anfertigte. Im Wappen fehlen die Kurschwerter, was an den Verzicht auf die Kurwürde infolge der verlorenen Schlacht bei Mühlberg erinnert. Nach Habich gehört die Medaille wegen des Vorderseitenporträts zu den stark überarbeiteten Kopien. Für das einzige als Original geltende Exemplar konnte er keinen Standort angeben.

Übersetzung der Legende Vs. und Rs.: Von Gottes Gnaden Johann Friedrich der Ältere, Herzog von Sachsen, im Alter von 48 Jahren, aber im vierten Jahr seiner Gefangenschaft. Meine Hoffnung liegt in Gott, im Jahr des Heils 1551. RGru

Literatur:
Tentzel 1705/1982 a, S. 195 ff., Taf. 14; Habich 1929–34, Bd. I,2, Nr. 1246.

331
Cranach-Schule, sächsischer Meister 4+
Die Spendung des Abendmahles in beiderlei Gestalt durch Martin Luther und Johannes Hus
(Allegorie auf die Reformation)
um 1551

Holzschnitt, 28,1 × 24 cm
Germanisches Nationalmuseum, Nürnberg, Inv.-Nr. HB 24422
Kunstsammlungen der Veste Coburg, Inv.-Nr. XIII,25,34

Im Mittelpunkt des allegorischen Geschehens steht in einem Kirchenraum auf einem Altar ein doppelschaliger Christusbrunnen, der von einem doppelten Weinstock als Mittelachse getragen und von dem gekreuzigten Christus überhöht wird. Aus seinen Wunden fließt das für die Menschen vergossene Blut, das sich in die Brunnenschalen ergießt. Im Vordergrund links reicht Luther Johann dem Beständigen den Weinkelch, während rechts Hus Friedrich dem Weisen die Hostie darbietet. Hinter dem Altar warten weitere Mitglieder des ernestinisch-wettinischen Fürstenhauses auf die Entgegennahme des Abendmahls: Johann Friedrich der Großmütige mit seiner Frau Sibylle, links von ihnen ihre Söhne Johann Friedrich der Mittlere und Johann Wilhelm sowie rechts Johann Friedrich d. J. Im linken Hintergrund findet offensichtlich die Beichte Johann Friedrichs vor Luther statt. Alle Anwesenden sind durch begleitende Nameninschriften näher bezeichnet.
Der Holzschnitt demonstriert das Bekenntnis des ernestinisch-wettinischen Fürstenhauses im Sinne der Proklamation Luthers, die letztlich an Hus anknüpft, das Abendmahl in beiderlei Gestalt zu vollziehen, das heißt Leib und Blut Christi symbolisch in der Gestalt von Brot und Wein. AD

Literatur:
Kunst der Reformationszeit 1983, S. 421 f., Kat.-Nr. F 42.

Moritz, Magdeburg und das Interim

Nach dem Schmalkaldischen Krieg (1546/47), in dem Herzog Moritz auf Seiten des siegreichen Kaisers Karl V. stand, bekam Moritz die Kurwürde sowie umfangreiche ernestinische Gebiete östlich der Saale übertragen. Seine kaisertreue Haltung rief bei der Bevölkerung und den albertinischen Ständen Misstrauen hervor, doch sagte Moritz auf dem Leipziger Landtag 1547 zu, dass er auch ferner zur neuen Lehre stehen wolle.

So protestierte Moritz förmlich gegen das auf dem Augsburger Reichstag 1547/48 beschlossene Interim (Kat.-Nr. 332), das er nicht ohne die Zustimmung der Stände und führender Theologen annehmen wollte. Zwar gestand das Interim Laienkelch und Priesterehe zu, blieb aber in seiner Tendenz altgläubig. Der nunmehrige Kurfürst Moritz geriet dadurch in immer stärkere Widersprüche zwischen seiner Loyalität gegenüber den Habsburgern und den Erwartungen der evangelischen Theologen und Stände. Die von diesen ausgearbeiteten »Leipziger Artikel« sowie eine darauf aufbauende Kirchenordnung wurden nicht angenommen. Moritz verfolgte in der Frage des Interims eine abwartende Politik, was insbesondere die Ernestiner, denen es um die Rückgewinnung der verlorenen Gebiete ging, als erneuten Verrat betrachteten.

Mit dem Augsburger Reichstag von 1550/51 wurde die Konzilsfrage wieder aktuell. In Vorbereitung auf eine allgemeine Kirchenversammlung arbeitete Philipp Melanchthon die »Confessio Saxonica« aus, die die Streitigkeiten um das Augsburger Interim innerhalb des Kurfürstentums beendete. Die unnachgiebige Haltung des Kaisers in Religionsfragen und der zunehmende Widerstand im Norden des Reiches veranlassten Moritz, sich nach Verbündeten umzusehen. Magdeburg wurde seit dem Ende des Schmalkaldischen Krieges, in dem es sich dem Kaiser nicht ergeben hatte, zur Zuflucht von Menschen, die sich dem Augsburger Interim entziehen wollten. Karl V. hatte daher 1547 die Reichsacht erneuert, die Herzog Moritz, zugleich Burggraf von Magdeburg, durch ein zurückhaltendes Embargo auszuführen suchte. So versuchte er, seine Position im Bemühen um die Schutzherrschaft über das Erzstift Magdeburg und das Hochstift Halberstadt zu verbessern.

Wieder suchte Moritz den Ausgleich, als Herzog Georg von Mecklenburg vor Magdeburg stand, um die Reichsacht zu vollstrecken. Kurfürst Moritz ließ sich von Georgs Truppen vor Magdeburg schwören, scheinbar im Sinne des Kaisers, verhandelte aber schon länger mit Frankreich. Damit übernahm Moritz die Führung der evangelischen Reichsfürsten. Im November 1551 kapitulierte Magdeburg, wobei Moritz gnädige Bedingungen erließ, hatte er doch mit der Stadt einen Geheimvertrag ausgehandelt. Nach langen Unterhandlungen konnte am 15. Januar 1552 der Vertrag von Chambord mit dem französischen König Heinrich II. unterzeichnet werden, der die Erhebung evangelischer Reichsfürsten unter Führung Kurfürst Moritz' gegen den Kaiser vorbereitete.

Herzog Moritz gelang es trotz seiner Haltung im Schmalkaldischen Krieg, mehr und mehr Anhänger seiner Politik hinter sich zu scharen. Sein stets auf Ausgleich gerichtetes Handeln und die allmähliche Abkehr vom Kaiser hat den Boden für die Reichspolitik auch nach seinem Tod 1553 bereitet.

Markus Cottin

332
Das Augsburger Interim
30. Juni 1548

Pergamentlibell, foliiert, deutsch, Randglossen, 56 × 35 cm (aufgeschlagen) mit anhängendem Wachssiegel in brauner Wachsschale
Österreichisches Staatsarchiv,
Abt. Haus-, Hof- und Staatsarchiv, Wien,
Sign. AUR 1548 VI 30

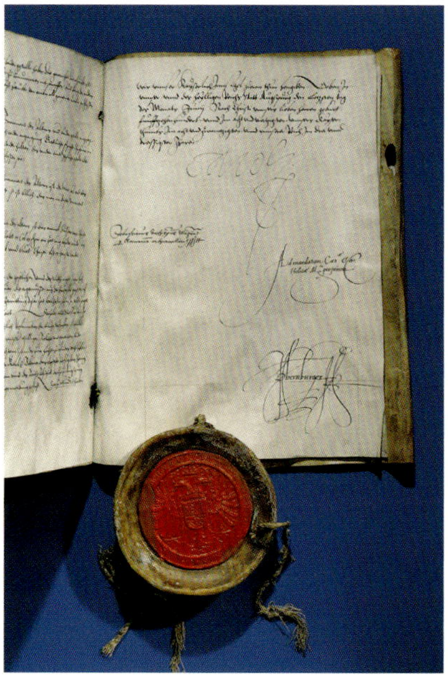

332

Nachdem Kaiser Karl V. siegreich aus dem Schmalkaldischen Krieg hervorgegangen war, sah er für sich und das Reich die Chance, das Konfessionsproblem zu lösen. Zu diesem Zweck versuchte er auf dem am 1. September 1547 eröffneten Reichstag in Augsburg die Religionsfrage seinem Willen nach zu ordnen. Nach langwierigen, häufig unterbrochenen Verhandlungen wurden die neuen theologischen Lehrbestimmungen, das so genannte »Augsburger Interim«, am 15. Mai 1548 den Reichsständen proponiert. Die Stände nahmen das Interim an, obwohl es ausdrücklich nur für Protestanten gelten sollte. Schon am nächsten Tag kamen die ersten Proteste gegen das Interim auf.

Inhaltlich gestand das Interim den protestantischen Ständen die Priesterehe und den Laienkelch zu, wobei ansonsten die katholischen Traditionen verbindlich bleiben sollten. Allerdings gewann das Interim durch die Aufnahme in den am 30. Juni 1548 publizierten Reichsabschied reichsrechtliche Verbindlichkeit. Durchsetzen konnte der Kaiser das Interim hingegen nur in den süddeutschen evangelischen Territorien. TJ

Literatur: Mehlhausen 1996 (Edition); Rabe 1971.

333
Hans Reinhart d. Ä., Werkstatt
Medaille auf die Ablehnung des Interims
1549

DOMINE · DEVS · MEVS · IN · TE · SPERAVIT · SALVVM · ME · FAC · EX · OMNIBVS · PER · SEQVENTIBO · ME ♣
in zweiter Zeile: · ♣ · LIBERA · ME – PSAL · 7
Johann Friedrich von Sachsen kniend mit erhobenen Händen, vor ihm am Boden die gekreuzten Kurschwerter und die beiden sächsischen Wappenschilde. Rechts oben in Wolken Christus auf Regenbogen thronend. vom Mund des Kurfürsten ausgehende Schriftzeile: SPES MEA IN DEO EST
Rs.: DOMINVS · ILLVMINATIO · MEA · ET · SALVS · ME · QVEM · TIMEBO · PSALM · Z6 · I · 5 · 49 · ♣
Johann Friedrich von Sachsen steht, mit erhobenen Händen, rechts von Johannes dem Täufer, um dessen Kopf ein Spruchband mit den Worten ECCE AGNVS DEI läuft. Johannes deutet auf das Lamm oben in den Wolken. Der links aus dem Höllenfeuer heraussteigende Teufel reicht dem sächsischen Fürsten ein Buch, über dem INTERIM steht.

glatter Rand, Silber (Guss), Ø 71,4 mm, 62,63 g, am Rand zwei Löcher
Münzkabinett, Staatliche Kunstsammlungen Dresden, Inv.-Nr. 2557
Kunstsammlungen der Veste Coburg, Inv.-Nr. Med 176

Nach dem Sieg über den Schmalkaldischen Bund 1547 übte Kaiser Karl V. starken Druck auf die Reichsstände aus, um ihre Zustimmung zu einem Moratorium zu erzwingen, mit dem die Einheit der Kirche wiederhergestellt werden sollte. Sowohl das Augsburger Interim als auch eine von den evangelischen Fürsten veranlasste überarbeitete Fassung dieses Einigungsdokuments fand keine mehrheitliche Zustimmung. Der bei den lutherisch gesinnten Theologen auftretende Widerstand äußerte sich in vielen Formen – in Schmach- und Schandbüchlein, ironisch-satirischen Liedern und Sprüchen sowie in Interimsprägungen. Wie andere Fürsten auch, widerstand Johann Friedrich der Großmütige mit Entschlossenheit dem Ansinnen des Kaisers, was auf dieser Medaille mit ihren szenischen Darstellungen wirkungsvoll zum Ausdruck kommt. Übersetzung der Legende Vs. und Rs.: Herr mein Gott, auf dich habe ich gehofft, rette mich vor allen Verfolgern und befreie mich (Ps. 7,2). Meine Hoffnung liegt in Gott (nach den Sprüchen Salomos 22, 19). Der Herr ist mein Licht und mein Heil, vor wem sollte ich mich fürchten (Ps. 27,1). Siehe das ist Gottes Lamm. RGru

Literatur:
Habich 1929–34, Bd. II,1, Nr. 1985; Schnell 1983, Nr. 38; Hessen und Thüringen 1992, Kat.-Nr. 580 a.

333

334
Bedenken kursächsischer Theologen über das Interim für den Landtag in Meißen
Wittenberg, 16. Juni 1548

Ausfertigung mit den Unterschriften von Johannes Bugenhagen, Johannes Pfeffinger, Georg Cruziger, Georg Major und Philipp Melanchthon
Sächsisches Hauptstaatsarchiv Dresden, Sign. 10024 Geheimer Rat (Geheimes Archiv), Loc. 10297/20, Bl. 148r–166r

Nach dem Sieg über den Schmalkaldischen Bund befand sich Kaiser Karl V. im Reich auf dem Höhepunkt seiner Macht. Diese wollte er nutzen, um die Verfassungsverhältnisse des Reichs im Sinne eines Zentralstaates neu zu ordnen und die Religionsfrage endgültig zu klären. Dazu berief er einen Reichstag nach Augsburg ein, den er persönlich am 1. September 1547 eröffnete. Nach langwierigen und kontroversen Beratungen über eine allgemeine Kirchenordnung ließ der Kaiser am 15. Mai 1548 eine Fassung verkündigen, die im Sinne der katholischen Reichsstände gelten sollte. Daraufhin verließ Moritz am 24. Mai Augsburg, um in Wittenberg mit seinen Räten und Theologen die Situation zu beraten.
Dazu beauftragte er am 9. Juni 1548 in Leipzig Melanchthon, mit den wichtigsten albertinischen Theologen ein Gutachten zum Interim zu verfassen. Dieses Gutachten lag am 16. Juni 1548 vor und war für die interne Unterrichtung des Kurfürsten und der Räte bestimmt. Trotzdem erschien es im Druck, worauf Kaiser Karl V. von Moritz die Ausweisung Melanchthons verlangte, die jener aber nicht vornahm.
In dem Gutachten wiederholten die kursächsischen Theologen ihre Ablehnung des Interims. Sie meinten, dass das Interim in vielen seinen Artikeln von der »rechten Lehre« abweiche und von vielen evangelischen Reichsständen verworfen werde. RG

Literatur: PKMS IV, S. 11 ff.

335
Kurfürstliche Landtagsvorlage zur Religionsfrage (»Leipziger Artikel«)
Leipzig, 21. Dezember 1548

Ausfertigung, 33,5 × 50,5 cm
Sächsisches Hauptstaatsarchiv Dresden, Sign. 10024 Geheimer Rat (Geheimes Archiv), Loc. 10298/1, Bl. 308 b–309 a

Zur Überwindung der schwierigen Situation, in der sich das junge albertinische Kurfürstentum Sachsen im Sommer 1548 nach dem Erlass des Augsburger Interims gegenüber dem Kaiser Karl V., der die Durchsetzung des Interims verlangte, befand, war man ab Juli 1548 zu einem Kompromiss bereit. Die Hauptpunkte der evangelischen Auffassung und die möglich erscheinenden Konzessionen in der Lehre von den Mitteldingen, z. B. Fasten, Kleidung, Bilderfragen, Fronleichnamsfest, flossen in einem Entwurf zusammen, den die Theologen im Leipziger Landtag im Dezember 1548 zur Annahme empfahlen. Man handelte nach der unter dem Druck politischer Notwendigkeit befolgten Leitidee, an den Grundzügen der Lehre Luthers festzuhalten, in Äußerlichkeiten, den Adiaphora, aber nachzugeben. RG

Literatur:
PKMS IV, Dok. Nr. 212; Groß 2002, S. 66 f.

336
unbekannt, vermutlich aus der Münzstätte der Stadt Magdeburg
Spotttaler auf das Interim
ohne Jahr (1549)

Christus beschwört dreiköpfige Hydra (Engels-, Papst- und Türkenkopf), deren Unterleib aus einem Löwenkopf gebildet ist, Umschrift: PACKE. DI. SATHAN. DV. INTERIM. Rs.: Johannes tauft den im Jordan knienden Christus vom Ufer aus, unter der Taube für den Heiligen Geist, Umschrift: DIT. IS. MIN. LEVE. SON. DEN. S. CI.HO

Silber, geprägt, Ø 40 mm
Stiftung Moritzburg, Kunstmuseum des Landes Sachsen-Anhalt, Halle, Landesmünzkabinett, Inv.-Nr. LMK 5213

Diese Spottmedaillen in Talergewicht wurden wahrscheinlich in Magdeburg, dem Zentrum des Widerstands gegen die Regelung der Glaubensverhältnisse durch den Kaiser, ausgegeben. Die Hydra soll das Interim selbst symbolisieren. UD

Literatur:
Dräger/Bake 2000, S. 91, Nr. 99.

336

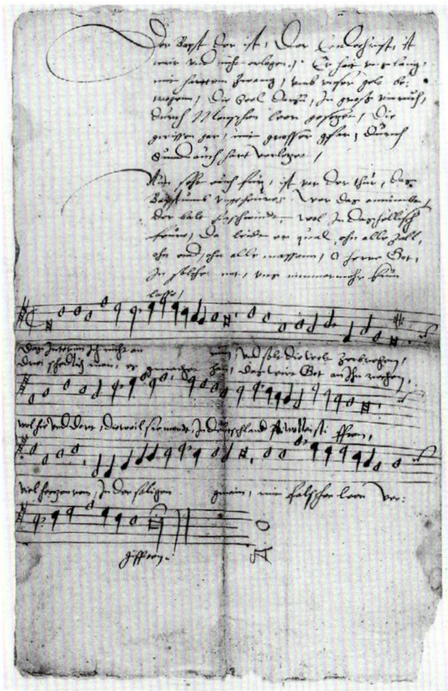

337

337
Spottlied auf das Interim
o. J.

2°, 1 Bl.
Hessisches Staatsarchiv Marburg, Sign. Best. 115.7 Gen. 55

338
Schmähbilder auf Kurfürst Moritz in Gestalt einer Armenbibel
Mitte 16. Jahrhundert

Manuskript, kolorierte Federzeichnung, 43,5 × 63,5 cm
Sächsisches Hauptstaatsarchiv Dresden, Sign. 10024 Geheimer Rat (Geheimes Archiv), Loc. 9158/10, Bl. 384–385

Moritz hatte 1547 den Schmalkaldischen Krieg siegreich für sich entschieden und wurde darauf von der gegnerischen, ernestinischen Seite als Verräter (Judas von Meißen) an Johann Friedrich dem Großmütigen betrachtet. In diesem Zusammenhang ist die Entstehung der Schmähbilder in Gestalt einer Armenbibel zu betrachten. Im Gegensatz zu Druckschriften gegen Moritz sind Schmähbilder sehr selten überliefert. 21 der farbig kolorierten Abbildungen sind erhalten: Je sieben in drei übereinander liegenden Reihen, links ist das jeweilige achte angeschnitten. Typologisch werden in der oberen Reihe Auszüge aus der Genesis, in der mittleren Ereignisse aus dem Schmalkaldischen Krieg und in der unteren aus der Passionsgeschichte gegenübergestellt. Die in lebhaften Farben kolorierten Federzeichnungen sind mit Reimtexten erklärt. Sie stammen alle von einer Hand. CH

Literatur:
Herrmann 1965; Hessen und Thüringen 1992, S. 31; Bauer/Hellmann 2003, S. 184 f.

339
Hans Rentz
Belagerung Magdeburgs
1550/51

Holzschnitt von 16 Stöcken, 167,5 × 126 cm
Staatliche Museen zu Berlin, Kupferstichkabinett, ohne Inv.-Nr.

Anlass für dieses große Blatt war das Ende der Belagerung Magdeburgs durch Kurfürst Moritz. Im Herbst 1550 zog er vor die Stadt und brachte seine Truppen in Stellung. Im November wurde die Magdeburger Neustadt erobert, wo Moritz sein Lager aufschlug. Während der Belagerung nahm Moritz Verhandlungen mit den verbliebenen protestantischen Fürsten und dem französischen König auf. Im Verlauf dieser Gespräche vollzog Moritz die so genannte Magdeburger Wende: Er verhandelte mit Magdeburg über ein ehrenvolles Ende der Belagerung, die am 31.12.1551 aufgehoben wurde. Nun stand Moritz an der Spitze eines starken protestantischen Bündnisses gegen den Kaiser, bereit, den Fürstenaufstand nach Süddeutschland zu führen. EK

Literatur:
Von der Freiheit eines Christenmenschen 1967, Nr. 85; Magdeburg in Bildern 1997, Gesamtabb. als Beilage; Herrmann 2003, S. 145 ff.

338

Auffgang.
Mitternacht
Nidergang
Die schönst Kirch zu eusserst in der Egg mit numero 1. verzeichnet ist der Dom / darauff drei Schlangen damit ins Margrefisch Leger geschossen wurd. Die andere alle den Zalen nach wie folget.
2. Unser lieben Frawen Kirch.
3. S. Niclaus.
4. S. Sebastian / auff der Kirchen war Geschütz damit sie ins Blockhaus am der Elb brüggen schossen.
5. S. Paul.
6. S. Ulrich.
7. Der Barfüsser Kirch.
8. S. Katerina.
9. S. Jacob. Von den Thürmen dieser Kirche sind seer viel knecht in der Newstadt erschossen und geschedigt worden / deshalben auch hernach der ein Turm von denen in der Newstadt nider geschossen wurd.
10. S. Maria Magdalena.
11. S. Peter.
12. Der Augustiner Kirch.
13. S. Johan.
14. S. Gertrudis.
15. S. Niclaus in der Newstadt / auff diese Kirch wurd zu letzt Geschütz gebracht damit in die Alt Stadt Magdeburg geschossen wurd.
Heuptman Tieffsteters Blockhaus darinn 1. Fenlin Lantzknecht.
Der letzte und grösste Scharmützel in welchem 15. pferdt auff der Walstadt blieben.
Anno Domini M. D. LII.
Die Belegerung der Stadt Magdeburg auffs aller fleissigest obseruirt / abgeschritten und auffgerissen / das man auch in dieser verjüngung des gantzen platz eigetlich messen kan / wie weit ein Wehr von der andern / wie lang die Alte und Newe Stadt / wieviel schritt umb die Stadt und Schantz / wie weit die Blockheuser von der Stadt / und von einander gelegen / wie breit die klein und gros Elb / Alles durch M. Johannem Homelium / der Löblichen Universitet Leiptzig / professorem Mathematices ordinarium, zusamen getragen / Und Hans Rentzen Maler und Bürger zu Magdeburg auffzureissen angegeben.

Mittag.
Das Dorff darin Johan von der Aschenburg sampt etlichen de seinen ist gefangen worden.

Der Passauer Vertrag

Moritz von Sachsen hatte zwar 1547 vom Kaiser die sächsische Kurwürde erhalten, doch blieb diese Position gefährdet. Zudem war der junge Kurfürst vom Verhalten Karls V. enttäuscht (Interim; Gefangennahme Landgraf Philipps von Hessen). Daher suchte Moritz einen vom Kaiser unabhängigen Weg. Er begann eine weitreichende Bündnispolitik und näherte sich zunächst König Ferdinand, dem Bruder Karls V., an. Außerdem gelang es ihm, an die Spitze einer Gruppe evangelischer Fürsten in Norddeutschland zu treten und ein antikaiserliches Bündnis aufzubauen. Da für eine erfolgreiche Politik gegen Karl V. eine größere Machtbasis notwendig war, trat Moritz in Verhandlungen mit Frankreich. Im Vertrag von Chambord (15. Januar 1552) sicherte König Heinrich II. den deutschen Bundesfürsten schließlich finanzielle und militärische Untersützung zu. Ein überraschender, schneller Kriegszug im Frühjahr 1552 sicherte Moritz dann eine gute Verhandlungposition gegenüber den Habsburgern.

Der Kurfürst suchte einerseits Sicherheit für sein Land und sich selbst, zugleich aber die Durchsetzung seiner reichspolitischen Ziele: Aufhebung des Interims, Sicherheit und Gleichberechtigung für die Anhänger der Augsburgischen Konfession, Verhinderung einer Universalmonarchie des Kaisers und Errichtung einer Friedensordnung im Reich überhaupt. Über diese Ziele wurde im April 1552 in Linz und von Mai bis Juli 1552 in Passau weithin erfolgreich verhandelt. Dabei bewährte sich das Vertrauensverhältnis zwischen Moritz und König Ferdinand, mit dem die Friedensverhandlungen bereits vor Kriegsbeginn abgesprochen waren! Ferdinand, Moritz und Vertreter der Reichsstände einigten sich trotz der starren Haltung Karls V. auf einen Vertragstext, der eine rechtliche Lösung der Religionsfrage bedeutete. Grundsatz war die gegenseitige Anerkennung der Religionsparteien im Reich mit dem Ziel eines immerwährenden Friedens. Zwar schränkte Karl V. den Vertragstext durch die Befristung des Religionsfriedens bis zum nächsten Reichstag erheblich ein, doch vollzog Kurfürst Moritz mit dem Blick für das Erreichbare den Vertrag am 2. August 1552 im Feldlager vor Frankfurt. Damit wurde eine Friedenslösung für das Reich geschaffen, die den Weg zum Augsburger Religionsfrieden von 1555 bereitete, der die in Passau gefundenen Lösungen bestätigte.

Ab Herbst 1552 war Kurfürst Moritz intensiv bemüht, gemeinsam mit König Ferdinand die Passauer Ordnung zu sichern. Diese war durch die Revanchepläne des Kaisers und der Ernestiner bedroht, vor allem aber durch Markgraf Albrecht Alciabiades von Brandenburg. Um dessen Kriegszug zu beenden, zog Moritz gegen den Markgrafen ins Feld. Am 9. Juli 1553 siegte Moritz zwar in der Schlacht bei Sievershausen über Albrecht, erlitt dabei aber eine Schussverletzung, an der er am 11. Juli 1553 im Alter von nur 32 Jahren starb.

Christian Winter

340
LIBERTAS. Sendschrifften der Königlichen Maiestat zu Francreich etc. an die Chur vnd Fürsten, Stende vnd Stett des Heyligen Römischen Reichs Teutscher Nation
Fontainebleau, 3. Februar 1552

(Marburg: Andreas Kolbe) 1552
TH, 2°, 6 Bl.
Hessisches Staatsarchiv Marburg,
Sign. Slg. 15 Nr. 218/1
Sächsische Landesbibliothek –
Staats- und Universitätsbibliothek Dresden,
Sign. 3 A 5024

Im Vertrag von Chambord vom 15. Januar 1552 war das Bündnis zwischen Frankreich und den deutschen Bundesfürsten unter Führung Kurfürst Moritz' von Sachsen besiegelt worden. Da Moritz darauf bedacht war, sich keinesfalls einer französischen Hegemonie zu unterwerfen, gingen auch die Ausschreiben, die Grund und Ziele des Feldzuges gegen Kaiser Karl V. propagieren und für die Verbündeten werben sollten, getrennt aus. Neben dem vorliegenden Ausschreiben König Heinrichs II. von Frankreich wurde ein eigenes Ausschreiben der Bundesfürsten Kurfürst Moritz, Herzog Johann Albrecht von Mecklenburg und Landgraf Wilhelm von Hessen versandt.

Die Ausschreiben wurden ab Mitte März 1552 in Deutschland verbreitet. Der Entwurf des französischen Ausschreibens entstand am französischen Hof, wurde durch den hessischen Rat Simon Bing noch korrigiert, dann in Marburg gedruckt und von Hessen aus in Deutschland versandt. König Heinrich II. betont darin propagandistisch, daß sein Ziel in dem Kriegszug nur die Rettung der Freiheit der deutschen Nation gegen die Monarchiebestrebungen des Kaisers sei. ChW

Edition:
PKMS V, S. 611 f., Nr. 328 (Regest).
Literatur:
Druffel 1882, S. 370–374, Nr. 1237;
Bonwetsch 1907, S. 193–195.

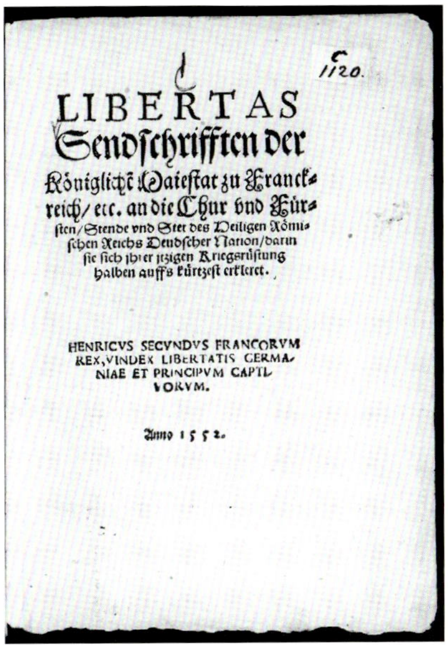

1120.

LIBERTAS
Sendschrifften der
Königliche Maiestat zu Franck-
reich/ etc. an die Chur vnd Für-
sten/ Stende vnd Stet des Heiligen Römi-
schen Reichs Deudscher Nation/ darin
sie sich jhrer jtzigen Kriegsrüstung
halben auffs kürtzest erkleret.

HENRICVS SECVNDVS FRANCORVM
REX, VINDEX LIBERTATIS GERMA-
NIAE ET PRINCIPVM CAPTI-
VORVM.

Anno 1552.

LIBERTAS

Sendschrifften der König-
niglichen Maiestat zu Franckreich/ rc. an die
Chur vnd Fürsten/ Stende vnd Stett des Hey-
ligen Römischen Reichs Teutscher Nation/ dar-
inn sie sich jrer yetzigen Kriegsrüstung
halben vffs kürtzest erclert.

HENRICVS SECVNDVS FRANCORVM REX,
VINDEX LIBERTATIS GERMANIAE
ET PRINCIPVM CAPTIVORVM.

ANNO 1552

340

341
Hans Christian Stimmer
Belagerung von Metz
1552

Holzschnitt, 3 Bl., 51 × 99 cm
Herzog Anton Ulrich-Museum
Braunschweig, Kunstmuseum des Landes
Niedersachsen, Inv.-Nr. WB 2.1-3

Für seine Unterstützung des Fürstenaufstandes hatte sich Heinrich II. eine bedeutende Gegengabe gesichert: die Bistümer Metz, Toul und Verdun. In seiner Eigenschaft als Reichsvikar hatte Moritz dem französischen König diese Stellvertreterschaft für die Bistümer an der französischen Grenze abgetreten. Dies war ein weiterer, entscheidender Schritt in der Ablösung dieses schon lange zu Frankreich neigenden Landstrichs vom Reich. Kaiser Karl V. versuchte noch im Jahr 1552 das Gebiet mit Waffengewalt zurückzugewinnen, musste jedoch schon die Belagerung der Stadt Metz nach kurzer Zeit erfolglos abbrechen. EK

Literatur:
Herrmann 2003, S. 175 f.

342
nach Marc Béchot
Medaille auf die Eroberungen König Heinrichs II. von Frankreich
1552

im Perlkranz:
ET PACE · ET · BEL – LO · ARMA · MOVET
Stehender König in antiker Rüstung, halb bewaffnet und halb unbewaffnet, in der erhobenen rechten Hand des geharnischten Arms ein Schwert, in der linken Hand des bloßen Arms den Bogen des Apollo nach unten und den Caduceus (Schlangenstab) als Friedenszeichen nach oben haltend. Darüber zwei schwebende Engel, ihm eine Lorbeerkrone aufsetzend. Im Feld: HEN – · II ·
Rs.: im Perlkranz: OB · RES · IN · ITAL · GERM · ET · GAL · FORTITER · GESTAS
Die Fama, eine Trompete und einen Wimpel mit dem französischen Wappen haltend, führt eine Quadriga. Darüber Lorbeerkrone aus Lorbeer. Neben Fama im Wagen Abundantia (Überfluss) und Victoria (Sieg) sitzend. Im Abschnitt: EX · VOTO · PVB · / 1552

glatter Rand, Silber, Ø 57,7 mm, 93 g
Münzkabinett, Staatliche Kunstsammlungen Dresden, Inv.-Nr. 2431

342

Die Medaille bezieht sich offenbar auf den Krieg zwischen Frankreich und Deutschland wegen der Herzogtümer Parma und Piacenza. Nach der Errichtung eines vielschichtigen Bündnissystems mit protestantischen Fürsten schloss Kurfürst Moritz von Sachsen 1552 mit König Heinrich II. von Frankreich den Vertrag von Chambord und schuf damit eine überkonfessionelle Allianz gegen Kaiser Karl V. Der sächsische Kurfürst gestand Heinrich II. eigenmächtig das Reichsvikariat über die Bistümer Toul, Metz, Verdun und Cambrai zu, die durch Frankreich besetzt wurden. Mit weniger Glück wurde von französischer Seite seit 1552 der Krieg in Italien geführt.
Der Stempelschneider und Medailleur Marc Béchot bekleidete als erster das Amt eines graveur général des monnaies de France, was König Heinrich II. 1547 für ihn eingerichtet hatte. Seine Arbeiten zeichnen sich durch eine hohe Qualität aus.
Übersetzung der Legende Vs. und Rs.: Er bewegt die Waffen im Frieden und im Krieg. Für Erfolge, die in Italien, Deutschland und Frankreich erreicht wurden. Nach gemeinem Wunsch. 1552. RGru

Literatur:
Koehler 1750, S. 345 ff.; Catalogue général 1977, S. 107 f.; Jones 1982, Nr. 62.

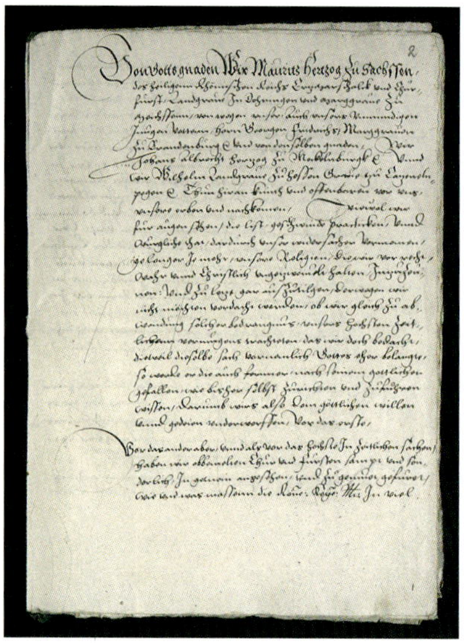

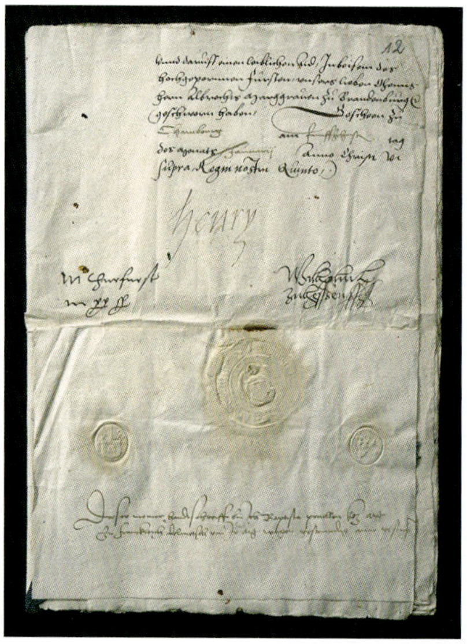

343

343
Vertrag von Chambord
Kurfürst Moritz von Sachsen, Herzog Johann Albrecht I. von Mecklenburg und Landgraf Wilhelm IV. von Hessen schließen ein Bündnis mit König Heinrich II. von Frankreich gegen Kaiser Karl V.
Chambord, 15. Januar 1552

Urkundenlibell, Ausfertigung, Papier, Siegel des Königs von Frankreich und des Kurfürsten von Sachsen aufgedrückt, mit den Unterschriften des Königs von Frankreich, des Kurfürsten von Sachsen und des Landgrafen von Hessen, 31 × 42 cm (aufgeschlagen)
Sächsisches Hauptstaatsarchiv Dresden, Sign. 10001 Ältere Urkunden, Nr. 11448
2°, 12 Bl.
Hessisches Staatsarchiv Marburg, Sign. S.A. 39,8

Herzog Moritz von Sachsen schloss nach langwierigen Verhandlungen zusammen mit anderen führenden Fürsten des Fürstenbundes gegen Kaiser Karl V. einen Vertrag mit König Heinrich II. von Frankreich. Jener unterzeichnete den Vertrag am 15. Januar 1552 in seinem Schloss Chambord an der Loire, wohin er vom Gesandten des Fürstenbundes, Markgraf Albrecht Alcibiades von Brandenburg-Kulmbach, überbracht worden war. Der französische König sicherte im Vertrag hohe Zahlungen für den Krieg des Fürstenbundes gegen Kaiser Karl V. zu. Im Gegenzug erhielt er die Zusicherung, die Städte Metz, Toul, Verdun und Cambrai als Vikar des Heiligen Römischen Reichs einnehmen zu dürfen.

Als Ziele des Vertrags wurde von den Bundesfürsten in sehr scharfer Formulierung proklamiert »die alte libertet und freiheit unsers gelibten vatterlands der Teutschen Nation« vor »einem solchen Viehischenn untreglichen und ewigen Servitut wie In hispania« zu erretten und Landgraf Philipp von Hessen aus der kaiserlichen Gefangenschaft zu befreien. Hauptziel war also die Behauptung der durch die kaiserliche Politik gefährdeten Rechte der evangelischen Reichsfürsten. Kurfürst Moritz hatte zudem ein besonderes Interesse an der Befreiung seines Schwiegervaters Philipp von Hessen. Er hatte sich 1547 nach dem Ende des Schmalkaldischen Krieges für freies Geleit des Landgrafen zu Verhandlungen nach Halle verbürgt und seiner Auffassung nach dafür auch eine kaiserliche Zusage erhalten. Die Gefangennahme Philipps in Halle war für ihn deshalb ein Vertragsbruch des Kaisers.
Bemerkenswert ist, dass der Vertrag nicht mehr in Latein als der damals noch üblichen neutralen Diplomatensprache, sondern je nach Ausfertigung in Französisch bzw. Deutsch abgefasst wurde. Diese Besonderheit hängt möglicherweise mit der Sonderstellung zusammen, die der Vertrag einnimmt. Hier setzten sich Fürsten über die ihnen von der Reichsverfassung gesetzten Grenzen hinweg und schlossen als völkerrechtlich selbstständig Handelnde einen Vertrag mit einer auswärtigen Macht. EL

Literatur:
Du Mont 1726, S. 31 ff., Nr. XII (Druck der franz. Fassung); Blaschke 1983, S. 73–77; PKMS V, Nr. 311 (Edition); Rebitsch 2000, S. 65–71; Herrmann 2003, S. 166–182.

344
Hans Schenk gen. Scheutzlich
Medaille auf Kurfürst Moritz von Sachsen, Verleihung der Kurwürde
1547

MAV . D . G . DVX . – ♣ SAXO . ELECT ♣
Brustbild nach rechts, es zeigt den Fürsten bärtig, barhäuptig, im Harnisch
Rs.: Kursächsischer Schild mit zehn Feldern, darüber Inschrift: 1547

Glatter Rand, Silber, gegossen,
Ø 20,5 mm, 5,832 g
Münzkabinett, Staatliche Kunstsammlungen Dresden, Inv.-Nr. 2347

Am 4. Juni 1547 wurde Herzog Moritz von Sachsen nach Beendigung des Schmalkaldischen Krieges die Kurwürde verliehen. Die kleinformatige Medaille entstand wohl anlässlich dieses Ereignisses; dafür sprechen die Datierung auf das Jahr 1547 und die Benennung von Moritz als »elector«. Unter anderem aus der leicht nach rechts verschobenen Position des Kopfes lässt sich auf die eilige Ausführung dieses wohl einzigen Medaillenporträts des Fürsten, das zu seinen Lebzeiten entstand und uns überliefert ist, schließen. Georg Habich legte als Urheber den Medailleur und Bildhauer Hans Schenk nahe. Tatsächlich fertigte Schenk ähnlich miniaturhafte Medaillen auch auf andere europäische Fürsten, so dass sich nach Cante die Zuschreibung durchaus aufrecht erhalten lässt.
Übersetzung der Legende: Moritz von Gottes Gnaden Herzog von Sachsen, Kurfürst. EH

Literatur:
Erbstein 1888–1909, S. 56, Nr. 284;
Habich 1929–34, Bd. II,1, Nr. 1864; Cante 2004.

345
Hans Reinhart d. Ä. (Schule)
Medaille auf Kurfürst Moritz von Sachsen
1553

im Blätterkreis: * MORICZ * H * Z * S * CHVRFVRST * ANNO * 1553 * ALT * 33.
Geharnischtes Brustbild mit Kette nach links
Rs.: im Blätterkreis: ADAM . DVRCH . DER . EVA . RAT . GOTTES . GEBOT . VBERTRAT.
Adam und Eva unter dem Baum der Erkenntnis. Am Baum drei, im Feld vier Wappenschilde mit folgenden Wappen: Kursachsen, Landgrafschaft Thüringen, Markgrafschaft Meißen, Herzogtum Sachsen, Pfalz Sachsen, Pfalz Thüringen, Burggrafschaft Magdeburg

Laubrand, Silber, gegossen,
Ø 31,3 mm, 9,42 g (gehenkelt)
Münzkabinett, Staatliche Kunstsammlungen Dresden, Inv.-Nr. 2303

Kurfürst Moritz starb 1553, möglicherweise soll die in diesem Jahr entstandene Medaille daran erinnern. Eine entsprechende bzw. ähnliche Rückseitendarstellung findet sich auch später bei Medaillen auf Kurfürst August von Sachsen. Die Darstellung des Sündenfalls lässt zudem an die Rückseite der Sündenfall-Medaille von Concz Welcz (Kat.-Nr. 185, 186) und ähnliche erzgebirgische Medaillen denken. EH

Literatur:
Habich 1929–34, Bd. II,1, Nr. 1990, vgl. auch Nr. 2015 f.; Katz 1932, Nr. 232, Nr. 545; Der silberne Boden 1990, S. 59, Kat.-Nr. 115; Georgius Agricola 1994, S. 186, Nr. 1.15.

344

345

346
Tobias Wolff
Medaille auf Kurfürst Moritz von Sachsen als Herzog
o. J.

MAVRITIVS . DVX – SAXONIÆ.
Brustbild nach halblinks, der junge Kurfürst erscheint bartlos und barhäuptig, in reich gemustertem Gewand mit Pelzschaube, um den Hals trägt er eine Kette, in der Linken hält er eine Rose.
Rs.: ꕥ NASCITVR . FRIBERGAE . 21 . MAR: A°. 1521 . MORITVR . II . IVLI : A°. 1553
dreifach behelmter sächsischer Wappenschild

glatter Rand, Silber, gegossen,
Ø 41,15 mm, 16,7 g
Münzkabinett, Staatliche Kunstsammlungen Dresden, Inv.-Nr. A 1964 : 130 (Med.)

Die Medaille zeigt Moritz in jugendlichem Alter. Sie ist Teil einer Serie mit Bildnissen vorwiegend sächsischer Fürsten der albertinischen Linie, die der seit 1574 am Dresdner Hof tätige Tobias Wolff wohl im Auftrag Kurfürst Augusts schuf. Für zwei weitere Medaillen der Serie konnten Porträtvorbilder Lucas Cranachs nachgewiesen werden. Auch für das vorliegende Stück ist eine Vorlage zu vermuten, allerdings ist zumindest von Cranach kein vergleichbares Bildnis des jungen Moritz bekannt. Die Wiedergabe Moritz' im Brustbild, im Dreiviertelprofil und mit einer Blume in der Hand erinnert freilich allgemein an Jünglingsbildnisse der 1. Hälfte des 16. Jahrhunderts. Die Serie, der noch eine weitere Darstellung Moritz', nun als Kurfürst, angehört, diente wohl ebenso dem Andenken an die abgebildeten Fürsten wie der dynastischen Beglaubigung der Herrschaft Kurfürst Augusts.
Übersetzung der Legende: Moritz, Herzog von Sachsen. Geboren zu Freiberg am 21. März im Jahre 1521, gestorben am 11. Juli im Jahre 1553.
EH

Literatur:
Tentzel 1705/1982b, S. 102 f.;
Erbstein 1899, S. 52 f., Abb. Taf. 3, Nr. 1; Sponsel 1910;
Habich 1929–34, Bd. II,1, Nr. 2173.

347
süddeutsch
Couse der Leibgarde Ferdinands I.
Mitte 16. Jahrhundert

Eisen/Stahl, geschmiedet, geschliffen, poliert, geätzt, geschwärzt, 220 × 7,5 cm, Ø 6 cm
Germanisches Nationalmuseum, Nürnberg, Inv.-Nr. W 1474

348
Hans Lautensack
Ferdinand I.
1556

Radierung, 35,5 × 27,1 cm
Kunstsammlungen der Veste Coburg, Inv.-Nr. K 128

Ferdinand von Habsburg wurde 1531 zum römischen König, also zum designierten Nachfolger Karls auf dem Kaiserthron gewählt. Seither war er Stellvertreter seines Bruders im Reich und stand den meisten Reichstagen vor. Ferdinand ordnete sich stets seinem Bruder und dessen Politik unter. Als Karl V. Mitte des Jahrhunderts versuchte, seinen Sohn Philipp an die Stelle Ferdinands in der Nachfolge im Reich zu setzen, kam es zum Zerwürfnis zwischen den Brüdern. Möglicherweise liegt hier ein Grund dafür, dass Ferdinand seinem Bruder im Fürstenaufstand nicht zu Hilfe eilte. Seither wird sichtbar, dass Ferdinand z. B. in Glaubensfragen eine weitaus pragmatischere Position vertrat als Karl V. Ferdinand suchte den Ausgleich und war daher auch ein guter Gesprächspartner für Kurfürst Moritz in den Verhandlungen zum Passauer Vertrag. 1556 zog Karl V. sich in das spanische Kloster Yuste zurück und überließ den Kaiserthron seinem Bruder. Im Jahr der Kaiserkrönung entwarf Hans Lautensack dieses Bildnis Ferdinands mit einer Ansicht Wiens im Hintergrund. EK

Literatur:
Von der Freiheit eines Christenmenschen 1967, Nr. 63; Hilger 1969; Kaiser Ferdinand I. 2003, S. 494, Kat.-Nr. VIII.13.

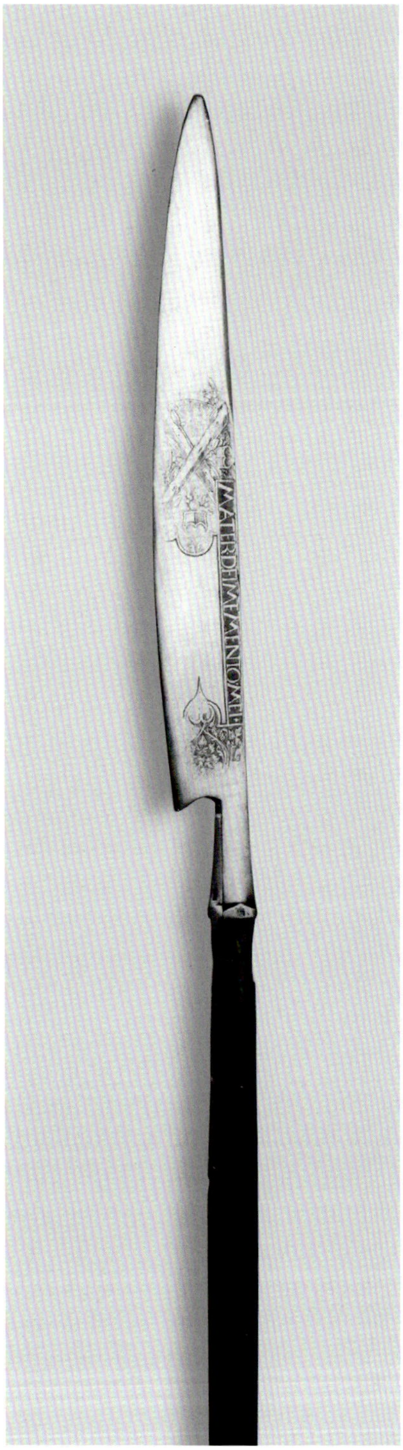

347

349
Leone Leoni
Medaille auf Kaiser Ferdinand I.
o. J. (nach 1556)

im Perlkreis:
FERDINAND · ROM · IMP · ELECTVS ·
Bärtiges Brustbild nach rechts im Prunkharnisch, Kette des Ordens vom Goldenen Vlies.
Rs.: im Perlkreis: IN · SPEM · PRISCI · HONORIS
Der nach rechts gelagerte Flussgott Donau hält in der Linken ein Ruder, mit der Rechten fasst er auf einen umgestürzten Krug, aus dem Wasser strömt; hinter ihm Schilf.
rechts neben den Beinen: DANV / BIV / S

glatter Rand, Silber (Guss),
Ø 73,5 mm, 101,99 g
Münzkabinett, Staatliche Kunstsammlungen Dresden, Inv.-Nr. 2226
Münzkabinett, Kunsthistorisches Museum Wien, Inv.-Nr. 766bß

Karl V. hatte 1556 zugunsten seines Bruders Ferdinand auf die deutsche Kaiserkrone verzichtet. Aufgrund des Titels in der Vorderseiteninschrift kann die Medaille erst danach entstanden sein. Der Flussgott Donau erinnert an die Bemühungen Ferdinands, die Donauländer von der Türkenherrschaft zu befreien. Die Rückseite kommt auch in der Kombination mit dem Bildnis Kaiser Karls V. vor.
Übersetzung der Legende Vs. und Rs.: Ferdinand, erwählter römischer Kaiser. In Hoffnung der alten Ehren. Donau. RGru

Literatur:
Koehler 1749, S. 249 ff.; Börner 1997, Nr. 767 (Variante).

350
Passauer Vertrag
Passau, 2. August 1552

Exemplar für die Mainzer Erzkanzlei; Ausfertigung, Pergamentlibell, 30×35 cm, 7 anhängende Siegel (König Ferdinand, von diesem ausgehend auf der einen Seite die geistlichen Fürsten: Kurmainz und Salzburg; auf der anderen Seite die weltlichen Fürsten Kurpfalz, Bayern, Hessen und Kursachsen); 7 Unterschriften (König Ferdinand, Kanzler Christoph Matthias für Kurmainz, Herzog Ernst von Bayern – Erzbischof von Salzburg, Melchior Drechsel für Kurpfalz, Herzog Albrecht von Bayern, Kurfürst Moritz, Landgraf Wilhelm von Hessen)
Österreichisches Staatsarchiv Wien, Abt. Haus-, Hof- und Staatsarchiv, Sign. AUR 1552 VIII/2

In der zwischen König Ferdinand und Kurfürst Moritz vereinbarten Verhandlung zu Passau einigten sich Ferdinand und Moritz sowie die Vertreter der Reichsstände im Juni 1552 auf einen fertigen Vertragstext zur Beilegung zahlreicher Konflikte im Reich. Vor allem war eine rechtliche Lösung der Religionsfrage vorgesehen, die vom Grundsatz des Gewaltverzichts und der gegenseitigen Anerkennung der Religionsparteien ausging und auf einen immerwährenden Frieden zielte. Der Religionsfrieden sollte unabhängig von einem Religionsvergleich unbefristet gültig bleiben.
Kaiser Karl V. verlangte aber vor einer Zustimmung entscheidende Änderungen, insbesondere die Befristung des Religionsfriedens bis zum nächsten Reichstag. Trotz dieser Einschränkungen vollzog Moritz – mit dem Blick für das politisch Erreichbare – am 2. August 1552 im Lager vor Frankfurt am Main den Passauer Vertrag. Es wurden drei Exemplare ausgefertigt, eines für König und Kaiser, eines für die Kriegsfürsten und das vorliegende für die Mainzer Erzkanzlei. Der Kaiser ratifizierte den Vertrag am 15. August 1552 in München.
Der Passauer Vertrag schuf eine Friedenslösung für das Reich und bereitete den Weg zum Ausgleich zwischen den Konfessionen, wie er dann im Augsburger Religionsfrieden 1555 festgeschrieben wurde. ChW

Edition:
Drecoll 2000, S. 95–134.
Literatur:
Bonwetsch 1907, S. 103–192; Drecoll 2000, S. 1–94.

Moritz und das neue Sachsen

Nach der Gefangennahme Kurfürst Johann Friedrichs des Großmütigen durch Kaiser Karl V. im Schmalkaldischen Krieg erhielt Herzog Moritz fast alle ernestinischen Gebiete östlich der Saale sowie die Kurwürde mit dem Kurkreis um Wittenberg. Zwar erfüllte sich die Hoffnung auf Übernahme der Macht im gesamten wettinischen Territorium für Moritz nicht, doch regierte er nun über ein weitgehend geschlossenes, durch den Bergbau wirtschaftlich leistungsfähiges Gebiet in Mitteldeutschland.
Um die neue Macht zu sichern und das durch kaiserliche Entscheidung geschaffene albertinische Kurfürstentum zu konsolidieren, begann Moritz sofort mit einer tiefgreifenden Umgestaltung und Modernisierung des Landes. Auf dem Leipziger Landtag im Juli 1547 gelang es ihm, die Zustimmung der Landstände zu seiner Politik und die Anerkennung als Landesherr zu erhalten, wenn auch kritische Stimmen gegen den neuen Landesherrn nicht völlig verstummten. Den neuen Untertanen wurde Lehr- und Bekenntnisfreiheit garantiert. Mit der Kanzleiordnung reformierte Moritz die Verwaltung seines Landes (Hofrat als zentrale Verwaltungsbehörde, Verwaltungsgliederung des Landes in fünf Kreise). Besonders förderte er die Verwaltung des Bergbaus (1547 Gründung des Oberbergamtes). Finanzverwaltung und Steuerwesen wurden durch Einbeziehung der Ämter in die Gesamtverwaltung effektiver gestaltet. Auch das Gerichtswesen wurde reformiert. Für die geistliche Gerichtsbarkeit blieben die Konsistorien zuständig. Die Universität Wittenberg wurde zur zweiten Landesuniversität neben Leipzig. – Mit dieser grundsätzlichen Erneuerung des Staatswesens durch Kurfürst Moritz begann für Sachsen der Weg in die frühmoderne Staatlichkeit.
Zugleich erlebte das neue Sachsen eine kulturelle Blüte. Moritz holte italienische Musiker, Maler und Bauleute nach Dresden. Er begründete die Hofkapelle und ließ das Dresdner Schloss zu einem repräsentativen Renaissanceschloss umbauen, das Herrschaft und Anspruch des neuen Kurfürsten demonstrierte. Moritz gewann die führende Position unter den evangelischen Ständen. Außenpolitisch wurde Kursachsen zur wichtigsten Macht in der Reichspolitik. Durch geschickte Bündnispolitik gelang es dem Kurfürsten schließlich, mit den Habsburgern als Verhandlungspartner auf einer Stufe zu stehen.

Christian Winter

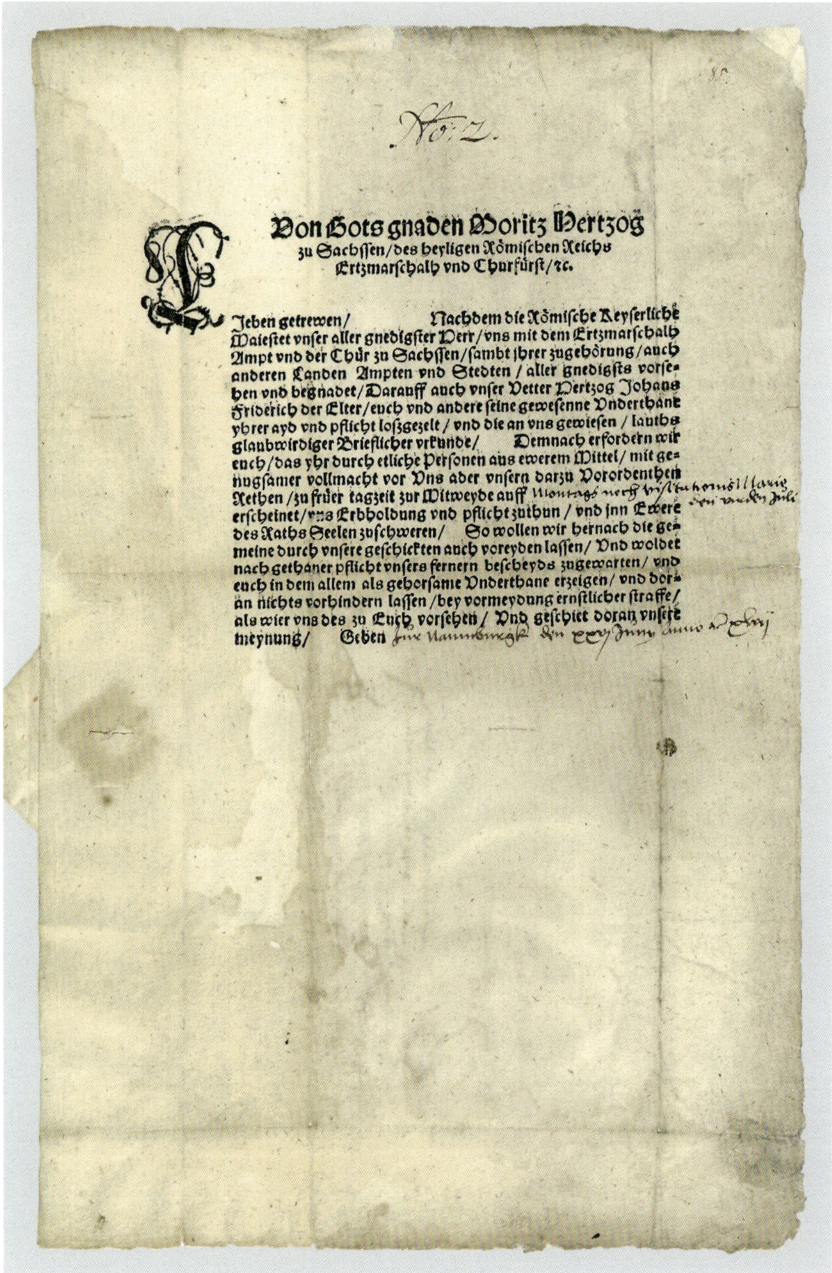
No. 2.

Von Gots gnaden Moritz Hertzog zu Sachssen/des heyligen Römischen Reichs Ertzmarschalh vnd Churfürst/rc.

Lieben getrewen/ Nachdem die Römische Keyserliche Maiestet vnser aller gnedigster Herr/vns mit dem Ertzmarschalh Ampt vnd der Chur zu Sachssen/sambt jhrer zugehörung/auch anderen Landen Ampten vnd Stedten / aller gnedigsts vorsehen vnd begnadet/Darauff auch vnser Vetter Hertzog Johans Friderich der Elter/euch vnd andere seine gewesenne Vnderthane yhrer ayd vnd pflicht loßgezelt / vnd die an vns gewiesen / lauths glaubwirdiger Brieflicher vrkunde/ Demnach erfordern wir euch/das yhr durch etliche Personen aus ewerem Mittel/ mit genugsamer vollmacht vor Vns ader vnsern darzu Vorordenthen Rethen /zu früer tagzeit zur Mitweyde auff Montags nach ... erscheinet/vns Erbholdung vnd pflicht zuthun / vnd jnn Ewere des Raths Seelen zuschweren/ So wollen wir hernach die gemeine durch vnsere geschickten auch voreyden lassen/ Vnd woldet nach gethaner pflicht vnsers fernern bescheyds zugewarten/ vnd euch in dem allem als gehorsame Vnderthane erzeigen/ vnd doran nichts vorhindern lassen /bey vormeydung ernstlicher straffe/ als wier vns des zu Euch vorsehen/ Vnd geschiet doran vnsere meynung/ Geben ...

351

351
Kurfürst Moritz von Sachsen
Ausschreiben zur Erbhuldigung der Stadt Mittweida
4. Juli 1547

Druck mit handschriftlichen Eintragungen, 33 × 21 cm
Sächsisches Hauptstaatsarchiv Dresden, Sign. 12883 Mandate 1547, Bl. 119

In dem Gefecht von Mühlberg am 24. April 1547 geriet Kurfürst Johann Friedrich der Großmütige in kaiserliche Gefangenschaft. Der Ernestiner, von vielen seiner Adligen verlassen, ergab sich erst nach verzweifeltem Kampf dem meißnischen Edelmann Thilo von Trotha. Dieser übergab ihn Herzog Alba, der ihn vor Karl V. brachte. Dieses Ereignis bedeutete die militärische Niederlage des Schmalkaldischen Bundes. Im Feldlager vor Wittenberg setzte der Kaiser ein Kriegsgericht unter Leitung von Herzog Alba ein, das Johann Friedrich am 10. Mai zum Tode verurteilte. Um sein Leben zu retten, unterschrieb dieser schließlich am 19. Mai 1547 die von Karl V. aufgesetzte so genannte Wittenberger Kapitulation. Er musste für sich und seine Nachkommen auf die Kurwürde ebenso verzichten wie auf größere Landesteile.
Die von Karl V. diktierten Friedensbedingungen brachten eine grundlegende Änderung der politischen Machtkonstellation in der Mitte des Reiches. Mit der Kurwürde und vielen Territorien wurde der Albertiner Moritz belehnt. Am 1. Juni 1547 stellte Johann Friedrich einen förmlichen Überweisungsbrief für Moritz aus, mit dem die ernestinischen Untertanen und Vasallen aus ihrem Eid gegenüber Johann Friedrich entlassen wurden. Nachdem dann Moritz am 4. Juni noch vor Wittenberg förmlich vom Kaiser belehnt worden war, folgte der für Moritz wichtige Rechtsakt der Erbhuldigung der neuen Untertanen an ihren neuen Landesherren. Diese Erbhuldigung war mit der Eidesleistung verbunden, wobei die Eidesformel auch im Druck landesweit bekannt gemacht wurde. Dies wurde als Voraussetzung für die praktische Durchsetzung der albertinischen Herrschaft betrachtet. RG

Literatur:
Held 1997; Groß 2002, S. 56 – 62.

352
Kurfürst Moritz von Sachsen
Ausschreiben für den Landtag zu Leipzig
Dresden, 1. Juli 1547

Druck, 32 × 20,5 cm
Sächsisches Hauptstaatsarchiv Dresden,
Sign. 12883 Mandate 1547, Bl. 79

Für das durch kaiserlichen Machtspruch entstandene albertinische Kurfürstentum Sachsen ergaben sich nach dem 4. Juni 1547 zwei grundsätzliche Aufgaben. Noch immer musste der Staat neu organisiert und zu einem einheitlichen Ganzen zusammengeführt werden. Nach außen bedurfte er der politischen Absicherung. Zunächst ging es um die Neuordnung des erheblich vergrößerten Staatsgebietes und die innere Konsolidierung der politischen und wirtschaftlichen Zustände. Den ersten entscheidenden Schritt unternahm er auf dem am 13. Juli 1547 in Leipzig eröffneten Landtag für das gesamte neue Land. Moritz erlangte auf diesem Landtag die ständische Zustimmung zu seiner Politik und seine Anerkennung als Landesherr. RG

Literatur:
Herrmann 2003, S. 97 – 100.

353
Kurfürst Moritz von Sachsen
Ausschreiben gegen die Plackerei
Augsburg, 26. Oktober 1547

Druck, 35,5 × 27 cm
Sächsisches Hauptstaatsarchiv Dresden,
Sign. 12883 Mandate 1547, Bl. 99

Moritz von Sachsen nahm persönlich an dem am 1. September 1547 von Kaiser Karl V. eröffneten Reichstag in Augsburg teil, da er im Verlaufe des Reichstages die kaiserliche Belehnung erhalten sollte. Begleitet von seinen Räten Christoph von Carlowitz und Ludwig Fachs regierte er von Augsburg aus sein Kurfürstentum, hatte Moritz doch von Torgau aus in seiner Instruktion vom 7. August für die Zeit seiner Abwesenheit festgelegt, dass ihm wichtige Landesangelegenheiten zu berichten seien.
Dazu gehörte nach dem Krieg auch die Durchsetzung und Wahrung des Landesfriedens. Am 5. August 1547 schrieb beispielsweise Moritz an den Kaiser, dass er täglich von Schäden in seinen Ämtern erfahre. Es werde gemordet, gebrannt, geraubt, geplündert, zerhauen und zerschlagen. Dagegen erließ Kurfürst Moritz von Augsburg aus ein Ausschreiben gegen die Plackerei, gegen verdächtige Fußgänger und Reiter. Vor allem die Amtleute und ihre Knechte wurden angewiesen, fleißig »Kundschaft zu legen, in ihren Gebieten täglich Streife zu reiten und Verdächtige zu verhaften«. Das Nichtbefolgen all dieser Anweisungen wurde unter Geld- und Leibesstrafen gestellt. Das trug letztlich dazu bei, Ruhe und Sicherheit im Lande wieder herzustellen. RG

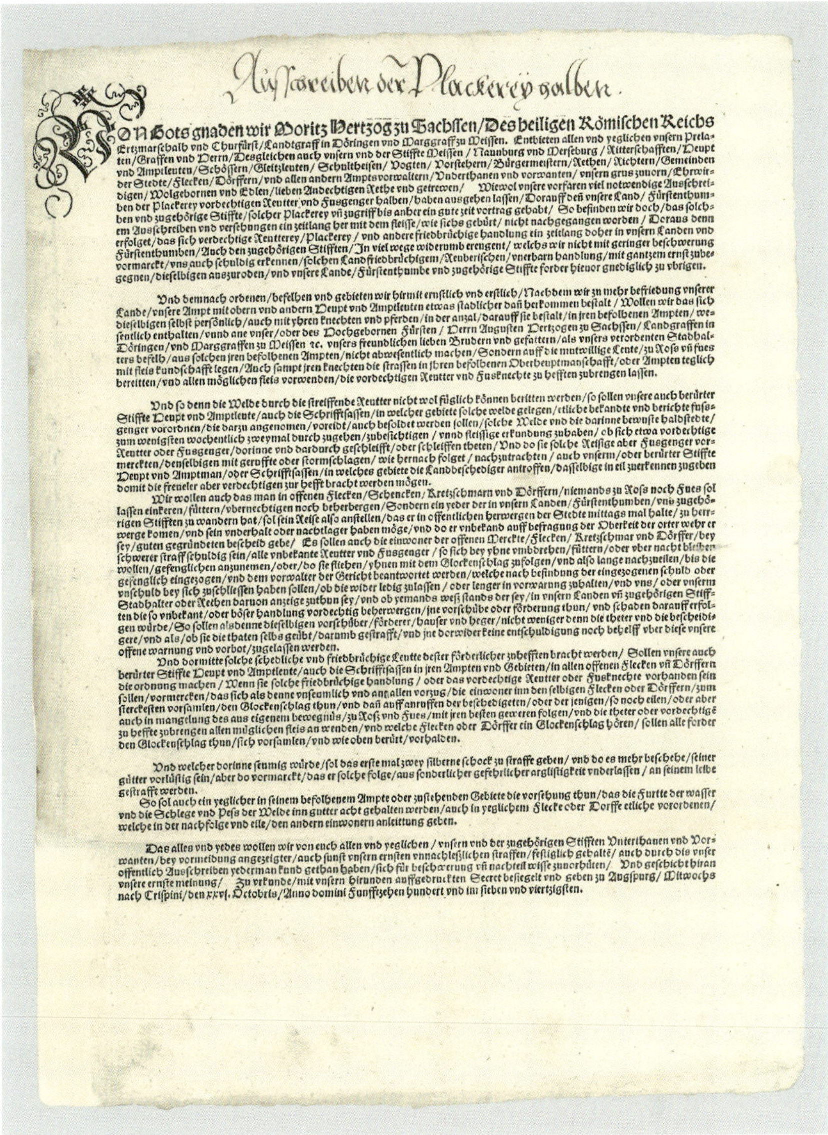
Außschreiben der Plackerey halben.

Von Gots gnaden wir Moritz Hertzog zu Sachssen/Des heiligen Römischen Reichs

353

Literatur:
PKMS III, S. 518 – 519, 611 f.

355

354
Herrenkleid
1548

Oberstoff: italienisch; Schneiderarbeit: sächsisch; Leibrock und Hose; Oberstoff: Lampas, broschiert und lanciert in Seide weiß (Bindekette und Musterschuss) und braun (Grundschuss und Hauptkette) sowie Goldgespinst (Noppenschuss) und Silberdraht (Musterschuss); Seidenband rosa (Reste); Borten: Goldgespinst, gewebt; Hosenfutter: Sämischleder teils gelb gefärbt

Rüstkammer, Staatliche Kunstsammlungen Dresden, Inv.-Nr. I 4

Das Kleid trug Herzog August von Sachsen zu seiner Hochzeit mit Anna von Dänemark 1548 im Schloss Torgau. In den alten Inventaren wird es als »Bräutigamskleid«, von »silbern stück mit güldenen blumen« beschrieben. Zu dem in seinen Teilen vollständig überlieferten Ensemble gehören ein Rock – ein so genannter Umnehmerock –, ein Leibrock mit Längsschlitzen, langen Ärmeln, Ärmelpuffen und hüftlangen Schößen, eine längs geschlitzte, leicht gebauschte Oberschenkelhose mit einer so genannten Braguette am Latz und gestrickte weiße Seidenstrümpfe. Die Schlitze wurden ehemals mit goldenen »stiften« zusammengehalten.
Der Rock – in der Ausstellung aus konservatorischen Gründen nicht gezeigt – hatte einst ein wohl silbergraues Zobelfutter. In seiner Gestaltung mit der im christlichen Kontext Reinheit bedeutenden weißen Hauptfarbe (Silber hatte die Farbbedeutung Weiß) und mit den als Blickfang positionierten großen goldenen Granatapfelmotiven war es ganz für den Anlass konzipiert. Weiße Bräutigamskleidung etablierte sich in der fürstlichen Männermode im 16. Jahrhundert und blieb für diese maßgeblich bis ins 18. Jahrhundert. Der Granatapfel als Symbol der Fruchtbarkeit war ein tradiertes Hochzeitsmotiv. Zur Betonung der Männlichkeit war am Ansatz der Braguette eine rosa Seidenschleife eingebunden.
Das Bräutigamskleid Herzog Augusts entsprach in seiner außerordentlich reichen Ausstattung allerhöchsten fürstlichen Ansprüchen. Kleider in dieser Materialqualität bildeten in Fürstenbesitz noch bis in das 17. Jahrhundert hinein Seltenheitswert und waren für andere Stände grundsätzlich nicht zugelassen. So steht das Kleid für den außerordentlich hohen Repräsentationsanspruch Kurfürst Moritz', der die Hochzeit seines Bruders ausstattete. Moritz entsprach damit der mit der Hochzeit verbundenen dynastischen Anbindung an ein Königshaus wie auch seinem eigenen Bestreben, mit Reichtum die neu gewonnene Macht im soeben in Besitz genommenen Schloss Torgau zu demonstrieren. JB

Literatur: Bäumel/Bruseberg 1989/90.

355
Herrenrock
um 1545–1550

Oberstoff: Florenz, Seidenweberwerkstätten Peri oder Perotti; Schneiderarbeit: Wohl Nicol Basemer, genannt Preuße, Kurfürstlicher Leibschneider; Oberstoff: Seidendamast gelb; Borten: Seidensamt blauschwarz, Silberschnürchen, Zierknoten: Seide grau-braun, Goldgespinst

Rüstkammer, Staatliche Kunstsammlungen Dresden, Inv.-Nr. I 1

Der Rock gehört zu einem vollständig überlieferten Prunkkleid des Kurfürsten Moritz von Sachsen. Es ist insgesamt mit Rock (hier gezeigt), Wams, Hose und Lederstrümpfen überliefert und im Nachlassinventar des Kurfürsten von 1553 sowie in allen nachfolgenden kurfürstlichen Kleiderinventaren aufgeführt. Das Kleid zieht durch die Reichtum zur Schau stellendn Materialfülle sowie seine grelle, kontrastierende Farbgestaltung die Aufmerksamkeit auf sich. Der Rock von leuchtend gelbem Seidendamast hat entlang der Kanten dreifach umlaufende Streifen von blauschwarzem Samt mit aufgesetzten Silberschnürchen.
In Ensemblewirkung zum Rock, dem Hauptstück des Kostüms, sind das Wams von Seidenatlas, die Hosen von geschlitztem Seidensamt und »gehacktem« Seidenatlas sowie die

354 ▶

Strümpfe von Sämischleder in Gelb gehalten. Die Rockärmel sind 90 cm lang und damit ausschließlich als zierende Hängeärmel anzusehen. Der Arm wurde unterhalb der Ärmelpuffe durch ein Achselloch oder den Querschlitz am Oberarm geführt. Dem Zierknoten am rechten Ärmel unterlag vermutlich eine besondere Sinngebung, etwa als Erinnerungsknoten. Der Rock hat einen breiten Umschlagkragen und weist – entsprechend der Schlitzmode – durchweg freie, also ungesäumte Kanten auf. Ein Futter ist nicht vorhanden.
Das großzügige Granatapfelmuster des Damastes ist beidansichtig, in Positiv- wie Negativform dekorativ. Das Muster wird durch den figurativen Wechsel von Außen- und Innenseite der Atlasbindung gebildet. Bei der Restaurierung des Rockes in der Abegg-Stiftung (Riggisberg/Schweiz) wurden bedeutsame Befunde festgestellt. Das Granatapfelmuster des Seidendamastes schließt sowohl den Medici-Diamantring als auch die drei Birnen, Markenzeichen der Florentiner Seidenweberwerkstätten Peri und Perotti, ein. Entsprechend finden sich Stoffbeispiele an Kleidern der Medici in Bildnissen und an einem Grabfund (Garzia de' Medici).
Die später zusammengenähten Querschlitze an den Ärmeln entsprechen dem Befund am Grabkleid von Kaiser Ferdinand I. (Prag, Burg). Varianten des Kostüms finden sich auch in Herrscherbildnissen von großen Zeitgenossen Moritz': König Franz I. von Frankreich, König Heinrich VIII. von England, König Erik XIV. von Schweden, Cosimo de' Medici. Mit diesen ästhetischen Querbezügen zeigt das Prunkkleid das von Moritz auch in seiner persönlichen Präsenz beanspruchte europäische Spitzenniveau überzeugend an. JB

Literatur:
Bäumel 1993 a; Moda alla corte dei Medici 1993 (Grabkleider der Medici); Bravermanova/Samohoylová (Grabkleid von Kaiser Ferdinand I.); Bulgarella 1996/97, (Seidenbeispiele); Niekamp 2003/04.

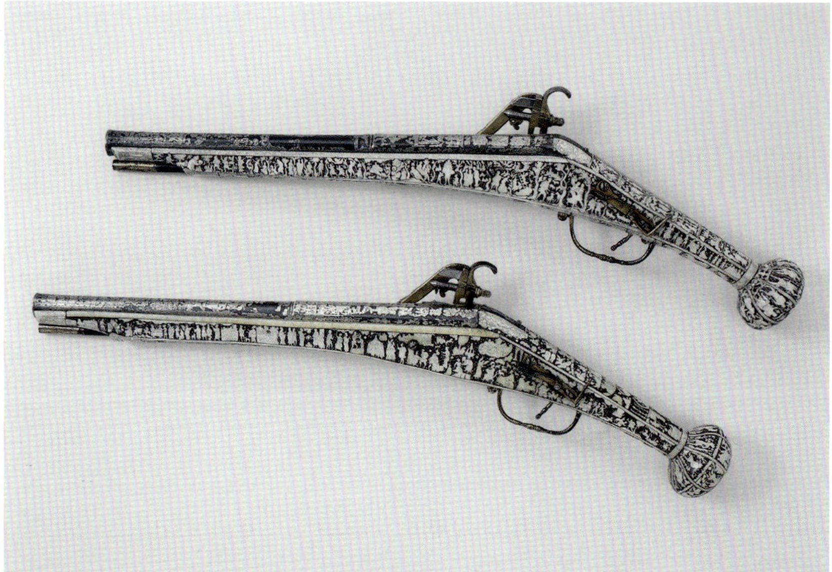

356

356
Paar Radschlosspistolen
Augsburg, um 1550

Läufe bez.: Augsburger Beschau
Läufe und Schlösser: Eisen, silberplattiert, vergoldet, teilweise gestochen und gebläut;
Schäfte: Holz, Beineinlagen, graviert;
L. ges. 64,5 cm, Lauf 40,5 cm, Kaliber 14 mm, 2270 g

Rüstkammer, Staatliche Kunstsammlungen Dresden, Inv.-Nr. J 1448, J 1449

Das reich dekorierte Pistolenpaar gehört zu den ältesten Radschlossfeuerwaffen der Rüstkammer. Im Inventar der Pistolenkammer von 1821 ist der Beschreibung hinzugefügt: »Hat Moritz geführet«. Obgleich diese Pistolen nicht unmittelbar mit einem militärischen, politischen oder anderen Ereignis im Leben des Kurfürsten in Verbindung gebracht werden können, lässt das ikonographische Programm ihres Dekors den Schluss zu, dass sie zu den Leibwaffen des Kurfürsten gehörten. Ihre mit vergoldetem Silber plattierten, in der vorderen Hälfte runden, anschließend achtkantigen Läufe zeigen in zwanzig von einem Band mit Trophäen und Rollwerk gesäumten kleinen Feldern Szenen, die vornehmlich dem Alten Testament entnommen sind. Die kostbaren Pistolen zeigen starke Gebrauchsspuren, die Vergoldung ist nur in Resten erhalten.
Die Schlösser mit außen liegendem gebläutem Rad, durchbrochener vergoldeter Radkappe, gleitendem Pfannendeckel, Druckknopf, gestochenem und vergoldetem Hahn haben Schlossplatten, die mit vergoldetem Silber belegt sind. Sie präsentieren gleichfalls Szenen aus dem Alten Testament. Die Schäfte schmücken in dichter Folge gravierte, in den Tiefen geschwärzte Einlagen aus Hirschhorn. Abgebildet sind Szenen aus dem Neuen und Alten Testament, mythologische Gestalten, Krieger, Jagdmotive, Putten, Füllhörner und Fabelwesen. Die Knaufkappe der Pistole Y 1449 trägt die Figur des Glaubens, umgeben von der Inschrift »BETRACHT · DIESE · HISTORIA · BRAVCH · SI · WIDER · DI · FEINDE · CHRISTI«; die Pistole Y 1449 die Umschrift »WE · DIR · BRAVCHSTV · SI · ANDERST«. HWL

Literatur:
Ehrenthal 1899, S. 117, Nr. 55; Haenel 1923, S. 148, Taf. 73 a; Pistolen 1962, S. 47, Nr. 1

356

357

357
Battista Dossi
(eigentlich Battista di Luteri)
Justitia
1544

Öl auf Leinwand, 220 × 105,5 cm
Gemäldegalerie Alte Meister,
Staatliche Kunstsammlungen Dresden,
Gal.-Nr. 126

358
Battista Dossi
(eigentlich Battista di Luteri)
Pax
um 1544

Öl auf Leinwand, 211 × 109 cm
Gemäldegalerie Alte Meister,
Staatliche Kunstsammlungen Dresden,
Gal.-Nr. 127

Als Kurfürst Moritz von Sachsen 1549 in Oberitalien weilte, folgte er auch einer Einladung von Ercole II. d'Este, Ferrara zu besuchen. Es entspann sich eine länger anhaltende diplomatische Beziehung zwischen beiden Herrschern, doch dürfte Moritz auch von der Kunst am Hofe fasziniert gewesen sein: Denn zurück in Dresden ließ er 1551 von Lucas Cranach d. J. das Thema »Herkules unter den Pygmäen« malen, wie er es in Ferrara auf einem Gemälde von Dosso Dossi gesehen hatte – hier wie dort sicher verstanden als Verherrlichung des Herrschers.

Ercole hatte in Ferrara weitere politische Allegorien zu seiner Person herstellen lassen. So entstanden 1544 zwei Allegorien, deren Ikonographie häufig zum Herrscherlob verwandt wurde: Justitia, die Gerechtigkeit, und Pax, der Frieden. Die erste hält ihr Attribut, die Waagschale, empor und missachtet – unbestechlich – die zerbrochenen Vasen mit Münzen zu ihren Füßen. Zugleich hält sie ein Faszienbündel mit Beil, ein Zeichen der Macht und Würde des römischen Magistrats. So meint sie zugleich die gerechte Regierung, die den Frieden zur Folge hat. Dessen Personifikation verbrennt die Waffen des Krieges, ruhig liegt das Lamm beim Wolf (vgl. Ps. 46,10 und Jesaia 11, 6). Darüber hinaus hält Pax ein Füllhorn mit den Segnungen des Friedens, Ähren, Früchte, Blumen, als Zeichen der Fruchtbarkeit und des Wohlstands.

Später ließ Ercole beide Allegorien mit zwei weiteren in seine »Camera della Pazienza« überführen, die das persönliche Motto des Herrschers pries. Mit »Geduld« bezwingt er das unstete Schicksal, kann er gerecht regieren und sein Land zum Frieden führen. Sicher werden Moritz diese Gedanken sehr vertraut gewesen sein. Doch erst 1746 erwarb August III. die hier gezeigten Gemälde für seine Galerie in Dresden. GJMW

Literatur:
Mezzetti 1965, S. 48 ff., 68, 78 f.; Gibbons 1968, S. 143, 220 f.; Faber 1998; Der Triumph des Bacchus 2003, S. 121–125, Kat.-Nr. 19, 20.

358

362

359
Gabriel Tola, Benedict Tola
Maria und Josef im Stall
(Anbetung der Könige),
Entwurf für Malereien der
Dresdner Schlosshofloggia 2. OG
o. J.

Feder in Braun, 19,3 × 36,6 cm
Kupferstich-Kabinett, Staatliche Kunstsammlungen Dresden, Sign. C 1961-5

360
Gabriel Tola, Benedict Tola
Salomo auf seinem Thron
Entwurf für
die Dresdner Schlosshofloggia 3. OG
o. J.

Feder in Braun, 12,5 × 22,1 cm
Kupferstich-Kabinett, Staatliche Kunstsammlungen Dresden, Sign. C 1962-266

361
Gabriel Tola, Benedict Tola
Salomon und die Königin von Saba
Entwurf für
die Dresdner Schlosshofloggia 3. OG
o. J.

Feder in Braun, 11,7 × 27,8 cm
Kupferstich-Kabinett, Staatliche Kunstsammlungen Dresden, Sign. C 1962-267

362
Gabriel Tola (zugeschrieben)
Apokalyptische Szene
(Türkische Herrschaft über die Welt)
Entwurf für den Turmraum
neben der Dresdner Schlosskapelle
o. J.

Feder in Braun, 18,9 × 12,6 cm
Kupferstich-Kabinett, Staatliche Kunstsammlungen Dresden, Sign. C 1966-34

363
Gabriel Tola (zugeschrieben)
Zug der Seligen,
Entwurf für den Turmraum
neben der Dresdner Schlosskapelle
o. J.

Feder in Braun, 23,2 × 14,1 cm
Kupferstich-Kabinett, Staatliche Kunstsammlungen Dresden, Sign. C 1966-37

1549 reiste der junge Kurfürst Moritz nach Italien. Stationen waren Venedig, Mailand, Ferrara – hier knüpfte er nicht nur neue diplomatische Kontakte, sondern ließ sich von italienischer Kunst, Musik und Lebensart beeindrucken. Besondere Auswirkungen hatte die Begegnung mit Italien auf den Ausbau des Dresdner Schlosses. Aus Brescia hatte Moritz die beiden Musiker Gabriel und Benedict Tola nach Sachsen kommen lassen, die sich auch als begabte Zeichner erwiesen. Ebenfalls aus Italien brachte Moritz die Idee mit, die Fassaden des Schlosses mit Sgrafitto, einer bis dahin in Norddeutschland unbekannten Schwarz-Weiß-Putztechnik, einheitlich zu gestalten. Nur wenige der Entwurfszeichnungen der Tola-Brüder haben sich erhalten. Über das Aussehen des Dresdner Schlosses geben verlässlicher spätere Ansichten Auskunft. EK

Literatur:
Heckner 1995, Abb. 37–49.

363

364

364
Lucas Cranach d. J.
Der schlafende Herkules und die Pygmäen
1551

Lindenholz, 189 × 259 cm
Gemäldegalerie Alte Meister,
Staatliche Kunstsammlungen Dresden,
Gal.-Nr. 1943

365
Lucas Cranach d. J.
Der erwachte Herkules vertreibt die Pygmäen
1551

Lindenholz, 188 × 261 cm
Gemäldegalerie Alte Meister,
Staatliche Kunstsammlungen Dresden,
Gal.-Nr. 1944

Zu den bedeutendsten und außergewöhnlichsten Werken Lucas Cranachs d. J. zählt eine Herkulesfolge, die zur Ausstattung des Dresdner Schlosses gehörte. Seit Mitte des 19. Jahrhunderts befinden sich nur noch zwei der ursprünglich aus drei Gemälden bestehenden Folge im Besitz der Staatlichen Kunstsammlungen Dresden, Gemäldegalerie Alte Meister. Das dritte Bild, das in den Katalogen den unzutreffenden Titel »Herkules und Antäus« trägt, befindet sich in unbekanntem Privatbesitz.

Die Herkulesfolge besticht nicht nur durch die im überlieferten Werk der Cranach-Werkstatt seltene Größe der Bildtafeln, sondern vor allem durch eine ausgesprochen farbenprächtige und phantasievolle Darstellung von Herkulestaten. Der Kampf von Herkules gegen die Pygmäen ist ein ungewöhnlicher und sowohl im 16. Jahrhundert als auch später seltener Bildgegenstand. Er geht auf eine Beschreibung antiker Gemälde (»Eikones«) durch Flavius Philostratos d. Ä. (gest. um 245 n. Chr.) zurück. Nach den Reiseberichten des Diplomaten Philipp Hainhofer (1578–1647), der Dresden in den Jahren 1617 und 1629 besuchte, hingen die Gemälde in den Repräsentationsräumen des Schlosses im zweiten Obergeschoss, im so genannten Turm-, Riesen- oder Zwergenstübchen.

Dass mit Herkules auf Kurfürst Moritz und mit dem ungewöhnlichen Bildthema auf seinen Kampf um die Errichtung eines bedrohten Landfriedens angespielt werden sollte und der Kurfürst die Anregung dazu aus Italien, genauer dem Hof des Herzogs Ercole II. d'Este von Ferrara, empfing, ist mittlerweile unstrittig. Darüber hinaus fügen sich die Herkulestafeln schlüssig in das Dekorationsprogramm, das Moritz für das Dresdner Schloss bestimmt hatte. Zur selben Zeit entstand die Außenbemalung des Dresdner Schlosses in der Sgraffitotechnik. Das Gesamtprogramm der umfangreichen Schlossdekoration diente zur Verherrlichung von Kurfürst Moritz. Dem überaus prächtigen Programm der Außen-

365

dekoration war auch die Innendekoration – zumindest in den Repräsentationsräumen – unterstellt. Vor diesem Hintergrund enthielten auch die Cranachschen Herkulesbilder für den Besucher eine klare politische Botschaft und Warnung: Wenn es notwendig ist, werde ich – Moritz – den Kampf aufnehmen und damit meinen Pflichten und Rechten als Landesherr nachkommen.

Im Inventar 1722–28, wird das Gemälde unter dem Namen Cranach und dem Titel »Streit des Riesen mit dem wilden Mann«, die anderen zwei Bilder unter »der Riese mit den Pigmaen« geführt. Zu diesem Zeitpunkt befanden sich alle drei Bilder auf der »großen Treppe«, wie uns das Inventar weiterhin angibt. Diese Treppe bildete den Hauptaufgang zu den Repräsentationsräumen im zweiten Obergeschoss. Die Gemälde hatten also noch zu Anfang des 18. Jahrhunderts einen herausragenden Platz, das Wissen um ihre Bedeutung und die dargestellten Motive war aber bereits weitgehend verloren gegangen.

1855 wurden die Bilder getrennt. In die neugestaltete Hängung in der Sempergalerie wurde nur der »erwachte Herkules« aufgenommen, »Herkules und Antäus« sowie der »schlafende Herkules« kamen in den Vorrat. Die Galeriekommission bestimmte 1858 »Herkules und Antäus« zum Verkauf und setzte diesen Beschluss in der Auktion vom 13. Mai 1861 in die Tat um. Dagegen wurde der »schlafende Herkules« nach der Restaurierung in die Galerie gebracht und hing dort von 1861 an bis zum Ausbruch des Zweiten Weltkriegs zusammen mit seinem übrig gebliebenen Pendant. Im Jahr 1954 tauchte das Mitte des 19. Jahrhunderts versteigerte dritte Herkulesbild noch einmal im Kunsthandel auf, verschwand dann jedoch wieder in unbekannten Privatbesitz.

Die zwei Herkulesbilder der Gemäldegalerie Alte Meister wurden, nachdem sie längere Zeit in Pillnitz aufbewahrt worden waren, ab 1972 den Staatlichen Kunstsammlungen Weimar als Dauerleihgaben zur Verfügung gestellt. Anlässlich der Ausstellung der Dresdner Cranach-Werke im Schloss 1996 kamen die Bilder wieder nach Dresden zurück. Die 2. Sächsische Landesausstellung bietet die Gelegenheit, diese bedeutenden Werke Lucas Cranachs d. J. erneut der Öffentlichkeit präsentieren zu können. KK

Literatur:
Inventar Gemäldegalerie 1722–1728, Lit. A: No. 1337, 1338, 1339; Matthäi 1835, S. 123 f., Nr. 106 ff.; Doering 1901, S. 208; Schade 1968, S. 35; Heckner 1995, S. 19–30; Kolb 2002.

366

366
Heinrich van Cleef
Dresda
(Stadtansicht vom Neustädter Ufer)
1553

Kupferstich, 17,3 × 24,2 cm
Städtische Galerie Dresden,
Kunstsammlung, Inv.-Nr. 1978/k 196

Wenige Jahre nach dem Tode des Kurfürsten Moritz entstand die früheste erhaltene bildliche Darstellung Dresdens, ein Kupferstich Heinrich van Cleefs: erstes Zeichen dafür, dass die Stadt als neue kurfürstliche Residenz nunmehr auch von ausländischen Künstlern besucht und in ihrer architektonischen Gestalt der bildnerischen Darstellung für wert befunden wurde. Der flämische Maler und Stecher, Schüler von Frans Floris, besuchte Dresden vermutlich auf der Rückreise aus Italien nach seiner Vaterstadt Antwerpen im Jahr 1555 und zeichnete das Bild der Stadt mit Schloss und Elbbrücke.

Das Blatt wurde später in Kupfer geätzt und erschien 1587 in Heinrich van Cleefs Stichwerk »Ruinarum ruriumque aliquot delineationes«. HJN

Literatur:
Neidhardt 1983, S. 16.

Sievershausen und die Folgen

Nach dem Passauer Vertrag war der Fortbestand des Protestantismus und damit die dauerhafte Trennung in zwei Konfessionen im Reich anerkannt. Danach wurde eine dauerhafte Friedenssicherung für Moritz und die im Heidelberger Bund zusammengeschlossenen Reichsfürsten, dies auch ohne Kaiser Karl V., zu einem Schwerpunkt ihres Handelns. Als alle Vermittlungsversuche zwischen Markgraf Albrecht Alcibiades einerseits und den Bischöfen von Würzburg und Bamberg andererseits im Laufe des Frühjahres 1553 scheiterten, brach der bewaffnete Konflikt mit dem Markgrafen erneut aus. Sein Kriegszug von Franken über kursächsisches und hessisches Gebiet in das Herzogtum Braunschweig wurde zum Anlass für die evangelischen Reichsfürsten, gegen den fränkischen Hohenzollern zu Felde zu ziehen. Am 3. Juli 1553 hatten sich die verbündeten Truppen bei Einbeck vereinigt.

Die entscheidende Schlacht entwickelte sich am 9. Juli ab 13 Uhr auf einem Gelände nordwestlich von Peine. Etwa 15000 Mann unter dem Befehl von Kurfürst Moritz kämpften gegen etwa 17000 Mann auf markgräflicher Seite. Die Schlacht, die auf beiden Seiten zwischen 2000 und 3000 Tote forderte, endete in der Nacht siegreich für Moritz, der im Verlauf des Kampfes schwer verwundet wurde. An den Folgen dieser Verwundung verstarb der sächsische Kurfürst am 11. Juli 1553 im Feldlager bei Peine. Mit seinem Tod im Alter von 32 Jahren endete ein wichtiger Abschnitt in der sächsischen Geschichte.

Mit dem plötzlichen und für alle unerwarteten Tod von Moritz geriet Kursachsen in eine außerordentlich schwierige außen- und innenpolitische Situation, vor die sich August, der die Nachfolge seines verstorbenen Bruders antrat, gestellt sah. Drei dringende Probleme mussten dauerhaft gelöst werden: einen Friedensabschluss mit Markgraf Albrecht, der weiterhin Kursachsen bedrohte; mit den Ernestinern zu einer beiderseits tragbaren Vereinbarung in Vollzug der Wittenberger Kapitulation zu kommen und die Religionsfrage reichsrechtlich entsprechend dem Passauer Vertrag festzuschreiben. Innerhalb von zwei Jahren gelang es der kursächsischen Politik, diese Probleme zugunsten Kursachsens erfolgreich zu bewältigen.

Am 11. September 1553 kam unter Vermittlung Dänemarks und Kurbrandenburgs ein Vertrag mit Markgraf Albrecht über die Beendigung aller Feindseligkeiten zustande. Die Assekurationsverhandlungen mit den Ernestinern wurden mit dem Naumburger Vertrag vom 24. Februar 1554 erfolgreich beendet. Die darin erzielte Einigung über den territorialen Besitzstand von albertinischem Kurfürstentum und ernestinischem Herzogtum Sachsen wurde zum Ausgangspunkt der sich nun gegenseitig akzeptierenden wettinischen Territorialstaaten. Schließlich hatte Kursachsen mit einer aktiven Teilnahme am Augsburger Reichstag von 1555 erheblichen Anteil daran, dass im Reichstagsabschied vom 25. September 1555 reichsrechtlich auf Dauer das Nebeneinander von Katholiken und Protestanten Augsburgischer Konfession geregelt wurde. Damit waren alle Voraussetzungen für eine künftige erfolgreiche Entwicklung des erst 1547 entstandenen albertinischen Kurfürstentums Sachsen gegeben, die, wie die Zukunft beweisen sollte, von Kurfürst August und seinen Räten genutzt wurden.

Reiner Groß

Beigaben zur Memorialfigur des Kurfürsten Moritz von Sachsen

Die 1553 im Dom zu Freiberg aufgestellte Memorialfigur des Kurfürsten Moritz von Sachsen bildet ein geschichtliches Denkmal, dessen Größe sich mit den Effigies der Könige von England in Westminster Abbey, London, vergleicht. Wie bei diesen bildete der Herrschertod den Anlass für die Aufstellung. Die Tradition der Aufstellung von Memorialfiguren setzt sich in den als Heldensälen verstandenen fürstlichen Rüstkammern fort. In Sachsen findet sie mit der Aufstellung der polnischen Krönungsfigur Augusts des Starken (gekrönt 1697) in der Dresdner Rüstkammer einen weiteren Höhepunkt.

Den Figuren waren das authentische herrschaftliche Antlitz sowie persönliche Kleidung und Waffen mit bedeutsamem Ereignisbezug beigegeben. Die Figur des Kurfürsten Moritz wurde auf Veranlassung des Bruders, Kurfürst August, im Anschluss an das Trauerzeremoniell neben der Grablege des Wettiners auf einer eigens dafür an einem Stützpfeiler hoch oben angebrachten Konsole aufgestellt. Ihr waren der Feldharnisch, eine Lanze, Panzerstecher und Dolch, die Feldbinde sowie die Kleidung des Kurfürsten in der Schlacht bei Sievershausen (9. Juli 1553) beigegeben.

Nach dem Tod des in der Schlacht schwer verwundeten Kurfürsten noch im Feldlager wurde dessen Leichnam in einem großen Trauermarsch, begleitet von Trauergottesdiensten, zunächst in einer Sänfte, von Leipzig aus in einem Sarg auf einem Trauergefährt nach dem heimatlichen Freiberg überführt. Beim Leichenbegängnis wurde der Leibharnisch von Moritz zunächst als so genannter Freudenkürass von einem Knaben angelegt.

Neben der Figurine fanden als Trophäen auch Fahnen und Waffen von der Schlacht Aufstellung. Bei der Umgestaltung der Begräbniskapelle im Freiberger Dom unter Christian I. wurde die Figur erneuert und dabei mit einer geschnitzten Kopfplastik, die eine große Ähnlichkeit zur Büste Christians I. von Carlo Cesare aufweist, versehen. Die erste – jetzt verlorene – Kopfplastik wurde zusammen mit der Harnisch-Unterkleidung abgenommen und befand sich zuletzt in der Rüstkammer.

Die Bewahrung der Figur im Freiberger Dom über Jahrhunderte ist dem ihr anhaftenden Pathos zu verdanken, das die Größe und Verheißung der Persönlichkeit des Kurfürsten Moritz, der für die Albertiner die sächsische Kurwürde eroberte, und die Tragik seines frühen Todes herausstellt. JB

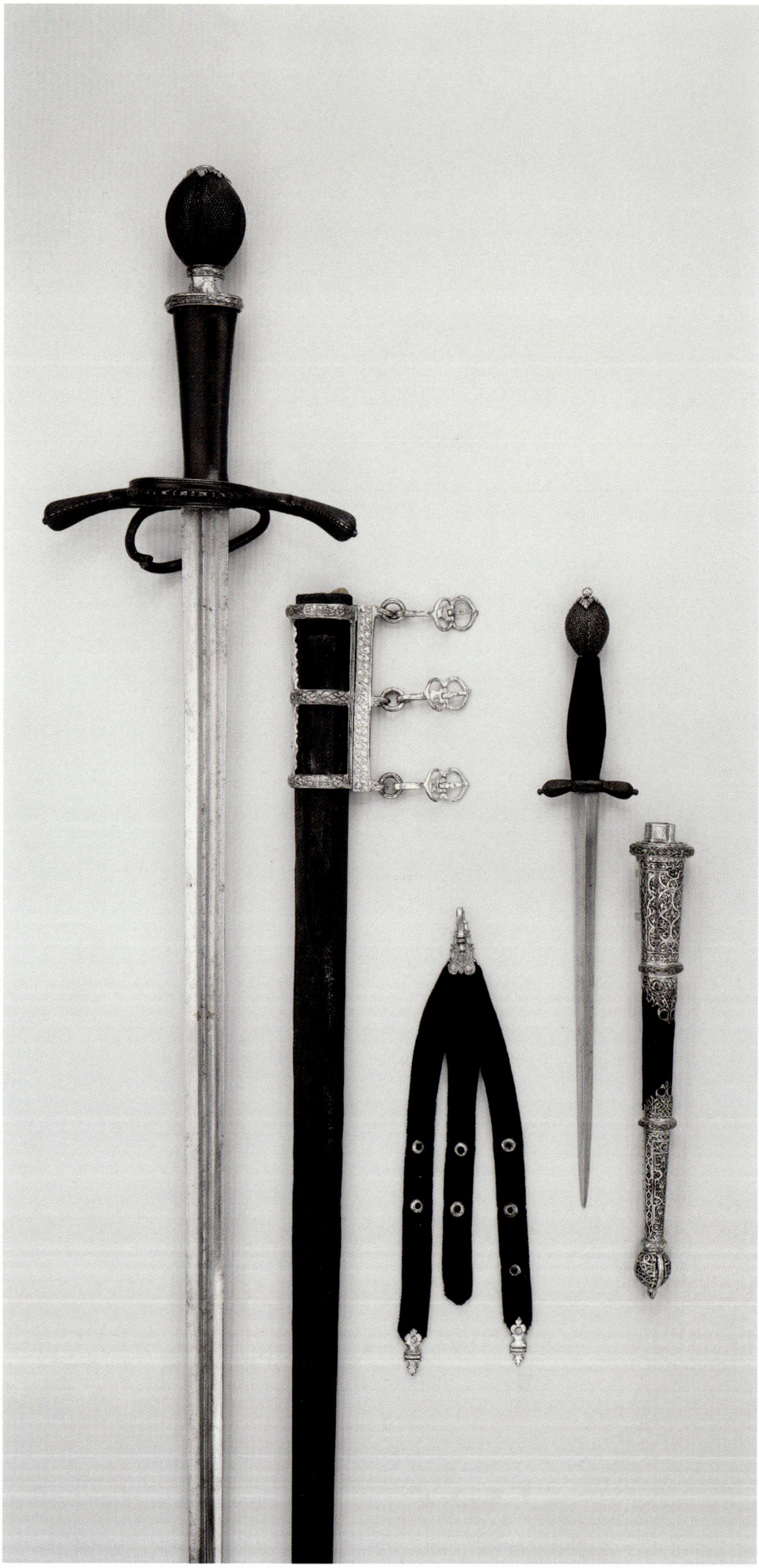

368 369

367
deutsch
Feldharnisch des Kurfürsten Moritz in der Schlacht bei Sievershausen
1. Viertel 16. Jahrhundert

Eisen, getrieben
Staatsbetrieb Sächsisches Immobilien- und Baumanagement, Niederlassung Chemnitz, ohne Inv.-Nr.

368
deutsch
Panzerstecher und Wehrgehänge
um 1540–1550

starke Gratklinge; Gefäß: Eisen, gefeilt, geschwärzt; Scheide: Holz, Leder; Wehrgehänge: Leder, Seidensamt: schwarz (neuere Ergänzung); Beschläge an allen Teilen Silber, teils gegossen, ziseliert, graviert und geätzt; L. ges. 120,5 cm, Klinge 102 cm, Scheide 105 cm; 1360 g
Rüstkammer, Staatliche Kunstsammlungen Dresden, Inv.-Nr. V 13

369
deutsch
Dolch mit Scheide
vermutlich Dresden, 1557

Dreikantklinge; Gefäß: Eisen, gefeilt, geschwärzt; Scheide: Holz, Leder, Samt schwarz (neuere Ergänzung); Beschläge an allen Teilen Silber, teils gegossen, ziseliert, graviert und geätzt; L. ges. 35 cm, Klinge 26,5 cm; 220 g
Rüstkammer, Staatliche Kunstsammlungen Dresden, Inv.-Nr. p 172

Die Prunkwaffengarnitur ist zusammen mit der Figurine des Kurfürsten Moritz von Sachsen in der Begräbniskapelle im Freiberger Dom überliefert. Als Indiz für die historische Authentizität der Garnitur darf die gestalterische Verwandtschaft der beiden Waffenstücke bei deutlich unterscheidbarer Hand gelten: 1557 hatte ein Bergmann »Schwert« und Dolch von der Figurine gestohlen. Kurfürst August konnte Ersteres wieder erlangen und ließ den verlorenen Dolch passend neu fertigen. Den für sein Vergehen zum Tode verurteilten Dieb hatten die reichen Silberbeschläge zur Tat gereizt.
Der Panzerstecher hat ein schraffiertes geschwärztes Gefäß mit ovalem Knauf und einem Silberröschen darauf, einen deutlich ausgeprägten Knaufhals mit Silbermanschette und einen konischen Griff. Mit dieser Gestaltung repräsentiert er in der Rüstkammer eine kleine erlesene Waffengruppe des Kurfürsten Moritz. JB

370

Literatur:
Weber 1865, Miscelle, S. 169–177;
Haenel 1923–25, mit Besitznachweis Dom zu Freiberg;
Restaurierte Kunstschätze 1990, S. 68–69, Kat.-Nr. III 2;
Bäumel 1993 b; Bäumel 1995, S. 36.

370
Feldbinde des Kurfürsten Moritz von Sachsen in der Schlacht bei Sievershausen
1553

Taft, rot und weiß, Blutflecke;
L. 216 cm, B. 35 cm
Rüstkammer, Staatliche Kunstsammlungen Dresden, Inv.-Nr. I 56b

Die Feldbinde ist zusammen mit den Kleidungsstücken des Kurfürsten Moritz in der Schlacht bei Sievershausen überliefert. Sie ist rot und weiß quergestreift. Moritz hatte in der Schlacht die österreichischen Farben König Ferdinands geführt, während der des Reichsfriedensbruchs beschuldigte Albrecht Alcibiades von Brandenburg-Kulmbach widerrechtlich die rote Farbe des Kaisers führte. Eigentlich stand Moritz, der im Reichsauftrag agierte, die rote Farbe zu. Die Farben der Fahnen und Feldbinden dienten der Legitimation sowie der Unterscheidung der Kriegsparteien im Schlachtengetümmel.
Die Feldbinde von Moritz weist eine Vielzahl von zum Teil großen Blutflecken auf, die von der Verwundung des Kurfürsten durch einen Pistolenschuss in den Rücken herrühren. Das Ausmaß der Flecken lässt auf eine Verwendung der Feldbinde als Schnellverband noch im Feld schließen. Getränkt mit dem Blut des Verstorbenen, der den Sieg errang, aber dem Tod unterlag – »Et morte triumphans« –, bildet die Feldbinde als eine Art Reliquie das bedeutendste Memorialstück unter den Andenken an die Schlacht. JB

Literatur:
Haenel 1923–25, mit Besitznachweis Dom zu Freiberg;
Bäumel 1993 a, S. 93–94; Bäumel 1993 b.

371

371
Pistolenkugel und zwei Harnischsplitter
1553 (?)

Blei, Eisen, Geschoss ⌀ 17 mm, die rund gebeulten Harnischsplitter je etwa 14 mm
Der Durchschuss am Harnisch des Kurfürsten Moritz hat einen ⌀ von 11 mm
Rüstkammer, Staatliche Kunstsammlungen Dresden, Inv.-Nr. P 363

Die Bleikugel und die beiden Harnischsplitter sollen angeblich von der tödlichen Verletzung des Kurfürsten Moritz in der Schlacht bei Sievershausen 1553 stammen. Moritz starb am 11. Juli 1553 im Feldlager bei Sievershausen, nachdem er in der Schlacht am 9. Juli hinterrücks getroffen worden war. Ihm wurde zum Verhängnis, dass er von einem »ritterlichen« frontalen Treffen ausgegangen war und nur auf die Verstärkung der Brustplatte seines Feldharnischs geachtet hatte. Der verwundete Moritz schrieb dem Bischof von Würzburg am Vortag seines Todes: »[...] Wir sind mit einem schuß über den leuden [Lenden] getroffen worden, der durch außgangen, davon wir dann fast schwach sind [...]«.
Das Herz und die Eingeweide des Kurfürsten wurden in der Pfarrkirche von Sievershausen unter dem Taufstein eingesenkt, der präparierte Leichnam nach Freiberg überführt. Das Geschoss wurde nicht gefunden, wie ein zeitgenössisches Gedicht auf den Tod von Thomas Wyntzer bestätigt: »Man sucht das Glödt / man fand es nicht / Zur hüffen war es nein gericht«. Die ab 1610 nachweisbare Kugel befand sich 1733 im Grünen Gewölbe: »Ein klein rundes silbernes schächtelgen, so auf dem deckel gestochen ist, worinnen die bleykugel ligt, mit welcher Chur Fürst Mauritius in der action bei Sievershausen in Francken von seien Leib Pagen Heydenreich von geschlechte, von hinten zu todt geschossen worden.« Das Silberkästchen ist nicht überliefert.
Die Verformung der Kugel und der Harnischsplitter erscheint bedenklich. Diese Memorialstücke werfen wohl eher ein Licht auf die museale Geschichtsschreibung in der Frühen Neuzeit als auf das Todesereignis selbst. JB

Literatur:
Ô Byrn 1880, S. 43 f.; Haenel 1923–25, mit Besitznachweis Dom zu Freiberg; Bäumel 1993 b.

372
deutsch
Wams
Mitte 16. Jahrhundert

Taft schwarz; Futter Baumwollstoff naturfarben hell, körperbindig, aufgerauht;
L. vordere Mitte 49 cm, hintere Mitte 51,5 cm
Rüstkammer, Staatliche Kunstsammlungen Dresden, Inv.-Nr. I 55

Das Wams und die Hose des Kurfürsten Moritz von der Schlacht bei Sievershausen waren vermutlich zunächst dessen Figur im Freiberger Dom angelegt und beim Umbau der Begräbniskapelle unter Christian I. gegen andere Kleidung getauscht worden. Laut Inventar handelt es sich um jene Kleidungsstücke, die Moritz in der Schlacht bei Sievershausen 1553 unter dem Harnisch getragen hatte. Die Funktion als Harnisch-Unterkleidung erklärt ihre weitgehende Schmucklosigkeit.
Wams und Hose gelangten zunächst in die Kurfürstliche Schneiderei und waren zusammen mit der Feldbinde, einer holzgeschnitzten Kopfplastik sowie einer schwarzen Feder von Moritz in einem gesonderten »schwarz lädgen« untergebracht. Da das Wams mit den kurzen Schößen nur knapp über die Hüften reicht, konnte es von der durch den linken Gesäßreifen des Feldharnischs eingetretenen Pistolenkugel nicht berührt worden sein. Nachdem das Wams vom Feldharnisch getrennt war, wurde das darin befindliche Loch am linken Schulterblatt fälschlich für das Einschussloch gehalten. Die Hose, die 1660 bereits als alt und zerrissen beschrieben wurde, konnte bei einer Revision 1907 nicht mehr aufgefunden werden. JB

Literatur:
Haenel 1923–25, mit Besitznachweis Dom zu Freiberg; Bäumel 1993 a, S. 91–94; Bäumel 1993 b;
Georgius Agricola 1994, S. 225, Kat.-Nr. 3.8.

372

373
Antonio Scandello
Missa [...] super Epitaphium Illustrissimi
1562

80 gez. S.
Sächsische Landesbibliothek –
Staats- und Universitätsbibliothek Dresden,
Sign. Mus. Pi Cod. I

Chorbuch aus dem Bestand der Marienkirche zu Pirna mit der «Missa super Epitaphium Illustrissimi Principis ac Domini, Domini Mauricii, Ducis et Electoris Saxoniae...« von Antonio Scandello als Hauptwerk. Diese Messe des Dresdner Hofmusikers Scandello, der 1549 zusammen mit anderen Instrumentalisten von Kurfürst Moritz aus Trient nach Dresden geholt worden war, ist in der 1562 in Torgau gefertigten Reinschrift des Dresdner Hofmusikers Moritz Bauerbach am zuverlässigsten überliefert. Es ist eine so genannte Parodie-Messe. Den Messteilen Kyrie, Gloria, Credo, Sanctus und Agnus Dei liegt musikalisch eine Motette zugrunde, die Scandello nach dem Tode des Kurfürsten 1553 auf einen Text des Humanisten und Rektors der Meißner Fürstenschule St. Afra, Georg Fabricius, komponiert hatte, »Mauricius cecidit bellax Germania plange ...« (Moritz, der Krieger, fiel, Deutschland, weine ...).
Die Komposition und Aufführung der großen Gedenkmesse für Moritz dürfte in einem engen Zusammenhang mit der Errichtung des bedeutsamen Moritz-Kenotaphs im Dom zu Freiberg 1562/63 stehen. Sie ist ein eindrucksvolles Denkmal für den allzu jung gefallenen Wettinerfürsten und hat in dieser Funktion dieselbe Bedeutung wie die plastischen Denkmäler und Porträts des Kurfürsten Moritz von Sachsen. WSt

Literatur:
Steude 1974, S. 198 f.; Steude 1978, S. 118 ff.

374
Johann Weiss
Ein Sermon gepredigt zu Freibergk den XXII. Julij des LIII. Jars uber der Leich des [...] Herrn Moritzen Hertzogen zu Sachssen vnd Churfürsten
Leipzig: Valentin Bapst 1553

4°, 16 Bl.
Bayerische Staatsbibliothek München,
Sign. Res/4 Or.fun.262,10
Martin-Luther-Universität Halle-Wittenberg,
Universitäts- und Landesbibliothek
Sachsen-Anhalt in Halle (Saale),
Sign. an II 6525 (1)

Literatur: VD 16, L 7227.

376

375
Joachim Camerarius
Oration habita Lipsiae ad funus illvstrissimi Principis Mavricii, Ducis Saxonum elect.
Leipzig: Valentin Bapst 1556

40, 16 Bl.
Bayerische Staatsbibliothek München, Sign. Biogr. 3260k

Gedenkrede am Sarg des Kurfürsten Moritz, der am 11. Juli 1553 an einer Verwundung nach der Schlacht bei Sievershausen gestorben ist. Der Leipziger Griechischprofessor und enge Vertraute Philipp Melanchthons hielt sie am 19. Juli 1553 in der Thomaskirche. GWa

Literatur:
VD 16, C 494.; Wartenberg 2003 b, S. 25 f.

376
unbekannt
Grabmonument des Kurfürsten Moritz von Sachsen im Freiberger Dom
vor 1595

aquarellierte Federzeichnung, auf Leinwand aufgezogen, 62,5 × 78,5 cm
Bayerische Staatsbibliothek München, Inv.-Nr. Cod.icon. 209

Mit dem Plan, seinem in der Schlacht bei Sievershausen verstorbenen Bruder, Kurfürst Moritz, ein monumentales, freistehendes Grabmonument im Freiberger Dom, wo dieser begraben lag, zu errichten, wurde Kurfürst August zum Initiator eines Ruhmesdenkmals von europäischem Rang. Seine Entstehungsgeschichte spiegelt gleichwohl den hohen Anspruch wider. Die von Moritz 1549 nach Dresden berufenen Brüder Gabriele und Benedetto Tola aus Brescia wurden 1558 von August beauftragt, einen Entwurf für »ein herrlich stadtlich monument und gedechtniß« zu liefern. Nach den mehrfach veränderten Entwürfen fertigte der Hofschreiner Georg Fleischer ein Holzmodell an, das der Lübecker Goldschmied Hans Wessel 1559 in weißem, rotem und schwarzem Marmor ausführen sollte. Bis auf den Messingguss der zehn Greifen unter der Plattform mit der Porträtstatue des Kurfürsten Moritz gab er den Auftrag jedoch an den Antwerpener Bildhauer Antonius van Zerroen weiter, der das Denkmal in Antwerpen schuf. Alle Einzelteile wurden per Schiff über Hamburg nach Torgau und zu Land nach Freiberg gebracht. 1563 setzte Zerroen mit zwei Gesellen das Monument im Freiberger Dom zusammen.

Das bisher unpublizierte Aquarell stammt eindeutig aus der Entstehungszeit des Grabmonuments, denn entgegen der um 1595 von Giovanni Maria Nosseni veränderten Anordnung der allegorischen weiblichen Figuren – neun Musen und drei Grazien mit Tafeln und Büchern in den Händen – rings um die oberste Stufe des Monuments sitzen hier noch an den vier Ecken jeweils drei von ihnen übereinander. Das auf italienische Vorbilder zurückgehende Motiv der trauernden Musen und Grazien versinnbildlicht die »beraubten Künste«, die hier offensichtlich die Taten ihres Förderers aufzeichnen.

Ein Kupferstich aus dem Jahre 1569 von Wolf Meyerpeck zeigt frontal ebenfalls die Südansicht des Monuments und die ursprüngliche Anordnung der an den Ecken übereinander sitzenden weiblichen Figuren. Im Gegensatz zum Kupferstich ist das Grabmal im Aquarell perspektivisch dargestellt. Die westliche, stark in die Tiefe fluchtende Schmalseite mit nur zwei Inschriftentafeln erhöht beeindruckend die Monumentalität des Denkmals. Außerdem kommen im Aquarell die verschiedenartigen und kostbaren Materialien zum Ausdruck.

Dass das frühe Aquarell des Moritzmonuments vermutlich kurz nach seiner Entstehung an den bayerischen Hof gelangte, kann exemplarisch für dessen internationale Bedeutung stehen und auch für den offensichtlich lebhaften Austausch derartiger Projekte unter den Höfen Europas sprechen. AD

Literatur:
Distel 1884/85, Sp. 494; Distel 1886, Sp. 487; Magirius 1986, S. 41–45; Meine-Schawe 1992, S. 14–19; Magirius 1997, S. 87–92; Dombrowski 2001, S. 234–241; Magirius 2004.

Der Augsburger Religionsfrieden

Im Jahr 1555 trat zum wiederholten Mal die Versammlung der Reichsstände des Heiligen Römischen Reichs in Augsburg zusammen. Der Name dieser im Spätmittelalter und zu Beginn der Neuzeit durch ihre Wirtschaftskraft sehr bedeutenden schwäbischen Reichsstadt ist mit den Ereignissen der Reformationszeit untrennbar verbunden. Dies gilt sowohl für die reformatorischen Ereignisse innerhalb Augsburgs als auch für die Rolle der Stadt als Veranstaltungsort zentraler Reichstage der Reformationszeit. So rückte die »Luthersache« während des 1518 in Augsburg tagenden Reichstages durch das am Rande der politischen Versammlung stattfindende Verhör Luthers durch den päpstlichen Gesandten Cajetan ins politische Bewusstsein.

Auf dem Augsburger Reichstag von 1530 wurde die grundlegende Bekenntnisschrift der evangelischen Reichsstände, das »Augsburger Bekenntnis« (Confessio Augustana) (Kat.-Nr. 200), verfasst und dem Kaiser übergeben. Der »Geharnischte Reichstag« von 1548 in Augsburg war die Folge der militärischen Niederlage der evangelischen Reichsstände im Schmalkaldischen Krieg 1546/47 und stellt durch das so genannte »Augsburger Interim« den religionspolitischen Versuch des Kaisers dar, trotz einzelner, vorläufiger Zugeständnisse die Rückkehr der Evangelischen zur päpstlichen Kirche durchzusetzen. Mit dem Fürstenkrieg des Jahres 1552 und dem darauf folgenden Passauer Vertrag wurde der Weg zu den politischen Verhandlungen des Jahres 1555 geebnet.

Durch den als Abschluss des Augsburger Reichstages 1555 verkündeten Augsburger Religionsfrieden, dem der Charakter eines Reichsgrundgesetzes zukommt, änderte sich mit der Auflösung der religiösen Einheit im Reich das im Mittelalter entstandene christlich-abendländische Reichs- und Kaiserverständnis grundlegend. Der Friede von 1555 bedeutete die Anerkennung der vom Kaiser 1530 noch verworfenen Confessio Augustana und damit die reichsrechtliche Anerkennung der Reformation.

Der Augsburger Religionsfrieden gilt in der klassischen Geschichtsschreibung als Endpunkt der Reformationszeit und besiegelte die abendländische Aufspaltung in Konfessionen. Zugleich war in ihm der Keim für die kriegerischen Auseinandersetzungen des folgenden Jahrhunderts gelegt.

Andreas Gößner

377
Augsburger Religionsfriede
25. September 1555

Pergamentlibell mit der Unterschrift Ferdinands I., 32 Bl., 56 × 35 cm (aufgeschlagen), 8 Siegel an schwarz-gelben Seidenschnüren
Österreichisches Staatsarchiv, Abt. Haus-, Hof- und Staatsarchiv, Wien, Sign. AUR 1555 IX 25

Die einzelnen, im Reichsabschied verankerten Beschlüsse des Augsburger Reichstages von 1555 konkretisieren die reichsrechtliche Anerkennung der Reformation. So wird den evangelischen Reichsständen ihr gegenwärtiger (d. h. nach der Säkularisation von Kirchengut erreichter) Besitzstand zugestanden und damit anerkannt, was zuvor als Landfriedensbruch galt. Den weltlichen Gewalten werden kirchliche Jurisdiktionsrechte (z. B. Eherecht, Pfarrer- und Schulaufsicht) zugesprochen; das damit begründete landesherrliche Kirchenregiment endet erst mit dem Ende der deutschen Monarchien im Jahr 1918.

Außerdem wird allen Reichsständen das Reformationsrecht (ius reformandi) auf der Basis der traditionellen Kirchenlehre oder des Augsburger Bekenntnisses eingeräumt. Die Untertanen der Reichsstände sind der Religionsentscheidung ihrer Landesherrschaft verpflichtet (cuius regio, eius religio); das religiöse Einheitsprinzip wird also von der Reichs- auf die Stände- bzw. Landesebene zurückgenommen. Im Falle des konfessionellen Dissenses zwischen Landesherrschaft und Untertan wird Letzterem das Recht zur Auswanderung (ius emigrandi) zugesichert.

Von diesem religiösen Einheitsprinzip sind einige Reichsstädte, z. B. Augsburg und Regensburg, ausgenommen. Eine Einschränkung erfährt das ius reformandi durch den so genannten geistlichen Vorbehalt (reservatum ecclesiasticum), der die Umwandlung eines geistlichen Herrschaftsgebietes durch Bekenntniswechsel eines Bischofs in ein weltliches (erbliches) Fürstentum unterbindet. Ein zum reformatorischen Bekenntnis wechselnder geistlicher Fürst muss deshalb auf seine Herrschaftsrechte verzichten. AGö

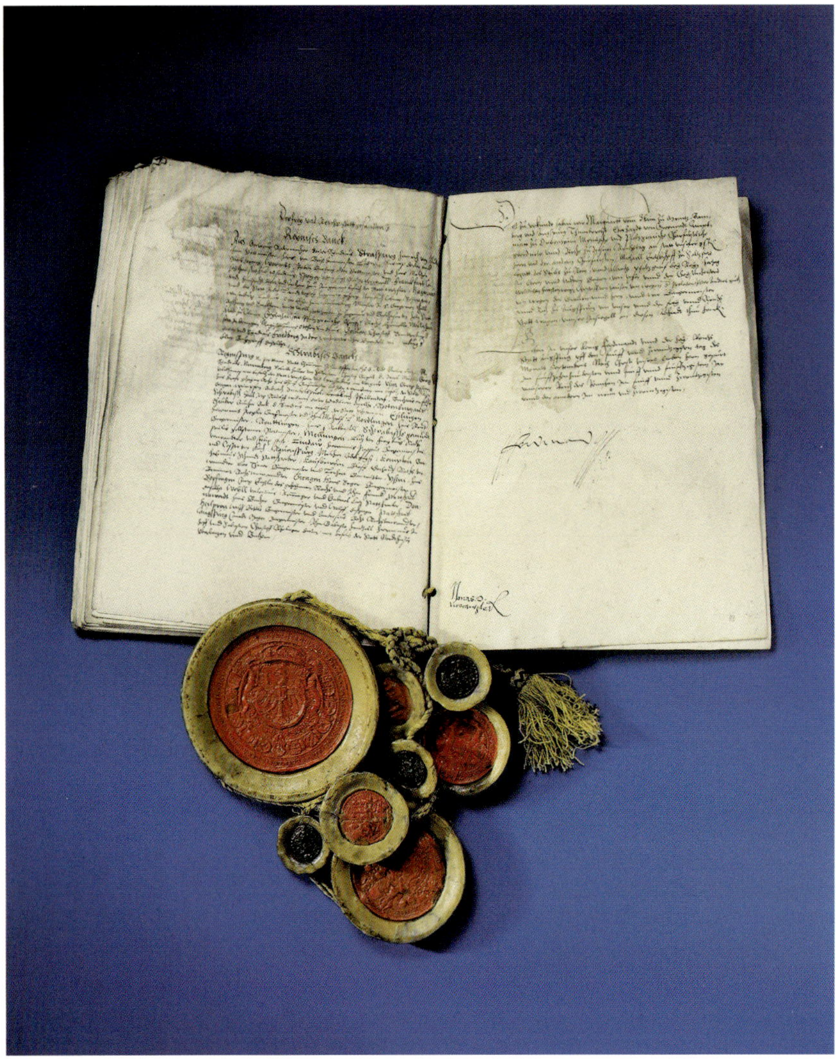

377

378

König Ferdinand I. garantiert die Ausübung des evangelischen Gottesdienstes

Augsburg, 24. September 1555

Pergament, Ausfertigung mit Siegeln,
34 × 61,5 cm, Siegel 13,5 cm
Sächsisches Hauptstaatsarchiv Dresden,
Sign. 10001 Ältere Urkunden, Nr. 11549a

König Ferdinand, der im Auftrag seines kaiserlichen Bruders die Augsburger Reichstagsverhandlungen führte, sicherte in einer Zusatzvereinbarung, d.h. außerhalb des Religionsfriedens, den in geistlichen Herrschaftsgebieten bereits lebenden Protestanten die Beibehaltung ihres Bekenntnisstandes zu: »[…] wir tun hiermit kund, daß der Geistlichen eigene Ritterschaft, Städte und Kommunen, die […] seit Jahren der Augsburgischen Konfession angehangen haben […], von dieser Religion fürderhin von niemandem abgebracht, sondern bis zum endgültigen Ausgleich der Religion […] unvergewaltigt gelassen werden sollen.« Diese so genannte »declaratio Ferdinandea« war reichsrechtlich nicht einklagbar. AGö

379

Transsumpt der Röm. Kaiserl. Assekuration der Augsburgischen Confession

24. September 1555

Pergament, Siegel des Bischofs v. Merseburg,
etwa 43 × 69 cm, Siegel 6,5 cm
Sächsisches Hauptstaatsarchiv Dresden,
Sign. 10001 Ältere Urkunden, Nr. 11549b

380

Seger Bombeck

Reformationsteppich (Lutherteppich)

um 1555

Eingewebtes Monogramm »S.B.« in der oberen Bildtafel; Wolle und Seide, Gold- und Silberfäden, 590 × 170 cm
Stiftung Weimarer Klassik und Kunstsammlungen, Inv.-Nr. N 767/35

Der Wandteppich mit allegorischer Darstellung der Lehre und des Reformationskampfes Martin Luthers befand sich um 1700 im Schloss von Eisenberg und blieb bis 1918 in herzoglichem Besitz in Altenburg. 1935 wurde er aus dem Kunsthandel für das Weimarer Schlossmuseum erworben. Es handelt sich dabei um eine Arbeit des vermutlich flämischen Bildwirkers Seger Bombeck nach einem Entwurf des Cranach-Schülers und Weimarer Hofmalers Peter Roddelstedt aus Gottland.

MEMENTO IESVM CHRISTVM RESVRREXISSE A MORTVIS EX SEMINE DAVID
OSEÆ 13 · DICIT DÑS DE MANV MORTIS LIBERABO EOS DE MORTE
REDIMAM EOS ERO MORS TVA O MORS MORSVS TVVS ERO INFERNE
LVC · VLT · VIDETE MANVS MEAS ET PEDES MEOS
I COR 15 · OPORTET CHRISTVM REGNARE DONEC POSVERIT OMNES
INIMICOS SVB PEDES SVOS · I COR · 15 · DEO GRATIA QVI DEDIT · NOBIS VICTO
RIAM PER DOMINVM NOSTRVM IESVM CHISTVM S · B

380

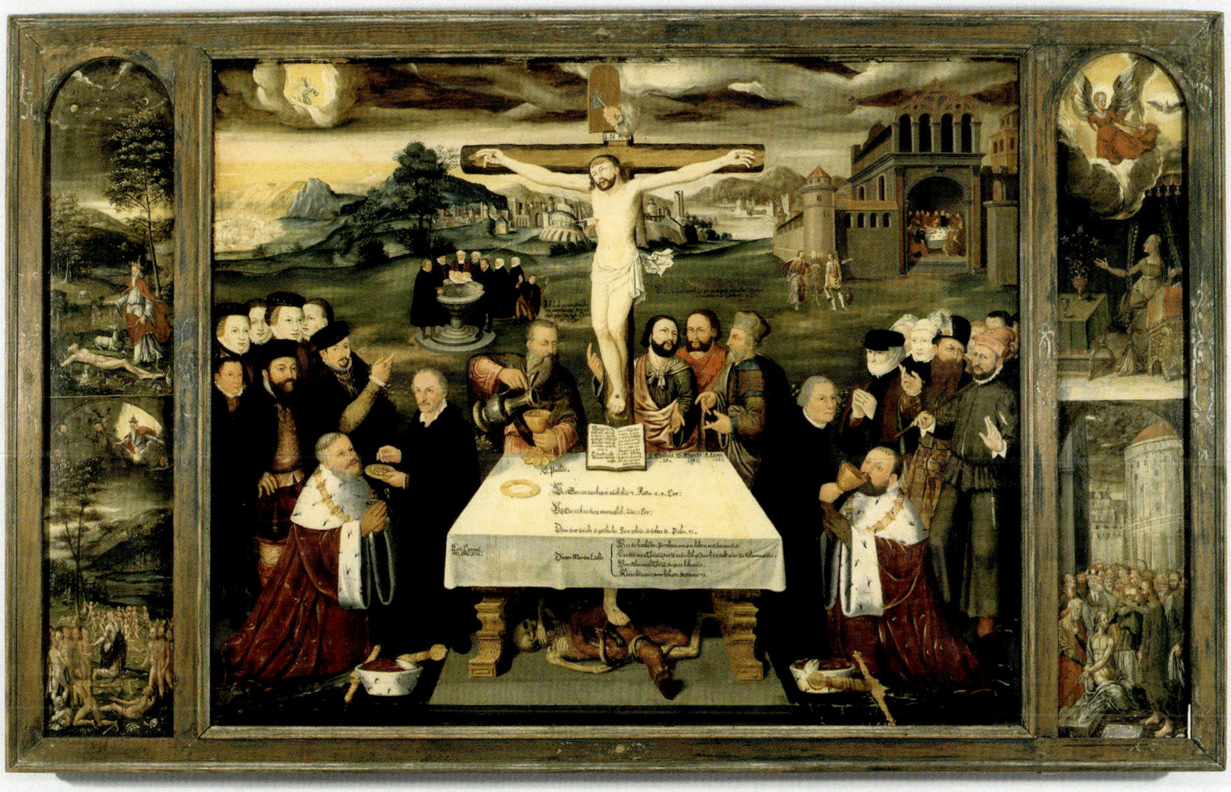

3812

In den figürlichen Szenen des Wandteppichs verbindet sich protestantische Ikonographie mit satirischer Polemik, wie sie in der Bildpropaganda der Reformationszeit entwickelt wurde. Der auferstehende Christus erscheint als Sieger über den Papst, über Mönche und den Tod; auf die Erlösung vom Tod, den Sieg und Herrschaft Christi beziehen sich Bibelzitate auf der oberen Schrifttafel. Rechts rücken die Widersacher Martin Luthers, die als Raubtiere in geistlicher und Gelehrtentracht karikiert sind, gegen den knieenden Reformator vor. Die Bibelzitate warnen vor den falschen Propheten. Der erfolgreiche Kampf gegen das Papsttum wird allegorisch in das Tier- und Pflanzenreich verlegt. GDU

Literatur: Scheidig 1935.

381
Naumburger Vertrag zwischen Kurfürst August und Herzog Johann Friedrich von Sachsen
24. Februar 1554

Pergament, zahlreiche Siegel, 33,5 × 53 cm
Sächsisches Hauptstaatsarchiv Dresden,
Sign. 10001 Ältere Urkunden, Nr. 11498a

Seit der Wittenberger Kapitulation bestanden Konflikte zwischen Albertinern und Ernestinern. Zwar hatten schon am 26. Juni 1547 in Zeitz Assekurationsverhandlungen zwischen Räten der beiden Linien begonnen, doch zog sich eine Annäherung bis 1553 hin. Unter Vermittlung seines Schwiegervaters, des dänischen Königs, erzielte Kurfürst August zu Beginn seiner Regentschaft seinen größten Erfolg: Mit dem Naumburger Vertrag vom 24. Februar 1554 gelang ihm der Ausgleich zwischen Albertinern und Ernestinern. Am 2. März 1554 – einen Tag vor seinem Tod – unterschrieb Herzog Johann Friedrich der Großmütige den Vertrag, der u. a. von König Ferdinand von Böhmen und König Christian III. von Dänemark gegengezeichnet wurde. Der Naumburger Vertrag legte endgültig die Bestimmungen der Wittenberger Kapitulation fest. Ergebnis war die Einigung über den territorialen Besitzstand von Albertinern und Ernestinern sowie zweier sich gegenseitig akzeptierender wettinischer Staaten. CH

382
Dresdner Hofmaler aus dem Umkreis von Lucas Cranach d. J.; Heinrich Göding und Andreas Göding zugeschrieben
Allegorie auf den Naumburger Vertrag von 1554
Die Versöhnung zwischen der albertinischen und ernestinischen Linie des Hauses Sachsen
Mitteltafel dat. 1561

Öl auf Holz, 122 × 150,5 cm
Mittelbild zusammengefügt mit zwei Seitentafeln aus der Zeit um 1600 (?) in einem alten Rahmen
linke Seitentafel: Erschaffung Adams und Israels Auferstehung
rechte Seitentafel: Maria und Auferweckung des Lazarus
Öl auf Holz, jeweils 122 × 26 cm
Stiftung Schleswig-Holsteinische Landesmuseen Schloss Gottorf, Landesmuseum für Kunst und Kulturgeschichte,
Inv.-Nr. 1989/1819 (Mitteltafel),
1990/1810-1812 (Seitentafeln und Rahmen)

Dieses Triptychon, das ein einzigartiges zeitgenössisches Dokument der Reformation ist, entstand in zwei – nicht unmittelbar aufeinander folgenden – Phasen. Die Mitteltafel mit der Darstellung des protestantischen Abendmahls in beiderlei Gestalt wurde im Jahre 1561 gemalt; die Seitentafeln dürften erst um 1600 entstanden sein, wobei auch deren Zusammenfügung mit dem Mittelbild in einem gemeinsamen Rahmen erfolgte.
Kurfürst August von Sachsen erreichte im Naumburger Vertrag 1554 einen Ausgleich mit den ernestinischen Verwandten. Unbestreitbar handelt es sich bei den knienden Gestalten des Vordergrunds, die von Luther und Melanchthon das Abendmahl erhalten, um sächsische Kurfürsten, denn vor ihnen liegt jeweils neben dem Kurhut ein Kurschwert mit der Inschrift »VDMIÆ« (= Verbum Domini Manet In Aeternum), dem Wahlspruch des sächsischen Hauses. Sie empfangen das Abendmahl nach lutherischem Ritus. Links ist Kurfürst August von Sachsen dargestellt, hinter dem hier als seine Erben die drei Söhne des rechts knienden »geborenen Kurfürsten« Johann Friedrich I. stehen. Kurfürst Augusts Ehe mit Prinzessin Anna von Dänemark war zu diesem Zeitpunkt noch kinderlos.
Die Identifikation der Dargestellten belegt, dass es sich bei dem Gemälde um ein Versöhnungsbild handelt, d. h. um eine Versöhnung im Geist des reformatorischen Christentums und seines Sakramentsverständnisses. Es steht zu vermuten, dass das Gemälde von Kurfürst August in Auftrag gegeben wurde. Unten in der Mitte befindet sich die Datierung 1561. In diesem Jahr fand ebenfalls in Naumburg ein Fürstentag statt, auf dem die evangelischen Fürsten, um ihre Einigkeit zu bezeugen, noch einmal die Confessio Augustana unterschreiben wollten. Vermutlich hat der Kurfürst die Allegorie zu diesem Anlass malen lassen, um seinem ernestinischen Widersacher Herzog Johann Friedrich II. von Sachsen, der ihm die Kurwürde streitig zu machen versuchte, vor den versammelten Fürsten erneut die von den beiden sächsischen Landständen bestätigten Ergebnisse des Naumburger Vertrages von 1554 vor Augen zu stellen.
Es ist nachvollziehbar, dass Jahrzehnte nach dem Naumburger Vertrag von 1554 und der Versammlung der protestantischen Fürsten in Naumburg im Jahre 1561 der politische Hintergrund des Bildes an Bedeutung verloren hatte. Um vermutlich den religiösen Gehalt der malerisch etwas spröden »Allegorie auf den Naumburger Vertrag von 1554« zu betonen, wurde es durch zwei seitliche Tafeln ergänzt, die jeweils zwei Szenen aus dem Alten und Neuen Testament zeigen. Aufgrund stilistischer Vergleiche liegt es nahe, dass es sich hier um die gemeinsame Arbeit der Dresdner Hofmaler Heinrich Göding und seines Sohnes Andreas Göding handelt. JD

Literatur:
Drees 1988/89; Drees 1990/91; Aller Knecht und Christi Untertan 1996, S. 300 f., Kat.-Nr. 281;
Gottorf im Glanz des Barock 1997, S. 275 f., Kat.-Nr. 95;
Rom in Bayern 1997, S. 273 f., Kat.-Nr. 7;
Zwischen Katheder, Thron und Kerker 2002, S. 140 f.

Gefärbte Geschichte

Mit nur wenigen Jahren Abstand traten in den 1550er Jahren drei politische Protagonisten der Reformationszeit von der Bühne des Weltgeschehens ab. Das Wirken Kaiser Karls V., Johann Friedrichs des Großmütigen und Moritz' von Sachsen fand in einem bisher nicht gekannten Maße schon zu Lebzeiten direkten Widerhall. Freund und Feind bedienten sich der neuen Medien Flugschrift und Flugblatt. Nach ihrem Tode bekam diese Publizistik einen neuen Ton. Die Erinnerung an verstorbene Herrscher hatte bislang vor allem dynastische Funktion: In ihren Leistungen erwies sich die Legitimität der regierenden Herrscherfamilie. Jetzt wurde diese Erinnerungskultur durch tagesaktuelle Bezüge gefärbt.

In der Erinnerung an die Taten Karls V. klingt die Leistungsfähigkeit des Hauses Habsburg an – angesichts der Teilung in spanische Herrschaft und deutsches Kaisertum zwischen Philipp II. und Ferdinand I., denen Karl sein Reich hinterließ, eine Botschaft der Einigkeit. Johann Friedrich wurde die Rolle eines protestantischen Märtyrers zugewiesen, dessen Glaubensstärke zur Nachfolge aufruft – ein kämpferischer Grundton, der nicht in die Ära des Augsburger Religionsfriedens zu passen scheint. Der Kurfürst jedoch wurde nicht als Bereiter des Augsburger Religionsfriedens gefeiert oder als derjenige, der eine habsburgische Hegemonie verhindert hatte. In den Aufträgen seines Bruders und Nachfolgers August erscheint Moritz als Feldherr, als miles christianus und als Kämpfer im Dienst des Reiches, der hiermit deutlich den Abschied von den Ambitionen seines Bruders und seine Treue zu Kaiser und Reich signalisierte.

Eckhard Kluth

Literatur:
Schilling 1990; Werner 1995/96;
Kaiser Karl V. 2000; Burkhardt 2002.

383
Lucas Cranach d. J.
Kurfürst Moritz von Sachsen
1578

Öl auf Leinwand, 121,5 × 93 cm
Rüstkammer, Staatliche Kunstsammlungen Dresden, Inv.-Nr. H 74

Kurfürst Moritz von Sachsen ist in Dreiviertelfigur hinter einer mit dunkelgrünem Samt bedeckten Brüstung leicht nach links gewandt dargestellt. Er trägt einen hochmodernen Harnisch mit goldgeätzten, verzierten Bandstreifen und der roten Feldherrnbinde, wie ihn ganz ähnlich nur Karl V. und Ferdinand I. besaßen. Die in ihrer Farbsymbolik gleichen Harnische – Weiß (Silber) und Rot – spiegeln höchsten fürstlichen Anspruch wider. Damit reihte sich Moritz unter die führenden Fürsten des Kaiserreiches ein und stellte gleichzeitig seinen großen Anspruch und sein Selbstbewusstsein zur Schau. In diesem Sinne blickt er den Beschauer an, greift mit der Linken an den Knauf seines kostbaren spanischen (?) Degens und hält mit der Rechten seinen Streithammer, den Kommandostab des Reiterführers. Sein Helm mit dem roten Feldherrenbusch liegt auf der Brüstung.

Das Bildnis des Kurfürsten Moritz stellt das Pendant zu demjenigen von Herzog Johann Friedrich dem Großmütigen (Kat. Nr. 384) dar. Kurfürst August hat die beiden Porträts auf Bitten eines Freundes – vermutlich Erzherzog Ferdinand von Österreich – am 6. Juni 1578 bei Lucas Cranach d. J. in Auftrag gegeben. Neben diesen beiden postumen Bildnissen der wettinischen Vettern in ihrer Rüstung, die sie in der Schlacht bei Mühlberg getragen haben sollen, wurden gleichzeitig auch zwei Pendants »in ihrer gewöhnlichen täglichen Kleidung« bestellt. Letztere sind wohl eindeutig in den 1578 datierten und signierten Porträts in Meißen und Weißenfels (Kat.-Nr. 543 und 544) zu sehen. Die Inschriften im oberen Bereich sind offensichtlich neben der realen Datierung bewusst angebracht, um den Übergang der Kurwürde von der ernestinischen an die albertinische Linie der Wettiner nach dem Sieg Moritz' in der Schlacht bei Mühlberg 1547 klar herauszustellen.

Vermutlich wurden in der Werkstatt Cranachs vorhandene Porträtstudien der beiden Wettiner verwendet, wie z. B. das Bildnis von Moritz in der Dresdner Gemäldegalerie (Kat. Nr. 263), wenngleich dieses nicht unmittelbar als Vorbild gedient haben kann. AD

Literatur:
Schade 1961/62, S. 42–48; Bach/Decker 1973, S. 142–144; Schade 1974, S. 105, 451; Bach 1979, S. 262–264; Blaschke 1983; Schaal 1991, S. 8 f.; Menzhausen 1997, S. 2–9; Kaiser Karl V. 2000, S. 264, Kat.-Nr. 255, Abb. S. 266; Herrmann 2003.

383

384

44.
Moritz herzog Heinrichens
Sohn Churfürst zu Sachßen
Anno 1550.

384
Lucas Cranach d. J.
Kurfürst Johann Friedrich der Großmütige
1578

Öl auf Leinwand, 118,5 × 91 cm
Rüstkammer, Staatliche Kunstsammlungen Dresden, Inv.-Nr. H 73

Als Pendant-Bildnis zu demjenigen des Kurfürsten Moritz von Sachsen (Kat. Nr. 383) ist sein ernestinischer Gegner und Vetter, der ehemalige Kurfürst Johann Friedrich der Großmütige von Sachsen, in Dreiviertelfigur hinter einer ebenfalls mit dunkelgrünem Samt bespannten Brüstung leicht nach links gewandt dargestellt. Wie dieser blickt er aus dem Bild heraus, umgreift den Knauf seines Degens mit der Linken und hält in der Rechten seinen Streithammer, von dem allerdings lediglich der untere Teil sichtbar ist – möglicherweise ein Hinweis auf seine Niederlage in der Schlacht bei Mühlberg.
Im Gegensatz zu der hochmodernen, anspruchsvollen Rüstung seines Vetters Moritz trägt er eine eher altertümliche, schlichtere Rüstung mit einer gelben Feldherrnbinde, die ihn als Gegner des kaiserlichen Heeres kennzeichnet. Das Porträt gehört zu den vier von Kurfürst August 1578 bei Lucas Cranach d. J. in Auftrag gegebenen Bildnissen der beiden Wettiner (vgl. Kat.-Nr. 543, 544). AD

Literatur:
Schade 1961/62, S. 42–48; Bach/Decker 1973; Schade 1974, S. 105, 451; Bach 1979.

385
Heinrich Göding
Kurfürst Moritz von Sachsen
1589

monogrammiert und datiert rechts unten auf dem Fuß des Tisches: HGB .1.5.89 (Buchstaben des Monogramms perspektivisch als liegend dargestellt und ineinander verschlungen)
beschriftet rechts von späterer Hand: Moritz, Hertzog Heinrichens Sohn, Churfürst zu Sachßen, regierete biß Anno 1550 [!]
Leinwand, oben und seitlich rechts angestückt, 243 × 141 cm

ehemals im Kurfürstengang des Dresdner Residenzschlosses, Königl. Garde-Meubles-Verwaltung, Cap. I Aa, 300.
Nach 1945 zur Gemäldegalerie
Gemäldegalerie Alte Meister,
Staatliche Kunstsammlungen Dresden, Inv.-Nr. Mo 649

Das lebensgroße Ganzfigurenbildnis, das unverkennbar im Typus an Porträts von Kaiser Karl V. und hoher kaiserlicher Gefolgsleute angelehnt ist, zeigt Moritz in einem ganzen Feldharnisch, der gebläut ist, mit geätzten, goldeingefassten Dekorstreifen.[1] Unter dem Harnisch trägt er ein Kettenhemd. Er hält den Kommandostab in der rechten Hand, die linke ist auf den geschlossenen, federgeschmückten Helm gelegt, hinter dem ein reich verzierter Morion (Helm) sichtbar wird, der nicht zu dem Harnisch gehört. Moritz trägt ein langes Schwert an der linken Seite, das durch den Körper großenteils verdeckt wird. Ein Radschlossgewehr und zwei Pistolen sind hinter dem roten Federbusch erkennbar, aufgestellt mit dem Lauf nach unten. Aus dem Federbusch ragen weiße Reiherfedern heraus.
Das Bildnis ist gut 35 Jahre nach dem Tode des Kurfürsten als repräsentatives Erinnerungsbild entstanden, im Auftrag von Kurfürst Christian I., der nach dem Ableben seines Vaters, des Kurfürsten August, von 1586 bis 1591 regierte. Das eigentliche Porträt geht zurück auf eine Bildnisstudie von Lucas Cranach d. J.[2]
Heinrich Göding trat etwa 1562 in kursächsische Dienste und arbeitete bis zu seinem Tod nacheinander für die Kurfürsten August, Christian I. und Christian II. Seit etwa 1570 führte er den Titel Hofmaler. Für Christian I. malte er die wettinische Ahnengalerie in der Gewehrgalerie zwischen Residenzschloss und Stallgebäude in Dresden, zu der Berling bemerkte: »Ganz besonders gut sind dem Künstler die Bildnisse von Friedrich dem Gütigen (41) und Moritz (44), auch von August (45) und Christian I. (46) gelungen, [...]«[3]
Auf unserem 1589 datierten Gemälde steht Kurfürst Moritz vor einem Zelt, das links offen ist und dadurch den Ausblick auf Himmel und Landschaft ermöglicht. Wir sehen eine belagerte, sehr große Stadt und davor ein Scharmützel, im Hintergrund Berge. Betrachtet man die Kampfszene genauer, dann bemerkt man türkische Einheiten im Zusammenprall mit Reichstruppen: Turbane und krumme Säbel kennzeichnen die Einen und die gekreuzten roten Schwerter als Zeichen des Erzmarschalls des Heiligen Römischen Reiches auf einer schwarzweißen Fahne die Anderen.
Der sächsische Kurfürst wurde ganz bewusst nicht in einem Kampf zwischen Katholischen und Lutherischen, zwischen deutschen Fürsten und dem Kaiser dargestellt, sondern als Feldherr in der Auseinandersetzung mit den Türken, als Beschützer des Glaubens und des Reiches. So hatte auch Georgius Agricola die deutschen Fürsten in seiner berühmten Türkenrede von 1538 aufgefordert: zusammenzustehen im Kampf gegen die äußere Bedrohung und innere Zwistigkeiten friedlich beizulegen. Die Realität hatte anders ausgesehen, aber in der verklärenden Rückschau sollte dieser ideale Eindruck entstehen.
Sucht man nach der konkreten militärischen Auseinandersetzung, dann kommt nur eine einzige Episode aus seinem Leben in Frage: Sein Türkenkampf vor Budapest. Wir lesen bei Georgius Agricola, dass Moritz 1542 freiwillig mit 1000 Mann nach Ungarn gezogen sei, und zwar bis vor die von den Türken besetzte Stadt Pest: »alldo ist an einem Sontage ein Sansacke (eine Abteilung Soldaten) mit 1500 pferden herausgefallen und ein scharmützel angefangen / dorein Hertzog Moritz selbte dritte gewuscht (selbst hinein verwickelt gewesen) und den Turcken also in die hende kommen.«[4] Nur durch die Aufopferung eines seiner Leibjäger, der sich schützend über ihn warf und dadurch selbst umkam, wurde er gerettet.
Agricola berichtet, dass Moritz 1552 ein zweites Mal in Ungarn war: Nun schon als sächsischer Kurfürst war er kurzzeitig Oberkommandierender der Reichstruppen und hielt sich bei Raab auf; von dort aus sorgte er dafür, dass Eger (Erlau) gegen die Türken gehalten werden konnte.[5] Für Agricola war dieser Kriegszug aber nicht besonders bemerkenswert; wir lesen: »ist er [Moritz] auff den Herbst dem konige zu Hulfe in Vngarn wieder [!] den Turcken gezogen / do ist aber nichts aus gerichtet wordenn.«[6]
Das Bildnis entspricht weitgehend demjenigen, das Kaiser Karl V. darstellt und aus der Tizian-Werkstatt stammt (Kat.-Nr. 310) (allerdings nur ein Halbfigurenbild). Eine andere alte Kopie nach diesem 1548 in Augsburg entstandenen Tizian-Gemälde war in der Ausstellung »Kaiser Ferdinand I.« 2003 in Wien zu sehen.[7] Während Karl V. auf diesem Gemälde ganz bewusst in demselben Harnisch dargestellt ist, den er 1547 in der Schlacht bei Mühlberg getragen hat, wollte man in Dresden verständlicherweise an andere historische Momente erinnern.
Wie sehr bei solchen Bildnissen repräsentative Darstellungsformeln zur Anwendung kamen, die den Malern nur wenig Spielraum für persönliche Varianten ließen, wird deutlich, wenn man versucht, die Fülle solcher Porträts zu überblicken. Der Harnisch wurde jeweils in bestimmten Details verändert und natürlich der entsprechende Porträtkopf eingesetzt, aber das Muster blieb gleich. Als weiteres Beispiel sei noch das Bildnis Wilhelm I. von Oranien-Nassau, genannt der Schweigsame, im Alter von 22 Jahren in der Gemäldegalerie Alte Meister in Kassel erwähnt; auch bei diesem 1555 entstandenen Porträt, einem Hauptwerk von Anthonis Mor, handelt es sich um ein Hüftstück.[8] Ein Porträt des Kurfürsten Moritz in der Dresdner Rüstkammer entspricht diesem Typus vollkommen;[9] verständlicherweise

386

wird auch im Zusammenhang mit diesem Gemälde, das Moritz in exakt dem selben Harnisch zeigt wie das Bild von Göding, nur mit anderer Feldbinde, der Name Anthonis Mor genannt. Was das jedoch konkret bedeutet, bleibt unklar.

Das hier vorgestellte Bildnis des Kurfürsten Moritz wurde in den 90er Jahren des 17. Jahrhunderts durch Anstückungen wesentlich vergrößert und in vielen Partien vollkommen übermalt. Dabei ging die manieristische Brillanz der Malerei weitgehend verloren (bzw. wurde überdeckt), was an der Feldbinde genauso wie an den Lichtreflexen auf dem Harnisch deutlich wird.

Bei der gründlichen Restaurierung des 1945 schwer beschädigten Bildes 2002/03, sind drei kleine Freilegungen vorgenommen und sichtbar belassen worden.[10] Es zeigt sich, dass die Gestalt des Kurfürsten vom Zelt viel tiefer reichend hinterfangen war; auch wirkte dieses Zelt sehr viel farbiger. Die ursprünglich intensiv grüne Tischdecke ist heute dunkel durch Übermalung; und auf dieser großflächigen Übermalung steht die Inschrift, die sogar bis auf die seitliche Anstückung reicht. Die vollständige Abnahme aller Übermalungen hätte auch die Abtrennung der Anstückungen erfordert und den Verlust der Inschrift zur Folge gehabt. Einen Eindruck von diesem ursprünglichen Zustand vermittelt ein anderes Bildnis des Kurfürsten Moritz in dieser Ausstellung (Kat.-Nr. 588).[11]

Die Inschrift dürfte in der Regierungszeit von Kurfürst Johann Georg IV. entstanden sein, denn ein Bildnis Kurfürst Johann Georgs III., der von 1680 bis 1691 regierte, ist das späteste dem Verfasser bekannte mit diesem Inschrifttyp und der Nummerierung in dieser Form.[12] Da in der Inschrift das Todesjahr von Johann Georg III. genannt wird, muss das Bild nach 1691 beschriftet worden sein. Wir können also annehmen, dass die Bildnisserie für den Kurfürstengang in den 90er Jahren des 17. Jahrhunderts zusammengestellt wurde. Dafür waren Formatänderungen älterer Gemälde nötig, wie sie unser Bildnis des Kurfürsten Moritz zeigt.

Sowohl in der Rüstkammer als auch in der Gemäldegalerie Alte Meister gibt es wettinische Ahnenbilder, deren ehemalige Standorte nicht leicht zu ermitteln sind.[13] Beim Zusammenstellen der einzelnen Serien kann der genaue Vergleich der Maße bei Berücksichtigung etwaiger späterer Veränderungen durch Anstückung oder Umschlagen sowie das Ordnen nach dem Typus der Inschrift und der Nummerierung von entscheidender Bedeutung sein. HMa

1 Dieser Harnisch ist in der Dresdner Rüstkammer nicht nachweisbar, anscheinend auch nicht in älteren Verzeichnissen (Auskunft von Dr. Jutta Bäumel). Für die tatsächliche Existenz genau dieses Harnischs spricht jedoch, dass Moritz noch auf einem weiteren Bildnis in der Dresdner Rüstkammer damit dargestellt ist: Inv.-Nr. H 168.
2 Dresden, Gemäldegalerie Alte Meister, Gal.-Nr. 1948.
3 Berling 1887, S. 326.
4 Zit. nach Agricola 1963, S. 381.
5 Vgl. Blaschke 1983, S. 80.
6 Agricola 1963, S. 383.
7 Kaiser Ferdinand I. 2003, Abb. S. 136, Kat.-Nr. VI. 15.
8 Öl auf Eichenholz, 105 × 82 cm, GK 37.
9 Rüstkammer, Inv.-Nr. H 168. Der Kurfürst trägt auf diesem Porträt vollkommen denselben Harnisch, wie auf unserem Ganzfigurenbildnis von Göding.
10 Diese Restaurierung wurde finanziert durch die Ostdeutsche Sparkassenstiftung im Freistaat Sachsen gemeinsam mit der Stadtsparkasse Dresden. Vgl. Posselt 2004.
11 Dresden, Gemäldegalerie Alte Meister, Inv.-Nr. Mo 2112 (99/43).
12 Das erwähnte Bildnis von Kurfürst Johann Georg III. wird traditionell und zu Recht dem kursächsischen Hofmaler Samuel Bottschild zugeschrieben; es trägt folgende Inschrift: »50. Johann George der Dritte Churfürst Johann George des Andern Sohn hat regieret biß Anno 1691.« In der Dresdner Gemäldegalerie Alte Meister hat es die Inv.-Nr. Mo 2158 und wird um 1685 datiert. Die heutigen Maße betragen 248 × 132 cm. Hinzu kommen jedoch 10 cm, die links umgeschlagen sind, damit erhält man ziemlich genau die Maße unseres Moritz-Poträts. Die Bildhöhe des Porträts von Johann Georg III. wurde nur dadurch erreicht, dass oben 10 cm angestückt wurden, daraus ergibt sich, dass auch dieses Stück nicht von vornherein für die Serie im Kurfürstengang gedacht war, deren Zusammenstellung in der Regierungszeit Kurfürst Johann Georgs IV. wahrscheinlich ist, da aus der Zeit Augusts des Starken (bisher) kein Porträt dieses Formats mit dieser Art von Inschrift bekannt geworden ist. Vgl. Der Silberne Boden 1990, Nr. 157.
13 Vgl. u. a. Marx 1990.

386
Meister HM
Johann Friedrich der Großmütige, Szenen aus dem Leben
nach 1554

Holzschnitt von 8 Stöcken, je 39 × 22,4 cm
Staatliche Museen zu Berlin, Kupferstichkabinett, Inv.-Nr. 642-648-9

Nach dem Tod Johann Friedrichs des Großmütigen brachte ein Künstler, der heute unter dem Notnamen »Meister HM« bekannt ist, eine illustrierte Lebensbeschreibung des Fürsten auf den Markt. Gleich im ersten Blatt setzt die Unterschrift den Grundton »Wer also gar bald glauben will / Muß in seim leben leyden vil.«
Die Mehrzahl der Bilder ist dem Schmalkaldischen Krieg und seinen Folgen gewidmet. Die Sicht auf die Ereignisse ist parteiisch: Untreuen Räten und Verrätern am kaiserlichen Hof wird die Schuld am Zerwürfnis mit dem Kaiser zugeschrieben; und es ist seine Standhaftigkeit im Glauben, die dem Fürsten den Weg in die Freiheit ebnet. Ziel der Bilderfolge war offensichtlich, den geborenen Kurfürsten zum unschuldigen Märtyrer der protestantischen Sache zu stilisieren. Unklar ist allerdings, ob es sich um ein Auftragswerk handelt. EK

Literatur:
Strauss 1975, Bd. III, S. 1245–1248;
Von der Freiheit eines Christenmenschen 1967, Nr. 80;
Werner 1995/96, Abb. 1.

387
Dirk Volckertszoon Coornhert
nach Maarten van Heemskerck
DIVI CAROLI.V. IMP. OPT. MAX. VICTORIAE
(Siege Kaiser Karls des V.)
1555/56

Folge von 12 Bl.
Kupferstich, 15,7 × 22,5 cm
Rijksmuseum, Amsterdam,
Inv.-Nr. RP-P-1950-201

1556 erschien diese Kupferstich-Folge zur Verherrlichung der Taten Karls V., der ein Jahr zuvor sein Amt niedergelegt und sich in das spanische Kloster Yuste zurückgezogen hatte. Seinem Nachfolger auf dem spanischen Thron, Philipp II., gewidmet, sollte das Werk den neuen Herrscher möglicherweise auch dazu anspornen, in die Fußstapfen seines Vaters zu treten. Auf das Titelblatt mit einer ausführlichen Präambel (Blatt 1) folgen drei Abteilungen: Karls Erfolge in Oberitalien, Karls Siege gegen die Ungläubigen und Karls Siege im Reich.
Den heutigen Betrachter muss erstaunen, dass der »Sacco die Roma« im Jahre 1527 eine so prominente Rolle in dieser Folge (zwei Blätter!) spielt, Papst Clemens VII. auf dem ersten Blatt sogar in der Reihe der angeketteten Feinde erscheint. Karl V. wird hier tatsächlich zum einzigen Herrn der Christenheit und Verteidiger des Glaubens erhoben. Er unterwirft diejenigen, die diese Ordnung infrage stellen.
Damit fällt ein neues Licht auf die Szenen aus dem Schmalkaldischen Krieg (Blatt 9 bis 12): Hier steht nicht – so könnte man schließen – der Kampf um die wahre Religion im Mittelpunkt, sondern die Wiederherstellung der Ordnung im Reich. Ein Jahr nach der Unterzeichnung des Augsburger Religionsfriedens 1555 ist allerdings die Vorstellung eines Kaisers, der alle Fäden (Ketten) in der Hand hat, bereits ein vergangener Wunschtraum. EK

Literatur:
Hessen und Thüringen 1992, Kat.-Nr. 557a;
Kaiser Karl V. 2000, Kat.-Nr. 423–442.

387

388
oberitalienischer Bildhauer
(Giovanni Battista Bonometti?)
Kurfürst Moritz von Sachsen
um 1550 – 1570

sächsischer Marmor, Teile der Rüstung bronziert, H. 63,5 cm, Sockel 28,5 cm
Skulpturensammlung, Staatliche Kunstsammlungen Dresden, Inv.-Nr. H^4 1/2

Der unbekannte Bildhauer gibt den Kurfürsten in Paraderüstung mit unbestimmtem, in die Ferne gerichtetem Blick und ebenmäßigen Gesichtszügen wieder. Achsensymmetrisch sind der Kopf mit Kurzhaarfrisur, die Nasen- und Wangenpartie und der sich mittig teilende, spiegelbildlich gelockte Bart aufgefasst. Auch die Rüstung, auf der sich die feine dunkle Maserung des Marmors abzeichnet, folgt diesem Aufbau.
Aufgrund stilistischer Überlegungen wird angenommen, dass die Büste von dem seit 1566 in Dresden ansässigen und am Schlossbau beschäftigten Bildhauer Giovanni Battista Bonometti (oder Buonomia) gefertigt worden sein könnte. Die Auffassung des Porträtierten und die nur durch Schärpe und Gewanddrapierung aufgelockerte Symmetrie erinnern an ungefähr zeitgleiche Porträts in Florenz wie etwa die Giambologna zugeschriebene Bronzebüste von Großherzog Cosimo I. (Florenz, Uffizien), was die Zuschreibung an Bonometti stützt. Die Anlehnung an »moderne« italienische Formen und die Nutzung einheimischen Marmors deuten aber auch auf einen ehrgeizigen Auftraggeber (Kurfürst August?) hin, der hier, quasi nebenbei, auf die neu erschlossenen sächsischen Bodenschätze verweist. AS

Literatur:
Der silberne Boden 1990, S. 105 f., Kat.-Nr. 146;
Hauptsache Köpfe 2001, S. 58, Kat.-Nr. 2.

Die Schlosskapelle

Mit dem letzten Bauabschnitt des seit 1532 für Kurfürst Johann Friedrich den Großmütigen errichteten Residenzschlosses entstand 1544 auch die Kapelle. Am Beginn des protestantischen Kirchenbaus in Deutschland stehend, erhielt sie ihre überragende Bedeutung durch die von Martin Luther vorgenommene Einweihung. Eine bronzene Dedikationstafel (Kat.-Nr. 390) erinnert an dieses denkwürdige Ereignis. Baumeister war Nickel Gromann. Er gab dem hohen rechteckigen Raum die Gestalt eines klar gegliederten, durch drei Geschosse gehenden Emporensaals, der ganz auf die Anforderungen des neuen, evangelischen Predigtgottesdienstes zugeschnitten war. An zentraler Stelle wurde die der Verkündung des Worts dienende Kanzel (Kat.-Nr. 389) angebracht. Der als Tisch gebildete Altar kam an der Westseite zur Aufstellung, und davor befand sich ursprünglich der Platz für die von Johann Walter geleitete Torgauer Kantorei. Damals oder wenig später diente auch der Emporenabschnitt hinter dem Altar als Musikempore, über der von Anfang an die Orgel angebracht war. Auf den Emporen gegenüber hatten der Kurfürst und seine Gemahlin ihren Platz.
Einen wichtigen Teil der ursprünglichen Ausstattung bildeten Gemälde Lucas Cranachs d. Ä. und seiner Werkstatt. Ein Aufsatz auf dem Altar zeigte, direkt auf seine Funktion als Abendmahlstisch bezogen, in der Mitte das Letzte Mahl Christi und auf den Flügeln die Fußwaschung und das Gebet am Ölberg. An den Stirnseiten der unteren Emporen hingen Tafelbilder mit Szenen aus der Passion Christi, und der Kanzel gegenüber sah man das große Gemälde mit der alttestamentlichen Erzählung vom Brandopfer des Propheten Elia, eine auf die Auseinandersetzungen der Reformation bezogene Darstellung und zugleich denkmalhafte Würdigung Luthers, der den Zeitgenossen als der neue Elia galt.

Hans-Joachim Krause

389
Simon Schröter
Die Kanzel der Torgauer Schlosskapelle
1544

Torgau, Schlosskapelle

Die Bildreliefs des Kanzelkorbes beziehen sich auf die Verkündigung des Gotteswortes und damit auf die Bedeutung des Ortes und der evangelischen Predigt. Das zentrale Relief zeigt den zwölfjährigen Jesus im Tempel als Lehrer und Exegeten der Heiligen Schrift. Er verkündet – wie es der Prediger auf der Kanzel zu tun hat – das Wort Gottes. Die Geschichte von Jesus und der Ehebrecherin links verweist auf die Rettung der nach dem »Gesetz« des Alten Testaments straffälligen Sünderin durch die vom Evangelium im Neuen Testament verheißene »Gnade«. Das Bild von der Austreibung der Wechsler und Händler aus dem Tempel steht für die Reinheit des Bethauses, womit auf die angestrebte Reinheit der neuen Lehre angespielt wird. KK

390
Wolf und Oswald Hillger
Gedenktafel auf die Einweihung der Schlosskapelle
1545

Bronzeguss (urspr. vergoldet), 237 × 172 cm
Torgau, Schlosskapelle

Die Bronzetafel erinnert in eindrucksvoller Weise an die Einweihung des ersten protestantischen Kirchenneubaus der Reformationszeit. Ursprünglich war die Tafel mit Gold gehöht und neben dem Altar an der schräg einspringenden Wand des so genannten Kapellenturms angebracht. Erst 1932 hat man die Tafel an die Ostseite der Kapelle umgesetzt. KK

390

◄ 389

391
Martin Luther
Einweyhung eines Newen Hauses zum Predigampt Göttlichs Worts erbawet, Im Churfürstlichen Schloss zu Torgaw
Wittenberg: Georg Rhau 1546

4°, 34 Bl.
Marienbibliothek Halle, Sign. T 1.97 (4)

Am 15. Oktober 1544 hielt Martin Luther diese Predigt zur Einweihung der neuen Schlosskirche in Torgau. Erstmals wurde von den Evangelischen ein Kirchenraum neu in Gebrauch genommen. Dabei traten die Verkündigung des Wortes Gottes und das Gebet der Gemeinde an die Stelle der römischen Kirchenweiheliturgie. Caspar Cruciger publizierte im Oktober 1546 diese Predigt mit einer Vorrede für die jungen Herzöge Johann Friedrich und Johann Wilhelm von Sachsen. GWa

Literatur:
VD 16, L 4520.; WA 49, 588–615;
Brecht 1981–87, Bd. III, 266.

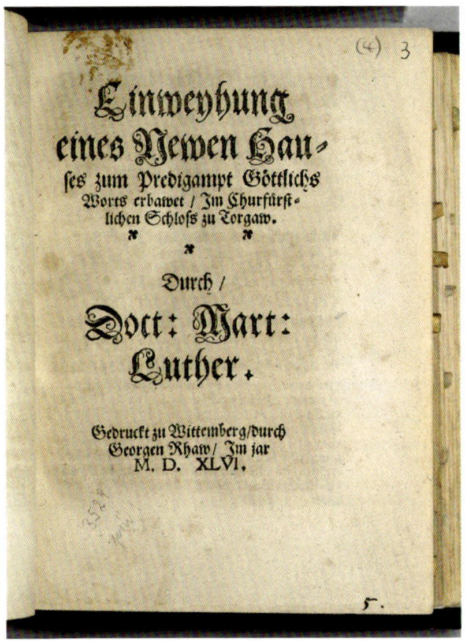

391

Musik am kursächsischen Hof vor und nach der Reformation

Friedrich der Weise hat sich, wie mancher europäische Fürst um und nach 1500, um äußere Repräsentation auch im Gottesdienst bemüht. So wollte er sich – musikfreundlich wie er war –, hier nicht mit dem einstimmigen Gregorianischen Choral begnügen, sondern die Liturgie durch mehrstimmige Musik verschönern. Diesem Bedürfnis dienten mehrere prachtvoll illuminierte großformatige Chorbücher, die, Produkte einer renommierten Mechelner Schreiberwerkstatt und der Malerschule von Gent-Brügge (Kat.-Nr. 392, 393, 394), vielleicht direkt bestellt worden oder eher als Geschenke anderer Fürsten nach Torgau gelangt waren: Die kursächsische Hofkapelle kam so in den Besitz eines erheblichen Bestandes an modernster Musik, oft Messkompositionen von damals »tonangebenden« frankoflämischen Komponisten wie Josquin des Prez, Jacob Obrecht, Pierre de la Rue, Alexander Agricola u. v. a. Zehn von diesen, meist auf Pergament geschriebenen »Chorbüchern« – Manuskripte, in welchen die beteiligten Stimmen auf zwei nebeneinander stehenden Seiten der aufgeschlagenen Handschrift nicht in Partitur, sondern einzeln, aber von den Kapellsängern gleichzeitig einsehbar notiert wurden – sind in Jena erhalten geblieben.
Zu den überlieferten Torgauer Musikalien gehören aber auch solche, die deutscher Provenienz sind: Die wohl ältesten stammen aus Süddeutschland, etwa aus dem Umfeld der habsburgischen Hofkapelle Maximilians, und decken mit ihren mehrstimmigen Kompositionen – etwa von Heinrich Isaac oder Adam Rener, beide der habsburgischen Hofkapelle eng verbunden – auch nicht zum üblichen Messzyklus gehörende Teile des Gottesdienstes ab. Sachsen selbst ist ebenfalls mit Musikhandschriften, verhältnismäßig früh im 16. Jahrhundert entstanden, vertreten; dies wird sich jedoch in Verbindung mit dem Komponisten Johann Walter in nachreformatorischer Zeit noch deutlicher manifestieren.
Johann Walter ist in der Torgauer Hofkapelle erstmals 1520 als Sänger bezeugt. Er hatte an der Leipziger Universität studiert und sich dann der Reformation zugewandt; in Torgau hatte sie 1519 Einzug gehalten. Die lange freundschaftliche Verbindung mit Luther sollte ihn zutiefst prägen: Sie dokumentierte sich erstmals 1524 in Walters Geystlichem gesangk Buchlein und in der Folge bis über Luthers Tod hinaus immer wieder (Kat.-Nr. 418).
Von daher muss zunächst das überaus wirksame neue »Berufsbild« Walters gesehen werden. Nach Friedrich des Weisen Tod 1525 wurde die Torgauer Hofkapelle aufgelöst; an ihre Stelle trat die kirchen- und schulgebundene stadtbürgerliche »Kantorei«, vielleicht eine Art »Urbild« der lutherischen Kantorei, wie sie in der Folge weite Verbreitung finden sollte. Ihr Leiter hatte in der Schule Musikunterricht zu geben und in der Kirche die gottesdienstliche Musik zu bestellen: Noch der Aufgabenkreis des Leipziger Thomaskantors J. S. Bach sollte diesem mit Walter traditionell gewordenen Berufsbild entsprechen.
Auf Walters Kantoreitätigkeit weist eine kleine Gruppe von in der Forschung als »Walter-Handschriften« bezeichneten Figuralmusik-Manuskripten von weitgehend Torgauischer Provenienz. Mit manchen Sätzen Walters, aber auch solchen großer Zeitgenossen, dokumentieren sie ein Torgauer Musikleben von beachtlichem Niveau.

392

Nach der Schlacht von Mühlberg und der Wittenberger Kapitulation von 1547 verlor Walter seinen bisherigen Landesherrn, den abgesetzten Herzog Johann Friedrich den Großmütigen. Herzog Moritz, der neue Kurfürst, verlegte die Hauptresidenz nach Dresden und machte Walter dort zum Hofkapellmeister. Trotz offenbar aktivem musikalischem Leben waren diese Dresdner Jahre durch religiöse Gewissensnöte Walters verdunkelt: Das Leipziger Interim schien ihm den Gottesdienst nicht mehr hinreichend lutherisch erhalten zu haben; er schloss sich den strengen Gnesio-Lutheranern an, trat dann aber 1554 in den Ruhestand und kehrte nach Torgau zurück, wo er 1570 starb.

Martin Staehelin

Literatur:
Aber 1921; Gerhardt 1949; Blankenburg 1991; Heidrich 1993; Brusniak 1998.

392
Musikkopistenatelier des Petrus Alamire (Petrus Imhoff)
Chorbuch aus der Torgauer Hofkapelle Friedrichs des Weisen
Mecheln, 1512 – 1521

Bildschmuck von einem unbekannten Künstler der Malerschule von Gent-Brügge bzw. einem unbekannten deutschen Buchmaler
Pergamenthandschrift, 86 Bl.,
56,5 × 39,5 cm, dunkler Ledereinband
Thüringer Universitäts- und Landes-bibliothek Jena, Sign. Ms. 5

Das Chorbuch vereinigt fünf Messen zu vier bis sechs Stimmen von Pierre de la Rue, einem damals überaus angesehenen Komponisten und Sänger der Burgundischen Hofkapelle; dazu tritt ein Requiem von Antoine Févin, allerdings fälschlich Antonius Divitis untergeschoben. Vom Bildschmuck sei hier allein die Figur des Stifters Friedrichs des Weisen genannt, der von der Heiligen Katharina präsentiert wird; vielleicht ist sie erst von einem deutschen Maler ergänzt worden. MSt

Literatur:
Kellmann 1999, S. 94 f.

393
Musikkopistenatelier des Petrus Alamire (Petrus Imhoff)
Chorbuch aus der Torgauer Hofkapelle Friedrichs des Weisen
Mecheln, 1516 – 1518

Bildschmuck von einem unbekannten Künstler der Malerschule von Gent-Brügge
Pergamenthandschrift, 130 Bl.,
48,5 × 34 cm, dunkler Ledereinband
Thüringer Universitäts- und Landes-bibliothek Jena, Sign. Ms. 8

Neben einer Messe und einem Credo wiederum von de la Rue sind eine Messe des damals ebenfalls hochgeschätzten Jean Mouton, drei weitere des Kleinmeisters Noel Bauldeweyn und eine letzte von Nicolaus Champion sowie ein anonymes Credo in den Band aufgenommen. Der ersten Messe von de la Rue ist als Bildschmuck das Wappen sowie die Devise »Tant que je puis« Friedrichs des Weisen beigegeben. MSt

Literatur:
Kellmann 1999, S. 97.

394

394

Musikkopistenatelier des Petrus Alamire (Petrus Imhoff)

Chorbuch aus der Torgauer Hofkapelle Friedrichs des Weisen

Mecheln, 1512 – 1525

Bildschmuck von einem unbekannten Künstler der Malerschule von Gent-Brügge
Pergamenthandschrift, 116 Bl., 43,5 × 31,5 cm, dunkler Ledereinband
Thüringer Universitäts- und Landesbibliothek Jena, Sign. Ms. 20

Dieses von der Aufmachung her eher karge Chorbuch enthält eine lange Reihe von 19 mehrstimmigen Magnificat-Vertonungen, ein Sachverhalt, der keine Parallele unter den anderen Alamire-Manuskripten besitzt und empfiehlt, hier weniger an eine auf äußere Repräsentation als vielmehr auf gottesdienstliche Verwendung tendierende Handschrift zu denken. Ihre Herstellung für Torgau legen Friedrichs des Weisen Wappen und Motto »Tant que je puis« nahe, auch das Sachsen-Wappen des Wasserzeichens in zwei vermutlich durch einen Torgauer Notenkopisten ergänzten Papierblättern (70 – 71). Die Reihung der Kompositionen folgt wohlgeordnet den acht liturgisch-choralen Cantica-Psalmtönen, die musikalisch verarbeitet sind; als Komponisten treten die Frankoflamen de la Rue, Mouton, Divitis, Pipelare, Févin, Prioris, Compère, Gascogne und Remiger auf. MSt

Literatur:
Kellmann 1999, S. 102.

395

396

Ordnung der Dresdner Kurfürstlichen Hofkantorei

Torgau, 22. September 1548

Handschrift, 1 Bl., 32 × 21 cm
Sächsisches Hauptstaatsarchiv Dresden,
Sign. 10001 Ältere Urkunden, Nr. 11369

Als Herzog Moritz von Sachsen 1547 die kurfürstliche Residenz nach Dresden verlegte, führte dies auch zur Übersiedlung Walters. Eine neue weit ausgreifende herzogliche Ordnung vom Herbst 1548 regelte die Tätigkeit und Pflichten der Dresdner – wie sie nun heißen sollte – Hof-»Cantorei«. Nach dieser Ordnung sollte die Kantorei zumindest elf erwachsene Sänger für die Stimmlagen Alt, Tenor und Bass, und zumindest neun Knaben für den Diskant umfassen; sie war damit etwa mittelgroß. Walter war ihr »Cappelmeister« und für alle die Musik betreffenden Fragen zuständig, auch Quartier- und Essensgeber der Sängerknaben. Als Organist wurde Joachim Kellner, als Knaben-»praeceptor und Zuchtmeister« Johannes Sangerhausen bestellt. Darüber hinaus wurden weitere Vorschriften, so für Unterricht, Gottesdienst, Singübung, Essen, Wohlverhalten, Vergütung u. a., erlassen. MSt

Literatur:
Blankenburg 1991, S. 88 f., S. 429–432 (Textwiedergabe).

395

Arnolt Schlick

Spiegel der Orgelmacher vnn Organisten allen Stifften vnn kirchen so Orgel halten oder machen lassen hochnützlich

durch den hochberümpten vnn künstreichen Meyster Arnolt Schlicken Pfaltzgravischen Organisten artlich verfaßt
[Speyer: Peter Drach 1511]

TH, 19 × 15 × 3 cm
Marienbibliothek Halle, Sign. R 3.98 (3)

Arnolt Schlick war einer der berühmtesten Organisten seiner Zeit. In Regensburg, Freising und München in Diensten stehend, wurde er schließlich um 1490 Hoforganist des Kurfürsten von der Pfalz in Heidelberg. Als Orgelsachverständiger bereiste er den süddeutschen Raum. Von Kurfürst Friedrich dem Weisen eingeladen, nahm er neben anderen berühmten Organisten wie Paul Hofhaimer 1516 in Torgau am so genannten »Orgelkongress« teil. Als Komponist schrieb er u. a. die Festmusik zur Krönung Kaiser Karls V. 1520 in Aachen.

Das Buch ist das erste in deutscher Sprache gedruckte Werk über den Orgelbau und das Orgelspiel. In zehn Kapiteln erläutert der Autor seine Vorstellungen über einen guten Orgelbau, vom Standort der Orgel in der Kirche, den Eigenschaften der Pfeifen, über die Register bis hin zu den Windladen. Auffallend sind dabei seine häufigen Klagen über schlechte Orgeln und deren Erbauer. Die Abbildung zeigt das Titelblatt. KE

397

397
Johann Walter
Tenor-Stimmbuch
aus der Torgauer Kantorei
wohl Torgau, vermutlich nach 1539

Notenhandschrift, quer 8°, 275 Bl.,
1 Stimmbuch (von ursprünglich wohl 5),
über Holzdeckel gezogener Ledereinband
Germanisches Nationalmuseum, Nürnberg,
Sign. Hs 83 795

Die umfangreiche Sammelhandschrift, zu der dieses Manuskript gehörte, war, wie das oben beschriebene Geistliche Gesangbüchlein, ein Stimmbuchsatz: Es sind folglich hier nur die Tenorstimmen der versammelten etwa 130 Kompositionen eingetragen, allerdings weitgehend von Walters eigener Hand. Die Quelle bezeugt das anspruchsvolle mehrstimmige Repertoire der nachreformatorischen Torgauer Kantorei: Dieses bestätigen weitere, heute in Gotha, Jena, Krakau und Nürnberg liegende, inhaltlich eng verwandte Handschriften der Jahre 1540 bis vor 1550; zwei in ihrer Beziehung zu dieser Gruppe schwerer einzuordnende Waltersche Manuskripte liegen in Eisenach und Regensburg.
Anlage und Kompositionen dieser »Walter-Handschriften« folgen meist dem Kirchenjahr. Dabei stammen die deutschen geistlichen Lieder fast durchweg von Walter selbst; sie zeigen einmal mehr das Vordringen deutscher Texte in die frühprotestantische Liturgie. Bei den zahlreichen lateinischen Stücken – Motetten, Ordinariums- und Propriumssätzen zur Messe u. a. – hat Walter auf die Werke großer Frankoflamen wie Josquin des Prez, de la Rue, Compère, Isaac u. a., aber, mit Stücken von Richafort, Hellinck, Crecquillon, Verdelot, auch der dort folgenden jüngeren Generation zurück gegriffen, gelegentlich direkt nach Vorlagen aus den Jenaer Chorbüchern. An deutschen Komponisten tritt nur Senfl hervor.
Ein eigenhändiger Vermerk Luthers, mit dem das Stimmbuch zu Beginn als Geschenk Walters an den Reformator ausgegeben werden sollte, ist längst als Fälschung des späten 19. Jahrhunderts erwiesen. MSt

Literatur: Gerhardt 1949, S. 7–16.

398
Johann Walter
Sechs vnd zwentzig Fugen
auff die acht Tonos
1542

Handschrift, Papier, 157 Bl.,
1 Stimmbuch (Vagans, von insgesamt 5);
29,5 × 19,5 cm, über Holzdeckel gezogener
brauner Ledereinband
Universitätsbibliothek Leipzig,
Sign. Ms Thomas 50

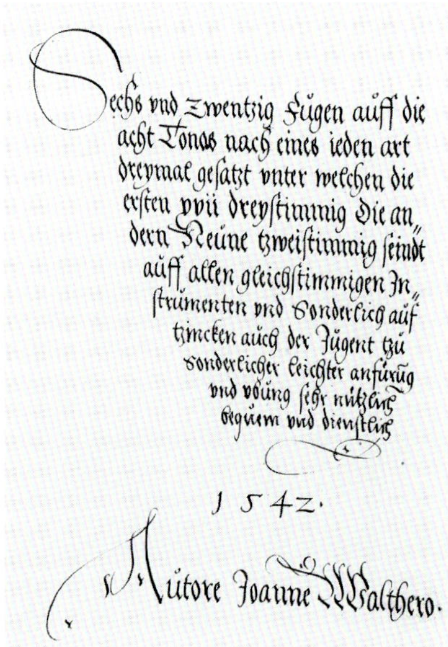

398

Der aus der Leipziger Thomaskirche stammende Stimmbuchsatz Ms. 49/50 enthält im Vagans-Stimmbuch Walters im Titel erwähnte 26 »Fugen« zu 3 bzw. 2 Stimmen von 1542, von einem unbekannten Kopisten eingetragen. Der Begriff der »Fuge« entspricht damals noch nicht seinem heutigen Wortsinn, sondern eher unserem Begriff des »Kanons«: Es wird eine einzige Stimme notiert, und eine oder mehr Folgestimmen musizieren, später einsetzend und gegebenenfalls unter Transposition, der notierten Stimme nach. Walter hat sich weitgehend an dieses »Fugen«-Modell gehalten und, weil er an »gleichstimmige Jnstrumente«, in diesem Fall an Zinken, gedacht hat, auch die Lagentranspositionen der Folgeparte eng gehalten, so dass insgesamt eher kleine Klangräume der Sätze entstanden sind. Dabei hat er nicht irgendwelche Melodievorlagen, sondern die acht Kirchentonarten des Gregorianischen Chorals als kompositorische Vorlagen gewählt, d. h. jene nach vertikalem Umfang und Ganz- und Halbtonlagen charakteristischen Tonräume, innerhalb deren sich die chorale Psalmenrezitation bewegt. In dem in-

399

tendierten jugendlichen Adressatenkreis trifft sich Walter, gut reformatorisch, mit der im »Geistlichen Gesangbüchlein« von Luther (Kat.-Nr. 418) vertretenen, pädagogisch begründeten Verwendung. MSt

Literatur:
Walter 1973, S. XII–XIV, 75–120;
Orf 1977, S. 33–42, 57–106, bes. S. 96 f.

399
Johann Walter
Liber cantionum sacrarum Latinarum et Germanicarum (Gothaer Chorbuch)
Torgau, Juli 1545

Handschrift (Quelle G), Papier, 341 Bl., 32 × 21 cm, neuer Einband, nur mit Teilen des originalen Buchrückens
Forschungsbibliothek Gotha, Sign. Chart. A. 98

Dieses so genannte »Gothaer Chorbuch« gehört zur Gruppe der »Walter-Handschriften«. Somit entspricht sein Inhalt nach Werken und Charakter grundsätzlich demjenigen des zuvor beschriebenen Nürnberger Tenor-Stimmbuchs (Kat.-Nr. 397), wenn hier auch einzelne »Blöcke« des Inhalts an anderer Stelle erscheinen, Stücke des Nürnberger Manuskripts fehlen oder durch dort fehlende ersetzt sind.
Das Gothaer Chorbuch ist aber insofern hervorgehoben, als es als einzige der Walter-Handschriften einen förmlichen Titel vom Juli 1545 trägt, der über seine Entstehung Auskunft gibt. Danach ist der Band im Auftrag des Kurfürsten Johann Friedrich des Großmütigen »in huius arcis novum sacellum«, also zur Einweihung der Torgauer Schlosskirche hergestellt worden, wobei er »ab Ioanne Gewalthero earundem Ecclesiasticarum Cantionum moderatore conscriptus« sei; Walter hat somit den Inhalt zusammengetragen und als »Redakteur« gewirkt. Zu jener Einweihung, am 5. Oktober 1544, wurde der Band allerdings nicht mehr rechtzeitig fertiggestellt. MSt

Literatur:
Gerhardt 1949, S. 27–37;
Blankenburg 1972, S. 35–40.

Lutherischer Gottesdienst – Predigt und Kirchenlied

Die Reformation brachte nicht nur eine tiefgreifende Veränderung in der christlichen Theologie und Frömmigkeit mit entsprechenden politischen und sozialen Folgen mit sich. Auch Kirche und Gottesdienst boten seither ein in Vielem neues Erscheinungsbild. Die Bibel, das »Wort Gottes«, rückte in den Vordergrund des kirchlichen Lebens, und ihre Botschaft wurde auf das »Evangelium«, die Verkündigung von der durch Christus – und nur durch ihn – bewirkten Rettung, ausgerichtet. Der Gottesdienst hatte in der Predigt sein Zentrum, der evangelische Pastor war an erster Stelle Ausleger des göttlichen Wortes für die Gemeinde. Aus den Texten der Liturgie wurden solche Stellen, die der neu erkannten Heilsbotschaft zuwider liefen oder sie zu verdunkeln schienen, gestrichen. Gewissermaßen wurde der »Gottesdienst« nicht mehr als ein Dienst, den die Menschen Gott leisteten, sondern als Gottes Dienst an den Menschen verstanden und gestaltet.
Nicht das religiöse Eigeninteresse, sondern die Liebe zum Nächsten sollte die Christen leiten. Man suchte, was in der Kirche geschah, für jede und jeden verständlich werden zu lassen. Es herrschte die deutsche Sprache, und die Gemeinde wirkte aktiv in Gebet und Lied – in deutschen Chorälen, die vielfach enorme und bleibende Popularität erlangten – am Gottesdienst mit. Auch das Abendmahl wurde in der Gemeinschaft der Glaubenden gefeiert und, der biblischen Anordnung folgend, allen Teilnehmern gleichermaßen unter den beiden Gestalten, Brot und Wein, ausgeteilt. Indem die Kanzeln Zentralstellen der Öffentlichkeit wurden und die neuen Prediger Hauptpersonen der Gesellschaft, fand zugleich die religiöse Scheidung von Geistlichen und Laien und die Sonderstellung der Kleriker ein Ende.

Bernd Moeller

400
Martin Luther
Vonn Ordenung gottis dienst yn der gemeyne
Augsburg: Heinrich Steiner 1523

4°, 4 Bl.
Stadtbibliothek Worms, Sign. LB 148

In dieser ganz knappen Flugschrift findet sich Luthers früheste Anleitung zur Neugestaltung des gottesdienstlichen Lebens, die er im Frühjahr 1523 veröffentlichte. Die wichtigste Neuerung, die beschrieben wird, ist ein täglicher Gottesdienst mit Bibelauslegung, der die Messe ersetzen soll, damit »das wort ym schwang gehe«. BM

Literatur:
VD 16, L 7305; Benzing 1966, Nr. 1615; WA 12, S. 31–37; Brecht 1981–87, Bd. II, S. 126.

401

401
Martin Luther
Deudsche Messe vnd ordnung Gottis diensts, Wittemberg
Nürnberg: Friedrich Peypus 1526

4°, 26 Bl.
Stadtbibliothek Worms, Sign. LB 236 b
Wittenberg: [Melchior Lotter] 1526, 8°
Marienbibliothek Halle, Sign. Q 1.73 (6)

Mit der »Deutschen Messe« reagierte Martin Luther auf das Drängen, der unübersehbaren Vielfalt an Gottesdienstordnungen ein Ende zu machen. Dies entsprach eigentlich nicht Luthers Absicht, denn zu Beginn und Ende seiner Schrift betont er ausdrücklich die Freiheit in der Gestaltung gottesdienstlicher Feiern. Auch der Abschaffung der lateinischen Sprache im Gottesdienst mochte er nicht das Wort reden, sah er doch den Gebrauch des Latein im Gottesdienst durchaus auch unter pädagogischem Aspekt.
Gemeinsam mit Johann Walter entwarf Luther für dieses Buch drei Ordnungen. Neben einem lateinischen Gottesdienst für die hohen Festtage und einem deutschen Sonntagsgottesdienst dachte Luther noch an den Hausgottesdienst, entwarf hierfür aber keine gesonderte Ordnung. EK

Literatur:
Martin Luther und die Reformation in Deutschland 1983, S. 275 ff., Kat.-Nr. 548.

402
Martin Luther
Der Psalter deutsch
Wittenberg: [Cranach und Döring] 1524

12,2 × 7,8 cm (Holzschnitte)
Forschungsbibliothek Gotha,
Sign. Cant. Spir 1123

Der Psalter ist ein Buch des Alten Testaments mit einer Sammlung von Psalmen, Hymnen, Klage-, Dank- und Bittliedern. Der Psalter deutsch wurde von Luther in die deutsche Sprache übersetzt. Einige Ausgaben wurden mit Holzschnitten illustriert. CH

402

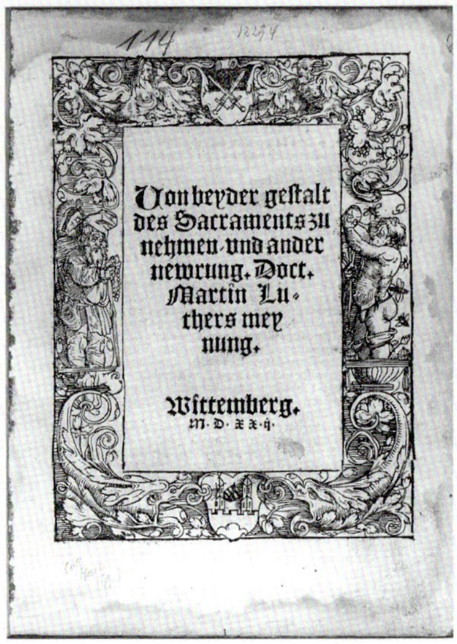

403

403
Martin Luther
Von beyder gestalt des Sacraments zu nehmen vnd ander newrung
Wittenberg: [Johann Rhau-Grunenberg] 1522

4°, 16 Bl.
Deutsches Historisches Museum, Berlin,
Sign. R 53/1795
Stadtbibliothek Worms, Sign. LB 114

In dieser Schrift aus dem Frühjahr 1522 steht nicht die reformatorische Forderung, auch den Laien müsse im Abendmahl der Empfang des Weins, der »Laienkelch«, gestattet werden, im Vordergrund, sondern Luthers Warnung, dies allzu plötzlich und als neues Gesetz (»eyn gemeyn ordinantz«) einzuführen. Die Schrift ist – übrigens ohne Namensnennung – gegen Luthers Fakultätskollegen Andreas Karlstadt gerichtet und einer der frühesten Texte, in denen sich die Spaltung der reformatorischen Bewegung öffentlich ankündigte. BM

Literatur:
VD 16, L 7089/7090; Benzing 1966, Nr. 1156/1158; WA 10/2, S. 1–41; Brecht 1981–87, Bd. 2, S. 69 ff.

404
unbekannte Meistermarke
Kommunionkanne
1540 und 1587

Leipziger Beschau und Jahresbuchstabe E
Silber, teilvergoldet, transluzides Email,
H. 35,8 cm, Ø am Fuß 17,2 cm
Ev.-Luth. Kirchgemeinde St. Thomas Leipzig

Bedingt durch die Ausspendung des Altarsakraments »unter beiderlei Gestalt« wurde nach der Reformation ein neuartiges Vas sacrum entwickelt: Die Kanne für den Wein. Vorbild waren profane Kannentypen. Die ein Jahr nach der Reformation in Leipzig angefertigte Kanne erhielt 1587 einen neuen Boden mit Fußrand und Zarge sowie ein neues Henkelende. In den neuen Boden wurde das Stadtwappen mit der Jahreszahl 1540 vom Deckel versetzt und dort ein neues Wappen mit der Bezeichnung 1587 eingefügt. Zusammen mit einer gleich alten Kanne der Dresdner Kreuzkirche handelt es sich um die beiden ältesten überhaupt. FS

Literatur: Fritz 2004.

405
sächsisch
Kelch
1555

Silber, vergoldet, H. 21 cm, Ø der Kuppa 10,8 cm
Ev.-Luth. Kirchgemeinde
Krummenhennersdorf-Halsbrücke,
Kirche Krummenhennersdorf

Die Vasa sacra, d. h. die heiligen Gefäße für das Abendmahlssakrament, tragen diese Bezeichnung, weil sie mit Leib und Blut Christi in Berührung kommen. Denn nach der lutherischen Lehre von der Realpräsenz ist in, mit und unter den Gestalten von Brot und Wein die leibliche Gegenwart Christi gegeben. Es ist eine natürliche menschliche Haltung, für das, was einem lieb und wert ist, in Ehrerbietung eine schöne und wertvolle Hülle zu schenken. Fast alle überkommenen liturgischen Geräte sind den Kirchen gestiftet worden.
Der Kelch aus Krummenhennersdorf führt die hergebrachte Kelchform in seiner spätgotischen Ausprägung mit ausladendem Fuß für die Standfestigkeit, schlankem Schaft, unterbrochen vom Nodus für die Handhabbarkeit und der hier breiten, fast halbkugeligen Kuppa ungebrochen fort. Das Jesusmonogramm IHS auf dem Fuß kennzeichnet die sakrale Würde, auf den Rotuli des Nodus gibt die Abkürzung VDMIET den Losungsspruch der Reformation zu erkennen. Die Flächen – am Fuß abwechselnd – sind mit Blattgravuren überzogen. FS

405

406
sächsisch
Abendmahlssieblöffel
1540

Silber, vergoldet, L. 17,3 cm,
Ø der Laffe 5,2 cm
Ev.-Luth. Nathanaelkirchgemeinde
Leipzig-Lindenau

Sieblöffel dienen dazu, etwaige Verunreinigungen im Wein aus dem Kelch zu entfernen. Derjenige aus Lindenau besitzt auf Vorder- und Rückseite die Inschrift »da gloriam deo / a DML 1540« und ist noch in gotischen Stilformen gehalten. Es handelt sich um das derzeit älteste bekannte Exemplar. FS

Literatur: Fritz 2004.

406

407
Meister HW, Nachfolge
Taufstein
um 1535/40

Sandstein, H. 96 cm, Ø 70 cm
Ev.-Luth. St.-Katharinen-Kirchgemeinde
Annaberg-Buchholz
aus finanziellen Mitteln der Ostdeutschen Sparkassenstiftung im Freistaat Sachsen gemeinsam mit der Kreissparkasse Annaberg erworben

Der Umriss des Taufsteins ist kelchförmig. Er besteht aus einem kreisrunden Fuß, einem steilen konkaven Einzug, der zu einem Nodus überleitet, darüber eine Kuppa mit wiederum kreisrundem Abschluss. Der Einzug ist dekoriert mit kräftig bewegten und geschlitzten Bändern, die im Nodus kreuzweise zusammengebunden sind. Die Felder zwischen den Bändern sind mit Blattwerk gefüllt. Die Kuppa ist umringt von vier tanzenden Kindern, von denen zwei als Engel gekennzeichnet sind. Zwischen ihnen sind Pflanzen mit Früchten – Äpfel und Wein sind erkennbar – dargestellt. Die Kinder greifen im Tanze nach den Pflanzenstengeln. Den Abschluss bildet ein Schriftband mit dem Vers aus Mk. 16, 16 im Luther-

407

deutsch: WER • GLAVBET • VND • GETAVFT • WIRT • DER • WIRT • SELIG • WER • ABER • NIT • GLAVBET • DER • WIRT • VERDAMT.
Im kelchförmigen Umriss der Taufe greift der Meister ein Motiv auf, dem Hans Witten um 1515 mit der heute sich in der Annenkirche befindlichen, aber wohl aus der Benediktinerkirche in Chemnitz stammenden Taufe Gestalt gegeben hatte. Auch der Engelsreigen könnte von dort oder noch eher von der Tulpenkanzel im Freiberger Dom, entstanden um 1505, angeregt worden sein. Stilistisch steht der Taufstein aber mit Werken der Frührenaissance in Verbindung: Die geschlitzten Bänder finden sich am Fuß der Taufe von 1531 im Freiberger Dom, das zart bewegte Laub und die gekreuzten Bänder sind Motive, die sehr ähnlich am Portal des Hauses Obermarkt 17 in Freiberg auftreten, das als Frühwerk des Paul Speck gilt.

Gleichviel, ob das Portal wirklich schon 1528/1530 entstanden ist, wie Hoffmann und Richter vermuten, oder doch erst fünf Jahre später, war Speck 1538 in Zwickau mit Taufe und Kanzel der Marienkirche und der Kanzel in der Katharinenkirche beschäftigt, Werken, die sich deutlicher auf Renaissanceformen beziehen als der ausgestellte Taufstein, dessen Entstehung man sich am ehesten in Freiberg vorstellen kann. Hier wurde 1536 die lutherische Reformation eingeführt. Vorher dürfte der Bibelspruch in Luthers Deutsch kaum denkbar sein. Vielleicht stammt er aus einer der Freiberger Kirchen. Ob Paul Speck selbst als Meister in Frage kommt, kann ohne nähere stilistische Untersuchungen nicht entschieden werden. Vorsicht ist jedenfalls geboten, denn sowohl der kelchförmige Typus als auch die von Hans Witten geprägte Ikonographie halten sich speziell im Chemnitzer Raum vielleicht sogar bis um 1560.
Ein solches »nachgotisches« Werk – angeblich eine Stiftung der Familie Schütze von 1566 – ist die Taufe in der Johanniskirche in Chemnitz. Sie wiederholt getreulich Ikonographie und Form des Taufsteins von 1515 in St. Annen. Diesem Taufstein ähnlich in seiner verwilderten Formensprache ist der Taufstein, der seit etwa 1955 in der Jakobikirche in Chemnitz steht, dessen Herkunft aber unbekannt ist. Vom Typus her ist er dem von der Ostdeutschen Sparkassenstiftung aus dem Kunsthandel für die Katharinenkirche in Annaberg-Buchholz erworbenen Ausstellungsstück durchaus verwandt. Es wäre noch zu untersuchen, ob die beiden bisher kunsthistorisch nicht bearbeiteten Chemnitzer Taufsteine, die kaum Renaissancemotive aufweisen, nicht doch eher »um 1540« entstanden sind. Hier hielten sich in dem 1539 aufgelösten Benediktinerkloster spätgotische Formen besonders lange. Gegen eine Entstehung des Ausstellungsstücks in Chemnitz sprechen seine deutlich »edleren« Formen, aber auch das Steinmaterial, wozu in Chemnitz stets der Hilbersdorfer Porphyrtuff, kein Sandstein verwendet worden ist. HM

Literatur:
Hoffmann/Richter 2003, bes. S. 754–759.

408
Martin Luther
Ein Sermon von dem heiligen hochwirdigen Sacrament der Tauffe
Leipzig: (Wolfgang Stöckel) 1520

TH, 4°, [8] Bl.
Stiftung Luthergedenkstätten in Sachsen-Anhalt, Sign. Kn D 82

In einer Reihe von Flugschriften befasste sich Luther seit 1519 mit dem neuen Verständnis von den Sakramenten. Im Gegensatz zur traditionellen Siebenzahl ließ er nur zwei als wirklich schriftgemäß gelten: Taufe und Abendmahl. Jedoch schied ihn auch sein Abendmahlsverständnis strikt von seinen altgläubigen Gegnern. In der Taufe waren die Differenzen geringer, Luther ließ sogar den traditionellen Exorzismus des Täuflings gelten, was später zu Konflikten mit den Reformierten führte. Auch die bald aufgeworfene Frage nach der Erwachsenentaufe bereitet ihm hier noch keine Probleme.
Pikanterweise verwendet der Leipziger Drucker als Titelholzschnitt ein Propagandabild für die sieben Sakramente der alten Kirche. In der Mitte ist deutlich die Transsubstantiation dargestellt, bei der sich Christi Blut in die geweihte Hostie verwandelt. Eigentlich würde man den Kelch erwarten, aber der stand den Laien nach alter Tradition nicht zu. Auch das änderte Luther radikal. Schrift und Bild verdeutlichen, dass die Herausbildung der evangelischen Lehre einen längeren Prozess darstellte. MT

Literatur:
VD 16, L 6363; Benzing 1966, Nr. 481; WA 2, 724 C; Claus/Pegg 1982, Nr. 481; Claus 1987, (Stöckel) Nr. 88.

409
Martin Luther
Von der heiligen tauffe
Wittenberg: Georg Rhau 1535

TH, 4°, 58 Bl.
Bayerische Staatsbibliothek München, Sign. Res/4 Hom. 1901,62,11

Literatur: VD 16, L 7227.

410
Martin Luther
Eyn Sermon von dem sacrament der pusz
Leipzig: Melchior Lotter 1519

4°, 8 Bl.
Marienbibliothek Halle, Sign. C IV. 766
Stadtbibliothek Worms, Sign. LB 73a

Dieses Büchlein repräsentiert einen Typus von Schriften Luthers aus seinen frühen Jahren, vor seiner Verurteilung zum Ketzer, in denen er Fragen der Seelsorge behandelte und neue Wege der Frömmigkeit aufwies. Durch diese Schriften, die massenhafte Verbreitung fanden, ist der Reformator zunächst berühmt geworden. In dem vorliegenden Text wendet er sich gegen die übliche Handhabung von Buße und Beichte in der Kirche, durch die in Vergessenheit geraten sei, dass das Heil der Sünder nicht von frommen Leistungen abhängt. Die Buße habe ihr Ziel vielmehr im Glauben an das Vergebungswort des Priesters, sie habe »eyn fröliche zuvorsicht« zur Folge und vollende sich statt in guten Werken in dem Entschluss, »nymmer (zu) sunden und seynem nehsten alls gut thun«. BM

Literatur:
VD 16, L 6419; Benzing 1966, Nr. 466; WA 2, S. 709–723; Brecht 1981–87, Bd. I, S. 342 f.

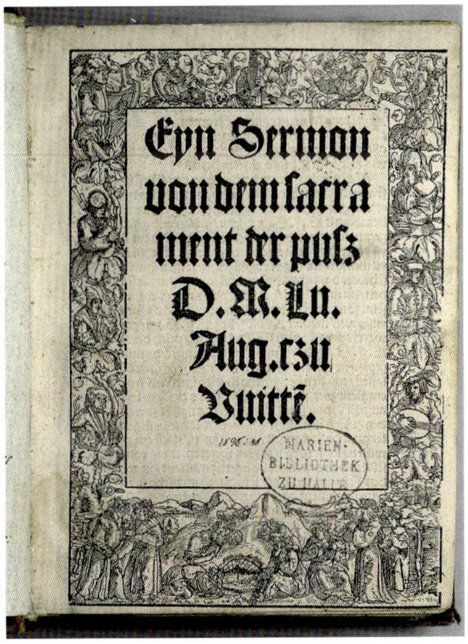

410

411
Martin Luther
Ein weyse Christlich Meß zuhalten und zum tisch Gottis zu gehen
Wittenberg, 1524

4°, 20 Bl.
Germanisches Nationalmuseum, Nürnberg, Sign. 8° Rl. 2749 (Postinc.)
Sächsische Landesbibliothek – Staats- und Universitätsbibliothek Dresden, Sign. Hist. eccl. E. 283,16

412
Martin Luther
Eyn bett buchlin Der zehen gepott. Des glawbens. Des vater vnßers. Des Aue Mariens Unnd etlich verdeutschte Psalmen
Wittenberg: Johann Grunenberg 1522

8°, 39 Bl.
Stiftung Luthergedenkstätten in Sachsen-Anhalt, Sign. ss 2282

Zu den erfolgreichsten Veröffentlichungen Luthers zählen neben seiner Bibelübersetzung und den Kirchenliedern seine Betbüchlein. Dabei führt der Name in die Irre, denn im Gegensatz zur spätmittelalterlichen Tradition eines »Hortulus animae« handelt es sich um kommentierte Grundlagen christlichen Wissens, nämlich der Zehn Gebote, des Vaterunsers und des Apostolischen Glaubensbekenntnisses. Insofern stellen die Betbüchlein Vorläufer der späteren Katechismen dar. 1522 nahm Luther allerdings auch noch das Ave Maria in diese Reihe auf, wenn auch mit warnenden Einschränkungen. Es folgen unkommentiert einige Psalmen als Gebete für besondere Lebenslagen und eine deutsche Fassung des Briefes an Titus.
Offensichtlich traf Luther den Geschmack seiner Leser, denn die Anzahl der Auflagen der Betbüchlein war sehr hoch. Der geringe Umfang und die schlichte Ausstattung ermöglichten einen geringen Anschaffungspreis, was wiederum der Verbreitung zugute kam. Allerdings wurden viele Exemplare einer Auflage schlichtweg vernutzt, so dass nur wenige die Zeit überstanden. MT

Literatur:
VD 16, L 4085; Benzing 1966, Nr. 1274.

413

413
Johann Spangenberg
Des kleinen Catechismi und der Haustaffel kurtzer begriff, wie man sie in der Gemeine zu Halle für die Kinder handelt
Wittenberg: Veit Creutzer 1549

16,2 × 11 × 4 cm (mit Einband)
Bayerische Staatsbibliothek München, Sign. Catech. 435

Literatur: VD 16, L 5069.

414
Martin Luther
Auslegung der Euangelien vom Aduent bis auff Ostern
Wittenberg (Gabriel Kantz) 1528

8°, 488 Bl.
Ratsschulbibliothek Zwickau, Sign. 1.8.22

Auf Veranlassung von Kurfürst Friedrich dem Weisen begann Luther mit der Herausgabe einer Predigtsammlung für alle Sonntage des Jahres. 1525 lagen bereits die drei Teile der so genannten Winterpostille vor, die Stephan Roth, ein Schüler Luthers, 1528 in überarbeiteter Form herausgab. Der Titelholzschnitt (»Prager Typus«) entstammt der Cranach-Werkstatt. KL

Literatur:
VD 16, L 4000; Benzing 1966, Nr. 1091; WA 10/1, 2.XXII (1); Claus/Pegg 1982, Nr. 143.

Die Gesangbücher der Reformation

Neben dem gepredigten Wort und der programmatischen Druckschrift war das deutschsprachige geistliche Lied das wirkungsmächtigste Vehikel der Reformatoren, den grundlegenden Paradigmenwechsel in der Kirche der großen Öffentlichkeit verständlich zu machen. Martin Luthers eigene poetisch-sprachliche und musikalische Begabung initiierte seit 1523 einen regelrechten »Liederfrühling«. Als Umarbeitungen und Neuschöpfungen schuf er insgesamt 34 Lieder. Es entstand innerhalb weniger Jahre jener Kernbestand reformatorischen Liedguts zahlreicher Autoren in Dichtung und Melodie, das bis in die Gegenwart hinein unverzichtbarer Besitz der evangelischen Gemeinden wurde, aber seit der Mitte des 20. Jahrhunderts z.T. auch in katholischen Gemeinden gesungen wird.
Viele Lieder erlangten als »verdichtetes« Bibelwort eine fast kanonische Bedeutung. Verständliche Sprache und die Verwendung von volksläufigen weltlichen oder geistlichen Melodiemodellen verliehen etlichen eine anfangs nicht vermutete Durchschlagskraft. Luther, Paul Speratus, Nikolaus Herman, Elisabeth Cruciger und zahlreiche andere in Wittenberg und anderen Gegenden Deutschlands schufen Lieder, die die Gemeinden in einem bis dahin nicht gekannten Maße innerhalb und außerhalb des Gottesdienstes zum Singen aktivierten. Im Gegensatz zu Thomas Müntzer, der mit gleicher Intention älteres lateinisches Liedgut der Kirche (Hymnen usw.) silbengetreu, aber nicht akzentgemäß verdeutschte, brachte Luther Wort- und Versakzent mit der vorhandenen, oft umgeformten Melodie in Übereinstimmung, oder seine Liedtexte wurden mit ganz neuen Melodien bedacht.
Unter den Melodisten war Luthers musikalischer Berater bei der Abfassung der »Deutschen Messe« 1525, der nachmalige Stadtkantor und der spätere erste Dresdner Hofkapellmeister Johann Walter der wichtigste. Anfänglich nur in Flugblättern mit einem oder zwei Liedern verbreitet, kamen seit 1524 in den Hauptorten des Buchdrucks Liedsammlungen im Druck heraus, die anfänglich »Enchiridion« (Handbuch) oder »Gesangbüchlein«, erst im 18. Jahrhundert auf große Umfänge gebracht allgemein »Gesangbuch« heißen.

Wolfram Steude

415
Martin Luther
Nun frewdt euch lieben Christen gemayn
[Augsburg: Philipp Ulhart] 1524

Einblattdruck
Universitätsbibliothek Heidelberg,
Sign. Cod. Pal. Germ. 793, Nr. 82

Mit der Neuordnung des evangelischen Gottesdienstes seit 1523 beginnt die Geschichte des evangelischen Kirchenliedes, das in ihm zu einem konstituierenden Element wurde. Die ersten Lieder, zu denen das hier gezeigte gehört, dürften zunächst in dieser Form, als Einblattdrucke, verbreitet worden sein; allerdings haben solche Drucke sich nur äußerst selten erhalten. Das vorliegende Lied Luthers, das in der Kirche bis heute populär ist, schildert die christliche Heilsgeschichte, wie ein historisches Volkslied, in der Form eines Gesprächs zwischen Gott Vater und Christus sowie zwischen Christus und dem Christen. Auch die Melodie des Liedes stammt wahrscheinlich von Luther. BM

Literatur:
Benzing 1966, Nr. 3642; RISM 1524, 10;
Jenny 1985, S. 56 ff., 154–159.

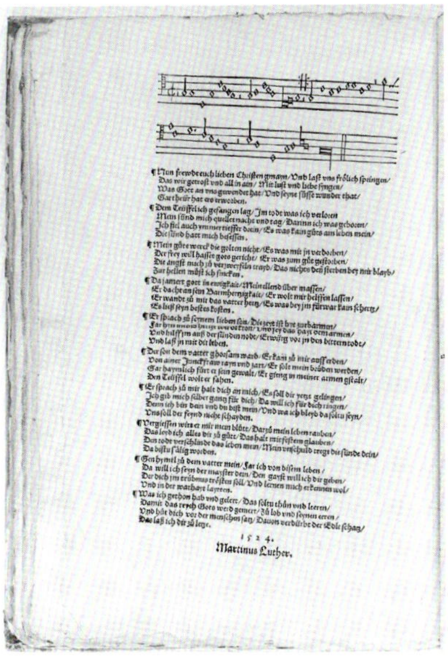

415

416
Martin Luther
Ain lobgesang auff das Osterfest
Augsburg 1524

Einblattdruck-Fragment, 20,5 × 30,5 cm
Bayerische Staatsbibliothek München,
Sign. 4 Mus. pr. 45009

Der hier gezeigte Augsburger Einblattdruck mit den beiden Osterliedern »Jesus Christus unser Heiland, der den Tod überwand«, und »Christ lag in Todesbanden« hätte vermutlich für den Vertrieb zerschnitten werden sollen, fand aber als Makulatur in einem Bucheinband Verwendung und wurde erst 1973 entdeckt. Er ist auf der rechten Seite unten und rechts beschnitten.
Sicherlich von Luther stammt das (nur fragmentarisch erhaltene) Lied auf der rechten Seite, und zwar sowohl im Text als vermutlich auch in der abgebildeten Melodie. Bei dem Lied auf der linken Seite ist die Autorschaft Luthers dagegen nicht über alle Zweifel erhaben. Es könnte sich auch um eine mittelalterliche Leise handeln, die von Luther übernommen wurde. BM

Literatur:
Benzing 1966, Nr. 3645 a–b; RISM 1524, 19–20;
Hahn 1973; Jenny 1985, S. 71 f., 194–201.

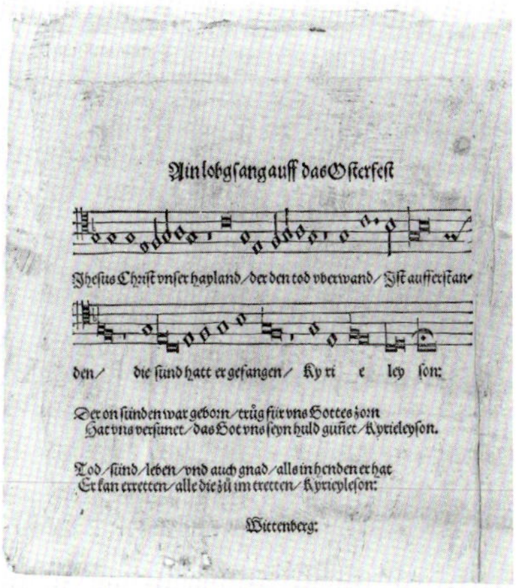

416

417
Etlich Cristliche lyeder Lobgesang und Psalm, dem rainen wort gotes gemeß
Augsburg, 1524

8°, 12 Bl.
Germanisches Nationalmuseum, Nürnberg,
Sign. 8° L. 645 (Postinc.)
Wittenberg 1524
Sächsische Landesbibliothek –
Staats- und Universitätsbibliothek Dresden,
Sign. S.B.1690

Die früheste lutherische Liedersammlung ist das so genannte »Acht-Lieder-Buch«, das 1524 kurz nacheinander in vier Ausgaben herauskam: Drei erschienen in Nürnberg (mit der falschen Angabe des Druckorts »Wittenberg«), eine wurde in Augsburg gedruckt. Die Wittenberger Drucker hatten sich nur allmählich auf Drucke mit Noten eingestellt, daher blieben zunächst Erfurt und die großen süddeutschen, der Reformation aufgeschlossenen Städte Nürnberg und Augsburg die wichtigsten Druckorte.
Das »Acht-Lieder-Buch« enthält acht Lutherlieder und vier Melodien. Unter diesen Liedern befindet sich dasjenige frühe Lutherlied »Nun freut euch lieben Christen gmein« (Kat.-Nr. 415), das in anschaulicher Weise Luthers großes Befreiungserlebnis aus tiefen Gewissensnöten durch die Erkenntnis der »Rechtfertigung aus Glauben« (Galater- und Römerbrief des Paulus) und die daraus folgende Lehre von »Gesetz und Gnade« in Liedstrophen fasst. Dieses Lied hat nach zeitgenössischen Zeugnissen eine ebenso unmittelbare und nachhaltige Wirkung auf viele Menschen ausgeübt wie das ebenfalls im »Acht-Lieder-Buch« stehende Lied über den 12. Psalm »Ach Gott, vom Himmel sieh darein«, mit dessen Verbreitung sich z. B. 1525 die Reformation in Lübeck rasch durchsetzte. Noch war ein Großteil der Bevölkerung Analphabeten, die Auflagen der Liedblätter bzw. -bücher konnten klein sein, ihre Wirkung war jedoch groß, denn durch Vor- und Nachsingen verbreiteten sich die Lieder im Fluge. WSt

Literatur:
Wackernagel 1855, Nr. 129, 131; WA 35, S. 337;
Zahn 1893/1997, gedruckte Quellen Nr. 3;
RISM B/VIII/I 1524^7, 1524^{12}, 1524^{13}, 1524^{14};
MGG^2, Sachteil, Bd. III, 1995, »Gesangbuch«, Sp. 1291.

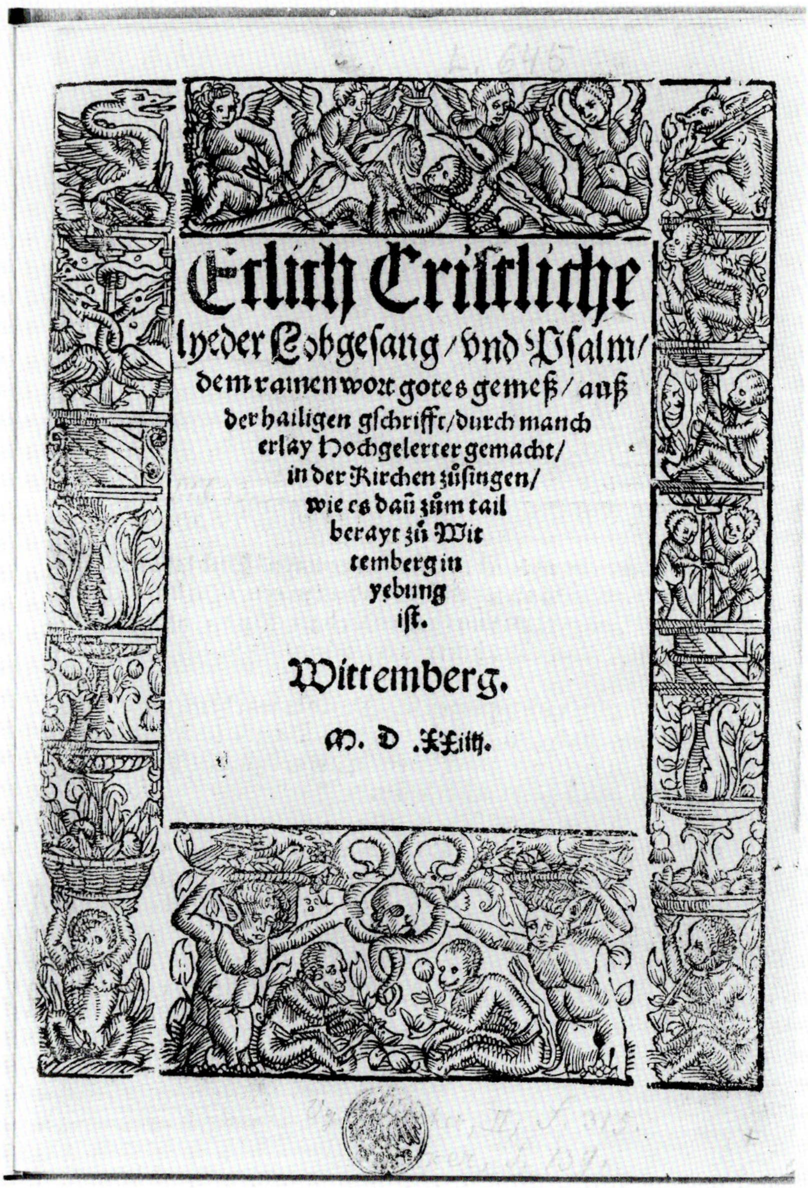

417

418
Johann Walter
Geystliche Gesangbüchlin,
Erstlich zu Wittenberg vnd volgend durch Peter schoeffern getruckt
1525

Kl. quer 8°; 28/29/47/30/12 Bl.,
5 Stimmbücher
Musiksammlung der Österreichischen Nationalbibliothek, Wien, Sign. SA. 78. F. 21

1524 erschien in Wittenberg unter dem Titel »Geystliches gsangk Buchleyn« ein Stimmbuchdruck von Johann Walter, hauptsächlich mit eigenen Tonsätzen nach einstimmigen deutschen geistlichen Liedvorlagen. Da dieser Druck nicht vollständig erhalten ist, wird hier ein inhaltsgleicher Nachdruck von 1525 in allen fünf Stimmbüchern gezeigt. Die dann bis 1551 publizierten fünf Folgeauflagen bezeugen den enormen Erfolg, den Walters Sammlung, auch in veränderter Gestalt, in den frühprotestantischen Kantoreien und Schulen finden sollte. Das liegt gewiss auch daran, dass Luther selbst hierzu eine eigene Vorrede beisteuerte: Vor allem die Jugend sollte sich diese Lieder bei der Ausbildung »in der Musica vnd andern rechten künsten« aneignen. Insgesamt dürfte der Druck jedoch eine eigenständige Leistung Walters gewesen sein.
Zugleich manifestierte sich damit erstmals das deutsche mehrstimmige geistliche Lied, und dies gewichtig und wirkungskräftig. Seine musikalischen Wurzeln lassen sich im weltlichen deutschen Lied um 1500 erkennen: Walters Liedtyp, mit deutlicher Neigung zur cantus-firmus-Konstruktion, mit klarer Beachtung der Text- und Melodiezeilen, mitunter auch mit Schein-Kanon-Anlage u. a., erscheint danach zwar als etwas altertümlicher, aber solider Beitrag zur Gattung. MSt

Literatur:
Asper 1985; Blankenburg 1991, Kap. 3.

419
Eyn gesang Buchleyn, welche man yetz und ynn kirchen gebrauchen ist
1525

Ratsschulbibliothek Zwickau,
Sign. 8.8.15/8

Das Zwickauer Gesangbuch von 1525 enthält 24 Lieder und 13 Melodien. Es fußt auf der wohl wichtigsten Sammlung neuentstandenen reformatorischen Liedgutes, von der viele weitere Gesangbücher zehrten: dem »Enchiridion oder eyn Handbuchlein, eynem yeg-

lichen Christen fast nutzlich bey sich zu haben [...] Gedruckt zu Erffordt zcum Schwartzen Hornn [...] MDXXIIII Jar.«, das ein nahezu gleiches Seitenstück hat in dem im selben Jahr in Erfurt erschienenen »Färbefass-Enchiridion«.
Wenn etliche Melodien von Lutherliedern tatsächlich auf Johann Walter zurückgehen, in dessen »Geystlichem gesangk buchlein« 1524 sie zum ersten Male auftauchen, dann werden sie in den Erfurter Enchiridien nun als Melodien für den Gemeindegesang, losgelöst aus ihrem mehrstimmigen Zusammenhang bei Johann Walter, geboten, infolgedessen auch im Zwickauer Gesangbuch von 1525. Unter diesen befindet sich auch Martin Luthers erstes Lied überhaupt, das er nach der Verbrennung zweier Augustinermönche wegen lutherischer Häresie auf dem Marktplatz zu Brüssel am 1. Juli 1523 in großer Betroffenheit gedichtet hat »Ein neues Lied wir heben an«. Das Gesangbuch erlebte auf Grund des hohen Bedarfs im Jahr 1525 eine zweite, unveränderte Auflage. WSt

Literatur:
Wackernagel 1855, Nr. 178; WA 35, S. 349;
Zahn 1893/1997, Bd. VI, gedruckte Quellen, Nr. 13;
RISM B/VIII/1 Nr. 1525[12]; MGG[2] Sachteil, Bd. III, »Gesangbuch«, Sp. 1292.

419

420
Martin Luther
Geistliche Lieder. Auffs neu gebessert zu Wittenberg. D. M. Luther
Wittenberg: Joseph Klug 1535

8°, TH fehlt
Bayerische Staatsbibliothek München,
Sign. Rar. 435

Das »Klugsche Gesangbuch« fußt auf vorhergehenden Liedersammlungen. 1529 hatte Martin Luther bei Joseph Klug in Wittenberg das Buch erstmalig herausgegeben. Er wollte mit ihm die korrekte Fassung der bislang entstandenen, aber Varianten unterworfenen Lieder fixieren in einer autorisierten Ausgabe, in der sie zugleich rubriziert erscheinen als Lieder für das Kirchenjahr, für den Katechismus (Luthers didaktisch aufbereitetes Lehrbuch des christlichen Glaubens), Psalmlieder, Liturgische Gesänge usw.
Die 1. Auflage ging verloren, ist aber durch die 2. Auflage 1533 rekonstruierbar. Das »Klugsche Gesangbuch« erlebte viele gleiche oder ähnlich Nachdrucke. Die 3. Auflage brachte Joseph Klug in Wittenberg 1535 heraus. In der verlorenen Auflage von 1529 dürfte zum ersten Mal Luthers Umformung des 46. Psalms »Gott ist unsre Zuversicht und Stärke« zu »Ein feste Burg ist unser Gott« gedruckt erschienen sein, die erst im 17. Jahrhundert allmählich das Ansehen eines wichtigen Liedes der Reformation bekam und im 19. Jahrhundert, abgehoben von ihrer alttestamentlichen Grundlage, zur »protestantischen Hymne« schlechthin wurde. WSt

Literatur:
VD 16, G 842; Wackernagel 1855, Nr. 328; WA 35, S. 322;
Zahn 1893/1997, Bd. VI, gedruckte Quellen, Nr. 44, 45;
RISM B/VIII/1, Nr. 1535[6]; MGG[2], Sachteil, Bd. III, »Gesangbuch«, S. 1292 f.

421
Geystliche Lieder Zu Wittemberg Anno 1543
Wittenberg: Joseph Klug 1544

Kl. 8°, 191 (8) Bl.
Niedersächsische Staats- und Universitätsbibliothek Göttingen,
Sign. 8° Poet. Germ. II 2513 Rara

Das Klugsche Gesangbuch von 1543 stellt eine erweiterte Neuauflage der bisherigen bei dem Wittenberger Drucker erschienenen Gesangbücher dar. Es enthält außer den biblischen Prosastücken (Magnificat usw.) 60 Lieder mit 52 unterlegten Melodien.
Die »Warnung D. Mart. Luthers« auf dem Titelblatt verrät, dass sein anfänglicher Liederim-

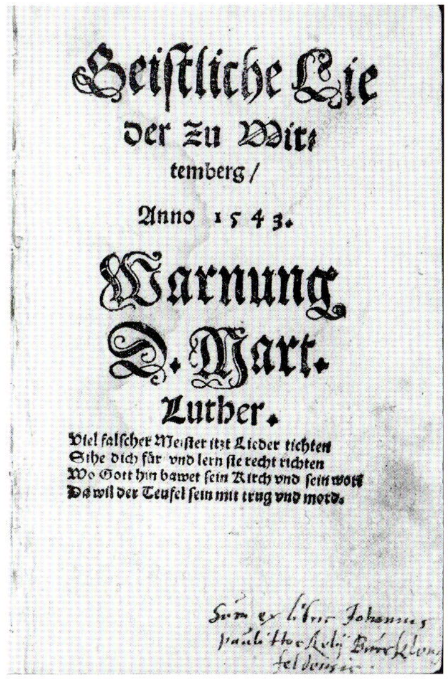

421

puls 1523 inzwischen eine große Liedproduktion in Bewegung gesetzt hatte. »Viel falscher Meister itzt Lieder tichten. Sihe dich fur, und lern sein recht richten. Wo Gott hinbawet sein Kirch und sie Wort, da will der teufel sein mit trug vnd mord.« Mit den »falschen Meistern« dürften Liedautoren der Täuferbewegung und andere »Schwärmer«, aber auch etwa Caspar Querhammer gemeint gewesen sein, der für das 1537 in Leipzig erschienene katholische »New Gesangbüchlin Geystlicher Lieder« von Michael Vehe nicht wenige Texte geschrieben hatte, die sich in Strophenbau und Metrum an die Lutherlieder anlehnen. WSt

Literatur:
Wackernagel 1855, Nr. 457; WA 35, S. 331;
Zahn 1893/1997, Bd. VI, gedruckte Quellen, Nr. 72;
RISM B/VIII/1 Nr. 1543[10].

422
Geystliche Lieder.
Mit einer newen vorrhede D. Mart. Luth.
Leipzig: Valentin Bapst 1545

200 Bl.
Niedersächsische Staats- und Universitätsbibliothek Göttingen,
Sign. 8° Poet. Germ. II 2515 Rara

Alle reformatorischen Gesangbuchdrucke seit dem »Acht-Lieder-Buch« (Kat.-Nr. 417) 1524, deren es zahlreiche neben denen in Wittenberg, Erfurt, Nürnberg und Augsburg gab, so auch in Breslau, Straßburg, Zwickau, Rostock, Königsberg u. a. Orten, mündeten in das gro-

Geystliche
Lieder.
Mit einer newen vorrhede/
D. Mart. Luth.
Warnung
D. M. L.
Viel falscher Meister itzt Lieder tichten
Sihe dich für, vnd lern sie recht richten
Wo Gott hin bawet sein kirch vnd sein wort
Da wil der Teuffel sein mit trug vnd mord.
Leipzig.

422

ße Bapstsche Gesangbuch von 1545, das letzte in Zusammenarbeit mit Luther entstandene. In seiner Vorrede – es ist die dritte in Gesangbüchern aus seiner Feder – fasst er noch einmal die innere Motivation des Gemeindesingens zusammen: »[…] Denn Gott hat unser Herz und Mund fröhlich gemacht durch seinen lieben Sohn, […] zu Erlösung von Sünden, Tod und Teufel. Wer solchs mit Ernst gläubet, der kanns nicht lassen, er muß fröhlich und mit Lust davon singen und sagen, daß es andere auch hören und herzu kommen …« Das Gesangbuch enthält 89 Lieder, sein Anhang »Psalmen vnd geistliche lieder welche von fromen Christen gemacht vnd zusamen gelesen sind« 40 Lieder. WSt

Literatur:
Wackernagel 1855, Nr. 479; WA 35, S. 332 f.;
Zahn 1893/1997, Bd. VI, gedruckte Quellen, Nr. 84;
RISM B/VIII/1 Nr. 1545^{01}; MGG^2, Sachteil, Bd. III, »Gesangbuch«, Sp. 1293.

Sächsisches Instrumentarium der Nachreformationszeit

In den Jahren zwischen 1585 und 1594 erfuhr der Chorraum des Freiberger Doms nach Entwürfen des Künstlers Giovanni Maria Nosseni (1544–1620) eine glanzvolle Umgestaltung zur Begräbnisstätte der wettinischen Fürsten. Dabei wurden den Engelsputten in 12 Meter Höhe, direkt unter dem Gewölbe, Musikinstrumente in die Hände gegeben. Diese 30 Instrumente waren vor 400 Jahren größtenteils spielbar, und ihr originaler, bis heute nahezu unveränderter Zustand macht sie zu einem einzigartigen kompletten Ensemble des 16. Jahrhunderts. Die zum Teil sogar signierten Instrumente wurden allesamt in Sachsen hergestellt, und auch für die Attrappen, beispielsweise die Posaunen, lagen Werke sächsischer Instrumentenbauer vor.

Die Verwendung von brauchbaren Instrumenten als Schmuckelement kommt gelegentlich bei Kirchendekorationen und auf Orgelprospekten vor. Doch in der Regel findet sich das Gegenteil, wenn Musikinstrumente ähnlich einer Skulptur gestaltet werden. Es ist denkbar, dass in Freiberg echte Instrumente willkommen waren, um das prächtig klingende Gloria in excelsis Deo über die rein ikonographische Ebene hinaus so originalgetreu wie nur möglich gestalten zu können. Aber auch praktische Überlegungen scheinen von Bedeutung gewesen zu sein. In der Nähe von Freiberg, in Randeck und Helbigsdorf, existierte ein weit über die Grenzen Sachsens hinaus bekanntes Instrumentenbauzentrum, so dass es sich als die einfachste und kostengünstigste Lösung angeboten haben könnte, von den Herstellern bereits vorhandene, fertige oder fast fertige Instrumente zu kaufen. Vielleicht aber drückt sich hier auch eine beabsichtigte Reminiszenz an den ersten albertinischen Kurfürsten Moritz aus, über dessen monumentalem Kenotaph dieses Ensemble realistischer Instrumente von Engeln gespielt wird: Während seiner Regentschaft wurde 1548 die Hofkapelle neu gegründet.

In ihrer Gesamtheit entstammen die Instrumente in der Begräbniskapelle der Zeit des sich ankündigenden musikalischen Stilwandels nach 1600. Doch dokumentieren sie vor allem die ältere sächsische Tradition und ihre beginnende Synthese mit modernen italienischen Einflüssen. Des Weiteren schlagen sie die Brücke vom Musizieren in den Wirtshäusern über die Praxis der Freiberger Bergsänger bis hin zur Dresdner Hofmusik.

So stellen auch die nach Nossenis Wünschen singenden und »mit allerley Seitenspiel und Instrumenten« musizierenden Engelsputten kein bestimmtes Ensemble dar, sondern spiegeln eher die Vielfalt typischer instrumentaler und vokalinstrumentaler Kombinationen wider: die der »Cantoreyen« und »Instrumentalisten«, der Bläserchöre mit Posaunen, Zinken und Schalmeien, des Streicherensembles sowie der Gruppe der sächsischen Bergsänger mit ihren Zistern, kleinen Geigen und Harfen, Trommeln und Triangeln, wie sie um 1600 in den Kirchen, zu festlichen Aufzügen oder zu Hochzeiten erklungen sein könnten.

Im Zuge der Renovierung der Begräbniskapelle im Jahre 2002 musste ein Gerüst gebaut werden, so dass die Originalinstrumente zugänglich wurden. Dadurch ergab sich die einmalige Möglichkeit, ein seit Jahren laufendes Forschungsprojekt zu intensivieren. Mit Hilfe modernster (auch naturwissenschaftlicher) Methoden gelang eine ausführliche Dokumentation der Instrumente. Damit wurden die Voraussetzungen geschaffen, um unter Verwendung der alten Technologien originalgetreue, spielbare Musikinstrumente zu bauen. Diese Kopien sehen nun so aus, wie ihre Vorbilder zu ihrer Entstehungszeit, noch bevor sie die bronzefarbene Fassung erhielten. Die alten und neuen Instrumente bergen insgesamt ein außerordentliches Informationspotential zur Musizierpraxis und Musikinstrumentenbaukunst im reformatorischen Sachsen kurz vor 1600.

Eszter Fontana, Veit Heller

Literatur:
Heyde/Liersch 1979, S. 233–251; Steude 2001.

Die Rekonstruktion historischer Musikinstrumente aus dem Freiberger Dom anlässlich der 2. Sächsischen Landesausstellung und die anschließende dauerhafte Präsentation im Musikinstrumenten-Museum der Universität Leipzig ist ein Projekt der Ostdeutschen Sparkassenstiftung gemeinsam mit der Stadtsparkasse Leipzig 2002/2003.

Zupfinstrumente

Die Signatur von Georg Klemm dem Unteren, auch Fiedler genannt, »Jorge Klem / zu ranecke« findet sich in nur drei der vier Lauten, doch lässt einiges darauf schließen, dass die meisten der Freiberger Zupfinstrumente zwischen 1588 und 1594 in seiner Werkstatt oder von einem anderen Mitglied der Familie hergestellt worden sind. Seit den 1550er Jahren bis nach 1700 sind zahlreiche Musikinstrumentenbauer und Musiker nachweisbar, die alle aus der in Randeck und Helbigsdorf ansässigen Familie Klemm hervorgegangen sind.
Die schlichte, aber deshalb nicht minder solide handwerkliche Ausarbeitung der Freiberger Instrumente steht in keinem Widerspruch zu Professionalität. Sie zeigt eher, dass diese Instrumente für den realen Gebrauch und nicht für die höfische Schatzkammer gebaut worden sind. Auch ein sparsamer Umgang mit dem Material und eine gewisse Arbeitsteilung sind zu beobachten: Für die Rosetten verwendete man altes, bereits beschriebenes Pergament; die Köpfe der Zistern wurden separat geschnitzt und anschließend aufgesetzt. Vorgefertigte Rosetten, Lautenmuscheln und -decken wurden sogar auf der Leipziger Messe angeboten.
Im Zuge des Forschungsprojekts konnte auch die verloren gegangene traditionelle Bautechnologie dieser Instrumente wieder rekonstruiert werden. Dabei verwendeten die Instrumentenbauer gespaltenes, einheimisches Holz und ebenso wenige Werkzeuge (Hobel, Stecheisen usw.) wie es in den einfach eingerichteten Werkstätten der Freiberger Gegend im 16. Jahrhundert der Fall war. Eine technologische Besonderheit ist beispielsweise das Zusammenfügen der Lautenmuscheln ohne Form.
Die Freiberger Lauten und Harfen entsprechen weitestgehend Instrumentenformen, die sonst nur aus schriftlichen und ikonographischen Quellen bekannt sind. Harfen dieses Typs, deren Bauweise und deren kaum über eine Oktave hinausgehender Tonumfang noch Merkmale der mittelalterlichen Harfen tragen, waren neben den größeren und teilweise chromatischen Renaissanceharfen noch lange in Gebrauch. Wie die Lauten und Zistern fanden sie häufig Verwendung zur Gesangsbegleitung beim häuslichen Musizieren. In Kom-

bination mit einer oder mehreren Geigen und Triangel wurden Harfen, Zistern und Lauten auch von den so genannten Bergsängern zu Tanz und Unterhaltung gespielt.
Die metallenen Saiten verleihen den Instrumenten einen kräftigeren, durchdringenderen Klang und lassen Laute und Harfe um eine Oktave tiefer erklingen als mit Darmbesaitung. EF, VH

423
Harfe
Kopie: Thilo Viehrig, Magdeburg 2003

nach einem Original (Nr. 26) aus dem Freiberger Dom, zugeschr. Georg Klemm in Randeck, vor 1594
Musikinstrumenten-Museum der Universität Leipzig, Inv.-Nr. 5404

424
Cister
Kopie: Steffen Milbradt, Meißen 2003

nach dem Original (Nr. 27) aus dem Freiberger Dom, zugeschr. Georg Klemm in Randeck, vor 1594
Musikinstrumenten-Museum der Universität Leipzig, Inv.-Nr. 5402

425
Laute
Kopie: Günter Mark, Bad Rodach 2003

nach dem Original (Nr. 2) aus dem Freiberger Dom von Georg Klemm in Randeck, vor 1594
Signatur Nr. 7: »Jorge Klem / zu ranecke«
Musikinstrumenten-Museum der Universität Leipzig, Inv.-Nr. 5400

Streichinstrumente

Mit den Freiberger Geigen sind uns einige der frühesten Beispiele der auf dem Arm (da braccio) gespielten Streichinstrumente vom Typ der Violine erhalten. Zum Freiberger Ensemble gehören neben der Diskantgeige, die bereits einige Merkmale der moderneren Violine trägt, heute unübliche Baugrößen. Hohe Partien wurden auf der um eine Quarte höher gestimmten Kleinen Diskantgeige ausgeführt. Das Alt-/Tenorinstrument war entsprechend seiner tieferen Stimmung und dem zur Verfügung stehenden Saitenmaterial verhältnismäßig groß mensuriert. Die beiden Bassgeigen haben unterschiedliche Hals- und Saitenlängen, so dass zudem ein höheres und ein tieferes Bassinstrument verwendet werden konnte.
Der musikalische Einsatz dieser Instrumente vom solistischen Spiel bis hin zum fünfstimmigen Satz kann vor allem anhand von Darstellungen nachvollzogen werden. Gelegentlich wurden jeweils vier von ihnen als entweder hoch gestimmtes Ensemble mit Kleindiskant, Diskant, Tenor und der kleineren Bassgeige gespielt oder tiefer klingend mit der Rechten Diskantgeige in der obersten Stimme und dem Größeren Bass in der Tiefe dazu.
Die Signatur von Paul Klemm, Fiedelmacher in Randeck »Baul Klemmes / Zu ran deck G« findet sich nur in einem der fünf Freiberger Streichinstrumente, doch lässt einiges darauf schließen, dass sie alle in seiner Werkstatt entstanden. Stilistisch auffallend sind neben den kurzen Hälsen die in der Tradition der Frührenaissance weit geschwungenen Wirbelkästen der Instrumente oder die zu ihnen gehörenden kleinen, leichten Bögen. Sowohl in der Konstruktion wie der Gestaltung dieser Geigen verbinden sie die alte sächsische Tradition mit dem neueren italienischen Einfluss. EF, VH

426
Bassgeige
Kopie: Hans Salger, Bremen 2003

nach einem Original (Nr. 10) aus dem Freiberger Dom, zugeschr. Paul Klemm in Randeck, vor 1594
Musikinstrumenten-Museum der Universität Leipzig, Inv.-Nr. 5408

427
Tenorgeige
Kopie: Hans Salger, Bremen 2003

nach einem Original (Nr. 29) aus dem Freiberger Dom von Paul Klemm in Randeck, vor 1594
signiert: »Baul Klemmes Zu ran deck«
Musikinstrumenten-Museum der Universität Leipzig, Inv.-Nr. 5407

428
Kleine Diskantgeige
Kopie: Hans Salger, Bremen 2003

nach einem Original (Nr. 9) aus dem Freiberger Dom, zugeschr. Paul Klemm in Randeck, vor 1594
Musikinstrumenten-Museum der Universität Leipzig, Inv.-Nr. 5405

429
Streichbögen
Kopien: Hans Reiners, Berlin 2003

nach den Originalen (Nr. 9, 10) aus dem Freiberger Dom, zugeschr. Paul Klemm in Randeck, vor 1594
Musikinstrumenten-Museum der Universität Leipzig, Inv.-Nr. 5410; 5411

430
Rechte Diskantgeige
Kopie: Hans Salger, Bremen 2003

nach einem Original (Nr. 4) aus dem Freiberger Dom, zugeschr. Paul Klemm in Randeck, vor 1594
Musikinstrumenten-Museum der Universität Leipzig, Inv.-Nr. 5406

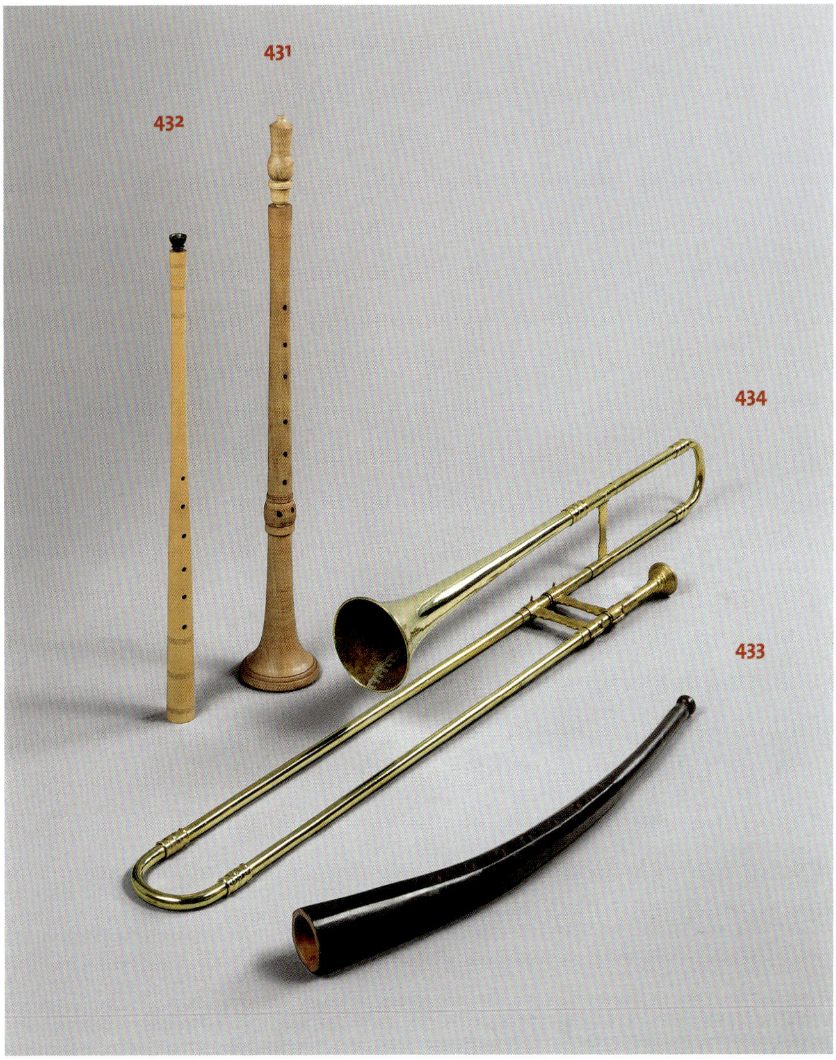

Blasinstrumente

Schalmeien, Vorläuferformen der späteren Oboe, sind wie viele andere Doppelrohrblattinstrumente der Renaissance mit einer Windkapsel versehen, die das Rohrblatt umschließt. Dadurch werden Spielweise und Klang wesentlich beeinflusst. Die genaue Analyse der drei Originalinstrumente ließ feine, aber klanglich bedeutsame Unterschiede der Längen und Innenbohrungen erkennen. Damit konnten die sonst gleich konzipierten Schalmeien jeweils für eine andere Tonlage und musikalische Aufgabe eingerichtet werden: beispielsweise für ein brillantes Spiel in der tiefen oder hohen, überblasenen Lage oder aber für kräftigere und weichere Klangfarben. Anhand der Kopien wird dies akustisch nachvollziehbar.
Zwar tragen diese Schalmeien keine Signaturzeichen, doch sind ihre Hersteller sicher ebenfalls in Randeck oder der näheren Freiberger Umgebung zu suchen. Es ist nicht auszuschließen, dass der Drechsler seine Instrumente auch selbst als Musiker geblasen hat. Zweifelsfrei ist dagegen durch zahlreiche Spuren des Intonierens, des feinen Abstimmens der Einzeltöne zu erkennen, dass die Originale ehemals tatsächlich gespielt worden sind.
Der Drechsler, dem der Bau der Posaunen-Attrappen um 1593 anvertraut wurde, hat möglicherweise auch die Attrappen der Cornetti (Krummen Zinken) angefertigt. In jedem Fall kannte er sich mit Musik und Instrumenten aus oder war selbst auch Instrumentenmacher. Von ihm stammen vielleicht sogar die Schalmeien und Geraden Zinken. Denn seine handwerkliche Sorgfalt richtete sich nicht nur auf die für dekorative Zwecke notwendigen Merkmale der Instrumente. Daher war eine genauere Untersuchung auch der hölzernen Attrappen sinnvoll und brachte erstaunliche Erkenntnisse: Während der Arbei-

ten müssen dem Drechsler originale Tenorposaunen vorgelegen haben. In einer logisch nachvollziehbaren Weise setzte er die metallenen Vorbilder in Holz um, wobei ihm vor allem an der detailgetreuen Nachbildung der klangbestimmenden Teile und Faktoren gelegen war. Die proportionale Gesamtanlage der Posaunen sowie die Mensuren und Formen von Mund- und Schallstück sind exakt wiedergegeben.

So liefern uns diese Attrappen noch heute genügend Anhaltspunkte für die Rekonstruktion hervorragend spielbarer Renaissance-Posaunen. Das ist um so bedeutsamer, weil aus dieser frühen Zeit keine vergleichbaren Instrumente unverändert erhalten sind.

Die äußeren stilistischen Merkmale dieser Attrappen (u.a. die Ausführung von Zwingen und Stegen) lassen sogar Überlegungen über die Herkunft der originalen Vorlagen zu. Einiges weist auf Dresden hin, wo in der zweiten Hälfte des 16. Jahrhunderts Valten (Valentin) Springer als »Trompmacher« wirkte. Zwischen 1575 und 1589 lieferte er 24 Trompeten und mehrere Posaunen an den Dresdner Hof. Sollte sich die Anlage der Freiberger Posaunen tatsächlich auf Instrumente Springers zurückführen lassen, dann könnte auch das bei Michael Praetorius (1619) abgebildete Instrument in dieser Beziehung stehen.

Ebenso wie die Posaunen sind auch die drei Krummen Zinken der Begräbniskapelle Attrappen. Zwei davon mussten leider (vermutlich wegen zu starkem Holzwurmbefall) im 19. oder 20. Jahrhundert erneuert werden. Von diesen beiden hebt sich die dritte, noch originale Attrappe schon allein durch das aus ihr sprechende Verständnis für den Zinkenbau ab. Die gewonnenen Informationen reichten aus, um diesen Zinkentyp, der bisher nur von Bildern bekannt war, spielfähig zu rekonstruieren. Er zeichnet sich vor allem durch einen deutlich steileren Konus der Innenbohrung aus. Diese weite Mensur begünstigt die tieferen Töne des Instruments, die für die Musik der Renaissance benötigt werden, aber auf dem heute für die historische Aufführungspraxis verwendeten hochbarocken Zinkentyp nicht ausführbar sind.

Darüber hinaus ergibt sich auch ein sinnvoller klanglicher Unterschied dieser der Länge nach aus zwei Hälften zusammengefügten Zinken zu den ebenfalls in Freiberg vorhandenen Geraden, gedrechselten Zinken. Die Krummen, weiten Zinken klingen weicher, auch vokalartiger, während die Geraden, engeren Zinken gemeinsam mit den durchdringenden Schalmeien musikalisch gut vorstellbar sind.

Das 16. und beginnende 17. Jahrhundert ist allgemein die Blütezeit des Zinkenspiels. Während die Geraden Zinken besonders nördlich der Alpen Verbreitung fanden, scheint die Entwicklung des Krummen Zinkens von Italien auszugehen. So legen einige Vergleiche nahe, dass den Freiberger Zinkenattrappen ein norditalienisches Instrument als Vorlage diente, zumal der aus Bergamo stammende Zinkenist Antonio Scandello jahrelang Musicus und seit 1568 Kapellmeister am kursächsischen Hof in Dresden war. Er komponierte 1553 das Requiem für Moritz von Sachsen. EF, VH

Literatur:
Heyde/Liersch 1979, S. 233–251; Steude 2001.

431
Schalmei
Kopie: Rainer Weber, Bayerbach 2003

nach dem Original (Nr. 13) aus dem Freiberger Dom, sächsisch, vor 1594
Musikinstrumenten-Museum der Universität Leipzig, Inv.-Nr. 5413

432
Gerader Zink
Kopie: Fritz Heller, Aachen 2003

nach dem Original (Nr. 1) aus dem Freiberger Dom, sächsisch, vor 1594
Musikinstrumenten-Museum der Universität Leipzig, Inv.-Nr. 5418

433
Krummer Zink
Kopie: Roland Wilson, Köln 2003

nach einer Attrappe (Nr. 14) aus dem Freiberger Dom, nach einem italienischen Modell, vor 1594
Musikinstrumenten-Museum der Universität Leipzig, Inv.-Nr. 5420

434
Posaune
Rekonstruktion: Marcus Raquet, Bamberg 2003

nach den Attrappen (Nr. 15) aus dem Freiberger Dom, nach einem Dresdner Modell, vor 1594
Musikinstrumenten-Museum der Universität Leipzig, Inv.-Nr. 5416

Die Stadt Torgau – Residenz und Verwaltungssitz

Der Aufstieg Torgaus zu einer der bevorzugten Residenzen der sächsischen Fürsten prägte das Stadtbild nachhaltig. Schloss und Marktplatz bieten nicht nur dem heutigen Besucher eine wichtige Orientierungshilfe, sie waren schon im 16. Jahrhundert die Fixpunkte, an denen sich Adel und Bürgertum orientierten, als es galt der wachsenden Bedeutung und dem zunehmenden Wohlstadt der Stadt in repräsentativer Architektur Ausdruck zu verleihen. Dominiert wurde die Stadt jedoch im 16. Jahrhundert ebenso wie heute von der mächtigen Silhouette des Schlosses. Auch das Leben in der Stadt wird sich nach dem Rhythmus des wandernden Hoflagers (neben Torgau war Weimar die wichtigste Residenz der Ernestiner) geformt haben, schließlich war die Anwesenheit der fürstlichen Familie und des Hofstaats ein bedeutender Wirtschaftsfaktor. Das Leben auf dem Schloss folgte anderen Mustern: Hofordnungen regelten das Zusammenleben, vom Kanzler bis zur Wache – jeder kannte seine Pflichten. Und diese Ordnungen galten nicht nur innerhalb der Schlossmauern: Vielfach griffen sie bis in die kleinsten Besitzungen des Fürsten aus und wurden so zu regelrechten Landesordnungen. In jedem Detail sind diese Ordnungen auf den Fürsten ausgerichtet, jedoch nicht im Sinne absoluter Herrschaft. Der Fürst erscheint eher als Landesvater, als »pater familias«, und es gehört zu seinen Pflichten, das ihm anvertraute Land zu ordnen und seinen Untertanen sichere Lebensverhältnisse zu schaffen. Damit wurde er zum Bewahrer der gottgewollten Ordnung, zum Schutzherren einer Gesellschaft, in der jeder seinen festen Platz hat. Begründet wurde diese Rolle nicht nur aus der besonderen Befähigung des Landesherren, sondern auch aus seiner noblen Herkunft – die Wettiner des 16. Jahrhunderts führten ihren Stammbaum lückenlos bis zum Sachsenherzog Widukind und Alexander dem Großen zurück. Aus den Pflichten des Herrschers leiteten sich auch seine besonderen Rechte ab: Das Recht auf Vergnügungen wie Jagd und Turnier oder auf bestimmte Formen des Luxus in Kleidung und Festwesen.

Als Landesvater hatte der Fürst seine Herrschaftsausgaben selbst zu finanzieren. Der Silberbergbau stellte für die Wettiner eine sichere Bank dar, denn eine Beteiligung der Untertanen an Ausgaben für Militär und Landesverwaltung ließ sich nur auf den Landtagen erreichen, wo den Ständevertretern mit guten Argumenten oder Zugeständnissen die Zustimmung zu Abgaben abzuringen war. Als Landesvater hatte der Fürst für sichere Rechtsverhältnisse zu sorgen, und als Landesvater fühlte er sich auch für das geistliche Wohl seiner Untertanen für zuständig. Das Wittenberger Heiltum Friedrichs des Weisen ist in diesem Zusammenhang zu sehen ebenso wie das intensive Bemühen Georgs des Bärtigen, Missstände in Klöstern zu beseitigen. Mit dem Wegbrechen der alten kirchlichen Strukturen sahen sich die Fürsten in der Pflicht, die Armen- und Krankenfürsorge, aber auch die Versorgung der Pfarrer neu zu ordnen. Das Bildungswesen wurde nun gänzlich zur Aufgabe der Obrigkeit. Dieser wachsende Regelungsbedarf hatte den Ausbau der Verwaltungszentrale, der Kanzlei zur Folge. Fürstliche Familie und Landesverwaltung traten zunehmend auseinander. Bis zur Jahrhundertmitte hatte sich in Sachsen ein gründlicher Umbau der Herrschaftsstrukturen vollzogen, Voraussetzung für die Ausbildung des frühmodernen Territorialstaates.

Eckhard Kluth

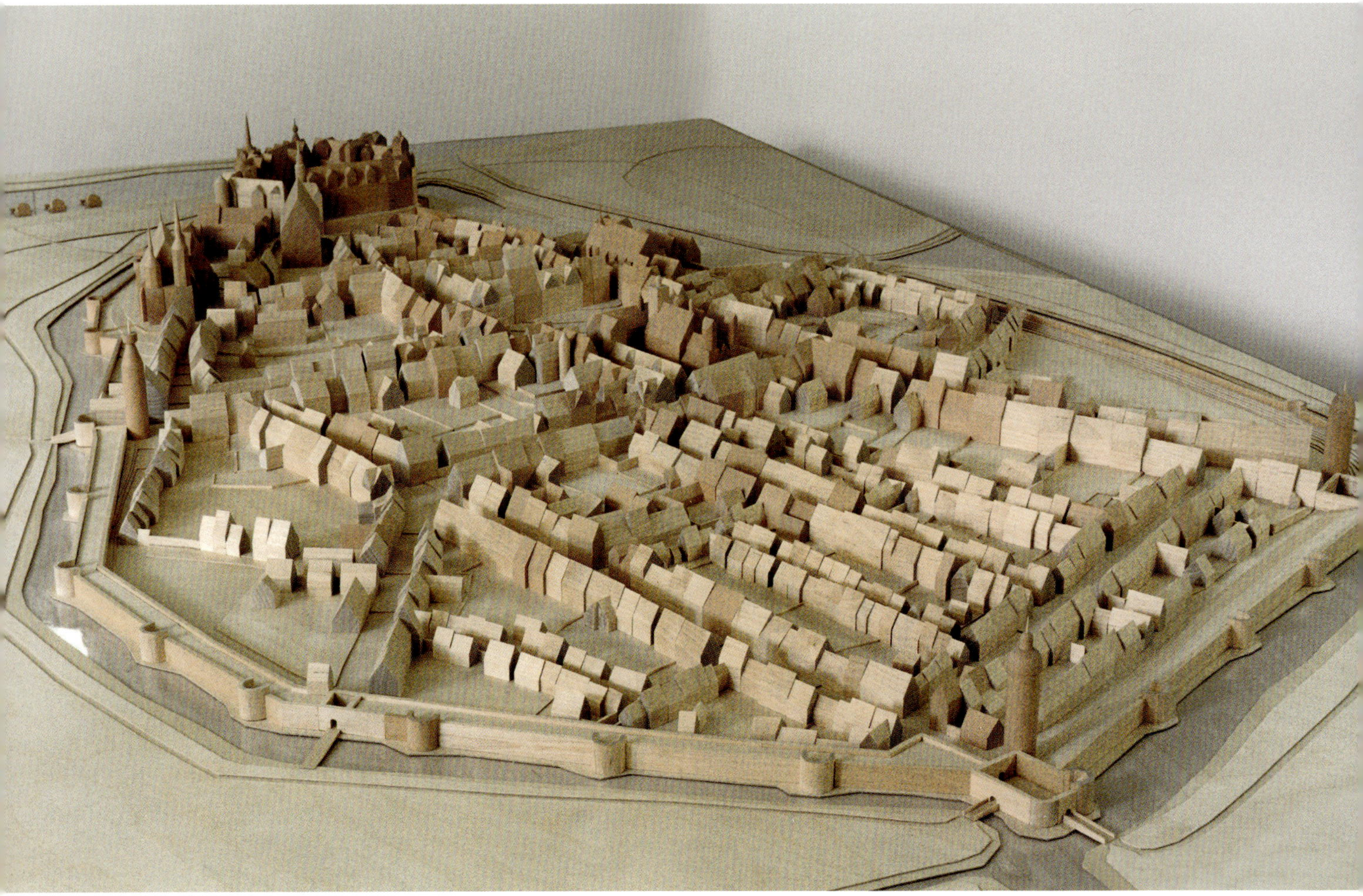

435

435
Ronald Scherzer-Heidenberger, Jan Kaschig, Alexander Lebe
Stadtmodell Torgau um 1600
2003

Vollholz, Maßstab 1 : 500, 138 × 205 cm

Das Modell ist eine Rekonstruktion nach dem heutigen Stand der Forschung des städtebaulichen Erscheinungsbildes von Torgau, wie es sich wahrscheinlich dem Bürger um 1600 darbot. Da es aus dieser Zeit keine maßstabsgetreuen Lagepläne und keine Bauakten dreidimensionaler Darstellung der Gebäude gibt, musste der Bauzustand aus einer Reihe von unterschiedlichen Bild- und Textquellen in einer mehrstufigen Analyse erarbeitet werden. Zwei Arbeitsstufen waren für die Grundlagenermittlung des Modells nötig: Zum einen die Herstellung eines maßstabsgetreuen und höhengerechten Lageplans der Stadt, mit allen überbauten Flächen inklusive der Befestigungsanlagen; zum anderen das »dreidimensionale Bild der Stadt«, d. h. Angaben zu Höhe bzw. Geschosszahl und Dachform aller in Frage kommenden Gebäude.
Als wesentliche Grundlage dienten Lageplandarstellungen von 1610, 1650 und 1710 – 1720, die mit Aussagen der Steuerakten des 16. Jahrhunderts und den gesicherten Erkenntnissen der Bauforschung und Denkmalpflege über Baualter und Bauzustand einzelner Gebäude abgeglichen wurden. Ausgehend vom heutigen, digitalen Stadtkataster konnten so anhand der Standorte der vorhandenen Baudenkmäler der Zeit um 1600 in einem Interpolationsverfahren der Stadtgrundriss mit Lage der Straßen und Plätze, dem wahrscheinlichen Parzellenschnitt und den bebauten Flächen rekonstruiert werden.
Die Rekonstruktion des Aussehens der heute nicht mehr vorhandenen Gebäude und Befestigungsanlagen wurde, soweit zuordenbar, anhand zeitgenössischer Stiche von Dilich, Merian und Cranach, einer umfänglichen Bauaktenrecherche und einem Abgleich mit textlichen Quellen wie dem Steuerregister vorgenommen. Die Gestalt von Gebäuden, die nicht eindeutig in ihrer dreidimensionalen Erscheinung zu bestimmen waren, wurde nach Gesichtspunkten historischer Wahrscheinlichkeit festgelegt. Für den Betrachter wird der Unterschied durch einen dunkleren Holzton für die im Detail gesicherten Gebäude kenntlich. RSH

436

436
Georg Spalatin, Lucas Cranach d. Ä. und d. J.
Sächßisches Stamm-Buch mit gemahlten Figuren
Eintragungen von etwa 1500 bis 1546

(geprägter Rückentitel, ansonsten kein Titel)
116 Bl. beschrieben, gesamt 166 Bl.,
41,5 × 27,3 cm, zeitgenössischer Ledereinband auf Holzdeckeln, mit Messingecken
Sächsische Landesbibliothek –
Staats- und Universitätsbibliothek Dresden,
Sign. Mscr. Dresd. R. 3

In der Spätgotik entstand ein neues Repräsentationsbedürfnis und eine neue Erinnerungskultur der Geschlechter. Damit ist die Sicherung der historischen Überlieferung und die Einordnung der eigenen Familie in die Geschichte verbunden. Diese Erinnerungskultur fand ihren Niederschlag in einer reichen Ausprägung von Familienchroniken, gemalten Stammbäumen, Epitaphien, Kenotaphen oder Medaillen. Die in der Renaissance wiederentdeckte klassische Antike als Ideal führte bei fürstlichen Familien zu dem Wunsch, die griechischen und römischen Herrschergeschlechter zu den Vorfahren zählen zu können, so dass entsprechende Ahnenreihen erfunden wurden.
Um 1500 entstand das »Sächsische Stammbuch« als Auftragswerk der Wettiner, wohl auf Johann den Beständigen zurückgehend, welches die Porträts der Familienmitglieder beinhaltet. Die ersten sieben Seiten sind mit den Wappen sagenhafter thüringischer und sächsischer Königreiche und denen der wettinischen Herrschaften illustriert.

Zu den Abbildungen der insgesamt 355 Personen sind kurze Verse mit der Beschreibung des Lebens oder besonderer Vorkommnisse. Die Ahnenreihe der Wettiner wird dabei über Widukind, Herzog von Sachsen, bis zu Alexander dem Großen zurückgeführt. Das Werk war zur Weiterführung gedacht, was durch die Folierung der unbeschriebenen Seiten bezeugt wird. Die letzte Eintragung ist 1546 vorgenommen worden.
Die unbekannten Maler der Porträts haben für die Personen des 16. Jahrhunderts auf Gemälde Cranachs zurückgegriffen und diese recht genau kopiert, die Abbildungen damals historischer Personen sind erfunden oder von anderen Vorlagen rezipiert. Die Porträts aus dem Stammbuch fanden auch in der Augustusburg als Wandmalerei oder auf der Karte von Hiob Magdeburg »Duringische und Meisnische Landtaffel« (1566) Verwendung. KH

Literatur:
Hermann [o. J.]; Lippert 1891; Treasures from the Saxon State Library 1996, S. 91.

437
Lucas Cranach d. Ä.
Kurfürst Johann Friedrich
um 1533–1535

Öl auf Holz, 64 × 49 cm
Privatbesitz

438
Lucas Cranach d. Ä.
Sibylle von Cleve,
Gemahlin von Kurfürst Johann Friedrich
um 1533–1535

Öl auf Holz, 64 × 49 cm
Privatbesitz

Nach dem Tod seines Vaters Johann des Beständigen im August 1532 wurde Johann Friedrich neuer Landesherr. Als Förderer der lutherischen Sache war ihm die kaiserliche Bestätigung der Kurwürde keineswegs sicher, so dass er bestrebt sein musste, sich eng an seine beiden Vorgänger anzubinden. Die viele Bildnisse Friedrichs des Weisen und Johanns des Beständigen begleitenden Texte betonen daher stets deren Kaisertreue.
Unter den Darstellungen des Kurfürstenpaares nimmt das hier erstmals veröffentlichte Doppelporträt vom Format her eine Sonderstellung ein. Deutlich größer als alle bislang bekannten Fassungen, kommt diesem Bildnispaar ein höchst repräsentativer Anspruch zu. Angesichts der hohen »Auflagen« der Cranach'schen Bildnisproduktion dieser Jahre wird zu Recht auf die Mitarbeit beider Söhne Cranachs sowie die Assistenz weiterer Werkstattmitglieder bei der Ausführung hingewiesen.
Die hier gezeigten Tafeln sind von ausgesprochen hoher malerischer Qualität. Eine rein stilistische Beurteilung ist auf Grund zahlreicher alter Retuschen im Bereich der Gesichter und hellen Hemdausschnitte jedoch nur stark eingeschränkt möglich. Es ist kaum anzunehmen, dass der ältere Cranach, der gerade die Arbeit für seinen dritten sächsischen Dienstherrn begann, einen solch prominenten Auftrag an seine Werkstatt delegiert hätte. AKu

Literatur:
Schuchardt 1851, Bd. I, S. 88; Friedländer/Rosenberg 1979, vgl. Nr. 334–338.

437

439
Erhard Schön (zugeschrieben)
Vierzehn Repräsentanten der Gesellschaft (Stände), um 1535

Holzschnitt, 15,4 × 39,5 cm
Staatliche Museen zu Berlin, Kupferstichkabinett, Inv.-Nr. 312-10

Das Bild war ursprünglich als Illustration zu einem Flugblatt in der Art des Hans Sachs gedacht, ein Abzug mit Text ist jedoch nicht überliefert. Gezeigt wird eine Reihe von Männern, die durch Kleidung, Haartracht und Attribute jeweils einen gesellschaftlichen Stand repräsentieren. Es finden sich ein Mönch mit Tonsur, ein Gelehrter mit Doktorhut, verschiedene Handwerker mit ihren Arbeitsgeräten sowie Kaufleute und sogar ein Landsknecht. Zwischen diesen fallen ein gut gekleideter Herr mit Spielkarten in der Hand auf sowie ein weiterer, der dem Betrachter ein Bierglas entgegen streckt. Flugblätter dieser Art hatten häufig einen mahnenden Grundton: Sie rufen zur Ordnung und warnen vor den alltäglichen Verführungen des Lotterlebens. EK

Literatur:
Hollstein XLVII, Nr. 82; Geisberg 1923–30, S. 1167.

438

440
Kurfürst Johann Friedrich von Sachsen
Hofordnung
10. März 1533

Schreiberhand auf Papier, 50 Bl., 33,1 × 23 cm
Thüringisches Hauptstaatsarchiv Weimar, Sign. EGA, Reg. Rr pag. 334 Nr. 44a, Bl. 2–51

Hofordnungen entwickelten sich in Sachsen in der 2. Hälfte des 15. Jahrhunderts. Ihr Inhalt konnte sehr unterschiedlich sein, gemeinsam ist allen, dass sie in irgendeiner Weise das Leben am Hofe oder einen Teilbereich davon regulierten. Darin kommt das Bedürfnis nach Normsetzung für die Durchführung bestimmter Aufgaben, die sich aus der Herausbildung von Residenzen, der Entwicklung des Hofes zu einem relativ geschlossenen sozialen System und der Zunahme der Herrschaftsaufgaben und der daraus resultierenden Schriftlichkeit ergeben, zum Ausdruck.
Die vorliegende Hofordnung des Kurfürsten Johann Friedrich des Großmütigen von Sachsen, die mit Wirkung vom 10. März 1533 in Kraft gesetzt wurde, entstand unmittelbar im Zusammenhang mit der Herrschaftsübernahme nach dem Tod Johanns von Sachsen (August 1532). Johann Friedrich legte darin für alle Hofbediensteten die Besoldung fest. In seltenen Fällen, wie im Kapitel »Fürstentisch« etwa, werden auch Hinweise auf das Aufgabengebiet gegeben. Mit dieser Hofordnung regelte der Kurfürst die finanziellen Ausgaben für seinen Hofstaat und erlangte einen bis dahin nicht gegebenen Überblick darüber. DB

Literatur:
Emminghaus 1855/57; Mentz 1908, S. 124–127.

441
Frauenzimmerordnungen des Herzogs Moritz von Sachsen
1541 und 1543

Aktenschriftstücke, Konzepte (bei der Ordnung von 1541 mit Revisionsvermerk des Herzogs Moritz), Papier, 34 × 22,5 cm
Sächsisches Hauptstaatsarchiv Dresden, Sign. 10024 Geheimer Rat (Geheimes Archiv), Loc. 8685/1, Bl. 2r–4v und Bl. 31r–36v

Mit der Herausbildung fester fürstlicher Residenzen am Übergang vom Spätmittelalter zur Frühen Neuzeit kam auch die Gepflogenheit auf, für die fürstlichen Frauen und ihren Hofstaat in den Residenzschlössern besondere Räume zu schaffen, die als Frauenzimmer bezeichnet wurden. Diese Bezeichnung wurde allmählich auch auf das Personal des Frauenhofstaats ausgeweitet.
Die Frauenzimmerordnung von 1541 und die etwas erweiterte und überarbeitete Fassung von 1543 ordnen sich in das allgemeine Bestreben des Herzogs und Kurfürsten Moritz von Sachsen ein, klare Reglements für Hof und Staat zu schaffen. Höchstes Augenmerk wurde auf ein strenges Zugangsregime zu den Frauenräumen gelegt. Der Frauenhofmeister sollte nach der Ordnung von 1541 »ein vleissig aufsehen haben, das das Frauen Zimer allezeit zugeschlossenn ist und nymant nauff gelassen werde ane vor wissen unser gnedigen frauen«. Ausgenommen von dieser Regelung waren lediglich die Herzöge Moritz und August.
Die aus heutigem Blickwinkel ebenfalls recht strenge innere Ordnung des Frauenzimmers sah unter anderem vor, dass die Angehörigen des Frauenhofstaats nicht ohne Erlaubnis der Fürstin die Frauenräume verlassen und »nicht gros geschrey ader gelechter treiben« sollten. Zum Hof der Fürstin gehörten 1541 neben den unverheirateten Hofdamen (zeitgenössisch als adlige Jungfrauen bezeichnet) auch ein Hofmeister, eine Hofmeisterin, ein Tischsteher, ein Essenträger, zwei Getränketräger (»Trinckentreger«), vier Jungen, eine Köchin, eine Kammerfrau für die Wäsche und die Betten, ein Türknecht, zwei Jungfrauenknechte und ein Schneider. EL

Literatur:
Hirschbiegel 2000; Hoppe 2000; Streich 2000; künftig auch Essegern 2004.

442

442
Georg Spalatin
Sächsische Chronik, Handschrift und Buchmalerei
um 1535

Papier, Handschrift mit farbigen Miniaturen, 46 × 31 cm
Landesbibliothek Coburg, Sign. Ms. Cas 9

Das Leben des Geistlichen und Humanisten Georg Spalatin ist untrennbar mit den Kurfürsten von Sachsen verknüpft. Seit 1508 hat sich der geborene Franke (aus Spalt bei Nürnberg) an deren Hof aufgehalten, wo er zunächst als Prinzenerzieher, dann als Wittenberger Hofbibliothekar und vor allem als Geheimsekretär Friedrichs des Weisen gewirkt hat. In der frühen Reformation, deren Anhänger Spalatin war, hat er eine zentrale Rolle als Mittelsmann zwischen Martin Luther und Kurfürst Friedrich dem Weisen gespielt.
1510 hat Spalatin den Auftrag erhalten, eine sächsische Chronik zu schreiben. Die Arbeit, die noch in den 30er Jahren von dem späteren Kurfürsten Johann Friedrich dem Beständigen gefördert wurde, hat ihn zeitlebens begleitet, ist aber nur teilweise zum Abschluss gelangt.

443

Die Sächsische Chronik, die auf sechs Bücher angelegt war, reicht von der Geschichte des Sachsenstammes im frühen Mittelalter über die sächsische Kaisergeschichte (Ottonen) des Hochmittelalters, die Landgrafen von Thüringen und Markgrafen von Meißen bis zum regierenden Kurhaus der Wettiner. Im Mittelpunkt der Chronik, die aber 1435 abbricht, sollten die Fürstenpersönlichkeiten der Wettiner stehen, ihre Taten, ihre Verwandtschaft usw. Das Werk gehört in die lange Reihe der Landeschronistik des späten Mittelalters und des Humanismus. Ebenso wie z. B. Johannes Aventin (Bayerische Chronik) und Lorenz Fries (Chronik der Bischöfe von Würzburg) hat Spalatin mit Unterstützung seines Auftraggebers ausgedehnte Quellenstudien betrieben und umfassende Materialsammlungen angelegt (Thüringisches Hauptstaatsarchiv Weimar, Reg. O Nr. 20/21) und dieses zumeist unkritisch kompiliert.
Spalatin war seit 1525 Pfarrer in Altenburg, wo er am 16. Januar 1545 als Superattendent gestorben ist. In seinem Testament werden die drei vollendeten Bände der Chronik erwähnt. Die Foliobände umfassen 2508 Seiten und sind durchgehend mit 1803 kolorierten Federzeichnungen illustriert. Der größte Teil der Cranach-Werkstatt, man schätzt zwölf, vielleicht sogar mehr Künstler, sind an der Illustration des Werks beteiligt gewesen. Gezeigt werden die fol. 36v, 37r, 289v, 290r. EB

Literatur:
Flach 1939; Höss 1989, S. 46 ff., 71–75 u. ö.; Andersson 1994; Brendle 2001.

443
Paul Troschel
(vermutlich nach Lucas Cranach d. J.)
Festliche Tafel Johann Friedrichs mit seinen Räten
17. Jahrhundert

Kupferstich, 22,7 × 35,8 cm
Kupferstich-Kabinett,
Staatliche Kunstsammlungen Dresden,
Inv.-Nr. A 210,3 / A 148767

444
Hans Posner von Ziegenbrück
Männliche Kostümfigur in wadenlangem Mantel und Hut, Schwert und Sporen tragend
1522

Federzeichnung, fast schwarz koloriert, aufgezogen und gefirnisst, 29,5 × 25,9 cm
Stiftung Weimarer Klassik und Kunstsammlungen, Inv.-Nr. KK 157

445
Hans Posner von Ziegenbrück
Männliche Kostümfigur in rotem Wams mit knielangem Rock, Helm mit Federzier und Schwert sowie Dolch
1535

Federzeichnung, koloriert, aufgezogen und gefirnisst, 28,2 × 25,5 cm
Stiftung Weimarer Klassik und Kunstsammlungen, Inv.-Nr. KK 160

446
Hans Posner von Ziegenbrück
Männliche Kostümfigur in weißem Wams mit kurzem Schoßrock, Helm oder Haube mit Federschmuck und langem Degen
1539

Federzeichnung, koloriert, aufgezogen und gefirnisst, 27,7 × 14,8 cm
Stiftung Weimarer Klassik und Kunstsammlungen, Inv.-Nr. KK 161

447
Hans Posner von Ziegenbrück
Männliche Kostümfigur in langem grauen Mantel mit roten Strumpfhosen
1518

Federzeichnung, koloriert, aufgezogen und gefirnisst, 31 × 16,2 cm
Stiftung Weimarer Klassik und Kunstsammlungen, Inv.-Nr. KK 154

448
Hans Posner von Ziegenbrück
Männliche Kostümfigur in weitem, gestreiften Mantel
1519

Federzeichnung, koloriert, aufgezogen und gefirnisst, 30,2 × 14 cm
Stiftung Weimarer Klassik und Kunstsammlungen, Inv.-Nr. KK 155

449
Hans Posner von Ziegenbrück
Männliche Kostümfigur in braunem Wams mit kurzem Schoßrock, Barett und Straußfedern und Schwert sowie kurzem Dolch
1534

Federzeichnung, koloriert, aufgezogen und gefirnisst, 29,7 × 22,9 cm
Stiftung Weimarer Klassik und Kunstsammlungen, Inv.-Nr. KK 159

Zum Sold eines Hofangestellten am kursächsischen Hof gehörte auch das Sommer- und Winterkleid, das an festgelegten Tagen den Mitgliedern des fürstlichen Haushalts überreicht wurde. Über alle Details der fürstlichen Kleiderkammer informieren die erhaltenen Rechnungsbücher. Hans Posner von Ziegenbrück führte dort über Einkauf und die Verteilung akribisch Buch. Außerdem hat sich eine große Gruppe von Entwürfen erhalten, die wohl Zeichnern aus der Cranach-Werkstatt zu verdanken sind. Auffällig ist, dass die

444

449

bekannten Konvolute ausschließlich Männerkleidung überliefern. In der Mischung aus Fest- und Alltagskleidung und vor allem auf Grund des langen Zeitraums geben sie unschätzbare Hinweise auf die Geschichte der Hofkleidung in Sachsen. EK

Literatur: Dihle 1930, S. 127 ff., 152 ff.

450
Kursächsischer Grenzstein
2. Hälfte 16. Jahrhundert

abgebrochenes Oberteil, Sandstein,
H. 48 cm, B. 27–29 cm, T. 16–18 cm
Kennzeichnung: Vs. Kursächsisches Wappen, C F (Churfürst), 429 (Reihennummer aus dem 19. Jahrhundert); linke Seite Grenzkreuz (aus dem 19. Jahrhundert);
Rs. Bünauisches Wappen, G V B
(Günther von Bünau)
Grenzstein-Lapidarium Kurort Gohrisch,
ohne Inv.-Nr.

Mit dem kursächsischen Wappen auf Grenzsteinen oder Grenztafeln wurde das Territorium des Kurstaates angezeigt. Auf den Grenzsteinen, welche innerhalb Sachsens die Amtswaldgrenzen markierten, kennzeichneten die eingehauenen Kurschwerter das kurfürstliche Eigentum am Wald.
Kurfürst August erteilte am 3. Mai 1563 dem Pirnaer Amtsschösser den Befehl, er sollte »zu verhuetung künftiges gezencks« die Landesgrenze gegen die böhmische, Günther von Bünau gehörende Herrschaft Tetschen »vom Schneeberge biß an Elbstrom« durch Rainsteine, »dorauff das Sechsisch wapen vff der einen seitten vnd auff der andern das Bünawische wapen« gehauen, markieren lassen. Es zeigten daraufhin neben zahlreichen Grenzkreuzen an Bäumen und Felsen insgesamt 124 solcher Wappensteine die kursächsische Grenze auf diesem Abschnitt an. 1978/79 hat man alle noch an der Staatsgrenze stehenden historischen Grenzsteine entfernt und vernichtet. Einige von ihnen konnten glücklicherweise geborgen werden und sind seitdem im Grenzstein-Lapidarium Kurort Gohrisch (Landkreis Sächsische Schweiz) aufgestellt. HT

Literatur:
Torke 2002, S. 24, 40 ff., Abb. 7, 106.

451

451
Lucas Cranach d. J.
Wappen Johann Friedrichs
1546

Holzschnitt, 41,4 × 26,7 cm
Kupferstich-Kabinett, Staatliche Kunstsammlungen Dresden, Sign. A 6662
Stiftung Weimarer Klassik und Kunstsammlungen, Inv.-Nr. DK 84/81

Für das Jahr 1546 ist die Lieferung von 4000 Drucken mit den Wappen des Kurfürsten Johann Friedrich und des Landgrafen Philipp von Hessen durch die Cranach-Werkstatt zum Preis von einem Silbergroschen pro Abzug belegt. Sie wurden offenbar im Zusammenhang mit der Rüstung für den Schmalkaldischen Krieg hergestellt und sollten dazu dienen, alles, was im kurfürstlichen Tross mitgeführt wurde, als fürstlichen Besitz zu kennzeichnen. EK

Literatur:
Hollstein LXI; Cranach 1953, Nr. 149;
Koepplin/Falk 1974, Nr. 132.

Höfische Repräsentation

Die Repräsentation bei Hofe brachte das Selbstverständnis des Herrschers zum Ausdruck. An den fürstlichen Höfen wurden möglichst seltene und teure sowie fremde und edle Vergnügungen zur Schau getragen. Festliche Mahle, prunkvolle Kleider, edler Schmuck, Bauten, Spiele, Tänze sowie Turniere und große Jagden trugen zur Verherrlichung des Fürsten bei. Anregungen zur Prachtentfaltung gaben die europäischen Höfe, vor allem Italien und der spanische Hof waren hierin federführend. Prunkvolle Gewänder drückten förmlich eine Sucht nach Luxusgütern und edler Qualität aus. Man kleidete sich in Samt, Seide, Damast, Brokat mit oder ohne silberne bzw. vergoldete eingewirkte Fäden, trug Pelze wie Hermelin und Zobel. Kostbarkeiten in unterschiedlichsten Farben, Fasern, Webarten und Mustern wurden vor allem aus der Levante über Venedig oder Spanien in die deutschen Lande importiert. Die zeremonielle Tafel »auf höfische Art« wurde im zweiten Viertel des 15. Jahrhunderts am burgundischen Hof eingeführt. Fortan bildete sie die Grundlage für die aufwendig inszenierte Tafel des 16. Jahrhunderts als einem Statussymbol adliger Lebensführung.
Wie uns Berichte und Bilder aufwendiger Jagden zeigen, gehörte die Jagd schon früh zum höfischen Leben und Vergnügen. Wertvolle Jagdgarnituren, -waffen, Jagdhunde und -falken waren begehrte Staatsgeschenke. Die hohe Wertschätzung der Jagd fand auch in der Kunst ihren Ausdruck. Fürsten und Herrscher schätzten jagdliche Inneneinrichtungen, Wandteppiche, Gemälde berühmter Meister, bildliche Darstellungen oder Schmuckgegenstände mit Jagdmotiven. Jagdliche Trophäen des Hochwildes stellte man mit Stolz zur Schau. Sowohl die Jagd als auch die feierliche Tafel dienten der Repräsentation, demonstrierten Rang, Ehre und Macht und wurden sogar als Mittel zur Durchsetzung politischer Ziele eingesetzt.

Cecilie Hollberg

Literatur: Morel 2001; Hollberg 2004

452
Lucas Cranach d. Ä.
Das Turnier auf dem Marktplatz
dat. 1506

Holzschnitt, koloriert, 26 × 37,5 cm
Kunstsammlungen der Veste Coburg, Inv.-Nr. I,45,118

Das Turnier war ähnlich wie die Jagd ein zentrales Element höfischer Repräsentation und seine Wiedergabe ein wichtiger Teil fürstlicher Selbstdarstellung. Cranachs frühester Turnierholzschnitt, 1506 datiert und folglich etwa um die gleiche Zeit wie der Hirschjagd-Holzschnitt (Kat.-Nr. 457) entstanden, stellt auch künstlerisch eine Parallele dar. Cranach wählt einen ähnlichen Panoramablick, situiert die Szene allerdings auf dem durch die rahmenden Häuserreihen indentifizierbaren Marktplatz in Wittenberg und gibt die Szenerie detailreich wieder.
Die Kolorierung des Dresdner Druckes mit sparsam gesetzten, ausgewogen verteilten Akzenten wurde auf Grund ihrer hohen Qualität Cranachs eigener Hand zugeschrieben. Indem er das Sujet aus dem Kontext illuminierter Turnierbuchhandschriften (das früheste gedruckte Turnierbuch erschien erst 1530) herauslöste und den Ort des Geschehens wiedererkennbar darstellte, gelang es Cranach, ein aktuelles Ereignis zum selbstständigen Bildthema zu nobilitieren. AKu

Literatur:
Bartsch VII, Nr. 124; Hollstein, VI, Nr. 116; Geisberg/Strauss 1974, Nr. 620; Koepplin/Falk 1974, S. 227, Nr. 108, 109.

453
Lucas Cranach d. Ä.
Das Turnier mit dem Simson-Teppich
dat. 1509

Holzschnitt, 29,5 × 41,9 cm
Kupferstich-Kabinett, Staatliche Kunstsammlungen Dresden, Inv.-Nr. A 6626
Kunstsammlungen der Veste Coburg, Inv.-Nr. I,45,120

454
Lucas Cranach d. Ä.
Das Turnier mit Lanzen
dat. 1509

Holzschnitt, 29 × 41,6 cm
Kupferstich-Kabinett, Staatliche Kunstsammlungen Dresden, Inv.-Nr. A 6627
Kunstsammlungen der Veste Coburg, Inv.-Nr. I,45,119

455

Die Holzschnitte entstanden im Anschluss an ein in Wittenberg abgehaltenes Turnier. Eingeladen hatten Kurfürst Friedrich und sein Bruder Herzog Johann. Die Festlichkeiten wurden von einem Bankett mit Tanz am Abend des 14. November 1508 eröffnet. Das Turnier selbst wurde an den beiden darauf folgenden Tagen auf dem Wittenberger Marktplatz ausgetragen, wobei dem ritterlichen Wettstreit vormittags jeweils Promotionsfeiern in der Schlosskirche vorangingen. Zum Abschluss fand ein weiteres Bankett mit Tanz und Preisverleihung statt. Über die Zeremonien unterrichtet eine in Versform abgefasste Beschreibung des Wittenberger Hofpoeten Georg Sibutus, die wohl 1511 in der Rhau-Grunenbergschen Offizin im Druck erschien.
Cranachs Darstellungen sind allgemeintypische Wiedergaben der einzelnen Turnierabschnitte. Die kursächsischen Wappen ebenso wie Datum und Signatur des gerühmten Hofmalers verweisen jedoch auf dieses bestimmte Turnier. Cranach zeigt individualisierte Zuschauer und Ritter. In jedem Fall gewährleistete Cranachs innovativer Einsatz des druckgraphischen Mediums eine durchaus neuartige Breitenwirkung. Nicht nur die eigentliche Austragung des Turniers, auch seine Darstellung selbst in Wort und Bild konnte so zum Element fürstlicher Repräsentation werden. AKu

Literatur:
Bartsch VII, Nr. 125–127; Hollstein VI, Nr. 117–119; Geisberg/Strauss 1974, Nr. 621–623; Koepplin/Falk 1974, S. 227 ff., Nr. 110–112.

455
unbekannter sächsischer (?) Bildschnitzer
Hirschkopf mit Rothirschgeweih
vermutlich 2. Drittel 16. Jahrhundert

Hirschkopf Linden(?)-Holz, geschnitzt, braun gefasst, Geweih Hirschhorn, Zwölfender, Abwurfstange, Herkunft unbekannt
Staatliche Schlösser, Burgen und Gärten Sachsen, Schloss Moritzburg, Inv.-Nr. 1191/94

456
unbekannter sächsischer (?) Bildschnitzer
Hirschkopf mit Rothirschgeweih
vermutlich 2. Drittel 19. Jahrhundert

Hirschkopf Linden(?)-Holz, geschnitzt, braun gefasst, Geweih Hirschhorn, Zwölfender, Abwurfstange, Herkunft unbekannt
Staatliche Schlösser, Burgen und Gärten Sachsen, Schloss Moritzburg, Inv.-Nr. 1192/94

Einen stilistisch guten Vergleich für die vermutete Datierung des älteren Hirschkopfes bieten – mangels erhaltener bzw. bekannter zeitgleich geschnitzter Tierköpfe – vor allem süddeutsche Bronzestatuetten aus der Renaissance mit Darstellung des antiken mythologischen Jägers Aktäon. Dergestalt vollplastische Aktäonfiguren aus dem 2. und 3. Viertel des 16. Jahrhunderts zeigen übereinstimmende künstlerische Merkmale mit unserem Hirschkopf.
Gestützt wird die zeitliche Einordnung auch durch das Vorhandensein von fünf übereinander liegenden Farbfassungen. Nur eine von ihnen, vermutlich die barocke Fassung, bringt farbliche Akzentuierungen in den Bereichen der Augen, der Nase und des Mauls. Alle anderen Bemalungsvarianten sind monochrom. Es ist demnach denkbar, dass der Hirschkopf bereits als Raumschmuck für das unter Herzog Moritz von 1542 bis 1546 erbaute Jagdschloss Moritzburg gedient hat.
Beide Geweihe sind augenscheinlich so genannte Abwurfstangen ein und desselben Tieres, das heißt, die Trophäen wurden nicht durch Erlegen der Hirsche erbeutet, sondern vom Erdboden aufgelesen, nachdem sie im Frühjahr abgeworfen worden waren. Somit wäre der zweite geschnitzte Tierkopf, bei dem es sich um eine schwache Kopie aus deutlich jüngerer Zeit handelt, vielleicht ein Ersatz für den Verlust des Originals. RGi

Literatur:
Meller 1926; Bange 1949; Pechstein 1969; Schramm/Schramm 2003. Für Hinweise dankt der Autor Gabriele Hilsky, Moritzburg.

457

457
Lucas Cranach d. Ä.
Die Jagd
um 1506

Holzschnitt, 37,8 × 31,5 cm
Albertina, Wien, Inv.-Nr. DG1929/98

Dieser Holzschnitt einer Hirschjagd ist das früheste noch greifbare Beispiel einer solchen Darstellung von Cranachs Hand. Ihm kommt in technischer und thematischer Hinsicht eine besondere Stellung nicht nur innerhalb von Cranachs Werk, sondern auch im weiteren Kontext der Hofkunst des frühen 16. Jahrhunderts zu. Gehörten Jagddarstellungen durchaus zum Standardrepertoire höfischer Ausschmückung, so waren sie eingebunden in die dekorativen Bildprogramme von Wandmalereien, Friesen oder Tapisserien. Cranach löst nun das Thema aus seiner funktionalen Bindung und macht die Jagd zum Gegenstand autonomer Bilder, zuerst in diesem frühen Holzschnitt, zwei Jahrzehnte später folgt eine Reihe von Tafelgemälden.
Das für eine Graphik dieser Zeit geradezu monumentale Format wird durch den Einsatz von zwei Druckplatten, die auf getrennte Papierbögen gedruckt und anschließend zusammengesetzt wurden, erreicht. Die Reproduzierbarkeit der Graphik erlaubte es dem Kurfürsten, dessen Wappenpaar sie prominent zur Schau stellt, die Jagd als einen der Glanzpunkte des höfischen Zeremoniells gegenüber einem weiter gefassten Publikumskreis zu präsentieren. Weder die Teilnehmer der Jagdpartie noch die Landschaft sind eindeutig bestimmbar, zumal die in der Forschung vorgeschlagene Identifizierung des Schlosses im Hintergrund mit Lochau bislang nicht verifiziert werden konnte. AKu

Literatur:
Bartsch VII, Nr. 119; Hollstein VI, Nr. 115;
Geisberg/Strauss 1974, Nr. 632;
Koepplin/Falk 1974, S. 241 f., Nr. 138.

458

458
deutsch
Weidmesser mit Besteck
um 1530–1540

Rückenklinge: Hohlschliff, messingtauschiert; Scheide: Holz, Leder: schwarzbraun, geprägt; Beschläge: Silber, teilweise gegossen und ziseliert sowie graviert, vergoldet, teils emailliert; Griffschalen: Sandelholz
Besteck: 3 von ehemals 4 Messern, 1 Pfriem; Weidmesser: L. ges. 52 cm, Klinge 39 cm; 1400 g, am Scheidenbeschlag das herzoglich-sächsische Wappen
Rüstkammer, Staatliche Kunstsammlungen Dresden, Inv.-Nr. X 276

Das Weidbesteck ist ein frühes Beispiel für eine Komplettausstattung der Weidplötze mit Scheide und umfangreichem Besteck. Die silbervergoldeten Beschläge sind mit Blattwerk in der Manier Heinrich Aldgrevers verziert. Am Mundblech ist schauansichtig in Email das herzoglich-sächsische Wappen eingebracht. Das Weidbesteck steht im Einklang mit dem Jagdschwert Herzog Heinrichs des Frommen (Kat.-Nr. 460). JB

Literatur:
Ehrenthal 1899, S. 211 f., M 6; Seidlitz 1921, Taf. 10, S. 125, Nr. 76; Bäumel 1995, S. 35.

459
sächsisch
Fünfteiliges Weidbesteck
Friedrichs des Weisen, Kurfürst von Sachsen
Weidpraxe im Köcher, zwei Beimesser, Beibesteck, Messer und Gabel
1. Viertel 16. Jahrhundert

Inschrift der Weidpraxe:
CHRISTO SACRUM [...] verbo magna putate Propterea dingnus posteritate tali. Friderich bin billich genannt / Schonen frid ich erhilt in lant / Durch groß Vornunfft geduld vnd gluck / Wider manchen ertz bosen tuck / Das lant ich ziret mit Gebew / Vnd schtifft ein hoche schul aufs neu / Zu wittenberck in sachsen lant / In aller Welt die wart bekant / Den aus dieselwen kam Gotes Wort / Vnd tat gros Dinck an manchem Ort / das bebstisch reich schtortzt es danider / Vnd bracht den rechten Glauben wider / Zum Keiser wart gekrönet ich / Des mein alder beschweret sich / Dafür ich keiser Karl erwelt / Und nicht vmb gonst oder gelt.

Rs.: 1525 Am fünften Tag des Meien ist / Geschtorben der Durchlauchtigst / Churfürst Hertzoch Friderich vonn / Sachsen an einem Sonntag auf denn / Abent zur Lochaw umb acht or / Seines Aldersch im 64. jar bei jm / Kam das Wort Gothes an tack / zu Withenberck durch Doctor / Martinum Luther.

Griffe: Hirschhorn, Eisenschnitt; Köcher: Leder, Silber; Weidpraxe 45 cm (Blatt 30,5 cm lang, 5,3 cm breit), Beimesser 21,8 cm; Beibesteck: Messer und Gabel 18,5 cm, Köcher 33 cm
Wartburg-Stiftung Eisenach, Inv.-Nr. KB 1

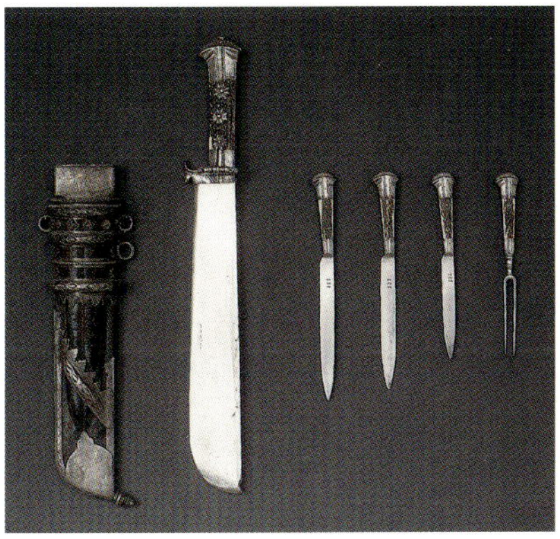

459

Das fünfteilige Weidbesteck besteht aus einem großen Weidblatt, drei Messern und einer zweizinkigen Gabel. Eine mit gravierten Silberbeschlägen gefasste Lederscheide nimmt alle Teile des Bestecks auf. Die breite Klinge des Weidblattes trägt beidseitig geätzte Inschriften, die von vegetabilen Ornamenten gerahmt sind. Die Inschrift der Vorderseite ist identisch mit dem Text der auf Papier gedruckten Verse, die häufig unter den zahlreichen kleinen Porträts klebten, die von der Cranach-Werkstatt geschaffen wurden. Die Verse würdigen Friedrichs kluge Regierungsführung, seine Verdienste um die Förderung der lutherischen Lehre, weisen auf die Gründung der Universität Wittenberg und berichten vom Verzicht des Kurfürsten auf die Kandidatur zur Kaiserwahl und seiner Unterstützung Karls V. Die Inschrift der Rückseite bezeugt das Ableben Friedrichs des Weisen. GJ

Literatur:
Gabelentz 1938, S. 70 f.; Kunst der Reformationszeit 1983, S. 90; Bestecke 1994, S. 158, Nr. 192;
Aller Knecht und Christi Untertan 1996, S. 215 f., Nr. 142;
Schuchardt 1998, S. 25 f.

460
deutsch
Jagdschwert
1537

Klinge: Passau; Rückenklinge: Hohlschliff, messingtauschiert; Gefäß: Eisen gefeilt, geschwärzt; Scheide: Holz, Leder schwarzbraun; Beschläge: Silber, getrieben, gegossen, ziseliert, teils durchbrochen, vergoldet, L. ges. 121,7 cm, Klinge 99,5 cm
am Scheidenbeschlag beschriftet »SPES MEA IN DEO« [lat.], dat. »1537«
Rüstkammer, Staatliche Kunstsammlungen Dresden, Inv.-Nr. X 428, Scheide XI 113

Das Prunkschwert kann auf Grund der an der Scheide eingebrachten Devise – übersetzt »Meine Hoffnung ist bei Gott« – und der Jahreszahl 1537 Herzog Heinrich dem Frommen zugeschrieben werden. Die Rückenklinge weist das Schwert als Jagdschwert aus. Der Bedeutungsrang des Schwertes wurde erst 1992 mit der Zuordnung der schon vor 1900 getrennt erwähnten Scheide offenbar. JB

Literatur:
Ehrenthal 1899, S. 60 f., E 24; Seidlitz 1921, S. 96, Abb. 8, S. 125, Nr. 77; Bäumel 1995, S. 35.

460

461

461
Dresdner Meister
Astbecher
um 1520

Silber, vergoldet, H. 16,5 cm
Grünes Gewölbe, Staatliche Kunstsammlungen Dresden, Inv.-Nr. 1927/2

Aufgrund der Gestalt in Form eines gebogenen Aststücks könnte es sich um einen Jagdbecher handeln. Trinkgefäße für den Ehrentrunk vornehmer Gäste einer Jagdgesellschaft hatten häufig einen Schaft in Astform. Die Wandung des Bechers ist graviert, um die Gefäßlippe hängt eine Manschette aus ausgeschnittenem Blattwerk herab. Die Beschaumarke »D« an einer der Blattspitzen verweist auf Dresden als Entstehungsort. AGr

Literatur:
Kunsthandwerk der Dürerzeit 1971, Abb. 47;
Lucas Cranach 1972, Nr. 197.

462
Tranchierbesteck
1514 (?)

Messer dat.: CICCXIV
Teile: ein Messer, eine Gabel;
Griff: Holz, Einlagen: Horn und Perlmutter;
Beschläge: Messing, graviert und vergoldet;
Rückenklinge: am Rücken geschnitten;
Gabelzinken: Eisen, blank
L. Messer 50 cm, Gabel 42,5 cm
Rüstkammer, Staatliche Kunstsammlungen Dresden, Inv.-Nr. X 379

Ausgangspunkt für die Erwerbung des Messers und der Gabel bildete das Vorhandensein weiterer – aus konservatorischen Gründen hier nicht ausgestellter – verwandter Besteckteile mit gesicherter Provenienz aus dem Altbestand der kurfürstlichen Sammlungen in Dresden. Sie gehörten möglicherweise zu einem größeren Besteck mit Kredenzmesser. Das Besteck steht exemplarisch für die im 16. Jahrhundert von den Fürstenhöfen ausgehende sich verfeinernde Esskultur. JB

Literatur:
Haenel 1923, S. 154, Taf. 76 c.

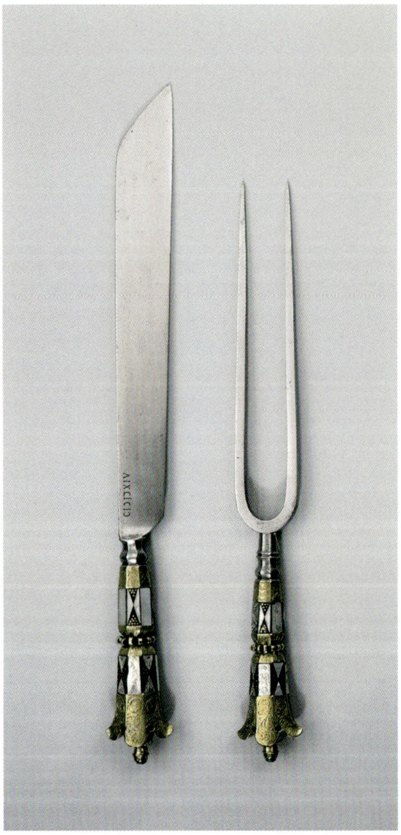

462

463

463
sächsisch
Becher
wohl 16. Jahrhundert

Serpentin, ehemals silbergefasst mit Augsburger Beschau und Meistermarke (17. Jahrhundert?), H. 13,7 cm
Kunstsammlungen der Veste Coburg, Inv.-Nr. Gr. Kat. XV,9a/a.S.12

In Zeiten der Gefahr des Giftmordes erhoffte man sich auch vom sächsischen Serpentin Schutz. Dem relativ weichen Stein wurde ein außerordentlicher Wert beigemessen. Sächsischer Serpentin wurde aus dem Erzgebirge (vor allem Zöblitz) und aus Meißen bezogen. Bereits vor der Mitte des 16. Jahrhunderts waren Zöblitzer gedrechselte Serpentinbecher verbreitet. Dieser kelchförmige Becher stammt aus dem Besitz der Herzöge von Sachsen-Coburg-Gotha. Die schlichte Form mit der glatten Wandung und einer schwachen Politur lässt vermuten, dass es sich um eine sehr frühe Drechselarbeit handelt. Aufgrund fehlender charakteristischer Anhaltspunkte ist dessen Datierung schwierig. Der Becher besaß ursprünglich eine Augsburger Fassung. CH

Literatur:
Hoyer 1995, S. 121 f., Kat.-Nr. 63; Großer Katalog, XV,9a/a.S.12.

464
Venedig
Kleine Rippenschale
Ende 15. bis Anfang 16. Jahrhundert

entfärbtes und farbiges Glas
mit Emailmalerei, H. 5,4–5,8 cm,
∅ oben 14,3 cm, ∅ unten 7,5 cm
Kunstsammlungen der Veste Coburg,
Inv.-Nr. HA 287

Seit dem 13. Jahrhundert war venezianisches Glas ein wertvolles Luxus- und Exportgut. Das gesetzlich streng gehütete Geheimnis des Glasblasens brachte der Serenissima eine konkurrenzlose Monopolstellung. Zugleich verfeinerten Generationen venezianischer Glasbläser die technischen Fertigkeiten. Die Qualität der durchsichtigen Glasmasse rief durch ihre Eleganz und Leichtigkeit an den europäischen Höfen großes Begehr hervor.
Diese venezianische Rippenschale aus entfärbter Glasmasse erinnert in ihrer Form an Schalen des östlichen Mittelmeergebiets um die Jahrtausendwende. Als Standring dient ihr ein glatter Faden. Ein moosgrüner umlaufender glatter Faden trennt das untere mit senkrechten Rippen geschmückte Drittel von einer darüber befindlichen breiten Borte. Sie ist mit Goldschuppen sowie roten, grünen und weißen Emailpunkten verziert. Der obere Rand der Schale ist nach außen umgeschlagen. CH

Literatur:
Dreier 1989, Nr. 16;
Theuerkauff-Liederwald 1994, Kat.-Nr. 15.

464

465
Venedig
Große Schale auf mittelhohem Fuß
1. Hälfte 16. Jahrhundert

entfärbtes und farbiges Glas, leicht getrübt,
H. 15,5 cm, ∅ o. 25,9 cm, ∅ u. 13 cm
Kunstsammlungen der Veste Coburg,
Inv.-Nr. HA 316

Bei Hofe benutzte man Fußschalen wie große Schüsseln für Obst oder Gebäck. Die entfärbte, getrübte Glasschale ist leicht gebaucht und flach. Davon ist der etwas ausschwingende obere Rand durch einen blauen Glasfaden getrennt. Die untere Schalenhälfte hat leicht gedrehte Rippen. Der mittelhohe, hochgezogene gerippte Fuß mit einem dicken Rand aus blauer Glasmasse ist aus einer Glasblase geformt und direkt an das Oberteil angesetzt. CH

Literatur:
Theuerkauff-Liederwald 1994, Kat.-Nr. 39.

466

466
Münzschale
Anfang 16. Jahrhundert

Silber, teilweise vergoldet, 25 römische Denare, Ø 20,5 cm
Grünes Gewölbe, Staatliche Kunstsammlungen Dresden, Inv.-Nr. IV 44

Silbervergoldete Schale mit getriebenen Ornamenten in Form einer Patera. Das war in der römischen Antike eine flache, henkellose Schale für die Trinkspende an die Götter. 25 römische Denare aus der Konsularzeit sind in die Schale eingearbeitet. Das Montieren von Münzen war in der Goldschmiedearbeit der Renaissance sehr beliebt. Die Silberprägungen der Münzen blieben unvergoldet. Etwas erhöht in der Mitte findet sich eine griechische Münze mit dem Kopf Alexanders des Großen. Die umlaufende Inschrift in schwarzem Grubenemail lautet: »DONA PRAESENTIS CAPE LAETVS HORAE«. Die Schale wurde 1865 für 100 Reichsgulden für das Grüne Gewölbe erworben. AGr

Literatur:
Sponsel 1921, S. 133; Menzhausen 1968, S. 74.

467
vermutlich Nürnberg
Stammbaum Christi, sog. »Natternbaum«
um 1500

fossile Haifischzähne, Silber, teilweise vergoldet, H. 19,5 cm
Grünes Gewölbe, Staatliche Kunstsammlungen Dresden, Inv.-Nr. IV 108

467

In der üppigen Mittelblüte des Bäumchens thront Maria als Himmelskönigin mit dem Jesuskind vor einem Haifischknochen, der sie wie eine Mandorla hinterfängt. Zwischen dem Blattwerk ragen sechs dünne »Blütenstengel« hervor, an deren Enden fossile Haifischzähne, so genannte »Natternzungen« hängen. Zu Füßen des Bäumchens schläft ein Mann, während auf der Rückseite des felsigen Sockels ein Drache aus seinem Höhlenversteck kriecht.
Bemerkenswert an diesem sehr seltenen Stück ist die Durchmischung von christlicher Thematik und Wunderglauben. Versteinerte Haifischzähne galten bis ins 16. Jahrhundert als Zungenspitzen von Nattern (Drachen), und man sprach ihnen heilende Kräfte sowie die Fähigkeit zu, Gift anzuzeigen. »Natternbäumchen« standen daher auf Kredenzen in der Nähe der Speisetafel, um durch »schwitzen« und Wechsel der Farbe vor Giftbeimischungen in Speisen oder Getränken zu warnen.
Die figürliche Darstellung steht in nur lockerem Zusammenhang mit dieser Funktion. Der schlafende Alte (Jesse) sowie der Baum selbst, als dessen »Blüte« Maria und das Jesuskind erscheinen, folgen dem im Mittelalter weit verbreiteten Bildtyp der »Wurzel Jesse«. Das

Bäumchen versinnbildlicht damit den Stammbaum Jesu, der bis zu Jesse, dem Vater König Davids, zurückverfolgt wird. Auf der felsigen Basis war vermutlich außerdem der Kampf des hl. Georg (verloren) mit dem Drachen zu sehen. Der Glaube an den Schutz und die Heilkraft von »Natternzungen« verbindet sich auf diese Weise mit christlichen Erlösungs- und Heilsvorstellungen und verleiht dem Bäumchen eine religiöse Dimension. AS

Literatur:
Das Grüne Gewölbe zu Dresden 1997, S. 61, Nr. 9.

468
deutsch
Kokosnusspokal
1540

Silber, vergoldet, Kokosnussschale,
H. 27 cm
Grünes Gewölbe, Staatliche Kunstsammlungen Dresden, Inv.-Nr. IV 336

Dies ist das älteste Kokosnussgefäß aus dem Bestand des Grünen Gewölbes. Die Kokosnuss wird von drei silbervergoldeten Spangen gehalten. Eine Besonderheit dieses Gefäßes ist, dass Deckel und Gefäß innen vollständig silbervergoldet sind. Auf dem Rand des Sockels ist das sächsische Herzogswappen eingeschlagen, eventuell als frühe Beschaumarke. Der Deckel wird von einem knienden Engel bekrönt, der ein Wappen mit einem Baum und drei Blumen hält. Das gleiche Wappen ist im Inneren des Deckels dargestellt, dazu die Jahreszahl 1540. Vermutlich ist es das Wappen der von Lindenau, aus deren Familie verschiedene Mitglieder im Dienst der sächsischen Kurfürsten waren.
Europäische Kokosnusspokale sind seit 1250 nachweisbar. Das exotische Material wurde zunächst aus Asien importiert. Nachdem Portugiesen und Spanier die Kokospalme in Amerika eingeführt hatten, gelangten auch von dort zahlreiche Kokosnüsse nach Europa. Sie wurden jedoch weiterhin als seltene Kostbarkeiten gehandelt und standen somit für den Wohlstand ihres Besitzers. Von europäischen Goldschmieden eingefasst, fanden sie durch ihre natürliche Form vor allem Verwendung als Trinkgefäße: unbearbeitet, poliert, mit Szenen beschnitten oder in Gestalt von Tieren. AGr

Literatur:
Inventar Kunstkammer 1741, fol. 80, Nr. 19;
Sponsel 1921, S. 140; Weinholz 1961; Fritz 1983, S. 96.

468

Gewebe für kostbare Gewänder

Bis zum ausgehenden Mittelalter besaßen nur Adel und Klerus das Privileg, sich mit seidenen Gewändern zu kleiden. Ihr Besitz dokumentierte sowohl Reichtum als auch politische Macht. Daraus resultierend war die Verwendung von Seidengeweben streng reglementiert. Alle anderen Bevölkerungsschichten trugen strapazierfähige Leinen- und Wollbekleidung. Gesellschaftliche Veränderungen seit der 2. Hälfte des 15. Jahrhunderts, hervorgerufen durch neue Erkenntnisse in den Naturwissenschaften, der Technik, der Entdeckung unbekannter Kontinente, führten zu einem wirtschaftlichen Aufschwung und infolge dessen zur Entwicklung eines Geldadels. Das zunehmend selbstbewusster auftretende Bürgertum stand in Reichtum und Prachtentfaltung weder Adel noch Klerus nach. Kostbare Kleidung bezeugte nicht mehr ausschließlich den sozialen Stand, sondern war Ausdruck finanzieller Möglichkeiten und unterstrich die Persönlichkeit des Trägers.

Um gesellschaftliche Hierarchien weiterhin sichtbar zu erhalten, erließen die Landesherren vielerorts Kleider- bzw. Stoffordnungen. Mit den Leipziger Ordnungen von 1463, 1505 und 1698 zum Beispiel sicherte sich der Adel in Sachsen die Exklusivrechte für bestimmte kostbare Gewebe, Pelze und Spitzen. So beinhaltet die Ordnung von 1506 dreizehn verschiedene Seidengewebe, die den Bürgern vorenthalten werden sollten, darunter Samt, Atlas, Damast und Taft. Hinzu kamen Pelze von Hermelin, Zobel und Marder.[1] Predigten wider »hoffertiger, ungestalter Kleidung der Weibs und Manns Personen«[2] oder Abhandlungen über den »Kleiderteufel«[3] versuchten auf ihre Weise der Üppigkeit Einhalt zu gebieten.

An allen deutschen Fürstenhöfen war der Bedarf an Seidengeweben enorm, jedoch dominierte hierzulande die Herstellung von Leinengeweben und Tuchen, so dass man auf Importe angewiesen war. Den Mittelpunkt der abendländischen Seidenverarbeitung bildete im 15./16. Jahrhundert Italien. Eine scheinbar unerschöpfliche Palette an einfarbigen und gemusterten Damasten und Samtgeweben, mit oder ohne Metallbroschierungen aus Genua, Lucca und Venedig sorgten für einen florierenden Handel in Europa. Hinzu kamen Seidengewebe aus Spanien mit deutlich maurischem Charakter, zunehmend aber auch italienischem Einfluss, wodurch heute eine eindeutige Zuordnung der Gewebe nicht immer möglich ist. In Sachsen entwickelte sich die Herstellung von Seidengeweben erst ab 1674 in Leipzig und 1675 in Dresden.[4] Andere Orte folgten.

Entscheidend für die Etablierung bestimmter Modeströmungen in Sachsen war der Geschmack der Kurfürstin Anna. Obwohl als dänische Königstochter in schlichteren Verhältnissen herangewachsen, entfaltete sich zu ihrer Zeit am sächsischen Hof eine ungewöhnliche Kleiderpracht. Die von ihr bevorzugte so genannte deutsche Tracht, wie sie vor allem auf Bildern von Krell und Cranach zu sehen ist, war keineswegs sparsam. Die gefältelten Röcke, gebauschten und geschlitzten Ärmel, durch die eine weitere Schicht Seide schimmerte, verschlangen Meter um Meter kostbaren und teuer importierten Materials. Einen kleinen Einblick in den Verbrauch erlaubt uns die Aufstellung eines italienischen Händlers über gelieferte Stoffe zum Neujahrs-, Oster- und Michaelismarkt 1552.[5]

Anmerkungen:
1 Knipping.
2 Osiander 1586.
3 Strauss 1581/1972.
4 Wilckens 1997, S. 43 ff.
5 Sächsisches Hauptstaatsarchiv Loc. 32 448.
6 Ebd.
7 1 Nürnberger Elle entspricht 65,65 cm.
8 siehe Anmerkung 1.
9 Ebd.
10 Ebd.

Literatur:
Knipping, S. 7–8; Osiander 1586;
Strauss 1581/1972; Wilckens 1997, S. 43 ff.;
Sächsisches Hauptstaatsarchiv Dresden, Loc. 32 448: Inventarien über die Churfürstl. Tapezereien Kleider ec. 1488–1609.

Unter dem Eintrag: »Item für denn Churfürsten zu Sachssenn meinen Genedigstenn Herrrn, hatt Nicklas Basner Im Neuen Jars Anno 1552 von mir genomen, wie folgett«,[6] erscheinen sieben Posten Seide beziehungsweise Seidensamt in schwarz und rot, insgesamt 156 Nürnberger Ellen[7]. »... uff Nicklas bassners schreiben hab ich nach dem Neuen Jars markt 1552 gegen Torgau geschickt wie folgett:«[8] 113 2/3 Ellen Samt und seidenbezogene Knöpfe. Zum Ostermarkt wurden »meinem gnedigsten herren zur Sommer hoff=Kleidung«[9] neben großen Mengen so genannten »Schiffstuchs« wieder über 100 Ellen Samt sowie schwarzer Damast geliefert. Die Bestellung des kurfürstlichen Hofes zu Michaelis für die Winterhofkleidung umfasst hauptsächlich schwarzes sowie je einen Posten gelbes und »grassgrünes« Tuch, aber auch weißen Samt, ebensolchen und gewürfelten Damast.[10]

Kerstin Stöver

469

Monochrome Seidensamte mit Granatapfelmotiv

Immer wieder sind in den Kleiderinventaren der sächsischen Herzöge und Kurfürsten einfarbige Samte verzeichnet, sowohl in Stofflieferungen als auch in der Beschreibung einzelner Kleidungsstücke: »14 3/4 Nürnberger Ellen schwarzen Sammet von anderthalbem garnn [...]« oder »Eynn schwarzer weiter Sammet Rock mit kurzen und langen Ermelnn [...]«.[1] Neben der Farbe Schwarz wurden Gelb, Karmesinrot, Blau und vereinzelt Braun und Weiß bevorzugt. Zusätzliche Verzierung erhielten die Kleider durch Perlen, Posamente, goldene Klöppelspitze oder Pelzwerk wie Zobel, Marder, Hermelin.

Die Samtgewebe waren entweder ungemustert oder zeigten verschiedene Variationen des Granatapfelmusters,[2] des Hauptmotivs im Ornamentstil des 15./16. Jahrhunderts. Beispielhaft für die 2. Hälfte des 15. Jahrhunderts ist eine wie eingeritzt erscheinende Musterzeichnung. Die das Rahmensystem bildende Rosette wird nur durch zarte Linien konturiert (Kat.-Nr. 469, 470), gefüllt mit Granatapfel, Ananas, Pinienzapfen oder daraus abgeleiteten Formen. Die dekorativen Modifikationen dieses Kompositionsschemas erwiesen sich bis ins 16. Jahrhundert hinein als unerschöpflich. Die einfache Silhouette der Rosette wurde dabei zunehmend mit stilisiertem Astwerk, Blüten- und Blattwerk versehen und gerahmt (Kat.-Nr. 472, 473). KSt

1 Sächsisches Hauptstaatsarchiv Dresden Loc. 32 448, Inventarien über die Churfürstl. Tapezereien Kleider ec. 1488–1609.

2 Der Begriff »Granatapfelmuster« ist erst ein Produkt des 19. Jahrhunderts und bezeichnet auf keinen Fall nur Seidengewebe mit dem Granatapfel als Hauptmotiv, sondern schließt ebenso andere Früchte wie Artischocke, Ananas, Pinienzapfen oder auch Distel ein. Zusammenfassendes Merkmal ist vielmehr die geschweifte Rosette.

Literatur: Biedermann 1989.

470

469
italienisch
Fragment einer Kasel
Ende 15. Jahrhundert

Seidensamt, blau, geschnitten,
49,5 × 38,5 cm
Kunstgewerbemuseum, Staatliche Kunstsammlungen Dresden, Inv.-Nr. 324

470
italienisch
Gewebefragment
Ende 15. Jahrhundert

Seidensamt, schwarz, geschnitten,
77 × 43 cm
Kunstgewerbemuseum, Staatliche Kunstsammlungen Dresden, Inv.-Nr. 471

471
italienisch
Gewebefragment
Anfang 16. Jahrhundert

Seidensamt, schwarz, 40 × 47 cm
Kunstgewerbemuseum, Staatliche Kunstsammlungen Dresden, Inv.-Nr. 9667

472
italienisch
Gewebefragment
Ende 15. Jahrhundert

Seidensamt, dunkelrot, 53,5 × 34 cm
Kunstgewerbemuseum, Staatliche Kunstsammlungen Dresden, Inv.-Nr. 8019

473
italienisch
Fragment einer Kasel
Anfang 16. Jahrhundert

Seidensamt, grün/creme,
aus zwei Teilen zusammengesetzt,
58 × 38 cm
Kunstgewerbemuseum, Staatliche Kunstsammlungen Dresden, Inv.-Nr. 8027

474
deutsch
Teil einer Webdecke
15./16. Jahrhundert

Leinen, Wolle, 79 × 38,5 cm
Kunstgewerbemuseum, Staatliche Kunstsammlungen Dresden, Inv.-Nr. 4047

Beim Betrachten niederländischer oder deutscher Gemälde des ausgehenden 15. und beginnenden 16. Jahrhunderts fallen immer wieder zwei- und mehrfarbig gemusterte Tisch- oder Bettdecken, Behänge oder Bodenbeläge auf. Diese Wohntextilien, sowohl in bürgerlichen als auch bäuerlichen Haushalten in unterschiedlichen Quantitäten und Qualitäten gebräuchlich, waren vorwiegend Erzeugnisse deutscher oder niederländischer Deckweber.[1] Die Decken bestanden aus einer Kette aus Leinen oder Hanf und wollenen Schussfäden, mitunter veredelt durch eine Broschierung aus vergoldeten Metallfäden oder auch nur grobem Messinglahn, der die Wirkung des Goldes imitieren sollte. Heute sind nur noch wenige vollständige Decken erhalten, was für eine häufige Benutzung und damit einhergehenden Verschleiß spricht.
Der wahrscheinlich größte Teil der Webdecken war gemustert. In dem von Horizontal- und Vertikalstreifen und Bordüren gerahmten Mittelfeld waren sowohl Granatapfelmotive, als auch Streifenmuster, oft versetzt mit Tieren und vegetabilen Formen oder Feldmusterungen, zu finden. Der blaugrüne Grund dieses Deckenfragments ist mit einem gelben Rautennetz aus geschlungenen Bänderstäben überzogen, gefüllt mit einem gleichfarbigen, durch einzelne lachsfarbene Blüten[2] akzentuierten Lilienmotiv. KSt

1 Die Deckweber waren ein Zweig der »geschworenen Handwerker«, die wie z. B. die Tuchmacher, Färber oder Leinweber eine eigene Ordnung besaßen.
2 Auf der Vorderseite ist die Farbe durch Lichteinwirkung stark verändert und erscheint in beige, während die Rückseite noch den ursprünglichen Farbton zeigt.

Literatur:
Zander-Seidel 1990, S. 42 f.; Brachwitz 1998, S. 8 ff.

475

476

Seidengewebe mit Noppenschüssen

Neben den dezent wirkenden einfarbigen Samtgeweben galt die besondere Vorliebe der Zeit den Brokatellen, broschierten Samten und Lampasgeweben in kräftigen leuchtenden Farbtönen, die dennoch jede Neigung zur Buntheit vermieden. Durch den Einsatz verschiedener Techniken wie z. B. der Verwendung verschiedener Florhöhen sowie aufgeschnittenen und unaufgeschnittenen Samtes erfolgte eine plastische Konturierung der Muster (Kat.-Nr. 475). Die Erweiterung der Broschierung durch die Einarbeitung von Goldnoppenschüssen[1] erzeugte bei allen Seidengeweben zusätzlich eine reliefartige Oberflächenwirkung.
Mit Granatapfelmotiven und den sie ab der Mitte des 16. Jahrhunderts ablösenden, in Vasen dekorierten Palmettensträußen (Kat.-Nr. 475) avancierten diese wunderbar modellierten Seidengewebe zu außerordentlichen Luxuserzeugnissen. Prunkgewänder zu besonderen Anlässen wie z. B. das Bräutigamskostüm Kurfürst Augusts von Sachsen (Kat.-Nr. 354) wurden aus ihnen gefertigt. KSt

1 Musterschüsse mit über Seide gewickeltem, vergoldetem Silberlahn.

475
Florenz
Fragment einer Kasel
Ende 15. Jahrhundert

Brokatsamt; Seide; Metallgespinst, Silber, vergoldet, broschiert, lanziert; Goldnoppenschüsse, aus zwei Teilen mustergenau zusammengenäht,
69 × 31 cm
Kunstgewerbemuseum, Staatliche Kunstsammlungen Dresden, Inv.-Nr. 14 862

476
italienisch
Gewebefragment
um 1600

Lampas; Metallgespinst: Silber, vergoldet, lanziert; Goldnoppenschüsse; aus zwei Teilen mustergenau zusammengesetzt,
60,5 × 45 cm
Kunstgewerbemuseum, Staatliche Kunstsammlungen Dresden, Inv.-Nr. 16 831

Brokatsamte – Samtbrokate

Die Verarbeitung von Metallfäden in Seidengeweben übernahmen die europäischen Webereien wahrscheinlich aus China. Die dabei ursprünglich verwendeten schmalen vergoldeten Papierstreifen oder Lederhäutchen wurden – wie bei diesen Samten – durch ein Metallgespinst, bestehend aus einer mit vergoldeten Silberlahn umwickelten Seidenseele abgelöst.

Die in S-Schwüngen aufsteigenden breiten Bänder mit samtener stilisierter Blatt- und Blütenranke als Mittellinie auf dicht broschiertem Metallgrund (Kat.-Nr. 479) oder diametral dazu als metallbroschierte Ranke auf samtenem Grund, verleihen diesen Geweben eine eindrucksvolle Dynamik, die durch das Hell-Dunkel-Spiel von Gold und Samt noch an Lebendigkeit gewinnt. Auf die Ranke gesetzt, wie eine Blüte auf ihren Stängel, dominiert das Granatapfelmotiv als Sechspassrosette mit Blütenrahmung, gefüllt mit einem distelähnlichen Fruchtstand, der ebenfalls von einzelnen Blüten gefasst wird. Dagegen zeigt das Kaselfragment (Kat.-Nr. 481) mit seiner trotz klarer Flächengliederung üppigen Füllung und lebhaften Arabeskenranken eindeutig orientalischen Einfluss.

Diese kostbaren Webereien fanden nicht nur in der Kleidermode Verwendung sondern ebenso in der Architektur. Mit einer Rapporthöhe bis zu zwei Metern bildeten sie – ergänzt durch gleichartige Bordüren – dekorative Behänge an Pfeilern und Balustraden. In der Malerei sorgten sie für ein reiches Kolorit und setzten wirksame Akzente. KSt

477

478

477
italienisch
Gewebebahn
Ende 15. Jahrhundert

Brokatsamt, Seide, natur, gelb, blaugrün; Metallgespinst (Silber, vergoldet), lanziert, 93 × 60,5 cm
Kunstgewerbemuseum, Staatliche Kunstsammlungen Dresden, Inv.-Nr. 8688

478
italienisch
Gewebefragment, aus drei Teilen mustergenau zusammengesetzt
Ende 15. Jahrhundert

Brokatsamt: Seide, natur, verschiedene Grüntöne; Metallgespinst: Silber, vergoldet, lanziert, 104 × 53 cm (unregelmäßig)
Kunstgewerbemuseum, Staatliche Kunstsammlungen Dresden, Inv.-Nr. 14 263

479
italienisch
Teil einer Gewebebahn
Ende 15. Jahrhundert

Brokatsamt: Seide, dunkelblau; Metallgespinst: Silber, vergoldet, lanziert, broschiert, 100 × 60,5 cm
Kunstgewerbemuseum, Staatliche Kunstsammlungen Dresden, Inv.-Nr. 21 789

480
italienisch
Gewebebahn, beschnitten
Ende 15. Jahrhundert

Samtbrokat: Seide; Metallgespinst: Silber, vergoldet, broschiert, 110 × 54 cm
Kunstgewerbemuseum, Staatliche Kunstsammlungen Dresden, Inv.-Nr. 16 863

481
italienisch
Fragment einer Kasel
Ende 15. Jahrhundert

Samtbrokat: Seide; Metallgespinst: Silber, vergoldet, broschiert, 71,5 × 46 cm
Kunstgewerbemuseum, Staatliche Kunstsammlungen Dresden, Inv.-Nr. 16 828

479

480

Dekorationsgewebe

Diese Gewebebahn weist sich schon allein durch die Größe ihres Musterrapports als Raumtextil aus. Dafür spricht auch eine gewisse Steife des Gewebes sowie die auf der Rückseite deutlich werdende Verarbeitung einer minderwertigen, unregelmäßig versponnenen Seide. Die Verwendung derartiger Bahnen als Wandbespannung oder Draperie wird u. a. in einem Gemälde mit der Darstellung Karls V. im Harnisch in einer Kopie nach Tizian (Kat.-Nr. 310) deutlich.
So bedeutend die gesellschaftlichen Umwälzungen in den verschiedenen Bereichen des kulturellen Lebens zu Beginn des 16. Jahrhunderts auch waren, blieb die Musterung von Geweben sowohl für Kleider als auch zur Raumausstattung anfangs fast unberührt. Das gotische Granatapfelmuster wurde weiter verwendet und erfuhr erst allmählich Umwandlungen. KSt

482
spanisch (?)
Gewebebahn
Anfang 16. Jahrhundert

Brokatell: Seide, gelb, lachsrosa, natur,
143 × 59 cm
Kunstgewerbemuseum, Staatliche Kunstsammlungen Dresden, Inv.-Nr. 20 429

482

Silberbergbau im Erzgebirge

Das um 1470 einsetzende Berggeschrei im Erzgebirge verkündete das Auffinden umfangreicher Lagerstätten mit reichen Silbererzen. Viele Menschen siedelten sich daraufhin in den neu entstehenden Bergstädten wie Schneeberg (um 1470) und Marienberg (1521) oder auch wieder verstärkt in Freiberg an. Auch die böhmische Seite des Gebirges wurde umfassend bergbaulich erschlossen. Mit Annaberg entstand 1497 die erste Planstadt der Renaissance nördlich der Alpen. Insgesamt rund 50 000 bis 70 000 Menschen wohnten in den Städten. In jedem Bergbauzentrum lebten etwa 3000 bis 4000 Berg- und Hüttenleute. Hunderte von Gruben, einige Dutzend Schmelzhütten und viele weitere technische Anlagen prägten das Industrierevier Erzgebirge.

Als Betriebsform überwog im Bergbau die Gewerkschaft. Neben Schlägel und Eisen kamen auch große Maschinen zum Einsatz. Zu den damaligen Erfindungen gehörten der Pferdegöpel, das Nasspochwerk, die Ehrenfriedersdorfer Pumpe und das Silberrohschmelzen. Bergordnungen regelten alle bergbaulichen Prozesse. Bergbeamte leiteten zunehmend umfassend den Bergbau. 1545 folgte ein entscheidender Schritt zur Schaffung einer Landesbergbehörde.

Der Bergbau stellte u. a. Silber, Zinn, Kupfer, Eisen, Kobalt, Wismut und Blei für Sachsen und den Export zur Verfügung. Bis 1550 gewann man mehr als 500 Tonnen Silber. Ein Großteil des Silbers wurde in den Münzstätten vermünzt. Mit der 1500 einsetzenden Prägung des Talers begann sich die Großsilberwährung im gesamten deutschen Reich durchzusetzen.

Das Bergregal auf Edelmetalle besaßen die wettinischen Kurfürsten bzw. Herzöge und die Herren von Schönburg. Die Wettiner erzielten daraus Einkünfte von mehr als 20 Prozent der bergbaulichen Gesamteinnahmen in Höhe von etwa 4 bis 5 Millionen Gulden, die sie hauptsächlich zum Ausbau des sächsischen Territorialstaates einsetzten. Das Montanwesen befruchtete die Kultur Sachsens und führte zur Herausbildung besonderer kultureller Traditionen im Erzgebirge.

Ulrich Thiel

483

483
Albrecht Moller
Schlägel und Eisen als Insignien der Freiberger Bergknappschaft
1534

Silber, getrieben, graviert, teilvergoldet, mit Holzkern; Schlägel: L. Blatt 33,6 cm, L. Helm 44 cm; Eisen: L. Eisen 22,5 cm, L. Helm 45 cm
Stadt- und Bergbaumuseum Freiberg, Inv.-Nr. 50/220

Die Knappschaftsinsignien Schlägel und Eisen schuf der Freiberger Goldschmied Albrecht Moller. Diese überhöhte Darstellung des wichtigsten bergmännischen Werkzeugs gehörte zusammen mit weiteren, jüngeren Arbeiten zu den Repräsentationsstücken der wohl um 1350 bis 1370 als Zusammenschluss der Bergleute entstandenen Freiberger Bergknappschaft und wurde bei Bergaufzügen und Festen voller Stolz präsentiert. Bei Begräbnissen begleitete dieses Paar Schlägel und Eisen nach der Knappschaftsordnung von 1553 den Bergmann auf seiner »letzten Schicht«.
Die beschrifteten und reich ornamentierten Insignien »sind die ältesten bislang bekannt gewordenen Nachbildungen des typischen bergmännischen Gezähes« (Meisterwerke bergbaulicher Kunst 1990) und belegen das meisterliche Können der Freiberger Goldschmiede im 16. Jahrhundert. Die Motivwahl dokumentiert die Wertschätzung der Knappschaftsangehörigen für die unentbehrlichen Arbeitsinstrumente des Bergmannes. Die gekreuzte Form von Schlägel und Eisen hat wahrscheinlich eine Unheil abwehrende und zugleich Glück bringende Bedeutung. Auf dem Helm des Eisens befindet sich die eingravierte Inschrift »VERBUM DOMINI MANET IN ETHERNUM«. Sie bezeugt das frühe Eintreten der Bergleute für die lutherische Lehre, die im Jahr 1537 im »Freiberger Ländchen« von Herzog Heinrich offiziell zugelassen wurde. Vermutlich nahm die Knappschaft von Schemnitz (Banska Stiavnica) die Freiberger Schöpfung zum Anlass, 1538 selbst ein so prächtiges Paar fertigen zu lassen. UT

Literatur:
Meisterwerke bergbaulicher Kunst 1990, S. 495 ff.;
Der silberne Boden 1990, S. 290, Kat.-Nr. 453.

484
DI KNAPSCHAFT IM IOR 1546
1546

Tafelbild, Öl auf Holz, 77 × 64 cm
Stadt- und Bergbaumuseum Freiberg, Inv.-Nr. 77/15

Die abgebildete Tafel soll einst Bestandteil einer Wandverkleidung oder Türfüllung gewesen sein. Das dargestellte Motiv weist vermutlich auf ein Ereignis in Freiberg im Jahr 1546 hin. Nach der Regierungsübernahme durch Herzog Moritz 1541 verstärkten sich die landesherrlichen Bemühungen zur Förderung des Freiberger Erzbergbaus und zur Ausformung des regalherrlichen Direktionssystems im Montanwesen. Im Zuge dieser Entwicklung erfolgte eine stärkere Hinwendung des Landesherrn zur Freiberger Bergknappschaft. Die Knappschaft war nach der Einführung der Reformation im so genannten Freiberger Ländchen 1537 in eine Existenzkrise mit großem Mitgliederschwund geraten. 1541 setzte eine längere, schwierige Phase der Reorganisation ein, der Vorstand wurde erneuert und eine Bruderschaftsordnung erarbeitet, die Mitgliederzahl wuchs wieder.
Der Landesherr förderte die Knappschaft durch Lebensmittel- und Steuergeschenke. Im Jahr 1546 wurde Herzog Moritz ordentliches Mitglied der Knappschaft. Dieses Ereignis hielt ein Maler, der mit einiger Wahrscheinlichkeit einer Freiberger Werkstatt angehörte, wohl als Auftragswerk in symbolischer Weise fest. Zwei Männer, die sich mit den Grubenbeilen und dem Arschleder, der linke außerdem mit der Gugel genannten Bergmannskapuze als Bergleute ausweisen, halten einen Schild mit dem herzoglich-albertinischen Wappen. Eine zweite dazugehörige Tafel befindet sich ebenfalls im Museum. Die dritte Tafel ist verschollen. UT

484

Literatur:
Der silberne Boden 1990, S. 292.

485
Grubenlampe
16. Jahrhundert (?)

Eisen, geschmiedet, B. 10 cm, H. 12 cm
Stadt- und Bergbaumuseum Freiberg, Inv.-Nr. 76/100

Komplett aus Metall bestehende Grubenlampen sind seit dem 16. Jahrhundert bekannt. Diese zuerst aus Eisen gefertigten Lampen waren robuster als die bis dahin benutzten Grubenlampen aus Keramik. Aufgrund ihrer einfachen, aber zweckmäßigen Konstruktion wurden sie in verschiedenen europäischen Bergrevieren, so auch im Erzgebirge und selbst in Übersee, bis ins 19. Jahrhundert eingesetzt. Im Detail wiesen die Lampen je nach Zeit und Region gewisse Unterschiede auf. Charakteristisch für die Froschlampe, wie sie seit dem 19. Jahrhundert bezeichnet wurde, ist der oben offene Topf, der in seiner Form an einen Frosch erinnert und in dem sich Unschlitt als Brennmaterial befand. Das vordere, besonders ausgeformte Ende des Topfes, die Dochtschnauze, dient zur Aufnahme des Dochtes. Der Tragebügel ist hinten am Topf befestigt. Das obere, nach vorn gebogene Bügelende besitzt eine bewegliche Verbindung mit dem Tragehaken. Den Abschluss bildet ein Schild mit vier Durchbohrungen. Von den ehemals bekrönenden drei Kreuzen als heilbringendes Symbol hat sich nur eines erhalten. Die unten am Tragebügel befestigte Kette sichert den zum Kratzen des Unschlitts benutzten, vermutlich aus einer späteren Zeit stammenden Schaber vor Verlust. UT

Literatur:
Brendel 1955; Börkel/Woeckner 1987; Schardt 1993.

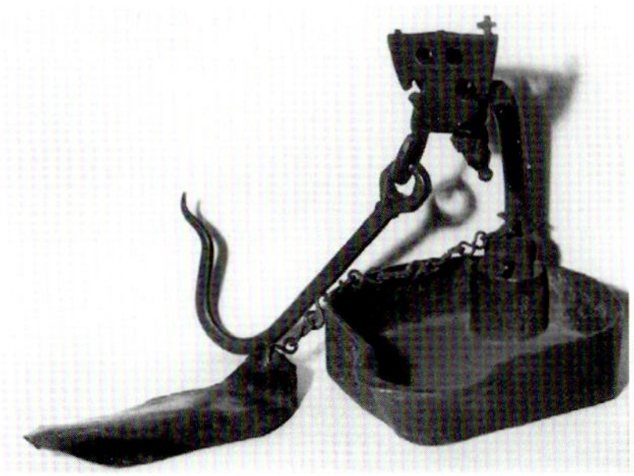

485

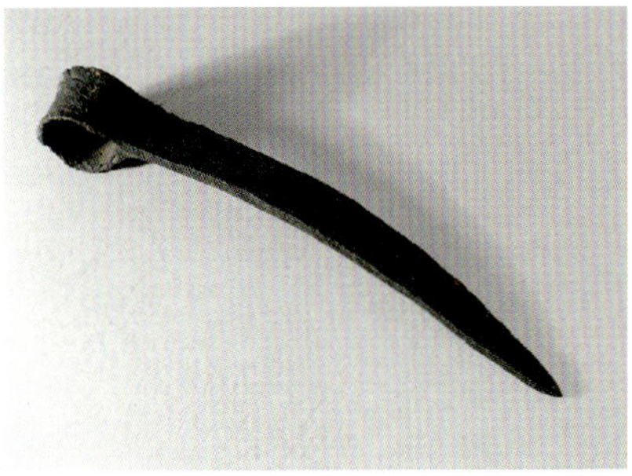

487

488

486
Blatt eines Grubenbeils
16. Jahrhundert

Eisen, geschmiedet, B. 22,5 cm, H. 16 cm
Stadt- und Bergbaumuseum Freiberg,
Inv.-Nr. 51/382

Im frühneuzeitlichen Bergbau setzte man für die Holzbearbeitung das Grubenbeil ein. Die Verwendung des Beils beschränkte sich allerdings nicht auf den Bergbau. Abbildungen von Grubenbeilen finden sich im 16. Jahrhundert recht häufig, so auf der Mitteltafel des um 1515 gemalten Wolfgangsaltars (Kat.-Nr. 1) und auf der gemalten Rückseite des Annaberger Bergaltars, ebenfalls von Hans Hesse nach 1521 geschaffen. Das Grubenbeil besteht aus dem schmiedeeisernen Blatt und einem hölzernen Helm. Das Blatt hat meist eine gerade Oberkante und setzt sich aus der nach unten gezogenen Klinge und dem Schaftstück zusammen. Im Blatt befindet sich eine längliche Durchbrechung, die vermutlich zum Nagel ziehen diente, möglicherweise aber gleichzeitig eine heilbringende Bedeutung besaß. Am spitzen Ende der Durchbrechung ist ein Schmiedezeichen eingeschlagen. Im 17. Jahrhundert löste mehr und mehr der anders geformte so genannte Kaukamm das bisherige Grubenbeil ab. UT

Literatur: Anacker 1960.

486

487
Spitzkeil einer Keilhaue
16. Jahrhundert (?)

Eisen, geschmiedet, L. 42 cm
Stadt- und Bergbaumuseum Freiberg,
Inv.-Nr. 91/63

Die Keilhaue setzte der Bergmann als Werkzeug bei bestimmten Lagerstättenverhältnissen, etwa in mildem Gestein oder bei Zerklüftungen im festen Gestein, zur Gewinnungsarbeit ein. Der Einsatz der Keilhaue im Bergbau ist bereits aus der Antike überliefert. Georgius Agricola beschrieb die Keilhaue als ein wichtiges Werkzeug. Seit der Nutzung von Schwarzpulver zum Sprengen wurde die Keilhaue seltener verwendet.
Eine Keilhaue besteht aus dem bogenförmigen Spitzkeil und dem Helm. Der Spitzkeil setzt sich aus Blatt, Spitze und Auge zusammen. Sein Gewicht beträgt im Durchschnitt 0,93 bis 2,8 kg, seine Länge ohne Auge zwischen 14 und 37 cm. Der aus zähem Holz gefertigte Helm hatte eine durchschnittliche Länge von 55 bis 83 cm. Neben der einfachen gab es auch eine doppelte Keilhaue. Je nach Einsatzgebiet variierten Länge von Spitzkeil und Helm, Form, Gewicht sowie die Krümmung des Bogens. UT

Literatur:
Agricola 1557/1974, S. 207 f.; Gätzschmann 1846; Wilsdorf 1959, S. 262.

488
Schlägel
vermutlich 16. Jahrhundert

Eisen, geschmiedet, Holz, L. Eisen 25,5 cm,
L. Helm 41 cm
Stadt- und Bergbaumuseum Freiberg,
Inv.-Nr. 92/27

489
Fünf Bergeisen
Mitte 15. bis Anfang 17. Jahrhundert

Eisen geschmiedet, 8 × 2,4 × 1,6 mm,
150 × 29 × 20 mm, 80 × 33 × 24 mm,
105 × 29 × 19 mm, 135 × 35 × 25 mm
Altenberg, Bergbaumuseum,
Inv.-Nr. 136, 137, 151, 152, 153

Der wichtigste Arbeitsschritt im Bergbau ist das Lösen des Gesteins oder der Minerale aus dem festen, natürlichen Verband, der als Gewinnung bezeichnet wird. In aller Regel nutzte der Bergmann dazu seit dem Aufkommen des Werkstoffs Eisen die Werkzeuge Schlägel und Eisen. Die Arbeit mit Schlägel und Eisen erforderte Erfahrung, Geschicklichkeit, Kraft und Ausdauer. Das wichtigste bergmännische Gezähe zeichnet sich durch seine einfache Konstruktion aus, aber auf Grund seiner außerordentlichen Zweckmäßigkeit blieb es über viele Jahrhunderte nahezu unverändert.
Das Eisen ist ein 9,2 bis 9,9 cm langer Spitzmeißel, der mittels eines Holzstieles (Helm) geführt und an das Gestein gehalten wird. Der Helm hatte eine Länge von durchschnittlich 21 bis 28 cm. Das Eisen war nur aufgesteckt, um bei Verschleiß schnell gewechselt werden zu können. Ein Eisen wog etwa 300 g. Die vierkantige Spitze des Eisens war einer großen Beanspruchung ausgesetzt und bald stumpf. Daher mussten die Eisen während der Schicht mehrfach ausgetauscht werden. Die Häuer nahmen aus diesem Grund eine ganze Anzahl (30 bis 40 und mehr) mit nach unter Tage, die sie an einem Lederriemen aufreihten. Die abgenutzten Eisen wurden über Tage von den Bergschmieden wieder aufgearbeitet.
Die ausgestellten Eisen wurden in der Pinge des Altenberger Zwitterstocks geborgen. Der Schlägel, eine Art Fäustel, bestand aus dem geschmiedeten Eisen, das in der Länge leicht bogenförmig gekrümmt war, und einem hölzernen Helm. Er wog zwischen 1,4 und 1,6 kg. Der Helm hatte eine Länge von etwa 23 bis 28 cm. Der meistens vom Hauer rechts ge-

führte Schlägel schlug so auf die flache hintere Seite des Eisens, dass möglichst viel Gestein gelöst wurde. Die Gewinnungsarbeit mit Schlägel und Eisen war im Erzgebirge noch im 19. Jahrhundert typisch.
Mit Schlägel und Eisen konnte ein Bergmann pro Schicht etwa 2 bis 8 cm Vortrieb erreichen, d. h. 0,04 bis 0,5 m^3 Masse lösen. Mit Sprengstoff und Bohren erreichte man später eine weit höhere Produktivität.
Bereits im Mittelalter erkoren die Bergleute dieses Werkzeug zum wichtigsten Symbol ihres Berufsstandes und drückten so ihre enge Verbundenheit mit der eigenen Arbeitswelt aus. UT

Literatur:
S. 251 f.; Gätzschmann 1846; Wilsdorf 1959, S. 262; Agricola 1557/1974, S. 203 ff.; Wagenbreth/Wächtler 1986, S. 29 ff., Sennewald 1990.

490
Silber – Ag
Grube St. Georg, Schneeberg, Erzgebirge
Fund von 1477 (»Silberner Tisch«)

8 × 4,5 × 4,5 cm, 604 g
Museum für Mineralogie und Geologie, Mineralogische Sammlung, Dresden, Inv.-Nr. 4006 Sa

Nachdem schon einige Jahre Bergbau auf dem Schneeberg umging, wurden 1470 erste reiche Silbererzanbrüche getätigt. Im Jahr 1477 kam es auf der St. Georg Fundgrube zur Entdeckung einer gewaltigen Masse an gediegen Silber und Akanthit (Silberglanz, Glaserz), aus welcher nach alten Überlieferungen allein 400 Zentner (18 t) Silber erschmolzen worden sein sollen.
Der Besuch von Herzog Albrecht dem Beherzten in der Silbergrube mit der Tafelzeremonie untertage kann als eine der ersten festlichen Würdigungen des einheimischen Bergbaus durch einen sächsischen Herrscher gelten. Sie diente der Demonstration des Reichtums und der Zurschaustellung der Bergschätze in ihrer natürlichen Beschaffenheit und Einmaligkeit. KT

Literatur:
Racknitz um 1805, Nr. 4317; Gössel 1832–46, Bd. III, S. 439, Nr. 180; Geinitz 1868, S. 179, Nr. 180; Quellmalz/Prescher 1961; Quellmalz 1990, vgl. Der Silberne Boden, S. 19, Kat.-Nr. 1; Wagenbreth/Wächtler 1990, S. 213 ff.; Thalheim 2003.

492

491
Silber – Ag
Grube Priester und Leviten, Schneeberg-Neustädtel, Erzgebirge

16 × 12 × 8,5 cm, 2113 g
Museum für Mineralogie und Geologie, Mineralogische Sammlung, Dresden, Inv.-Nr. 4009 Sa

Die berühmte Silbergrube Priester wurde erstmals im Jahre 1495 erwähnt. Aus welcher Zeit diese schöne Silberstufe stammt, ist nicht mehr nachweisbar. Die Lagerstätte Schneeberg hat immer wieder drahtförmige Silberstufen geliefert. Drahtförmiges Silber entsteht bei der schnellen Kristallisation aus hydrothermalen (heißen, wässrigen) Lösungen. Dabei lagern sich die Silberatome bevorzugt an den Ecken und Kanten eines Kristalls an. Dadurch werden keine vollständigen Kristalle ausgebildet, sondern unvollständige Kristallskelette in Form von Drähten. Diese Art des Kristallwachstums wird als dendritisches oder skelettförmiges Wachstum bezeichnet. Die Silberdrähte sind stets parallel der Längsrichtung feingestreift und weisen oft ein spiralförmiges Wachstum auf, was zur Ausbildung des typischen Lockensilbers führt. KT

Literatur:
Gössel 1832–46, Bd. III, S. 420, Nr. 73; Geinitz 1868, S. 177, Nr. 73; Wagenbreth/Wächtler 1990, S. 207 ff.

492
Pyrargyrit (Antimonsilberblende, Dunkles Rotgültigerz) – Ag_3SbS_3
Grube Römisch Adler oder Frisch Glück und Neujahr Maßen vereinigter Bau am Vorderen Fastenberg, Johanngeorgenstadt, Erzgebirge

5,5 × 5 × 7 cm, 424 g
Museum für Mineralogie und Geologie, Mineralogische Sammlung, Dresden, Inv.-Nr. 4222 Sa

Die Grube Römisch Adler bestand seit 1694 bis 1744 und wurde danach je zur Hälfte an die Gruben Frisch Glück und Neujahr Maßen verliehen. Die Pyrargyritstufe wird in der Zeit zwischen 1744 und 1764 gefunden worden sein. Pyrargyrit, auch als Dunkles Rotgültigerz bezeichnet, war mit etwa 60 Prozent Silbergehalt neben gediegen Silber, Akanthit, Proustit und Stephanit das Silbererz auf den hydrothermalen Erzgängen von Johanngeorgenstadt. KT

Literatur:
Birkhan 1764, S. 37, Nr. 110 [Silber] R. J.; Gössel 1832–46, Bd. III, S. 621 f., Nr. 3; Geinitz 1868, S. 183, Nr. 3; Wagenbreth/Wächtler 1990, S. 287 ff.; Baumann/Kuschka/Seifert 2000, S. 209 ff.

493
Chlorargyrit (Chlorsilber, Hornsilber) – AgCl
Grube Himmlisch Heer, Cunersdorf bei Annaberg, Erzgebirge

11 × 10,5 × 8 cm, 3062 g
Museum für Mineralogie und Geologie, Mineralogische Sammlung, Dresden, Inv.-Nr. 3232 Sa

Die Stufe stammt wahrscheinlich von der Grube Himmlisch Heer bei Cunersdorf, welche zu den wichtigen Silbergruben im Annaberger Revier zählte. Die Grube erbrachte besonders in den Jahren 1536 bis 1538 eine reiche Silberausbeute und lieferte bis zum Jahr 1623 Erz. Chlorargyrit tritt besonders in den Oxidations- und Zementationszonen über silberhaltigen Erzlagerstätten auf. Diese oberflächennahen Reicherzzonen wurden in der Frühzeit des Silberbergbaus gewonnen. KT

Literatur:
Inventar Kunstkammer 1640; Birkhan 1763, S. 100, Nr. 4 [Silber] G. J.; Gössel 1832–46, Bd. III, S. 668 f., Nr. 24; Geinitz 1868, S. 185, Nr. 24; Fischer 1939, S. 39, Anm. 126; Wagenbreth/Wächtler 1990, S. 242 ff.

494
Gang der »Edlen Braunspat-Formation« (eb) mit Freibergit (Silberfahlerz) – (Cu, Ag) (Sb, As)S_4, Galenit (Bleiglanz) – PbS, Rhodochrosit (Manganspat) – Mn[CO_3] und Quarz – SiO_2 in Gneis
Himmelsfürst Fundgrube, Brand-Erbisdorf bei Freiberg, Erzgebirge

26 × 18 × 11 cm, 6780 g
Museum für Mineralogie und Geologie, Mineralogische Sammlung, Dresden, Inv.-Nr. 2791 Sa

Silber kommt im Erzgebirge auf Gängen vor. Die Silberträger waren im Freiberger Revier vor allem gediegen Silber, Akanthit (Silberglanz), Freibergit (Silberfahlerz), Proustit und Pyrargyrit sowie silberhaltiger Galenit (Bleiglanz) und Sphalerit (Zinkblende). Der silberhaltige Sphalerit wurde früher als »verglaste« Blende bezeichnet. Die Silbergehalte konnten im Galenit (Bleiglanz) bis 1 Prozent erreichen. In den Gängen der »Edlen Braunspat-Formation« (eb), heute als »Karbonat-Silber-Antimon-Assoziation« bezeichnet, traten neben silberhaltigem Galenit, Sphalerit und Freibergit auch Silberminerale wie gediegen Silber, Akanthit sowie Proustit und Pyrargyrit auf. Diese Erzformation war besonders in den südlichen und nördlichen Randgebieten des Freiberger Reviers ausgebildet. KT

Literatur:
Zugangs-Katalog ab 1897, S. 160;
Baumann/Kuschka/Seifert 2000; S. 88 ff.

490

493

494

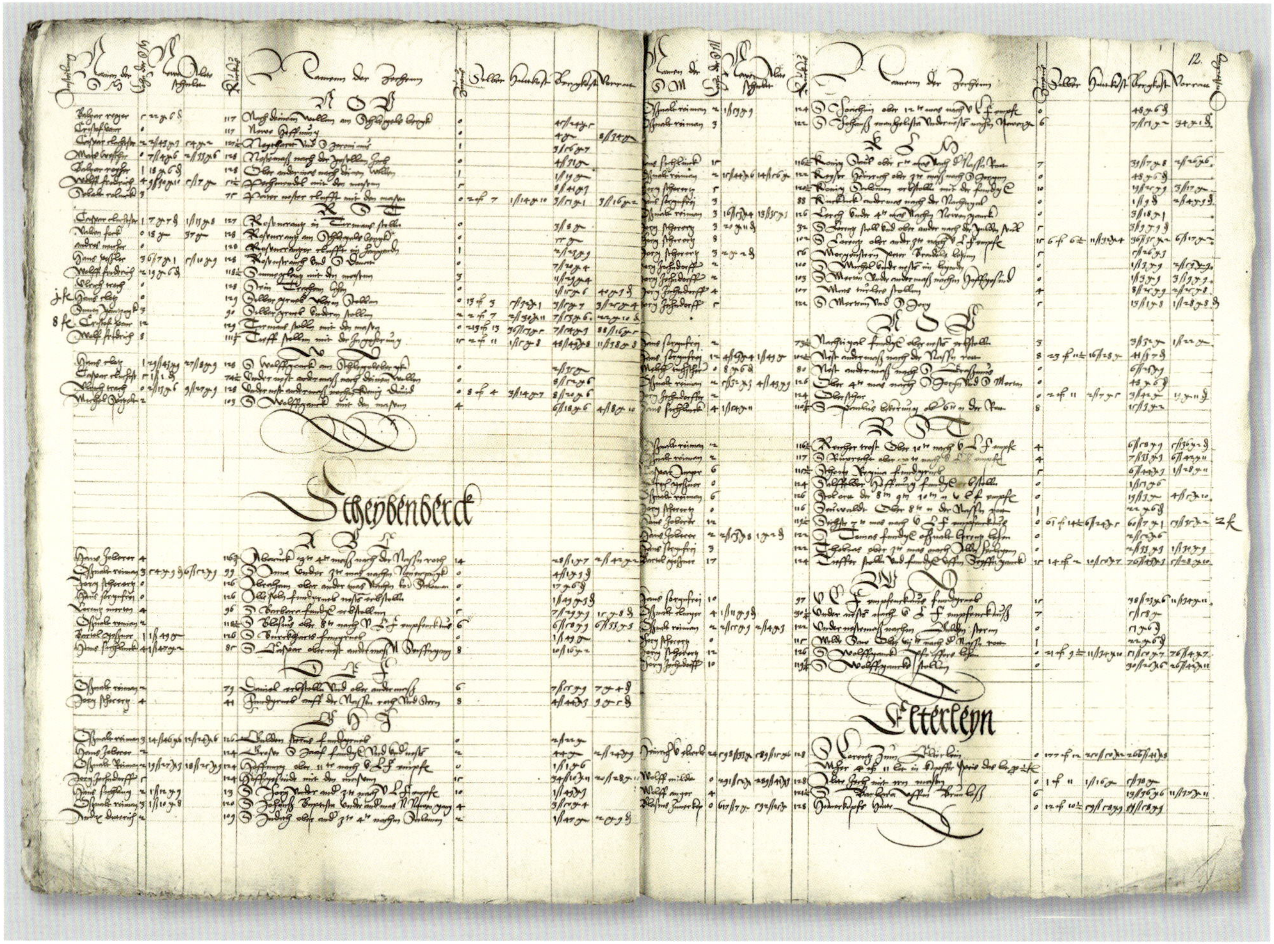

497

495
Bergordnung des Herzogs Georg von Sachsen für St. Annaberg
1499/50

Handschriftlich mit eigenhändigen Korrekturen von Herzog Georg von Sachsen
Sächsisches Hauptstaatsarchiv Dresden, Sign. 10024 Geheimer Rat (Geheimes Archiv), Loc. 4494/5, Bl. 1–12

496
Ordenunge Sanct Annaberg belaugende (Annaberger Bergordnung)
Leipzig: Melchior Lotter 5. Februar 1509

Druck mit handschriftlichen Anmerkungen, 32 × 21,5 cm
Sächsisches Hauptstaatsarchiv Dresden, Sign. 10024 Geheimer Rat (Geheimes Archiv), Loc. 4494/8

Durch die Ausbeute des erzgebirgischen Silbers nach 1471 am Schneeberg, am Schreckenberg und beim späteren Marienberg erlangten das ernestinische Kurfürstentum und das albertinische Herzogtum eine führende Stellung im Reich. Mit dem Erlass von Bergordnungen sicherten die Landesfürsten ihre Befugnisse über die Bodenschätze rechtlich ab. Sie waren aus der Aufzeichnung bergmännischer Gewohnheitsrechte hervorgegangen.
Die fünf Schneeberger Bergordnungen von 1477 bis 1500 und die St. Annaberger Bergordnung mit ihren verschiedenen Fassungen aus den Jahren 1493/1499 bis 1509 wurden zur Grundlage der sächsischen Berggesetzgebung der Neuzeit, die auch große Bedeutung für die Ausbreitung des Bergrechts im deutschsprachigen Raum erlangte. Dazu trug auch der Druck der Annaberger Bergordnung bei Konrad Kachelofen oder Melchior Lotter in Leipzig bei. Für diese Annaberger Bergordnung von 1509 bildete die 1503 von Herzog Georg erlassene erneute Ordnung für den Annaberger Silberbergbau die Grundlage. RG

Literatur:
Emisch 1886, S. LXV f., 476–493; Laube 1974, S. 30–37.

497
Verzeichnis der Zechen [...] Annaberg
1538

Handschrift, 53 × 39 cm
Sächsisches Hauptstaatsarchiv Dresden, Sign. 10024 Geheimer Rat (Geheimes Archiv), Loc. 4499/6

Die Rechnungslegung über die jährlichen Ausbeuten, das geförderte Erz, die entstandenen Kosten und die letztlich erzielten Gewinne waren eine wesentliche Tätigkeit der Bergämter. Seit 1529 mussten viermonatlich Ausbeutebögen bei den Bergämtern eingereicht werden, die von ihnen für die Gruben zusammengefasst und zur landesherrlichen Kammer nach Dresden gesandt wurden. So entstanden statistische Übersichten, die einen umfassenden Einblick in die Ergiebigkeit des erzgebirgischen Silberbergbaus gewähren.
In solchen Rechnungsbelegen wurden die mathematischen Lösungswege des Annaberger Rechenmeisters und Gegenschreibers Adam Ries praktisch angewendet. Diese Reineinnahme, d. h. der Überschuss der Einnahmen über die Ausgaben hinaus, betrug in den erzgebir-

gischen Silbergruben von Schneeberg, Freiberg, Glashütte, Geyer, Annaberg und Buchholz beispielsweise 1529 10 823 Mark Silber und 1538 26 020 Mark Silber. Diese enormen Ausbeuteergebnisse wurden auch durch eine verbesserte Abbautechnik erzielt, so durch Pferde- und Ochsengöpel, später auch durch Wassergöpel. RG

Literatur:
Der silberne Boden 1990, S. 30; Groß 2002, S 40 ff.

498
Schönburgischer Bericht über streitige Bergwerksgrenzen im Gebiete des Fichtelbergs
nach Matthaei 1529

farbig aquarelliert, 32,5 × 65 cm
Sächsisches Hauptstaatsarchiv Dresden,
Sign. 12884 Karten, Risse, Bilder, Schrank V.
Fach 68. Nr. 1 Ab

1526 hatten Ernst II. und Wolf I. von Schönburg in der Herrschaft Hartenstein am Fichtelberg das Bergstädtchen und -werk Oberwiesenthal angelegt. Lehnshoheit hierüber hatte Kurfürst Johann der Beständige. Um sein ausschließliches landesherrliches Bergregal zu schaffen, gründete er Gottesgab als konkurrierende Bergstadt. Geschürt wurde dieser Streit zusätzlich dadurch, dass der Schönburger Stollen ergiebiger war. Es kam zu Grenzstreitigkeiten mit den dortigen kurfürstlichen Vasallen, den Herren von Tettau, die – durch den Kurfürsten instrumentalisiert – den Bau einer Straße verwehrten. Ernst II. jedoch besaß ein kaiserliches Privileg zum Bau einer solchen.
Der komplizierte Streit wurde schließlich vor Gericht verhandelt. Dieser Tatsache ist die Entstehung dieser Karte als einer von neun weiteren zu verdanken. Sie wurde wohl durch Ernst II. erstellt. Die Wettiner gewannen trotz anhaltenden Widerstands immer mehr Einfluss, bis die Schönburger schließlich die wettinische Oberhoheit anerkennen mussten. Derartige Abrisse von umstrittenem Gelände waren bereits im 16. Jahrhundert üblich und stellen die Anfänge der heutigen Flur- und Katasterkarten dar. CH

Literatur:
Müller 1934; Böhnisch/Brichzin 1990, S. 138 ff.

Sächsische Münzpolitik im 15. und 16. Jahrhundert

Die reichen Silbervorkommen, die am Schneeberg um 1470 und am Schreckenberg um 1491/92 entdeckt wurden, ermöglichten es Sachsen, eine starke Münzpolitik zu betreiben und die entscheidende Rolle bei der Ablösung des rheinischen Goldguldens durch ein silbernes Äquivalent, den Taler, zu spielen. Vorbild dafür war der 1486 im tirolischen Hall geprägte Guldiner, die erste Talermünze im Römisch-deutschen Reich. Die Einführung der neuen Großsilbermünze im Gewicht von etwa 29,2 g wurde in Sachsen seit 1490 vorbereitet. Zunächst prägte Sachsen halbe und ganze Groschen, Pfennige und Heller, seit 1498 dreifache Groschen, nach dem Fundort ihres Silbers Schreckenberger genannt. Die Münzordnung vom 17. Mai 1500 bestimmte dann, am 4. Juli 1500 ganze und halbe Gulden auszugeben. Ein Gulden galt 21 Groschen (7 Schreckenberger), ein Groschen 12 Pfennige (24 Heller).
Mit diesem reich gegliederten Münzsystem und der Ausmünzung großer Mengen an Gulden konnte die Vorherrschaft des rheinischen Goldguldens beseitigt werden. Neue Zahlungsverpflichtungen in Gold waren rechtsungültig und bei bestehenden nur für die Kapitalrückzahlung, nicht aber die laufenden Zinszahlungen zugelassen. Der Name für die neuen Gulden kam aus dem böhmischen Erzgebirge, wo die Grafen und Herren Schlick bei St. Joachimsthal reiche Silbervorkommen besaßen, die sie seit 1519/20 mit sächsischer Unterstützung vermünzten. Die im gleichen Gewicht und Feingehalt wie die sächsischen Gulden ausgebrachten Münzen erfreuten sich in Mittel- und Norddeutschland großer Beliebtheit, so dass der Volksmund bald aus Joachimsthaler Gulden das Kürzel Taler bildete.
Die gründliche währungspolitische Vorbereitung für die Einführung der neuen Großsilbermünzen konnte aber nicht verhindern, dass sie eingewechselt und als preiswertes Münzsilber außer Landes gebracht wurde, weil Sachsen selbst ein zu kleines Umlaufgebiet bildete. Kaiser und Reichstag hätten sie sofort zur Reichsmünze deklarieren müssen. Es sollten jedoch 24 Jahre vergehen, bis Kaiser Karl V. 1524 zu Eßlingen die 1. Reichsmünzordnung erließ, die ebenso wie die 2. und 3. auf die Entwicklung der sächsischen Währung keine Rücksicht nahm. Erst 1571 konnte Sachsen der 3. Reichsmünzordnung beitreten.
Zunächst verfolgte es aber eine eigene Münzpolitik und versuchte mit vorteilhaften Silberlieferungen auf die Währungsanpassung seiner Nachbarn einzuwirken. Sollte Sachsen den Silberwert seiner Münzen ein wenig niedriger als diese festlegen oder beim hohen Silberwert bleiben? Darüber kam es zwischen Kurfürst Johann, dem Anhänger einer Silberreduktion, und Herzog Georg zum öffentlichen, mit publizistischen Mitteln ausgetragenen »Münzstreit« und zur getrennten Münzprägung zwischen 1528 und 1533.
Wegen der Verunsicherungen im Zahlungsverkehr, die die unterschiedlichen sächsischen Münzen hervorriefen, verlangten die gemeinsamen Landstände jedoch 1531 im »Grimmaschen Machtspruch« die Wiederaufnahme der gemeinschaftlichen Münzprägung. Bei der Frage der Silberreduktion der Münzen trafen sich Kurfürst Johann Friedrich, der Nachfolger Johanns, und Herzog Georg schließlich auf halbem Wege und prägten seit 1534 Guldengroschen zu 24 Groschen. Bis zur Schlacht bei Mühlberg 1547 hielt die neue Münzeinigung an. Danach löste sie Kurfürst Moritz, der in seiner Münzordnung von 1549 die Währungsprinzipien von Herzog Georg weiterverfolgte.

Paul Arnold

Literatur: Arnold 1980, S. 50–94.

499
Die sächsische Münzordnung vom 17. Mai 1500

21,5 × 29 cm
Sächsisches Hauptstaatsarchiv Dresden, Sign. 12883 Mandate, Wiegendrucke Nr. 9, 3v–4r

Die vorliegende albertinische Fassung der gemeinsamen Münzordnung wurde am 17. Mai 1500 von Herzog Georg als Stellvertreter seines in Friesland weilenden Vaters Herzog Albrecht erlassen. Sie ist das Ergebnis der seit 1490 von den sächsischen Fürsten konsequent betriebenen Münzpolitik mit dem Ziel der Ablösung des rheinischen Goldguldens durch ein silbernes Äquivalent. Damit sollte dem blühenden sächsischen Silberbergbau mit seinen hohen Fördermengen Rechnung getragen werden.
Die Münzordnung zählt alle Nominale des sächsischen Münzsystems auf und ordnet ihre Annahme für alle Zahlungen an. Die verbotenen Münzen von Sachsens Nachbarn sind in 18 Holzschnitten abgebildet. Während der silberne Gegenwert des rheinischen Goldguldens bereits 1490 festgelegt und die Nominale vom Heller bis zum Schreckenberger seitdem ausgeprägt worden waren, sollte die Ausgabe der ganzen und halben silbernen Gulden erst am St. Ulrichstag (4. Juni) 1500 erfolgen. Mit seiner wohldurchdachten, auf dem Silberreichtum des Landes beruhenden Münzpolitik verhalf Sachsen der 1486 in Tirol entstandenen Großsilberwährung im Reich zum Durchbruch. PA

Literatur: Arnold 1996, S. 6–12.

500
Des Churfürsten und hertzog Georgen zu Sachssen etc. Muntz Ordenung
1534

Titelblatt, 21,5 × 15,5 cm, TH: Münzstätte, unsigniert
Sächsisches Hauptstaatsarchiv Dresden, Sign. 12883 Mandate, 1534, Bl. 149

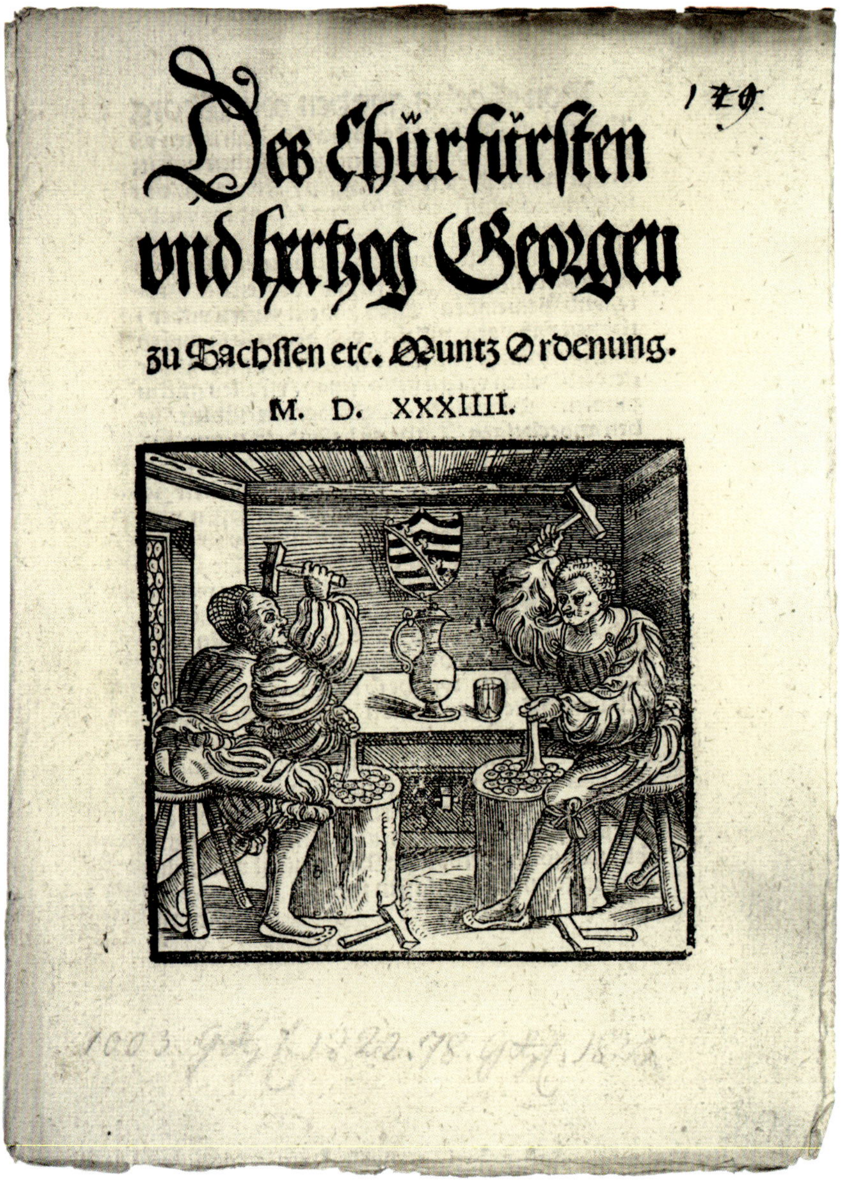

500

Die auch im Namen von Kurfürst Johann Friedrich 1534 erlassene Münzordnung Herzog Georgs beendete als Ergebnis langjähriger Verhandlungen den »Münzstreit« zwischen Ernestinern und Albertinern. Damit wurde auch die Forderung der sächsischen Landstände im Grimmaischen Machtspruch von 1531 nach Wiederherstellung eines einheitlichen Münzwesens in Sachsen erfüllt, wenngleich diese Einheit nur 13 Jahre bis zur Schlacht bei Mühlberg 1547 und der Übertragung der sächsischen Kurwürde an den albertinischen Herzog Moritz währen sollte.
Die Münzordnung enthält in 12 Punkten genaue Bestimmungen über ihre Durchführung sowie die Kontrolle ihrer Einhaltung und die strenge Bestrafung von Verstößen. Das Titelblatt zeigt einen Raum mit Balkendecke und dem herzoglich-sächsischen Wappen an der Rückwand. Davor steht ein Tisch, auf dem sich Krug und Trinkglas befinden. Rechts und links des Tisches sitzt je ein Münzschläger auf einem dreibeinigen Schemel vor einem Amboss mit eingelassenem Unterstempel. Jeder der Münzschläger hält einen Schrötling und schlägt mit dem Münzhammer darauf. Dieser ganz unbeholfen wirkende Arbeitsvorgang ist unkorrekt wiedergegeben, denn es fehlt jeweils der Oberstempel, der auf den Schrötling gesetzt werden muss, damit sich Ober- und Unterstempel durch den Hammerschlag auf dem Schrötling abprägen können und so die Münze entsteht. PA

Literatur:
Caspar 1974, S. 18 f., Abb. 22; Arnold 1980.

501
Kurfürst Friedrich III. von Sachsen,
Herzog Albrecht von Sachsen,
Herzog Johann von Sachsen
Gulden (Taler)
Mzst. Wittenberg oder Freie Reichsstadt Nürnberg, o. J. (1500)

(1) · FRIDERICVS (2) ⁂ ALBERTV (3) S ☙ IOH (4) ANNES ☙
Brustbild Friedrichs III. im Kurmantel mit Kurhut und geschultertem Kurschwert nach rechts
Rs.: (2) · MONETA · (3) · ARGENTIN (5) DVCVM ☙ (4) SAXONIE ⁂
Die einander zugekehrten Brustbilder der Herzöge Albrecht und Johann mit Hemd, Schaube und Klappmütze

(Nachguss im 1 1/2-fachen Talergewicht)
Silber (gegossen), Ø 42,6 mm, 43,85 g
Münzkabinett, Staatliche Kunstsammlungen Dresden, Inv.-Nr. 2534

Der Gulden war dem Goldgulden gleichwertig und galt 21 Zinsgroschen. Die künstlerische Ausführung verrät die Hand eines bedeutenden Künstlers. Stilkritische Vergleiche mit der Gelbgussbüste Friedrichs III. von Adriano Fiorentino (Kat.-Nr. 23) belegen auch für die Prägestempel Fiorentinos künstlerische Urheberschaft. Vielleicht lieferte er Entwürfe oder Modelle.
Die Legenden werden durch folgende Wappen unterteilt: 1. Kursachsen, 2. Herzogtum Sachsen, 3. Landgrafschaft Thüringen, 4. Markgrafschaft Meißen, 5. Pfalzgrafschaft Sachsen.
Übersetzung der Legende Rs.: Silbermünze der Herzöge zu Sachsen. PA

Literatur:
Arnold 1982, S. 165, Nr. 1; Schnee 1982, Nr. 1; Der silberne Boden 1990, S. 49, Kat.-Nr. 73; Arnold 1990, S. 4–9.

502
unbekannter Stempelschneider
Osterpfennig (Gekreuzigter Christus / Auferstehung Christi)
1528

Silber, geprägt, Ø 41 mm, 28,95 g
Staatliche Museen zu Berlin, Münzkabinett, Inv.-Nr. alter Bestand

501

503

503
Hans Krug
Kurfürst Friedrich III. von Sachsen
Schreckenberger
Mzst. Freie Reichsstadt Nürnberg, 1507

(1) FRID⁝ELECT∘IMPI⁝Q3 (2) LOCVM⁝TES⁝ GENEL'
Barhäuptiges Brustbild des Kurfürsten nach rechts
Rs.: MAXIMILIANVS∘RO⁝REX∘SEMPÉ∘ AVGVSTVS⁝
Nimbierter Reichsadler mit Brustschild, oben geteilte Jahreszahl 1507

Silber, Ø 26,6 mm, 4,39 g
Münzkabinett, Staatliche Kunstsammlungen Dresden, Inv.-Nr. 3916
1508, Ø 26,5 mm, 4,34 g,
Stiftung Schloss Friedenstein Gotha, Inv.-Nr. 2.2/3754

In der 1356 erlassenen Goldenen Bulle wurde bestimmt, dass beim Tode des Kaisers bis zur Wahl seines Nachfolgers (vacante imperio) zwei Stellvertreter (vicarii, provisores) die Reichsregierung bilden und kaiserliche Aufgaben übernehmen sollten. Die beiden Reichsvikare wurden dem Kreis der sieben Kurfürsten, die die Königswahlen vornahmen, entnommen und mit dem Pfalzgrafen bei Rhein und dem Herzog von Sachsen näher bestimmt. Ersterer übte die Stellvertreterschaft in den rheinischen und schwäbischen Landen, Letzterer in den Gebieten des sächsischen Rechts aus. Außerdem wurde der sächsische Kurfürst Friedrich der Weise auf dem Reichstag zu Konstanz 1507 zum Reichsgeneralstatthalter ernannt. 1507/08 hatte er die Stellvertreterschaft im Reich inne, als sich Kaiser Maximilian I. auf dem Italienfeldzug befand, (absente rege) und 1519 nach dem Tod des Kaisers (vacante imperio). Zu den Wappen vgl. Kat.-Nr. 501.
Übersetzung der Legende Vs.: Friedrich, Kurfürst und Generalstatthalter des Reiches.
Übersetzung der Legende Rs.: Maximilian, römischer König, allzeit Mehrer (des Reiches). WH

Literatur:
Grotemeyer 1970, S. 145 f.; Haupt 1974, Taf. 54, Nr. 9; Keilitz/Kohl 1996, Nr. 8.

504

504
Kurfürst Friedrich III. von Sachsen, Herzog Johann von Sachsen, Herzog Georg von Sachsen
Goldgulden
Mzst. Leipzig, Mzm. Heinrich Stein, o. J. (1508 – 1511)

FRI ∘ IO ∘ GE ∘ D ∘ G (2) (1) DVCES ∘ SAX
Stehender heiliger Johannes der Täufer mit Lamm
Rs.: MONE ∘ NOVA ∘ AVRI ∘ LIPCENSSIS ⸽ + (Mzz.)
Reichsapfel im Vierpass

Gold, Ø 23,3 mm, 3,26 g
Münzkabinett, Staatliche Kunstsammlungen Dresden, Inv.-Nr. 1106

Seit dem 14. Jahrhundert hatte sich der rheinische Goldgulden zur wichtigsten deutschen Handelsmünze entwickelt. Durch das starke Anwachsen der Silberproduktion in Sachsen, aber auch im Harz, in Tirol und in Böhmen entstand die Idee eines Silberäquivalents zum Goldgulden. Der silberne Gulden, später Guldengroschen oder Taler genannt, wurde im Jahr 1500 erstmals in Sachsen geprägt.
Übersetzung der Legende Vs.: Friedrich, Johann (und) Georg, von Gottes Gnaden Herzöge zu Sachsen.
Übersetzung der Legende Rs.: neue Leipziger Goldmünze. WH

Literatur:
Baumgarten 1812, Nr. 49 – 53.

505
Herzog Georg von Sachsen
Taler
1530

Silber, Ø 38,5 mm, 29,08 g
Münzkabinett, Staatliche Kunstsammlungen Dresden, Inv.-Nr. 4947

506
Kurfürst Johann Friedrich von Sachsen, Herzog Moritz von Sachsen
Taler
Mzst. Buchholz, Mzm. Sebastian Funke, 1547

(1) (2) IOHAN (3) F ∘ ELE ∘ DVX (6) ∘ SAX ∘ BV (4) R ∘ MAG ∘
Brustbild Johann Friedrichs mit Kurmantel und geschultertem Kurschwert nach rechts
Rs.: (2) MAVRI ∘ D (3) VX ∘ SAX (5) ∘ FI ∘ IVS ∘ 15 (4) 47 BVCH ∘ T (Mzst.-Zeichen)
Bekränztes Hüftbild von Moritz im Harnisch mit Kette, die linke Hand am Schwertgriff, nach rechts

Silber, Ø 40,6 mm, 28,86 g
Münzkabinett, Staatliche Kunstsammlungen Dresden, Inv.-Nr. 4625

Nach Erbstein ist dieser Guldengroschen 1547 während des Schmalkaldischen Krieges geprägt worden, als Herzog Moritz vorübergehend das ernestinische Buchholz besetzt hatte. Unter dem B von BVCH ist noch ein A zu erkennen, was auf ANB = Annaberg schließen lässt. Gemäß den Forderungen der sächsischen Landstände (Grimmaischer Machtspruch) prägten die sächsischen Fürsten seit 1533/34 wieder gemeinsam. Die Gulden, leicht im Feingehalt verringert, hießen jetzt offiziell Guldengroschen und galten 24 Groschen. Die Wappen sind wie bei Kat.-Nr. 501, aber ergänzt um die Burggrafschaft Magdeburg (6.). Übersetzung der Legende: Kurfürst Johann Friedrich, Herzog zu Sachsen, Burggraf zu Magdeburg und Herzog Moritz zu Sachsen haben befohlen, es zu machen. PA

Literatur:
Erbstein 1888 – 1909, Nr. 237; Der silberne Boden 1990, S. 51, Kat.-Nr. 79.

506

507

507
Kurfürst Moritz von Sachsen
Guldengroschen (Taler)
1547

MAVRICIUS · D : G : DVX : SAX : SA : ROMA : IMPE : AN (Eichel)
Hüftbild von Moritz im Harnisch mit geschultertem Kurschwert nach rechts; im Feld die geteilte Jahreszahl 1547.
Rs.: · ARCHIMARSCHAL : ET · ELECTOR · Dreifach behelmtes sächsisches Gesamtwappen mit den Kurschwertern im Herzschild.

Mzst. Annaberg, Mzm. Matthäus Rothe
Silber, Ø 41 mm, 28,83 g
Münzkabinett, Staatliche Kunstsammlungen Dresden, Inv.-Nr. 93/326

Dieser Guldengroschen wurde 1547 nach der Schlacht von Mühlberg geprägt, als Moritz von Kaiser Karl V. mit der sächsischen Kurwürde, die vorher der Ernestiner Johann Friedrich trug, belehnt worden war. Die machtpolitischen Veränderungen nach der Schlacht führten auch zur endgültigen Münztrennung zwischen Ernestinern und Albertinern.
Übersetzung der Legende: Moritz, von Gottes Gnaden, Herzog zu Sachsen, des Heiligen Römischen Reiches, Erzmarschall und Kurfürst.
PA

Literatur:
Erbstein Nr. 243–245; Schnee Nr. 681.

Geld aus der Zeit Kurfürst Moritz' von Sachsen

508
Gulden
[= 24 Groschen]
1548

Mzz. Stern; Mzst. Freiberg;
Mzm. Andreas Alnpeck
Gold, Ø 22,5 mm, 3,25 g
Münzkabinett, Staatliche Kunstsammlungen Dresden, Inv.-Nr. 1175

509
Guldengroschen (Taler)
[= 24 Groschen]
1553

Mzz. Eichel; Mzst. Annaberg;
Mzm. Matthäus Rothe
Silber, Ø 40,6 mm, 28,97 g
Münzkabinett, Staatliche Kunstsammlungen Dresden, Inv.-Nr. 5089

510
1/2 Guldengoschen (1/2 Taler)
[= 12 Groschen]
1553

Mzz. Eichel; Mzst. Annaberg;
Mzm. Matthäus Rothe
Silber, Ø 34,5 mm, 14,44 g
Münzkabinett, Staatliche Kunstsammlungen Dresden, Inv.-Nr. 5092

511
1/4 Guldengroschen (1/4 Taler)
[= 6 Groschen]
1550

Mzz. Stern; Mzst. Freiberg;
Mzm. Andreas Alnpeck
Silber, Ø 29 mm, 6,87 g
Münzkabinett, Staatliche Kunstsammlungen Dresden, Inv.-Nr. 5210

512
1/8 Guldengroschen (1/8 Taler)
[= 3 Groschen]
1552

Mzz. Stern; Mzst. Freiberg;
Mzm. Andreas Alnpeck
Silber, Ø 25,5 mm, 3,11 g
Münzkabinett, Staatliche Kunstsammlungen Dresden, Inv.-Nr. 5256

513
1/16 Guldengroschen (1/16 Taler = Spitzgroschen)
[= 1 1/2 Groschen]
o. J.

Mzz. Stern; Mzst. Freiberg;
Mzm. Andreas Alnpeck
Silber, Ø 21,5 mm, 1,50 g
Münzkabinett, Staatliche Kunstsammlungen Dresden, Inv.-Nr. 5283

514
(Zins-) Groschen
[= 1 Groschen]
1549

Mzz. Eichel; Mzst. Annaberg;
Mzm. Matthäus Rothe
Silber, ∅ 23,4 mm, 2,5 g
Münzkabinett, Staatliche Kunstsammlungen Dresden, Inv.-Nr. 5046

515
Dreier
[= 1/4 Groschen]
1550

Mzz. Eichel; Mzst. Annaberg;
Mzm. Matthäus Rothe
Silber, ∅ 17,9 mm, 1,19 g
Münzkabinett, Staatliche Kunstsammlungen Dresden, Inv.-Nr. 5060

516
Pfennig
[= 1/12 Groschen]
1549

Mzz. Eichel; Mzst. Annaberg;
Mzm. Matthäus Rothe
Silber, ∅ 12,3 mm, 0,27 g
Münzkabinett, Staatliche Kunstsammlungen Dresden, Inv.-Nr. 5052

517
Heller
[= 1/24 Groschen]
o. J.

Mzz. Eichel; Mzst. Annaberg;
Mzm. Matthäus Rothe
Silber, ∅ 10,3 mm, 0,26 g
Münzkabinett, Staatliche Kunstsammlungen Dresden, Inv.-Nr. 4013

Von der Bede zur Landsteuer

Infolge mangelnder Liquidität forderten die Landesherren von ihren Untertanen seit dem 13. Jahrhundert finanzielle Unterstützung. Jene Hilfe, die sie vorerst nur unregelmäßig erbaten, hieß Bede. Die Bede war ursprünglich nur eine Bitte, eine erbetene Sonderabgabe. Sie ähnelt der Steuer: Mittelhochdeutsch: stiur[e]; stiura, d. h. Stütze bzw. Unterstützung. Bereits der Sachsenspiegel (um 1230) berichtet, dass nur derjenige die Bede von seinen Untertanen fordern darf, der auch die Gerichtsbarkeit besitzt: Gerichtsherrschaft bedeutete somit fast immer auch Steuerherrschaft.
Ende des 13. Jahrhunderts war es den Markgrafen von Meißen gelungen, die Bede relativ regelmäßig zu fordern. Vor allem die Städte drängten darauf, von den häufigen und unbestimmten Forderungen zumindest teilweise entlastet zu werden. Daher schlugen sie vor, eine feste Stadtsteuer zu zahlen. Für diese Sonderabgabe wurde in den Städten der Begriff Jahrrente und auf dem Land der Name Geschoss (Zuschuss) gebräuchlich. Die Städte und der Adel ließen sich zugleich von den Markgrafen verbriefen, dass künftig keine neuen Sonderabgaben mehr gefordert würden; jedoch kennen Steuerherrschaft und Staat kein Versprechen! Zu den einst unregelmäßigen Zwangsabgaben, die nunmehr stetig einkassiert wurden, gesellten sich bald neue Sonderabgaben. Die Markgrafen traten also mit ständig neuen Forderungen an die Städte und ihre Ritterschaft heran, um die Erhebung außerordentlicher Beden zu erreichen. Den Städten bürdete man eine zusätzliche Kollektivzahlung auf bzw. der Fürst erhöhte die Jahrrente (so wie 1367). Auf dem Land folgten Landesherr und Ritterschaft bei der Erhebung alten Traditionen.
Man orientierte sich bei der Höhe der Geldleistung an den grundherrlichen Abgaben. So forderte die Landesherrschaft die Bede der Jahre 1376, 1385, 1421, 1446, 1451, 1458, 1466 in Form halber oder ganzer Jahreszinse. Erst mit den Land- und Türkensteuern des späten 15. Jahrhunderts wurde es gebräuchlich, dass all jene, die Grund und Boden, Kapital und Immobilien versteuern mussten, den zu versteuernden Wert auch selbst einschätzten. Auf dieser Grundlage wurde ihre Habe progressiv besteuert. Damit begann allmählich die direkte Besteuerung der städtischen und ländlichen Bevölkerung in Sachsen.
Eine Zäsur stellte das Jahr 1438 dar. Die Stände rangen dem Kurfürsten das Recht ab, die erhobene Steuer – 1438 war es eine Akzise (Verbrauchssteuer) – mit verwalten zu dürfen. Zugleich konstituierten sich die kursächsischen Stände zu einer eigenständigen Körperschaft. In den folgenden Jahren und Jahrzehnten mussten die Kurfürsten immer ihre Stände auf einen Landtag einberufen, um neue Steuern erheben zu können. Bezüglich der indirekten Steuer (Tranksteuer) war der Landtag zu Dresden im März 1470 bedeutsam, denn seit dieser Zeit wurden Bier und Wein faktisch ununterbrochen versteuert. Die direkte Steuer (Landsteuer) bürgerte sich endgültig seit der Mitte des 16. Jahrhunderts ein, was maßgeblich durch die außenpolitischen Aktivitäten des Herzogs und Kurfürsten Moritz verursacht worden war.

Uwe Schirmer

518

518
deutsch mit niederländischem Einfluss
Truhe (Kriegskasse)
2. Hälfte 16. Jahrhundert

Eisen, genietet, 50 × 38 × 30 cm
Stadt- und Kulturgeschichtliches Museum Torgau, Inv.-Nr. V-R1

Die Truhe ist mit Kreuzbandbeschlag verziert, genietet und mit geschnittener Rollwerkornamentik geschmückt. Auf ihrer Vorderseite befindet sich ein vorgetäuschtes Schloss in Herzform auf einem doppelköpfigen, gekrönten Adler. Dieser Doppeladler kann als Reichs- und Kaiserwappen angesehen werden, obwohl dabei üblicherweise beide Adlerköpfe gekrönt dargestellt werden, hier aber nur die Reichskrone über dem Adler thront.
Auf der Innenseite des Truhendeckels befindet sich ein Schloss mit acht Riegeln. Die aufwendig gearbeitete Abdeckung des Schlosses besteht aus einem Blech, aus dem typische Renaissanceornamente ausgesägt wurden. Es handelt sich bei dieser Truhe möglicherweise um eine als Kriegskasse verwendete kaiserliche Reichstruhe des Heiligen Römischen Reiches deutscher Nation, die in Torgau verblieben ist. SKMT

Literatur: Oswald 1984.

519
Ungeld vom Jahr 1503/04

Handschrift, 33,5 × 44 cm
Sächsisches Hauptstaatsarchiv Dresden, Sign. 10024 Geheimer Rat (Geheimes Archiv), Loc. 10500/19, Bl. 14

Das Ungeld – eine Tranksteuer – half seit 1470 die Liquidität der Kurfürsten und Herzöge von Sachsen zu sichern. Nach der Leipziger Teilung (1485) bildeten die beiden wettinischen Linien eine Ungeldgemeinschaft. Das Ungeld wurde vereint erhoben und zwischen den beiden fürstlichen Finanzverwaltungen geteilt. Die Stadträte und Edelleute waren mit der Steuererhebung beauftragt. Als Gegenleistung durften sie ein Viertel der Einnahmen einbehalten. US

Literatur:
Goerlitz 1928, S. 380–383;
Schirmer 2003, S. 83, 101, 150, 229.

520
Unterer Teil des Landtagsbeschlusses von 1513
(Bewilligung der Getränkesteuer)

Druck, 16 × 22 cm
Sächsisches Hauptstaatsarchiv Dresden, Sign. 12883 Mandate, 1513, Bl. 32

521
Leipziger Landtag gewährt den Getränkezehnt
1513

Druck, 40 × 60 cm
Sächsisches Hauptstaatsarchiv Dresden, Sign. 12883 Mandate, 1513, Bl. 26 f.

Infolge der gewaltigen Ausgaben, die der Krieg der Albertiner in den Niederlanden und in Friesland (1488–1515) verschlang, sah sich Herzog Georg 1513 genötigt, die so genannte Ungeldgemeinschaft mit den Ernestinern aufzukündigen. Damit kappte er eine der letzten Verbindungen, die seit 1485 noch zum ernestinischen Kurfürstentum bestanden hatte. Das albertinische Steuermandat von 1513 symbolisiert eine entscheidende staatsrechtliche Zäsur: Das ernestinische Kurfürstentum und das albertinische Herzogtum hatten sich endgültig getrennt. US

Literatur:
Schirmer 2003, S. 227–232.

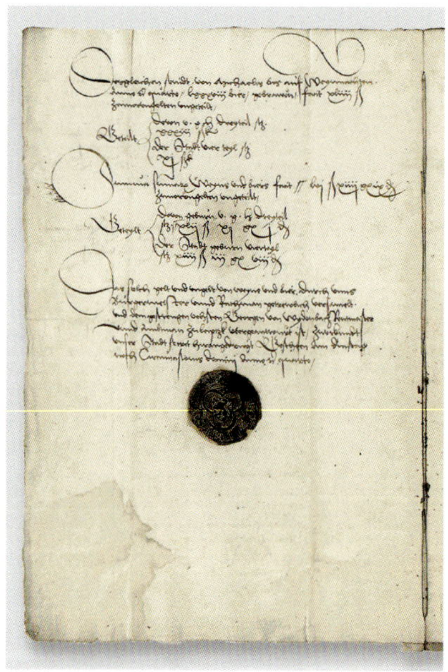

519

522
Statthalter zu Leipzig bittet um ungesäumtes Einbringen der Steuer
1514

Druck, 22,5 × 22,5 cm
Sächsisches Hauptstaatsarchiv Dresden, Sign. 12883 Mandate, 1514, Bl. 35

Infolge der schweren albertinischen Finanzkrise hatten die Stände auf dem Leipziger Landtag im Mai 1514 eine direkte Steuer bewilligt. Die Bürger und Bauern mussten ihren Besitz mit 2 Prozent versteuern, Besitzlose zahlten eine pauschale Kopfsteuer. Die Steuer wurde je zur Hälfte zu Trinitatis und Bartholomäus 1514 gefordert. Ihr Gesamtertrag lag bei 63 980 Gulden. US

Literatur: Goerlitz 1928, S. 363 f.

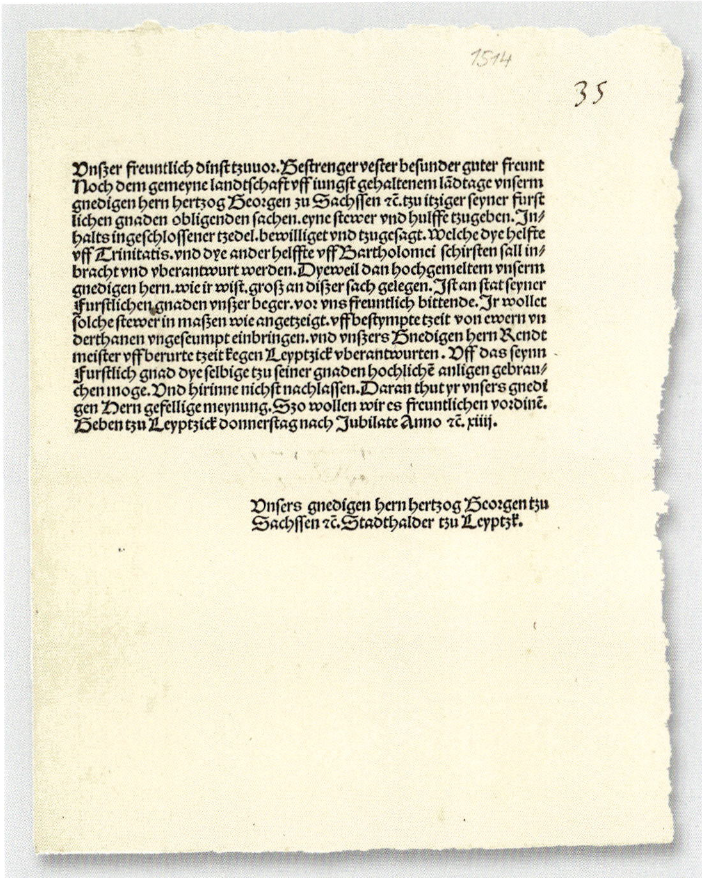
1514
35

Vnßer freuntlich dinst tzuuor. Gestrenger vester besunder guter freunt
Noch dem gemeyne landtschaft vff iungst gehaltenem lādtage vnserm
gnedigen hern hertzog Georgen zu Sachssen rc. tzu itziger seyner furst
lichen gnaden obligenden sachen. eyne stewer vnd hulffe tzugeben. In/
halts ingeschlossener tzedel. bewilliget vnd tzugesagt. Welche dye helfte
vff Trinitatis. vnd dye ander helffte vff Bartholomei schirsten sall in/
bracht vnd vberantwurt werden. Dyeweil dan hochgemeltem vnserm
gnedigen hern. wie ir wist. groß an dißer sach gelegen. Ist an stat seyner
Furstlichen gnaden vnßer beger. vor vns freuntlich bittende. Ir wollet
solche stewer in maßen wie angetzeigt. vff bestympte tzeit von ewern vn
derthanen vngeseumpt einbringen. vnd vnßers Gnedigen hern Rendt
meister vff berurte tzeit kegen Leyptzick vberantwurten. Vff das seynn
Furstlich gnad dye selbige tzu seiner gnaden hochlichē anligen gebrau/
chen moge. Vnd hirinne nichst nachlassen. Daran thut yr vnsers gnedi
gen Hern gefellige meynung. Szo wollen wir es freuntlichen vordinē.
Geben tzu Leyptzick donnerstag nach Jubilate Anno rc. xiiij.

Vnsers gnedigen hern hertzog Georgen tzu
Sachssen rc. Stadthalder tzu Leyptzk.

522

523
Steuerausschreiben: Betroffene, Modalitäten, Termine
1514

Druck, 23 × 20 cm
Sächsisches Hauptstaatsarchiv Dresden, Sign. 12883 Mandate, 1514, Bl. 40

524
Herzog Georg: Getränkezehnt und Tranksteuer
1516

Druck, 34,5 × 27 cm
Sächsisches Hauptstaatsarchiv Dresden, Sign. 12883 Mandate, 1516 (Doubletten), nicht fol., nach Bl. 60

525
Edelleute sollen von ihren Untertanen Zehnte einbringen
1516

Druck, 26,5 × 19,7 cm
Sächsisches Hauptstaatsarchiv Dresden, Sign. 12883 Mandate, 1516, Bl. 50

Im Frühjahr 1514 endete die traditionelle Tranksteuer (Ungeld). Ihr Ertrag, der zudem mit den Ernestinern geteilt werden musste, reichte der albertinischen Finanzverwaltung nicht mehr aus, um alle finanziellen Engpässe überbrücken zu können. Daher beschlossen Herzog Georg und die albertinischen Stände, eine um 20 Prozent höhere Tranksteuer (Zehnt vom Getränk) einzuführen. Die neue Tranksteuer wurde seit Bartholomäus 1513 erhoben.
Zudem durften die Stadträte und Edelleute nicht mehr den vierten Teil des Steuerertrages behalten. Wegen einer bessern Kontrolle mussten Register angefertigt und Kerbhölzer vorgezeigt werden. US

Literatur:
Goerlitz 1928, S. 380–383; Schirmer 2003, S. 229 ff.

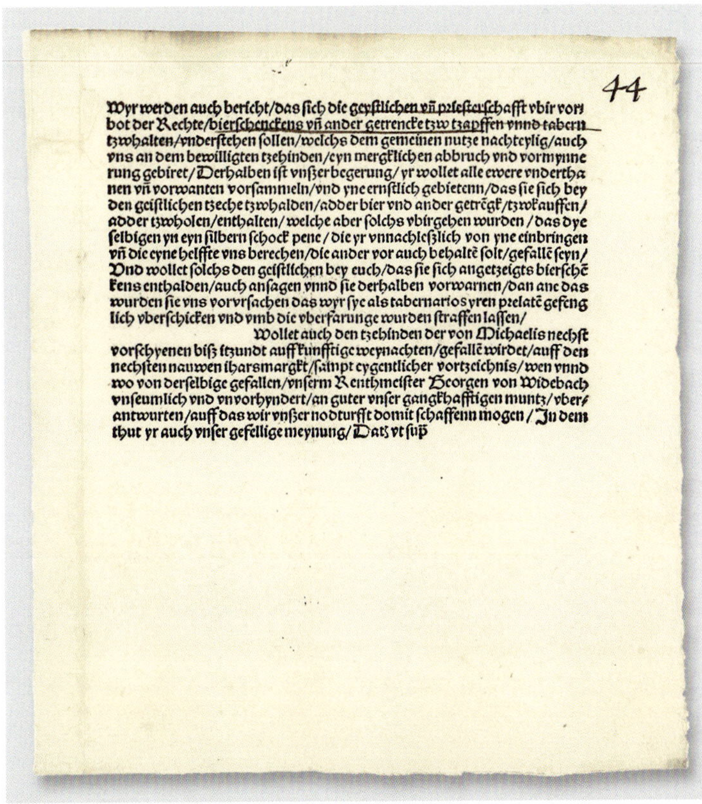
44

Wyr werden auch bericht/das sich die geystlichen vn̄ priesterschafft vbir vor/
bot der Rechte/bierschenckens vn̄ ander getrencke tzw tzapffen vnnd tabern
tzwhalten/vnderstehen sollen/welchs dem gemeinen nutze nachteylig/auch
vns an dem bewilligten tzehinden/eyn mergklichen abbruch vnd vormynne
rung gebiret/Derhalben ist vnßer begerung/ yr wollet alle ewere vndertha
nen vn̄ vorwanten vorsammeln/vnd yne ernstlich gebietenn/das sie sich bey
den geistlichen tzeche tzwhalden/adder bier vnd ander getrēgk/tzwkauffen/
adder tzwholen/enthalten/ welche aber solchs vbirgehen wurden / das dye
selbigen yn eyn silbern schock pene / die yr vnnachleßlich von yne einbringen
vn̄ die eyne helffte vns berechen/die ander vor auch behaltē solt/gefallē seyn/
Vnd wollet solchs den geistlichen bey euch/das sie sich angetzeigts bierschē
kens enthalden/auch ansagen vnnd sie derhalben vorwarnen/dan ane das
wurden sie vns vorvrsachen das wyr sye als tabernarios yren prelatē gefeng
lich vberschicken vnd vmb die vberfarunge wurden straffen lassen/
Wollet auch den tzehinden der von Michaelis nechst
vorschyenen biß itzundt auff kunfftige weynachten/gefallē wirdet/auff den
nechsten nauwen iharsmargkt/sampt eygentlicher vortzeichnis/wen vnnd
wo von derselbige gefallen/vnserm Renthmeister Georgen von Widebach
vnseumlich vnd vnvorhyndert/an guter vnser gangkhafftigen muntz/ vber/
antwurten/auff das wir vnßer nodturfft domit schaffenn mogen / In dem
thut yr auch vnser gefellige meynung/ Datz vt sup

526

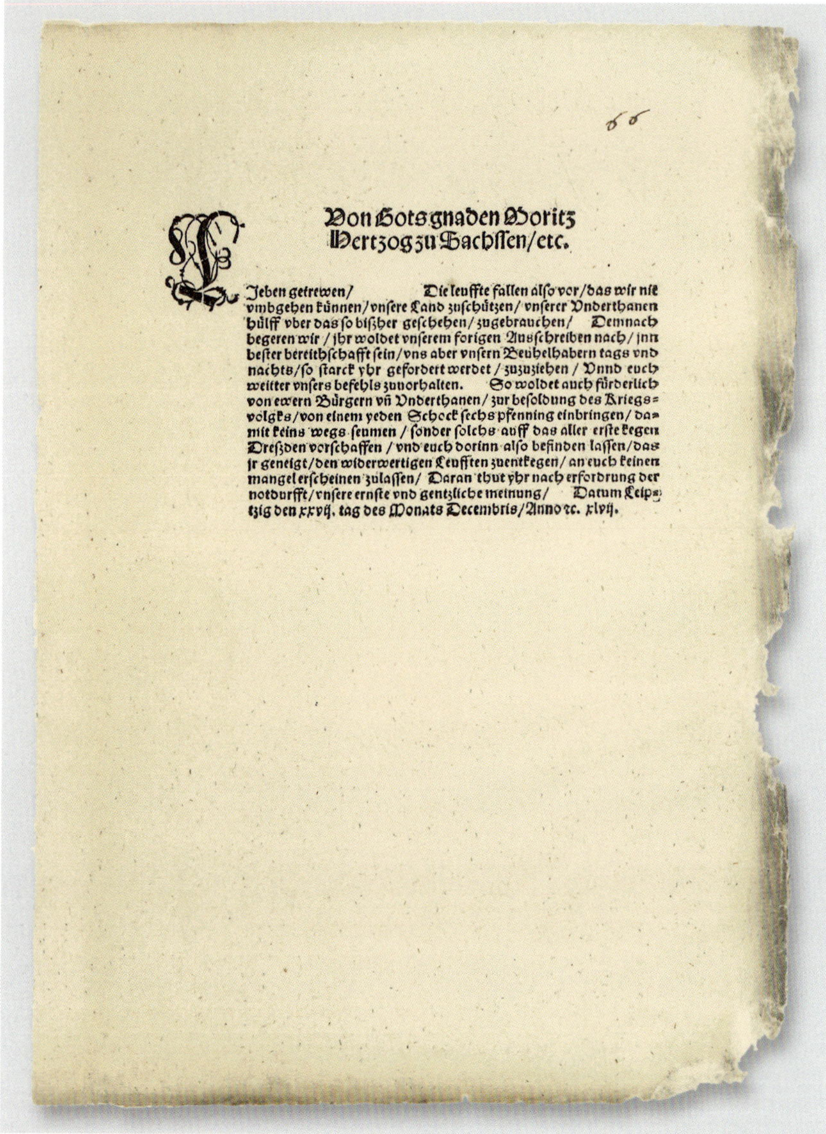

Von Gots gnaden Moritz
Hertzog zu Sachssen/etc.

Lieben getrewen/ Die leuffte fallen also vor/das wir nit vmbgehen künnen/vnsere Land zuschützen/ vnserer Vnderthanen hülff vber das so bißher geschehen/zugebrauchen/ Demnach begeren wir / jhr woldet vnserem forigen Ausschreiben nach/ jnn bester bereithschafft sein/vns aber vnsern Beuhelhabern tags vnd nachts/so starck yhr gefordert werdet / zuzuziehen / Vnnd euch weitter vnsers befehls zuuorhalten. So woldet auch fürderlich von ewern Bürgern vñ Vnderthanen/ zur besoldung des Kriegs=volgks/von einem yeden Schock sechs pfenning einbringen/ da=mit keins wegs seumen / sonder solchs auff das aller erste kegen Dreßden vorschaffen / vnd euch dorinn also befinden lassen/das jr geneigt/den widerwertigen Leufften zuentkegen/ an euch keinen mangel erscheinen zulassen/ Daran thut yhr nach erfordrung der notdurfft/vnsere ernste vnd gentzliche meinung/ Datum Leip=tzig den xxvij. tag des Monats Decembris/Anno rc. xlvij.

530

526
Geistliche wie Priesterschaft sollen nicht pflichtgemäß beim Bierschenken und Getränkezapfen Zehnt entrichten
1516

Druck, 21 × 19 cm
Sächsisches Hauptstaatsarchiv Dresden,
Sign. 12883 Mandate, 1516 (Doubletten), Bl. 44

527
Zehnter vom Getränk soll gebilligt werden
1516

Druck, 19,5 × 18,3 cm
Sächsisches Hauptstaatsarchiv Dresden,
Sign. 12883 Mandate, 1516, Bl. 43

Das Engagement der Herzöge Albrecht und Georg in den Niederlanden und in Friesland war außerordentlich kostspielig, so dass das albertinische Herzogtum 1515/16 fiskalisch zu kollabieren drohte. Auf den Leipziger Märkten – auf ihnen mussten die Albertiner ihre Schulden bedienen – drängten die Gläubiger. Zur Schuldentilgung und -verzinsung benötigte Herzog Georg dringend Steuergelder, die pünktlich beim Rentmeister Georg von Wiedebach abgeliefert werden mussten. Wiedebach organisierte die Schuldenbedienung und leitete von 1491 bis 1524 die albertinische Finanzverwaltung. US

Literatur:
Schirmer 2003, S. 212 f.

528
Albertinische Landstände billigen auf dem Leipziger Landtag die Türkensteuer
1522

Druck, 17,5 × 31 cm
Sächsisches Hauptstaatsarchiv Dresden,
Sign. 12883 Mandate, 1522, Bl. 41

Diese Steuer, die ursprünglich für den Romzug Karls V. auf den Reichstagen in Worms und Nürnberg 1521 beschlossen worden war, sollte zur Abwehr der Türken dienen. Es war eine direkte Steuer, die im albertinischen Herzogtum insgesamt etwa 13 000 Gulden eintrug. Die Steuer verblieb indessen in Sachsen und wurde zur Tilgung der albertinischen Schulden verwendet. US

Literatur:
Goerlitz 1928, S. 365 f.

530
Moritz bittet von seinen Getreuen die Lieferung des Zehnts
27. Dezember 1547

Druck, 33 × 38 cm
Sächsisches Hauptstaatsarchiv Dresden,
Sign. 12883 Mandate, 1547, Bl. 117 (alt 66)

Auf dem Augsburger Reichstag 1547/48 traten die konfessionellen und politischen Widersprüche zwischen Karl V. und Moritz immer offener zutage. Der sächsische Kurfürst hatte sich in eine schwierige Lage manövriert, so dass er seine Stände (»liebe getrewen«) anwies, in Bereitschaft zu sitzen und eine zusätzliche Kontribution zu erheben. Moritz' Forderung, die Steuer nach Dresden (in die Schatzkammer) bringen zu lassen, illustriert seine aktive Außen- und Militärpolitik: Stets wollte er handlungsfähig bleiben; dazu benötigte er Bargeld. US

Literatur:
PKMS III, S. 671 – 678, Nr. 934 – 938;
Rabe 1971, S. 206 – 208; Herrmann 2003, S. 101 – 108.

531
Steuerausschreiben Johann Friedrichs des Großmütigen von Sachsen
1552

Druck, 33 × 43 cm
Sächsisches Hauptstaatsarchiv Dresden,
Sign. 10024 Geheimer Rat (Geheimes Archiv),
Loc. 10500/20, Bl. 19

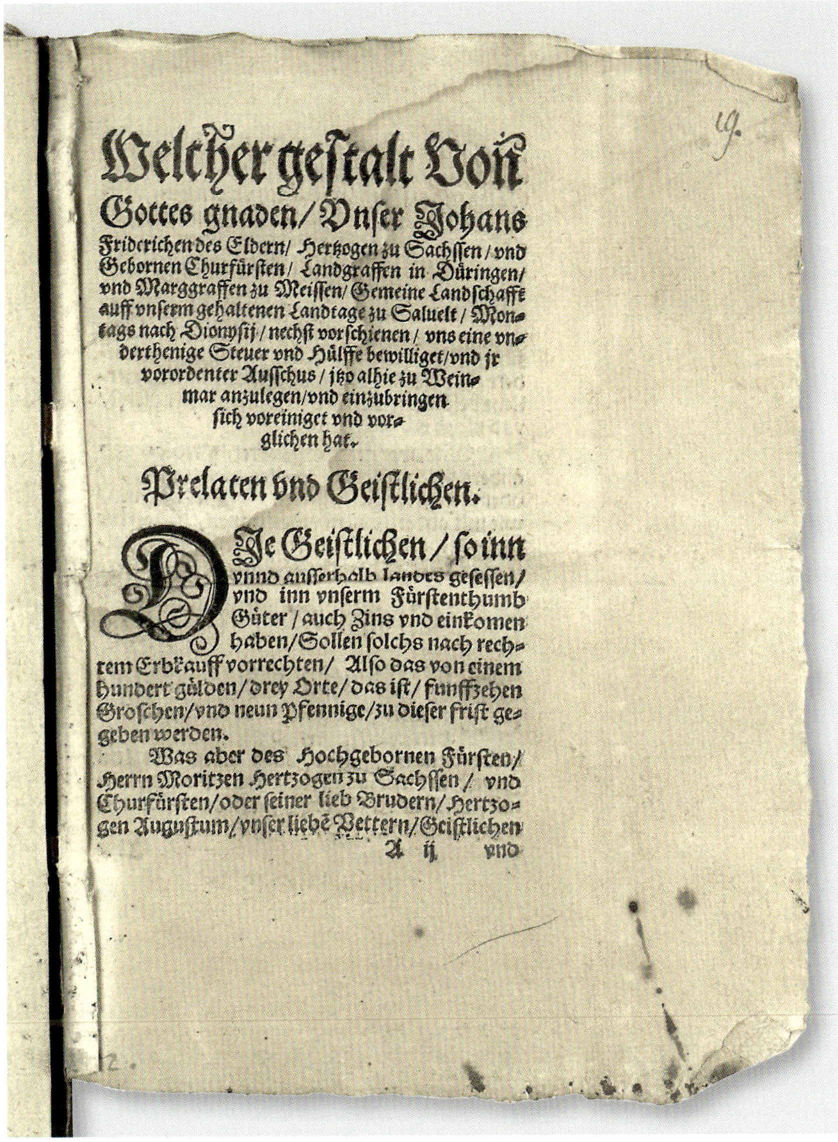
Welcher gestalt Von Gottes gnaden/ Unser Johans Friderichen des Eldern/ Hertzogen zu Sachssen/ vnd Gebornen Churfürsten/ Landgraffen in Düringen/ vnd Marggraffen zu Meissen/ Gemeine Landschafft auff vnserm gehaltenen Landtage zu Saluelt/ Montags nach Dionysij/ nechst vorschienen/ vns eine vnderthenige Steuer vnd Hülffe bewilliget/ vnd jr vorordenter Ausschus/ jtzo alhie zu Weinmar anzulegen/ vnd einzubringen sich voreiniget vnd vorglichen hat.

Prelaten vnd Geistlichen.

DJe Geistlichen/ so inn vnnd ausserhalb landes gesessen/ vnd inn vnserm Fürstenthumb Güter/ auch Zins vnd einkomen haben/ Sollen solchs nach rechtem Erbkauff vorrechten/ Also das von einem hundert gülden/ drey Orte/ das ist/ funffzehen Groschen/ vnd neun Pfennige/ zu dieser frist gegeben werden.

Was aber des Hochgebornen Fürsten/ Herrn Moritzen Hertzogen zu Sachssen/ vnd Churfürsten/ oder seiner lieb Brudern/ Hertzogen Augustum/ vnser liebē Vettern/ Geistlichen

A ij vnd

531

529
Tranksteuerausschreiben von Kurfürst Moritz von Sachsen
1547

Druck, 30 × 28 cm
Sächsisches Hauptstaatsarchiv Dresden,
Sign. 12883 Mandate, 1547, Bl. 97 (alt 256)

Nach dem für Moritz so siegreich verlaufenen Schmalkaldischen Krieg war er vom Kaiser am 4. Juni 1547 zum Kurfürsten ausgerufen worden. Wenige Wochen später bestellte der albertinische Kurfürst seine Stände zum 13. Juli nach Leipzig. Neben den jüngsten Ereignissen standen die Neuordnung der kirchlichen Verhältnisse sowie verständlicherweise wieder Finanz- und Steuerfragen zur Diskussion. Moritz erreichte auf dem Leipziger Tag indessen nur die Verlängerung der Tranksteuer um zwei weitere Jahre. Das Tranksteuerausschreiben regelte detailliert die Modalitäten der Steuererhebung. US

Literatur:
PKMS III, S. 463 – 499, Nr. 678 – 710;
Schirmer 2003, S. 512 ff.

532
sächsisch
Kanne mit Zinndeckel
um 1520/30

Buche (?), gedrechselt und geschnitzt, Zinn, H. 36,8 cm, Ø 17,5 cm
Ölfarben-Bemalung in Rot, Gelb, Schwarz, Weiß und Grün auf rotbraunem Firnis, Innenwand der Kanne teilweise versiegelt
Museum für Kunsthandwerk / Grassimuseum Leipzig, Inv.-Nr. 1903.758

Holzkanne mit Zinnfuß und -deckel. Der Zinndeckel besitzt eine kugelförmige, mittig mit Wulstring versehene und von einer Spitze bekrönte Daumenrast. Auf der Deckeloberseite befindet sich eine Gravierung, die die Kurschwerter und das Rautenwappen darstellt. Ohne Marke.
Auf der einen Seite der Wandung, die in der Mitte und an der Fußzone von jeweils drei eng beieinander liegenden Rillen unterteilt wird, ist das Meißner Wappen mit den Kurschwertern zu sehen, von dem mehrere Volutenblattranken ausgehen. Auf der anderen Seite gegenüber eine geflügelte weibliche Figur, vermutlich Fortuna, die Göttin des Glücks, deren Flüchtigkeit durch die Flügel verdeutlicht wird. Sie verhüllt ihre Scham mit einem Schleiertuch und trägt auf dem leicht nach rechts gewandten Kopf ein schwarzes Barett, darunter ein Haarnetz. Auf der Gefäß-Schulter, die durch eine weiße und rote Linie betont wird, sind folgende, mit Spiralranken verzierte Buchstaben zu lesen: »VDMIE« für »Verbum Domini manet in Eternum«.
Bei dieser repräsentativen Kanne ist bemerkenswert, dass die Malerei sowohl von der Ikonographie als auch vom Stil her zahlreiche Parallelen zu den Frauendarstellungen Lucas Cranachs d. Ä. und seiner Söhne aufweist. TR

Literatur:
Kunstgewerbe-Blatt 1907, Abb. S. 20 f.

532

Recht und Gesetz in (Kur-)Sachsen im 16. Jahrhundert

Um die Wende vom 15. zum 16. Jahrhundert begann ein tiefgreifender Umbruch in der Entwicklung des sächsischen Rechts. Dies betraf das Recht als Normensystem (Verklammerung des sächsischen Rechts mit dem römisch-kanonischen Recht, Zurückdrängung der örtlichen Rechtsgewohnheiten), die Produktion von Rechtsnormen (Gesetzgebung), die Institutionen zur Durchsetzung von Recht (Gerichte) und die Rechtswissenschaft (vgl. Kat.-Nr. 539).

Als hervorstechende Merkmale sind erkennbar: die Professionalisierung von Verwaltung und Justiz – vermittelt durch akademisch ausgebildete Juristen –, die Verschriftlichung des Verwaltungshandelns (vgl. Kat.-Nr. 589) und der Gerichtsverfahren, die endgültige Etablierung der landesherrlichen Gesetzgebung als Herrschafts- und Steuerungsinstrument, Aufbau und Abschluss einer territorialstaatlichen Gerichtsverfassung (Oberhofgericht Leipzig, Hofgerichte, Landgerichte und Dingstühle in den Ämtern), die Negation des kanonischen Rechts und der bischöflichen Jurisdiktion bei gleichzeitiger Herausbildung eines evangelischen Kirchenrechts (Kirchenordnungen) und entsprechender Behörden (Konsistorien), die Verbreitung von Rechtstexten durch den Buchdruck (vgl. Kat.-Nr. 540), die Einbindung der mit Rechtsprofessoren besetzten Spruchkollegien (Juristenfakultäten und Schöffenstühle jeweils in Leipzig und Wittenberg) in die Gerichtsverfassung.

Dennoch standen in der sächsischen Rechtswirklichkeit alte und neue Formen der rechtlichen Konfliktlösung lange Zeit nebeneinander. Es galten die traditionellen Rechtsquellen (Sachsenspiegel in seinen glossierten Formen [Landrecht], vgl. Kat.-Nr. 537, 538), Sächsisches Weichbild [Stadtrecht] (Kat.-Nr. 536) fort. Noch bis weit in das späte 16. Jahrhundert hinein war es durchaus üblich, Totschläge mit Sühneverträgen zwischen Täter und Familie des Opfers (materieller Schadensausgleich in Gestalt des »Wergeldes«, Setzen eines Steinkreuzes) rechtlich zu befrieden. Kursachsen und andere Territorien des sächsischen Rechts hatten die Reichsstrafprozessordnung Constitutio Criminalis Carolina von 1532 ausdrücklich abgelehnt und wollten bei den für den Fiskus viel günstigeren herkömmlichen Normen bleiben.

Dennoch drangen die neuen Formen des Prozesses und des materiellen Rechts im Zusammenhang mit der Rezeption des römisch-kanonischen Rechts – massiv seit der Mitte des 16. Jahrhunderts – in Sachsen ein (»Kursächsische Konstitutionen« von 1572). Allmählich wichen das alte (Privat-) Klageverfahren (»Wo kein Kläger, da kein Richter«) und der Ausgleich durch Sühne dem modernen Inquisitionsverfahren (Eröffnung des Prozesses von Amts wegen) und einem ausdifferenzierten System von Todes-, Körper- und Ehrenstrafen (vgl. Kat.-Nr. 533, 535). Begleitet und intensiviert wurde dieser Modernisierungsprozess durch die Rechtsgelehrten an den Juristenfakultäten und deren Absolventen in der Rechtspraxis.

Heiner Lück

533
Gerichtsschwert der Stadt Grimma
15. Jahrhundert

Eisen, L. ges. 124 cm,
Parierstange 27 cm
Kreismuseum Grimma, ohne Inv.-Nr.

Bei den Gerichten wurden als Symbole das Schwert und der Stab gebraucht. Das Schwert stand für die Obergerichte oder die Gewalt über Leben und Tod. Bei Halsgerichten lag es auf dem Tisch des Gerichts und man schwor auf das Schwert, indem man die Hand entweder auf den Knopf oder auf den Griff legte. Das zweischneidige Schwert mit langer, gerader Parierstange und einem scheibenartigen Knauf besitzt weder Schrift noch andere Zeichen und soll aus dem 15. Jahrhundert stammen. MP

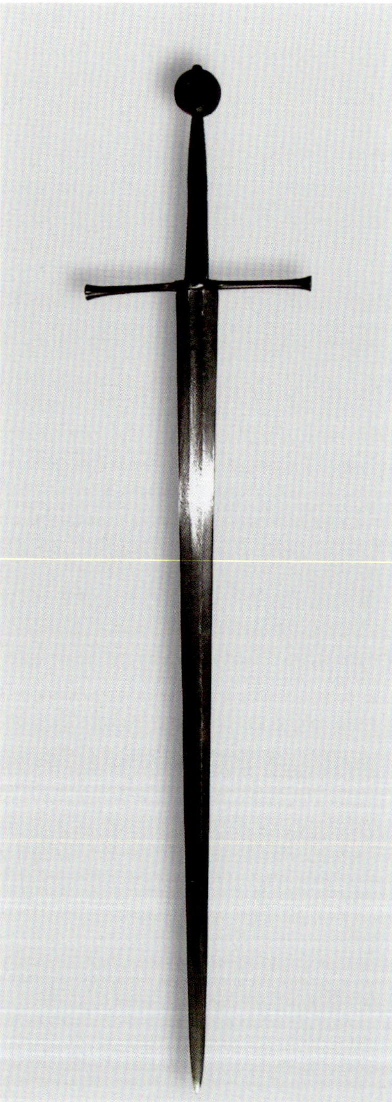

533

534
Gerichtsschild (Pavese) der Stadt Grimma
14. Jahrhundert

Holz, Vorder- und Rückseite mit Leder bezogen, H. 75 cm, B. 45 cm
Kreismuseum Grimma, ohne Inv.-Nr.

Als Zeichen damaliger Rechtssprechung soll ein Schild hinter dem Sitz des Richters aufgehängt gewesen sein. Der Grimmaer Gerichtsschild hat sicher erst nach seinem ursprünglichen Gebrauch als solcher gedient. Der Schild hat an seiner Vorderseite mehrere Einstiche, die auf die Verwendung als Schutzschild hindeuten. Von Bedeutung ist, dass der Grimmaer Schild der Form nach großen Schilden in Zwickau entspricht und die Umschrift außer dem Schluss mit einem kleinen Zwickauer Schild übereinstimmt. Somit dürften Beweise vorliegen, dass der Herstellungsort derselbe ist.
Solch ein Stück gehörte als so genannte Pavese zu den wichtigsten Ausrüstungsstücken der städtischen Krieger zu Fuß. Der Grimmaer Schild stammt offenbar aus der Werkstatt eines unbekannten Schildmachers in Kommotau (Böhmen), aus der Lieferungen größeren Umfangs im 15. Jahrhundert nach Sachsen kamen, so z. B. nach Freiberg und Zwickau. In der Mitte des hölzernen, mit Leder überzogenen Schildes befindet sich von oben nach unten eine breite Wulst. Auf der Rückseite ist ein mit Leder überzogener Griff angenagelt, an dem man den Schild bequem mit einer Hand halten kann.
Die Grundfarbe ist rotbraun. Auf der Wulst befindet sich die Hauptfigur eines verkehrt gestellten und langgezogenen lateinischen »S«. Diese Figur ist zweimal senkrecht und einmal waagerecht in der Mitte über die Wulst gelegt. Das Innere dieser Figur ist mit schwarzen Ranken ausgefüllt und wird von einer schwarzen und gelben Linie eingeschlossen. Umgeben sind diese Figuren von schwarzen, weißen und gelben quadratischen, halbrunden und rankenartigen Mustern, die sich spiegelbildlich auf jeder Seite entsprechen.
Das Mittelteil wird von einem breiten Rand eingeschlossen, der durch eine gelbe Linie getrennt ist. Entlang der Schildseiten wird dieser Rand von einer gelben, roten und schwarzen Linie begrenzt. Er enthält eine schwarze Inschrift, deren Worte durch ein weißes Kreuz getrennt sind. Die Worte lauten: »Hilf got, ein ewigez wort, dem libe hie, der sele dort, maria maria«. Der Chronist Lorenz sieht in den Worten eine öffentliche Bitte des Angeklagten und im Ausruf »Maria, Maria« eine Aufforderung an dieselbe, dass die sich bei Gott für die Erhörung der Bitte verwenden solle. MP

534

535
Lastersteine
um 1550

Stadtmuseum Mühlberg/Elbe,
Inv.-Nr. VH 92

Die hier abgebildeten Lastersteine befinden sich im Stadtmuseum in Mühlberg an der Elbe. Es sind in diesem Fall zwei mit Scharnieren verbundene Steine, die aus der Zeit um 1550 stammen. Damit wurden schwatzsüchtige Frauen, später auch Huren vom Stadtknecht durch die Straßen geführt. Aber auch »zanksüchtige Weiber« mussten samt Lästersteinen den Pranger besteigen. Der Lästerstein, auch Schandstein genannt, wurde über die Schultern gehängt.
Die beiden Steine sind innen etwas ausgehöhlt und außen mit Reliefs geschmückt. Auf dem einen Stein ist ein Männerkopf zu sehen, der andere zeigt einen hornblasenden Narren mit langohriger Kappe. Insbesondere weibliche Rechtsbrecher wurden damit an einem öffentlichen Platz aufgestellt oder im Ort herumgeführt, wodurch deren Schande publik gemacht werden sollte. Der Vollzug dieser Strafmaßnahme führte zu Ehrlosigkeit, was in der damaligen Gesellschaft eine harte Strafe war. CH

Literatur:
Mitteilungen 1911, S. 12; Schmidt 1924, S. 131.

535

536
Das Sächsische Weichbild mit Glossen
vor 1482

148 Bl., 31,5 × 22 × 3 cm, Einband 19. Jahrhundert
Marienbibliothek Halle, Sign. A IV.33 Fol

Dieser Rechtstext beinhaltet die glossierte (sächsische) Weichbildvulgata (Stadtrecht von Magdeburg) in 135 Artikeln. Die ältesten Teile des Weichbildes entstanden in Magdeburg kurz vor 1300. Durch die im 14. Jahrhundert hinzugefügte Glosse wurde es mit Erläuterungen unter Bezugnahme auf das römische Recht verbunden. Auf fol. 1r sticht eine rote große Initiale »G« als Schmuckelement hervor. Im laufenden Text sind zahlreiche Initialen ebenfalls in Rot hervorgehoben. Das Sächsische Weichbild gehört zu den wichtigsten Stadtrechtsbüchern. Es fand in den meisten Städten des sächsischen Raumes und weit darüber hinaus (vor allem in Städten Ostmitteleuropas) Anwendung. HL

Literatur: Oppitz 1990, Bd. I, S. 47 f.

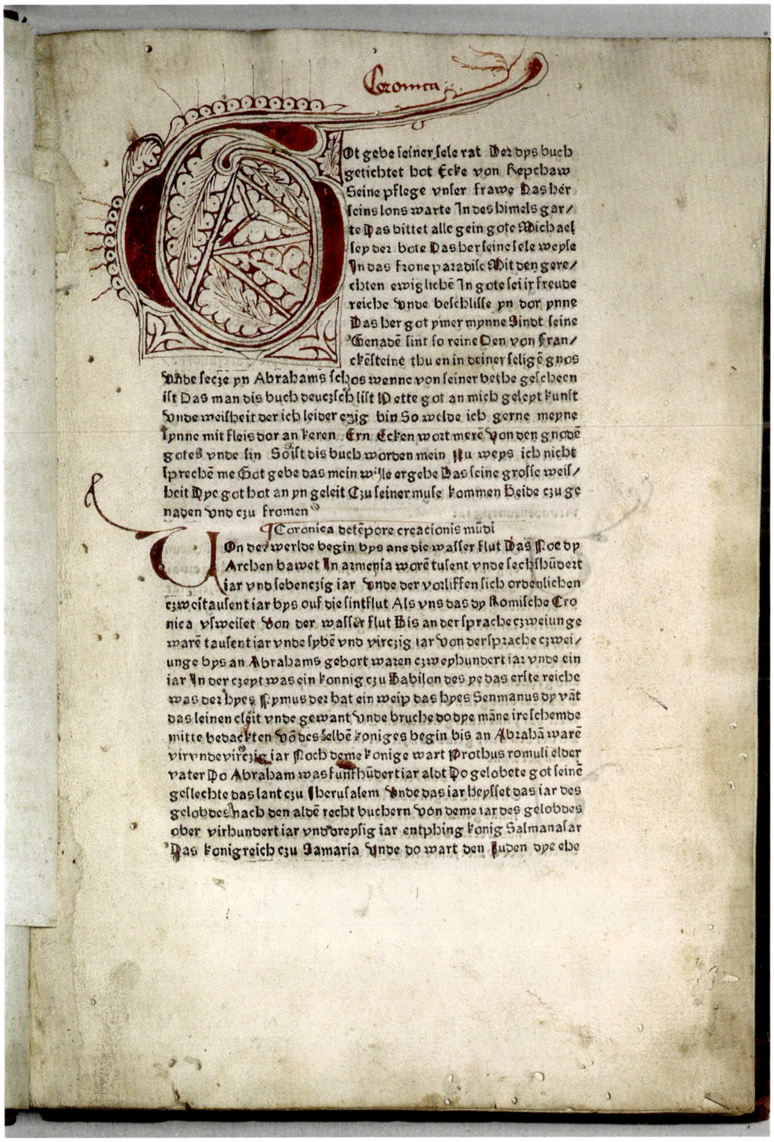

536

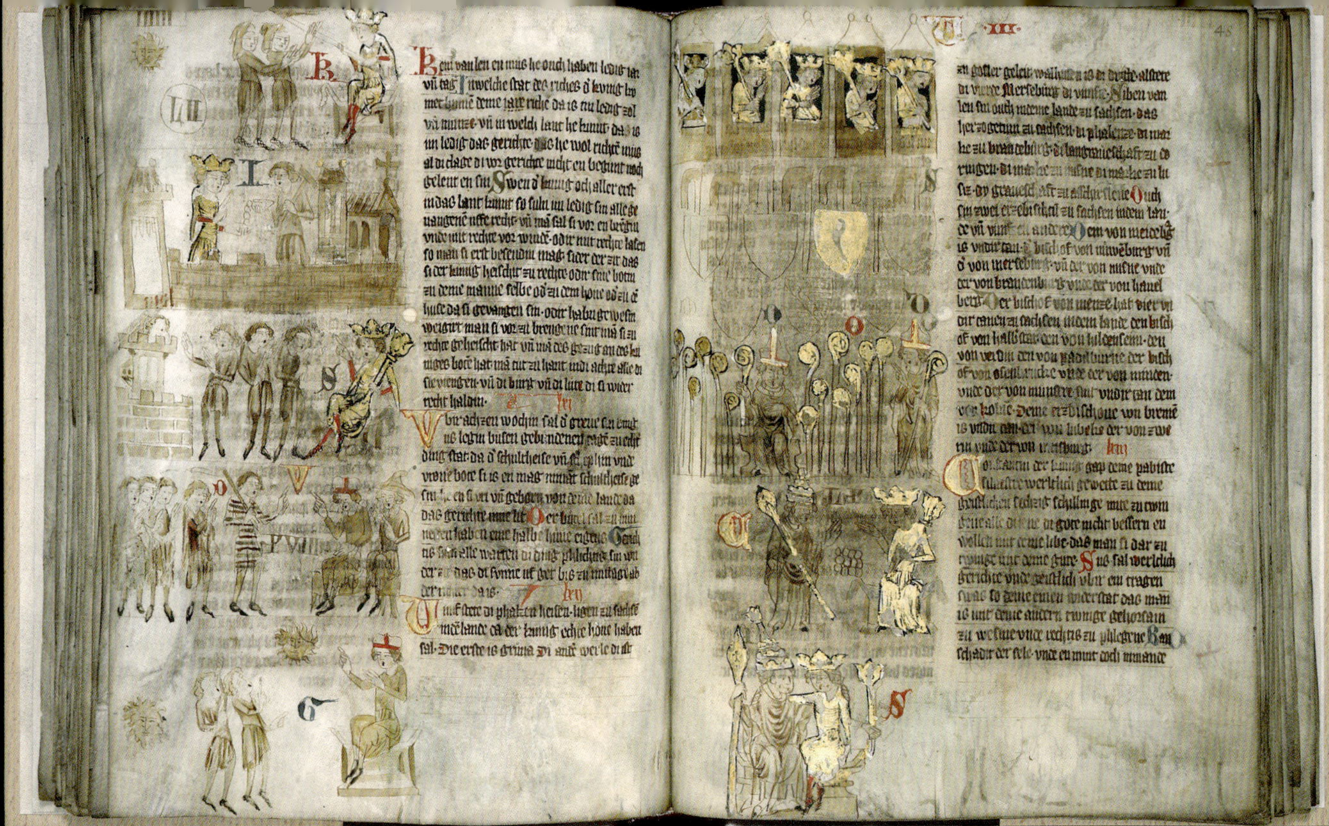

537

537
Eike von Repgow
Dresdner Bilderhandschrift des Sachsenspiegels
um 1350

Pergament, 2°, 92 Bl., Einband Buchenholz/Halbleder, 2000
Sächsische Landesbibliothek –
Staats- und Universitätsbibliothek Dresden,
Sign. Mscr. Dresd. M 32

Von den zahlreich überlieferten Texten des Sachsenspiegels ragen die vier Bilderhandschriften hervor, welche nach ihrem Aufbewahrungsort benannt werden (Dresdner, Heidelberger, Oldenburger, Wolfenbütteler Bilderhandschrift). Sie zeichnen sich durch die nahezu fortlaufende und farbige Illustration des Textes aus. Die Dresdner Bilderhandschrift wurde um 1350 im obersächsischen (wohl meißnischen) Raum angefertigt. Wenig später diente sie als Vorlage für die Herstellung der Wolfenbüttleler Bilderhandschrift. Sie weist mit 924 Bildstreifen und etwa 4000 menschlichen Figuren sowie dem üppig verwendeten Gold den reichhaltigsten und künstlerisch wertvollsten Bildschmuck auf.

Die Handschrift erscheint erstmals 1574 im Katalog der kurfürstlich-sächsischen Bibliothek. Zu dieser Zeit war der Sachsenspiegel geltendes Recht im Kurfürstentum Sachsen. Im Frühjahr 1945 erlitt sie enorme Beschädigungen durch Wassereinwirkung, was zum weitgehenden Verlust der Farben führte. Von 1990 bis 2000 erfolgte eine mühevolle und technisch aufwendige Restaurierung in der Herzog August Bibliothek Wolfenbüttel, welche die kulturgeschichtlich überaus wertvolle Handschrift der Wissenschaft wieder zugänglich machte. HL

Literatur:
Dresdner Sachsenspiegel 2002; Lück 2002.

537

538
Eike von Repgow
Oschatzer Sachsenspiegel
12. Juni 1382

Pergament, Gr. 2°, 151 Bl., 26,5 × 36 cm
Stadtarchiv Oschatz, ohne Inv.-Nr.

Der Sachsenspiegel (private Rechtsaufzeichnung) ist das bedeutendste deutsche Rechtsbuch des Mittelalters. Er wurde zwischen 1220 und 1235 von Eike von Repgow verfasst und (auf der Grundlage einer verloren gegangenen lateinischen Urfassung) in das Mittelniederdeutsche übersetzt. Der genaue Ort der Aufzeichnung ist nicht bekannt, doch wird er im östlichen Harzvorland zu suchen sein. Die zwei ältesten der etwa 470 erhaltenen Textzeugen stammen aus den letzten Jahren des 13. Jahrhunderts.

Das 14. Jahrhundert hat demgegenüber Sachsenspiegelhandschriften in großer Zahl hervorgebracht. Hierzu gehört der Oschatzer Sachsenspiegel, welcher 1382 wohl in Oschatz entstanden ist.

Der Codex enthält neben einem Sachsenspiegeltext (Vorreden, Landrecht, Lehnrecht, Register) das Magdeburger Dienstmannenrecht, die Cautela (ein prozessrechtliches Merkbuch), den Richtsteig des Landrechts (eine Zusammenstellung des Prozessrechts), die Magdeburger Weichbildchronik, Weichbildrecht, eine Willkür der Stadt Oschatz. Die Titelseite ist mit einer aufwendig ausgeführten Initiale gestaltet. Der weitere, in sehr schöner Textura ausgeführte Text weist durchgängig blaue und rote Initialen als Schmuckelemente auf. HL

Literatur:
Lieberwirth 1988; Oppitz 1990, Bd. II, Nr. 1196.

539
Conradus Lagus
Iuris utriusque traditio methodica
Frankfurt a. M.: Chr. Egenolph 1543

Martin-Luther-Universität Halle-Wittenberg, Universitäts- und Landesbibliothek Sachsen-Anhalt in Halle (Saale), Sign. Ka 1068, 4°
Hofbibliothek Aschaffenburg, Sign. C-540

Das Lehrbuch des Konrad Lagus entstand für den Unterricht über römisches Recht in der vom Autor in Wittenberg betriebenen Privatschule. Der Juristischen Fakultät Wittenberg gehörte Lagus zu keiner Zeit an. Dennoch gehört sein Werk im 16. Jahrhundert zu den juristischen Lehrbüchern von europäischem Rang. Er behandelt darin das Recht als historische, sich wandelnde Erscheinung und verbindet es mit Kenntnissen der Rechtsphilosophie – etwa zu Herkunft, Geltungskraft und System des Rechts. Das Werk erfreute sich bei Jurastudenten wie Rechtslehrern großer Beliebtheit, wovon mehrfache Auflagen zwischen 1543 und 1592 in Lyon, Löwen, Basel, Paris und Frankfurt a. M. zeugen. Es wurde auch an den Universitäten Leipzig und Wittenberg zur Ausbildung von Juristen für das Kurfürstentum Sachsen benutzt. HL

Literatur:
VD 16, L 113; Lück 2000, S. 308 f.

540
Eike von Repgow
Sachssenspigell vffs new durchaus corrgirt vnd restituirt
Leipzig: Melchior Lotter 1535

320 Bl., 32,5 × 20,5 cm, zeitgen. lederbezogener Pappeinband, geprägt
Martin-Luther-Universität Halle-Wittenberg, Universitäts- und Landesbibliothek Sachsen-Anhalt in Halle (Saale), Sign. Kg 638, 4°

Im Jahre 1474 erschien in Basel die erste Druckausgabe des Sachsenspiegels. Mit dem Buchdruck nahm die Verbreitung von Rechtstexten und wissenschaftlicher Rechtsliteratur einen enormen Aufschwung. Zu den populärsten Sachsenspiegelausgaben gehörte jene, die von dem Leipziger Rechtsprofessor Christoph Zobel besorgt wurde. Der Text war mit der Glosse, d. h. mit ausführlichen Bezugnahmen zum römischen Recht, versehen und berücksichtigte zudem die Rechtsprechung des Magdeburger und Leipziger Schöppenstuhls.
Der 1. Auflage von 1535 sollten viele Nachauflagen folgen. Über diese an der Rechtspraxis orientierten Sachsenspiegelausgabe verfügten viele Gerichtsherren in Sachsen (Landesherr, Adlige, Städte). HL

Literatur:
VD 16, D 744; Lück 1999 b, S. 29 ff.

541
Ofeneckkachel mit Darstellung eines Gerichtsdieners
um 1530

Haffnerarbeit, gelblicher Ton, farbige Engoben in weiß, blau, grün, ockergelb, farblose Bleiglasur, H. 18,5 cm, B. etwa 10 cm, T. 4,5 cm
Stiftung Moritzburg, Kunstmuseum des Landes Sachsen-Anhalt, Halle, Sammlung Kunsthandwerk, Inv.-Nr. Ke 232

Hinter einer Balustrade und von Säulen und einem Portalbogen umrahmt stehender und offenbar gespannt zuhörender Mann in einfacher blau-weißer Tracht der Zeit. Die Kachel stammt von einem Ofen aus den 1637 abgebrannten Festsälen der Moritzburg. Sie wurde bei Grabungsarbeiten in der Westruine 1955/1956 neben anderen Kacheln entdeckt und vermittelt mit ihrer plastischen Qualität und Farbigkeit einen Eindruck der ursprünglich reichen Ausstattung des »Festen Schlosses« Moritzburg. RGrü

Literatur:
Werner/Schade 1958, Nr. 219;
Gründig 1996, S. 88, Nr. 2.31.

542
Des allerdurchläuchtigsten großmächtigsten und unüberwindlichsten Kaiser Karl V. und des Heiligen Römischen reiches Gerichtsordnung
Mainz: Johann Schöffer 1533

Herzog August Bibliothek, Wolfenbüttel, Sign. L 1303.2° Helmst. (3)

Im Jahre 1532 wurde vom Reichstag die erste Reichsstrafprozessordnung mit eingebautem Strafgesetzbuch verabschiedet. Nach Kaiser Karl V. erhielt sie ihren Namen: Constitutio Criminalis Carolina. Als maßgeblicher Verfasser des Entwurfs gilt (mit gewissen Zweifeln der jüngeren Forschung) der bambergische Hofmeister Johann von Schwarzenberg.
Mit ihrer Einführung gestalteten sich der Strafprozess, das Beweisverfahren als Teil desselben und das Strafensystem grundlegend um. An die Stelle der althergebrachten Sühneverträge und Bußgelder traten (für den Gerichtsherrn äußerst kostspielige) Todes-, Körper- und Ehrenstrafen (peinliche Strafen). Kursachsen und andere Territorien des sächsischen Rechts hatten bereits 1530 dieses Reichsgesetz abgelehnt. Tatsächlich fand es erst im Laufe des letzten Viertels des 16. Jahrhunderts Eingang in die kursächsische Rechtspraxis. HL

Literatur:
VD 16, D. 1071; Lück 1999 a;
Rüping/Jerouschek 2002, S. 43–51.

Das Landesherrliche Kirchenregiment

Landesfürsten und städtische Magistrate ermöglichten die Konstituierung evangelischen Kirchenwesens. Der reformatorische Aufbruch in Theologie und Frömmigkeit verlangte die persönliche Entscheidung auch von den Inhabern herrschaftlicher Gewalt. Sie schwankte zwischen entschiedener Ablehnung, wohlwollender Förderung, aktiver Unterstützung und Gewährenlassen. Nach den Erfahrungen im Bauernkrieg wuchs bei den Wittenberger Reformatoren die Überzeugung, dass die weltliche Gewalt nicht nur das Recht, sondern auch die Pflicht habe, durch Ordnungen evangelische Predigt und reformatorischen Gottesdienst zu ermöglichen, für Kirchen, Schulen und Pfarrhäuser zu sorgen, den Unterhalt der Geistlichen und Lehrer zu gewährleisten und ein System der Sozialfürsorge aufzubauen. Die Theologen gingen von einer Notsituation nach dem Zusammenbruch der mittelalterlichen Bistumsstruktur aus.

Als Christen hatten die Landesherrn für die Christen in ihren Territorien zu sorgen. Dass diese Fürsorge für die rechte Lehre sich mit anderen Herrschaftsrechten verband, die Kirchenhoheit schließlich Teil der Landeshoheit wurde und sich damit ein territorial ausgerichtetes landesherrliches Kirchenregiment entwickelte, waren nur Folgeerscheinungen und Ergebnisse einer bis in das Spätmittelalter zurückreichenden Praxis. Ausgangspunkt war die obrigkeitliche Verantwortung für das Seelenheil der Bewohner und das Wohl des Landes, das ein »funktionierendes« Kirchenwesen voraussetzte. Neben der Einflussnahme durch Schutz- und Besetzungsrechte, der Klostervisitation sowie der Unterstützung von Kloster- und Ordensreformen stand das Bemühen, die geistliche Gerichtsbarkeit zurückzudrängen.

Dieses Handeln setzt sich im 16. Jahrhundert fort, erreichte aber eine neue Dimension. Die Eigenständigkeit des geistlichen Bereichs und die Bindungen an außerterritoriale Organisationsstrukturen wurden beseitigt. Es entstanden die Landeskirchen. Kirchenordnungen wurden erlassen, Superintendenten eingesetzt und Konsistorien gebildet. Der Augsburger Religionsfrieden (1555) bestätigte diese Entwicklung und das landesherrliche Kirchenregiment in protestantischen Territorien, zu dessen Ausformung und Bewahrung die mit der Reformation intensivierte Verbindung reformatorischen Glaubens und weltlicher Macht entscheidend beitrug.

Günther Wartenberg

543

543
Lucas Cranach d. J.
Kurfürst Moritz von Sachsen
unten links dat. und sign. 1578

beschriftet oben rechts:
»MAVRITIVS CHVRFVRST ZV SACHSEN . 1547«
Öl auf Leinwand, 113,5 × 92 cm
Stadtmuseum Meißen,
Inv.-Nr. 2613

Kurfürst Moritz ist in Dreiviertelfigur leicht nach links gewandt in seiner »gewöhnlichen alltäglichen« Kleidung dargestellt, wie es in einem Schreiben Kurfürst Augusts von 1578 heißt. Tatsächlich handelt es sich um ein Prunkkleid der spanischen Hofmode. Moritz trägt einen über die Schulter gelegten Rock von schwarzem Seidensamt mit Zobelfutter, Wams und Hose von geschlitztem rotem Seidenatlas mit Goldborte und Goldknöpfen, einen rot bestickten weißen Eckkragen und zarte weiße Ärmelrüschen sowie ein schwarzes Barett, das wie der Rock mit goldenen Rosetten und Stiften ausstaffiert ist. Als weitere fürstliche Statussymbole sind dem Kurfürsten eine dreifach gewundene dicke goldene Gliederkette angelegt, Handschuhe in die Rechte gegeben und ein der Qualität des Kragens entsprechendes Schnupftuch über den Gürtel gezogen.
Das Kostüm des Kurfürsten entspricht weitgehend den im Kleider-Nachlass-Inventar von 1553 aufgeführten Kleidungsstücken. Vermutlich konnte Cranach sich die Kleidungsstücke ansehen oder ihm lagen Zeichnungen von diesen vor. So hat Cranach auch in seiner Werkstatt vorhandene Porträtstudien für das postume Bildnis verwendet.
Vermutlich stellt das Porträt Moritz' das Gegenstück zu demjenigen von Herzog Johann Friedrich dem Großmütigen dar (Kat.-Nr. 544) und gehört zu den vier von Kurfürst August 1578 bei Lucas Cranach d. J. bestellten Porträts (vgl. Kat.-Nr. 383, 384, 544). JB, AD

Literatur:
Sponsel 1906, S. 33 f.; Schade 1961, S. 42 – 48; Bach/Decker 1973; Schade 1974, S. 102, 104 f., 451; Bach 1979; Blaschke 1983; Bäumel 1993 a, S. 83 f.; Menzhausen 1997; Herrmann 2003.

544
Lucas Cranach d. J.
Johann Friedrich der Großmütige
unten rechts dat. und sign. 1578

beschriftet oben links: »JOHANN FRIEDERICVS CHVRFVRST ZV SACHSEN 1547«
Öl auf Leinwand, 110,5 × 92 cm
Museum Weißenfels – Schloss Neu-Augustusburg, Inv.-Nr. V-75-K1

Das Porträt Johann Friedrichs des Großmütigen, in Dreiviertelfigur leicht nach rechts gewandt, gehört vermutlich zu den von Kurfürst August bei Lucas Cranach d. J. 1578 bestellten vier Bildnissen der wettinischen Vettern (vgl. Kat.-Nr. 383, 384, 543). Es ist als Gegenstück zu demjenigen von Kurfürst Moritz (Kat.-Nr. 543) in »gewöhnlicher alltäglicher« Kleidung zu betrachten. Ähnlich wie dieser trägt Johann Friedrich eine fürstliche Prunkkleidung, jedoch in Schwarz mit weißer Halskrause und weißen Armrüschen.
Im Gegensatz zu den drei anderen Bildnissen des kurfürstlichen Auftrages wechselte das Weißenfelser häufiger seinen Standort: Bis 1815 befand es sich im Schloss Pretzsch, kam nach dem Weimarer Kongress in das Berliner Schloss und ist um 1880 im Celler Schloss nachgewiesen. Im August 1944 verkaufte der Celler Oberbürgermeister das Porträt Johann Friedrichs zusammen mit 32 vorwiegend sächsischen Bildnissen an das Museum Weißenfels. AD

Literatur:
Bach/Decker 1973; Schade 1974, S. 104 f., 451, 466; Bach 1979.

545
Lucas Cranach, Werkstatt
Christus von Reformatoren und Reformationsfürsten umgeben
o. J.

Holzschnitt, 36,8 × 29,2 cm
Stiftung Weimarer Klassik und Kunstsammlungen, Inv.-Nr. DK 56/96

Durch die gesamte Reformationszeit war die Nachfrage nach Bildnissen der Reformatoren und ihren Fürsten groß. Der hier gezeigte Sammelbogen vereint eine Serie von Fürstenbildnissen mit denen Martin Luthers, Johannes Bugenhagens (Pommeranus) und Philipp Melanchthons. Alle Dargestellten sind durch Nennung des Namens und ihrer Titel identifizierbar. Beigegeben ist der Folge eine Darstellung Christi als Weltenherrscher, mit dem ersten Gebot als Überschrift. Daraus, dass

544

diese Darstellung nicht das Zentrum des Blattes beherrscht, sondern seltsam rechts oben an den Rand gerückt ist, kann man schließen, dass dieser Bogen dazu gedacht war, auseinander geschnitten zu werden. EK

546
Kurfürst Johann von Sachsen
Instruktionen zur Kirchen- und Schulvisitation
Torgau, Juni 1527

16 Bl., 3 × 2,17 cm
Thüringisches Hauptstaatsarchiv Weimar, Sign. EGA, Reg. Ii, Nr. 191

Die kursächsische Visitationsinstruktion, die am 16. Juni 1527 in Torgau von Kurfürst Johann von Sachsen verabschiedet worden ist, gilt als »Meilenstein« im ernestinischen Visitationswerk. In der Instruktion wurden Erfahrungen und Überlegungen zu evangelischer Kirchenvisitation und kirchlicher Neuordnung umfassend dargelegt. Die Visitatoren besaßen somit Richtlinien zu Superintendentenamt, Pfarramt, Gottesdienst, Schule und Gemeinde. Die Instruktion bildete die Grundlage für weitere Visitationen in Kursachsen und in anderen Territorien. HJ

Edition:
Sehling 1902, S. 35 f., 142 – 148, Nr. 1; MBW, S. 80 – 94, Nr. 558.
Literatur: Burkhardt 1879.

Von Gots Gnaden Johans
Feiderich Hertzog zu Sachssen / des Hei-
ligen Römischen Reichs Ertzmarschalck /
vnd Chürfürst/Landtgraff yn Düringen/
Marggraff zu Meissen.
Von Gots Gnaden Friderich
Hertzog zu Sachssen / des Heiligen Rö-
mischen Reichs Ertzmarschalck vnd Chür-
fürst/Landtgraff/yn Düringen/vnd Marg
graff zu Meissen.
Ich der Herr bin ein Gott al-
les fleisches/solt mir etwas vn-
müglich sein/Hiereime.xxxij.
Von Gots gnaden Moritz Her-
tzog zu Sachssen Landtgraff yn Dürin-
gen vnd Marggraff/zu Meissen.
Von Gots gnaden Philippus
Landtgraff zu Hessen Graff zu Katzenell
bogen/Dytz/Zygenheim vnd Nyda.
Von Gots gnaden Wolffgang
Furst zu Anhalt Graff zu Ascanien vnd
Herr zu Berneborgk.
D. Martinus Luther.
Doctor Pommer.
Philippus Melancton.

545

547
Torgau, Ordnung der ersten Visitation
1529

Stadtarchiv Torgau,
Sign. Gotteskastenangelegenheiten 2613

In der ersten kursächsischen Kirchenvisitation 1528/29 galten Visitationsinstruktion (1527) und Unterricht der Visitatoren (1528) als grundlegende Ordnungen. Darüber hinaus war es nötig, für die Städte spezielle Kirchen- und Gottesdienstordnungen aufzustellen. Für Torgau wurde am 26. April 1529 von den Visitatoren – unter ihnen die Wittenberger Reformatoren Martin Luther und Justus Jonas – eine Ordnung verabschiedet, welche die personelle Besetzung der Torgauer Kirchen und Schulen, die Wochen- und Sonntagsgottesdienste und den Katechismusunterricht regelte sowie Aufgaben und Pflichten der Pfarrer, Prediger und Lehrer benannte. Dem schließen sich Festlegungen für Schulen, Hospitäler und für den Gemeinen Kasten an. Die Torgauer Ordnung wurde in der Visitation auch für andere kursächsische Städte, u. a. für Grimma und Leisnig, verwendet. HJ

Edition:
Sehling 1902, S. 674–680, Nr. 152; Pallas 1911, S. 3–12.

548
Nachrichten über Torgauer Geistliche. Auszüge über die hier gehaltenen Kirchenvisitationen
1529–1736

Stadtarchiv Torgau,
Sign. Rel.- und Kirchensachen 2553

Der Aktenband beinhaltet Berichte über die kirchlichen Verhältnisse in Torgau von der Zeit der Wittenberger Reformation bis in das 18. Jahrhundert. Darin befinden sich u. a. die Torgauer Visitationsordnung von 1529, Berichte der Kirchenvisitationen von 1529 und 1534 sowie Nachrichten über den ersten evangelischen Prediger und Superintendenten in Torgau, Gabriel Zwilling, und über weitere Geistliche der Stadt. HJ

Literatur:
Wartenberg 1996 b, S. 60–69, Ill.

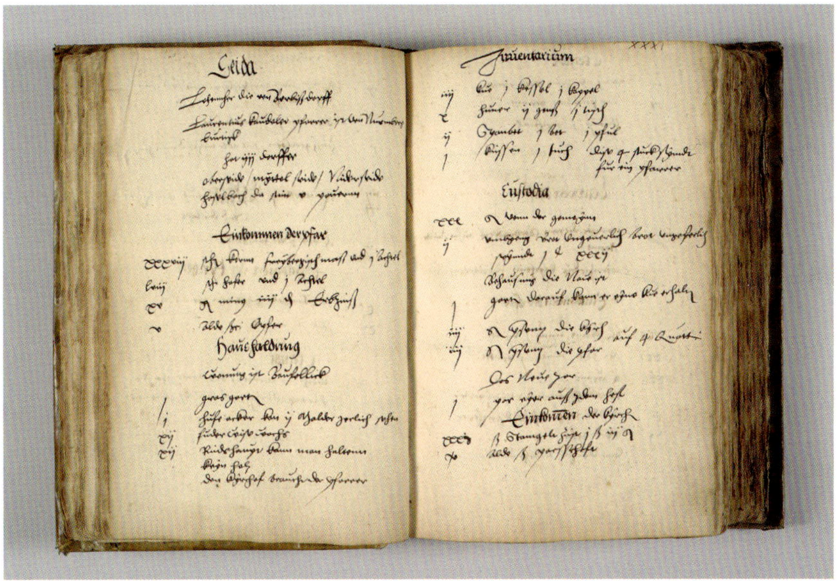

550

549
Philipp Melanchthon
Vnterricht der Visitatorn an die Pfarhern ym Kurfurstenthum zu Sachssen
Wittenberg: Schirlentz 1528

20 × 15 × 0,7 cm (mit Einband)
Bayerische Staatsbibliothek München,
Sign. Res/4 Th.u. 103, XXXII, 10

Der »Unterricht der Visitatoren« ging ursprünglich aus dem ernestinischen Visitationswerk hervor. Neben der Visitationsinstruktion von 1527 stellte diese Ordnung eine Zusammenfassung der evangelischen Lehre und kirchlichen Praxis dar, die den Geistlichen und Pfarrern als theologische Richtschnur dienen sollte. Die von Philipp Melanchthon zusammengestellten »Articuli de quibus egerunt per Visitatores in regione Saxoniae« bildeten eine wichtige Vorstufe für den »Unterricht der Visitatoren«. An der endgültigen Erarbeitung des Textes waren Martin Luther, Johannes Bugenhagen und Georg Spalatin maßgeblich beteiligt. Die offizielle Fassung wurde im März 1528 veröffentlicht.
Herzog Heinrich ließ bereits für die Einführung der Reformation im Freiberger Gebiet 1537 den »Unterricht der Visitatoren« nachdrucken. Die Kritik des Theologen Jakob Schenk am Abendmahlsartikel, nach dem die Spendung des Sakraments auch in einer Gestalt möglich war, berücksichtigte man in dieser Ausgabe. Die überarbeitete Form von 1537 wurde auch für die Einführung der Reformation im sächsischen Herzogtum verwendet. 1539 erschien dafür ein weiterer Nachdruck. HJ

Literatur:
VD 16, M 2600; Wartenberg 1996 a, S. 402–462.

550
Matricul undt Abschiede der Superintendentz S Annabergk Anno 1539 und 1555
Visitationsprotokolle Annaberg 1539–1578

Papier, 32,2 × 21,8 cm, 432 Bl.
Deutsches Historisches Museum, Berlin,
Inv.-Nr. Do 91/113

Visitationen waren seit jeher das wichtigste Hilfsmittel der Bischöfe, um das Leben in ihrem Sprengel zu beaufsichtigen. Der Bischof »besuchte« die Pfarrei, erkundete die wirtschaftlichen und rechtlichen Verhältnisse und suchte Missstände zu beheben.
Dieses alte, weithin aus der Übung gekommene Instrument der Kirchenregierung wurde in der Reformation neu belebt. Nun ging es um den Aufbau des Kirchenwesens ohne Bischöfe. Staatliche Kommissionen aus Beamten und Theologen übernahmen die Aufgabe, die Zustände am Ort zu ermitteln und im reformatorischen Sinn zu verbessern. Oft wurden Pfarrer, die ungenügende Kenntnisse zeigten oder weiter am alten Glauben festhielten, aus dem Amt entlassen.
Die Vermögenswerte gelangten in den »Gemeinen Kasten«, dessen Inhalt zur Armenfürsorge sowie zum Unterhalt von Pfarrern und Lehrern genutzt wurde. Die früheste dieser Visitationen neuer Art fand 1528 im ernestinischen Sachsen statt. Nach 1539 wurde das Verfahren auch im albertischen Teil des Landes durchgeführt. Der gezeigte Band enthält die Visitationsprotokolle aus dem Bereich der neuen Superintendentur Annaberg. CH

Literatur:
Moeller 1999, S. 116 ff.; LMA, Bd. VIII, Sp. 1748 ff.

551

551
Martin Luther
Ursach und anttwortt das jungkfrawe Kloster gotlich verlassen mugen
Wittenberg: [Cranach und Döring] 1523

20 × 15 × 1 cm
Marienbibliothek Halle, Sign. C IV.22 Q (2)
[Augsburg: Heinrich Steiner] 1523
4°, [6] Bl.
Stiftung Luthergedenkstätten
in Sachsen-Anhalt, Sign. Ag 4° 198 Lambda

In Form eines offenen Briefes an den Torgauer Ratsherrn und Kaufmann Leonhard Koppe gab Luther mit dieser Schrift Rechenschaft, warum ebenso wie die Mönche auch Nonnen mit gutem Gewissen ihre Klöster verlassen dürften. Schon auf der Wartburg 1521 hatte Luther mit einer großen Schrift belegt, dass das Leben im Orden mit seinen Gelübden von Armut, Keuschheit und Gehorsam gegen das göttliche Gebot sei. Allerdings geschah die Auflösung der Frauenklöster viel langsamer, da es für die Nonnen schwierig war, einen neuen Platz in der Gesellschaft zu finden.
Mit Wissen Luthers hatte Leonhard Koppe in der Osternacht 1523 neun Nonnen aus dem Zisterzienserkloster Nimbschen bei Grimma entführt und sie auf seinem Planwagen über Torgau nach Wittenberg gebracht. Unter ihnen befand sich auch die, die Luther 1525 heiraten sollte. Luther betont in seiner Schrift die Rechtmäßigkeit des Vorgehens, auch wenn nach den gültigen Reichsgesetzen auf Nonnenraub die Todesstrafe stand. Der Fall erregte großes öffentliches Aufsehen und fand einige Nachahmer. Allerdings betonte Luther später, dass genauso niemand zum Verlassen der Klöster gezwungen werden könne. Für ihn blieb es eine Frage der Gewissensfreiheit. MT

Literatur:
VD 16, L 6882; Benzing 1966, 1565; WA 11, 389 E; Köhler 1991, S. 2949; Treu 1999, S. 11–22.

552
Martin Luther
Deudsch Katechismus
(Der große Katechismus)
Wittenberg: Georg Rhau 1529

4°, 94 Bl.
Deutsches Historisches Museum, Berlin, Sign. R57/8137
Stadtbibliothek Worms, Sign. LB 256

Der hier gezeigte so genannte »Große Katechismus« Luthers erschien im Frühjahr 1529, als Zusammenfassung langjähriger Bemühungen des Reformators um die Vermittlung der elementaren Texte des christlichen Glaubens. In der Vorrede bezeichnet der Verfasser den Inhalt dieses Buches als »ein kinderlere, so ein yglicher Christ zur not [notwendigerweise] wissen sol«.
Es war – in Ergänzung des gleichzeitig erarbeiteten und veröffentlichten »Kleinen« Katechismus, der als Lernbuch gestaltet war – dazu bestimmt, eine Unterrichtsvorlage für Pfarrer und Lehrer, auch Hausväter, zur Unterweisung und Predigt zu bieten. Fünf »Hauptstücke« – Zehn Gebote, Glaubensbekenntnis, Vaterunser, Taufe und Abendmahl mit Beichte – werden behandelt und in z.T. denkwürdigen Texten ausgelegt.
Der Erfolg der beiden Katechismen war enorm. Sie wurden in den folgenden Jahrzehnten und Jahrhunderten bis in unsere Gegenwart zu Grundbüchern der Glaubenslehre im Protestantismus und prägten die religiöse Kultur maßgeblich. BM

Literatur:
VD 16, L 4339; Benzing 1966, Nr. 2548;
WA 30/1, S. 123–238 (Text); 426–536 (Einf.);
Brecht 1981–87, Bd. II, S. 269–273.

552

553
Martin Luther, Caspar Cruziger
Ordinationszeugnis für Matthias Roth aus Lindau
Wittenberg, 18. April 1540

Originaldruck des lateinischen Formulars des Wittenberger Ordinationszeugnisses, 25,5 × 21 cm
Stadtarchiv Lindau, Sign. Urkunden Nr. 186 a

Zeichen des Aufbaus einer neuen kirchlichen Ordnung ist die Einführung der Ordination. Zwar entsprach diese obrigkeitliche Beglaubigung nicht dem Ideal gemeindlichen Lebens, das Luther vorschwebte. Johann Friedrich war jedoch der Auffassung, dass diese zur Vermeidung von Sektierertum unabdingbar sei. Die Gemeinde Bitterfeld hatte Matthias Roth aus Lindau als Pfarrer berufen und um seine Ordination gebeten. Der lateinische Standardtext des Ordinationszeugnisses bestätigt, dass an seinem Lebenswandel nichts auszusetzen sei und eine Prüfung ergeben habe, dass seine Lehre mit der der allgemeinen Kirche und der zu Wittenberg übereinstimmte. Daher werde ihm die Ordination erteilt und ihm das Amt der Predigt und Sakramentsverwaltung anvertraut. Mit der Institution der Ordination wurde also wieder ein geistlicher Berufsstand geschaffen. Dessen Aufgabe war jedoch nicht mehr das Messopfer als Zentrum priesterlichen Handelns, sondern die Auslegung der Heiligen Schrift, die Sakramentsverwaltung, die Seelsorge und die Kirchenzucht. EK

Literatur:
Lohse 1976, S. 11–18; Martin Luther und die Reformation in Deutschland 1983, Nr. 555.

554

554
Lucas Cranach d. J.
Gegenüberstellung der rechten und der falschen Kirche
um 1546

Holzschnitt, 27,8 × 38,8 cm
Kupferstich-Kabinett, Staatliche Kunstsammlungen Dresden, Inv.-Nr. A 6628

Der Holzschnitt, der wie ein gerahmtes Bild erscheint, das oben mit Blattvoluten verziert ist, geht vermutlich auf ein Epitaphgemälde des 1546 verstorbenen Martin Luther zurück, das sich ehemals in der Wittenberger Schlosskirche befunden hat und 1760 bei der Zerstörung der Kirche vernichtet wurde. In der Mitte der Volutenbekrönung hält ein geflügelter Putto das kursächsische Wappen Johann Friedrichs des Gutmütigen.

Dargestellt ist ein imaginärer Kirchenraum, in dessen Mitte sich eine reich verzierte Kanzel mit dem predigenden Luther befindet. Der Reformator weist mit der Rechten auf den gekreuzigten Christus an der Wand, unter dem das Lamm mit der Siegesfahne auf dem einfachen protestantischen Altartisch steht. Dort befinden sich auch auf einem Tuch links die Hostien und rechts die Weinkanne zur Reichung des Abendmahls an eine Gruppe Frauen auf der linken und an eine Gruppe Männer auf der rechten Seite des Tisches. Der predigende Luther deutet mit seiner herabgesenkten linken Hand gleichzeitig auf einen riesigen Höllenschlund am rechten Bildrand hin, in dem sich die Vertreter der katholischen Kirche befinden. Sie werden von zahlreichen teuflischen Gestalten attackiert und verkörpern im Gegensatz zur wahren, rechten Kirche auf der linken Seite die verderbliche falsche. AD

Literatur:
Schade 1974, S. 90 f.; Kunst der Reformationszeit 1983, S. 420 f., Kat.-Nr. F 41; Schulze 2004, S. 33 ff.

555
Georg Pencz, Hans Sachs
Inhalt zweyerley predigt yede ingemein in einer kurtzen summ begriffen
[Nürnberg: Johann Petrejus] 1529

Holzschnitt, koloriert, 302 × 407 mm
Albertina, Wien, Inv.-Nr. DG1961/70

Wie zwei Disputanten gegenüber gestellt predigen in diesem Blatt links ein lutherischer Prediger, rechts ein Mönch. Durch die Teilung in zwei Bildfelder ist auch die Gemeinde in zwei Gruppen geteilt. Links wird aufmerksam dem Wort Gottes gelauscht, unter der Kanzel sitzen sogar einige Frauen, die mit der Bibel im Schoß den Auslegungen des Predigers folgen. Rechts dagegen widmen viele Gemeindeglieder ihren Rosenkränzen mehr Aufmerksamkeit als dem Mönch auf seiner reich geschmückten Kanzel. Direkt neben der Mittelsäule ist ein bärtiger Mann zu sehen, der mit Blick zum Betrachter und ausgebreiteten Armen auf beide Kanzeln weist. Die Art der Darstellung macht deutlich, dass es hier nicht um einen neutralen Vergleich der beiden Gottesdienstformen geht, wie der Titel des Blattes nahe legt, sondern um unverhüllte Polemik gegen das Mönchstum und die Römische Kirche. EK

Literatur:
Hollstein XXXI, Nr. 31, 145; Geisberg/Strauss 1974, Bd. II, 953; Geisberg 1923–30, 997; Meuche/Neumeister 1976, S. 39, 117 f., Taf. 14; Scribner 1981, S. 196 f., Abb. 163; Martin Luther und die Reformation in Deutschland 1983, Nr. 306.

556

556
Andreas Bodenstein gen. Karlstadt
Weliche biecher biblisch seind
[Wittenberg: Melchior Lotter] 1520

4°, [12] Bl.
Deutsches Historisches Museum, Berlin, Sign. R 53/524
Stiftung Luthergedenkstätten in Sachsen-Anhalt, Sign. Kn A 170/1001

Andreas Bodenstein, nach seinem Heimatort Karlstadt genannt, gehörte bis 1522 zu den einflussreichsten Führern der reformatorischen Bewegung in Wittenberg. Nur Luther übertraf ihn in der Anzahl und Auflagenzahl seiner Schriften. Einigkeit herrschte über die grundlegende Bedeutung der Heiligen Schrift, von der aus die kirchlichen Lehren der Gegenwart zu beurteilen und notfalls zu kritisieren waren. Dabei bestand allerdings die Frage, welchen Büchern innerhalb der über Jahrhunderte gewachsenen Bibel besondere Autorität zukäme.
Interessanterweise verweist Karlstadt schon in seiner Einleitung darauf, er habe gehört, dass nun neue und deutsche Bibeln gedruckt würden. Bekanntlich erschien Luthers Übersetzung des Neuen Testaments erst im September 1522. Konkret ging es um die Frage der so genannten Apokryphen, Bücher des alten Testaments, die nicht in der hebräischen, wohl aber in der lateinischen Bibel enthalten waren. Karlstadt plädiert hier für äußerste Zurückhaltung in der Verwendung. Auch im Neuen Testament sieht er eine deutliche Rangordnung zwischen den Evangelien und Briefen des Paulus und den so genannten katholischen Briefen und der Offenbarung. Ähnlich wie Luther nach ihm liegt für Karlstadt der Rang eines biblischen Buches darin, inwieweit es auf Christus zentriert ist. MT

Literatur:
VD 16, B 6259; Freys/Barge 1965, S. 46; Köhler 1991, S. 1967.

557
Gabriel Zwilling
deutscher Brief an: Johann Friedrich Kurfürst von Sachsen
[Torgau 1540]

8°, 1 Bl., Wachssiegel, Wasserzeichen
Stiftung Luthergedenkstätten in Sachsen-Anhalt, Sign. I2/409

Gabriel Zwilling, gräzisiert Didymus, gehörte mit Andreas Karlstadt und Philipp Melanchthon zu den Führern der Wittenberger Bewegung, die während Luthers Abwesenheit auf der Wartburg 1521/22 die Reformation vorantrieben. Schon 1519 hatte er in Jüterbogk zusammen mit dem Lutherschüler Thomas Müntzer das neue Evangelium verkündet.
Anders als Karlstadt erkannte Zwilling Luthers Vorrangstellung nach seiner Rückkehr 1522 an und wurde von ihm als Stadtpfarrer nach Torgau entsandt. Allerdings sah sich die Stadt nicht in der Lage, ihrem neuen Geistlichen kostenlos ein Pfarrhaus zur Verfügung zu stellen. Erst 1537 bot die Stadt ihm ein Gebäude zum Kauf an, jedoch vermochte Zwilling die geforderten 200 Gulden nicht aufzubringen. Deswegen wandte er sich an den Kurfürsten, der auch half. Der ausgestellte Brief berichtet von einer weiteren Bitte Zwillings drei Jahre später, »weil der baw viel mehr gestehet (kostet), denn er mir angeschlagen ist.«
Mit Aufhebung des Zölibats bestand die reale Gefahr der ständigen Verringerung des Kirchenvermögens, da die evangelischen Geistlichen nun im Wege der Erbschaft ihre Nachkommen versorgen mussten. Gleichzeitig konnten die Städte kein Interesse haben, die Anzahl von kirchlichen, also steuerfreien Gebäuden in ihren Mauern zu mehren. Im Ergebnis musste der Stadtpfarrer denn auch den regulären Schoß entrichten: Aus Klerikern wurden so Bürger. MT

Literatur: Treu 1995, S. 39–42.

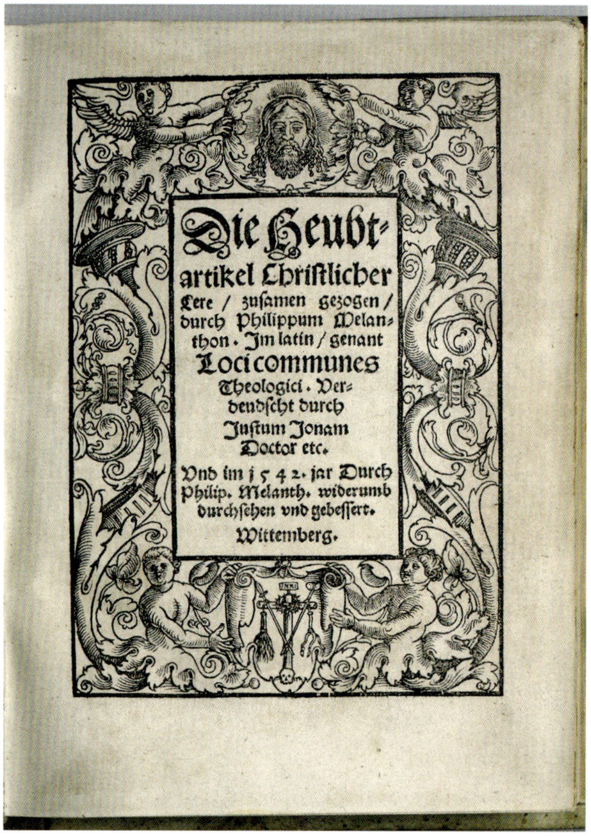
Die Heubt-
artikel Christlicher
Lere / zusamen gezogen /
durch Philippum Melan-
thon. Im latin / genant
Loci communes
Theologici. Ver-
deudscht durch
Justum Jonam
Doctor etc.
Vnd im 1542. jar Durch
Philip. Melanth. widerumb
durchsehen vnd gebessert.
Wittemberg.

558

Ordenũg eyns gemey-
nen kastens.
Radschlag wie die gey-
stlichen gutter zu han-
deln sind.
Martinus Luther.
M.D.xxiij.

559

558
Philipp Melanchthon
Die Heubtartikel Christlicher Lere
Wittenberg: Veit Creutzer 1542

21 × 16,4 cm
Marienbibliothek Halle, Sign. S 1.18

559
Martin Luther
Ordenung eyns gemeynen kastens. Radschlag wie die geystlichen gutter zu handeln sind
Wittenberg: Cranach und Döring 1523

4°, 16 Bl.
Germanisches Nationalmuseum, Nürnberg, Sign. 8° Rl. 2049 p (Postinc.)
Deutsches Historisches Museum, Berlin, Inv.-Nr. R 55/3121

Im kursächsischen Leisnig war im Sommer 1522 in heftiger Auseinandersetzung mit dem Zisterzienserkloster Buch die Reformation eingeführt worden. Dabei ging es neben den Berufungsrechten für den Pfarrer auch um das Kircheneigentum. Die Gemeinde wandte sich Rat suchend an Luther und arbeitete nach dem Vorbild Wittenbergs eine »Kastenordnung« aus. Im »Gemeinen Kasten« sollten Einnahmen aus Kirchengütern gesammelt und für die Besoldung kirchlicher und städtischer Bediensteter sowie für die Versorgung von Alten, Kranken und Waisen verwendet werden. Die Ordnung wurde Luther im Januar 1523 vorgelegt. Er hieß sie gut und versah sie mit einer Vorrede, die die Leisniger Maßnahmen verallgemeinerte. Den Obrigkeiten wurde auferlegt, die Klöster aufzuheben oder langsam aussterben zu lassen und das Klostergut für die Allgemeinheit zu nutzen. Beides, Ordnung und Vorrede, gab Luther selbst in Druck. Es sind acht Nachdrucke bekannt. AL

Literatur:
Laube 1983, Bd. II, S. 1051 ff; WA 12, S. 11 ff.;
Brendler 1983, S. 298 f.

560

560
Lucas Cranach d. Ä.
Die Zerbster Cranachbibel, Bd. II
Wittenberg: Hans Lufft 1541

Pergament, Blattgold, 40,5 × 27,5 × 20 cm
Museum der Stadt Zerbst,
Sammlung Katharina II., Inv.-Nr. So 546 b

Nachdem 1534 in Wittenberg bei Hans Lufft die erste vollständige Bibelübersetzung Luthers erschien, ließen auch die Fürsten von Anhalt dort Bibeln drucken. 1541 beauftragten sie die Werkstatt von Lufft, einzelne Exemplare als repräsentative Ausgaben auf Pergament zu drucken. Die Holzschnitte wurden in der Werkstatt von Lucas Cranach koloriert und aufwendig mit Blattgold ausgestaltet. Diese Gesamtbibelausgabe umfasst drei Bände. Vermutlich kam sie durch Erbgang in den Besitz des Rates der Stadt Zerbst. Dass sie wie eine Kostbarkeit behandelt wurde, zeigen u. a. handschriftliche Einträge von Melanchthon oder Bugenhagen. HJF

561
Philipp Melanchthon
Lazari Klage fur des Reichen thu(e)r das ist wie die armen Pfarher die Kirchen vnd Schuelen ir not vnd elend klagen vnd beweinen
Wittenberg: (Josef Klug) 1541

4°, [18] Bl.
Übersetzung Justus Jonas
Stiftung Luthergedenkstätten in Sachsen-Anhalt, Sign. Ag 4° 310 q

Nach 1525 verlangsamte sich der Siegeslauf der Reformation. Besonders aus den Bischofssitzen und Kollegiatstiften erhob sich zäher und hinhaltender Widerstand. Die Hoffnung auf ein Konzil innerhalb Deutschlands mit der Errichtung einer Reichskirche erfüllte sich nicht. Justus Jonas, der als Übersetzer lateinischer Schriften Luthers und Melanchthons bekannt geworden war, nahm sich 1541 eine Universitätsdeklamation Melanchthons vor, um sie polemisch gegen den antireformatorischen Widerstand des Naumburger Stiftes zu verwenden.

In einer Auslegung des Gleichnisses vom reichen Mann und dem armen Lazarus war Melanchthon zu dem Ergebnis gekommen, dass es Sache der weltlichen Obrigkeit sei, den Widerstand des geistlichen Kirchenregiments zu brechen. In deutlichem Unterschied zu Luther verfocht Melanchthon und mit ihm Jonas die Auffassung, dass die materielle Basis dem Klerus notfalls auch mit Gewalt entzogen werden müsse, da die kirchlichen Güter für den Unterhalt der einfachen Pfarrer und der Schulen bestimmt wären.
Obwohl das landesherrliche Kirchenregiment zumindest in Sachsen weit fortgeschritten war, erwies sich die Einsetzung eines lutherischen Bischofs in Naumburg, nämlich des alten Lutherfreundes Nikolaus von Amsdorf, wenige Jahre später als Fehlschlag. Das Domkapitel entschied sich für einen altgläubigen Gegenkandidaten, das Modell eines evangelischen Bischofsamtes war gescheitert. MT

Literatur:
VD 16, M 4111; Koehn 1985, 105.

562
Martin Luther
Vermanung an die Pfarrher inn der Superattendentz der Kirchen zu Wittemberg
Wittenberg: (Josef Klug) 1543

4°, [3] Bl.
Stiftung Luthergedenkstätten
in Sachsen-Anhalt, Sign. Ag 4° 227f

Die Expansion des Türkischen Großreichs auf dem Balkan nach Norden und Westen bedrohte vor allem die Habsburgischen Erblande. 1526 fiel Ungarn. Diese Bedrohung hinderte Karl V. immer wieder in Sachen der protestantischen Stände aggressiv im Reich durchzugreifen.
Nachdem sich der Zug gegen die Osmanen im Sommer 1542 als Fehlschlag erwiesen hatte, wurde überall im Reich nach den Ursachen gefragt. In Kursachsen, das mit einer Sondersteuer zum finanziellen Aufwand des Reiches beigetragen hatte, kam das Gerücht auf, dass mancher Steuereinnehmer Teile oder die gesamte Summe unterschlagen hatte. In einer Predigtanweisung wandten sich Luther und der eigentlich zuständige Johann Bugenhagen an die Pfarrer des Kirchenkreises Wittenberg mit der Aufforderung, den Gemeinden die Türkengefahr als Strafe Gottes vor Augen zu halten. Um dem gemeinen Mann den Ernst der Lage zu erklären, sollte auf das traditionelle Mittagsgeläut verzichtet werden. Statt dessen sollte im Anschluss an die Gottesdienste ein besonderes Gebet abgehalten werden. MT

Literatur:
VD 16, L 6928; Benzing 1966, 3428; WA 53, 555 A2.

563
Martin Luther an den Rat der Stadt Oschatz in Sachen Superintendentur
1539

Autograph
Stadtarchiv Oschatz, ohne Inv.-Nr.

564
Kreuzigung
um 1518/20

Holz, etwa 60 × 40 cm
Aus dem Kirchenbezirk Leisnig-Oschatz,
ohne Inv.-Nr.

565
Lucas Cranach d. Ä., Werkstatt
Beweinung Christi
um 1518/20

Holz, 26,5 × 39,5 cm
Inschrift:
»Morte mihi vitam mortua vita dedit«
Aus dem Kirchenbezirk Leisnig-Oschatz,
ohne Inv.-Nr.

Mit Luthers Rechtfertigungslehre gewinnt die Darstellung der Kreuzigung eine besondere Bedeutung im protestantischen Kirchenraum. Der mittelalterliche Typus wird durch Hinzufügung einer Stifterfigur oder – wie im hier gezeigten Fall – eine Inschrift zum lutherischen Andachtsbild. In Gurlitts Inventar der sächsischen Kunstdenkmäler läuft die Tafel unter dem Namen Lucas Cranach. Koepplin jedoch äußerte entschiedene Zweifel an dieser Zuweisung. Da vieles im künstlerischen Umfeld Cranachs noch nicht geklärt ist, kann man daher hier auch nur mit dem Wort »Werkstattarbeit« operieren. Die Tafel ist ein wichtiges Zeugnis für die neuen Andachtsbilder, wie sie seit den 1520er Jahren in der Cranach-Werkstatt zur Ausstattung auch einfacher Kirche geschaffen wurden. EK

Literatur:
Gurlitt 1905, S. 77; Koepplin/Falk 1974, Bd. I, S. 12;
Brief Koepplin vom 1. April 2002.

Auflösung der Klöster in Sachsen – die Zisterzienserabtei Altzella

Als Herzog Heinrich der Fromme mit Beginn seiner Regierung 1539 die Reformation im Albertinischen Sachsen einführte, bedeutete das auch die Aufhebung der Klöster (1540), unter ihnen die alte und bedeutende Zisterzienserabtei Altzella an der Freiberger Mulde (Cella Sanctae Mariae). Otto der Reiche, Markgraf von Meißen, hatte 1162 ein Kloster als Grablege der Wettiner gestiftet, das bald verlegt und 1175 von einem aus der Zisterze Porta (Schulpforte bei Naumburg) stammenden Konvent bezogen wurde und über Jahrhunderte wirtschaftlich, religiös und kulturell blühte.
Schon um 1200 besaß Altzella ein Skriptorium, in dem man zahlreiche Texte abschrieb, oft mit farbigen Initialen, Federzeichnungen oder einfach tintenfarbenen Anfangsbuchstaben ausschmückte, die Lagen heftete und mit Einbänden versah: Man war auf den Ausbau der Bibliothek sehr bedacht, auch durch Kauf, Tausch und Geschenke. Täglich lasen die versammelten Mönche, der strengen Regel Benedikts entsprechend, die ihnen ausgeteilten Bücher für sich als lectio divina einige Stunden lang halblaut im Kreuzgang, nahe beim armarium, dem ursprünglichen Aufbewahrungsort des zunächst kleinen Bücherbestandes. Vorgelesen wurde in Kirche, Kapitelsaal und während des Speisens im Refektorium.
Der für die heranwachsende Bibliothek verantwortliche Kustos versah die Bände mit Titelschildchen und Signaturen, die zugleich ihre Zugehörigkeit zu Theologie und Philosophie (rot), zum (Kirchen-) Recht oder zur Medizin (grün) aufzeigten; er trug seit Alters her Besitzvermerke ein, gelegentlich auch einen »Bücherfluch«, der Diebstahl verhindern sollte; in jüngerer Zeit waren die Bücher als so genannte libri catenati an ihre Pulte angekettet.
Dem pater bibliothecarius und seinen Gehilfen, die zuletzt in dem noch erhaltenen Bibliothekssaal von 1506 tätig waren, verdankt man auch Verzeichnisse der Bücherbestände (Kat.-Nr. 571). Mit ihrer Hilfe lässt sich eine mit insgesamt 1200 bis 1300 Bänden ansehnliche Bibliothek rekonstruieren, aus der heute bereits 330 bis 350 Handschriften identifiziert sind; der Anteil der Drucke ist noch unbekannt. In den auf 1540 folgenden Jahren wurden die Altzellaer Bücher mit den anderen säkularisierten Klosterbibliotheken für die Landesuniversität in Leipzig eingezogen, wo sie seitdem einen bedeutenden Grundbestand ihrer Universitätsbibliothek (seit 1543) darstellen.

Gerhard Karpp

Literatur:
Karpp 2002, S. 193–233 (dort weitere Lit.)

566

566
Modell der Klausuranlage Altzella
Zustand um 1500, erstellt 2000

etwa 120 × 120 cm
Staatliche Schlösser, Burgen und Gärten Sachsens, Schloss Nossen und Kloster Altzella, Inv.-Nr. V K 4 (3)

Die Klausuranlage (lat. claudere – verschließen) bildete den Kernbereich eines jeden Klosters. Die Klausuranlagen der Zisterzienser waren nach einem weitestgehend einheitlichen Bauplan errichtet. Trotz dieses »standardisierten« Bauens gab es regionale Besonderheiten und Abweichungen. So befand sich die Klosterkirche in Altzella nicht wie sonst üblich im Norden der Klausur, sondern sie stand den geographischen Gegebenheiten folgend im Süden. Im Westen der Klausur trennte das Konversenhaus mit dem Speise- und dem Schlafsaal der Laienbrüder die Konventbauten vom Wirtschaftsteil. Der Nordflügel umfasste die Bereiche der Vorratshaltung, die Klosterküche, den Speisesaal der Chormönche (Sommerrefektorium) und die Wärmestube. Im Osten schlossen sich unmittelbar an die Stiftskirche im Obergeschoss das Dormitorium für die Mönche und im Erdgeschoss der Kapitelsaal, der Sprech- und der Brüdersaal an. Der Kreuzgang umgab die Klostergebäude und war Mittelpunkt der Klausur. Er diente als Ort für liturgische Fußwaschungen, geistliche Lesungen und Begräbnisse.
Nach der Reformation blieb durch landwirtschaftliche Nutzung das Laienbrüderhaus erhalten. Die Konventbauten wurden zur Baustoffgewinnung freigegeben. Die Ruinen bezog der Gartengestalter um 1800 in einen romantischen Landschaftspark ein. Im Bereich des Hochaltares der ehemaligen Klosterkirche wurde 1787 – 1804 das Mausoleum zur Erinnerung an die in Altzella bestatteten Wettiner vollendet. PW

567
Handschrift aus Kloster Altzella
Sammlung von Schriften des Augustinus
1. Drittel 13. Jahrhundert

Pergament, 75 Bl., 31,5 × 21,5 cm, Einband 13. Jahrhundert
Universitätsbibliothek Leipzig, Sign. Ms. 259

Zur klösterlichen Grundausstattung an Büchern gehörten neben Werken für den Gottesdienst und biblischen Texten u. a. auch Schriften der Kirchenväter. Entsprechend sind in den Altzellaer Handschriften des frühen 13. Jahrhunderts zahlreiche patristische Texte überliefert. Der ausgestellte Sammelband ist einer von mehreren Codices, die Schriften des Augustinus enthalten. Der kalligraphische Besitzvermerk des Klosters »LIBER CELLE S[an]C[t]E MARIE« findet sich in Rot auf dem unteren Rand von Blatt 2.

Bemerkenswert ist die Ausstattung der Handschrift mit ornamentalem Buchschmuck. Der Text wird durch farbige Initialen verschiedener Größe gegliedert, die mit Palmettenmustern und Perlbändern verziert sind. Typisch für die Altzellaer Buchmalerei dieser Zeit ist die helle Tönung der verwendeten Farben Rot, Blau, Grün und Gelb. Eine Besonderheit stellt dagegen das Inhaltsverzeichnis auf Blatt 1v mit seinem mandelförmigen Palmettenrahmen dar. Insgesamt kann die Handschrift als repräsentatives Beispiel für die gehobene buchkünstlerische Ausstattung in Altzella gelten. CM

Literatur:
McChesney Dupont 1979, S. 486 ff., 710.

568
Mittelalterlicher Einband aus Altzella
Ludeger, Abt von Altzella
Sermones festivales de tempore et de sanctis
2. Drittel 13. Jahrhundert

Pergamenthandschrift, 208 Bl., 30,5 × 22 cm, zeitgenössischer Einband
Universitätsbibliothek Leipzig, Sign. Ms. 453

Die Pergamenthandschrift kann schlaglichtartig beleuchten, welches Niveau das geistige Leben, die Buchproduktion und das Kunsthandwerk in Altzella bereits 70 bis 80 Jahre nach der Klostergründung erreicht hatten. Der Codex enthält eine umfangreiche Sammlung von Predigten, die von Ludeger, dem vierten Abt von Altzella, verfasst sind. Die theologische Produktivität und Gelehrsamkeit Ludegers wird noch an vier weiteren Handschriften des 13. Jahrhunderts in der Universitätsbibliothek Leipzig deutlich, die Predigten dieses Autors überliefern (Ms. 166, 278, 452, 454).
Der vorliegende Band dürfte einige Jahre nach Ludegers Tod im klostereigenen Scriptorium geschrieben worden sein. Zeugnis der besonderen Wertschätzung, die man in Altzella den Schriften des früheren Abtes entgegenbrachte, ist der aufwendig gestaltete Einband, wohl ebenfalls aus Klosterproduktion. Die dicken, mit Rindsleder überzogenen Holzdeckel sind mit Messingbeschlägen verziert, die kunstvoll getriebene Pflanzen- und Tiermotive aufweisen. Unter anderem lassen sich ein Hirsch, Greifen, ein Adler und Löwen erkennen. Die Randbleche dürften ursprünglich nicht für einen Einband hergestellt sein und sind möglicherweise in späterer Zeit neu befestigt worden. CM

Literatur:
Das Gewand des Buches 2002, S. 54.

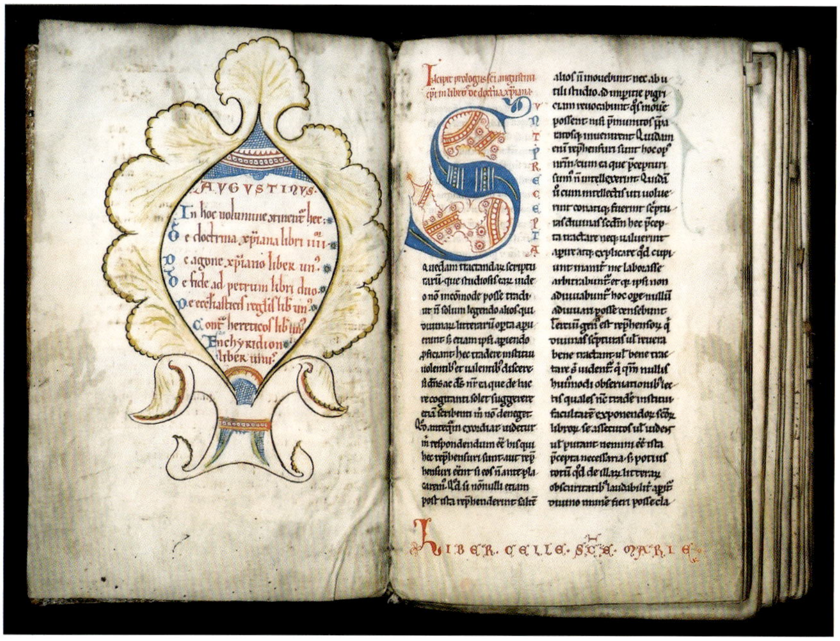

567

568

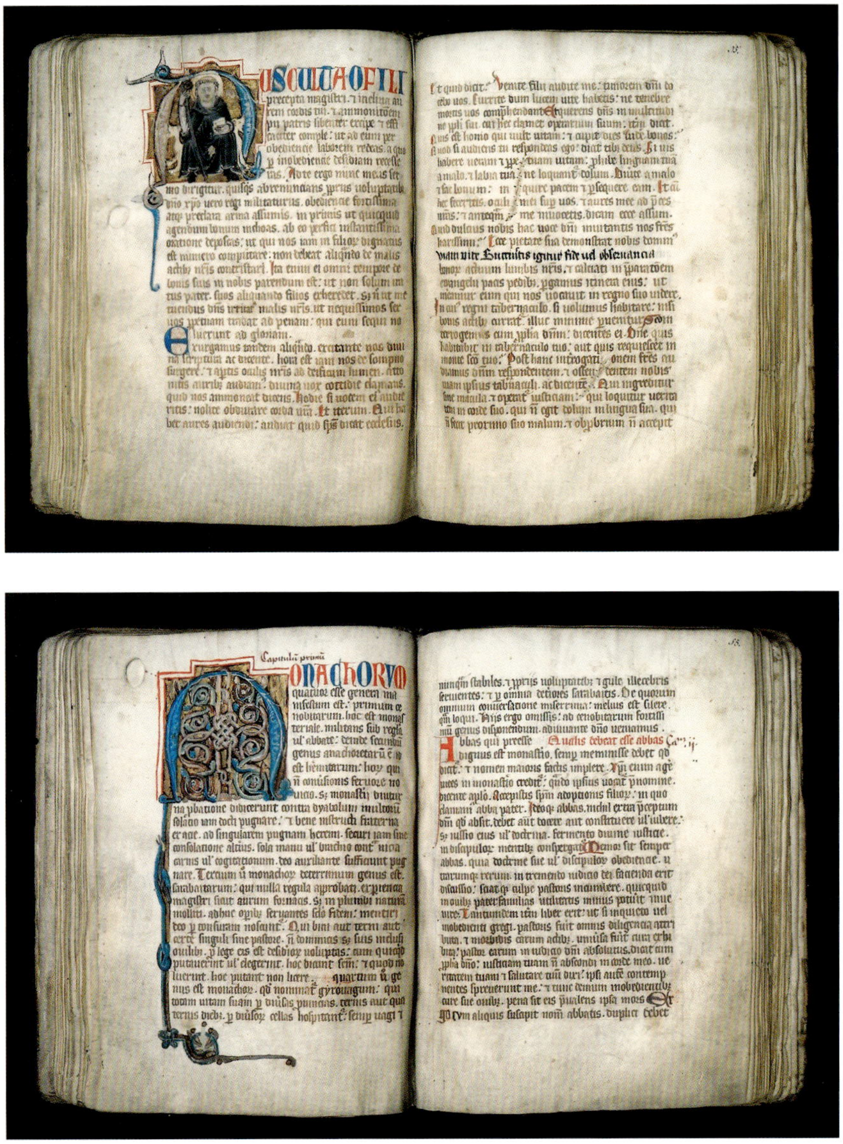

569

569
theologische Sammelhandschrift aus dem Benediktinerkloster St. Jakob in Pegau
Regula Sancti Benedicti
um 1300

Pergament, 133 Bl., 31 × 22,5 cm,
Einband 15. Jahrhundert
Universitätsbibliothek Leipzig, Sign. Ms. 848

Die Gründung des Zisterzienserordens 1098 im französischen Cîteaux verdankte sich dem Bestreben, die Ordensregel des Heiligen Benedikt von Nursia wieder strenger zu befolgen. Auch der Lebensalltag der Mönche im Kloster Altzella war entsprechend an der Benediktsregel ausgerichtet.
Die vorliegende Abschrift der Regula S. Benedicti stammt aus dem Benediktinerkloster St. Jakob in Pegau (etwa 25 km südlich von Leipzig) und entstand vor 1303. Sie findet sich in einem Sammelband, dessen verschiedene Teile jeweils Texte mit besonderer Bedeutung für das Jakobskloster enthalten, wie z. B. Brief- und Urkundenabschriften, Nekrologe, eine Abtsgeschichte und einen Bibliothekskatalog. Dazu passt auch die Aufnahme eines besonders ausgeschmückten Exemplars der Benediktsregel – die anderen Texte der Handschrift sind weniger reich verziert.

Sowohl der Beginn des Prologs als auch des ersten Kapitels sind mit großen Initialen versehen, für die kostbare Deckfarben und Blattgold verwendet wurden. Zu Prologbeginn (AUSCULTA O FILI precepta magistri – Höre, mein Sohn, die Weisungen des Meisters) ist im Buchstabenkörper der Heilige Benedikt dargestellt, der in seiner Rechten den Abtsstab und in seiner Linken ein Buch hält und damit als Autor der Regel ausgewiesen wird. Der eigentliche Regeltext (MONACHORUM quatuor esse genera manifestum est – Es ist offenkundig, dass es vier Arten von Mönchen gibt) wird mit einer prachtvollen Flechtornament-Initiale eingeleitet. CM

Literatur:
Chroust 1935, III. Reihe, XI. Lfg., Taf. 3.

570
homiletische Handschrift aus dem Zisterzienserkloster Altzella
Sermones de tempore OFM
2. Drittel 14. Jahrhundert

Pergament, 173 Bl., 32,5 × 23,5 cm, spätmittelalterlicher Schweinsledereinband
Universitätsbibliothek Leipzig, Sign. Ms 715

Unter dem Begriff Predigt wird ganz allgemein die Glaubensverkündigung im Christentum verstanden. Vor allem seit dem Ende des 12. Jahrhunderts nimmt das Predigtwesen die scholastische Lehr- und Unterrichtsmethode auf, was besonders im 13. Jahrhundert bei den neu entstandenen Bettelorden der Dominikaner und Franziskaner zu fassen ist.
Die Predigt stand im Mittelpunkt der Seelsorge. Dies zeigt sich besonders bei den Predigtsammlungen bekannter Dominikaner- und Franziskanerprediger, die bis zum Ende des Mittelalters weit verbreitet waren. Bei dem vorliegenden Codex handelt es sich um einen Predigtzyklus der Franziskaner, bei dem einzelne Sermones Predigern wie Bonaventura, Petrus de S. Benedicto, Ludovicus OFM, Guibertus de Tornaco oder Johannes de Rupella zugeschrieben werden. Die Masse der 236 Predigten lässt sich jedoch keinem konkreten Autor zuordnen. Die Benutzungsdauer dieses Codex zeigt sich sehr anschaulich an den vielen marginalen Bemerkungen, die meist Bibelstellen, Nennungen von Autorenzitaten und die Dispositionen aufführen.
Auf den unteren Rändern findet sich in roten und blauen Buchstaben der Besitzeintrag des Zisterzienserklosters Altzella. ALö

Literatur:
Longère 1983; Kienzle 2000.

570

571
Bücherverzeichnis aus Altzella
1514

Papier, 32 Bl., 32,5 × 22 cm
Thüringer Universitäts- und Landesbibliothek Jena, Sign. Ms. App. 22 A (1)

Verzeichnisse klösterlicher Bücherbestände sind eine wichtige Quelle zur Beurteilung vor allem des religiösen und intellektuellen Lebens eines ehemaligen Konvents und können oft auch der »Wiederherstellung« seiner einstigen Bibliothek dienen. Das bedeutendste erhaltene Bücherverzeichnis von Altzella entstand 1514 auf Veranlassung des humanistisch gesinnten Juristen, Theologen und Historikers Georg Spalatin. Von Kurfürst Friedrich dem Weisen zunächst als Prinzenerzieher nach Torgau berufen, später in Wittenberg u. a. mit der Leitung seiner 1512 neu gegründeten Bibliothek betraut, ließ Spalatin in acht Klöstern, meist aus der Umgebung, Bibliothekskataloge anlegen und sich zusenden; sie gelangten später mit der Wittenberger Bibliothek nach Jena und haben sich dort in der Universitätsbibliothek erhalten.

Das Altzellaer Bücherverzeichnis (etwa 960 Bände), gewissenhaft geschrieben und für diese Textgattung geradezu repräsentativ gestaltet, ist der Bibliothek entsprechend unterteilt in Theologie/Philosophie, Jura und Medizin. Seine Angaben sind verhältnismäßig ausführlich und recht genau; denn es nennt nicht nur das erste Textstück eines Codex, sondern mehrere oder sogar alle und ermöglicht oder erleichtert Identifizierungen mit Altzellaer Handschriften (und Drucken), die sich hauptsächlich in der Universitätsbibliothek Leipzig erhalten haben. GK

Literatur:
Karpp 2002, S. 226 ff. (dort weitere Lit., vor allem die Editionen des 1. und 3. Teils); Edition des 2. (jurist.) Teils in Vorbereitung.

572
Bücherverzeichnis aus Altzella
1541

Papier, 138 Bl., 33 × 21 cm; ursprüngliches Separatum im Aktenkonvolut von 1541
Sächsisches Hauptstaatsarchiv Dresden, Sign. 10036 Finanzarchiv, Loc. 38021 Rep. XLVII Amt Nossen, Nr. 5, Bl. 111–135

Dieses so genannte Sequestrationsverzeichnis legte man 1541 in der Altzellaer Bibliothek an, während das Kloster unter staatlicher Verwaltung (Sequestration) stand. Allerdings galt dieses Verzeichnis, das den letzten Stand der berühmten Altzellaer Klosterbibliothek widerspiegelt, seit über 150 Jahren als verschollen; einige glaubten sogar, es habe nie existiert. Doch hat Thomas Ludwig es 1999 bei Archivarbeiten wieder aufgefunden.
So wertvoll dieses 1200 bis 1300 Bände umfassende Verzeichnis grundsätzlich ist, Eile, mangelndes Interesse und fehlende Vertrautheit mit der Bibliothek spürt man ihm deutlich an. Seine Titelangaben (ohne Signaturen!) sind oft sehr knapp und daher z.T. wenig aussagekräftig: Es heißt z.B. auf Blatt 118r nur: Exameron Ambrosij (»Sechstagewerk«, in dem der Kirchenvater Ambrosius, gest. 397, den Schöpfungsbericht auslegt); dagegen führt das Verzeichnis von 1514 (Kat.-Nr. 571, Bl. 6r, unten) unter der alten Signatur E.2 sechs Titel einer Sammelhandschrift auf, nämlich mit diesem Werk beginnend insgesamt vier Schriften des Ambrosius und zwei von anderen Autoren. Erst auf diesem Umweg erkennt man, dass es sich bei dem 1541 genannten Exameron Ambrosij tatsächlich um Ms 209 der Universitätsbibliothek Leipzig handelt, einen noch erhaltenen Codex, der um/nach 1200 entstand und zu den ältesten Handschriften aus Altzella überhaupt gehört. GK

Literatur:
Karpp 2002, S. 228ff.
(Edition durch Verf. in Vorbereitung).

573

573
Becken
angeblich aus dem Zisterzienserkloster Altzella, Ende 15., Anfang 16. Jahrhundert

Messing, getrieben, Ø 25 cm, H. 6 cm
Staatliche Schlösser, Burgen und Gärten Sachsen, Schloss Nossen und Kloster Altzella, ohne Inv.-Nr.

Im Mittelfeld befindet sich die erhaben getriebene Darstellung von Adam und Eva rechts und links vom Baum der Erkenntnis, dazwischen unlesbar gewordene Schriftbänder. Die Ränder sind stark nach oben gezogen, hier eingepunzte Muster. Es handelt sich um ein Importstück wohl aus einer Nürnberger Werkstatt. Ähnliche Stücke wurden oft als Taufschalen verwendet. HM

Literatur:
Magirius 1958, Bd. IV, Fundstückkat. O 6, S. 121.

574

574
unbekannt
Vesperbild
angebl. aus dem Zisterzienserkloster Altzella
Anfang 16. Jahrhundert

Holz, farbig gefasst, H. 56 cm
Stadt- und Bergbaumuseum Freiberg, Inv.-Nr. 50/205

575
Relief eines Mönchs
angeblich aus dem Forst von Altzella
1. Viertel 16. Jahrhundert

Eichenholz, H. 85 cm, B. 34 cm
Skulpturensammlung, Staatliche Kunstsammlungen Dresden, ohne Inv.-Nr.

Die Figur ist im Mönchshabit frontal wiedergegeben, das anatomisch linke Bein leicht eingeknickt. Der Kopf ist sinnend nach links unten gewendet. In seiner rechten Hand hält der Mönch einen herabhängenden Rosenkranz, in seiner linken ein vor seiner Brust aufgeschlagenes Buch. Die nicht originale Farbfassung zeigt eine braune Kutte mit weißem Überwurf, das Buch Reste einer Inschrift »[...] ist auch verwirrt worden.« Beschädigungen und Verwitterungen an der Oberfläche.
Das Bildwerk stand »am Weg von Zella über Marbach nach Poppendorf« in einem Forstrevier, genannt »Am hohen Bild«. Ob es Bezug zur »alten Zelle«, dem Ort eines benediktinischen Vorgängerklosters von Altzella, das sich im Zellwald befunden hat und wo die Zisterzienser eine Wallfahrtskapelle unterhielten, besessen hat, ist ebenso wenig klar wie die Funktion der Figur. Das Kunstwerk gelangte im 19. Jahrhundert in die Sammlung des Königlich Sächsischen Alterthumsvereins (Inv.-Nr. 416) und war dort mit einer Schutzumhausung versehen, womit vielleicht ein älteres Schutzdach wiederholt wurde.
Im Zweiten Weltkrieg verschont, gelangte es 1955 ins Mausoleum nach Altzella und von da in die Skulpturensammlung Dresden. Das ausdrucksvolle Schnitzwerk, in dem man einen Reflex auf den »Sitzenden« unter der Tulpenkanzel des Freiberger Domes erkennen möchte, ist möglicherweise im Kloster Altzella entstanden, wo es eine spätmittelalterliche Schnitzwerkstatt gegeben hat. HM

Literatur:
Gurlitt 1922, S. 5f., Fig. 1;
Magirius 1958, Bd. IV, Fundstückkat. O 1, S. 120.

576

576
Figürliche Konsole
aus dem Zisterzienserkloster Altzella
2. Viertel 14. Jahrhundert

Sandstein, H. 36 cm, B. 47 cm, T. 56 cm
Staatliche Schlösser, Burgen und Gärten Sachsen, Schloss Nossen und Kloster Altzella, Inv.-Nr. F2

Eine im Grundriss polygonal gebrochen ausgebildete und profilierte Konsole wird von einer Gestalt mit Vogelleib und Menschenkopf getragen. Die Konsole ist mit einem ursprünglich in der Wand sitzenden Stück aus einem Block gearbeitet. Sie stammt von einem Bau des Zisterzienserklosters Altzella, vielleicht aus der 1349 geweihten Andreaskapelle südlich der Klosterkirche. Der zweischiffige Bau von drei Jochen besaß an der Nordseite Konsolen, eine Blattkonsole ist erhalten. Die figürliche Konsole F2 ist wohl nicht als Gegenstück zu jener, die sicher aus der Andreaskapelle stammt, zu sehen. Sie könnte vielmehr eine Konsole oberhalb eines der Achteckpfeiler gewesen sein. HM

Literatur:
Magirius 1958, Bd. IV, Fundstückkat. F 2, S. 102;
Magirius 1962, S. 147–150.

577
Kapitell eines Eckdienstes
aus dem Zisterzienserkloster Altzella
letztes Viertel 12. Jahrhundert

Sandstein, H. 46 cm, Ø des sich von der Unterseite abzeichnenden Dienstes 30 cm
Staatliche Schlösser, Burgen und Gärten Sachsen, Schloss Nossen und Kloster Altzella, Inv.-Nr. H1

An zwei Seiten des Kehlblockkapitells befinden sich Durchdringungen von diamantierten Stengeln von Palmettenblattwerk. Die Rückseiten, die ursprünglich in den Pfeiler eingebunden waren, wurden roh abgeschlagen, auch die vordere Ecke ist beschädigt. Das Kapitell stammt wohl aus dem Mittelschiff der Zisterzienserklosterkirche von Altzella. HM

Literatur:
Gurlitt 1922, S. 39 f., Fig. 33, 34;
Magirius 1958, Bd. IV, Fundstückkat. H. 1, S. 106;
Magirius 1962, S. 62, Abb. 27, 28; Magirius 1967, S. 20–27;
Magirius 1994, S. 8, 15; Magirius 2000, S. 24.

577

578
Hängender Schlussstein
aus dem Zisterzienserkloster Altzella
letztes Viertel 12. oder 1. Drittel 13. Jahrhundert

Sandstein, H. 39 cm, Ø am Ansatz 20 cm
Staatliche Schlösser, Burgen und Gärten Sachsen, Schloss Nossen und Kloster Altzella, Inv.-Nr. M1

Erhalten ist nur das tropfenförmig herabhängende Stück des Schlusssteins, nicht die darüber zu vermutende Rippenkreuzung. Die Oberfläche ist mit diamantiertem Flechtbandwerk versehen. Den Abschluss bildet eine

578

ornamentierte Halbkugel. Der Schlussstein stammt aus dem Zisterzienserkloster Altzella, entweder aus dem Mittelschiff der Kirche oder aus dem Sommerrefektorium, vgl. die Flechtbandrosette vom Tympanon des Portals desselben, seiner Größe wegen wohl aber nicht aus dem Kreuzgang. HM

Literatur:
Magirius 1958, Bd. IV, Fundstückkat. M 1, S. 115;
Magirius 1962, Abb. 70.

Die Gründung der Fürstenschulen

Die Fürsten- und Landesschulen waren die ersten staatlichen Gelehrtenschulen in Sachsen. Sie wurden 1543/1550 in den ehemaligen Klöstern St. Afra zu Meißen, St. Marien zur Pforte und St. Augustin zu Grimma eingerichtet. Der Herzog und spätere Kurfürst Moritz von Sachsen griff damit die Idee auf, einen völlig neuen Schultyp zu gründen. Auch die Reformatoren sahen es als Aufgabe der Landesherren, die materiellen Voraussetzungen für die Verkündigung des Evangeliums sowie die Bildung und Erziehung der Jugend zu schaffen. In der Schrift »An die Ratsherren« mahnte Luther bereits 1524 die Städte, für ihr Bildungswesen zu sorgen.
Struktur, personelle Ausstattung und inhaltliche Ausrichtung der Fürstenschulen wurden ursprünglich durch Johannes Rivius bestimmt. Er griff dazu auf den von Georg von Carlowitz bereits 1537 entwickelten Plan für Knabenschulen zurück. Die fürstlichen Schulen standen unter landesherrlicher und landeskirchlicher Aufsicht und wurden aus dem säkularisierten Kirchengut finanziert. Für alle anderen Schulen in Sachsen kamen die Städte, kirchliche Institutionen oder private Stifter auf.
Mit der Berufung von Lehrern der Stadtschule Freiberg nach Meißen und Pforte sowie der Ernennung von Georg Fabricius zum Rektor von St. Afra hielten der obersächsische Schulhumanismus und der mitteldeutsche Humanismus Leipziger Prägung an den Fürstenschulen Einzug. Entsprechend der »Neuen Landesordnung« von 1543 standen an jeder Fürstenschule 60 bis 100 Alumnatsplätze zur Verfügung. Ausgewählte Städte, adlige Familien und der Landesherr selbst konnten die »Freistellen« verleihen. Begabte Knaben wurden ab dem elften Lebensjahr aufgenommen, im Geiste der Wittenberger Theologie und des Humanismus erzogen und für das spätere Studium an den Landesuniversitäten Leipzig und Wittenberg herangebildet. Ziel war es, die schulischen Bildungsfundamente für spätere Pfarrer, Verwaltungsbeamte und Lehrer zu legen.

Jonas Flöter

Literatur:
Schwabe 1914; Paulsen 1919, Bd. I.;
Wollersheim 1997, S. 49–80;
Wartenberg 2003c, S. 159–174.

579
Martin Luther
An die Radherrn aller stedte deutsches lands: das sie Christliche schulen auffrichten vnd hallten sollen
Wittenberg [Cranach und Döring] 1524

4°, 20 Bl.
Marienbibliothek Halle, Sign. 6 an T 1.86
Germanisches Nationalmuseum, Nürnberg, Sign. 8° W 1551 (Postinc.)

Luther äußerte sich bereits seit seiner Rückkehr von der Wartburg mehrfach besorgt über die zunehmende Verrohung der Sitten, den Niedergang des Schulwesens und der Universitäten. Sowohl 1520 in der Adelsschrift als auch 1523 in seiner Vorrede zur Leisniger Kastenordnung hatte er vorgeschlagen, Bettelklöster in den Städten zu Schulen umzuwandeln, freilich ohne großen Erfolg. Nun ging er das Problem in einer eigenen Schrift an.
Er formulierte die Pflicht zur Erziehung und Unterrichtung der Jugend als göttliches Gebot und übertrug sie vor allem den städtischen Obrigkeiten. Besonderes Gewicht legte er auf die Unterrichtung in alten Sprachen, auf den Aufbau guter Bibliotheken und die Breite des Bildungshorizonts als Voraussetzungen für das Gelingen der Reformation und die Qualifizierung der weltlichen Ordnung. Die Schrift wurde mehrfach nachgedruckt, u. a. in Augsburg, Erfurt, Konstanz und Straßburg. AL

Literatur:
WA 15, S. 9 ff.; Brecht 1981–87, Bd. II, S. 140 ff.

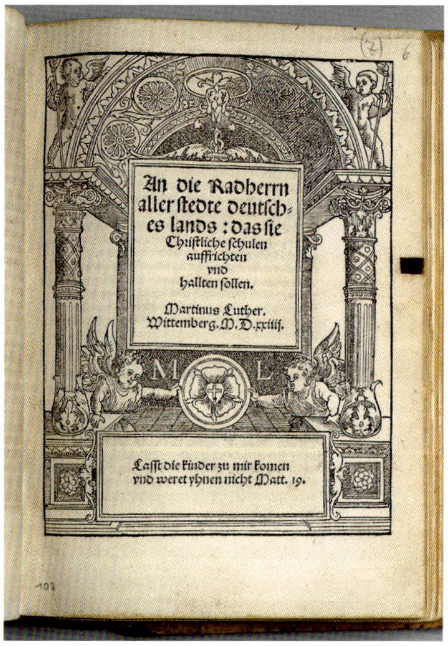

579

580
Proposition des Herzogs Moritz
vor dem Landtag von 1544
Furtragen so unser gnediger Herr Hertzog Mauritz zu Sachszen etc. dem groszenn ausschus seiner furstlichen gnadenn Landschaft hat thun lassen 1544, dorinnen zubefinden worzu die Geistlichen gueter verordnet worden seindt
Dresden, 20. Januar 1544

Urkundenlibell, Ausfertigung, Papier mit Pergamenteinband, Siegel von Kurfürst Moritz, Herzog August und 14 Ständevertretern aufgedrückt, 33,5 × 22 cm
Sächsisches Hauptstaatsarchiv Dresden, Sign. 10002 Urkunden aus der Finanzverwaltung, Nr. 946

Zu Beginn der Verhandlungen eines Landtags war es üblich, dass der Landesfürst in einer Proposition seinen Standpunkt zu den anstehenden politischen Aufgaben darlegen ließ. Im Jahr 1544 war die Verwendung der säkularisierten geistlichen Güter für die in Gründung befindlichen Landesschulen in Meißen, Schulpforte und Merseburg (1550 nach Grimma verlegt) die zentrale Frage. Beispielsweise wurde zur im ehemaligen Augustiner-Chorherrenstift St. Afra in Meißen eingerichteten Landesschule folgendes ausgeführt:
»Nu seint wir [...] mit der Schulenn zu Meissen fortgefarnn Unnd die Inn das werck bracht. Weil aber nicht allain vonnöten, das bei der Stiftung, Sondern auch derbei muglicher vleis angewandt [...] Haben wir die Stifftung was zu der Schulenn hinfurder soll gehörenn unnd gebraucht werdenn schrifftlichen stellen lassen [...].«
Die Landstände wurden aufgefordert, die Stiftungsurkunde der Schule mit Siegeln und Unterschriften ihrer Vertreter zu bekräftigen. EL

Literatur:
Flathe 1879, S. 21; Blaschke 1984, S. 32 ff.; Herrmann 2003, S. 52 f., 60 – 64.

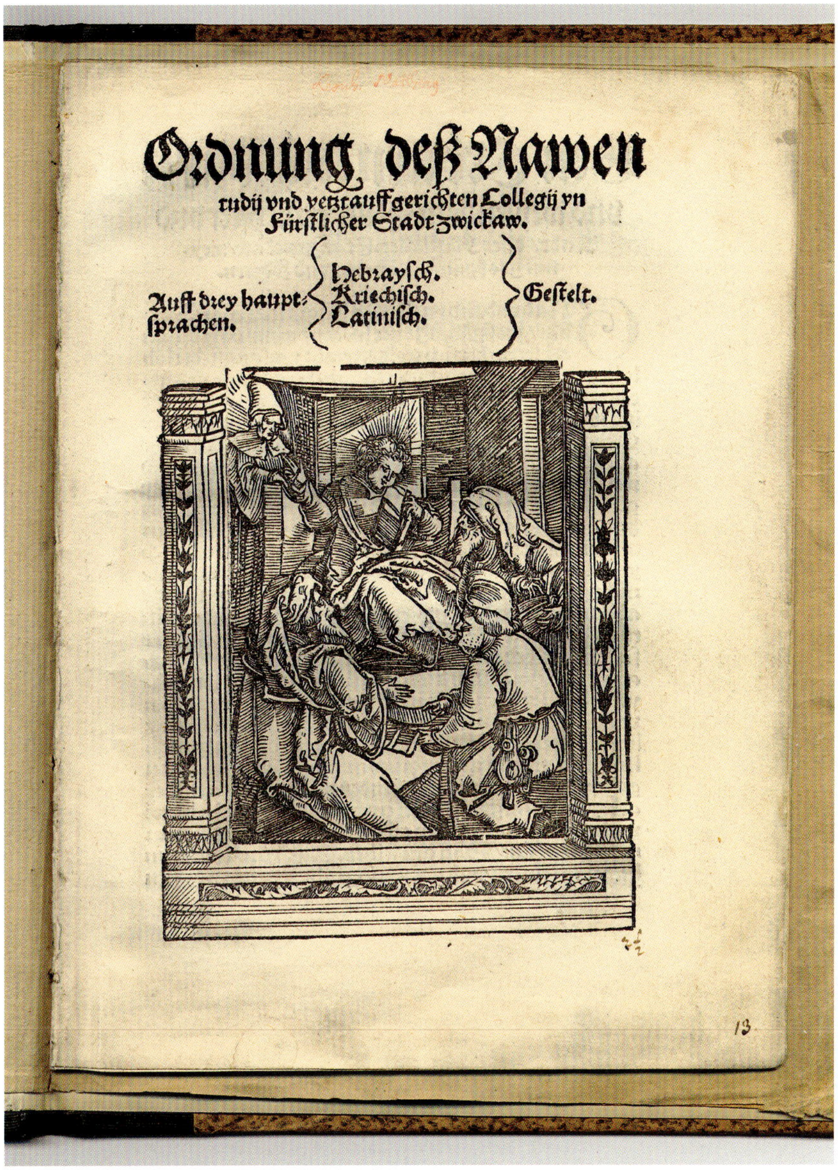

581

581
Leonhard Nather
Ordnung deß Nawen studij vnd yetzt-auffgerichten Collegij yn Fürstlicher Stadt Zwickaw
Zwickau: Jörg Gastel 1523

4°, 10 Bl.
Ratsschulbibliothek Zwickau,
Sign. 30.4.39c.

Nach dem Weggang Agricolas berief der Zwickauer Rat 1522 den aus Lauingen stammenden Leonhard Natter zum neuen Rektor der Stadtschule und beauftragte ihn mit der Abfassung einer neuen Schulordnung.
Diese Ordnung, erschienen in der im selben Jahr gegründeten ersten Zwickauer Buchdruckerei, gilt als die älteste gedruckte deutsche Gelehrtenschulordnung. Deutlich ist in ihr das pädagogische Gedankengut Agricolas zu erkennen, beruht sie doch auf dessen Vorarbeiten aus den Jahren 1519 und 1521. KL

Literatur:
Agricola 1961, S. 40 f.; Claus 1985, Nr. 28.

584

582
Schulordnung des Kurfürsten Moritz für die drei neu gegründeten Landesschulen
[1550 – 1553]

Aktenschriftstück, Papier, 34,5 × 22 cm,
Abschrift des 18. Jahrhunderts
Sächsisches Hauptstaatsarchiv Dresden,
Sign. 10112 Landesschule Meißen, Nr. 1990,
Bl. 10 r – 21 r

Hauptanliegen der Gründung der drei sächsischen Landesschulen in Meißen, Merseburg (1550 nach Grimma verlegt) und Schulpforte war es, einheimische Kinder für das Universitätsstudium vorzubereiten. Damit sollte letztlich gut ausgebildetes Personal für die Landesverwaltung und für die evangelische Landeskirche gewonnen werden.
Die ersten Schulordnungen für die drei Schulen waren maßgeblich vom humanistischen Gelehrten Johann Rivius geprägt, der Herzog Moritz in Bildungsfragen beriet. Seit 1546 bzw. 1547 erlangten auch die Universitäten Leipzig und Wittenberg wesentlichen Einfluss auf die innere Organisation der Schulen, über die sie eine Aufsichtsfunktion durchsetzen konnten. In den Ordnungen vereinten sich neue Gedanken aus den Erziehungsidealen der Reformation und des Humanismus mit zum Teil noch in mittelalterlichen Traditionen stehenden Regelungen, besonders auf dem Gebiet der Diszliplinierung der Schüler.
Die drei Landesschulen sollten grundsätzlich begabten Jungen aus allen Bevölkerungsschichten offen stehen. Kinder armer Eltern erhielten Freistellen und weitere Unterstützungen, beispielsweise durch Einkleidung auf Kosten der Schulen.
Finanziell ausgestattet wurden die Schulen mit Einkünften säkularisierter ehemaliger Klöster und Stifte, von denen auch die bauliche Ausstattung übernommen wurde. Die Schulen in Meißen und Schulpforte befanden sich im ehemaligen Augustiner-Chorherrenstift St. Afra bzw. im ehemaligen Zisterzienserkloster Pforte, die Schule in Grimma ab 1550 im ehemaligen dortigen Augustiner-Eremitenkloster. Die Datierung der undatiert überlieferten Ordnung auf den Zeitraum von 1550 bis zum Tod des Kurfürsten Moritz 1553 ergibt sich daraus, dass die Grimmaer Schule in diesem Dokument bereits erwähnt ist. EL

Literatur:
Blaschke 1983, S. 32 f.; Arnhardt/Reinert 2002, S. 36 – 46; Herrmann 2003, S. 52 f.

583
Georgius Agricola
Libellus de prima ac simplici institutione grammatica
Leipzig: Melchior Lotter 1520

4°, 24 Bl.
Ratsschulbibliothek Zwickau, Sign. 24.8.8.(12)

Das Erscheinen von Agricolas »Büchlein vom einfachen grammatischen Anfangsunterricht« fällt zusammen mit der Entscheidung des Zwickauer Rates vom 10. November 1520, die Lateinschule und die griechische Schule unter dem Rektorat Agricolas zu vereinen. In seinem Erstlingswerk, einer Art Programmschrift für die neu entstandene Zwickauer Stadtschule, verdeutlicht Agricola seine pädagogischen Grundsätze. So spricht er sich u. a. für eine kindgemäße Erziehung aus und weist auf die besonderen Anforderungen hinsichtlich der Bildung und Erziehung der Lehrer hin. KL

Literatur:
VD 16, A 931; Agricola 1961, S. 3 ff.

584
Hieronymus Schenck von Siemau
Ein newes vnd hubsches buchlein kinderzuchte genant
Würzburg: Martin Schubart 1502

4°, 16 Bl.
Ratsschulbibliothek Zwickau, Sign. 9.5.12.(6)

Die »Kinderzucht« des fränkischen Ritters Schenck von Siemau darf zu Recht als eine der frühesten vom Humanismus getragenen Erziehungsschriften bezeichnet werden. In seinem Traktat über Eheschließung und Kindererziehung empfiehlt der Verfasser in einer klaren und allgemein verständlichen Sprache u. a. Geduld und Sanftmut als Erziehungsmittel und die Bildung von Leib und Seele gleichermaßen zu fördern. KL

Literatur:
VD 16, S 2620; Pinther 1996; Brunner 2002, S. 98.

A. 128.
Hundert
vnd dreissig gemeiner Fra
gestücke/ für die iungen kinder yn
der Deudschen Meydlinschule zu
Eyslebē/ vom wort Gottes/ glau
ben/ gebete/ heiligen geiste/ creutze
vn̄ liebe/ auch ein vnterricht von
der Tauffe/ Vnd leibe vnd Blute
Christi. Johan. Agrico

585

585
Hundert vnd dreissig gemeiner Fragestücke für die iungen kinder ynn der Deudschen Meydlinschule zu Eyslebe(n)
1528

Papier, 14 × 9,5 × 0,5 cm
Deutsches Historisches Museum, Berlin, Sign. R 75/112

Johannes Agricola wirkte von 1525 bis 1536 als Pfarrer und Leiter der Lateinschule in Eisleben. Er rief dort eine deutsche Mädchenschule ins Leben, für die er 1528 den Katechismus verfasste. Dieses Lehrbuch für den christlichen Glaubensunterricht ist in Form von Fragen und Antworten angelegt. Der Unterricht bestand aus zwei Teilen: der Textvorlesung und Textinterpretation durch den Lehrer, der lectio, sowie der Abfrageübung, der repetitio. JF

Literatur:
Gerhardt 1883; Schlenker 1997, S. 109–144.

586

586
Wachstafelbuch mit Griffel und Lederbeutel
16. Jahrhundert

Buch 10 × 6 cm, Beutel 12 × 8 × 6 cm
Ratsschulbibliothek Zwickau, ohne Sign.

Die Wachstafel war neben Papyrus und Pergament der wichtigste Beschreibstoff der Antike. In die Vertiefungen von viereckigen Holztafeln wurde mit Ruß geschwärztes Bienenwachs gefüllt, in das man mit einem Griffel (Stilus) die Schrift einritzen konnte. Das verbreiterte Ende des Schreibwerkzeuges diente zum Löschen der Schrift. Die Wachstafel als billiger Schriftträger für private und geschäftliche Notizen fand bis weit in das Mittelalter und vereinzelt bis in die Neuzeit hinein Verwendung. KL

587
Glauchauer Schulheft von Stephan Roth
1505–1506

115 Bl., 15 × 10 cm
Ratsschulbibliothek Zwickau, Sign. 2.10.8.

Die Glauchauer Parochialschule wurde im Jahr 1480 durch Ernst I. von Schönberg gegründet. Der in Zwickau geborene Stephan Roth erhielt hier Unterricht in Lesen, Schreiben, Rechnen und kirchlichem Gesang und freundete sich mit dem aus Glauchau stammenden Georgius Agricola an. Roths Mitschriften belegen das hohe Niveau des wahrscheinlich in lateinischer Sprache gehaltenen Musikunterrichts. KL

Ausprägung der sächsischen Landesverwaltung

Es gehört zu den wichtigsten Merkmalen des frühneuzeitlichen Staates, wie er sich in Europa seit dem 15. Jahrhundert ausbildete, dass dem Aufbau der staatlichen Verwaltung große Aufmerksamkeit geschenkt wurde. Das betraf nicht nur die sich konstitutierenden Nationalstaaten wie etwa Frankreich und England, sondern auch die deutschen Territorialstaaten. Das betraf das wettinische Kurfürstentum des 15. Jahrhunderts als Ständestaat mit Behördenorganisation, landesherrlicher Verwaltung mit Hofverwaltung und lokaler Ämterorganisation, zentralem Gericht sowie Residenzbildung ebenso wie die beiden wettinischen Staaten nach der Leipziger Teilung von 1485. Hof-, Finanzverwaltung, Ämterverfassung, Einteilung in größere regionale Verwaltungseinheiten mit der Kreisverfassung, Gerichtswesen und zentrale Verwaltung mit Hofrat, Kanzler und Kanzlei waren im ernestinischen Kurfürstentum bis 1547 in gleicher Weise aufgebaut wie im albertinischen Herzogtum Sachsen. Es scheint jedoch, dass letztlich die albertinisch-herzogliche Verwaltungsorganisation dank des Engagements von Herzog Georg effizienter und moderner war.

Herzog Georg setzte den Gedanken einer dreistufigen Verwaltungsorganisation in die Tat um. Die Hofordnung von 1502 regelte Hofhaltung und Zentralverwaltung. Der Hofrat mit Obermarschall, Hofmeister und Kanzler wurde das zentrale Verwaltungsgremium. Dazu trat die Kammer als vereinigte Landes- und Hofkasse. Die Justiz bildete mit dem Oberhofgericht einen selbständigen Verwaltungszweig. Die seit dem 14. Jahrhundert gewachsene Ämterorganisation wurde vervollständigt, dem Amtmann ein Amtsschösser für die Finanzverwaltung beigegeben und schließlich mit den Kreisen eine zwischen der Zentralverwaltung in Dresden und den Ämtern stehende Verwaltungsebene geschaffen. Für Georgs Neffen Moritz gehörte seit Übernahme der Regentschaft ab 5. August 1541 die Erhaltung bzw. Einrichtung einer guten Verwaltung zur Sicherung der personellen, materiellen und finanziellen Grundlage zu einem wichtigen Prinzip seiner Innenpolitik. Er setzte dies entsprechend den praktischen Erfordernissen in der Verwaltung um.

Noch 1541 wurden die geistlichen Güter einbezogen, der größere Teil zur territorialen Abrundung des Landesbesitzes verwendet und neue Ämter konstituiert, so dass am Ende die Ämterorganisation flächendeckend als untere Verwaltungsebene bestand. Mit der Münzordnung vom 1. Juli 1542 begann die Herausbildung der mittleren Bergbehörde, des Oberbergamtes. Für den geistlichen Bereich wurde ein Konsistorium in Leipzig und in Meißen eingerichtet. Die entscheidenden Maßnahmen werden von Moritz 1547 und 1548 zur Festigung des neugeschaffenen albertinischen Kurfürstentums durchgeführt, womit in einer Verwaltungsreform eine effektiv funktionierende Verwaltung des frühneuzeitlichen sächsischen Territorialstaates entstand. Von der zentralen über die regionale bis zur lokalen Verwaltungsebene stand sie im Einklang mit dem Aufbau fachspezifischer Verwaltungszweige. Die von Kurfürst Moritz am 23. September 1548 abgegebene »Erklärung über die Bestellung der Landesregierung« stand am Ende der Neuorganisation der Verwaltungsbehörden des Landes. Mit den von seinem Bruder August später vorgenommenen Veränderungen hatte dieses Verwaltungssystem im Grunde bis in das 19. Jahrhundert Bestand.

Reiner Groß

Von Gottes Gnaden/
Mauritius/Hertzogk vnd
Churfurst zu Sachssen. z.
Anno. 1554.

588
Heinrich Göding
Kurfürst Moritz von Sachsen
vor 1606

beschriftet rechts neben dem Kopf:
Von Gottes Gnaden Mauritius Hertzog und Churfürst zu Sachsen. [etc.] Anno. 1554
Leinwand, 210 × 130 cm
Gemäldegalerie Alte Meister,
Staatliche Kunstsammlungen Dresden,
Inv.-Nr. Mo 2112 (99/43)

Das Bildnis galt seit der Veröffentlichung durch Sponsel 1906 als Arbeit von Lucas Cranach d. J., was aber unmöglich scheint. Die Jahreszahl 1554 in der Inschrift kann nicht als Datierung verstanden werden, denn diese Inschrift ist derart kalligraphisch ausgeführt, dass im Vergleich mit anderen Bildnissen von Wettinern und ihren Frauen nur das frühe 17. Jahrhundert als Entstehungszeit in Frage kommt. Eine vollkommen ähnliche Inschrift trägt das Bildnis der Magdalene Sibylle, Gemahlin von Kurfürst Johann Georg I., dargestellt mit ihrem Söhnchen Christian.[1] Das Datum 1617 in dieser Inschrift können wir als authentisch betrachten, während das Datum 1554 auf unserem Bild rätselhaft bleibt: Es ist weder das Todesjahr des Kurfürsten, noch das Entstehungsjahr des Gemäldes. Denkbar wäre allenfalls, dass eine Vorlage aus diesem Jahr (die also auch schon posthum gewesen wäre), zugrunde lag. Inschriften dieser Art hat es auf Bildnissen in Dresden aber schon zu Beginn des 17. Jahrhunderts gegeben. Hingewiesen sei auf ein Porträt von Kurfürst Christian II., gemalt von Zacharias Wehme 1602.[2]
Die Ablehnung der Zuschreibung an Cranach stützt sich aber vor allem auf die stilistische Eigenart der Malerei. Vergleicht man das Bild mit verbürgten Bildnissen Cranachs d. J., dann wird die Unmöglichkeit sofort deutlich. Man sollte nur die Bildnisse des Kurfürsten August und der Kurfürstin Anna[3] aus der Dresdner Rüstkammer betrachten, um den Unterschied zu sehen. Im Vergleich zu unserem Bild sind die Cranach-Gemälde von einer geradezu schwerelosen Transparenz.
Unübersehbar ist die Abhängigkeit unseres Porträts von dem ebenfalls in der 2. Sächsischen Landesausstellung gezeigten Bildnis des Kurfürsten Moritz, das Heinrich Göding mit seinem Monogramm versehen und 1589 datiert hat (Kat.-Nr. 385): Das hier besprochene Gemälde ist eine Wiederholung mit Variationen, die das Bild von 1589 vor den Veränderungen und Anstückungen zeigt, die gut 100 Jahre später, wahrscheinlich in den 90er Jahren des 17. Jahrhunderts, an diesem vorgenommen worden sind.
Es gibt aber auch bemerkenswerte Unterschiede zwischen den beiden Porträts, die nicht so einfach zu erklären sind: Beispielsweise erscheinen die Kampfszenen hier weniger deutlich, und aus den kufenartigen Füßen des Tisches sind Voluten geworden. Die über die Schulter gelegte, auf der Hüfte geknotete rote Feldbinde zeigt bei dem späteren Bild querlaufende Lichter, die zu der größeren optischen Unruhe beitragen, die wir feststellen. Diese flimmernde Brillanz der zackig aufblitzenden Lichter zeigt sich auch auf dem Harnisch. Hier ist allerdings zu bemerken, dass die Lichter auf dem von Göding monogrammierten Gemälde durch die spätere Übermalung deutlich zurückgedrängt worden sind. Die wenigen Proben einer vollständigen Freilegung verdeutlichen das. So dürften sich die beiden Porträts ursprünglich sehr viel näher gewesen sein als heute.
Auf weitere Unterschiede sei hingewiesen. Die Sporen, bei Gödings Bild von 1589 an einem Fuß deutlich sichtbar, sind höher angesetzt, und es fehlt der längere Teil des Schwertes. Der Griff ist bei dem Helm auf dem Tisch sichtbar, aber wo bleibt es dann? Es müsste eigentlich, dem Vorbild entsprechend, über der rechten Hand des Dargestellten, also links im Bild, quer durch die Landschaft gehen. Kann der Maler das vergessen haben? Wohl kaum; und so erklärt sich die unbestimmte, verwaschen wirkende Kampfszene aus einer späteren schweren Beschädigung, die schlecht verstanden und ohne Kenntnis des Vorbildes zu einem unbekannten Zeitpunkt retuschiert wurde.[4]
Die Freilegungsproben am Göding-Bild von 1589, über die im Kommentar zu diesem Gemälde gesprochen wird, stimmen ansonsten mit unserem Bild überein, das hier als spätere Wiederholung von Göding selbst nach seinem älteren Gemälde angesprochen wird. Man könnte allerdings auch an Zacharias Wehme denken, doch ist, trotz mancher Vergleichbarkeit, die Malweise zu kräftig, effektvoll und beinahe theaterhaft, während Wehme nuancierter und weniger auftrumpfend malt. Allerdings dürften etwa 15 Jahre zwischen den beiden Gemälden liegen, Zeit genug, um die Unterschiede aus der Entwicklung des Künstlers und dem Wandel des Zeitgeschmacks zu erklären. HMa

1 Vgl. Sponsel 1906, Nr. 102.
2 Ebd., Nr. 95.
3 Ebd., Nr. 76 und 83.
4 Bei der Restaurierung sind allerdings an dieser Stelle keine Beschädigungen entdeckt worden, aus denen eine solche Entstellung des Bildes erklärt werden könnte.

Literatur:
Sponsel 1906, Nr. 70;
Für Sachsen erworben 2000, S. 151.

589
Erbbuch des Amtes Rochlitz, Bd. 3
1548

460 Bl., 33 × 23 cm
Sächsisches Hauptstaatsarchiv Dresden,
Sign. 10036 Finanzarchiv, Loc. 40102, Rep. XLVII Rochlitz, Nr. 78

Im späten Mittelalter gewannen Schrift und Recht stetig an gesellschaftlicher Bedeutung. Folgerichtig traten nun neben die urkundliche Überlieferung so genannte »neue Typen des Geschäftsschriftgutes« wie Urbare, Kopiare, Urkundenregister, Lehnbücher, Rechnungen und dergleichen mehr. Einen Höhepunkt auf diesem Wege zur »Verschriftlichung« stellen die unter Herzog Moritz von Sachsen in Auftrag gegebenen Amtserbbücher dar, mit denen auch die Entwicklung von der mittelalterlichen Herrschaft zum frühneuzeitlichen Amt sinnfällig zum Abschluss gebracht werden konnte.
Bereits seit dem Anfang des 16. Jahrhunderts waren im ernestinischen Kursachsen Erbbücher über einzelne Ämter entstanden, die deren Rechte und Einkommen beschrieben. Aber erst Kurfürst Moritz befahl nach der Zäsur von 1547 eine über die gesamte albertinische Herrschaft ausgedehnte und nach einheitlichen Kriterien vorgenommene Bestandsaufnahme der Ämter, mit der wohl Barthel Lauterbach, Schösser zu Chemnitz, betraut wurde.
Diese Amtserbbücher verzeichneten für jeden zum Amt gehörigen Ort sämtliche Rechte und Leistungen in summa und aufgeschlüsselt auf jeden Amtsuntertanen. Erfasst wurden die Einwohnerzahl, die Hufenzahl, die Gerichtsrechte, die Heerfolge, die Frondienste, alle Abgaben und die kirchliche Zugehörigkeit. Dem folgte ein Verzeichnis über die unmittelbaren Besitzungen des Amtes, die zum Amt gehörenden Ritterdienste und über allgemeine Einkommen. Schon bis 1552 entstanden Erbbücher über 44 Ämter – eine einzigartige Leistung der kursächsischen Kanzlei und der lokalen Beamtenschaft.
Als historische Quelle besitzen die Erbbücher erhebliche Bedeutung, weil aus ihnen die komplexe Struktur der einzelnen Ämter in ihrer inhaltlichen und räumlichen Dimension plastisch hervor tritt. Der vorliegende dritte Band des Erbbuches des Amtes Rochlitz entstand 1548 und schließt die aus drei Folianten mit insgesamt 1579 Blatt bestehende Aufzeichnung zu diesem wichtigen Amt mit 79 zugehörenden Ortschaften. ATh

Literatur:
Kötzschke 1940; Thieme 2003, S. 35 – 64.

590
Inventar des Amtes Torgau
1548

staatliches Amtsbuch zur Wirtschaftsführung, Papier, 3 Lagen mit 6 Bl., 32 × 21 cm
Sächsisches Hauptstaatsarchiv Dresden, Sign. 10036 Finanzarchiv, Rep. A 25al, I Nr. 2335

Das vom Torgauer Schosser Balthasar Gröbel angelegte Inventar verzeichnet in Form einer kurzen Bestandsaufnahme stichwortartig Mobiliar und Gerätschaften in den Räumen des Amtes. Die sich seit dem 14. Jahrhundert entwickelnden sächsischen Ämter waren 1547/48 einer Reform unterzogen worden. Die Amtleute verwalteten den sich in den Ämtern arrondierenden landesherrlichen Besitz und die dem Landesherrn zustehenden Rechte und Einkünfte. Ihnen ist mit dem Schosser ein Gehilfe zur Verwaltung des Geldes, des Schosses oder Geschosses, zugeordnet. Dieses Zubehör an Grundbesitz, Rechten und Einnahmen der Ämter ist in den seit dem 16. Jahrhundert geführten Amtserbbüchern detailliert verzeichnet, die mit der Reform des Kurfürsten Moritz von 1547/48 landesweit angelegt wurden.
Die Schösserei in Torgau verfügte bereits im späten 15. Jahrhundert über eigene Gebäude, gelegen zwischen Schloss und Kanzleihaus. Sie enthielt Amtsstuben und Wohnräume für das Personal. Die vorliegende Aufstellung reicht von Schreibtisch und Pult in der Schosserstube über Betten, Kissen und Tücher, über die Geräte im Brauhaus, in der Mälzerei, im Backhaus und auf dem Kornboden, über Wagen und Pflüge und die Ketten und Fesseln im Amtsgefängnis bis zu den Schafen auf den Schäfereien bei Belgern und Süptitz. LFB

Literatur:
Kötzschke 1940, S. 191–217, zu den Ämtern S. 203–207;
Blaschke 2001, S. 39–46, insbes. S. 41 f., 45;
zum Vergleich: Schneiderheinze 2001, S. 83–124;
Dehio 1998, S. 972.

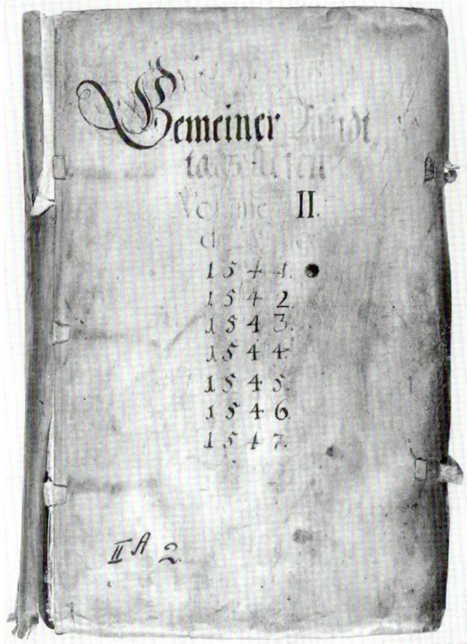

592

Landtage und Stände in Sachsen

Bei der Ausübung ihrer Landesherrschaft konnten sich die Wettiner im Mittelalter auf Einnahmen aus Landbesitz und Regalien stützen. Als im Spätmittelalter die Ausgaben für die Hofhaltung, die Verwaltung und die militärischen Auseinandersetzungen wuchsen, entstand ihnen zusätzlicher Geldbedarf. Bereits seit dem 14. Jahrhundert war es gebräuchlich, Städte, adlige Vasallen oder die hohe Geistlichkeit gelegentlich um finanzielle Beihilfen zu bitten. Diese Stände entwickelten sich zu einem wichtigen Faktor. Sie mussten nicht nur bei Steuererhebungen, sondern auch bei politischen Entscheidungen gehört werden. Der Landtag von 1438 gilt als die erste Ständeversammlung. Erstmals traten die Landstände des kursächsischen Territoriums als eine geschlossene Korporation auf. In den Jahren von 1438 bis 1555 berieten sie an verschiedenen Orten, mehrfach auch in Leipzig. Von 1555 bis 1628 fanden bis auf zwei Ausnahmen (1567 und 1610) alle Ständeversammlungen in Torgau statt. Seit 1631 tagten die Stände in Dresden. Nur 1680 und 1706 wählte man einen anderen Tagungsort.
Entsprechend der ständischen Gliederung der mittelalterlichen Gesellschaft gliederten sich die kursächsischen Landstände in drei Kurien: die Kurie der Prälaten, Grafen und Herren, die Kurie der Ritterschaft und die Kurie der Städte. Durch die Reformation ergaben sich Veränderungen in der ersten Kurie. Die hohe Geistlichkeit büßte an Einfluss ein. Lediglich die drei ehemaligen Bischofssitze Meißen, Naumburg und Merseburg behielten ihren Platz in dem Gremium. Die Vertreter der Universitäten gehörten vermutlich erst seit der 2. Hälfte des 16. Jahrhunderts zur ersten Kurie und tagten getrennt. Die Landtagsfähigkeit der Ritterschaft war an den Besitz eines Rittergutes gebunden. Eigentümer der schriftsässigen Rittergüter besaßen ein persönliches Sitz- und Stimmrecht auf dem Landtag, die der amtssässigen Rittergüter entsandten gewählte Abgeordnete. In der dritten Kurie versammelten sich die Vertreter der Städte. Aufgrund der großen Anzahl der Mitglieder in der zweiten und dritten Kurie bildete sich Mitte des 16. Jahrhunderts eine Dreiteilung der beiden Kurien in einen kleinen (später engeren) und einen großen (später weiteren) Ausschuss sowie die allgemeine Ritterschaft bzw. die allgemeinen Städte heraus.
Zusammensetzung und Geschäftsgang eines Landtages sind bis zum Ende des 16. Jahrhunderts nur unzureichend geklärt. Eine erste Geschäftsordnung ist von 1595. Danach bestimmte der Kurfürst den Tagungsort und -tag und lud die Landstände unter Angabe des Verhandlungsgegenstandes zum Landtag ein. Am Eröffnungstag erfolgte der gemeinsame Besuch des Gottesdienstes und anschließend die Verlesung und Übergabe der kurfürstlichen Proposition. Die Stände übermittelten ihre Anliegen und Beschwerden in der Präliminarschrift. Erst nachdem der Kurfürst darauf geantwortet hatte, setzten sich die Landstände in ihrer Haupt- und Bewilligungsschrift mit den kurfürstlichen Forderungen auseinander. War die eine Seite mit den Erklärungen der anderen nicht einverstanden, konnte sich mitunter eine sehr lange Verhandlung anschließen, bis es zu einer Einigung kam. Der Landtag endete mit dem kurfürstlichen Landtagsabschied und der Bestätigung der landständischen Reversalien durch den Landesherrn. BG

591
Ausschreiben von Kurfürst Moritz von Sachsen zum Landtag 1552 in Torgau an die Herren Georg, Wolf und Haug von Schönburg
17. Februar 1552

Sächsisches Staatsarchiv Chemnitz
Sign. 30572 Gesamtregierung Glauchau, Nr. 8078, Blatt 6r–7v

592
Akten des Sächsischen Landtags
1541–1547

Stadtarchiv Leipzig,
Arch.-Nr. Tit. II A/2

593
Akten des Sächsischen Landtags
1548–1552

Stadtarchiv Leipzig,
Arch.-Nr. Tit. II A/3

594
Akten des Sächsischen Landtags
1531–1565

Stadtarchiv Dresden,
Sign. Landtagsvertretung A003

595
Akten des Sächsischen Landtags
1550–1553

Stadtarchiv Dresden,
Sign. Landtagsvertretung A008

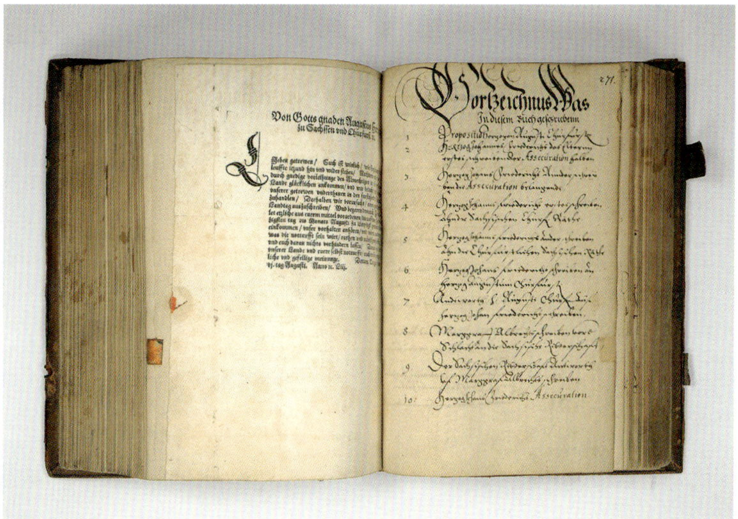

594

595

Die Kanzlei als Herrschaftszentrale

Kanzler und Kanzlei als Institutionen der Landesherrschaft sind seit dem 13. Jahrhundert bei den Markgrafen von Meißen nachweisbar. Aus einer Reihe von Kanzlern ragt Konrad von Kirchberg (auch Wallhausen) heraus, der in den Jahren nach 1332 dem Amt eine gestiegene Bedeutung mit Blick auf eine entstehende Landesverwaltung verschaffte. Mit der Entwicklung des wettinischen Flächenstaates im 15. und 16. Jahrhundert wurden der Kanzler und die von ihm geleitete Kanzlei zur zentralen Einrichtung der Herrschaftsausübung. Das betrifft nach 1485 das ernestinische Kurfürstentum Sachsen beispielsweise mit den Kanzlern Dr. Christian Beyer, Dr. Gregor Brück und Dr. Christian Brück, Dr. Melchior von Ossa und Dr. Erasmus von Minckwitz ebenso wie das albertinische Herzogtum und nach 1547 Kurfürstentum Sachsen mit den Kanzlern Dr. Ludwig Fachs, Dr. Hieronymus Kiesewetter, Dr. Ulrich Mordeisen und Dr. Simon Pistoris.

In der Regierungszeit von Herzog/Kurfürst Moritz wurde die Kanzlei zur Zentrale der Staatsverwaltung. Diese Kanzlei war eine für die allgemeine Öffentlichkeit unzugängliche und damit geheime Institution. Die Kanzleiordnung vom 5. August 1547 wurde dafür das entscheidende Dokument für die innere Organisation und Aufgabenverteilung dieser zentralen Verwaltungsbehörde. Die unter Aufsicht des Kanzlers arbeitenden Sekretäre/Konzipisten und Schreiber/Kopisten bildeten die Kanzlei. Der Geschäftsablauf wurde exakt festgelegt, der Umgang mit den eingehenden und ausgehenden Schreiben geregelt, bei der zunehmenden Schriftlichkeit in der Staatsverwaltung eine Notwendigkeit. Wichtige Dokumente wurden für das ganze Land in der Kanzlei konzentriert. Der Kanzler war auf Grund der ihm täglich zur Verfügung stehenden Informationen der wohl wichtigste Ratgeber des Kurfürsten und damit einer der einflussreichsten Politiker des Landes.

Reiner Groß

596
Kanzleiordnung Kurfürst Moritz'
Torgau, 5. August 1547

Aktenschriftstück, Abschrift, Papier, 6 Lagen mit 12 Bl., in einen Aktenband Kanzleiordnungen 1500–1683 buchmäßig gebunden, 34,5 × 23 cm
Sächsisches Hauptstaatsarchiv Dresden, Sign. 10024 Geheimer Rat (Geheimes Archiv), Loc. 10061/1, Bl. 17r–26v

Sogleich nach der Ausrufung als Kurfürst am 4. Juni 1547 im Feldlager vor Wittenberg wandte sich Moritz der inneren Neuordnung seines vergrößerten Staatswesens zu. Auf dem zum 13. Juli nach Leipzig einberufenen Landtag vereinigten sich zum ersten Male die Stände der neuen und alten Landesteile. Zu bewältigen waren vor allem die Kriegsfolgen, doch wurden auch die Sicherheit des Landes, Kirchen-, Justiz- und Lehnsfragen beraten. Am Beginn der Neuorganisation der landesherrlichen inneren Landesverwaltung steht die Kanzleiordnung vom 5. August 1547. Diese wurde – wie die beiden folgenden Regierungsinstruktionen vom 7. August 1547 und vom 21. Januar 1548 für die Zeit der Abwesenheit des Kurfürsten wegen des Augsburger Reichstags – in Torgau, der Hauptresidenz der bisherigen ernestinischen Kurfürsten erlassen. Dort saßen der Bruder, Herzog August, als Regent, der Rat und der Hof mit der Kurfürstin. Auch die nach der förmlichen Belehnung mit der Kurwürde erlassene große Regierungsinstruktion vom 23. September 1548, die längeren Bestand haben sollte, wurde in Torgau erlassen. Moritz hatte die Residenz des ernestinischen Kurstaates offenbar zunächst als Verwaltungshauptstadt für das gesamte albertinische Sachsen ins Auge gefasst.

Die hier gezeigte Abschrift der Kanzleiordnung Kurfürst Moritz' wurde in Vorbereitung der inhaltlich vergleichbaren Kanzleiordnung Kurfürst Augusts vom 20. November 1553 angefertigt und zu diesem Zweck mit Ergänzungen versehen. LFB

Literatur:
Hofmann 1921, S. 500–539; Kötzschke 1940, S. 195 f.; Sehlmann 2001.

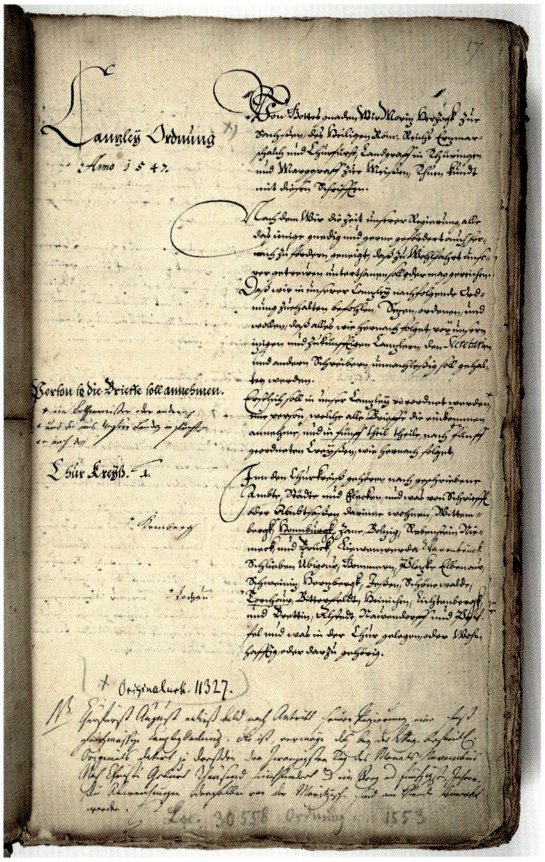

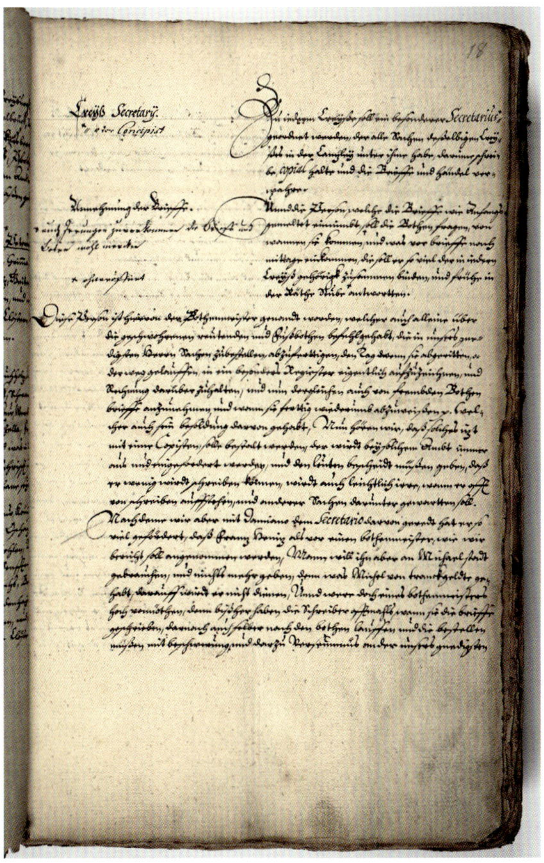

596

597
Kanzleiordnung Kurfürst Moritz'
Torgau, 5. August 1547

Urkundenlibell, Ausfertigung, Pergament, geheftet, Papiersiegel des Ausstellers, bereits mit Kurinsignien, eigenhändig unterschrieben, 4 Lagen mit 8 Bl., 35 × 28 cm
Sächsisches Hauptstaatsarchiv Dresden, Sign. 10001 Ältere Urkunden, Nr. 11327

Die Kanzleiordnung, unmittelbar nach der Vergrößerung des albertinischen Territoriums 1547 durch den nunmehrigen Kurfürsten Moritz erlassen, bildet neben den Regierungsordnungen bei Abwesenheit des Kurfürsten vom 5. August 1547 und vom 21. Januar 1548 und der großen Regierungsinstruktion vom 23. September den Kern der Landesverwaltungsreform des Kurfürsten.
Sie regelt neben den Abläufen des Geschäftsgangs die Zuständigkeit des Kanzleipersonals und des Ratskollegiums, wobei die Aufgaben nach einer hier erstmals erscheinenden Einteilung des Landes in Kreise zugewiesen wurden. Diese fünf Kreise waren der Kurkreis, der Thüringische Kreis, der Leipzigische oder Osterländische Kreis, der Gebirgische und der Meißnische Kreis. Sie werden in ihrer Erstreckung detailliert beschrieben. Daneben bestanden für Lehnsfragen und die Kirchen und Außenpolitik gesonderte Geschäftskreise.
Unter dem Kanzler als Vorstand und besonders herausgehobenem Rat des Landesherrn arbeiteten Sekretäre/Konzipisten, die für die inhaltliche Gestaltung der Schriftsätze zuständig waren, und Schreiber/Kopisten, denen die Schreibarbeit oblag. Ein weiterer Sekretär wurde dem Kurfürsten persönlich zugeordnet und stand ihm in seiner unmittelbaren Umgebung auch auf Reisen zur Verfügung. Infolge dieser fortgeschrittenen dreistufigen inneren Organisation kann die kurfürstliche Kanzlei als entwickeltste Behörde der inneren Landesverwaltung gelten. LFB

Literatur:
PKMS III, Nr. 737 (Druck); Posse 1887, S. 213–219 (Druck); Hofmann 1921, S. 587–605 (Druck).

598
Kurfürst Moritz' heimgelassene Instruktion wie Seine Kurfürstlichen Gnaden auf den Reichstag zu Augsburg verreist, 1547–1548
21. Januar 1548

Akte, 47 Bl., 33 × 43,5 cm
Sächsisches Hauptstaatsarchiv Dresden, Sign. 10024 Geheimer Rat (Geheimes Archiv), Loc. 10041/15

599
Cantzleybüchlein, Zaiget an, Wie man schreiben sol
Augsburg: H. Steiner 1528

[3] Bl., 20 × 15 cm
München, Universitätsbibliothek, Inv.-Nr. 4 Rhet.74

600
Matthes Gebel
Medaille auf Melchior von Ossa
1543

Bronze gegossen, mit alter Bemalung, Ø 40 mm
Staatliche Museen zu Berlin, Münzkabinett, Inv.-Nr. alter Bestand

Direkt nach seiner juristischen Promotion in Leipzig 1534 wurde Melchior von Ossa zum Professor bestellt. Herzog Georg machte ihn zum Rat von Haus aus (ohne Anwesenheitspflicht am Dresdner Hof) und bediente sich seiner vor allem in juristischen Fragen. Mögliche Hoffnungen auf eine Karriere unter Herzog Moritz wurden zerstört, als Simon Pistoris, ein Gegner Ossas, Kanzler in Dresden wurde. Ossas Ambitionen richteten sich daher auf den ernestinischen Hof: 1542 wurde er auf sechs Jahre zum Kanzler in Torgau bestellt. Der Kurfürst war mit den Leistungen Ossas jedoch nicht zufrieden. Bereits 1545 drängte er ihn zum Rückzug aus dem Amt. Unter Kurfürst Moritz kehrte Ossa wieder auf die politische Bühne zurück: Er wurde zum Richter am Oberhofgericht in Leipzig ernannt. EK

Literatur:
Hecker 1922, S. 1–47; ADB, Bd. 24, 497 f.;
Kunst der Reformationszeit 1983, Nr. C25.12.

599

600

601
Lucas Cranach d. J.
Dr. Christian Brück
bez. und dat. 1549

Holzschnitt, 19 × 15,9 cm
Kupferstich-Kabinett, Staatliche Kunstsammlungen Dresden, Inv.-Nr. A 129791

Der Jurist Dr. Christian Brück, Sohn des kursächsischen Kanzlers Gregor Brück, war Kanzler des Herzogs Johann Friedrich II. in Gotha, einem Sohn des Kurfürsten Johann Friedrich des Großmütigen. Seit 1537 war er mit Barbara, der Tochter Lucas Cranachs d. Ä., verheiratet. Aufgrund seiner maßgeblichen Beteiligung an den Grumbachschen Händeln wurde er zusammen mit Wilhelm von Grumbach am 18. April 1567 in Gotha hingerichtet. Das Holzschnittporträt wurde in einem Gedächtnisblatt um 1567 wieder aufgegriffen, in dem der lateinische Text unmittelbar Bezug auf die Hinrichtung nimmt (Stiftung Schloss Friedenstein Gotha). AD

Literatur:
Cranach 1953, S. 75, Kat.-Nr. 151; Jahn 1972, Abb. S. 686; Schade 1974, S. 80 f., 97; Gotteswort und Menschenbild 1994, S. 171, Kat.-Nr. 2.63.

602
unbekannt, nach Tobias Stimmer
Bildnis Simon Pistoris
o. J.

Holzschnitt, 15,8 × 12,5 cm
Kupferstich-Kabinett, Staatliche Kunstsammlungen Dresden, Inv.-Nr. A 136722

601

602

603
Philipp Melanchthon
Von Ursprung und Herkomen der Stadt Torgau, welche in den Landtafeln Ptolomei genennet wird Argelia
Magdeburg: Christian Rödinger 1552

Herzog August Bibliothek, Wolfenbüttel,
Sign. 160.10 Quod. (4)

604
Hans Tirol
Belehnung Herzog Augusts von Sachsen mit der sächsischen Kurwürde
nach 1566

Holzschnitt, teilkoloriert, 53,6 × 35,9 cm
Städtische Kunstsammlungen Augsburg,
Inv.-Nr. G. 14574

Dieser Holzschnitt ist eine der frühesten Darstellungen einer Reichstagszeremonie. Die Verleihung der sächsischen Kurwürde am 23. April 1566 an Herzog August, der schon 1553 die Nachfolge seines Bruders Moritz angetreten hatte, auf dem Augsburger Weinmarkt war eine Veranstaltung von größter Prachtentfaltung. Auf einer erhöhten Bühne saß Kaiser Maximilian im Kreise der Kurfürsten, vor ihm kniete Herzog August. Unter den Zuschauern war das Gefolge Augusts an kleinen Fähnchen mit dem sächsischem Wappen zu erkennen, die man sich an die Kopfbedeckung gesteckt hatte.
Für August war dieser Tag ein Triumph, denn Kaiser Ferdinand I. war nicht bereit gewesen, August nach dem Tod Moritz' die sächsische Kurwürde zu verleihen. Erst Kaiser Maximilian II., mit dem August seit seiner Jugend enge freundschaftliche Kontakte pflegte, vollzog den offiziellen Akt – an demselben Ort, an dem auch Moritz im Jahr 1548 seine Kurwürde erhalten hatte. EK

Literatur:
Welt im Umbruch 1981, Nr. 204;
Zwischen Katheder, Thron und Kerker 2002, S. 113.

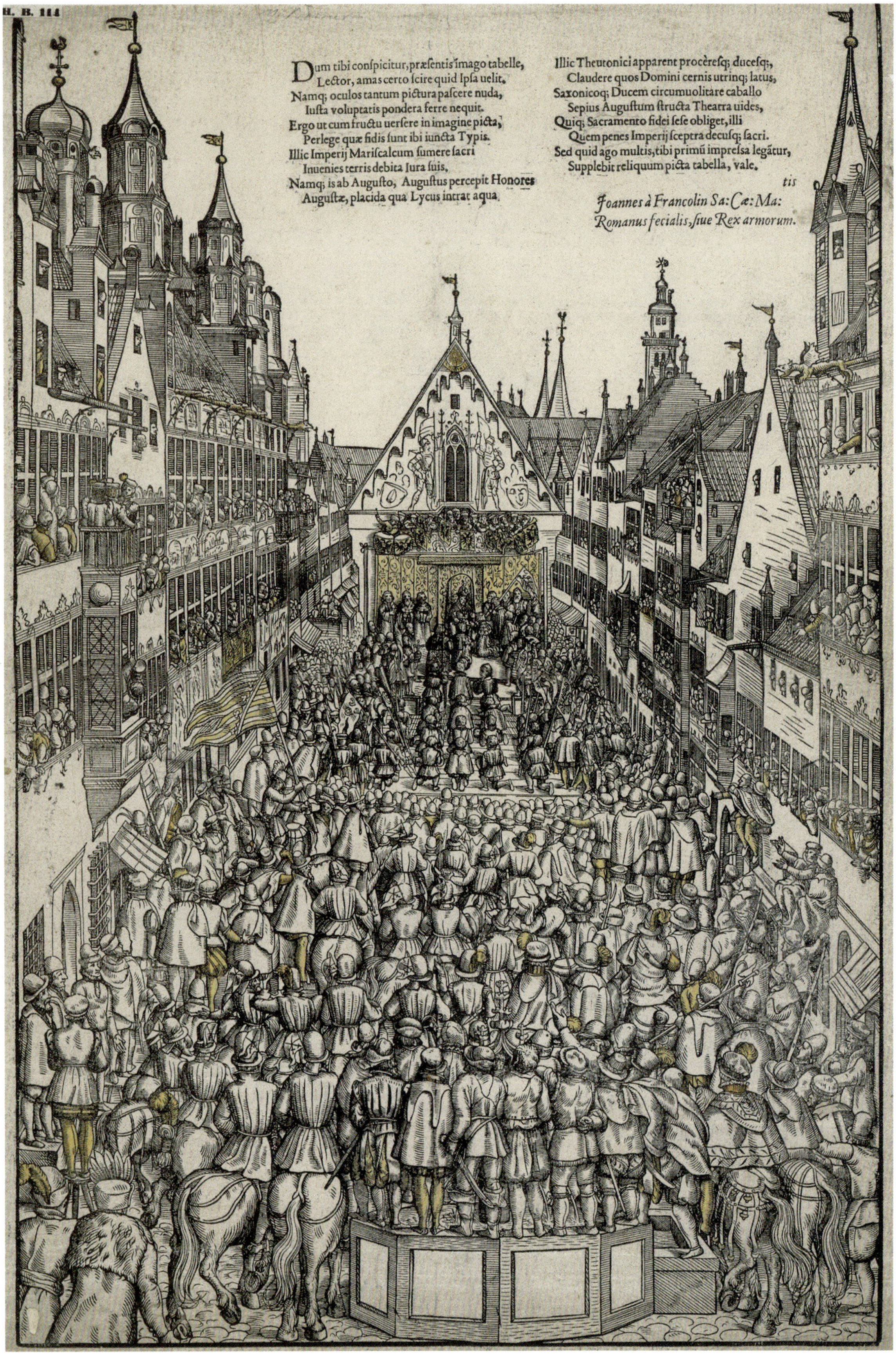
H. B. 111
Dum tibi conſpicitur, præſentis imago tabelle,
Lector, amas certo ſcire quid Ipſa uelit.
Namq; oculos tantum pictura paſcere nuda,
Iuſta voluptatis pondera ferre nequit.
Ergo ut cum fructu uerſere in imagine picta,
Perlege quæ fidis ſunt ibi iuncta Typis.
Illic Imperij Mariſcalcum ſumere ſacri
Inuenies terris debita Iura ſuis,
Namq; is ab Auguſto, Auguſtus percepit Honores
Auguſtæ, placida qua Lycus intrat aqua.
Illic Theutonici apparent procèreſq; duceſq;,
Claudere quos Domini cernis utrinq; latus,
Saxonicoq; Ducem circumuolitare caballo
Sepius Auguſtum ſtructa Theatra uides,
Quiq; Sacramento fidei ſeſe obliget, illi
Quem penes Imperij ſceptra decuſq; ſacri.
Sed quid ago multis, tibi primū impreſsa legātur,
Supplebit reliquum picta tabella, vale.
tis
Joannes à Francolin Sa: Cæ: Ma:
Romanus fecialis, ſiue Rex armorum.

604

605

David Redtel, Johannes Kentmann

Kreutterbuch Von Sechshundert Schonen Auserlesenen [...] Gewechsen, Beumen, Stauden, Hecken [...] mit iren blumen samen [...] Auff befelich [...] Augusti hertzogen zu sachssen

Vorrede dat.: Torgaw, den 26. Oct. 1563

Handschrift, [8], 299 gez. Bl. gr. fol. mit 600 Aquarellen; Buchblock 49,8 × 37 × 9 cm; Einzelblatt 48 × 33,5 cm
Sächsische Landesbibliothek – Staats- und Universitätsbibliothek Dresden, Sign. Mscr. Dresd. B 71

605

Im Auftrag Kurfürst Augusts von Sachsen erarbeiteten der Torgauer Stadtarzt Johannes Kentmann und der Maler David Redtel ein Kräuter- und Pflanzenbuch von enzyklopädischem Rang. Er habe, schreibt Kentmann in seinem handschriftlichen Vorwort 1563, »auff Ewer Churfürstlichen Durchlauchtigkeit befehl undertheniglich dieses buch von Sechshundert Schonsten und vornemsten Geweggsen, so ich in diesen und andern Landen mit grosser muhe habe bekommen mogen, mit hochstem vleis, zusammen gebracht und geordenet«. Es ist bis heute eines der eindrucksvollsten aquarellierten Blumenbücher überhaupt und bezeugt die intensive Zusammenarbeit zwischen Naturforscher und Künstler in der Zeit der Renaissance.
Der in Dresden geborene Kürschnersohn Kentmann hatte nach seinem Studium in Leipzig und Wittenberg und der Promotion in Bologna die Stelle eines Stadtphysikus zunächst in Meißen und seit 1554 in Torgau übernommen. Wissenschaftlich arbeitete und publizierte er über die Fische der Elbe (1549), über die Pest (1553), die Vogelwelt der Elbelandschaft (1564), über Gallensteine (1565) sowie über Mineralien und Fossilien (1565). Für das umfangreiche Pflanzen- und Kräuterbuch konnte Kentmann den botanischen Garten des Torgauer Stadtapothekers Joachim Kreich studieren und nutzen, den der Zürcher Naturforscher Conrad Gesner zu den vier bedeutendsten botanischen Gärten in Deutschland zählte. Wohl als Lohn dieser intensiven Studienjahre erwarb Kentmann im Jahr 1566 für seine große Familie das repräsentative, bis heute bestehende Wohnhaus in der Schloßstraße 25.
Über den aus Torgau gebürtigen Maler David Redtel ist vergleichsweise wenig bekannt; er wirkte später als Hofmaler des pommerschen Herzoghauses und starb 1591 in Stettin. Die von ihm gemalten Pflanzen – nach der Untersuchung von Helm/Hanelt stammen 67 Prozent aus Mitteleuropa, 27 Prozent aus dem Mittelmeerraum und nur wenige aus Asien und der »Newen Welt« – sind nach einem Urteil aus dem Jahre 1717 »so lebhafft und natürlich gemahlet«, dass man »darnach greiffen möchte«.
In der Bibliotheksgeschichte Sachsens spielt das Kräuterbuch Kentmanns eine besondere Rolle. Die kurfürstliche Hofbibliothek zu Dresden und spätere Sächsische Landesbibliothek war zwischen 1574 und 1586 in der Sommerresidenz, in der nach der Kurfürstin Anna benannten Annaburg bei Torgau aufgestellt. Dort sind die Bücher erstmals 1574 katalogisiert worden. Kentmanns Handschrift führt in der systematisch geordneten »Registratur der bucher in des Churfürsten zu saxen liberey zur Annaburg« auf Blatt 69 die Gruppe der Kräuter- und Arzneibücher an, trägt jedoch in der Gesamtzählung aller aufgenommenen 1721 Schriften die Nummer »1«.
Da Kurfürst August seit 1556 systematisch zu sammeln begann, dürften alle Handschriften und Drucke zwischen 1563 (dem Entstehungsjahr von Kentmanns Kräuterbuch) und 1574 (dem Erscheinen des systematischen Annaburger Katalogs) nach der Größe geordnet und durchnummeriert worden sein. Das großformatige und repräsentative Torgauer Kräuterbuch mit der Nummer 1 ist demnach das erste registrierte Buch in der bald 450-jährigen Dresdner Bibliotheksgeschichte und begründete damit auch die große Botanica-Sammlung, die bis in das 19. Jahrhundert hinein auf 3000 Handschriften und Drucke angewachsen ist. TB

Literatur:
Helm 1969, S. 153–159; Helm 1563/1971; Kentmann 1563/2004.

605

606

606
Zacharias Wehme
Kurfürst August von Sachsen
Dresden, 1586

bez. und dat. links in halber Höhe:
»Z W.F 1.5.86«
Öl auf Leinwand, 122 × 94 cm
Rüstkammer, Staatliche Kunstsammlungen Dresden, Inv.-Nr. H 208

Kurfürst August ist in seinem schwarzeisernen goldverzierten Leibharnisch, bewehrt mit einem goldenen Rapier sowie mit dem geschultertem Kurschwert dargestellt. Über die linke Schulter geführt, trägt er eine goldgestickte rote Feldbinde. Der Visierhelm mit rotem Federbusch und die Henzen sind auf einem Tisch abgelegt.
Der Tod des Kurfürsten August im Februar 1586 bildete wohl den Anlass für das von dessen Sohn, Christian I., in Auftrag gegebene repräsentative Fürstenporträt. Zacharias Wehme hat den Verstorbenen nicht altersgebrochen, sondern bei besten Leibeskräften dargestellt. August hat sein Kurschwert fest im Griff und den linken Arm tatentschlossen in die Hüfte gestemmt. Das qualitätvolle Bildnis steht symbolisch für die 33-jährige erfolgreiche Regierungszeit Augusts. 1587 wurde es in der Dresdner Kunstkammer – offenbar zur besonderen Würdigung ihres Begründers – ausgestellt und womöglich eigens dafür geschaffen. JB

Literatur:
Berling 1890, S. 275 f. u. 280; Richter 1906, Tafel 3; Sponsel 1906, S. 39, Nr. 79; Kunst und Kultur 1908, S. 13, Nr. 15; 400 Jahre Dresdener Kunstsammlungen 1960, S. 25, A 38; Bäumel 1987, H. 6, S. 210 f., Abb. 1–2; Der silberne Boden 1990, S. 106 f., Kat.-Nr. 149, Abb. 92; Dresdner Rüstkammer 1992, S. 40, Tafel 10; Bäumel 1995, S. 61 f.

Anhang

Glossar

Ablass (lat. indulgentia) Begriff aus der Bußlehre der mittelalterlichen Kirche. Nachlass zeitlicher (auf Erden oder im Fegefeuer abzugeltender) Sündenstrafen zunächst aufgrund guter Werke (Stiftungen, Gebete, Pilgerfahrten, Förderung eines Kreuzzuges u. a.), später auch Geldzahlungen als Ersatzleistung (z. B. für Bau der Peterskirche in Rom). Der Papst erhebt den Anspruch, diesen Nachlass aus dem Gnadenschatz der Kirche (Verdienste Christi und der Heiligen) gewähren zu können.

Abt Vorsteher eines Klosters, geistlicher Vater der Mönche.

Agende Buch, das Ordnungen und Texte für Gottesdienste und kirchliche Handlungen enthält → Heinrichsagende.

Akzise Indirekte Verbrauchssteuer auf Lebensmittel, Getränke, Handelsware und Vieh. In Deutschland seit dem 13. Jahrhundert gebräuchlich. Bis ins 19. Jahrhundert indirekte Umsatz- und Verkehrssteuer.

Amtserbbuch Um die Mitte des 16. Jahrhunderts wurde in Sachsen begonnen, alle landesherrlichen Rechte und Einkünfte in den Amtserbbüchern schriftlich festzuhalten.

Augsburger Religionsfriede Am 25. September 1555 auf dem Augsburger Reichstag verabschiedet, Duldung der → Protestanten (Anhänger der Augsburgischen Confession) ohne theologischen Ausgleich, Reichsfürsten und Reichsritter erhielten freie Bekenntniswahl und das Recht, das Bekenntnis für ihre Untertanen zu bestimmen, Sonderregelungen für Reichsstädte, geistliche Fürsten und für Landstände in geistlichen Territorien.

Augsburgische Confession (lat. Confessio Augustana) Darstellung der reformatorischen Lehre, die am 25. Juni 1530 auf dem Augsburger Reichstag verlesen wurde, enthält im ersten Teil die Lehren, in denen die Wittenberger Reformatoren mit den Altgläubigen übereinstimmten, im zweiten Teil kirchliche Missstände; wurde von Fürsten und Reichsständen unterschrieben.

Bann Strafe gegen Personen, Orte, Eigentum; beim Kirchenbann (lat. excommunicatio) Ausschluss von → Sakramenten (kleiner Bann) oder aus der kirchlichen Gemeinschaft (großer Bann).

Bede Unterscheidet sich von älteren Abgaben im Geltungsbereich und in der Erhebungsform. Ursprünglich handelte es sich dabei um eine freiwillige Abgabe. Im 13. bis 14. Jahrhundert kam sie als Neuerung auf und war vielfach auf Viehbesitz bezogen.

Bischof Leitender Geistlicher eines bestimmten Gebietes, ursprünglich Vorsteher einer Gemeinde, seit dem 4. Jahrhundert an der Spitze einer Diözese (Bistum).

Bulle (lat. Bulla = Kapsel) Ursprünglich in eine Kapsel eingeschlossenes Siegel, ab 13. Jahrhundert auf das besiegelte Schriftstück übertragen, feierliche Urkunde als Privileg von Souveränen (Kaiser, Könige, Päpste). Päpstliche Bullen wurden nach der Eingangsformel (Arenga) zitiert, so die Bannandrohungsbulle gegen Luther vom 15. Juni 1520 durch Papst Leo X. mit »Exsurge Domini«.

Bundschuh Typische Fußbekleidung der Bauern, der Riemenschuh war Symbol in den Aufständen der Bauern- und Stadtbürger 1492 – 1517 auf ihren Fahnen, vor allem in Südwestdeutschland.

Devotio moderna (lat. Neue Frömmigkeit) Religiöse Erneuerungsbewegung des 14./15. Jahrhunderts zur Verinnerlichung und in der Welt praktizierten Frömmigkeit (Krankenpflege, Armenfürsorge, Schulen).

Dispens Erlaubnis, von allgemein geltenden Bestimmungen des kirchlichen Rechts in bestimmten Einzelfällen abzuweichen, einige sind dem Papst vorbehalten.

Disputation Öffentlich geführtes gelehrtes Streitgespräch zur Klärung wissenschaftlicher und religiöser Streitfragen, meist auf Grundlage von Thesen, auch zur Erlangung akademischer Grade.

Eucharistie (griech. Danksagung) Vor allem im römisch-katholischen Sprachgebrauch Bezeichnung für das Abendmahl.

Evangelium (griech. gute Nachricht) Botschaft vom Heil in Jesus Christus, für die Reformatoren kritische Instanz gegenüber Kirche und Theologie. Auch Bezeichnung für die ersten vier Bücher des Neuen Testaments, in denen das Leben von Jesus berichtet wird.

Exkommunikation → Bann.

Fehde Eigenmächtige Selbsthilfe, um sein wirkliches oder vermeintliches Recht durchzusetzen, später in die Rechtsordnung aufgenommen, bis ins 16. Jahrhundert als Fehden des Landadels, zwischen Stadt und Adel üblich, auch als Bauernfehden.

Feme Westfälisches Strafgericht. Öffentliche Gerichtsversammlung in allen gewöhnlichen Rechtssachen.

Flugblätter Öffentlichkeit schaffendes und dieses beeinflussendes Massenmedium der frühen Reformationszeit, erschienen seit etwa 1480 als Einblattdrucke, die ihre Themen kurz und überzeugend darstellten, teilweise illustriert.

Flugschriften In Charakter und Wirkung den Flugblättern vergleichbar, Teil reformatorischer Propaganda, kurze ungebundene Schriften im Quart- oder Oktavformat, teilweise illustriert, vor allem mit Holzschnitten.

Gerichtsbarkeit, hohe Auch Blut-, Hals-, Malefizgerichtsbarkeit. War den Landesherren als Teil der Landeshoheit vorbehalten. Sie befasste sich mit schweren Verbrechen wider das Eigentum sowie denen an Leben und Leib.

Gerichtsbarkeit, niedere Behandelte Delikte, die nicht unter die hohe Gerichtsbarkeit fielen. Sie oblag den Städten oder Vögten.

Gnadenstuhl In Plastik und Malerei Darstellung der Trinität: Gottvater hält das Kruzifix, über dem die Taube schwebt.

Gothaer Bund Am 27. Februar 1526 zwischen Landgraf Philipp von Hessen und Kurfürst Johann von Sachsen abgeschlossen – am 2. Mai 1526 von Kursachsen in Torgau ratifiziert, daher auch als → Torgauer Bund bezeichnet – zur Verteidigung im Fall eines Angriffs durch die Altgläubigen wegen der Religion.

Gravamina (lat. Beschwerden) Unterschieden werden Gravamina des Klerus und der Städte sowie die »Gravamina der deutschen Nation wider den römischen Hof«, die sich gegen die Verwaltungspraxis, das Finanzverhalten und die Prozessverfahren von römischer Kirche und Klerus richteten und offiziell seit Mitte des 15. Jahrhunderts auf Reichstagen vorgebracht wurden, besonders hervorzuheben sind die 100 Gravamina des Wormser Reichstages 1521.

Habit Ordenstracht der Geistlichen.

Heiltum(s)bücher Beschreibende Verzeichnisse von Reliquiensammlungen mit Angaben über den bei Besuch zu erwerbenden Ablass, z. B. das »Wittenberger Heiltumsbuch« von 1509 als Werbung zum Besuch der Sammlung in der Schlosskirche.

Heinrichsagende Im September 1539 entstandene Kirchenordnung, um die Einführung der Wittenberger Reformation durch Herzog Heinrich im albertinischen Sachsen zu fördern.

Helmbarte auch Hellebarde, mittelalterliche Stoß- und Hiebwaffe mit axtförmiger Klinge und scharfer Spitze.

Humanismus Von Italien ausgehende europäische Bildungsbewegung des 14. bis 16. Jahrhunderts. Griff auf antike Literatur im Original zurück (ad fontes) und hoffte, durch die »studia humanitatis« den Menschen zu veredeln; starke Kritik an Tradition und kirchlicher Autorität.

Ikonographie Beschreibung der Bildnisse, besonders der Antike. Wissenschaft von der Deutung und Klassifizierung der Inhalte bildlicher Darstellungen und ihrer Elemente.

Inkunabeln Wiegendrucke, die ältesten mit beweglichen Lettern hergestellten Drucke (um 1450–1550).

Interim Auf dem Augsburger Reichstag Ende Juni 1548 verkündetes kaiserliches Religionsgesetz für ev. Reichsstände, als Zwischenlösung (Interim) bis zu einer Regelung der Religionsfrage durch ein Konzil. Lediglich Abendmahl unter Brot und Wein sowie die Heirat der Geistlichen wurde zugestanden; letztlich verlangte das Interim die Rückkehr zur spätmittelalterlichen Kirche.
»Leipziger Interim« – polemische Bezeichnung durch Flacius Illyricus für das von Kurfürst Moritz in Anlehnung an das »Augsburger« Interim dem Leipziger Landtag 1548 vorgelegte Kompromisspapier, das jedoch nicht verabschiedet wurde.

Jus reformandi (lat. Reformationsrecht) Recht des Landesherrn, die Bekenntniszugehörigkeit seiner Untertanen zu bestimmen.

Kantor Seit dem 4. Jahrhundert Sänger, Vorsänger, Leiter der Kirchenmusik; durch die Reformation nach Vorbild des Torgauers Johann Walter der Leiter einer städtischen Kantorei, zugleich Lehrer an einer Lateinschule.

Kantorei Im Mittelalter professionelle Sängergruppe und Hofkapelle an Kirchen und Fürstenhöfen. Seit der Reformation Träger geistlicher und weltlicher Musik durch Schüler von Lateinschulen oder singende (Adjuvanten) und musizierende (Collegium musicum) Stadtbürger.

Konkordat Vertrag zwischen Staat und römisch-katholischer Kirche (Papst, Heiliger Stuhl), erstmals 1418 Konkordate als Vereinbarungen zwischen Papst und den auf dem Konzil von Konstanz vertretenen deutschen, englischen, französischen Konzilsnationen.

Konsistorium Vom Papst einberufenes und geleitetes Kollegium der Kardinäle. Beim Aufbau reformatorischen Kirchenwesens zunächst Ersatz bischöflicher Ehegerichte, schließlich im Auftrag des Landesherrn Leitung und Verwaltung der neuen Landeskirchen.

Kurfürsten Durch die Goldene Bulle Kaiser Karls IV. 1356 zur Königswahl berechtigte sieben Reichsfürsten: die Erzbischöfe von Mainz, Köln, Trier, der Pfalzgraf bei Rhein, der Herzog von Sachsen, der Markgraf von Brandenburg, der König von Böhmen.

Kurornat Roter, hermelinbesetzter Kurmantel, Kurhut und Kurschwert als besondere Insignien der Kurfürsten.

Landfrieden Allgemeines Friedensgebot, um das Fehdewesen einzudämmen, zunächst zeitlich befristet, seit 1495 im Reich »ewiger« Landfrieden.

Landsknechte Ende des 15. Jahrhunderts erstmals Bezeichnung für zumeist aus Oberdeutschland stammende Fußtruppen, die in fest organisierten Gruppen (Fähnlein) auftraten.

Landstände/Landschaft Vertreter der Ritterschaft, der Städte und Geistlichkeit eines Territoriums.

Landtag Versammlung der → Landstände, seit dem 16. Jahrhundert von den Landesherren einberufen.

Leisen Bittgesänge oder geistliche Volkslieder, entstanden im 12. bis 14. Jahrhundert, die auf den Kehrreim »Kyrie eleis(on)« endeten, Anfänge des Gemeindegesangs.

Libertät (lat. Freiheit) Kampfbegriff der Reichsfürsten gegenüber dem Kaiser, auch der Landstände gegenüber ihrem Landesherrn.

Monarchia universalis Leitbegriff habsburgischer Propaganda, um die besondere Herrschaftsposition Karls V. zu charakterisieren: Aufnahme römischer und mittelalterlicher Traditionen, Karl V. gilt als Herrscher über alle Herrscher, Verteidiger der Christenheit, Quelle des Rechts und der Gerechtigkeit.

Mühlberg, Schlacht Gefechte am 24. April 1547 zwischen kaiserlichen und kursächsischen Truppen bei Mühlberg, die zur Niederlage Kurfürst Johann Friedrichs, seiner Gefangennahme und zur → Wittenberger Kapitulation führten.

Mutschierung Teilung der Nutzung, während das Gesamteigentum erhalten bleibt, bei Territorien auch als Verwaltungsteilung anzusehen.

Naumburger Vertrag Am 2. März 1554 zwischen Albertinern und Ernestinern abgeschlossen, bestätigte die → Wittenberger Kapitulation 1547 sowie die Leipziger Teilung von 1485 und damit das Nebeneinander der wettinischen Linien bis 1918.

Nürnberger Anstand Am 23. Juli 1532 sagte Karl V. den evangelischen → Reichsständen den Schutz des → Landfriedens zu, um deren Hilfe gegen die Türken zu erhalten. Dieser Anstand (Friedstand) verzichtete auf die 1530 bestätigte Durchsetzung des → Wormser Edikts und tolerierte befristet die reformatorischen Veränderungen in protestantischen Territorien und Reichsstädten.

Nürnberger Bund Am 10. Juni 1538 in Nürnberg gegründetes Bündnis altgläubiger → Reichsstände mit Herzog Georg von Sachsen; als Gegengewicht gegen den → Schmalkaldischen Bund geplant, blieb aber wirkungslos.

Oschatzer Vertrag Am 10. April 1542 zwischen Kurfürst Johann Friedrich und Herzog Moritz unter Vermittlung von Landgraf Philipp in Oschatz abgeschlossen, beendete die → Wurzener Fehde.

Passauer Vertrag Nach intensiven Verhandlungen zwischen König Ferdinand I., Herzog Moritz und anderen Reichsfürsten in Passau abgeschlossen, am 2. August von Moritz unterschrieben und am 15. August 1552 von Karl V. ratifiziert, beendete den Fürstenkrieg und bereitete den → Augsburger Religionsfrieden vor. Landgraf Philipp und Herzog Johann Friedrich erhielten ihre Freiheit zurück, das (Augsburger) → Interim wurde aufgehoben.

Perikope (griech. Abschnitt) Allgemeine Bezeichnung für einen Ausschnitt aus dem Text der Bibel, seit dem 16. Jahrhundert im evangelischen Raum für die Bibeltexte, über die gepredigt wurde (Perikopenordnung).

Prager Vertrag Bündnis zwischen König Ferdinand I. und Herzog Moritz, das am 14. Oktober 1546 in Prag abgeschlossen wurde. Moritz gab seine Neutralität auf und besetzte ab Ende Oktober ernestinische Gebiete. Der Schmalkaldische Krieg verlagerte sich nach Mitteldeutschland.

Prälaten Hohe Würdenträger in der römischen Kirche, ursprünglich vom Bischof aufwärts.

Protestanten Name für alle christlichen Kirchen und Gruppen, die aus der Reformation hervorgegangen sind, abgeleitet von der Protestation evangelischer → Reichsstände auf dem Reichstag zu Speyer unter Führung von Hessen und Kursachsen. Sie wurde am 19. April 1529 verlesen und protestierte unter Berufung auf das in Gottes Wort gebundene Gewissen gegen ein Mehrheitsvotum, das alle kirchlichen Reformen untersagte und das → Wormser Edikt bestätigte. Die konfessionelle Spaltung im Reich zeichnete sich ab.

Protonotar Seit Mitte des 12. Jahrhunderts erster Notar, Vertreter des Kanzlers und Leiter der Kanzlei, später in den Territorien übernommen.

Reichsmatrikel Verzeichnis der → Reichsstände mit den von ihnen aufzubringenden Truppenkontingenten und Steuern, erstmals 1422 angelegt, zur Anwendung kam die Wormser Reichsmatrikel von 1521.

Reichsstände Inhaber der Reichsstandschaft, unterstanden unmittelbar dem Kaiser. Diese Reichsunmittelbarkeit berechtigte zu Sitz und Stimme im → Reichstag.

Reichstag Versammlung der deutschen → Reichsstände, die Beratung erfolgte in Kollegien (Kurfürstenkollegium, Reichsfürstenrat und Städtekollegium). Vom Kaiser einberufen tagte sie in Reichs- oder Bischofsstädten.

Reliquien (lat. Überreste) Von Körper, Kleidung oder Gebrauchsgegenständen der Heiligen, deren Verehrung im Christentum seit dem 2. Jahrhundert nachweisbar ist. Sie wurde zum Ausgang einer sich intensivierenden Verehrung von Heiligen und Reliquien. Durch die Aufbewahrung einer Reliquie in jedem Altar und entsprechende Sammlungen (→ Heiltum(s)-bücher) ergab sich ein reger Reliquienhandel.

Renaissance (franz. Wiedergeburt) Begriff für eine Kulturepoche, die sich von der Mitte des 14. Jahrhunderts bis ins 16. Jahrhundert von Italien über Westeuropa ausbreitete. Sie bereitete die Neuzeit vor mit der Wiederentdeckung der Antike sowie der Hinwendung zum Menschen, zur Natur und zur Rationalität.

Sachsenspiegel Rechtsbuch, zwischen 1220 und 1235 durch Eike von Repgow verfasst.

Sakramente Bezeichnung für kirchliche Handlungen, als Sichtbarwerden des Wortes Gottes verstanden, im 16. Jahrhundert konfessionell geprägt. Gegenüber der 1439 dogmatisierten Siebenzahl der Sakramente (Taufe, Firmung, Beichte, Abendmahl, Trauung, Priesterweihe, Letzte Ölung) und der Betonung ihres Vollzugs im Spätmittelalter forderte Luther, gestützt auf die Bibel, als Maßstab die ausdrückliche Einsetzung durch Jesus Christus. So verblieben Taufe, Beichte (in enger Verbindung zur Taufe) und Abendmahl, die nur im vertrauenden Glauben wirksam werden.

Schmalkaldische Artikel Von Luther Ende 1536/Anfang 1537 erarbeitetes theologisches Gutachten für die Beratung des → Schmalkaldischen Bundes im Februar 1537 in Schmalkalden über die päpstliche Einladung zum Konzil. Die bekenntnishaften Artikel, die die Grundlehren – teilweise abgrenzend – gegenüber der römischen Kirche entwickeln, wurden 1537 nur von Theologen unterschrieben, gewannen aber später als Quelle für Luthers Theologie den Rang einer Bekenntnisschrift.

Schmalkaldischer Bund Am 27. Februar 1531 in Schmalkalden unter Führung von Hessen und Kursachsen gegründetes Verteidigungsbündnis von Fürsten und Städten, die sich zum → Augsburgischen Bekenntnis bekannten, um den Folgen des Augsburgischen Reichsabschiedes von 1530 zu begegnen; der Bund entwickelte sich zur erfolgreichen Schutzmacht der Reformation und zum politischen Machtfaktor im Reich; er zerbrach während des Schmalkaldischen Krieges 1546/47.

Scholastik (lat., Schulwissenschaft) Der Begriff bezieht sich nicht nur auf die Theologie und Philosophie des Mittelalters im 11. bis 15. Jahrhundert, sondern als Denkform auch auf die mittelalterliche Form der Wissenschaft insgesamt, auf eine schulmäßige Beschäftigung mit Wissenschaft. Charakteristisch ist die systematische Verbindung von autoritativen Texten und rationalem Denken, um zu einer Synthese von theologischer Überlieferung und philosophischer Bildung zu gelangen.

Schoß Seit dem späten Mittelalter allgemeine Bezeichnung für Steuer, → Bede, v. a. Vermögens- oder Gewerbesteuer in Städten, z. T. nach Selbstveranlagung unter Eid.

Schriftsasse Adel oder Ritterschaft, auch Städte, die bei Einberufung von Landtagen das Recht zur persönlichen Ladung durch eine »Schrift« besaßen; durften das höchste Gericht bereits in erster Instanz in Anspruch nehmen.

Schwäbischer Bund Von schwäbischen Reichsständen 1488 auf Veranlassung Kaiser Friedrichs III. gegründet, um den → Landfrieden zu sichern. Instrument habsburgischer Politik, kämpfte im Bauernkrieg gegen die Bauern; konfessionelle Gegensätze legten den Bund lahm, dessen Auflösung 1534 Landgraf Philipp erreichte.

Sequestration Verwaltung von Klostergütern durch Dritte, zunächst von den evangelischen Reichsständen als Übergangsform bei umstrittenen Gütern vorgeschlagen, nach 1530 entstanden Sequestrationskommissionen in Kursachsen aus kurfürstlichen Räten und Vertretern der → Landstände zur Verwaltung der Klöster. 1543 fand die Sequestration ihr Ende mit der Übernahme der Klostergüter durch die kurfürstliche Kammerverwaltung.

Superintendent »Aufseher«, leitete im Auftrag des Landesherrn den Aufbau des neuen Kirchenwesens in einem bestimmten Bezirk (Superintendentur, Ephorie, Kirchenkreis); als Amt 1528/1529 während der ersten landesweiten Visitation in Kursachsen eingerichtet, mit der Aufsicht über Pfarrer und Lehrer beauftragt.

Torgauer Artikel Nach Vorarbeiten in Wittenberg am 27. März 1530 von Martin Luther, Justus Jonas, Johannes Bugenhagen und Philipp Melanchthon, der den Text niederschrieb, verabschiedet; betrafen vor allem die kirchliche Praxis; wurden in Augsburg umgearbeitet und dienten als Vorarbeit zur → Augsburgischen Confession.

Torgauer Bund Durch die kursächsische Ratifikation am 2. Mai 1526 andere Bezeichnung für den → Gothaer Bund.

Transubstantiation (lat., Wandlung der Substanz) Grundlegend für die mittelalterliche und römisch-katholische Abendmahlstheologie, als Lehrgegenstand 1215 zum Dogma erhoben. Das Sprechen der Einsetzungsworte durch einen geweihten Priester bewirkt die Wandlung von Brot und Wein in gegenwärtiges Blut Christi und gegenwärtigen Leib Christi. Nur die äußeren Eigenschaften von Brot und Wein bleiben erhalten; förderte eine intensive Sakramentsfrömmigkeit.

Tridentinum Konzil, das 1545–1563 in Trient tagte; seine Beschlüsse zur Lehre setzten sich abgrenzend mit der reformatorischen Theologie auseinander und trugen entscheidend zur Reform und Erneuerung der römischen Kirche bei.

Türkensteuer Steuer zur Finanzierung der Kriege gegen die Türken.

Väterliche Ordnung 1499 von Herzog Albrecht erlassenes Hausgesetz, das seinen älteren Sohn Georg als Nachfolger bestimmte. Dieses Testament untersagte für die Zukunft die Teilung des Herzogtums und bereitete die Regierungsübernahme durch den jeweils ältesten Sohn vor (Primogenitur).

Vertrag von Chambord Am 15. Januar 1552 zwischen Kurfürst Moritz, Herzog Johann Albrecht von Mecklenburg, Landgraf Wilhelm von Hessen und König Heinrich II. von Frankreich abgeschlossen, gegen Karl V. gerichtet. Größere Geldzahlungen ermöglichten im Frühjahr 1552 den Fürstenkrieg gegen den Kaiser.

Visitation (lat., Besuch) Im mittelalterlichen Kirchenwesen Verpflichtung der Bischöfe zu regelmäßigem Besuch der Gemeinden; in der Reformation entscheidendes Instrument des Landesherrn, das neue Kirchenwesen aufzubauen, die Eignung der Geistlichen zu prüfen und die wirtschaftliche Lebensfähigkeit der Gemeinden zu erreichen.

Wittenberger Kapitulation Am 19. Mai 1547 von Kurfürst Johann Friedrich in Wittenberg unterzeichnete Kapitulation, beendete für Kursachsen den Schmalkaldischen Krieg; Johann Friedrich verzichtete zugunsten von Herzog Moritz auf die Kurwürde, das Herzogtum Sachsen-Wittenberg (Kurkreis) und die ernestinischen Gebiete östlich der Saale.

Wittum Vom Bräutigam der Braut übereignet, deren Eigentum es wurde; diente als eigentliche Versorgung der Witwe.

Wormser Edikt Auf dem Reichstag zu Worms 1521 gegen Martin Luther ergangenes kaiserliches Edikt, das die Reichsacht über Luther verhängte und die Vernichtung seiner Schriften anordnete; die Durchführbarkeit dieses Edikts wurde zum Gradmesser für den Fortgang der Reformation.

Wurzener Fehde Streit um die gemeinsamen Schutzrechte der Ernestiner und Albertiner über das Bistum Meißen im März/April 1542, der durch den → Oschatzer Vertrag beigelegt wurde. Als der Meißner Bischof sich weigerte, den von Johann Friedrich beanspruchten Teil der Türkensteuer den Hochstiften in Wittenberg zu hinterlegen, ließ der Kurfürst Wurzen besetzen, die Steuer eintreiben und die Reformation einführen. Das entschlossene Handeln Landgraf Philipps verhinderte eine militärische Konfrontation. In der Wurzener Fehde erreichten die innerwettinischen Beziehungen ihren tiefsten Punkt vor dem Schmalkaldischen Krieg.

Personenregister

Genealogie der Wettiner

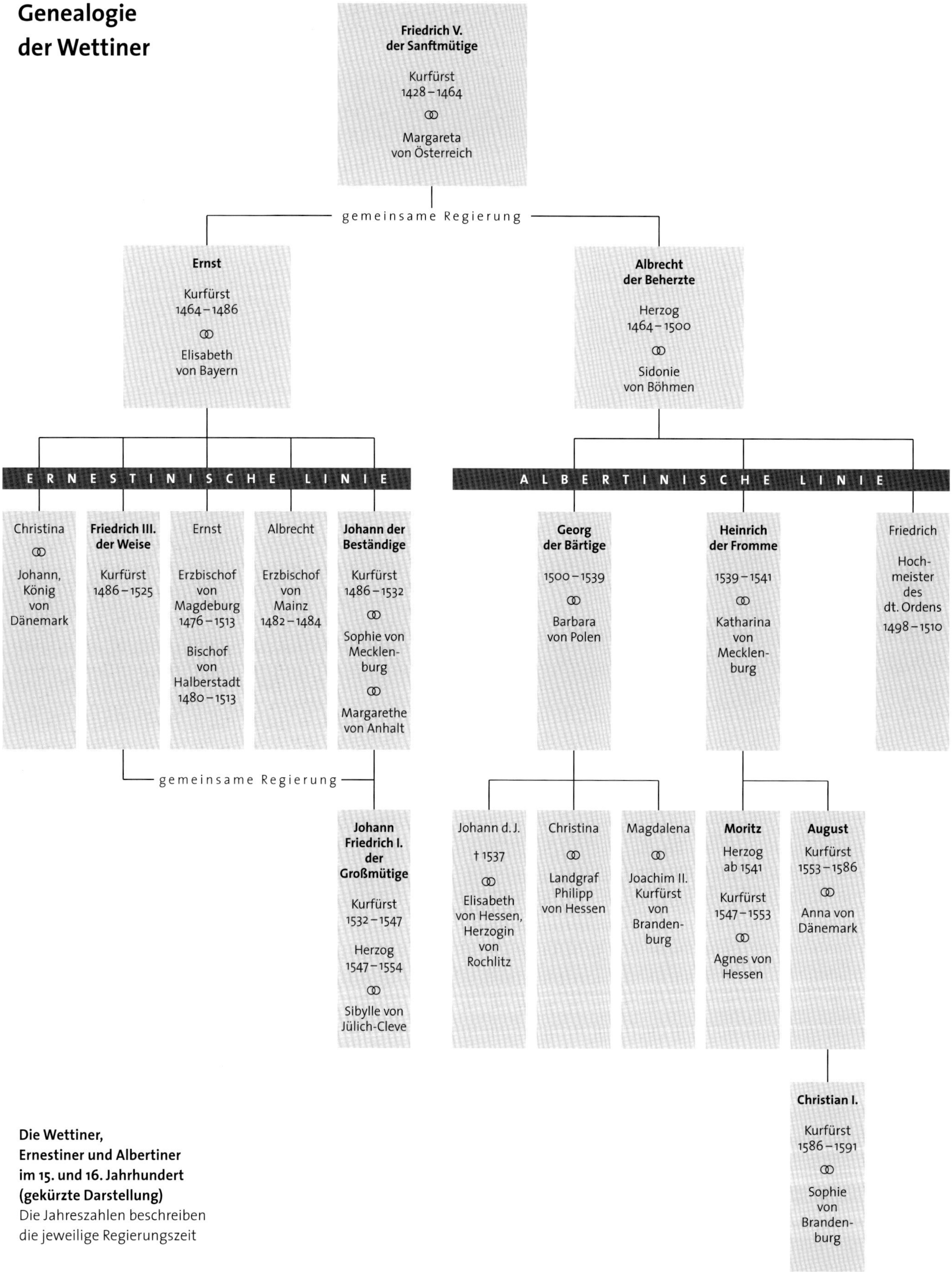

Die Wettiner,
Ernestiner und Albertiner
im 15. und 16. Jahrhundert
(gekürzte Darstellung)
Die Jahreszahlen beschreiben
die jeweilige Regierungszeit

Literatur

- 300 Jahre Universität Halle 1994 – Speler, Ralf-Torsten: 300 Jahre Universität Halle. Schätze aus den Sammlungen und Kabinetten, Ausst.-Kat. Städtische Galerie Karlsruhe, Halle a. d. S. 1994.
- 400 Jahre Dresdener Kunstsammlungen 1960 – 400 Jahre Dresdener Kunstsammlungen. Von der kurfürstlichen Kunstkammer zu sozialistischen Bildungsstätten des Volkes, Ausst.-Kat., hrsg. v. d. Staatlichen Kunstsammlungen Dresden, Dresden 1960.
- 800 Jahre Deutscher Orden 1990 – 800 Jahre Deutscher Orden, Ausst.-Kat. Germanisches Nationalmuseum Nürnberg in Zusammenarbeit mit der Internationalen Historischen Kommission zur Erforschung des Deutschen Ordens, Gütersloh, München 1990.
- Aber 1921 – Aber, Adolf: Die Pflege der Musik unter den Wettinern und wettinischen Ernestinern. Von den Anfängen bis zur Auflösung der Weimarer Hofkapelle 1662, Bückeburg, Leipzig 1921.
- ADB – Allgemeine Deutsche Biographie, hrsg. durch d. Historische Commission bei d. Königl. Akademie der Wissenschaften München, Leipzig 1875–1910, 55 Bde.
- Agricola 1557/1974 – Agricola, Georgius: De re metallica libri XII, Basel 1557 (= Georgius Agricola – Ausgewählte Werke, Bd. VIII), übers. u. bearb. v. Georg Fraustadt, Hans Prescher, Berlin 1974.
- Agricola 1955 – Agricola, Georgius: Bermannus oder über den Bergbau. Ein Dialog (= Georgius Agricola – Ausgewählte Werke, Bd. II), Berlin 1955.
- Agricola 1961 – Agricola, Georgius: Vermischte Schriften (= Georgius Agricola – Ausgewählte Werke, Bd. VI), Berlin 1961.
- Agricola 1963 – Agricola, Georgius: Die Sippschaft des Hauses zu Sachsen. Vier Bücher (= Georgius Agricola – Ausgewählte Werke, Bd. VII), Berlin 1963.
- Albrecht von Brandenburg 1990 – Albrecht von Brandenburg. Kurfürst, Erzkanzler, Kardinal, 1490–1545, Ausst.-Kat. Landesmuseum Mainz, hrsg. v. Berthold Roland, Mainz 1990.
- Aller Knecht und Christi Untertan 1996 – Aller Knecht und Christi Untertan. Der Mensch Luther und sein Umfeld, Ausst.-Kat. zum 450sten Todesjahr, hrsg. v. d. Wartburg-Stiftung Eisenach, Eisenach 1996.
- Anacker 1960 – Anacker, Heinrich: Von Beilen, Barten und Häckchen, Berlin 1960.
- Andersson 1981 – Andersson, Christiane D.: Religiöse Bilder Cranachs im Dienste der Reformation, in: Humanismus und Reformation als kulturelle Kräfte in der Deutschen Geschichte. Ein Tagungsbericht, hrsg. v. Lewis W. Spitz, Berlin, New York 1981, S. 43–79.
- Andersson 1994 – Andersson, Christiane D.: Die Spalatin-Chronik und ihre Illustrationen aus der Cranach-Werkstatt, in: Lucas Cranach 1994, S. 208–217, 372 f.
- Angermeier 1966 – Angermeier, Heinz: Königtum und Landfriede im deutschen Spätmittelalter, München 1966.
- Angermeier 1984 – Angermeier, Heinz: Die Reichsreform 1410–1555. Die Staatsproblematik in Deutschland zwischen Mittelalter und Gegenwart, München 1984.
- Annaberg 1965 – Annaberg, in: Handbuch der Historischen Stätten Deutschlands, Bd. VIII: Sachsen, Stuttgart 1965, S. 5–9.
- Anzelewski 1971 – Anzelewski, Fedja: Albrecht Dürer. Das malerische Werk, Berlin 1971.
- Appel 1955 – Appel, Heinrich: Kurzgefasste Kirchengeschichte, Berlin 1955[4].
- Appuhn/Heusinger 1976 – Appuhn, Horst; Heusinger, Christian von: Riesenholzschnitte und Papiertapeten der Renaissance, Unterschneidheim 1976.
- Arnhardt/Reinert 2002 – Arnhardt, Gerhard; Reinert, Gerd-Bodo: Die Fürsten- und Landesschulen Meißen, Schulpforte und Grimma. Lebensweise und Unterricht über Jahrhunderte (= Schriftenreihe des Weltbundes für Erneuerung der Erziehung. Internationale Pädagogik – Reformpädagogik V), Weinheim 2002.
- Arnold 1967a – Arnold, Ulli: Lutherandenken im grünen Gewölbe, in: Dresdener Kunstblätter 11 (1967), S. 182–187.
- Arnold 1967b – Arnold, Paul: Medaillenbildnisse der Reformationszeit, Berlin 1967.
- Arnold 1971 – Arnold, Paul: Die Entwicklung des antiken und des deutschen Geldwesens – Führer zur ständigen Ausstellung des Dresdner Münzkabinetts, Dresden 1971.
- Arnold 1980 – Arnold, Paul: Die sächsische Talerwährung von 1500–1763, in: Schweizerische Numismatische Rundschau 59 (1980), S. 50–94.
- Arnold 1982 – Arnold, Paul: Die Münzstätte Annaberg im 16. Jahrhundert, in: Jahrbuch der Staatlichen Kunstsammlungen Dresden 11 (1978/79) (1982), S. 159–179.
- Arnold 1983 – Arnold, Ulli: Der Lutherbecher im Grünen Gewölbe und seine Medaillen, in: Dresdener Kunstblätter 27 (1983), S. 183–189.
- Arnold 1990 – Arnold, Paul: Kurfürst Friedrich der Weise von Sachsen als Förderer der Medaillenkunst, in: The Medal 17 (1990), S. 4–9.
- Arnold 1996 – Arnold, Paul: Der Anteil Sachsens an der Durchsetzung der Talerwährung im 16. Jahrhundert, in: Numismatisches Nachrichtenblatt 3 (1996), S. 6–12.
- Arnold/Quellmalz 1978 – Arnold, Paul; Quellmalz, Werner: Sächsisch-thüringische Bergbaugepräge. Gewinnung und Verhüttung von Gold, Silber und Kupfer im Spiegel der Münzen und Medaillen, Leipzig 1978, S. 134 ff.
- Asche 1957 – Asche, Siegfried: Die Wartburg, Dresden 1957[2].
- Asper 1985 – Aosper, Ulrich: Aspekte zum Werden der deutschen Liedsätze in Johann Walters »Geistlichem Gesangbüchlein« (1524–1551), Baden-Baden 1985.
- Auktionskat. Lepke 1911 – Sammlung des Freiherrn Adalbert von Lanna, Prag, Auktionskat., hrsg. v. Rudolph Lepke's Kunst-Auctions-Haus, Berlin 1911, T. II.
- Aurich 2000 – Aurich, Frank: Die Anfänge des Buchdrucks in Dresden. Die Emserpresse 1524–1526 (= Schriftenreihe der SLUB Dresden 3), Dresden 2000.
- Bach 1979 – Bach, Ingo: Ein Gemäldeschicksal. Zu Entstehung und Verbleib Lucas d. J. Bildnis des sächsischen Kurfürsten Johann Friedrich, in: Sächsische Heimatblätter 25 (1979), S. 202–204.
- Bach/Decker 1973 – Bach, Ingo; Decker, Friedrich: Ein neuentdecktes Gemälde Lucas Cranach des Jüngeren, in: Neue Museumskunde 2 (1973), S. 142–144.
- Bachmann 1939 – Bachmann, Walter: Schloss Moritzburg, unveröffentl. Skript 1939, aufbewahrt im Landesamt für Denkmalpflege Sachsen, Dresden.
- Bamberg 1934 – Bamberg, Paul: Hieronymus Magdeburger, Peter Goldschmied und Jobst Leypold. Der Leipziger Stempelschneider Melchior Peuerlein, Gotha 1934.

- Bange 1949 – Bange, Ernst Friedrich: Die deutschen Bronzestatuetten des 16. Jahrhunderts, Berlin 1949.
- Barock in Dresden 1986 – Barock in Dresden. Kunst und Kunstsammlungen unter der Regierung des Kurfürsten Friedrich August I. von Sachsen und Königs August II. von Polen, genannt August der Starke, 1694–1733, und des Kurfürsten Friedrich August II. von Sachsen und Königs August III. von Polen, 1733–1763, Ausst.-Kat., hrsg. v. Ulli Arnold, Leipzig 1986.
- Bartsch – Bartsch, Adam von: Le Peintre-Graveur, Wien 1802–1821, 21 Bde.
- Bartsch 1992 – The Illustrated Bartsch, begr. v. Adam von Bartsch, hrsg. v. Walter L. Strauss, New York 1992, Bd. 164: Suppl. German single leaf woodcuts before 1500, ed. by Richard Field.
- Bauer 2003 – Bauer, Joachim: Johann Friedrich I. der Großmütige (1503–1554). Turnierkämpfer – Mäzen – Lutherischer Kurfürst, in: Bauer/Hellmann 2003, S. 9–39.
- Bauer/Hellmann 2003 – Bauer, Joachim; Hellmann, Birgit (Hg.): Verlust und Gewinn. Johann Friedrich I., Kurfürst von Sachsen (= Bausteine zur Jenaer Stadtgeschichte 8), Weimar 2003, S. 9–39.
- Baumann/Kuschka/Seifert 2000 – Baumann, Ludwig; Kuschka, Ewald; Seifert, Thomas: Lagerstätten des Erzgebirges, Stuttgart 2000.
- Bäumel 1987 – Bäumel, Jutta: Das Trauerzeremoniell für Kurfürst August von Sachsen 1586 in Dresden und Freiberg, in: Dresdener Kunstblätter 31 (1987), S. 208–216.
- Bäumel 1990 – Bäumel, Jutta: Die Festlichkeiten zur Hochzeit Herzog Augusts von Sachsen mit Anna von Dänemark 1548, in: Dresdner Hefte 8 (1990), Zur Festkultur des Dresdner Hofes, S. 19–28.
- Bäumel 1993 a – Bäumel, Jutta: Der Kleider-Nachlaß des Kurfürsten Moritz von Sachsen. Das Inventar von 1553 und die in der Dresdener Rüstkammer überlieferten Originale, in: Waffen- und Kostümkunde 35 (1993), S. 65–106.
- Bäumel 1993 b – Bäumel, Jutta: Et morte triumphans, Kunstwerk des Monats in der Dresdener Rüstkammer, in: Dresdener Kunstblätter 37 (1993), S. 130–135.
- Bäumel 1995 – Bäumel, Jutta: Die Rüstkammer zu Dresden. Führer durch die Ausstellung im Semperbau, München, Berlin 1995.
- Bäumel/Bruseberg 1989/90 – Bäumel, Jutta; Bruseberg, Gisela: Das Bräutigamskleid Herzog Augusts von Sachsen aus dem Jahre 1548, in: Jahrbuch der Staatlichen Kunstsammlungen Dresden 21 (1989/1990), S. 7–24.
- Baumgarten 1812 – Baumgarten, Joseph Gotthard: Historisch-genealogisch-chronologisch-kritisches Verzeichnis aller bekannten ducatenförmigen Goldmünzen der albertinischen Hauptlinie des uralten sächsischen Hauses, Dresden 1812.
- Bavaria, Germania, Europa 2000 – Henker, Michael (Hg.): Bavaria, Germania, Europa – Geschichte auf Bayerisch (= Veröffentlichungen zur bayerischen Geschichte und Kultur 42), Ausst.-Kat. zur Landesausstellung des Hauses der Bayerischen Geschichte in Zusammenarbeit mit den Museen der Stadt Regensburg, Augsburg 2000.
- Becker 1998 – Becker, Hans Jürgen: Wahlkapitulationen, in: Handwörterbuch zur deutschen Rechtsgeschichte, hrsg. v. Adalbert Erler, mitbegründet v. Wolfgang Stammler, Berlin 1998, Bd. V, Register.
- Bekker 1998 – Bekker, Gerd: Europäische Plaketten und Medaillen vom 15. bis zum 18. Jahrhundert, Bestands- u. Verlustkat. d. Sammlung des Grassimuseums Leipzig, Museum für Kunsthandwerk, Leipzig 1998.
- Benninghoven 1990 – Benninghoven, Friedrich: Unter Kreuz und Adler. Der Deutsche Orden im Mittelalter, Berlin 1990, S. 177–181.
- Benzing 1966 – Benzing, Josef; Claus, Helmut: Lutherbibliographie. Verzeichnis der gedruckten Schriften Martin Luthers bis zu dessen Tod (= Bibliotheca bibliographica Aureliana), Baden-Baden 1966.
- Benzing 1981 – Benzing, Josef: Die amtlichen Drucke des Reichstags, in: Reuter 1981, S. 438–448.
- Bergerhausen 2000 – Bergerhausen, Hans-Wolfgang: Eine »der merckwürdigsten Urkunden in denen sächsischen Geschichten«: Die Dispositio Albertina von 1499, in: Zeitschrift für Historische Forschung 27 (2000), S. 161–177.
- Bericht 1547 – Lateinischer Bericht im Lager bei Mühlberg 25. April 1547, SächsHStA Dresden, Loc. Nr. 9142.
- Berling 1887 – Berling, Karl: Der kursächsische Hofmaler und Kupferstecher Heinrich Göding, in: Neues Archiv für Sächsische Geschichte und Altertumskunde 8 (1887), S. 290–346.
- Berling 1890 – Berling, Karl: Die Dresdner Malerinnung, in: Neues Archiv für sächsische Geschichte und Altertumskunde 11 (1890), S. 263–281.
- Bernhart 1919 – Bernhart, Max: Die Bildnismedaillen Karls des Fünften, München 1919.
- Beschorner 1953 – Beschorner, Hans: Die sogenannte Bannbulle und ihre angebliche Verbrennung durch Luther am 10. Dezember 1520, in: Forschungen aus mitteldeutschen Archiven. Zum 60. Geburtstag von Hellmut Kretzschmar, Berlin 1953, S. 315–327.
- Bestecke 1994 – Bestecke – Die Egloff'steinsche Sammlung (15.–18. Jahrhundert) auf der Wartburg, Bestandskat. bearb. v. Jochim Amme, Eisenach, Stuttgart 1994.
- Beyer 1937 – Beyer, Fritz: Gedruckte Ablassbriefe und sonstige mit Ablässen in Zusammenhang stehende Druckwerke des Mittelalters, in: Gutenberg-Jahrbuch 12 (1937), S. 43–54.
- Biedermann 1989 – Biedermann, Hans: Knaurs Lexikon der Symbole, München 1989.
- Bildersturm 2000 – Bildersturm. Wahnsinn oder Gottes Wille? Ausst.-Kat. Bernisches Historisches Museum, Musée de l'Œuvre Notre-Dame, Strasbourg, hrsg. v. Cécile Dupeux u. a., Zürich 2000.
- Birkhan 1763 – Birkhan, Christian Ernst: Nach alphabetischer Ordnung eingerichtetes Verzeichniß über die in der hiesigen Churfürstl. Mineralien-Gallerie befindlichen gewachsenen innländischen Silberstufen auch Glas- und Hornerze aus den sächsischen Berg-Refieren etc., verfertigt 1764, Bd. I.
- Birkhan 1764 – Birkhan, Christian Ernst: Nach alphabetischer Ordnung eingerichtetes Verzeichniß über die in der hiesigen Churfürstl. Mineralien-Gallerie befindlichen gewachsenen innländischen Silberstufen auch Glas- und Hornerze aus den sächsischen Berg-Refieren etc., verfertigt 1763, Bd. II.
- Blankenburg 1972 – Blankenburg, Walter: Die verschlungenen Schicksalswege des Codex Gothanus Chart. A. 98, in: Quellenstudien zur Musik. Wolfgang Schmieder zum 70. Geburtstag, Frankfurt a. M. u. a. 1972, S. 35–40.
- Blankenburg 1991 – Blankenburg, Walter: Johann Walter. Leben und Werk, Tutzing 1991.
- Blaschke 1983 – Blaschke, Karlheinz: Moritz von Sachsen. Ein Reformationsfürst der zweiten Generation (= Persönlichkeit und Geschichte 113), Göttingen, Zürich 1983.
- Blaschke 1985 – Blaschke, Karlheinz: Die Leipziger Teilung der wettinischen Länder von 1485, in: Sächsische Heimatblätter 31 (1985), S. 277–280.
- Blaschke 1997 – Blaschke, Karlheinz: Die Schlacht bei Mühlberg – ein Markstein sächsischer Geschichte, in: Dresdner Hefte 52 (1997), Kurfürst Moritz und die Renaissance, S. 10–18.
- Blaschke 1999 – Blaschke, Karlheinz: Die Kurfürsten von Sachsen als Förderer der Leipziger Messe, in: Zwahr, Hartmut; Topfstedt, Thomas; Bentele, Günter (Hg.): Leipzigs Messen 1497–1997. Gestaltwandel – Umbrüche – Neubeginn (= Geschichte und Politik in Sachsen IX, 1), Köln u. a. 1999, S. 61–74.
- Blaschke 2001 – Blaschke, Karlheinz: Die Anfänge der kursächsischen Zentralverwaltung im 16. Jahrhundert, in: Das Kurfürstliche Kanzleihaus zu Torgau (= Schriften des Torgauer Geschichtsvereins 2), Torgau 2001, S. 39–46.
- Blickle 1981 – Blickle, Peter: Die Revolution von 1525, München, Wien 1981[2].
- Blockmans/Burke 1999 – Blockmans, Wim; Burke, Peter u. a. (Hg.): Charles Quint 1500–1558. L'empereur et son temps, Antwerpen 1999.
- Bode 1884 – Bode, Wilhelm: Albrecht Dürer – Bildnis des Kurfürsten Friedrich von Sachsen, in: Jahrbuch der Preußischen Kunstsammlungen 5 (1884), S. 57–62.
- Böhnisch/Brichzin 1990 – Kursächsische Kartographie bis zum Dreißigjährigen Krieg, hrsg. v. Fritz Böhnisch, Hans Brichzin u. a. (= Veröffentlichungen des Staatlichen Mathematisch-Physikalischen Salons – Forschungsstelle, Dresden Zwinger, Bd. VIII), Berlin 1990.
- Bönhoff 1910 – Bönhoff: Petrus Albinus. Annabergische Annales de anno 1492 biß 1539. Kritische Ausgabe der ältesten Nachrichten über Annaberg nach dem Manuskripte Q 127 der Königl. Bibliothek zu Dresden nebst einem Nachworte, in: Mitteilungen des Vereins für Geschichte von Annaberg und Umgegend 11 (1910), S. 1–50.
- Bonwetsch 1907 – Bonwetsch, Gerhard: Geschichte des Passauischen Vertrages von 1552, Göttingen 1907.
- Börkel/Woeckner 1987 – Börkel, Werner; Woeckner, Horst: Des Bergmanns Geleucht, Essen 1987[2], Bd. IV.
- Börner 1997 – Börner, Lore: Die italienischen Medaillen der Renaissance und des Barock (1450 bis 1750) (= Numismatische Forschungen N.F. 5), Berlin 1997.
- Bornkamm 1961 – Bornkamm, Heinrich: Kampf um das Evangelium. Die Reformation in Leipzig, in: Ders.: Das Jahrhundert der Reformation, Frankfurt a. M. 1961, S. 184–210.
- Brachwitz 1998 – Brachwitz, Petra: Webdecken des 15. und 16. Jahrhunderts, München 1998.
- Brandenburg 1896 – Brandenburg, Erich: Herzog Heinrich der Fromme und die Religionsparteien im Reiche (1537–1541), Dresden 1896.
- Brandenburg 1898 a – Brandenburg, Erich: Moritz von Sachsen, Leipzig 1898, Bd. I: Bis zur Wittenberger Kapitulation (1547).
- Brandenburg 1898 b – Brandenburg, Erich: Der Regensburger Vertrag zwischen den Habsburgern und Moritz von Sachsen, in: Historische Zeitung 80 (1898), S. 1–42.

- Brandi 1937 – Brandi, Karl: Kaiser Karl V., München 1937, Bd. I.
- Bräuer 1973 – Bräuer, Siegfried: Die zeitgenössischen Dichtungen über Thomas Müntzer und den Thüringer Bauernaufstand, ungedr. Theol. Diss. Leipzig 1973.
- Bräuer 1994 – Bräuer, Siegfried: Selbstverständnis und Feindbild bei Martin Luther und Thomas Müntzer. Ihre Flugschriftenkontroverse von 1524, in: Vogler, Günter (Hg.): Wegscheiden der Reformation: alternatives Denken vom 16. bis zum 18. Jahrhundert, Weimar 1994, S. 57–84.
- Braunfels 1956 – Braunfels, Wolfgang: Tizians Augsburger Kaiserbildnisse, in: Kunstgeschichtliche Studien für Hans Kaufmann, Berlin 1956, S. 192–207.
- Braunfels 1965 – Braunfels, Wolfgang: Ein Tizian nach Cranach, in: Festschrift für Herbert von Einem, Berlin 1965, S. 44–48.
- Bravermanova/Samohoylová 1997 – Bravermanova, Milena; Samohoylová, Alena: Textilie z hrobu Ferdinanda I. Habsburského z Colinova mauzolea v katerdrále sv. Vita na Prazském hrade, in: Muzejni a vlastivedna prace, rocnik 95, 2 (1997), S. 65–91.
- Brecht 1981–87 – Brecht, Martin: Martin Luther, Stuttgart 1981–87, 3 Bde.
- Brecht 1986 – Brecht, Martin: Martin Luther. Sein Weg zur Reformation 1483–1521, Berlin 1986.
- Brecht 1989 – Brecht, Martin: Martin Luther. Ordnung und Abgrenzung der Reformation 1521–1532, Berlin 1989.
- Brendel 1955 – Brendel, Friedmar: Über das alte bergmännische Geleucht, in: Bergbau und Bergleute. Neue Beiträge zur Geschichte des Bergbaus und der Geologie, Berlin 1955, S. 119–146.
- Brendle 2001 – Deutsche Landesgeschichtsschreibung im Zeitalter des Humanismus (= Contubernium 56), hrsg. v. Franz Brendle, Stuttgart 2001.
- Brendler 1983 – Brendler, Gerhard: Martin Luther, Berlin 1983.
- Brockmann 1994 – Brockmann, Günther: Die Medaillen Joachim I. – Friedrich Wilhelm I.: 1499–1740 (= Die Medaillen der Kurfürsten und Könige von Brandenburg-Preußen 1), Köln 1994.
- Brozatus 1994 – Brozatus, Klaus-Peter: Statthaltermedaillen, in: Gotteswort und Menschenbild 1994, T. 2: Renaissancemedaillen, Renaissanceplaketten, Statthaltermedaillen, S. 43–55.
- Bruck 1903 – Bruck, Robert: Friedrich der Weise als Förderer der Kunst, Straßburg 1903.
- Brunner 2002 – Brunner, Horst (Hg.): Vom Großen Löwenhof zur Universität. Würzburg und die deutsche Literatur im Spätmittelalter, hrsg. v. Horst Brunner, Hans-Günther Schmidt, Wiesbaden 2002.
- Brusniak 1998 – Brusniak, Friedhelm (Hg.): Johann-Walter-Studien, Tutzing 1998.
- Buchwald 1900 – Buchwald, Gustav: Reformationsgeschichte der Stadt Leipzig, Leipzig 1900.
- Bulgarella 1996/97 – Bulgarella, Mary Westerman: A Medician Damask: Research on its Origins, Significance and Usage in Florentine Painting in the Cinque- and Seicento, in: Jaquard 30 (1996–97), S. 2–6.
- Burkhardt 1879 – Burkhardt, Karl August Hugo: Geschichte der sächsischen Kirchen- und Schulvisitationen von 1524 bis 1545, Leipzig 1879.
- Burkhardt 2002 – Burkhardt, Johannes: Das Reformationsjahrhundert: Deutsche Geschichte zwischen Medienrevolution und Institutionenbildung 1517–1617, Stuttgart 2002.
- Bütte 1967 – Bütte, Heinrich: Geschichte Dresdens bis zur Reformationszeit, Köln, Graz 1967.
- Cahn 1905 – Cahn, Julius: Die Dreifaltigkeitsmedaille Hans Reinharts, in: Blätter für Münzfreunde 40 (1905), S. 3339–3343.
- Cante 2004 – Cante, Andreas: Der Bildhauer und Medailleur Hans Schenk oder Scheußlich. Studien zu Renaissance und Reformation im Nordosten des Reiches (Arbeitstitel), Dissertationsschrift 2004 (Freie Universität Berlin).
- Cardenás 2002 – Cardenás, Livia: Friedrich der Weise und das Wittenberger Heiltumsbuch, Berlin 2002.
- Carolus 2000 – Carolus. Sociedad Estatal para la Commemoración de los Centenarios de Felipe II y Carlos V, hrsg. v. Fernando Checa, Ausst.-Kat. Toledo, Museo de Santa Cruz, Madrid 2000.
- Caspar 1974 – Caspar, Helmut: Münztechnik auf historischen Bilddokumenten. Numismatische Beiträge, Sonderh. 1, Berlin 1974.
- Catalogue général 1977 – Catalogue général illustré des éditions de la Monnaie de Paris, Paris 1977, T. 1: De l' Antiquité à Louis XVI.
- Christensen 1992 – Christensen, Carl C.: Princes and Propaganda. Electoral Saxon Art of the Reformation (= Sixteenth Century Essays & Studies 20), Kirksville, Miss. 1992.
- Christiani 1983 – Christiani, Franz-Josef: »Tetzels Ablaßkiste«, in: Miszellen, Städtisches Museum Braunschweig 37 (1983), o. S.
- Chroust 1935 – Denkmäler der Schreibkunst des Mittelalters, hrsg. v. Anton Chroust, Leipzig 1935, Abt. I, 3, 2.
- Claus 1985 – Claus, Helmut: Die Zwickauer Drucke des 16. Jahrhunderts, Gotha 1985, T. 1.
- Claus 1987 – Claus, Helmut: Das Leipziger Druckschaffen der Jahre 1518–1539: Kurztitelverzeichnis (= Veröffentlichungen der Forschungsbibliothek Gotha 26), Gotha 1987.
- Claus/Pegg 1982 – Ergänzungen zur Bibliographie der zeitgenössischen Lutherdrucke. Im Anschluss an die Lutherbibliographie Josef Benzings, bearb. v. Helmut Claus, Michael A. Pegg (= Veröffentlichungen der Forschungsbibliothek Gotha 20), Baden-Baden 1982.
- Cranach 1953 – Kat. der Lucas-Cranach-Ausstellung: Weimar und Wittenberg, hrsg. v. Dt. Lucas-Cranach-Komitee, Weimar 1953.
- Das Gewand des Buches 2002 – Das Gewand des Buches. Historische Bucheinbände aus den Beständen der Universitätsbibliothek Leipzig und des Deutschen Buch- und Schriftmuseum der Deutschen Bücherei Leipzig (= Schriften aus der Universitätsbibliothek Leipzig 6), hrsg. v. Roland Jäger, Leipzig 2002.
- Das Grüne Gewölbe zu Dresden 1997 – Das Grüne Gewölbe zu Dresden. Führer durch seine Geschichte und seine Sammlungen, hrsg. v. Dirk Syndram unter Mitarbeit v. Ulli Arnold, Jutta Kappel, Leipzig 1997.
- Dasein und Vision 1989 – Staatliche Museen zu Berlin (Hg.): Dasein und Vision. Bürger und Bauern um 1500, Ausst.-Kat. Berlin, Berlin 1989.
- Dehio 1998 – Dehio, Georg: Handbuch der deutschen Kunstdenkmäler: Sachsen II, München, Berlin 1998.
- Delius 1982 – Delius, Hans-Ulrich (Hg.): Martin Luther. Studienausgabe, Berlin 1982, Bd. II.
- Delius 1983 – Delius, Hans-Ulrich (Hg.): Martin Luther. Studienausgabe, Berlin 1983, Bd. III.
- Der silberne Boden 1990 – Bachmann, Manfred; Marx, Harald u. a. (Hg.): Der silberne Boden. Kunst und Bergbau in Sachsen, Ausst.-Kat. Staatliche Kunstsammlungen Dresden, Stuttgart, Leipzig 1990.
- Der Triumph des Bacchus 2003 – Der Triumph des Bacchus. Meisterwerke Ferrareser Malerei in Dresden 1480–1620, hrsg. v. Gregor J. M. Weber, Ausst.-Kat. Staatliche Kunstsammlungen Dresden, Turin u. a. 2003
- Deutsche Keramik 1984 – Deutsche Keramik, Ausst.-Kat. Staatliche Kunstsammlungen Dresden, Museum für Kunsthandwerk, hrsg. v. Klaus P. Arnold, Leningrad 1984.
- Deutsche Kunst der Dürer-Zeit 1971 – Deutsche Kunst der Dürer-Zeit, Ausst.-Kat. Staatliche Kunstsammlungen Dresden, Dresden, Berlin 1971.
- Deutsche Reichstagsakten 1963 – Deutsche Reichstagsakten. Jüngere Reihe, hrsg. durch d. Historische Kommission bei d. Bayerischen Akademie d. Wissenschaften, Stuttgart 1963, Bd. VII, 2: Deutsche Reichstagsakten unter Kaiser Karl V.
- Die Messe Gregors des Großen 1982 – Die Messe Gregors des Großen. Vision. Kunst. Realität, bearb. v. Uwe Westfehling, Ausst.-Kat. Schnütgenmuseum Köln, Köln 1982.
- Dietzel 2003 – Dietzel, Volker: Dokumentation zur Restaurierung und Teilrekonstruktion des Holzmodells vom Jagdschloss Moritzburg, Dresden 2003.
- Dihle 1930 – Dihle, Helene: Kostümbilder und Rechnungsbücher der Sächsisch-Ernestinischen Hofschneiderei 1496–1588, in: Zeitschrift für Waffen- und Kostümkunde (1930).
- Distel 1884/85 – Distel, Theodor: Zwei Kupferstiche des Moritzmonuments zu Freiberg von 1568 und 1619, in: Kunstchronik. Beiblatt zur Zeitschrift für bildende Kunst 20 (1884/85), Sp. 494.
- Distel 1886 – Distel, Theodor: Ein überaus seltener Kupferstich des Moritzmonuments zu Freiberg von Wolf Meyerpeck, in: Kunstchronik. Beiblatt zur Zeitschrift für bildende Kunst 21 (1886), Sp. 487.
- Doering 1901 – Doering, Oscar: Des Augsburger Patriciers Philipp Hainhofer Reisen nach Innsbruck und Dresden (= Quellenschriften für Kunstgeschichte und Kunsttechnik N.F. 10), Wien 1901.
- Domanig 1913 – Domanig, Karl: Die Hans Reinhardsche Dreifaltigkeitsmedaille, in: Mitteilungen der Oesterreichischen Gesellschaft für Münz- und Medaillenkunde, N.F. 9 (1913), S. 69–73.
- Dombrowski 2001 – Dombrowski, Damian: Die Grablege der sächsischen Kurfürsten zu Freiberg: Ideelle Dimensionen eines internationalen Monuments, in: Zeitschrift für Kunstgeschichte 64 (2001), S. 234–272.
- Drach/Könnecke 1905 – Drach, Alphard von; Könnecke, Gustav: Die Bildnisse Philipps des Großmütigen, Marburg 1905.
- Dräger/Bake 2000 – Dräger, Ulf; Bake, Kristina (Hg.): Die Güter dieser Welt. Schätze der Lutherzeit aus den Sammlungen der Moritzburg Halle, Halle a. d. Saale 2000.
- Drecoll 2000 – Drecoll, Volker Henning: Der Passauer Vertrag (1552), Einleitung und Edition, Berlin, New York 2000.
- Drees 1988/89 – Drees, Jan: Umkreis Lucas Cranach d. J. – Allegorie auf den Naumburger Vertrag von 1554. Die Versöhnung zwischen der ernestinischen und albertinischen Linie des Hauses Sachsen, 1561, in: Jahrbuch Schleswig-Holsteinisches Landesmuseum, N. F. 2 (1988–1989), S. 94–96.

- Drees 1990/91 – Drees, Jan: Dresdener Hofmaler: Andreas Göding (um 1570 bis um 1625)? Zwei Seitentafeln zur Allegorie auf den Naumburger Vertrag von 1554, um 1600?, in: Jahrbuch Schleswig-Holsteinisches Landesmuseum, N. F. 3 (1990–1991), S. 108–109.
- Dreier 1989 – Dreier, Franz Adrian: Venezianische Gläser und »Façon de Venise« (= Kataloge des Kunstgewerbemuseums Berlin, Bd. XII), Berlin 1989.
- Dresdner Rüstkammer 1992 – Bäumel, Jutta; Lewerken, Heinz-Werner; Schaal, Dieter; Schmidt, Werner; Schuckelt, Holger: Dresdner Rüstkammer. Meisterwerke aus vier Jahrhunderten, Leipzig 1992.
- Dresdner Sachsenspiegel 2002 – Dresdner Sachsenspiegel (Faksimile), Graz 2002.
- Druffel 1882 – Briefe und Acten zur Geschichte des sechzehnten Jahrhunderts mit besonderer Rücksicht auf Bayerns Fürstenhaus – Beiträge zur Reichsgeschichte, bearb. v. August von Druffel, München 1882, Bd. III.
- Du Mont 1726 – Du Mont, Jean: Corps universel diplomatique du droit des gens, Amsterdam, Den Haag 1726, Bd. IV, T. 3.
- Dülberg 1990 – Dülberg, Angelica: Privatporträts. Geschichte und Ikonologie einer Gattung im 15. und 16. Jahrhundert, Berlin 1990.
- Dupont 1947 – Dupont, Jacques: A portrait of Louis XII attributed to Jean Perréal, in: Burlington Magazine 89 (1947), S. 235–239.
- Eberhardt 1967 – Die Reformation in Dokumenten: aus den Staatsarchiven Dresden und Weimar und aus dem Historischen Staatsarchiv Oranienbaum, hrsg. v. Hans Eberhardt u. a., Weimar 1967.
- Ebert 1963 – Ebert, Hans: Kriegsverluste der Dresdener Gemäldegalerie: vernichtete und vermißte Werke, Dresden 1963.
- Ehrenthal 1899 – Ehrenthal, Max von: Führer durch das Königliche Historische Museum zu Dresden, Dresden 1899[3].
- Eichler 2003 – Eichler, Ulrich: Marter und Bildstock. Betsäulen in Sachsen, Dresden 2003.
- Eisermann 2001 – Eisermann, Falk: Der Ablaß als Medienereignis, in: Suntrup, Rudolf; Veenstra, Jan R. (Hg.): Tradition and Innovation in an Era of Change – Tradition und Innovation im Übergang zur Frühen Neuzeit, Frankfurt a. M. 2001, S. 99–128.
- Elbe/Labe 1992 – Die Elbe. Ein Lebenslauf. Labe. Zivot Reky, Ausst.-Kat. Berlin, Hamburg, Prag, Berlin 1992.
- Emisch 1886 – Emisch, Hubert: Urkundenbuch der Stadt Freiberg in Sachsen, Leipzig 1886, Bd. II: Bergbau, Bergrecht, Münze.
- Emminghaus 1855/57 – Emminghaus, Gustav: Die Hofraths-Ordnung des Kurfürsten Friedrich des Weisen und Herzogs Johann von Sachsen von 1499, in: Zeitschrift des Vereins für thüringische Geschichte und Alterthumskunde 2 (1855/57), S. 97–106.
- Emmrich 1963 – Emmrich, Christian: Die niederländischen Bildteppiche in der Dresdener Gemäldegalerie, in: Dresdener Kunstblätter 7 (1963), H. 2, S. 18–23.
- Emser 1519 – Emser, Hieronymus: De disputatione Lipsicensi, quantum ad Boemos obiter deflexa est, Epistola, 1519.
- Emser 1519/1921 – A Venatione Luteriana aegocerotis assertio (1519) (= Corpus Catholicorum 4), hrsg. v. F. X. Thurnhofer, 1921.
- Erbstein 1888–1909 – Erbstein, Julius; Erbstein, Albert: Erörterungen auf dem Gebiete der sächsischen Münz- und Medaillen-Geschichte bei Verzeichnung der Hofrath Engelhardt'schen Sammlung, Dresden 1888–1909 (Repr. Leipzig 1976), 4 Bde.
- Erbstein 1889 – Erbstein, Albert: Beschreibung des Königlichen Historischen Museums und der Königlichen Gewehrgalerie zu Dresden, Dresden 1889.
- Erbstein 1899 – Erbstein, Julius: Zwei unbenannte Knabenbildnisse Lukas Cranach's des älteren, nach einer Medaille festgestellt (Schluss), in: Münz- und Medaillenfreund 7 (1899), S. 49–53.
- Erdmann 1804 – Erdmann, Johann Christoph: Lebensbeschreibungen und literarische Nachrichten von den Wittenberger Theologen, Wittenberg 1804.
- Ermann 1885 – Ermann, Adolf: Die deutschen Medailleure des 16. und 17. Jahrhunderts, in: Zeitschrift für Numismatik 12 (1885), S. 14–102.
- Essegern 2004 – Essegern, Ute: Die Stellung der Frau am wettinisch-albertinischen Hof in der ersten Hälfte des 17. Jahrhunderts (1601 bis 1656/59), Dissertationsprojekt an der TU Chemnitz, voraussichtl. Abschluss 2004.
- Faber 1998 – Faber, Kirsten: »Die Ausstattung der ›Camera della Pazienza‹ des Ferrareser Kastells unter Ercole II. d' Este (1534–1559). Politische Allegorien in der Dresdener Gemäldegalerie, in: Jahrbuch Staatliche Kunstsammlungen Dresden 25 (1994/95) (1998), S. 45–57.
- Fabian 1962 – Fabian, Ekkehart: Die Entstehung des Schmalkaldischen Bundes und seiner Verfassung, Tübingen 1962.
- Fabian 1964 – Fabian, Ekkehard: Cranach-Bildnisse des Reformationskanzlers Dr. Gregor Brück, in: Theologische Zeitschrift 20 (1964), S. 266–280.
- Fabisch/Iserloh 1988–91 – Fabisch, Peter; Iserloh, Erwin (Hg.): Dokumente zur Causa Lutheri (1517–1521), Münster/Westf. 1988–1991, 2 Bde.
- Femmel 1971 – Femmel, Gerhard: »Merkwürdige Frauen« und »bedeutende Männer ihrer Zeit kunstreich abgebildet«. Porträtmedaillen der Renaissance und der Klassik aus Goethes Besitz, Weimar 1971.
- Ficker 1934 – Ficker, Johannes: Die Bildnisse Luthers aus der Zeit seines Lebens, in: Luther-Jahrbuch XVI (1934), S. 103–161.
- Finckh/Diehl 2003 – Finckh, Ruth; Diehl, Gerhard: Monialis nostra. Hrotsvit von Gandersheim als kulturelle Leitfigur in der Frühen Neuzeit, in: Miedema, Nine; Suntrup, Rudolf: Literatur – Geschichte – Literaturgeschichte: Beiträge zur mediävistischen Literaturwissenschaft, Festschrift für Volker Honemann zum 60. Geburtstag, Frankfurt a. M. u. a. 2003, S. 53–72.
- Findeisen 1974 – Findeisen, Peter: Zur Struktur des Johann-Friedrich-Baues im Schloß Hartenfels zu Torgau, in: Sächsische Heimatblätter 20 (1974), S. 7 ff.
- Findeisen/Magirius 1976 – Findeisen, Peter; Magirius, Heinrich: Die Denkmale der Stadt Torgau, Leipzig 1976.
- Fischer 1939 – Fischer, Walther: Mineralogie in Sachsen von Agricola bis Werner. Die ältere Geschichte des Staatlichen Museums für Mineralogie und Geologie zu Dresden (1560 bis 1820), Dresden 1939.
- Fischer 1965 – Fischer, Walther: Aus der Geschichte des sächsischen Berg- und Hüttenwesens. Zum 200jährigen Bestehen der Bergakademie zu Freiberg, Hamburg 1965.
- Flach 1939 – Flach, Willy: Georg Spalatin als Geschichtsschreiber, in: Zur Geschichte und Kultur des Elb-Saale-Raumes. Festschrift für Walter Möllenberg, hrsg. v. Otto Korn, Burg bei Magdeburg 1939, S. 211–230.
- Flathe 1879 – Flathe, Theodor: Sanct Afra. Geschichte der königlich sächsischen Fürstenschule zu Meißen seit ihrer Gründung im Jahre 1543 bis zu ihrem Neubau in den Jahren 1877 bis 1879, Leipzig 1879.
- Flechsig 1900 – Flechsig, Eduard: Cranachstudien, Leipzig 1900, T. 1.
- Flügel 1996 – Flügel, Wolfgang: Bildpropaganda zum Übergang der sächsischen Kurwürde von den Ernestinern auf die Albertiner, in: Neues Archiv für sächsische Geschichte 67 (1996), S. 71–96.
- Foister 2003 – Foister, Susan: Cranachs Mythologien. Quellen und Originalität, in: Lucas Cranach. Glaube, Mythologie und Moderne, Ausst.-Kat. Bucerius Kunst Forum Hamburg, hrsg. v. Werner Schade, Ostfildern-Ruit 2003, S. 116–129.
- Förstemann 1833 – Förstemann, Karl Eduard: Urkundenbuch zur Geschichte des Reichstages zu Augsburg im Jahre 1530, Halle 1833.
- Francis 1959 – Francis, H. S.: The Stag Hunt by Lucas Cranach the Elder and Lucas Cranach the Younger, in: Bulletin of the Cleveland Museum of Art 46 (1959), S. 200–205.
- Franz 1963 – Franz, Günther (Hg.): Quellen zur Geschichte des Bauernkrieges, München 1963.
- Franz 1969 – Franz, Rosemarie: Der Kachelofen, Graz 1969.
- Franz/Kirn 1968 – Franz, Günther; Kirn, Paul (Hg.): Thomas Müntzer. Schriften und Briefe, Gütersloh 1968.
- Frenzel 1850 – Frenzel, F. A.: Der Führer durch das Historische Museum zu Dresden […], Leipzig 1850.
- Freys/Barge 1965 – Freys, Ernst; Barge, Hermann: Verzeichnis der gedruckten Schriften des Andreas Bodenstein von Karlstadt, Nieuwkoop 1965.
- Friedensburg 1884 – Friedensburg, Walter: Zur Vorgeschichte des Torgau-Gothaischen Bündnisses der Evangelischen: 1525–1526, Marburg 1884.
- Friedländer 1899 – Friedländer, Max J.: Die Cranach-Ausstellung in Dresden, in: Repertorium für Kunstwissenschaft 22 (1899), S. 236–249.
- Friedländer/Rosenberg 1932 – Friedländer, Max J.; Rosenberg, Jakob: Die Gemälde von Lucas Cranach, Berlin 1932.
- Friedländer/Rosenberg 1978 – Friedländer, Max J.; Rosenberg, Jakob: The Paintings of Lucas Cranach, New York 1978.
- Friedländer/Rosenberg 1979 – Friedländer, Max J.; Rosenberg, Jacob: Die Gemälde von Lucas Cranach, Basel u. a. 1979[2].
- Friedländer/Rosenberg 1989 – Friedländer, Max J.; Rosenberg, Jakob: Lucas Cranach, Stuttgart 1989.
- Fritz 1983 – Fritz, Rolf: Die Gefäße aus Kokosnuß in Mitteleuropa 1250–1800, Mainz 1983.
- Fritz 2004 – Fritz, Johann Michael: Das Evangelische Abendmahlsgerät in Deutschland, Leipzig 2004.
- From a Mighty Fortress 1983 – Andersson, Christiane; Talbot, Charles: From a Mighty Fortress. Prints, Drawings, and Books in the Age of Luther 1483–1546, Ausst.-Kat. Detroit 1983.
- Fuhrmann/Kretschmann/Lasius 2000 – Fuhrmann, Dietmar; Kretschmann, Iris; Lasius, Angelika (Hg.): Herzog Albrecht der Beherzte – Ein sächsischer Fürst im Reich und in Europa. Der Erbauer und Namensgeber der Albrechtsburg Meissen, Meißen 2000.

- Für Sachsen erworben 2000 – Für Sachsen erworben. Schätze des Hauses Wettin (= Patrimonia 186), hrsg. v. d. Kulturstiftung der Länder, Berlin 2000.
- Füssel 1996 – Füssel, Stephan: Die Welt im Buch. Buchkünstlerischer und humanistischer Kontext der Schedelschen Weltchronik von 1493, Mainz 1996.
- Füssel 2002 – Das Buch der Bücher. Die Luther-Bibel von 1534, eine kulturhistorische Einführung v. Stephan Füssel, Köln 2002.
- Gabelentz 1938 – Gabelentz, Hans von der: Das Wartburgmuseum, in: Wartburg-Jahrbuch 16 (1938) (1939).
- Gaschütz 1985 – Gaschütz, Peter: Turnierritter oder Wiedertäufer?, in: Numismatisches Nachrichtenblatt 10 (1985), S. 276–283.
- Gätzschmann 1846 – Gätzschmann, Moritz Ferdinand: Die Lehre von den bergmännischen Gewinnungsarbeiten, Freiberg 1846.
- Geibig 1996 – Geibig, Alfred: Gefährlich und Schön. Eine Auswahl historischer Waffen aus den Beständen der Kunstsammlungen der Veste Coburg, Coburg 1996.
- Geibig/Zeune 2003 – Geibig, Alfred; Zeune Joachim: »Wider die verdampten Keczer« Hussitenzeitliche Schießscharten an Burgen des Coburger Landes und ihre Effizienz, in: Butz, R.; Melville, G. (Hg.): Coburg 1353 – Stadt und Land Coburg im Spätmittelalter, Festschrift zur Verbindung des Coburger Landes mit den Wettinern vor 650 Jahren bis 1918, Coburg 2003.
- Geinitz 1868 – Geinitz, Hanns Bruno: Generalkatalog Mineralogisches Museum Dresden, Dresden 1868.
- Geisberg 1923–30 – Geisberg, Max: Der deutsche Einblattholzschnitt in der ersten Hälfte des 16. Jahrhunderts, München 1923–1930, 37 Bde., Sonderaufl.: Die 111 Einblatt-Holzschnitte Lukas Cranachs des Älteren, 1929.
- Geisberg/Strauss 1974 – Geisberg, Max: The German Single-Leaf Woodcut 1500–1550, hrsg. v. Walter L. Strauss, 4 Bde., New York 1974[2] (1. Aufl.: Der deutsche Einblatt-Holzschnitt in der ersten Hälfte des 16. Jahrhunderts, München 1923–1930).
- Gelhaus 1989 – Gelhaus, Hermann: Der Streit um Luthers Bibelverdeutschung im 16. und 17. Jahrhundert (= Reihe germanistische Linguistik 89), Tübingen 1989.
- Gemäldegalerie Berlin 1996 – Gemäldegalerie Berlin. Gesamtverzeichnis, Staatliche Museen zu Berlin – Preußischer Kulturbesitz, bearb. v. Henning Bock, Berlin 1996.
- Gemäldegalerie Dresden Alte Meister 1992 – Gemäldegalerie Dresden, Alte Meister, Kat. der ausgestellten Werke, Dresden, Leipzig 1992.
- Georgius Agricola 1994 – Georgius Agricola, Bergwelten 1494–1994, Ausst.-Kat. Schloßbergmuseum Chemnitz, Deutsches Bergbau-Museum Bochum, hrsg. v. Bernd Ernsting, Chemnitz, Essen 1994.
- Gerhardt 1883 – Gerhardt, Carl Immanuel: Die höheren Schulen in Eisleben von 1525 bis 1600, in: Symbolae Islebienses. Festschrift zur Einweihung des neuen Gymnasialgebäudes am 31. 10. 1883, Eisleben 1883, S. 1–73.
- Gerhardt 1949 – Gerhardt, Carl: Die Torgauer Walter-Handschriften, Kassel, Basel 1949.
- Gersdorff 1517/1967 – Gersdorff, Hans von: Feldbuch der Wundarznei, ND d. Ausg. Straßburg 1517 mit einem Vorwort v. Johannes Steudel, Darmstadt 1967.
- Geß 1904 – Geß, Felician (Hg.): Akten und Briefe zur Kirchenpolitik Herzog Georgs von Sachsen, Leipzig 1904, Bd. I: 1517–1524 (= Schriften der Sächsischen Kommission für Geschichte 10).
- Gibbons 1968 – Gibbons, Felton: Dosso and Battista Dossi. Court Painters at Ferrara (= Princeton monograph in Art and Archeology 39), New Jersey 1968.
- Glück 1937 – Glück, Gustav: Bildnisse aus dem Hause Habsburg III., Kaiser Karl V., in: Jahrbuch der kunsthistorischen Sammlungen in Wien, N. F., 11 (1937), S. 173 ff.
- Goerlitz 1928 – Goerlitz, Woldemar: Staat und Stände unter den Herzögen Albrecht und Georg 1485–1539 (= Aus den Schriften der Sächsischen Kommission für Geschichte 32), Leipzig 1928.
- Gössel 1832–1846 – Gössel, Johann Heinrich Gottlieb: Katalog des Königlich-Sächsischen Mineralien-Cabinetts, Dresden 1832–1846, 3 Bde.
- Gotteswort und Menschenbild 1994 – Gotteswort und Menschenbild – Werke von Cranach und seinen Zeitgenossen, T. I: Malerei, Plastik, Graphik, Buchgraphik, Dokumente, Ausst.-Kat. Schlossmuseum Gotha, Forschungs- und Landesbibliothek Gotha, Schloss Friedenstein, hrsg. v. Allmuth Schuttwolf, Gotha 1994.
- Gottorf im Glanz des Barock 1997 – Gottorf im Glanz des Barock, Ausst.-Kat. Schleswig-Holsteinisches Landesmuseum Schloss Gottorf, bearb. v. Heinz Spielmann, Jan Drees, Birgit Doering, Uta Kuhl, Schleswig 1997, Bd. III: Renaissance und Barock.
- Graupner 1999 – Graupner, Volker: Die Reformation in Thüringen, in: Die Wettiner in Thüringen, Arnstadt, Weimar 1999, S. 126–132.
- Grimm 1974 – Grimm, Heinrich: Des Conradus Celtis editio princeps der »Opera Hrosvite« von 1501 und Albrecht Dürers Anteil daran, in: Philobiblon 18 (1974), S. 3–25.
- Grisar/Heege 1921/22 – Grisar, Hartmann; Heege, Franz: Luthers Kampfbilder, Freiburg i. Br. 1921/22, 4 Bde.
- Groß 2002 – Groß, Reiner: Geschichte Sachsens, Berlin 2002[2].
- Groß 2003 – Groß, Reiner: Geschichte Sachsens, Dresden 2003[3].
- Groß/Kobuch/Müller 1983 – Groß, Reiner; Kobuch, Manfred; Müller, Ernst (Red.): Martin Luther (1483–1546). Dokumente seines Lebens und Wirkens, hrsg. v. d. Staatlichen Archivverwaltung der DDR, Weimar 1983.
- Großer Katalog – Großer Katalog der Herzoglichen Sammlungen (Inventar der Kunstsammlungen der Veste Coburg), 1867 (transkribiert).
- Grotemeyer 1957 – Grotemeyer, Paul: »Da ich het die gestalt«. Deutsche Bildnismedaillen des 16. Jahrhunderts (= Bibliothek des Germanischen Nationalmuseums in Nürnberg zur deutschen Kunst- und Kulturgeschichte 7), München 1957.
- Grotemeyer 1970 – Grotemeyer, Paul: Die Statthaltermedaillen des Kurfürsten Friedrich des Weisen von Sachsen, in: Münchner Jahrbuch der bildenden Kunst, 3. Folge, 21 (1970), S. 143–166.
- Gründig 1996 – Gründig, Rita: Gerichtsdiener-Darstellung auf einer Ofeneckkachel, in: Puhle, Matthias (Hg.): Hanse, Städte, Bünde. Die sächsischen Städte zwischen Elbe und Weser um 1500 (= Magdeburger Museumsschriften 4), Ausst.-Kat. Kulturhistorisches Museum Magdeburg 1996, S. 88.
- Grunthal 1972 – Grunthal, Henry: A trinity medal by Hans Reinhart, in: Museum Notes 18 (1972), S. 109–111.
- Gurlitt 1905 – Gurlitt, Cornelius: Bau- und Kunstdenkmäler des Königreichs Sachsen, Dresden 1905, Bd. 27: Amtshauptmannschaft Oschatz, Bd. I.
- Gurlitt 1912 – Beschreibende Darstellung der älteren Bau- und Kunstdenkmäler des Königreichs Sachsen, bearb. v. Cornelius Gurlitt, Dresden 1912, H. 35: Amtshauptmannschaft Kamenz (Land).
- Gurlitt 1922 – Gurlitt, Cornelius: Ergänzungsheft zur Beschreibenden Darstellung der älteren Bau- und Kunstdenkmäler Sachsens. Das Zisterzienser-Kloster Altenzella in Sachsen, Dresden 1922.
- Habich 1923 – Habich, Georg: Die Medaillen der italienischen Renaissance, Stuttgart, Berlin 1923.
- Habich 1929–34 – Habich, Georg: Die deutschen Schaumünzen des XVI. Jahrhunderts, München 1929–1934, 2 Bde. in 4 T.
- Habrich 1995 – Habrich, Christa: Deutsches Medizinhistorisches Museum Ingolstadt, Braunschweig 1995[2].
- Hackenbroch 1996 – Hackenbroch, Yvonne: Renaissance Hat Jewels, Florenz 1996.
- Haenel 1923 – Haenel, Erich: Kostbare Waffen aus der Dresdner Rüstkammer, Leipzig 1923.
- Haenel 1923–25 – Haenel, Erich: Waffen und Kleidung des Kurfürsten Moritz. Am 9. Juli 1553, in: Zeitschrift für historische Waffen- und Kostümkunde, N. F., 1 (1923–1925), S. 169–177.
- Hahn 1973 – Hahn, Gerhard: Ein bisher nicht bekannter Druck mit Luthers Osterliedern, in: Jahrbuch für Liturgik und Hymnologie 17 (1973), S. 213–216.
- Hammermüller 1964 – Hammermüller, Martin: Um Altenberg, Geising und Lauenstein (= Werte der Deutschen Heimat 7), Berlin 1964.
- Handbuch 1980 – Museum für Kunst und Gewerbe Hamburg (Hg.): Handbuch, München 1980.
- Hanisch 1961 – Hanisch, Anneliese (Hg.): Kunsthandwerk und Plastik aus Deutschland im Museum des Kunsthandwerks Leipzig, Leipzig 1961.
- Hänsch 1909 – Hänsch, Ernst: Die wettinische Hauptteilung von 1485, Leipzig 1909.
- Hanse, Städte, Bünde 1996 – Puhle, Matthias (Hg.): Hanse, Städte, Bünde. Die sächsischen Städte zwischen Elbe und Weser um 1500 (= Magdeburger Museumsschriften 4), Ausst.-Kat. Kulturhistorisches Museum Magdeburg 1996.
- Hasche 1781 – Hasche, Johann Christian: Umständliche Beschreibung Dresdens [...], Leipzig 1781.
- Hase 1826 – Hase, Heinrich: Verzeichnis der alten und neuen Bildwerke in Marmor und Bronze in den Sälen der Kgl. Antikensammlung zu Dresden, Dresden 1826.
- Haug-Moritz 2004 – Haug-Moritz, Gabriele: Dynastie, Region, Religion: Kurfürst Johann Friedrich, die Herzöge Heinrich und Moritz von Sachsen und der Schmalkaldische Bund von seiner Gründung bis zum Ausbruch des Schmalkaldischen Krieges (1530–1546), in: Hollberg, Cecilie; Marx, Harald (Hg.): Glaube und Macht. Sachsen im Europa der Reformationszeit – Aufsätze, Dresden 2004, S. 112–123.
- Haupt 1974 – Haupt, Walther: Sächsische Münzkunde, Berlin 1974.
- Hauptsache Köpfe 2001 – Hauptsache Köpfe. Plastische Porträts von der Renaissance bis zur Gegenwart aus der Skulpturensammlung, Ausst.-Kat. Staatliche Kunstsammlungen Dresden, hrsg. v. Bärbel Stephan, Dresden 2001.

- Hecht 1964 – Hecht, Wolfgang (Hg.): Briefe von Dunkelmännern, übers. v. Hans-Joachim Müller, Berlin 1964.
- Hecker 1922 – Hecker, Oswald Arthur: Schriften Dr. Melchiors von Osse. Mit einem Lebensabriss und einem Anhange von Briefen und Akten, Leipzig, Berlin 1922, S. 1–47.
- Heckner 1995 – Heckner, Ulrike: Im Dienst von Fürsten und Reformation: Fassadenmalerei an den Schlössern in Dresden und Neuburg an der Donau im 16. Jahrhundert (= Kunstwissenschaftliche Studien 64), Phil. Diss. Bonn 1994, München 1995.
- Hefner 1856 – J. Siebmacher's großes und allgemeines Wappenbuch, neu hrsg. u. mit histor., genealog. u. herald. Notizen begl. v. Otto Titan von Hefner, Nürnberg 1856, Bd. I, Abt. 1, T. 1: Die Wappen der Souveraine der deutschen Bundesstaaten.
- Heidrich 1993 – Heidrich, Jürgen: Die deutschen Chorbücher aus der Hofkapelle Friedrichs des Weisen, Baden-Baden 1993.
- Heitz 1918 – Heitz, Paul (Hg.): Einblattdrucke des 15. Jahrhunderts, Straßburg 1918[2], Bd. II.
- Held 1997 – Held, Wieland: 1547. Die Schlacht bei Mühlberg/Elbe. Entscheidung auf dem Weg zum albertinischen Kurfürstentum Sachsen, Beucha 1997.
- Helm 1563/1971 – Das »Kreutterbuch« aus dem Jahre 1563, kommentiert und erstmalig durch ein wiss. Register erschlossen von Johannes Helm und Peter Hanelt, in: Helm, Johannes: Johannes Kentmann 1518–1574. Ein sächsischer Arzt und Naturforscher, Wiesbaden 1971, S. 87–177.
- Helm 1969 – Helm, Johannes: David Redtel, der bisher unbekannte Künstler des handgemalten »Kreutterbuches« von Johannes Kentmann aus dem Jahre 1563. Hinweise und Belege, in: Sudhoffs Archiv 53 (1969), S. 153–159.
- Hemmeter 1998 – Hemmeter, Karlheinz: Ingolstadt – Wehrsiedlung am Donauübergang, in: Wimböck, Gabriele; Hemmeter, Karlheinz; Emmerling, Erwin: Der Ingolstädter Münsteraltar, mit Beiträgen zur Topographie von Karlheinz Hemmeter und zur Restaurierung des Hochaltars in den Jahren 1978/79 von Erwin Emmerling (= Arbeitshefte des Bayerischen Landesamtes für Denkmalpflege 91), München 1998, S. 9, Abb. 2.
- Hentschel 1939 – Hentschel, Walter: Der Kriebsteiner Alexiusaltar, in: Neues Archiv für Sächsische Geschichte 60 (1939), S. 24–41.
- Hentschel 1952 – Hentschel, Walter: Peter Breuer – eine spätgotische Bildschnitzerwerkstatt, Berlin 1952.
- Hentschel 1966 – Hentschel, Walter: Dresdner Bildhauer des 16. und 17. Jahrhunderts, Weimar 1966.
- Hermann [o. J.] – Hermann, Konstantin: Übersicht über die Personen im Sächsischen Stammbuch (unpublizierter Erläuterungstext, in: Sächsische Landesbibliothek – Staats- und Universitätsbibliothek Dresden, bei Mscr. Dresd. R 3).
- Hernmarck 1978 – Hernmarck, Carl: Die Kunst der europäischen Gold- und Silberschmiede 1450–1830, München 1978.
- Herrmann 1965 – Herrmann, Johannes: Armenbibel als Schmähgemälde im Schmalkaldischen Krieg, in: Luther Jahrbuch 32 (1965), S. 67–73.
- Herrmann 2003 – Herrmann, Johannes: Moritz von Sachsen (1521–1553). Landes-, Reichs- und Friedensfürst, Beucha 2003.
- Hessen und Thüringen 1992 – Hessen und Thüringen. Von den Anfängen bis zur Reformation, Ausst.-Kat. Landgrafenschloß Marburg, Wartburg Eisenach, Marburg 1992.
- Heyde/Liersch 1979 – Heyde, Herbert; Liersch, Peter: Studien zum sächsischen Musikinstrumentenbau des 16./17. Jahrhunderts, in: Jahrbuch Peters 1979, S. 233–251.
- Hilger 1969 – Hilger, Wolfgang: Ikonographie Kaiser Ferdinands I. (1503–1564), Wien, Köln, Graz 1969.
- Himmel, Hölle, Fegefeuer 1994 – Himmel, Hölle, Fegefeuer. Das Jenseits im Mittelalter, Ausst.-Kat. Schweizerisches Landesmuseum Zürich u. a., bearb. v. Peter Jezler, Zürich 1994[4].
- Hirsch 1756–68/1977/78 – Hirsch, Johann Christoph: Des Teutschen Reichs Münz-Archiv, Nürnberg 1756–1768, Reprint München 1977/78, Bd. I.
- Hirschbiegel 2000 – Hirschbiegel, Jan; Paravicini, Werner (Hg.): Das Frauenzimmer. Die Frau bei Hofe in Spätmittelalter und früher Neuzeit (= Residenzenforschung XI), Stuttgart 2000.
- Hoff 1969 – Hoff, Arne: Feuerwaffen – Ein waffenhistorisches Handbuch (= Bibliothek für Kunst- und Antiquitätenfreunde 9), Braunschweig 1969, Bd. I.
- Hoffmann 1978 – Hoffmann, Konrad: Typologie, Exemplarik und reformatorische Bildsatire, in: Nolte, Josef; Tompert, Hella; Windhorst, Christine (Hg.): Kontinuität und Umbruch, Tübingen 1978, S. 189–210.
- Hoffmann 1982 – Hoffmann, Paul: Die bildlichen Darstellungen des Kurfürstenkollegiums von den Anfängen bis zum Ende des Hl. Römischen Reichs (13.–18. Jahrhundert), Bonn 1982.
- Hoffmann 1992 – Hoffmann, Helga: Die deutschen Gemälde des 16. Jahrhunderts, Bestandskat. Kunstsammlungen Weimar, Weimar 1992.
- Hoffmann/Richter 2003 – Hoffmann, Yves; Richter, Uwe: Die Portalarchitektur der Spätgotik und Renaissance in Freiberg (1470–1650), in: Denkmale in Sachsen. Stadt Freiberg. Beiträge, hrsg. v. Yves Hoffmann, Uwe Richter, Freiberg 2003, Bd. II, S. 729–806.
- Hofmann 1921 – Hofmann, Hans: Hofrat und landesherrliche Kanzlei im meißnisch-albertinischen Sachsen vom 13. Jahrhundert bis 1547/48, Phil. Diss., Leipzig 1921.
- Hofmann/Reissmüller 1981 – Ingolstadt – Bilddokumente der Stadt Ingolstadt 1519–1930, hrsg. v. Siegfried Hofmann, Wilhelm Reissmüller, Ingolstadt 1981.
- Hollberg 2002 – Hollberg, Cecilie: »Die Lust am Jagen« – Höfische Jagd vom 16. bis zum 18. Jahrhundert, in: Hofjagd. Aus den Sammlungen des Deutschen Historischen Museums, hrsg. v. Gerhard Quaas, Wolfratshausen 2002, S. 9–27.
- Hollstein – Hollstein, Friedrich Wilhelm Heinrich (Begründer): German Engravings, Etchings and Woodcuts 1400–1700, bisher 49 Bde., Amsterdam 1954–2000.
- Hollstein 1976 ff. – Hollstein, Friedrich Wilhelm Heinrich: Dutch and Flemish Etchings, Engravings and Woodcuts etwa 1450–1700, Amsterdam 1976 ff., Roosendaal 1990 ff., Rotterdam 1998 ff.
- Hoppe 2000 – Hoppe, Stephan: Bauliche Gestalt und Lage von Frauenwohnräumen in deutschen Residenzschlössern des späten 15. und des 16. Jahrhunderts, in: Hirschbiegel 2000, S. 151–174.
- Hort 1886 – Hort, F.: Zur Komposition und Geschichte der Agende Herzog Heinrich's, in: Zeitschrift für kirchliche Wissenschaft und kirchliches Leben 7 (1886), S. 483–498.
- Hortleder 1617 – Hortleder, Friedrich: Der Römischen Kaiser- und Königlichen Majestät [...] Handlungen und Ausschreiben [...], Frankfurt a. M. 1617, T. 1.
- Höß 1989 – Höß, Irmgard: Georg Spalatin 1484–1545. Ein Leben in der Zeit des Humanismus und der Reformation, Weimar 1989[2].
- Hoyer 1995 – Hoyer, Eva Maria: Sächsischer Serpentin. Ein Stein und seine Verwendung, Leipzig 1995.
- Hoyer/Schwarz 1983 – Hoyer, Siegfried; Schwarz, Uta: Die Leipziger Bürgerschaft und die frühe Reformation, in: Leipzig. Aus Vergangenheit und Gegenwart. Beiträge zur Stadtgeschichte 2 (1983), S. 99–117.
- Hübner 1862 – Hübner, Julius: Verzeichnis der Dresdner Gemälde-Gallerie mit einer historischen Einleitung, Dresden 1862[2].
- Ich Thomas Müntzer 1989 – Ich Thomas Müntzer eyn knecht gottes, Ausst.-Kat. Museum für Deutsche Geschichte Berlin, Berlin 1989.
- Im Dienst von Macht und Glauben 1998 – Strehle, Jutta; Kunz, Armin: Druckgraphiken Lucas Cranachs d. Ä. – Im Dienst von Macht und Glauben. Bestandskatalog anlässlich der Ausstellung »Im Dienst von Macht und Glauben« in der Lutherhalle Wittenberg, hrsg. v. d. Stiftung Luthergedenkstätten in Sachsen-Anhalt, Wittenberg 1998.
- Imago Germaniae 1996 – Imago Germaniae. Das Deutschlandbild der Kartenmacher in fünf Jahrhunderten (= Ausstellungskataloge Staatsbibliothek zu Berlin – Preußischer Kulturbesitz N. F. 17), Weissenhorn 1996.
- Immenkötter 1997 – Immenkötter, Herbert (Hg.): Im Schatten der Confessio Augustana. Die Religionsverhandlungen des Augsburger Reichstages 1530 im historischen Kontext, Münster 1997.
- Inventar Gemäldegalerie 1722–1728 – Lit. A. et B. Inventaria Sr. Königl. Majestät in Pohlen und Churfürstl. Durchl. zu Sachsen große, wie auch kleine Cabinets und andere Schildereyen [...] 1722–1728.
- Inventar Juwelenzimmer 1733 – Inventarium über das Juwelenzimmer in der Geheimen Verwahrung des Grünen Gewölbes zu Dresden, 1733.
- Inventar Kunstkammer 1587 – Inventarium über [...] Kunstkammer in [...] Schloß und Festung zu Dresden, wie desselben vornehme Sachen, Kunststücke und zugehöriger Vorrat jedes besonders sortiert und ordiniert worden und [an] nachfolgenden Orten zu befinden. Inventiert und aufgerichtet anno 1587.
- Inventar Kunstkammer 1640 – Inventarium über die kurfürstliche sächsische Kunstkammer in Schloss und Festung Dresden. Erneuert und aufgerichtet den 4. Augusti anno 1640, gef.: Theodosius Haesel.
- Inventar Kunstkammer 1741 – Inventarium über die königliche Kunstkammer zu Dresden, neu gefertigt 1741.
- Inventar Kunstkammer nach 1732 – Inventar der Dresdener Kunstkammer nach 1732.
- Inventar Model-Kammer 1827 – Inventarium der Königlichen Model-Kammer 1827, im Mathematisch-Physikalischen Salon, Staatliche Kunstsammlungen Dresden.

- Inventar Rüstkammer 1567 – Inventarium über des [...] Fürsten und Herrn [...] Augusten, H[erzog] z[u] S[achsen], [...] Stall [...] durch Hans von Auerswalde und Kammers[ekretär] Hans Jenitz [...] Nov[ember] 1567 Geschirrstall [...] 18. Dez[ember] 1567 [...] Rüstkammer und Wehren [...] Nov[ember] 1567.
- Inventar Rüstkammer 1606 – Inventarium über die Rüst- und Inventionskammern auf dem [...] Neuen Stall. Anno 1606 revidiert.
- Iserloh 1966 – Luther zwischen Reform und Reformation, Münster 1966.
- Iserloh/Glazik/Jedin 1967 – Iserloh, E.; Glazik, J.; Jedin, H.: Handbuch der Kirchengeschichte IV, Freiburg, Basel, Wien 1967.
- Ißleib 1891/1989 – Ißleib, Simon: Die Wittenberger Kapitulation von 1547, in: Neues Archiv für Sächsische Geschichte 12 (1891), S. 272–297, ND in: Ders.: Aufsätze und Beiträge zu Kurfürst Moritz von Sachsen (1877–1907), hrsg. v. Reiner Groß, Leipzig 1989, S. 348–373.
- Jahn 1969 – Jahn, Johannes: Deutsche Renaissance: Baukunst – Plastik – Malerei – Grafik – Kunsthandwerk, Leipzig 1969.
- Jahn 1972 – 1472–1553 Lucas Cranach d. Ä. Das gesamte graphische Werk. Mit Exempeln aus dem graphischen Werk Lucas Cranachs d. J. und der Cranachwerkstatt, Einleitung Johannes Jahn, Berlin 1972.
- Jenny 1985 – Jenny, Markus: Luthers geistliche Lieder und Kirchengesänge. Vollständige Neuedition in Ergänzung zu Bd. 35 der Weimarer Ausgabe, Köln 1985.
- Joestel 2000 – Joestel, Volkmar: Andreas Bodenstein, genannt Karlstadt. Schwärmer und Aufrührer, Wittenberg 2000.
- Jonas/Coelius 1546/1996 – Jonas, Justus; Coelius, Michael: Vom Christlichen abschied aus diesem tödlichen leben des Ehrwirdigen Herrn D. Martini Lutheri bericht durch D. Justum Jonam M. Michaelem Celium vnd ander die dabey gewesen kurtz zusamen gezogen, Wittenberg 1546, ND in: Freybe, Peter: Drei zeitgenössische Texte zum Tode Martin Luthers, Stuttgart 1996.
- Jones 1982 – Jones, Mark: A Catalogue of the French Medals in the British Museum, London 1982.
- Juncker 1706 – Juncker, Christian: Das Güldene und Silberne Ehren Gedächtniß des teuren Gottes-Lehrers D. Martini Lutheri [...], Frankfurt, Leipzig 1706.
- Kaiser Ferdinand I. 2003 – Kaiser Ferdinand I., 1503–1564. Das Werden der Habsburgermonarchie, Ausst.-Kat. Kunsthistorisches Museum Wien, hrsg. v. Wilfried Seipel, Milano 2003.
- Kaiser Karl V. 2000 – Kaiser Karl V. (1500–1558). Macht und Ohnmacht Europas, Ausst.-Kat., hrsg. v. d. Kunst- und Ausstellungshalle der Bundesrepublik Deutschland, Bonn 2000.
- Kalkhoff 1922 – Kalkhoff, Paul: Der Wormser Reichstag von 1521, München, Berlin 1922.
- Karpp 2002 – Karpp, Gerhard: Bibliothek und Skriptorium der Zisterzienserabtei Altzelle, in: Schattkowsky, Martina; Thieme, André (Hg.): Altzelle. Zisterzienserabtei in Mitteldeutschland und Hauskloster der Wettiner, Leipzig 2002, S. 193–236.
- Katz 1932 – Katz, Viktor: Die erzgebirgische Prägemedaille des XVI. Jahrhunderts, Prag 1932.
- Keilitz/Kohl 1996 – Keilitz, Claus; Kohl, Christian A.: Talerteilstücke des Kurfürstentums Sachsen. Erweiterter Typenkatalog der Gemeinschaftsprägungen beider sächsischer Linien, sowie der von beiden Linien allein herausgegebenen Münzen 1500–1547, Saarbrücken 1996.
- Kellmann 1999 – Kellmann, Herbert (Hg.): The Treasury of Petrus Alamire, Amsterdam 1999.
- Kentmann 1563/2004 – Kentmann, Johannes: Das Kräuterbuch von 1563. [Auswahlausgabe], hrsg. v. Thomas Bürger, mit einem Essay von Hansjochen Hancke und historischen Erläuterungen von Marina Heylmeier, München 2004.
- Kernbach 1995/96 – Kernbach, Heinz: Die Feldklippen von 1547 des sächsischen Kurfürsten Johann Friedrichs I., in: Jahrbuch der Gesellschaft für Thüringer Münz- und Medaillenkunde e.V. 7 (1995/96), S. 85–105.
- Kienzle 2000 – Kienzle, Beverly Mayne: The Sermon (= Typologie des Sources Du Moyen Âge Occidental 81–83), Turnhout 2000.
- Kluckhohn 1893 – Deutsche Reichstagsakten unter Kaiser Karl V., hrsg. durch d. Historische Kommission bei der Bayerischen Akademie der Wissenschaften, bearb. v. August Kluckhohn, Gotha 1893, Bd. I.
- Knipping – Knipping, Christopher: Kleiderordnungen: Kleidung und Ordnung in der Ständegesellschaft, s. http://userpage.fu-berlin.de/~history1/bs/knipping/.
- Koehler 1744 – Johann David Koehlers Historischer Muenz-Belustigung Sechzehnder Theil, Nürnberg 1744.
- Koehler 1749 – Johann David Koehlers Historischer Muenz-Belustigung Ein und Zwanzigster Theil, Nürnberg 1749.
- Koehler 1750 – Johann David Koehlers Historischer Muenz-Belustigung Zwey und Zwanzigster Theil, Nürnberg 1750.
- Koehn 1985 – Koehn, Horst: Philipp Melanchthons Reden: Verzeichnis der im 16. Jahrhundert erschienenen Drucke, Sonderdruck, Frankfurt a. M. 1985, Sp. 1277–1486.
- Koepplin 2003 – Koepplin, Dieter: Ein Cranach-Prinzip, in: Lucas Cranach. Glaube, Mythologie und Moderne, Ausst.-Kat. Bucerius Kunst Forum Hamburg 2003, hrsg. v. Werner Schade, Ostfildern-Ruit 2003, S. 144–165.
- Koepplin/Falk 1974 – Koepplin, Dieter; Falk, Tilman (Hg.): Lukas Cranach: Gemälde, Zeichnungen, Druckgraphik, Ausst.-Kat. Kunstmuseum Basel, Basel, Stuttgart 1974, Bd. I.
- Koepplin/Falk 1976 – Koepplin, Dieter; Falk, Tilman (Hg.): Lukas Cranach: Gemälde, Zeichnungen, Druckgraphik, Ausst.-Kat. Kunstmuseum Basel, Basel, Stuttgart 1976, Bd. II.
- Köhler 1991 – Köhler, Hans-Joachim: Bibliographie der Flugschriften des 16. Jahrhunderts, T. 1: Das frühe 16. Jahrhundert (1501–1530), Tübingen 1991 ff., 3 Bde.
- Kohlhaussen 1968 – Kohlhaussen, Heinrich: Nürnberger Goldschmiedekunst des Mittelalters und der Dürerzeit 1240–1540, Berlin 1968.
- Kolb 2002 – Kolb, Karin: Die Rezeption Dürers durch Lucas Cranach den Jüngeren am Beispiel des erwachten Herkules, in: Dresdener Kunstblätter, Zweimonatsschrift der Staatlichen Kunstsammlungen Dresden 46 (2002), S. 118–126.
- Kolb 2003 – Kolb, Karin: Cranach als Reformationsmaler? Beobachtungen zu Cranach-Gemälden in der Gemäldegalerie Alte Meister in Dresden, in: Dresdner Hefte 73 (2003), Das albertinische Sachsen und die Reformation, S. 69–77.
- Kötzschke 1940 – Kötzschke, Rudolf: Die Landesverwaltungsreform im Kurstaat Sachsen unter Kurfürst Moritz 1547/48, in: Zeitschrift des Vereins für Thüringische Geschichte, N. F., 34 (1940), S. 191–217.
- Krug 1963 – Krug, Gerhard: Die Leipziger Notklippen von 1547, in: Arbeits- und Forschungsberichte zur sächsischen Bodendenkmalpflege 11/12 (1963), S. 427–441.
- Krüger 1958 – Krüger, Herbert: Des Nürnberger Meisters Erhard Etzlaub älteste Straßenkarten von Deutschland, in: Jahrbuch für Fränkische Geschichte 18 (1958), S. 1–286.
- Kuhn 1941/42 – Kuhn, Hermann: Hans Reinhart. Ein Meister der mitteldeutschen Renaissance-Medaille, in: Blätter für Münzfreunde 76 (1941/42), S. 169–184.
- Kuhn 1942 – Kuhn, Hermann: Hans Reinhart, ein Meister der mitteldeutschen Renaissance-Medaille, Halle a. d. Saale 1942.
- Kühn 1966 – Kühn, Helga-Maria: Die Einziehung des geistlichen Gutes im albertinischen Sachsen 1539–1553, Köln, Graz 1966.
- Kühne 2000 – Kühne, Hartmut: Ostensio reliquiarum. Untersuchungen über Entstehung, Ausbreitung, Gestalt und Funktion der Heiltumsweisungen im römisch-deutschen Regnum, Berlin 2000.
- Kunst der Reformationszeit 1983 – Kunst der Reformationszeit, hrsg. v. Katharina Flügel, Renate Kroll, Gesamtleitung Günter Schade, Ausst.-Kat. Staatliche Museen Berlin, Berlin 1983.
- Kunst und Kultur 1908 – Kunst und Kultur unter den sächsischen Kurfürsten: Große Kunstausstellung Dresden 1908 – Sonderausstellung, Ausst.-Führer, Dresden 1908.
- Kunstgeschichtliche Ausstellung Erfurt 1903 – Katalog der kunstgeschichtlichen Ausstellung zu Erfurt, Magdeburg 1903[3].
- Kunstgewerbe-Blatt 1907 – Kunsgewerbe-Blatt (= Zeitschrift des Kunstgewerbevereins zu Leipzig 18, H. 1, Oktober 1906), Leipzig 1907.
- Kunsthandwerk der Dürerzeit 1971 – Kunsthandwerk der Dürerzeit und der deutschen Renaissance, Ausst.-Kat., hrsg. v. d. Kunstgewerbemuseum Berlin, Berlin 1971.
- Kunsthandwerk der Gotik und Renaissance 1981 – Kunsthandwerk der Gotik und Renaissance 13.–17. Jahrhundert, Ausst.-Kat. Museum für Kunsthandwerk, hrsg. v. d. Staatlichen Kunstsammlungen Dresden, Dresden 1981.
- Kunstschätze aus Sachsen 1991 – Gleisberg, Dieter (Hg.): Kunstschätze aus Sachsen. Meisterwerke aus Leipziger Museen vom Mittelalter bis zur Gegenwart, Ausst.-Kat. Städtische Galerie im Prinz-Max-Palais Karlsruhe, Karlsruhe 1991.
- Kurzwelly 1895 – Kurzwelly, Albrecht: Forschungen zu Hans Pencz, Leipzig 1895.
- Landau 1978 – Landau, David: Catalogo completo dell' opera grafica di Georg Pencz, Mailand 1978.
- Langenn 1841 – Langenn, Friedrich Albert von: Moritz, Herzog und Churfürst zu Sachsen. Eine Darstellung aus dem Zeitalter der Reformation, Leipzig 1841, Bd. II.
- Laube 1974 – Laube, Adolf: Studien über den erzgebirgischen Silberbergbau von 1470 bis 1546, Berlin 1974.
- Laube 1983 – Laube, Adolf (Hg.): Flugschriften der frühen Reformationsbewegung (1518–1524), Berlin 1983, 2 Bde.
- Laube 1997 – Laube, Adolf (Hg.): Flugschriften gegen die Reformation (1518–1524), Berlin 1997.

- Laube 2000 – Laube, Adolf (Hg.): Flugschriften gegen die Reformation (1525–1530), Berlin 2000, Bd. II.
- Laube/Seiffert 1978 – Laube, Adolf; Seiffert, Hans Werner (Hg.): Flugschriften der Bauernkriegszeit, Köln u. a. 1978[2].
- Leder 1984 – Bugenhagen, Johannes: Gestalt und Wirkung, hrsg. v. Hans-Günter Leder, Berlin 1984.
- Lehfeldt 1900 – Lehfeldt, Paul: Über zwei Gemälde im Stadtschloß bzw. auf der Veste Coburg, in: Kunstchronik. Beiblatt zur Zeitschrift für bildende Kunst 35 (1900), S. 161–164.
- Lehfeldt 1906 – Lehfeldt, Paul: Bau- und Kunst-Denkmäler Thüringens, H. 32: Herzogthum Sachsen-Meiningen, Amtsbezirk Heldburg und Römhild, Jena 1906.
- Lehfeldt 1907 – Lehfeldt, Paul: Bau- und Kunst-Denkmäler Thüringens, H. 33: Herzogthum Sachsen-Coburg und Gotha, Landratsamt Coburg: Die Veste Coburg, Jena 1907.
- Leisering 2002 – Leisering, Eckhart: Die Väterliche Ordnung des Herzogs Albrecht vom 18. Februar 1499, in: Thieme 2002, S. 177–195.
- Lieberwirth 1988 – Aus der Oschatzer Pergamenthandschrift des Sachsenspiegels von 1382. Farbige Nachbildungen des ersten und des letzten Blattes in natürlicher Größe mit einer Erläuterung von Prof. Dr. Rolf Lieberwirth, Oschatz 1988.
- Lindau 1883 – Lindau, Max B.: Lucas Cranach. Ein Lebensbild aus dem Zeitalter der Reformation, Leipzig 1883.
- Lippert 1891 – Lippert, Woldemar: Das »Sächsische Stammbuch«, eine Sammlung sächsischer Fürstenbildnisse, in: Neues Archiv für sächsische Geschichte 12 (1891), S. 64–85.
- LMA – Lexikon des Mittelalters, hrsg. v. Robert-Henri Bautier, München u. a. 1997, 9 Bde.
- Löcher 1985 – Löcher, Kurt: Bildnismalerei des späten Mittelalters und der Renaissance in Deutschland, in: Altdeutsche Bilder der Sammlung Georg Schäfer, Ausst.-Kat., bearb. v. Isolde Lübbeke, Schweinfurt 1985, S. 31–56.
- Löcher 1995 – Löcher, Kurt: Humanistenbildnisse – Reformatorenbildnisse. Unterschiede und Gemeinsamkeiten, in: Literatur, Musik und Kunst im Übergang vom Mittelalter zur Neuzeit (= Abhandlungen der Akademie der Wissenschaften in Göttingen, Philologisch-Historische Klasse 3, 208), hrsg. v. Hartmut Boockmann, Göttingen 1995, S. 352–390.
- Löcher/Gries 1997 – Germanisches Nationalmuseum Nürnberg. Die Gemälde des 16. Jahrhunderts, bearb. v. Kurt Löcher unter Mitarbeit v. Carola Gries, Stuttgart 1997.
- Löcher 1980/81 – Löcher, Kurt: Christoph Amberger, in: Welt im Umbruch. Augsburg zwischen Renaissance und Barock, Ausst.-Kat. Augsburg 1980, 3 Bde.
- Lohse 1976 – Lohse, Bernhard: Zur Ordination in der Reformation, in: Mumm, Reinhard (Hg.): Ordination und kirchliches Amt, 1976.
- Longère 1983 – Longère, Jean: La prédication médiévale, Paris 1983.
- Louvre Nouvelle Acquisitions 1996 – Louvre. Nouvelle Acquisitions du Départment des Peintures 1991–1995, Paris 1996.
- Lucas Cranach 1972 – Lucas Cranach – Zeit, Leben, Werk, Ausst.-Kat. Lutherhalle Wittenberg, Wittenberg 1972.
- Lucas Cranach 1973 – Lucas Cranach. Gemälde – Zeichnungen – Druckgraphik, Ausst.-Kat. Staatliche Museen Berlin – Preußischer Kulturbesitz, Gemäldegalerie und Kupferstichkabinett, Berlin 1973.
- Lucas Cranach 1994 – Lucas Cranach. Ein Maler-Unternehmer aus Franken (= Veröffentlichungen zur Bayerischen Geschichte und Kultur 26), hrsg. v. Claus Grimm, Johannes Erichsen, Evamaria Brockhoff, Ausst.-Kat. Festung Rosenberg Kronach, Museum der bildenden Künste Leipzig, Augsburg 1994.
- Lück 1999a – Lück, Heiner: Sühne und Strafgerichtsbarkeit im Kursachsen des 15. und 16. Jahrhunderts, in: Neue Wege der strafrechtsgeschichtlichen Forschung, hrsg. v. Hans Schlosser, Dietmar Willoweit, Köln, Weimar, Wien 1999, S. 83–99.
- Lück 1999b – Lück, Heiner: Über den Sachsenspiegel. Entstehung, Inhalt und Wirkung des Rechtsbuches, Halle a. d. Saale 1999.
- Lück 2000 – Lück, Heiner: Wittenberg und die europäische Rechtswissenschaft. Forschungsstand und -perspektiven am Vorabend des 500. Gründungsjubiläums der Universität Wittenberg, in: Recht – Idee – Geschichte. Beiträge zur Rechts- und Ideengeschichte für Rolf Lieberwirth anlässlich seines 80. Geburtstages, hrsg. v. Heiner Lück, Bernd Schildt, Köln, Weimar, Wien 2000, S. 301–320.
- Lück 2002 – Lück, Heiner (Hg.): Die Dresdner Bilderhandschrift des Sachsenspiegels, Interimskommentar, Graz 2002.
- Ludolphy 1984 – Ludolphy, Ingetraut: Friedrich der Weise. Kurfürst von Sachsen 1463–1525, Göttingen 1984.
- Luna 2003 – Luna, Juan J.: Retrato de Juan Federico »El Magnánimo« (1533), in: Memoria de actividades 2002, Museo Nacional del Prado, Madrid 2003, S. 71.
- Luther mit dem Schwan 1996 – Luther mit dem Schwan: Tod und Verklärung eines großen Mannes, Ausst.-Kat. Lutherhalle Wittenberg, hrsg. v. d. Lutherhalle Wittenberg in Verbindung mit Gerhard Seib, Berlin 1996.
- Luther und die Folgen für die Kunst 1983 – Luther und die Folgen für die Kunst, Ausst.-Kat. Hamburger Kunsthalle, hrsg. v. Werner Hofmann, München 1983.
- Lutz 1983 – Lutz, Heinrich: Das Ringen um deutsche Einheit und kirchliche Erneuerung: Von Maximilian I. bis zum Westfälischen Frieden 1490 bis 1648 (= Propyläen-Geschichte Deutschlands IV), Frankfurt a. M., Berlin, Wien 1983.
- Magdeburg in Bildern 1997 – Magdeburg in Bildern von 1492 bis ins 20. Jahrhundert, hrsg. v. Matthias Puhle, Bestands- und Ausst.-Kat. Magdeburg 1997.
- Magirius 1958 – Magirius, Heinrich: Kloster Altzella, ein Abriß seiner Kunstgeschichte, Diss. Leipzig 1958.
- Magirius 1962 – Magirius, Heinrich: Die Baugeschichte des Klosters Altzella (= Abhandlungen der Sächsischen Akademie der Wissenschaften zu Leipzig, Phil.-Hist. Klasse 53, H. 2), Berlin 1962.
- Magirius 1967 – Magirius, Heinrich: Kloster Altzella (= Das Christliche Denkmal 60/61), Berlin 1967[2].
- Magirius 1971 – Magirius, Heinrich: Die Stiftskirche zu Karl-Marx-Stadt, Ebersdorf (= Das christliche Denkmal 82), Berlin 1971.
- Magirius 1977 – Magirius, Heinrich: Der Dom zu Freiberg, Berlin 1977.
- Magirius 1986 – Magirius, Heinrich: Der Dom zu Freiberg, Leipzig 1986[2].
- Magirius 1994 – Magirius, Heinrich: Ehemaliges Zisterzienserkloster Altzella, München, Zürich 1994.
- Magirius 1997 – Magirius, Heinrich: Das Moritzmonument im Freiberger Dom – ein Gemeinschaftswerk italienischer, niederländischer und deutscher Künstler zum Andenken an eine hervorragende Fürstenpersönlichkeit, in: Dresdner Hefte 15 (1997), H. 52, S. 87–92.
- Magirius 2000 – Magirius, Heinrich: Klosterpark Altzella, Leipzig 2000.
- Magirius 2004 – Magirius, Heinrich: Die Monumente für Kurfürst Moritz an der Festung in Dresden und im Freiberger Dom, in: Sächsische Akademie der Wissenschaften zu Leipzig (erscheint 2004).
- Maria van Hongarije 1505–1558 1993 – Boogert, B. van den; Kerkhoff, J.: Maria van Hongarije 1505–1558. Konigin tussen keizers en kunstenaars, Ausst.-Kat. Utrecht, s'Hertogenbosch, Zwolle 1993.
- Martin Luther und die Reformation in Deutschland 1983 – Martin Luther und die Reformation in Deutschland. Ausstellung zum 500. Geburtstag Martin Luthers, Ausst.-Kat. Germanisches Nationalmuseum Nürnberg, hrsg. v. Gerhard Bott, Frankfurt a. M. 1983.
- Marx 1990 – Marx, Harald: Der christliche Stamm Sachsens. Kunst und Geschichte in Bildnissen der Wettiner, in: Dresdner Hefte, Sonderh. 1990: Sachsen und die Wettiner. Chancen und Realitäten, Internationale Wissenschaftliche Konferenz Dresden 1989, S. 45–53.
- Marx 1996 – Marx, Harald: Cranach – Lucas der Ältere und Lucas der Jüngere. Gemälde in Dresden, in: Dresdener Kunstblätter 40 (1996), S. 170–180.
- Matsche 1994 – Matsche, Franz: Lucas Cranachs mythologische Darstellungen, in: Lucas Cranach 1994, S. 78–88.
- Matthäi 1835 – Matthäi, Friedrich: Verzeichnis der Königlich Sächsischen Gemälde-Galerie zu Dresden, Dresden 1835.
- Mau 2000 – Mau, Rudolf: Evangelische Bewegung und frühe Reformation 1521 bis 1532 (= Kirchengeschichte in Einzeldarstellungen, Bd. II/5), Leipzig 2000.
- MBW – Melanchthons Briefwechsel. Kritische und kommentierte Gesamtausgabe, hrsg. v. Heinz Scheible, Stuttgart, Bad Cannstatt 2000, Bd. T 3: Texte 521–858 (1527–1529).
- McChesney Dupont 1979 – McChesney Dupont, Susan: Anatomy of a Scriptorium: The Origins and Early Development of a Scriptorium at the Cistercian Abbey Altzelle (ca. 1190–1215), Baltimore 1979.
- Meder 1932 – Meder, Joseph: Dürer-Katalog: Ein Handbuch über Dürers Stiche, Radierungen, Holzschnitte, deren Zustände, Ausgaben und Wasserzeichen, Wien 1932.
- Mehlhausen 1996 – Mehlhausen, Joachim (Hg.): Das Augsburger Interim von 1548. Nach den Reichstagsakten deutsch und lateinisch (= Texte zur Geschichte der evangelischen Theologie 3), Neukirchen-Vluyn 1996[2].
- Mehnert 1990 – Mehnert, Karl-Heinz, in: Meisterzeichnungen, Kat. Museum der bildenden Künste Leipzig, hrsg. v. Dieter Gleisberg, kommentiert von Karl-Heinz Mehnert, Leipzig 1990.

- Meine-Schawe 1992 – Meine-Schawe, Monika: Die Grablege der Wettiner im Dom zu Freiberg. Die Umgestaltung des Domchores durch Giovanni Maria Nosseni 1585–1594, München 1992.
- Meisterwerke bergbaulicher Kunst 1990 – Slotta, Rainer; Bartels, Christoph (Hg.): Meisterwerke bergbaulicher Kunst vom 13. bis 19. Jahrhundert, Ausst.-Kat. Deutsches Bergbau-Museum Bochum, Bochum 1990.
- Meller 1926 – Meller, Simon: Die deutschen Bronzestatuetten der Renaissance, München 1926.
- Mennecke 1982 – Mennecke, Uta: Lucas Cranachs »Eroberung Wolfenbüttels«. Ein Holzschnitt im Dienst der Reformation, in: Blätter für deutsche Landesgeschichte 118 (1982), S. 137–159.
- Mentz 1903 – Mentz, Georg: Johann Friedrich der Großmütige 1503–1554. Festschrift zum 400jährigen Geburtstage des Kurfürsten (= Beiträge zur neueren Geschichte Thüringens), Jena 1903, Bd. I: Johann Friedrich bis zu seinem Regierungsantritt 1503–1532.
- Mentz 1908 – Mentz, Georg: Johann Friedrich der Großmütige 1503–1554. Festschrift zum 400jährigen Geburtstage des Kurfürsten (= Beiträge zur neueren Geschichte Thüringens), Jena 1908, Bd. III: Vom Beginn des Schmalkaldischen Krieges bis zum Tode des Kurfürsten.
- Menzhausen 1968 – Menzhausen, Joachim: Das Grüne Gewölbe, Leipzig 1968.
- Menzhausen 1997 – Menzhausen, Joachim: Kurfürst Moritz – Sachsen, die Reformation und das Reich, in: Dresdner Hefte 15 (1997), H. 52, S. 2–9.
- Meuche/Neumeister 1976 – Meuche, Hermann; Neumeister, Ingeburg: Flugblätter der Reformation und des Bauernkrieges. 50 Blätter aus der Sammlung des Schloßmuseums Gotha, Leipzig 1976, 2 Bde.
- Mezzetti 1965 – Mezzetti, Amalia: Il Dosso e Battista Ferraresi, Ferrara 1965.
- MGG² – Die Musik in Geschichte und Gegenwart: Allgemeine Enzyklopädie der Musik, begr. v. Friedrich Blume, hrsg. v. Ludwig Finscher, Kassel u. a. 1995², 26 Bde. in zwei Teilen.
- Miller 1968 – Miller, Max: Das Stuttgarter Exemplar der Bulle Exsurge Domine Papst Leos X. gegen Martin Luthers Lehren, in: Beiträge zur geschichtlichen Landeskunde – Geographie, Geschichte, Kartographie. Festgabe für Ruthardt Oehme zur Vollendung des 65. Lebensjahres, Stuttgart 1968, S. 78–95.
- Mitteilungen 1911 – Verzeichnis der Altertümer in der Sammlung des Vereins, in: Mitteilungen des Vereins für Heimatkunde von Mühlberg a. E. und Umgebung 4, FS, 1911, S. 10–15.
- Moda alla corte dei Medici 1993 – Moda alla corte dei Medici: gli abiti restaurati di Cosimo, Eleonora e don Garzia, Ausst.-Kat. Palazzo Pitti, Florenz 1993.
- Moeller 1983 – Moeller, Bernd in: Martin Luther und die Reformation in Deutschland 1983, Frankfurt/Main 1983, S. 324–325.
- Moeller 1999 – Moeller, Bernd: Deutschland im Zeitalter der Reformation, Göttingen 1999.
- Morel 2001 – Morel, Andreas: Der gedeckte Tisch. Zur Geschichte der Tafelkultur, Zürich 2001.
- Müller 1934 – Müller, Conrad: Eine Schönburgisch-Hartensteinische Grenzrainung am Fichtelberg 1529, in: Neues Archiv für Sächsische Geschichte (NAfSG), 55 (1934), S. 161–177.
- Müller 1941 – Die Privilegien der Leipziger Reichsmessen, bearb. v. Ernst Müller, Leipzig 1941.
- Müller 1998 – Müller, Rainer A.: Das Reich im Bild. Die Quaternionenmetapher in der Frühmoderne – »Reichideologie« im Bild?, in: Schreiner, Klaus u. a.: Das Medium Bild in historischen Ausstellungen, Augsburg 1998, S. 35–46.
- Müller Hofstede 1967 – Müller Hofstede, Justus: Rubens und Tizian: Das Bild Karls V., in: Münchner Jahrbuch der bildenden Kunst 18 (1967), S. 33–96.
- Münzen und Medaillen zur Reformation 1983 – Münzen und Medaillen zur Reformation: 16. bis 20. Jahrhundert. Aus dem Besitz des Kestner-Museums Hannover, Ausst.-Kat. Kestner-Museum Hannover, bearb. v. Margildis Schlüter, Hannover 1983.
- Museo del Prado 1996 – Museo del Prado, Catálogo de la pinturas, Madrid 1996.
- Museo Nazionale di Capodimonte 1994 – Museo Nazionale di Capodimonte, Soprintendenza per i Beni Artistici e Storici di Napoli, a cura di Nicola Spinosa, con la collaborazione di Luisa Ambrosio, fotografie di Ugo Pons Salabelle, Neapel 1994.
- NDB – Neue Deutsche Biographie, hrsg. v. d. Historischen Kommission bei d. Bayerischen Akademie d. Wissenschaften, Berlin 1953–2003, 21 Bde.
- Neidhardt 1983 – Neidhardt, Hans Joachim: Dresden wie es Maler sahen, Leipzig 1983.
- Neubert 1962 – Neubert, Eberhard: Bemerkungen zur Ikonologie des Bergmannes, in: Wissenschaftliche Zeitschrift der Karl-Marx-Universität Leipzig, Gesellschafts- und sprachwissenschaftliche Reihe 11 (1962), Bd. IV.
- Neues Leipzigisches Geschichts-Buch 1990 – Neues Leipzigisches Geschichts-Buch, hrsg. v. Klaus Sohl, Leipzig 1990.
- Nicht 1960 – Nicht, Jutta: Historische Prunkkleidung, Dresden 1960.
- Nickel 1974 – Nickel, Helmut: Ullstein Waffenbuch. Eine kulturhistorische Waffenkunde mit Markenverzeichnis, Frankfurt a. M., Wien 1974, S. 28–30.
- Nickel 1999 – Nickel, Heinrich L.: Die Maria-Magdalenen-Kapelle der Moritzburg zu Halle, Halle a. d. Saale 1999.
- Nicolaisen 1997 – Nicolaisen, Jan: Der Hofmaler in der Handelsstadt. Aufträge und Auftraggeber Lucas Cranachs in Leipzig, in: Vergessene altdeutsche Gemälde. 1997, S. 100–111.
- Niekamp 2003/04 – Niekamp, Bettina: Restaurierungsbericht mit Musterrapport des Seidendamstes vom Rock des Kurfürsten Moritz, Abegg-Stiftung Riggisberg, 2003–2004, Typoskript und Zeichnung.
- Nienholdt 1961 – Nienholdt, Jutta: Kostümkunde, Braunschweig 1961.
- Noll 2000 – Noll, Thomas: Der »Englische Gruß« des Veit Stoß. Ikonographie und Frömmigkeit, in: Zeitschrift des Deutschen Vereins für Kunstwissenschaft 56 (2000) (im Druck).
- Oelke 1992 – Oelke, Harry: Die Konfessionsbildung des 16. Jahrhunderts im Spiegel illustrierter Flugblätter, Berlin 1992.
- Oppitz 1990 – Oppitz, Ulrich-Dieter: Deutsche Rechtsbücher des Mittelalters, Köln, Wien 1990, Bd. I: Beschreibung der Rechtsbücher; Bd. II: Beschreibung der Handschriften.
- Orf 1977 – Orf, Wolfgang: Die Musikhandschriften Thomaskirche Mss. 49/50 und 51 in der Universitätsbibliothek Leipzig, Wilhelmshaven 1977.
- Osiander 1586 – Osiander, Lucas: Ein Predig von hoffertiger, ungestalter Kleidung der Weibs und Manns Personen, Tübingen 1586.
- Osiander 1959 – Osiander, Rudolf: Portraits von Andreas Osiander, in: Theologische Zeitschrift 15 (1959), S. 255–264.
- Pallas 1911 – Pallas, Karl (Hg.): Die Registraturen der Kirchenvisitationen im ehemals sächsischen Kurkreise. 4. Teil: Die Ephorien Torgau und Belgern, Halle 1911.
- Pamphlet 1523/1920 – Saxo, Ein Pamphlet »Von der München ursprung« vom Jahre 1523, in: Zeitschrift für Bücherfreunde, N. F., 12 (1920), S. 76–77.
- Panofsky 1930 – Panofsky, Erwin: Hercules am Scheidewege und andere antike Bildstoffe in der neueren Kunst, Berlin, Leipzig 1930.
- Papke 1997 – Papke, Eva: Festung Dresden. Aus der Geschichte der Dresdner Stadtbefestigung, Dresden 1997.
- Parello 1994 – Parello, Daniel: ›Schutzmantelmadonna‹, in: Marienlexikon, hrsg. v. Remigius Bäumer, Leo Scheffczyk, St. Ottilien 1994, Bd. VI: S. 82–87.
- Patze/Schlesinger 1967 – Patze, Hans; Schlesinger, Walter (Hg.): Geschichte Thüringens, Köln, Graz 1967, Bd. III.
- Paulsen 1919 – Paulsen, Friedrich: Geschichte des gelehrten Unterrichts auf den deutschen Schulen und Universitäten vom Ausgang des Mittelalters bis zur Gegenwart. Mit besonderer Rücksicht auf den Klassischen Unterricht, Leipzig 1919³, Bd. I.
- Pechstein 1969 – Pechstein, Klaus: Nürnberger Brunnenfiguren der Renaissance, Hamburg, Berlin 1969.
- Pieper 1955 – Pieper, Wilhelm: Ulrich Rülein von Calw und sein Bergbüchlein, Berlin 1955.
- Pinther 1996 – Pinther, Marc: Die »Kinderzucht« des Hieronymus Schenck von Siemau (1502), Hamburg 1996.
- Pistolen 1962 – Pistolen. Historisches Museum, Staatliche Kunstsammlungen Dresden, Dresden 1962.
- PKMS I – Politische Korrespondenz des Herzogs und Kurfürsten Moritz von Sachsen, hrsg. v. Erich Brandenburg, Leipzig 1900, Reprint Berlin 1982, Bd. I: Bis zum Ende des Jahres 1543.
- PKMS II – Politische Korrespondenz des Herzogs und Kurfürsten Moritz von Sachsen, hrsg. v. Erich Brandenburg, Reprint Berlin 1983, Bd. II: Bis zum Ende des Jahres 1546.
- PKMS III – Politische Korrespondenz des Herzogs und Kurfürsten Moritz von Sachsen, hrsg. v. d. histor. Komm. d. Sächs. Akad. d. Wiss. zu Leipzig, bearb. v. Johannes Herrmann, Günther Wartenberg, Berlin 1978, Bd. III: 1. Januar 1547 – 25. Mai 1548.
- PKMS IV – Politische Korrespondenz des Herzogs und Kurfürsten Moritz von Sachsen, hrsg. v. d. histor. Komm. d. Sächs. Akad. d. Wiss. zu Leipzig, bearb. v. Johannes Herrmann, Günther Wartenberg, Berlin 1992, Bd. IV: 26. Mai 1548 – 8. Januar 1551.
- PKMS V – Politische Korrespondenz des Herzogs und Kurfürsten Moritz von Sachsen, hrsg. v. d. histor. Komm. d. Sächs. Akad. d. Wiss. zu Leipzig, bearb. v. Johannes Herrmann, Günther Wartenberg, Berlin 1998, Bd. V: 9. Januar 1551 – 1. Mai 1552.
- Porträtgalerie zur Geschichte Österreichs 1976 – Porträtgalerie zur Geschichte Österreichs von 1400 bis 1800, Ausst.-Kat. Kunsthistorisches Museum Wien 1976, Wien 1982².
- Posse 1887 – Posse, Otto: Die Lehre von den Privaturkunden Leipzig, 1887.

- Posse 1889 – Posse, Otto: Die Hausgesetze der Wettiner bis zum Jahre 1486, Leipzig 1889.
- Posselt 2004 – Posselt, Sabine: Wieder- (?) Begegnung im Restaurierungsatelier. Zwei Bildnisse des Kurfürsten Moritz von Sachsen, in: Dresdener Kunstblätter 2004, H. 2, S. 108–117.
- Press 1983 – Press, Volker: Landgraf Philipp der Großmütige von Hessen (1504–1567), in: Scholder, Klaus (Hg.): Protestantische Profile. Lebensbilder aus fünf Jahrhunderten, Königstein/Ts. 1983, S. 60–77.
- Quandt 1834 – Quandt, Johann Gottlob: Andeutungen für Beschauer des historischen Museums, Dresden 1834.
- Quellmalz 1990 – Quellmalz, Werner: Montangeologie, in: Der silberne Boden 1990, S. 17–19.
- Quellmalz/Prescher 1961 – Quellmalz, Werner; Prescher, Hans: Der Schneeberger Silberfund von 1477, in: Sächsische Heimatblätter 7 (1961), S. 18–28.
- Palucchini 1969 – Palucchini, Rodolfo: Tiziano, Florenz 1969, 2 Bde.
- Rabe 1971 – Rabe, Horst: Reichsbund und Interim. Die Verfassungs- und Religionspolitik Karls V. und der Reichstag von Augsburg 1547/1548, Köln, Wien 1971.
- Racknitz um 1805 – Catalogus des Freyherrl. Racknitzischen Mineraliencabinets nebst Taxe, Dresden um 1805.
- Rädle 1983 – Rädle, Fidel: Hrotsvit von Gandersheim, in: Die deutsche Literatur des Mittelalters – Verfasserlexikon, hrsg. v. Kurt Ruh u. a., Berlin, New York 1983², Bd. IV.
- Ranke 1956 – Ranke, Leopold von: Deutsche Geschichte im Zeitalter der Reformation, Wien 1956.
- Rebel 1994 – Rebel, Ernst: Lucas Cranachs Porträtkunst. Personendarstellungen zwischen Vitalität und Formel, in: Lucas Cranach. Ein Maler-Unternehmer aus Franken, Regensburg 1994, S. 131–151.
- Rebitsch 2000 – Rebitsch, Robert: Tirol, Karl V. und der Fürstenaufstand von 1552 (= Studien zur Geschichtsforschung der Neuzeit 18), Hamburg 2000.
- Redlich 1900 – Redlich, Paul: Cardinal Albrecht von Brandenburg und das Neue Stift zu Halle 1520–1541. Eine kirchen- und kunstgeschichtliche Studie, Mainz 1900.
- Reibisch 1826 – Reibisch, Friedrich Martin: Eine Auswahl merkwürdiger Gegenstände aus der Königl. Sächsischen Rüstkammer, gezeichnet und beschrieben von Martin Reibisch, Dresden 1826.
- Reinke 1976 – Reinke, Edgar C.: The Dialogus of Andreas Meinhardi, ed. by Edgar C. Reinke, Ann Arbor 1976.
- Reisch 2002 – Reisch, Gregor: Margarita philosophica nova (= Analecta Cartusiana 179), Einf., Text u. Komm. v. Lucia Andreini, Salzburg 2002.
- Reske 2000 – Reske, Christoph: Die Produktion der Schedelschen Weltchronik in Nürnberg, Wiesbaden 2000.
- Restaurierte Kunstschätze 1990 – Restaurierte Kunstschätze aus Dresdener Museen, Ausst.-Kat. Staatliche Kunstsammlungen Dresden, Dresden 1990.
- Reuter 1981 – Reuter, Fritz: Der Reichstag zu Worms von 1521 – Reichspolitik und Luthersache, Köln, Wien 1981.
- Richter 1895 – Richter, Otto: Eine Abbildung des Barfüßerklosters, in: Dresdner Geschichtsblätter 4 (1895), S. 178–180.
- Richter 1906 – Richter, Otto: Dresdner Bilderchronik, Dresden 1906, T. 1.
- Richter 2003 – Richter, Ernst-Ludwig: Die »Lutherbecher« in Dresden, Leipzig und Greifswald. Studien zur Provenienz und Authentizität, in: Weltkunst 73 (2003), S. 168–172.
- RISM – Répertoire International des sources musicales (RISM). Internationales Quellenlexikon der Musik. International Inventory of Musical Sources, publ. par la Société Internationale de Musicologie et l'Association International des Bibliothèques Musicales, Kassel u. a. 1949 ff., Serien A/1, A/II, B, C; Serie B/VIII (= Das Deutsche Kirchenlied), 1975–1980, Bd. I–II.
- Robert 2003 – Robert, Jörg: Die Wahrheit hinter dem Schleier. Lucas Cranachs heidnische Götter und die humanistische Mythenallegorese, in: Lucas Cranach. Glaube, Mythologie und Moderne, Ausst.-Kat. Bucerius Kunst Forum Hamburg, hrsg. v. Werner Schade, Ostfildern-Ruit 2003, S. 102–115.
- Rogge 2002 – Rogge, Jörg: Herrschaftsweitergabe, Konfliktregelung und Familienorganisation im fürstlichen Hochadel. Das Beispiel der Wettiner von der Mitte des 13. bis zum Beginn des 16. Jahrhunderts (= Monographien zur Geschichte des Mittelalters 49), Stuttgart 2002.
- Rom in Bayern 1997 – Rom in Bayern. Kunst und Spiritualität der ersten Jesuiten, Ausst.-Kat. Bayerisches Nationalmuseum München, hrsg. v. Reinhold Baumstark, München 1997.
- Röttger 1925 – Röttger, Bernhard Hermann: Der Maler Hans Mielich, München 1925.
- Ruhland 1997 – Ruhland, Volker: Die Schlacht bei Mühlberg an der Elbe am 24. April 1547. Begründung des Albertinischen Sachsen, in: Sächsische Heimatblätter 43 (1997), H. 2, S. 61–68.
- Rüping/Jerouschek 2002 – Rüping, Hinrich; Jerouschek, Günter: Grundriss der Strafrechtsgeschichte, München 2002⁴.
- Sachs 2001 – Sachs, Michael: Geschichte der operativen Chirurgie, Heidelberg 2001, Bd. II.
- Sachs 2003 – Sachs, Michael: Geschichte der operativen Chirurgie, Heidelberg 2003, Bd. IV.
- Saksers yn Fryslan 1998 – Saksers yn Fryslan. Saksisch Bestuur in Friesland 1498–1515, bearb. v. Paul Baks, Ausst.-Kat. Fries Museum Leeuwarden, Leeuwarden 1998.
- Sander/Guratzsch 1995 – Sander, Dietulf (Bearb.); Guratzsch, Herwig (Hg.): Katalog der Gemälde des Museums der bildenden Künste Leipzig, Stuttgart 1995.
- Sander/Spangenberg 1926 – Sander, Paul; Spangenberg, Hans: Urkunden zur Geschichte der Territorialverfassung (= Ausgewählte Urkunden zur deutschen Verfassungsgeschichte 4), Stuttgart 1926.
- Sandner 1983 – Sandner, Ingo: Hans Hesse, ein Maler der Spätgotik in Sachsen, Dresden 1983.
- Sandner 1993 – Sandner, Ingo: Spätgotische Tafelmalerei in Sachsen, Dresden, Basel 1993.
- Sauerlandt 1912 – Sauerlandt, Max: Das Kunstgewerbemuseum in der Moritzburg, in: Städtisches Museum für Kunst und Kunstgewerbe Halle a. d. S., Verwaltung und Erwerbungen des Jahres 1911, Halle 1912, S. 11–12.
- Sauerlandt 1919 – Sauerlandt, Max: Tonfigürchen, in: Genius, Zeitschrift für werdende und alte Kunst 1 (1919), S. 256 f.
- Scailliérez 1992 – Scailliérez, Cécilie: François Ier et ses artistes dans les collections du Louvre, Paris 1992.
- Schaal 1991 – Schaal, Dieter: Die Kurfürsten von Sachsen. Repräsentation in Bildnis und Rüstung, Dresden 1991.
- Schade 1961/62 – Schade, Werner: Zum Werk der Cranachs, in: Jahrbuch der Staatlichen Kunstsammlungen Dresden (1961/62), S. 29–49.
- Schade 1968 – Schade, Werner: Maler am Hof Moritz' von Sachsen, in: Zeitschrift des Deutschen Vereins für Kunstwissenschaft 22 (1968), S. 29–44.
- Schade 1974 – Schade, Werner: Die Malerfamilie Cranach, Dresden 1974.
- Schäfer 1860 – Schäfer, Wilhelm: Die Königliche Gemälde-Gallerie im Neuen Museum zu Dresden […], Dresden 1860, 3 Bde.
- Schardt 1993 – Schardt, Henner; Zander, Hans: 300 Jahre Grubengeleucht, Emmerzhausen 1993.
- Scheidig 1935 – Scheidig, Walther: Der Reformationsteppich im Weimarer Schlossmuseum und sein Meister Seger Bombeck, in: Das Thüringer Fähnlein 4 (1935), S. 275–279.
- Schilling 1990 – Schilling, Michael: Bildpublizistik der frühen Neuzeit. Aufgaben und Leistungen des illustrierten Flugblatts in Deutschland bis um 1700, Tübingen 1990.
- Schirmer 2003 – Schirmer, Uwe: Kursächsische Staatsfinanzen (1456–1656). Strukturen – Verfassung – Funktionseliten, Habil., Leipzig 2003.
- Schlenker 1997 – Schlenker, Gerlinde: Lehrer, Rektoren und Superintendenten der fürnehmen Lateinschule in Eisleben, in: Philipp Melanchthon und das städtische Schulwesen, Begleitbd. zur Ausstellung, hrsg. v. d. Lutherstadt Eisleben, Eisleben 1997, S. 109–144.
- Schmidt 1924 – Schmidt, Alfred: Geschichte der Stadt Mühlberg a. E. 1924.
- Schmidt 1984 – Schmidt, Gunter H.: Vom Pirnischen Eisen. Aus der Geschichte der alten Hämmer und Hütten im Raum Pirna, in: Schriftenreihe des Stadtmuseums Pirna 3 (1984), S. 3–92.
- Schnee 1982 – Schnee, Gernot: Sächsische Taler 1500–1800 und Abschläge von Talerstempeln in Gold und Silber (Dukaten, Mehrfach-Taler, Halbtaler), Frankfurt a. M. 1982.
- Schneiderheinze 2001 – Schneiderheinze, Armin: Das Inventarium von 1601. Beobachtungen zu Struktur, Funktionsweise und Ausstattung der Kurfürstlichen Kanzlei und des Torgauer Amtes, in: Das Kurfürstliche Kanzleihaus zu Torgau (= Schriften des Torgauer Geschichtsvereins 2), Torgau 2001, S. 83–124.
- Schnell 1983 – Schnell, Hugo: Martin Luther und die Reformation auf Münzen und Medaillen, München 1983.
- Schöbel 1967 – Schöbel, Johannes: Ein Kalenderschwert aus dem Besitz Friedrichs des Weisen, in: Jahrbuch der Staatlichen Kunstsammlungen Dresden (1967), S. 115–122.
- Schöbel 1973 – Schöbel, Johannes: Prunkwaffen. Waffen und Rüstungen aus dem Historischen Museum Dresden, Leipzig 1973.
- Schottenloher 1918 – Schottenloher, Karl: Die Druckauflagen der päpstlichen Lutherbulle »Exsurge Domine«, in: Zeitschrift für Bücherfreunde, N. F., 9 (1918), S. 197–208.
- Schottenloher 1941 – Schottenloher, Karl: Die amtlichen Ausgaben des Wormser Edikts Kaiser Karls V. gegen Martin Luther, in: Zentralblatt für Bibliothekswesen 58 (1941), S. 198–214.
- Schramm/Schramm 2003 – Schramm, Hans-Peter; Schramm, Marie: Untersuchungsbericht 117/03, Hirschkopf, Dresden 2003.
- Schuchardt 1851 – Schuchardt, Christian: Lucas Cranach des Aelteren Leben und Werke, nach urkundlichen Quellen bearb., Leipzig 1851, 3 Bde.

- Schuchardt 1998 – Schuchardt, Günter: Die Kunstsammlung der Wartburg, Regensburg 1998.
- Schuckelt 1994/95 – Schuckelt, Holger: Gepanzerte Pferde. Ein Beitrag zur Geschichte des Roßharnischs mit einem Verzeichnis der Bestände der Dresdner Rüstkammer, in: Jahrbuch der Staatlichen Kunstsammlungen Dresden 25 (1994/95) (1998), S. 3–30.
- Schulze 1997 – Schulze, Ingrid: Lichtmetaphorik und religiöse Sinngehalte in Gemälden Lucas Cranachs des Jüngeren, in: Sachsen-Anhalt. Journal für Natur- und Heimatfreunde 7 (1997), S. 22–27.
- Schulze 2004 – Schulze, Ingrid: Lucas Cranach d. J. und die protestantische Bildkunst in Sachsen und Thüringen. Frömmigkeit, Theologie, Fürstenreformation, Bucha bei Jena 2004.
- Schwabe 1914 – Schwabe, Ernst: Das Gelehrtenschulwesen Kursachens von seinen Anfängen bis zur Schulordnung von 1580. Kurze Übersicht über die Hauptzüge der Entwicklung (= Aus Sachsens Vergangenheit 2), Leipzig/Berlin 1914.
- Schweikhart 1997 – Schweikhart, Gunter: Tizian in Augsburg, in: Kunst und ihre Auftraggeber im 16. Jahrhundert, Venedig und Augsburg im Vergleich, hrsg. v. Klaus Bergdolt, Jochen Brüning (= Colloquia Augustana 5), Berlin 1997, S. 21–42.
- Scribner 1981 – Scribner, Robert W.: For the Sake of Simple Folk. Popular Propaganda for the German Reformation, Cambridge 1981.
- Sehling 1902 – Sehling, Emil (Hg.): Die evangelischen Kirchenordnungen des XVI. Jahrhunderts, Leipzig 1902, Bd. I: Sachsen und Thüringen, nebst angrenzenden Gebieten, 1: Die Ordnungen Luthers. Die Ernestinischen und Albertinischen Gebiete.
- Sehlmann 2001 – Sehlmann, Silke: Die Torgauer Kanzleiordnungen von 1536–1546. Vergleichende Beobachtung an einem Verwaltungsmodell, in: Das Kurfürstliche Kanzleihaus zu Torgau (= Schriften des Torgauer Geschichtsvereins 2), Torgau 2001, S. 83–124.
- Seidlitz 1921 – Seidlitz, Woldemar von: Die Kunst in Dresden, Dresden 1921.
- Seifert 1970 – Seifert, Siegfried: Quellen und Dokumente zur Kirchengeschichte von ihren Anfängen bis zur Glaubensspaltung, Leipzig 1970.
- Seifert 1992 – Seifert, Siegfried: Domschatzkammer St. Petri in Bautzen, München, Zürich 1992.
- Sennewald 1990 – Sennewald, Rainer: Die Werkzeuge des Bergmanns bei der Arbeit vor Ort, in: Der silberne Boden 1990, S. 251–252.
- Shaw 1937 – Shaw, William Arthur (Hg.): Three inventories of the years 1542, 1547 and 1549–50 of Pictures in the Collections of Henry VIII and Edward VI (= Courtauld Institute Texts for the Study of Art History 1), London 1937.
- Smith 1994 – Smith, Jeffrey Chipps: German Sculpture of the Later Renaissance, ca. 1520–1580. Art in an Age of Uncertainty, Princeton, New Jersey 1994.
- Speler 1997 – Speler, Ralf-Torsten (Hg.): Melanchthon und die Universität. Zeitzeugnisse aus den Halleschen Sammlungen, Kat. des Universitätsmuseums der Zentralen Kustodie, N.F. 3, Halle 1997.
- Speyer 1991 – Speyer, Wolfgang: Albrecht von Brandenburg als Heiliger Martin, in: Tesserae. Festschrift für Josef Engemann, Münster 1991, S. 164–169.
- Sponsel 1906 – Sponsel, Jean Louis: Fürsten-Bildnisse aus dem Haus Wettin, Dresden 1906.
- Sponsel 1910 – Sponsel, Jean-Louis: Die Bildnismedaillen des Tobias Wolf im Münzkabinett zu Dresden, in: Mitteilungen aus den Sächsischen Kunstsammlungen 1 (1910), S. 65–72.
- Sponsel 1920 – Sponsel, Jean Louis: Rundbilder des 16. Jahrhunderts mit Adam und Eva, in: Mitteilungen des Städtischen Kunstgewerbemuseums in Leipzig 1920, S. 122–123.
- Sponsel 1921 – Sponsel, Jean Louis: Führer durch das Grüne Gewölbe, Dresden 1921.
- Sponsel 1928 – Sponsel, Jean Louis: Das Grüne Gewölbe zu Dresden, Leipzig 1928, Bd. II.
- Sponsel 1929 – Sponsel, Jean Louis: Das Grüne Gewölbe zu Dresden, Leipzig 1929, Bd. III.
- Srbik 1961 – Srbik, Robert von: Maximilian I. und Gregor Reisch (= Schriften des Doktor-Doktor-Franz-Josef-Mayer-Gunthof-Fonds 1/Archiv für österreichische Geschichte 122,2), Wien 1961.
- Staatliche Galerie Moritzburg Halle 1994 – Staatliche Galerie Moritzburg Halle (Hg.): Staatliche Galerie Moritzburg Halle. Geschichte und Sammlungen, Halle 1994.
- Steiner 1984 – Steiner, Peter Bernhard: Andacht und Anschauung. Zur Ikonographie des Rosenkranzes, in: Jahrbuch des Vereins für christliche Kunst 14 (1984), S. 20–43, 185–197.
- Stephan 1982 – Stephan, Bernd: Kulturpolitische Maßnahmen des Kurfürsten Friedrich III. des Weisen von Sachsen, in: Lutherjahrbuch 49 (1982), S. 50–95.
- Steude 1974 – Steude, Wolfram: Die Musiksammelhandschriften des 16. und 17. Jahrhunderts in der Sächsischen Landesbibliothek zu Dresden, Leipzig und Wilhelmshaven 1974.
- Steude 1978 – Steude, Wolfram: Untersuchungen zur mitteldeutschen Musiküberlieferung und Musikpflege im 16. Jahrhundert, Leipzig 1978.
- Steude 2001 – Steude, Wolfram: Annäherung durch Distanz. Texte zur älteren mitteldeutschen Musik und Musikgeschichte, Altenburg 2001.
- Stichart 1857 – Stichart, Franz Otto: Galerie der Sächsischen Fürstinnen. Biographische Skizzen sämtlicher Ahnfrauen des Königlichen Hauses Sachsen, Leipzig 1857.
- Stievermann 1994 – Stievermann, Dieter: Lucas Cranach und der kursächsische Hof, in: Lucas Cranach 1994, S. 66–77.
- Stoy 1889 – Stoy, Stephan: Erste Bündnisbestrebungen evangelischer Stände, in: Zeitschrift des Vereins für Thüringische Geschichte und Altertumskunde, N. F., 6 (1889), S. 3–270.
- Strauss 1581/1972 – Teufelbücher in Auswahl, hrsg. v. Ria Stambaugh, Berlin 1972, Bd. II: Strauss, Johannes: Kleiderteufel, unveränd. ND d. Ausg., Görlitz 1581.
- Strauß 1966 – Strauß, Konrad: Die Kachelkunst des 15. und 16. Jahrhunderts. Eine spätgotische Kachelgruppe in Halberstadt, Straßburg 1966.
- Strauss 1975 – Strauss, Walter L.: The German single-leaf woodcut: 1550–1600. A pictorial catalogue, New York 1975, 3 Bde.
- Streich 2000 – Streich, Brigitte: Lebensbedingungen thüringischer Fürstinnen im späten Mittelalter, in: Zeitschrift des Vereins für Thüringische Geschichte 54 (2000), S. 45–73.
- Stuhlfauth 1918/19 – Stuhlfauth, Georg: Drei zeitgeschichtliche Flugblätter des Hans Sachs mit Holzschnitten des Georg Pencz, in: Zeitschrift für Bücherfreunde 10 (1918/19), S. 233–248.
- Stuhlfauth 1927 – Stuhlfauth, Georg: Die Bildnisse D. Martin Luthers im Tode (= Kunstgeschichtliche Forschungen zur Reformationsgeschichte 1), Weimar 1927.
- Suhle 1950 – Suhle, Arthur: Die deutsche Renaissance-Medaille. Ein Kulturbild aus der ersten Hälfte des 16. Jahrhunderts, Leipzig 1950.
- Suhle 1964 – Suhle, Arthur: Petschafte des Münzkabinetts aus dem 13. bis 16. Jahrhundert, Berlin 1964.
- Tacke 1990 – Tacke, Andreas: Agnes Pless und Kardinal Albrecht von Brandenburg, in: Archiv für Kulturgeschichte 72 (1990), S. 347–365.
- Tacke 1992 – Tacke, Andreas: Der katholische Cranach. Zu zwei Großaufträgen von Lucas Cranach d. Ä., Simon Franck und der Cranach-Werkstatt 1520–1540 (= Berliner Schriften zur Kunst 2), Phil. Diss. Berlin-West 1989, Mainz 1992.
- Tacke 2002 – Tacke, Andreas: Der »hellische Cardinal«. Zu den Kunstwerken der Hallenser Stiftskirche in Aschaffenburg, in: Das Rätsel Grünewald, Ausst.-Kat. Aschaffenburg 2002/03 (= Veröffentlichungen zur Bayerischen Geschichte und Kultur 45/02), hrsg. v. Rainhard Riepertinger, Evamaria Brockhoff, Katharina Heinemann, Jutta Schumann, Augsburg 2002, S. 105–114.
- Tentzel 1705/1982 a – Tentzel, Wilhelm Ernst: Saxonia Numismatica oder Medaillen-Cabinet von Gedächtniß-Münzen und Schaupfennigen, welche die Durchlauchtigsten Chur- und Fürsten zu Sachsen Ernestinischer Hauptlinie prägen und verfertigen lassen, Dresden 1705, Reprint Berlin 1982.
- Tentzel 1705/1982 b – Tentzel, Wilhelm Ernst: Saxonia Numismatica oder Medaillen-Cabinet von Gedächtniß-Münzen und Schaupfennigen, welche die Durchlauchtigsten Chur- und Fürsten zu Sachsen Albertinischer Hauptlinie prägen und verfertigen lassen, Dresden 1705, Reprint Berlin 1982.
- Textor 1834 – Textor, A.: Dr. Luthers Siegelring, in: Historischer Bildersaal der Sächsischen Geschichte, Meißen 1834, Bd. I, S. 134–136.
- Thalheim 1996 – Thalheim, Klaus: »... aus hiesigen Land-Ertz zusammen gesetzt.« Mineralogische Kostbarkeiten aus der Schatzkammer der Sächsischen Kurfürsten in Dresden, in: Kaiser, König, Kieselstein: Mineralientage München, Messethemenheft '96, München 1996, S. 74–75.
- Thalheim 2003 – Thalheim, Klaus: Der Schneeberger Silberfund von 1477, in: Nachrichtenblatt zur Geschichte der Geowissenschaften 13 (2003), S. 40–53.
- The Currency of Fame 1994 – The Currency of Fame. Portrait Medals of the Renaissance, Ausst.-Kat. Frick Collection New York, National Gallery of Art Washington, hrsg. v. Stephen K. Scher, New York 1994.
- Theuerkauff-Liederwald 1994 – Theuerkauff-Liederwald, Anna-Elisabeth: Venezianisches Glas der Veste Coburg, Lingen 1994.
- Thiel 1980 – Thiel, Erika: Geschichte des Kostüms, Berlin 1980.
- Thieme 1983 – Thieme, Horst: Reformation und Bauernkrieg in Leipzig. Dokumente aus dem Stadtarchiv, in: Leipzig. Aus Vergangenheit und Gegenwart. Beiträge zur Stadtgeschichte 2 (1983), S. 119–139.
- Thieme 2002 – Thieme, André (Hg.): Herzog Albrecht der Beherzte (1443–1500). Ein sächsischer Fürst im Reich und in Europa (= Quellen und Materialien zur Geschichte der Wettiner, Bd. II), Köln u. a. 2002.

- Thieme 2003 – Thieme, André: Burg, Herrschaft und Amt Rochlitz im Mittelalter, in: Witwenschaft in der Frühen Neuzeit, hrsg. v. Martina Schattkowsky (= Schriften zur sächsischen Geschichte und Volkskunde 4), Leipzig 2003, S. 35–64.
- Thieme/Becker 1934 – Thieme, Ulrich; Becker, Felix (Hg.): Allgemeines Lexikon der bildenden Künstler von der Antike bis zur Gegenwart, Leipzig 1934, Bd. 28.
- Torke 2002 – Torke, Horst: Historische Grenzen und Grenzzeichen in der Sächsischen Schweiz, Dresden 2002.
- Treasures from the Saxon State Library 1996 – Krewson, Margrit B. (Hg.): Dresden. Treasures from the Saxon State Library, Ausst.-Kat. Library of Congress, Washington, Washington, DC 1996.
- Treu 1986 – Treu, Martin (Hg.): Meinhardi, Andreas: Über die hochberühmte und herrliche Stadt Wittenberg, Übers., Einl. u. Anm. von Martin Treu, Leipzig 1986.
- Treu 1995 – Treu, Martin: Martin Luther und Torgau, Wittenberg 1995.
- Treu 1999 – Treu, Martin: Das Leben der Katharina von Bora, in: Ders. (Hg.): Katharina von Bora, die Lutherin. Aufsätze anlässlich ihres 500. Geburtstags, Wittenberg 1999.
- Ulmann 1879 – Ulmann, H.: Studie über Maximilian's I. Plan einer deutschen Kirchenreform im Jahre 1510, in: Zeitschrift für Kirchengeschichte 3 (1879), S. 199–219.
- Unsichtbare Meisterzeichnungen 1998 – Unsichtbare Meisterzeichnungen auf dem Malgrund. Cranach und seine Zeitgenossen, Ausst.-Kat., hrsg. v. Ingo Sandner in Gemeinschaft mit d. Wartburgstiftung u. d. Fachhochschule Köln, Regensburg 1998.
- VD 16 – Verzeichnis der im deutschen Sprachraum erschienen Drucke des 16. Jahrhunderts, hrsg. v. d. Bayerischen Staatsbibliothek in München, Abt. I: Verfasser, Körperschaften, Anonyma, Stuttgart 1983–1995, 22 Bde.; Abt. II: Register der Herausgeber, Kommentatoren, Übersetzer und literarischen Beiträger, Stuttgart 1997, 2 Bde.; Abt. III: Register der Druckorte, Drucker, Verleger und Erscheinungsjahre, Stuttgart 2000.
- Verborgene Schätze 1992 – Verborgene Schätze der Skulpturensammlung, Ausst.-Kat. Staatliche Kunstsammlungen Dresden, Dresden 1992.
- Vergessene Altdeutsche Gemälde 1997 – Guratzsch, Herwig (Hg.): Vergessene Altdeutsche Gemälde. 1815 auf dem Dachboden der Leipziger Nikolaikirche gefunden, 1997 anlässlich des 27. Deutschen Evangelischen Kirchentages präsentiert, Ausst.-Kat. Museum der bildenden Künste Leipzig, Heidelberg 1997.
- Verzeichnis der Gemälde 1976 – Verzeichnis der Gemälde vor 1800, hrsg. v. Herzog Anton Ulrich-Museum Braunschweig, Braunschweig 1976.
- Vogler 1989 – Vogler, Günter: Thomas Müntzer, Berlin 1989.
- Volkmar 2002 – Volkmar, Christoph: Die Heiligenerhebung Bennos von Meißen (1523/24). Spätmittelalterliche Frömmigkeit, landesherrliche Kirchenpolitik und reformatorische Kritik im albertinischen Sachsen in der frühen Reformationszeit (= Reformationsgeschichtliche Studien und Texte 146), Münster 2002.
- Volz 1966 – Volz, Hans: Der St. Peters-Ablass und das deutsche Druckgewerbe, in: Gutenberg-Jahrbuch 41 (1966), S. 156–172.
- Von allen Seiten schön 1995 – Von allen Seiten schön. Bronzen der Renaissance und des Barock. Wilhelm von Bode zum 150. Geburtstag, Ausst.-Kat. Staatliche Museen zu Berlin – Preußischer Kulturbesitz, Skulpturensammlung, hrsg. v. Volker Krahn, Heidelberg 1995.
- Von der Freiheit eines Christenmenschen 1967 – Von der Freiheit eines Christenmenschen. Kunstwerke und Dokumente aus dem Jahrhundert der Reformation, Ausst.-Kat. Zum 450. Jahrestag der Reformation, Berlin 1967.
- Vorzeichnüs – Vorzeichnüs Luca Cranachs, gemalten Sachen, so uffm Churf. Schloß Torgau, an geistlichen, und weltlichen Historien, auch Contrafecten, außer die, so in der Kirchen stehen, hin und her zubefinden sein, SächsHStA Dresden, Rep. A 24 a I Nr. 1125.
- Voss 1917 – Voss, Georg: Die Wartburg (= Lehfeldt, P.; Voss, G.: Bau- und Kunstdenkmäler Thüringens, H. 41: Großherzogtum Sachsen-Weimar-Eisenach, Amtsgerichtsbezirk Eisenach), Jena 1917.
- Vries 1986 – Vries, Oebele: Het Heilige Roomse Rijk en de Friese Frijheid, Leeuwarden 1986.
- WA – Luther, Martin: D. Martin Luthers Werke: Kritische Gesamtausgabe, Weimar 1883 ff., bisher 68 Bde.
- Waagen 1858 – Waagen, Gustav F.: Einige Bemerkungen über die neue Aufstellung, Beleuchtung und Catalogisirung der Königlichen Gemäldegallerie zu Dresden, Berlin 1858.
- Wackernagel 1855 – Wackernagel, Philipp: Bibliographie zur Geschichte des deutschen Kirchenliedes im 16. Jahrhundert, Frankfurt a. M. 1855.
- Wackernagel 1983 – Wackernagel, Rudolf H. (Hg.): Das Münchner Zeughaus, München, Zürich 1983
- Wagenbreth/Wächtler 1986 – Wagenbreth, Otfried; Wächtler, Eberhard (Hg.): Der Freiberger Bergbau. Technische Denkmale und Geschichte, Leipzig 1986.
- Wagenbreth/Wächtler 1990 – Bergbau im Erzgebirge. Technische Denkmale und Geschichte, hrsg. v. Otfried Wagenbreth, Eberhard Wächtler, Leipzig 1990.
- Wallenstein 1994 – Wallenstein, Uta: Renaissancemedaillen, in: Gotteswort und Menschenbild. Werke von Cranach und seinen Zeitgenossen, Ausst.-Kat. Schloßmuseum Gotha, Schloß Friedenstein, hrsg. v. Allmuth Schuttwolf, Gotha 1994, T. 2: Renaissancemedaillen, Renaissanceplaketten, Statthaltermedaillen, S. 9–32.
- Walter 1973 – Walter, Johann: Sämtliche Werke, hrsg. v. Werner Braun, Kassel u. a. 1973, Bd. IV.
- Warnke 1984 – Warnke, Martin: Cranachs Luther: Entwürfe für ein Image, Frankfurt a. M. 1984.
- Wartenberg 1975 – Wartenberg, Günther: Martin Luther und Moritz von Sachsen, in: Lutherjahrbuch 42 (1975), S. 57–63.
- Wartenberg 1996 a – Wartenberg, Günther: Unterricht der Visitatoren an die Pfarrherrn im Kurfürstentum Sachsen, in: Martin Luther Studienausgabe, Leipzig 1996[2], Bd. III, S. 402–462.
- Wartenberg 1996 b – Wartenberg, Günther: Stadt-, Kirchen- und Residenzgemeinde Torgau, in: Torgau. Stadt der Reformation: Luthers Torgauer Kirchweihe 1544, hrsg. v. Martin Brecht, Hansjochen Hancke, Torgau 1996, S. 60–69.
- Wartenberg 2003 a – Wartenberg, Günther: Wittenberger Reformation und territoriale Politik. Ausgewählte Aufsätze, hrsg. v. Jonas Flöter, Markus Hein, Leipzig 2003.
- Wartenberg 2003 b – Wartenberg, Günther: Die Würdigung des Kurfürsten Moritz von Sachsen in Leichenpredigten und Gedenkreden, in: Kirche und Regionalbewusstsein in Sachsen im 16. Jahrhundert, hrsg. v. Michael Beyer, Andreas Gößner, Günther Wartenberg, Leipzig 2003, S. 15–26.
- Wartenberg 2003 c – Wartenberg, Günther: Visitationen des Schulwesens im albertinischen Sachsen zwischen 1540 und 1580, in: Wartenberg 2003a, S. 159–174.
- Wäscher 1955 – Wäscher, Hermann: Das deutsche illustrierte Flugblatt, Dresden 1955, Bd. I: Von den Anfängen bis zu den Befreiungskriegen.
- Watson 1979 – Watson, P. G.: Erasmus' Praise of Folly and the Spirit of Carnival, in: Renaissance Quarterly 32 (1979), S. 333–353.
- Weber 1865 – Weber, Karl von (Hg.): Archiv für die sächsische Geschichte, Leipzig 1865, Bd. III.
- Weinholz 1961 – Weinholz, Gerda: Trinkgefäße aus Kokosnuss, in: Dresdener Kunstblätter (1961), S. 126–128.
- Weller 1657 – Weller, J.: Chur-Sächsische Ehren-Trauer Crone, Dresden 1657.
- Welt im Umbruch 1980 – Welt im Umbruch. Augsburg zwischen Renaissance und Barock, Ausst.-Kat. Augsburg 1980, 3 Bde.
- Werl 1957 – Werl, Elisabeth: Herzogin Elisabeth von Sachsen (1502–1557) als Schwester Landgraf Philipps des Großmütigen von Hessen, in: Hessisches Jahrbuch für Landesgeschichte, Bd. VII (1957), S. 199–229.
- Werner 1995/96 – Werner, Elke Anna: Vier Gemälde mit Szenen aus dem Leben Johann Friedrichs des Großmütigen von Sachsen, in: Deutsches Historisches Museum Magazin 16 (1995/96).
- Werner/Schade 1958 – Werner, Otto Heinz; Schade, Günther: bunte erden in formender hand (= Schriftenreihe der Staatlichen Galerie Moritzburg Halle 14), Halle 1958.
- Wethey 1971 – Wethey, Harold E.: The Paintings of Titian. Complete Edition, London 1971, Bd. II: The Portraits.
- Wiemers 2002 – Wiemers, Michael: Der Kardinal und die Weibermacht. Sebald Beham bemalt eine Tischplatte für Albrecht von Brandenburg, in: Wallraf-Richartz-Jahrbuch 63 (2002), S. 217–236.
- Wienand 1973 – Wienand, A. (Hg.): Die Heiligen Drei Könige, Köln 1973.
- Wilckens 1997 – Wilckens, Leonie von: Geschichte der deutschen Textilkunst. Vom späten Mittelalter bis in die Gegenwart, München 1997.
- Willers 1973 – Willers, Johannes: Die Nürnberger Handfeuerwaffe bis zur Mitte des 16. Jahrhunderts, Nürnberg 1973.
- Wilsdorf 1956 – Wilsdorf, Helmut: Georg Agricola und seine Zeit (= Georgius Agricola – Ausgewählte Werke, Bd. I), Berlin 1956.
- Wilsdorf 1959 – Wilsdorf, Helmut: Arbeit und Arbeitsgerät im sächsischen Erzbergbau des 16. Jahrhunderts, in: Deutsches Jahrbuch für Volkskunde 5 (1959), S. 255–300.
- Winterhager 1999 – Winterhager, Wilhelm Ernst: Ablaßkritik als Indikator historischen Wandels vor 1517: Ein Beitrag zu Voraussetzungen und Einordnung der Reformation, in: Archiv für Reformationsgeschichte 90 (1999), S. 6–71.
- Woermann 1899 – Woermann, Karl: Katalog der Königlichen Gemäldegalerie zu Dresden, Dresden 1899[4].

- Wolgast 1993 – Wolgast, Eike: Art. Gravamina nationis germanicae, in: Theologische Realenzyklopädie, hrsg. v. Horst Robert Balz, Gerhard Müller, Berlin, New York 1993, Bd. 14, S. 131–134.
- Wollersheim 1997 – Wollersheim, Heinz-Werner: Philipp Melanchthon und die Organisation des protestantischen Schulwesens in Sachsen, in: Philipp Melanchthon und das städtische Schulwesen. Begleitband zur Ausstellung, hrsg. v. d. Lutherstadt Eisleben (= Veröffentlichungen der Lutherstadt Eisleben 2), Halle 1997, S. 49–80.
- Wustmann 1891 – Wustmann, Gustav: Leipzig aus drei Jahrhunderten, Leipzig 1891.
- Zahn 1893/1997 – Zahn, Johannes: Die Melodien der deutschen evangelischen Kirchenlieder, Gütersloh 1893 (ND 1997), Bd. VI: Chronologisches Verzeichnis der benutzten Gesang-, Melodien- und Choralbücher und letzte Nachträge.
- Zander-Seidel 1990 – Zander-Seidel, Jutta: Textiler Hausrat. Kleidung und Haustextilien in Nürnberg von 1500–1650, München 1990.
- Zeit und Ewigkeit 1998 – Zeit und Ewigkeit. 128 Tage in St. Marienstern, Ausst.-Kat. Erste Sächsische Landesausstellung, hrsg. v. Judith Oexle u. a., Halle a. d. Saale 1998.
- Zippelius 1999 – Zippelius, Reinhold: Kleine deutsche Verfassungsgeschichte. Vom frühen Mittelalter bis zur Gegenwart, München 1999[5].
- Zschelletzschky 1973 – Zschelletzschky, H.: Vorgefecht des reformatorischen Bilderkampfes. Zu Cranachs Holzschnitt »Himmelwagen und Höllenwagen« des Andreas Bodenstein von Karlstadt von 1519, in: Lucas Cranach. Künstler und Gesellschaft. Referate des Colloquiums mit Internationaler Beteiligung zum 500. Geburtstag Lucas Cranachs d. Ä., hrsg. v. Peter H. Feist, Wittenberg 1973, S. 102–106.
- Zugangs-Katalog ab 1897 – Zugangs-Katalog ab 1897, Dresden, Museum für Mineralogie und Geologie, Mineralogische Sammlung.
- Zurück in Dresden 1998 – Zurück in Dresden. Eine Ausstellung ehemals vermisster Werke aus Dresdner Museen [...], Ausst.-Kat. Staatliche Kunstsammlungen Dresden, bearb. v. Uta Neidhardt u. a., Eurasburg 1998.
- Zwischen Katheder, Thron und Kerker 2002 – Zwischen Katheder, Thron und Kerker. Leben und Werk des Humanisten Caspar Peucer 1525–1602, Ausst.-Kat. Stadtmuseum Bautzen, Bautzen 2002.

Bildnachweis

Rijksmuseum Amsterdam S. 173, Abb. 244; S. 175, Abb. 249
Stiftsmuseum der Stadt Aschaffenburg S. 86, Abb. 82; S. 89, Abb. 85 (Fotos: Otschik, Aschaffenburg)
Städtische Kunstsammlungen Augsburg S. 358, Abb. 604
Staatsbibliothek Bamberg S. 46, Abb. 11
Öffentliche Kunstsammlung Basel S. 53, Abb. 26
Domschatzkammer St. Petri, Bautzen S. 73, Abb. 64, 65 (Fotos: Waltraud Rabich, Dresden)
Deutsches Historisches Museum, Berlin S. 101, Abb. 110; S. 105, Abb. 121; S. 107, Abb. 124; S. 115, Abb. 142; S. 116, Abb. 143; S. 117, Abb. 145; S. 118 (Foto: Arne Psille, Berlin); S. 183, Abb. 264; S. 264, Abb. 403; S. 329, Abb. 550; S. 331, Abb. 552; S. 333, Abb. 556; S. 334, Abb. 559
Staatliche Museen zu Berlin, Gemäldegalerie S. 69, Abb. 58 (Foto: Jörg P. Anders, Berlin)
Staatliche Museen zu Berlin, Kupferstichkabinett S. 109, Abb. 127; S. 216/217, Abb. 339; S. 252/253, Abb. 386 (Foto: Jörg P. Anders, Berlin)
Staatliche Museen zu Berlin, Münzkabinett S. 72, Abb. 62; S. 101, Abb. 112; S. 356, Abb. 600
Evangelische Kirche in Berlin-Brandenburg, Konsistorium S. 110, Abb. 130
Herzog Anton Ulrich-Museum Braunschweig, Kunstmuseum des Landes Niedersachsen S. 154, Abb. 213, 214
Städtisches Museum Braunschweig S. 93, Abb. 91
The Cleveland Museum of Art, John L. Severance Fund S. 159, Abb. 219
Coburg, Schloss Callenberg, Sammlung Herzoglicher Kunstbesitz-Stiftung der Herzog von Sachsen-Coburg und Gotha'sche Familie S. 82, Abb. 76; S. 83, Abb. 77
Kunstsammlungen der Veste Coburg S. 80, Abb. 74, 75; S. 149, Abb. 203, 204; S. 174, Abb. 247; S. 192, Abb. 288, 290; S. 193, Abb. 291, 292; S. 194, Abb. 293, 294, 295; S. 213, Abb. 333; S. 290, Abb. 463; S. 291, Abb. 464, 464
Landesbibliothek Coburg S. 281, Abb. 442 (Fotograf: Dieter Ertel, Coburg)
Musée Antoine Vivenel, Compiègne S. 204, Abb. 316
Gemäldegalerie Alte Meister, Staatliche Kunstsammlungen Dresden S. 22, Abb. 1; S. 23, Abb. 2; S. 25, Abb. 3; S. 30/31, Abb. 5; S. 43, Abb. 7; S. 84, Abb. 81; S. 126, Abb. 162; S. 134, Abb. 180; S. 138, Abb. 184; S. 150, Abb. 205; S. 151, Abb. 206; S. 155, Abb. 215, 216; S. 156, Abb. 217; S. 178, Abb. 256; S. 182, Abb. 263; S. 230, Abb. 357; S. 231, Abb. 358; S. 234, Abb. 364; S. 235, Abb. 365; S. 250, Abb. 385; S. 350, Abb. 588 (Fotos: Elke Estel/Hans-Peter Klut, Dresden)
Grünes Gewölbe, Staatliche Kunstsammlungen Dresden S. 136, Abb. 182; S. 150, Abb. 207; S. 151, Abb. 208; S. 177, Abb. 255; S. 202, Abb. 312; S. 290, Abb. 461; S. 292, Abb. 467; S. 493, Abb. 468 (Fotos: Jürgen Karpinski, Dresden)
Kunstgewerbemuseum, Staatliche Kunstsammlungen Dresden S. 84, Abb. 79; S. 295, Abb. 469; S. 296, Abb. 470; S. 297, Abb. 475, 476; S. 298, Abb. 477, 478; S. 299, Abb. 479, 480; S. 300, Abb. 482 (Fotos: Elke Estel/Hans-Peter Klut, Dresden)
Kupferstich-Kabinett, Staatliche Kunstsammlungen Dresden S. 45, Abb. 10; S. 232, Abb. 362; S. 233, Abb. 363; S. 332, Abb. 554
Münzkabinett, Staatliche Kunstsammlungen Dresden S. 52, Abb. 22; S. 94, Abb. 93; S. 98, Abb. 103; S. 107, Abb. 123; S. 127, Abb. 163, 164, 166; S. 167, Abb. 234; S. 174, Abb. 245, 246; S. 186, Abb. 267, 270; S. 205, Abb. 318, 318 (Foto: Hans-Peter Klut, Dresden), 320; S. 219, Abb. 342; S. 221, Abb. 344, 345; S. 309, Abb. 501, 503; S. 310, Abb. 504, 506, 507; S. 311 (Foto: Hans-Peter Klut, Dresden)
Rüstkammer, Staatliche Kunstsammlungen Dresden S. 75, Abb. 68; S. 190, Abb. 284, 286; S. 191, Abb. 287; S. 197; S. 198; S. 199, Abb. 309; S. 207, Abb. 323; S. 226, Abb. 355; S. 227, Abb. 354; S. 228/229, Abb. 356; S. 238; S. 239, Abb. 370; S. 240, Abb. 371; S. 241, Abb. 372; S. 248, Abb. 383; S. 249, Abb. 384; S. 288, Abb. 458; S. 289, Abb. 460; S. 290, Abb. 462 (Fotos: Elke Estel/Hans-Peter Klut, Dresden); S. 360, Abb. 606 (Foto: Jürgen Karpinski, Dresden)
Skulpturensammlung, Staatliche Kunstsammlungen Dresden S. 53, Abb. 23; S. 254, Abb. 387 (Foto: Elke Estel/Hans-Peter Klut, Dresden)
Kunstdienst der Ev.-Luth. Landeskirche Sachsens, Dresden S. 47, Abb. 13; S. 50, Abb. 17; S. 265, Abb. 405
Sächsisches Hauptstaatsarchiv Dresden S. 85, Abb. 80, 83; S. 106, Abb. 122; S. 168, Abb. 236, 237; S. 203, Abb. 315; S. 215, Abb. 338; S. 220, Abb. 343; S. 224, Abb. 351; S. 225, Abb. 353; S. 306, Abb. 497; S. 308, Abb. 500; S. 314, Abb. 519; S. 315, Abb. 522, 526; S. 316, Abb. 530; S. 317, Abb. 531; S. 355, Abb. 596
Sächsische Landesbibliothek – Staats- und Universitätsbibliothek Dresden, Abt. Deutsche Fotothek S. 63, Abb. 47; S. 94, Abb. 96; S. 99, Abb. 106; S. 100, Abb. 108; S. 105, Abb.119, 120; S. 109, Abb. 128; S. 112, Abb. 136; S.113, Abb. 137; S. 116, Abb. 144; S. 119, Abb. 156; S. 162, Abb. 223, 225; S. 163, Abb. 227; S. 164, Abb. 229; S. 219, Abb. 340 oben; S. 279, Abb. 436; S. 282, Abb. 443; S. 322/323, Abb. 537; S. 357, Abb. 601, 602; S. 359, Abb. 605
Staatliche Naturhistorische Sammlungen Dresden, Museum für Mineralogie und Geologie S. 58, Abb. 35; S. 59, Abb.34; S. 60, Abb. 36, 38; S. 61, Abb. 40, 41, 43; S. 62, Abb. 44; S. 304, Abb. 492; S. 305, Abb. 490, 493, 494 (Fotos: Frank Höhler, Dresden)
Stadtarchiv Dresden S. 353, Abb. 594, 595
Städtische Galerie Dresden, Kunstsammlung S. 236, Abb. 366
Thüringisches Museum Eisenach S. 122, Abb. 160 (Foto: Ralf-Michel Kunze)
Wartburg-Stiftung Eisenach S. 170, Abb. 239; S. 289, Abb. 459 (Fotos: Günter Pambor, Erfurt-Kerspleben)
Universitätsbibliothek Erlangen-Nürnberg S. 108, S. 125
Ev.-Luth. Domgemeinde St. Marien S. 64, Abb. 51 (Foto: Michael Knopfe, Freiberg)
Stadt- und Bergbaumuseum Freiberg S. 58, Abb. 33 (Foto: Christoph Georgi, Schneeberg); S. 342, Abb. 574 (Foto: Susanne Mayer, Freiberg); S. 302, Abb. 483, 484 (Fotos: Waltraud Rabich, Dresden); S. 303, Abb. 485, 488 (Fotos: Uwe Kolls, Freiberg); S. 303, Abb. 486, 487 (Fotos: Waltraud Rabich, Dresden)
Stiftung Schloss Friedenstein Gotha S. 92, Abb. 90; S. 100, Abb. 109; S. 121, Abb. 159; S. 175, Abb. 250 (Fotos: Lutz Ebhardt, Wechmar); S. 141, Abb. 187; S. 172, Abb. 243 (Foto: Lutz Ebhardt, Wechmar); S. 210, Abb. 326; S. 211, Abb. 328
Forschungsbibliothek Gotha S. 262, Abb. 399 (Foto: Atelier Louis Held, Weimar); S. 264, Abb. 402

Niedersächsische Staats- und Universitätsbibliothek Göttingen S. 48, Abb. 15; S. 271, Abb. 421; S. 272, Abb. 422
Kreismuseum Grimma S.320, Abb. 533, 534
Marienbibliothek Halle S. 54, Abb.27; S. 90, Abb. 87; S.131; Abb. 175; S. 141, Abb. 188; S. 177, Abb. 253; S. 258, Abb. 391; S. 261, Abb. 395; S. 264, Abb. 401; S. 267, Abb. 410; S. 321, Abb. 536; S. 330, Abb. 551; S. 334, Abb. 558; S. 344, Abb. 579 (Fotos: Reinhard Hentze, Halle)
Martin-Luther-Universität Halle-Wittenberg, Universitätsarchiv S. 71, Abb. 60
Martin-Luther-Universität Halle-Wittenberg, Zentrale Kustodie S. 70, Abb. 61
Stiftung Moritzburg, Kunstmuseum des Landes Sachsen-Anhalt, Halle S. 111, Abb. 131; S. 178, Abb. 259; S. 210, Abb. 327; S. 214, Abb. 336 (Fotos: Klaus E. Göltz, Halle)
Hamburger Kunsthalle S. 153, Abb. 212
Museum für Kunst und Gewerbe Hamburg S. 55, Abb. 28
Ruprecht-Karls-Universität Heidelberg, Universitätsbibliothek S. 269, Abb. 415
Bayerisches Armeemuseum Ingolstadt S. 119, Abb. 152; S. 188; S. 190, Abb. 280
Deutsches Medizinhistorisches Museum Ingolstadt S. 195, Abb. 296, 297
Thüringer Universitäts- und Landesbibliothek Jena S. 259, Abb. 392; S. 260, Abb. 394 (Foto: Atelier Louis Held, Weimar)
Staatliche Kunsthalle Karlsruhe S. 145, Abb. 195, 196
Badische Landesbibliothek in Karlsruhe S. 42, Abb. 6
Königliche Bibliothek Kopenhagen S. 142, Abb. 189; S. 143, S. 191
Museum für Kunsthandwerk/Grassimuseum Leipzig S. 139, Abb. 185; S. 318, Abb. 532 (Fotos: Matthias Hildebrand, Leipzig)
Museum der bildenden Künste Leipzig S. 124, Abb. 161
Musikinstrumenten-Museum der Universität Leipzig S. 273; S. 274; S. 275 (Fotos: Janos Stekovics, Leipzig)
Stadtarchiv Leipzig S. 65, Abb. 53, 55; S. 183, Abb. 265; S. 352, Abb. 592
Stadtgeschichtliches Museum Leipzig S. 49, Abb. 16; S. 184/185, Abb. 266 (Foto: Helga Schulze-Brinkop, Leipzig)
Universitätsbibliothek Leipzig S. 72, Abb. 63; S.74, Abb. 66; S. 76, Abb. 69; S. 77, Abb. 72 (Foto: Friedrich Agentur, Leipzig); S. 104, Abb. 118; S. 114, Abb. 140, 141; S. 130, Abb. 173; S. 166, Abb. 233; S. 202, Abb. 314; S. 262, Abb. 398; S. 339, Abb. 567; S. 340, Abb. 568, 569; S. 341, Abb. 570 (Fotos Abb. 567–570: Friedrich Agentur, Leipzig)
Kunstbesitz der Universität Leipzig S. 66, Abb. 57
Museo Nacional del Prado, Madrid S. 158, Abb. 218; S. 208, Abb. 324
Gutenberg-Museum Mainz S. 91, Abb. 89
Hessisches Staatsarchiv Marburg S. 161, Abb. 222; S. 182, Abb. 262; S. 206, Abb. 322; S. 214, Abb. 337; S. 219, Abb. 340 unten
Stadtmuseum Meißen S. 326, Abb. 534
Staatliche Schlösser, Burgen und Gärten Sachsen, Schloss Moritzburg S. 169, Abb. 238 (Foto: Werner Lieberknecht, Dresden); S. 286, Abb. 455 (Foto: Jürgen Karpinski, Dresden)
Bayerische Staatsbibliothek München S. 47, Abb. 12; S. 49, Abb.15; S. 130, Abb. 170; S. 242, Abb. 376; S. 268, Abb. 413; S. 269, Abb. 416, S. 356, Abb. 599
Erzbischöfliches Ordinariat München, Kunstreferat S. 130, Abb. 171 (Foto: Wolf-Christian v. d. Mülbe)
Staatliche Graphische Sammlungen München S. 175, Abb. 248 (Foto: Engelbert Seehuber, München)
Neapel, Museo Nazionale di Capodimonte S. 135, Abb. 181
Staatliche Schlösser, Burgen und Gärten Sachsens, Schloss Nossen und Kloster Altzella S. 338, Abb. 566; S. 342, Abb. 573; S. 343, Abb. 576, 577, 578 (Fotos: Peter Wunderwald, Nossen)
Germanisches Nationalmuseum, Nürnberg S. 55, Abb. 29; S. 78, Abb. 73; S. 132, Abb. 176; S. 182, Abb. 261; S. 195, Abb. 298, 299; S. 222, Abb. 347; S. 262, Abb. 397; S. 270, Abb. 417
Museen der Stadt Regensburg S. 180/181, Abb. 260
Stiftung Schleswig-Holsteinisches Landesmuseum, Schloss Gottorf, Schleswig S. 245, Abb. 381
Kungliga Biblioteket Stockholm S. 201, Abb. 311
Stockholm, Riksarkivet S. 95, Abb. 97
Statens historiska museum, Stockholm S. 90, Abb. 86
Archives municipales de Strasbourg S. 161, Abb. 220
Toledo Museum of Art S. 148, Abb. 201
Stadt- und Kulturgeschichtliches Museum Torgau S. 40, Abb. 2 u.; S. 314, Abb. 518 (Fotos: Fotowerkstatt Nagel, Torgau)
Kunstsammlungen zu Weimar S. 99, Abb. 105; S. 152, Abb. 209, 210; S. 245, Abb. 380; S. 283, Abb. 444, 449; S. 284, Abb. 451 (Fotos: Atelier Louis Held, Weimar); S. 328, Abb. 545
Museum Weißenfels – Schloss Neu-Augustusburg S. 327, Abb. 544
Albertina, Wien S. 44, Abb. 9; S. 102, Abb. 113–115; S. 287, Abb. 457
Kunsthistorisches Museum Wien, Gemäldegalerie S. 200, Abb. 310; S. 209, Abb. 325
Kunsthistorisches Museum Wien, Kunstkammer S. 170, Abb. 240
Österreichisches Staatsarchiv Wien, Abteilung Haus-, Hof- und Staatsarchiv S. 86, Abb. 84; S. 212, Abb. 332; S. 244, Abb. 377 (Fotos: Fotostudio Otto, Wien)
Stadtbibliothek Worms S. 108, Abb. 126; S. 114, Abb. 138; S. 120, Abb. 157
Ev. Kirchspiel Zeitz S. 96, Abb. 99
Museum der Stadt Zerbst S. 335, Abb. 560
Ratsschulbibliothek Zwickau S. 70, Abb. 59; S. 111, Abb. 133; S. 129, Abb. 169; S. 133, Abb. 178; S. 271, Abb. 419; S. 345, Abb. 581; S. 346, Abb. 584; S. 347, Abb. 585; S. 348, Abb. 586 (Foto: Atelier Lorenz, Zwickau)

Constantin Beyer, Weimar S. 265, Abb. 406
Ulrich Eichler, Dresden S. 44, Abb. 8
Jörg Kestel, Kabschütztal S. 40, Abb. 2 oben
Udo Pellmann, Freital S. 137, Abb. 183
Philo Fine Arts, Dresden S. 38/39, Abb. 1
Privatbesitz S. 41, Abb. 5; S. 280, Abb. 437, 438
Pullwitt, Leipzig S. 278, Abb. 435
Ludwig Rauch, Berlin S. 321, Abb. 535
Jörg Schöner, Dresden S. 18; S. 19; S. 20; S. 256, Abb. 389; S. 257, Abb. 390
Wolfgang Sens, Torgau S. 41, Abb. 3, 4
Grit Stamm, Frankenberg S. 266, Abb. 407

Autoren

Dank allen Autoren
für ihre Beiträge, Hinweise
und Unterstützung.

AD	Angelica Dülberg
AG	Alfred Geibig
AGö	Andreas Gößner
AGr	Anna Greve
AK	Arndt Kiesewetter
AKu	Armin Kunz
AL	Adolf Laube
ALö	Anette Löffler
AS	Antje Scherner
AT	Andreas Tacke
ATh	André Thieme
BG	Britta Günther
BH	Birgit Hartung
BM	Bernd Moeller
CHa	Christa Habrich
CH	Cecilie Hollberg
CM	Christoph Mackert
CS	Christoph Schröder
CV	Christoph Volkmar
ChW	Christian Winter
CZ	Christian Zühlke
DB	Dagmar Blaha
EB	Enno Bünz
EDP	Ernst D. Petritsch
EE	Erika Eschebach
EF	Eszter Fontana
EH	Elisabeth Hipp
EK	Eckhard Kluth
EL	Eckhart Leisering
FA	Frank Aurich
FE	Falk Eisermann
FS	Frank Schmidt
GB	Gerhard Bauer
GDU	Gert-Dieter Ulferts
GJ	Grit Jacobs
GJMW	Gregor J. M. Weber
GK	Gerhard Karpp
GQ	Gerhard Quaas
GRvK	Georg Ritter von Kern
GW	Gerrit Walczak
GWa	Günther Wartenberg
HA	Heidemarie Anderlik
HJ	Heiko Jadatz
HJF	Heinz-Jürgen Friedrich
HJK	Hans-Joachim Kadatz
HJKr	Hans-Joachim Krause
HJN	Hans Joachim Neidhardt
HL	Heiner Lück
HMa	Harald Marx
HM	Heinrich Magirius
HN	Heinrich Nickel
HS	Holger Schuckelt
HT	Horst Torke
RHvG	Rudolf Hiller von Gaertringen
HWL	Heinz-Werner Lewerken
IL	Ingetraut Ludolphy
IS	Ingo Sandner
JB	Jutta Bäumel
JD	Jan Drees
JF	Jonas Flöter
JJL	Juan J. Luna
JN	Jan Nicolaisen
KB	Kristina Bake
KBa	Katy Barron
KE	Karsten Eisenmenger
KH	Konstantin Hermann
KK	Karin Kolb
KL	Kristina Leistner
KS	Karl Schütz
KSt	Kerstin Stöver
KT	Klaus Thalheim
LFB	Lorenz Friedrich Beck
MB	Michael Beyer
MC	Markus Cottin
MFM	Mathias F. Müller
MG	Michael Göbl
ML	Monika Linder
MP	Marita Pesenecker
MS	Manfred Straube
MSL	Martin Schwarz Lausten
MSt	Martin Staehelin
MT	Martin Treu
PA	Paul Arnold
PGB	Peter Germann-Bauer
PW	Peter Wunderwald
RE	Reinhardt Eigenwill
RGi	Ralf Giermann
RG	Reiner Groß
RGr	Rainald Grosshans
RGR	Rainer G. Richter
RGru	Rainer Grund
RGrü	Rita Gründig
RSH	Ronald Scherzer- Heidenberger
RTS	Ralf-Torsten Speler
SH	Steffen Hoffmann
SKMT	Stadt- und Kulturgeschichtliches Museum Torgau
SP	Stefan Poser
SS	Siegfried Seifert
TB	Thomas Bürger
TD	Thomas Döring
TJ	Thomas Just
TN	Thomas Noll
TR	Thomas Rudi
TUM	Tobias U. Müller
UD	Ulf Dräger
UE	Ulrich Eichler
UL	Uwe Lammel
UN	Uta Neidhardt
US	Uwe Schirmer
UT	Ulrich Thiel
VG	Volker Graupner
VH	Veit Heller
WH	Wilhelm Hollstein
WSt	Wolfram Steude

Abkürzungen

Abb.	Abbildung
Ausg.	Ausgabe
Ausst.-Kat.	Austellungskatalog
B.	Breite
Bd.	Band
Bde.	Bände
begr.	begründet
bez.	bezeichnet
Bl.	Blatt
d. Ä.	der Ältere
d. J.	der Jüngere
dat.	datiert
ed.	ediert
EGA	Ernestinisches Gesamtarchiv
Einf.	Einführung
F.	Folge
FS	Festschrift
Gal.-Nr.	Galerienummer
gen.	genannt
gest.	gestorben
H.	Höhe
Habil.	Habilitation
Hg.	Herausgeber
hrsg. v.	herausgegeben von
Inv.-Nr.	Inventarnummer
Kat.-Nr.	Katalognummer
L.	Länge
L. ges.	Länge gesamt
MEA	Mainzer Erzkanzlerarchiv
Mzm.	Münzmeister
Mzst.	Münzstätte
Mzz.	Münzzeichen
N.F.	neue Folge
o. J.	ohne Jahr
o. O.	ohne Ort
OFM	Ordo Fratres Minores
Rs.	Rückseite
SächsHStA, Dresden	Sächsisches Hauptstaatsarchiv, Dresden
Sign.	Signatur
Sp.	Spalte
Taf.	Tafel
TE	Titeleinfassung
TH	Titelholzschnitt
Übers.	Übersetzer/Übersetzung
VDMI(A)E	Verbum Domini Manet in Aeternum
Vs.	Vorderseite
zit.	zitiert
zw.	zwischen

Ausstellung

Glaube und Macht.
Sachsen im Europa der Reformationszeit

2. Sächsische Landesausstellung
Torgau, Schloss Hartenfels
24. Mai bis 10. Oktober 2004

Allgemeine Koordination
Uwe Schwab

Öffentlichkeitsarbeit / Marketing
Dr. Tilmann von Stockhausen,
Inken Bößert, Peggy Darius, Martina Miesler

Didaktik
Torsten Alf, Cornelia König,
Christian Bies, Stefanie Gehricke,
Konstanze Krüger, Ines Lekschas,
Marco Meier, Sabine Röver

Internet
Peggy Darius
mit freundlicher Unterstützung
der Kreissparkasse Torgau-Oschatz
www.Landesausstellung.Sachsen.de

Freiwilliges Soziales Jahr Kultur
Anna Hentschel

Praktikanten Ausstellungssekretariat
Jörg Dötsch, Janet Francke, Sofia Hendrich,
Stefan Kontra, Andrea Magirius,
Roger Auenmüller

Praktikanten Öffentlichkeitsarbeit
Ana Brandes, Dieter Hoppert, Katja Möller,
Maja Musiat, Beate Mutzek, Silvio Reichelt

Ausstellungsarchitektur und grafisches Erscheinungsbild
gewerk, Berlin
Tanja Büsching, Jens Imig, Birgit Schlegel,
Stefan Schöbinger, Stefan Rothert

Ausstellungsbauten
Walther Expo Interieur, Coswig
M.o.l.i.t.o.r GmbH, Berlin

Objekttexte
Karin Kolb, Satz Klaus Böhm

Übersetzungen
Judith Rosenthal, Geraldine Schuckelt,
Ariane Böckler, Matthias Weniger,
Eckhard Kluth

Modellbau
HTWK Leipzig,
Prof. Dr. Ronald Scherzer-Heidenberger

Ausstellungskartographie
HTW Dresden, Prof. Dr. Uwe Ulrich Jäschke,
Stephan Hempel

Verwaltung
Dirk Burghardt, Michael Geißdorf

Sekretariat
Susanna Göpfert

Leihverkehr und Versicherung
Barbara Rühl, Katrin Bäsig

Transporte
SCHENKER Deutschland AG

Restauratoren Auf- und Abbau
Christoph Schölzel, Uwe Böckelmann, Svenja
Brandt, Gisela Bruseberg, Hans Effenberger,
Wiebke Schneider, Holger Schuckelt, Gottfried
Wachs, Michael Wagner, Alois Walther,
Thomas Wasinski, Carsten Wintermann

Restauratoren Laufzeitbetreuung
Christoph Schölzel, Nadja Kühne

Betreuung Klimaanlage
Michael John, Eberhard Seack,
Möller Lüftungs- und Klimaanlagen GmbH,
Siemens Gebäudetechnik Ost GmbH,
Landis & Staefa Gebäudeleittechnik

Aufbauteam (Leitung)
Michael Schweiger

Sicherheit
Michael John
Ingenieurbüro Krauss, Torgau

Laufzeitbetreuung / Besucherdienst
wird in Kooperation mit den Staatlichen
Kunstsammlungen Dresden realisiert durch:
x:hibit
Johannes Krug, Hanns Wershoven, Julia Wendt,
Katharina Schenk, Martin Fenner,
Anneke Rusch, Karsten Sawade, Kathleen Jonitz,
Corinna Steinwärder, Rainer Kaufmann,
Sylvia Müller

Katalog

ISBN 3-937602-09-7

Herausgeber
Staatliche Kunstsammlungen Dresden

Verlag
Michel Sandstein Verlag, Dresden

Katalogredaktion
Cecilie Hollberg
Annemarie von Velsen-Zerweck

Redaktionelle Mitarbeit
Astrid Nielsen

Praktikanten Katalogredaktion
Tobias U. Müller, Hanna Baumgarten

Gestaltung
Norbert du Vinage

Herstellung
Michel Sandstein GmbH, Dresden

Druck und Verarbeitung
Offizin Andersen Nexö Leipzig GmbH

Titelabbildung
Lucas Cranach d. J.,
Elias und die Baalspriester
(Ausschnitt)